I0804910

SEGUNDA CARTA A TIMOTEO

Roberto E. Bustamante

Editorial Concordia

Propiedad literaria © 2007 Editorial Concordia

3558 South Jefferson Avenue, Saint Louis, Missouri, 63118-3968 U.S.A.

1-877-450-8694 • www.editorial.cph.org

Derechos reservados. Ninguna parte de esta publicación debe ser reproducida, almacenada en un sistema de recuperación, o transmitida en alguna forma o por algún medio, electrónico, mecánico, fotográfico, grabado, o de otra forma, sin previo permiso escrito de Editorial Concordia.

Editor: Rev. Héctor Hoppe
Diseño de la tapa: Florencia Fau-Pieske
Foto de la tapa: Capilla Timoteo y Tito. Copyright © 2006 Concordia Seminary, Saint Louis, Missouri, U.S.A.

Los textos bíblicos que aparecen en esta publicación son la traducción del autor si no se indica lo contrario.

Greek New Testament © 1966, 1968, 1975, 1983, 1993, 1994, 1998 United Bible Societies, U.S.A. Fourth revised edition © 1993, 1994 Deutsche Bibel Gesellschaft, D-Stuttgart. Usado con permiso.

BWHEBB, BWHEBL, BWTRANSH [Hebrew]; BWGRKL, BWGRKN, and BWGRKI [Greek] Postscript® Type 1 and TrueTypeT fonts Copyright © 1994-2006 BibleWorks, LLC. Todos los derechos reservados. La tipografía del griego y hebreo bíblicos son usados con permiso, y son del programa BibleWorks, para exégesis e investigación bíblicas.

Las fuentes tipográficas SymbolGreek II y TranslitLS usadas en esta obra están disponibles en Linguist's Software, Inc., PO Box 580, Edmonds, WA 98020-0580, USA; teléfono (425) 775-1130; www.linguistsoftware.com.

Editorial Concordia es la división hispana de Concordia Publishing House.

Impreso en los Estados Unidos de América

1 2 3 4 5 6 7 8 9 10 16 15 14 13 12 11 10 09 08 07

DEDICATORIA

A mi amada Eunice
y mis hijitos Tobías y Ana Selene

SOBRE EL AUTOR

Roberto Bustamante es pastor de la Iglesia Evangélica Luterana Argentina. Obtuvo su Bachillerato en Teología en el Seminario Concordia (Buenos Aires) y su Maestría en Teología Exegética en Concordia Seminary (Saint Louis, USA). En la actualidad se desempeña como profesor de Nuevo Testamento y coordinador del Programa de Educación Teológica por Extensión del Seminario Concordia (Buenos Aires). Desde 1995, es asesor teológico de dos series de publicaciones para niños de Editorial Concordia: Caminando con Jesús y Escuela Bíblica de Vacaciones Concordia. Es autor del comentario Primera Carta a Timoteo, *también publicado por Editorial Concordia.*

Bustamante está casado con Eunice Amancay Spengler, con quien tiene dos hijos: Tobías y Ana Selene.

CONTENIDO

ABREVIATURAS

ACA	Apología de la Confesión de Augsburgo (Meléndez: 62-291).
Adv. Marc.	*Contra Marción* (*Adversus Marcionem*) de Tertuliano (Roberts, III: 269-476).
AE	Los Artículos de Esmalcalda (Meléndez: 292-330).
Aem.	*Emilio* (*Aemilius Paulus*) de Plutarco (Dryden).
Ann.	*Anales* de Tácito (Tácito).
Ant.	*Antigüedades de los Judíos de Josefo* (*Antiquitates Judaicae*) (Josefo: 32-603).
Ap.	*Contra Apión* (*Contra Apionem*) de Josefo (Josefo: 858-900).
A. Paul.	*Hechos de Pablo* (*Acta Pauli* - Schneemelcher, II: 213-70).
Apol.	*La Apología* de Tertuliano (Roberts, III: 2-55).
Apolog.	*La Apología* de Platón (Platón, 1975).
Autol.	*Teófilo a Autólico* (*ad Autolycum* - Roberts, II: 89-121).
AT	Antiguo Testamento.
A. Thom.	*Hechos de Tomás* (*Acta Thomae* - Schneemelcher, II: 322-411).
BAGD	Bauer y otros.
Bapt.	*Acerca del Bautismo* (*De Baptismo*) de Tertuliano (Roberts, III: 669-79).
Barn.	*Carta de Bernabé* (Rutherford, 1926: 145-65; Lake: 335-409).
BDF	Blass y otros.
BJ	*Guerras de los Judíos* (*Bellum Judaicum*) de Josefo (Josefo: 607-857).
CA	La Confesión de Augsburgo (Meléndez: 22-61).
Cels.	Contra Celso (*contra Celsum*) de Orígenes (Roberts, IV: 395-669).
CC	*Culto Cristiano* (El Escudo, 1978).
CD	*La Regla de Damasco* – Qumrán (Vermes: 81-99).

CIC	*Catecismo de la Iglesia Católica* (Conferencia Episcopal Argentina).
Civ. Dei	*La Ciudad de Dios* (*De civitate Dei*) de San Agustín (Agustín, 1994).
CMay	El Catecismo Mayor de Lutero (Meléndez: 372-494).
CMen	El Catecismo Menor de Lutero (Meléndez: 350-71).
Const. Ap.	*Constitución Apostólica* (*Constitutiones apostolorum* - Roberts, VII: 385-508).
CS	*¡Cantad al Señor!* (Editorial Concordia).
Dec.	*Sobre el Decálogo* (*De Decalogo*) de Filón de Alejandría (Filón).
De inv.	*De inventione* de Cicerón (Cicerón, 1876).
Dial.	*Diálogo con Trifón* de Justino Mártir (Roberts, I: 194-270).
Did.	La Enseñanza de los Doce Apóstoles (*Didajé* - Lake, I: 303-33).
EN	*Ética Nicomaqueana* de Aristóteles (Aristóteles, 1977: 3-152).
Eph.	*Carta de Ignacio a los de Éfeso* (Rutherford, 1926: 166-72).
Ep. Mor.	*Cartas Morales* (*Epistulae morales*) de Séneca (Séneca).
EQ	*Evangelical Quarterly*.
Esm.	*Carta de Ignacio a los de Esmirna* (Rutherford, 1926: 185-89).
Ev. Fel.	*Evangelio de Felipe* (Schneemelcher, I: 179-208).
Ev. Nic.	*Evangelio de Nicodemo* (Schneemelcher, I: 501-36).
Ev. Thom.	Evangelio de Tomás (*Evangelium Thomae* - Schneemelcher, I: 110-33).
FC	Fórmula de Concordia - Epítome (Meléndez: 497-539).
FC DS	Fórmula de Concordia - Declaración Sólida (Meléndez: 540-695).
Gig.	*Gigantes* (*De gigantibus*) de Filón de Alejandría (Triviño: 57-72).
haer.	Contra las Herejías (*Adversus haeresies*) de Ireneo (Roberts, I: 315-567).
Herm.	*El Pastor de Hermas* (Rutherford, 1926: 197-269; Lake, II: 1-305).
HE	*Historia de la Iglesia* de Eusebio de Cesarea (Maier).
Hip. haer.	*Refutación de todas las herejías* (*Refutatio omnium haeresium*) de Hipólito (Roberts, V: 9-153).
Hom. Clem.	*Homilías Clementinas* (*Homiliae Clementinae* - Roberts, VIII: 223-346).
hom. in Tit.	Sermones sobre Tito (*homiliae in Tit*) de Crisóstomo (Schaff: 519-43).

hom. in 1 Tim.	*Sermones sobre 1 Timoteo* (*homiliae in 1Ti*) de Crisóstomo (Schaff: 407-73).
hom. in 2 Tim.	*Sermones sobre 2 Timoteo* (*homiliae in 2Ti*) de Crisóstomo (Schaff: 475-518).
HThR	*Harvard Theological Review* (revista).
Ign. Ef.	*Carta de Ignacio a los de Éfeso* (Rutherford, 1926: 166-72).
Ign. Esm.	*Carta de Ignacio a los de Esmirna* (Rutherford, 1926: 185-89).
Ign. Fil.	*Carta de Ignacio a los de Filadelfia* (Rutherford, 1926: 182-85).
Ign. Pol.	*Carta de Ignacio a Policarpo* (Rutherford, 1926: 189-92).
Ign. Rom.	*Carta de Ignacio a los de Roma* (Rutherford, 1926: 178-82).
Inst.	*Institutio Oratoria* de Quintiliano.
JSNT	*Journal for the Study of the New Testament* (revista).
JTS	*Journal of Theological Studies* (revista).
Keryg. Petr.	*Las predicaciones de Pedro* (*Kerygmata Petrou* - Schneemelcher, II: 531-41).
Leg. All.	*Alegorías de la Ley* (*Legum Allegoriarum*) de Filón de Alejandría (Colson).
Leg. Gai.	*Acerca de la Embajada a Gayo* (*De Legatione ad Gaium*) de Filón de Alejandría (Triviño, V: 309-89).
Liddell & Scott	Liddell y otros.
Louw & Nida	Louw y otros.
LW	*Luther's Works.*
LWsp	*Lutheran Worship* (Comisión de Culto de la Iglesia Luterana-Sínodo de Missouri).
Magn.	*Carta de Ignacio a los de Magnesia* (Rutherford, 1926: 172-75).
Magn. Mor.	*Magna Moralia* de Aristóteles (Aristóteles, 1957).
Migr. Abr.	*Acerca de la Migración de Abraham* de (*De Migratione Abrahami*) de Filón (Triviño, II: 315-72).
M. Pol.	*El Martirio de Policarpo* (*Martyrium Polycarpi* - Lake, II: 307-45).
NDITNT	*O Novo Diccionario Internacional de Teologia do Novo Testamento* (Colin Brown, 1982).
Nestle-Aland 27º	Nestle y otros.
NT	Nuevo Testamento.
OTP	*The Old Testament Pseudepigrapha* (Charlesworth).
PC	*Predicando a Cristo* (Kempff, Berndt, Huebner, 2003).

Poet.	*Poetica* de Aristóteles (1982b).
Pol.	*Politica* de Aristóteles (Aristóteles, 1977: 157-319).
Pol. Fil.	*Carta de Policarpo a los Filipenses* (Rutherford, 1926: 192-96; Lake, I: 282-301).
Praescr. haer.	*La Prescripción Contra los Herejes* de Tertuliano (Roberts, III: 243-65).
Protev.	*Protoevangelio de Santiago* (*Protevangelium Jacobi* - Schneemelcher, I: 421-39).
QN	Cuestiones naturales de Séneca (*Naturales Quaestiones*) de Séneca.
RC	*Ritual Cristiano* (El Escudo, 1964).
Rep.	*La República de Platón* (Platón, 1998).
Repub.	*La República de Cicerón* (Cicerón, 1906).
Rhet.	*El Arte de la Retórica de Aristóteles* (*Ars Rhetorica*) *de Aristóteles* (Aristóteles, 1982a).
Rhet. ad Her.	*Rhetorica ad Herennium* (Caplan).
Spec. leg.	*Respecto a las clases de leyes* (*De specialibus legibus*) de Filón de Alejandría (Triviño: 187-448).
Strom.	Misceláneas (*Stromata*) de Clemente de Alejandría (Roberts, II: 299-567).
Suppl.	*Súplica por los Cristianos* de Atenágoras (Roberts, II: 129-48).
Symp.	*Simposio de Platón* (*Symposium* - Platón, 1982).
TDNT	*Theological Dictionary of the New Testament* (Kittel, 1964-76).
TLZ	*Theologische Literaturzeitung* (revista).
TM	Texto Masorético: texto hebreo del AT.
Trall.	*Carta de Ignacio a los Tralles* (Rutherford, 1926: 175-78).
TWOT	*Theological Wordbook of the Old Testament* (Harris y otros).
Vit. Mos.	*La Vida de Moisés* (*Vita Moses*) de Filón de Alejandría (Triviño, IV: 83-146).
Vita	*La Vida de Flavio Josefo* (Josefo: 1-28).
ZNW	*Zeitschrift für die neutestamentliche Wissenschaft* (revista).
1Apol.	*Primera Apología* de Justino Mártir (Roberts, I: 159-187).
1Cl	*Primera Carta de Clemente de Roma a los Corintios* (Rutherford, 1926: 112-39).
1QapGen	*El Apócrifo de Génesis* – Qumrán (Vermes: 252-59).
1QH	*El Himno de Acción de Gracias* – Qumrán (Vermes: 165-207).

1QM	*La Regla para la Guerra* – Qumrán (Vermes: 103-27).
1QpHab	Comentario a Habacuc – Qumrán (Vermes: 283-89).
1QS	*La Regla de la Comunidad* – Qumrán (Vermes: 61-80).
1QSa	*La Regla Mesiánica* – Qumrán (Vermes: 100-02).
1Q22	*Las Palabras de Moisés* – Qumrán (Vermes: 264-65).
2Bar	*2 Baruc o el Apocalipsis Sirio de Baruc* (Charlesworth, I: 615-52).
2Cl	*Segunda Carta de Clemente de Roma a los Corintios* (Rutherford, 1926: 139-44; Lake, I: 128-63).
4Esd	*4 Esdras* (Charlesworth, I: 516-79).
4Q160	*El Apócrifo de Samuel* – Qumrán (Vermes: 266).
4QPBless	*Las Bendiciones de Jacob* – Qumrán (Vermes: 260).
4QAmram	*El Testamento de Amrán* – Qumrán (Vermes: 262).
11QPs[a]	*Salmos Apócrifos* – Qumrán (Vermes: 208-14)

INTRODUCCIÓN AL COMENTARIO A LAS CARTAS A TIMOTEO Y A TITO

NOTAS EN PÁGINAS 27-44

El anciano se apronta para emprender su partida.
Pero antes de hacerlo, le imparte la última instrucción
a su alumno amado, recordando algunas reglas de conducta,
advirtiendo los peligros que se acercan,
sellando verdades añejas.

No es la historia de un maestro oriental. Es la historia de las cartas que el apóstol Pablo escribió a Timoteo y a Tito. Puede que este nostálgico cuadro que las rodea nos haga dudar de su pertinencia para el lector de hoy día, que no se encuentra en la búsqueda de "reglas de conducta" o advertencias de herejías pasadas, sino de una palabra que impulse y dé sentido a su experiencia cotidiana. Detrás del rostro conservador de la instrucción que el anciano Pablo delega a sus "sucesores" no anida un mensaje caduco, rígido o aburguesado. Detrás de estas instrucciones se esconde un mensaje impregnado de vitalidad, practicidad y esperanza. Es que las instrucciones del viejo maestro encarnan la palabra divina que nunca pierde su frescura y pertinencia.

CARACTERÍSTICAS DE ESTE COMENTARIO

Este comentario fue pensado para responder a un público diverso. Queremos ofrecer una guía útil para todo creyente en su vida devocional. Buscamos proveer a los líderes de la iglesia de herramientas para la predicación y para el estudio bíblico grupal. Por último, también es nuestra intención que el material sirva para la formación de pastores y líderes tanto en seminarios como institutos bíblicos. Los diferentes colores del margen sirven como guía para cada tipo de lector:

Las páginas que *no tienen barras* en sus costados contienen información general tanto sobre las tres cartas pastorales como sobre 2Ti.

Las páginas que tienen la *barra negra* son el comentario propiamente dicho, párrafo por párrafo.

Las páginas que tienen las *barras rayadas* son las propuestas prácticas (devocionales, homiléticas y de estudio bíblico) a nivel párrafo.

Las páginas que tienen la *barra gris* contienen apuntes técnicos ("Apuntes crítico-textuales"[1] y "Apuntes de léxico y sintaxis"[2]). Se recomienda, por tanto, que el lector que tiene una búsqueda devocional y el predicador "apresurado" se dirija directamente a las páginas que tienen la barra rayada del párrafo correspondiente. Al predicador más distendido y al líder de estudios bíblicos se les sugiere comenzar leyendo las páginas que no tienen barras y las que tienen la barra negra antes de ir a la sección con la barra rayada. Finalmente, tanto para el ámbito académico como para una preparación más exhaustiva del predicador o líder de estudio bíblico, se propone cubrir todas las secciones (incluyendo las páginas con la barra gris).

Puesto que no es posible una interpretación absolutamente objetiva y despojada de la identidad del intérprete, es necesario que el lector conozca desde dónde se produce nuestra aproximación al texto. Desde un punto de vista doctrinal, el autor de la presente obra suscribe a las confesiones luteranas (ver Meléndez). En lo que a interpretación bíblica se refiere, el autor sostiene los siguientes conceptos fundamentales del criticismo literario:[3]

1) El texto, en la forma en que llega hasta nosotros, es absolutamente protagónico en la tarea de interpretación. No se trata de un envoltorio reemplazable que debe hacerse a un lado para recién llegar al material de nuestro interés (doctrina destilada o reconstrucción histórica de algún tipo).
2) Cada escrito de la Biblia (por ejemplo 1Ti) debe ser entendido principalmente como una unidad en sí misma, cuyas partes no encuentran su coherencia sino dentro de la trama general del documento.
3) Los elementos que conforman un escrito (particularmente personajes y trama) entran en escena para cumplir una función literaria determinada.

Pese a mantener estos conceptos crítico-literarios, el autor del presente comentario los considera subordinados a las siguientes convicciones y en tensión con ellas:

1) El "canon dentro del canon" (lente principal por medio del cual debe ser entendido todo texto) es el Cristo entregado a la muerte y resucitado por nosotros.
2) Las Escrituras son palabra inspirada por Dios a los profetas y apóstoles y traída hasta nosotros para que el Espíritu Santo obre y edifique nuestra fe. Su valor trasciende lo literario y sus implicancias no caducaron con los primeros lectores.
3) Todo escrito que forma parte de la Biblia, por ser inspirado por Dios, debe ser interpretado a la luz del resto de las Escrituras.

Más allá de ser una producción literaria, la historicidad de los diversos relatos bíblicos[4] y la apostolicidad de los escritos del NT son aquí afirmadas.

¿QUIÉN ESCRIBIÓ LAS CARTAS PASTORALES?

Las tres cartas (1Ti, 2Ti y Tit) comenzaron a ser llamadas "pastorales" a partir de 1703 por Berdot, aunque no fue sino hasta 1726 que Antón popularizó esta designación (Guthrie, 1990b: 17). De todos modos, la comprensión de estas tres cartas como una sub-unidad dentro del corpus paulino se remonta por lo menos hasta el Canon de Muratori (200 dC).[5]

La iglesia de los primeros siglos atribuyó en forma consistente estas cartas al apóstol Pablo.[6] Su uso autoritativo dentro de la iglesia del tiempo posapostólico, salvo en dos excepciones,[7] es indiscutido.[8] Fue Schleiermacher quien, por primera vez, en 1807 rechazó la autenticidad de 1Ti sobre base lingüística (Guthrie, 1990b: 21). Detrás de esta brecha se abrió un torrente de ataques contra la apostolicidad de las tres cartas.[9]

Debe reconocerse que muchos de los argumentos levantados en contra de la autenticidad de las pastorales no presentan un desafío real, por lo que ni siquiera deberían ser contestados. Guthrie (1990a: 622) correctamente señala que el turno de probar la solidez del argumento aún sigue estando en aquellos que niegan el carácter paulino de las cartas. Esta oposición se levanta en cuatro líneas diferentes:[10]

1) *Problemas desde el punto de vista histórico*. La escuela de Teología de Tübingen liderada por Baur (Ramos: 40, nota 57) consideró imposible que los hechos referidos en las pastorales hayan tenido lugar.[11] Dibelius (126), por su parte, sostiene que la imposibilidad de ubicar estas cartas dentro de la narrativa del libro de Hechos anula toda posibilidad de composición

apostólica.[12] La dificultad para reconstruir la cronología completa y certera de la vida de Pablo en verdad descalifica todo este tipo de sentencias absolutas.

2) *Problemas desde el punto de vista eclesiástico.* Se niega toda posibilidad de que la situación de la iglesia de las pastorales pertenezca al tiempo apostólico desde tres ángulos diferentes.

En primer lugar, la concentración que tienen las pastorales en cuestiones de organización eclesiástica marca un contraste entre nuestras cartas y el resto del corpus paulino. Esto llevó a pensar que una estructura eclesiástica oficial está en pugna con la estampa carismática de la iglesia del tiempo apostólico. Se considera que no fue sino la iglesia del siglo 2 dC, reflejada en los escritos de Ignacio de Antioquía, la que inventó la estructura eclesiástica como producto de su decadencia espiritual.[13] Esta interpretación pierde de vista, en primer lugar, la importancia que sí tuvo la estructura eclesiástica tanto para Jesús como para Pablo. Jesús inicia su relación con los apóstoles dándoles un rol oficial (Mr 3:14-15). Pablo y Bernabé, por su parte, instalan ancianos en cada iglesia ya en el primer viaje misionero (Hch 14:23). Sólo en Colosenses Pablo no expresa su interés por aquellos que ocupan un lugar de liderazgo dentro de la iglesia.[14] En segundo lugar, identificar la estructura eclesiástica de las pastorales con la de Ignacio de Antioquía no delata sino miopía. Las pastorales presentan una estructura doble de ancianos-obispos con jurisdicción limitada a la comunidad local y diáconos.[15] Ignacio distingue tres niveles de jerarquía: a) un único obispo que gobierna sobre toda la ciudad; b) los ancianos de la ciudad; y c) los diáconos. Pero la diferencia principal reside en el carácter semi-divino que alcanzó el obispo en el siglo 2 dC, como nueva regla de la fe (*regula fidei*)[16] y como fundamento de la iglesia.[17]

En segundo lugar, las falsas doctrinas combatidas en las pastorales son identificadas con el gnosticismo.[18] Tradicionalmente se mantuvo el concepto errado de que el gnosticismo fue una distorsión helenizante del cristianismo (tomó ideas de Platón, Aristóteles, Pitágoras).[19] Esto, por supuesto, nos movería necesariamente al siglo 2 dC. Lo cierto es que el gnosticismo fue un movimiento mucho más amplio que el cristianismo, al que lo antecedió en sus orígenes.[20] Más determinante en ubicarnos en el siglo 2 dC es la identificación que algunos intérpretes hicieron de las falsas doctrinas con el marcionismo.[21] El carácter judaizante de las herejías refutadas por Pablo anula de hecho esta última interpretación.[22]

Aun en torno a las falsas doctrinas, se señala que las pastorales confrontan a los herejes de un modo muy diferente al que lo hace Pablo por ejemplo en Colosenses: no argumenta punto por punto sino que demanda ya sea la huida (1Ti 1:4; 4:7; 6:20; 2Ti 2:16, 23; 3:5; Tit 1:14; 3:9-10) o la censura (1Ti 1:3-4; 2Ti 2:14; Tit 1:11).[23] Esta crítica pierde de vista que quién está en la vanguardia, en el frente de batalla, ya no es el apóstol (como en el resto del corpus paulino), sino los lectores. Un Pablo que ya está en retirada se interesa más por resguardar la sana doctrina y la iglesia de la confusión que por lidiar cuerpo a cuerpo con los herejes.[24]

El tercer ángulo desde el que se considera que estas cartas delatan una situación eclesiástica tardía es la preocupación por la transmisión de la tradición apostólica. Es incoherente pensar que un apóstol que recibió la tradición de sus antecesores no piense –hacia el final de su propia carrera– en la existencia de un cuerpo de tradiciones y en la necesidad de protegerlo y transmitirlo con fidelidad (Guthrie, 1990a: 626; 1990b: 36).

3) *Problemas desde el punto de vista teológico*. Se critica el silencio de doctrinas que en las cartas tempranas de Pablo tuvieron un lugar protagónico, mientras que ahora surgen conceptos prácticamente ausentes en el resto del corpus paulino.[25]

4) *Problemas desde el punto de vista lingüístico*. Es indiscutible la diferencia de léxico y estilo que existe entre las pastorales y el resto del corpus paulino.[26] Desde que Schleiermacher argumentó en contra de la autenticidad de 1Ti sobre esta base, se han realizado numerosos estudios estadísticos en el área, sin que alguno de ellos muestre ser concluyente.[27]

Lo llamativo de estos dos últimos puntos (problemas teológicos y lingüísticos) es que se considera como "firma apostólica" a una lista de conceptos y de vocablos, sin los cuales Pablo no podría haber escrito una carta. Pero, por el otro lado, se pasa por alto en una forma absurda el peso que tiene la verdadera "firma apostólica" con la que abren las pastorales (Guthrie, 1990a: 607-08; Knight: 33).[28] La libertad con la que el autor elige los términos usados y los conceptos desarrollados en las pastorales hace más probable que se trate de Pablo antes que de un imitador (Guthrie, 1990a: 641-43).

Para cerrar esta sección, es necesario considerar que las tensiones que existen entre nuestras cartas y el resto del corpus paulino deben ser vistas dentro de dos marcos fundamentales. a) El marco de la gran compatibilidad que sí existe con el resto de los escritos paulinos (Knight: 38).[29] b) El marco del contexto particular en el que surgieron nuestras cartas, contexto que –consideramos– determinó en forma significativa el contenido, estilo y vocabulario de las pastorales.

EL CONTEXTO HISTÓRICO DE LAS CARTAS PASTORALES

El intento de ubicar estas cartas dentro de la cronología del libro de Hechos presenta dificultades insalvables.[30] El testimonio de muchos teólogos e historiadores de la antigüedad, por otra parte, nos hace mirar más allá de Hch 28:[31]

> Eusebio de Cesarea (260-340 dC): "La tradición registra que después de defenderse, el apóstol nuevamente fue enviado al ministerio de la predicación, y volviendo por segunda vez a la misma ciudad sufrió el martirio bajo Nerón. Durante esta prisión escribió la segunda carta a Timoteo, indicando al mismo tiempo que la primera defensa ya había tenido lugar y que su martirio era inminente... Hemos dicho esto para mostrar que el martirio de Pablo no sucedió durante el viaje a Roma descrito por Lucas" (*HE* II.22.2-7).
>
> Refiriéndose al libro de Hechos, el Canon de Muratori 35-39 (Schneemelcher, I: 35) señala que Lucas "resume muchas cosas que sucedieron en su presencia, aunque omitió el martirio de Pedro... y del mismo modo el viaje de Pablo, quién procedió de la ciudad de Roma a España".
>
> Clemente de Roma (?-101 dC): "Pablo predicó en el Este y en el Oeste, y se hizo un noble renombre por su fe. Enseñó la justicia a todo el mundo y llegó hasta el límite occidental (*epí tó térma tēs dúseōs elzōn*).[32] Él testificó delante de los gobernantes, y luego se fue de este mundo y llegó al lugar santo, habiendo probado ser el más grande modelo de resistencia" (*1Cl* 5:6-7).
>
> Suplicio Severo (historiador romano de fines del siglo 1 dC): "Después de esto (de que Nerón acusó a los cristianos de incendiar Roma) su religión incluso fue prohibida por medio de nuevas leyes; y en base a edictos publicados abiertamente se proclamó como ilegal el ser cristiano. En ese tiempo Pablo y Pedro fueron condenados a muerte, el primero decapitado con una espada, mientras que Pedro sufrió la crucifixión" (*Crónica* II.29 - Barrett, 1989: 17).[33]

Consideramos, por tanto, que Pablo fue liberado de su primera prisión en Roma (1) y pasó algún tiempo (durante el 63 dC) trabajando en torno al Mar Egeo: Creta (2), Asia Menor (3) y Macedonia (4). Es aquí donde nos encuentran 1Ti y Tit con un Pablo libre, dirigiéndose hacia el occidente - Nicópolis de Epiro (5 - Tit 3:12)- para realizar su ansiado viaje a España (6 - Ro 15:24, 28).[34]

Alrededor del 66 dC, de regreso de su viaje a España, Pablo visita Asia Menor (7) y es apresado probablemente en la ciudad de Troas (8 - 2Ti 4:13). 2Ti es escrita desde la prisión de Roma (9 - 67 dC), cuando el proceso jurídico ya había comenzado (2Ti 4:16-17), pero aún tenía que completarse (2Ti 4:18).[35]

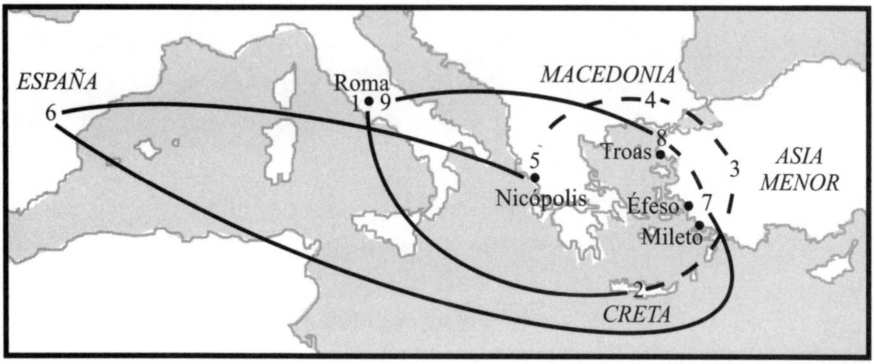

Durante la etapa final de la vida del apóstol las comunidades paulinas parecen haber entrado en una situación crítica por el avance de doctrinas rivales. Uno de los ejes más fuertes en torno a los que giran las pastorales es la figura de los falsos maestros que pervierten la fe de las comunidades.

La identificación de la herejía combatida en estas cartas con un grupo determinado mostró ser una empresa imposible. Esto responde a las dos siguientes razones: a) no contamos con más documentación acerca de las herejías del tiempo apostólico que el texto bíblico que las confronta;[36] y b) recorrer el terreno de la heterodoxia (postura "no oficial") de una comunidad incipiente como la iglesia del siglo 1 dC es moverse por un campo abierto a cualquier tipo de alternativas. De todos modos, las pastorales dejan entrever ciertos rasgos heréticos reconocibles.

Los falsos maestros de Éfeso (1 y 2Ti) presentan, en primer lugar, algunas características del gnosticismo. Éste fue un movimiento religioso-filosófico sincretista (mezcla de conceptos de orígenes diferentes) muy influyente en todas las religiones de los primeros siglos de nuestra era.[37] Las marcas gnósticas evidentes son las siguientes: a) El desprecio por el matrimonio expresado abiertamente en 1Ti 4:3, pero contrarrestado a lo largo de toda la carta por medio de la valoración de la familia.[38] b) El concepto de una resurrección ya sucedida que no afecta al cuerpo, sino exclusivamente al espíritu (2Ti 2:18).[39] c) La advertencia final en 1Ti 6:20 contra el falsamente llamado "conocimiento" (*gnōsis*).[40] Los dos primeros elementos (a y b) responden al dualismo radical del gnosticismo, esto es, la valoración del mundo espiritual y el desprecio del mundo físico.[41]

En segundo lugar, tanto en la comunidad de Éfeso (1 y 2Ti) como en la de Creta (Tit), se manifiestan elementos evidentes de cristianismo judaizante.[42] Se llama cristianismo judaizante a la imposición de las costumbres y ritos del AT (guardar el sábado, circuncidarse, observar las fiestas judías, abstenerse de ciertas comidas) como medio de salvación. Junto con Barrett (1999), consideramos que este movimiento antagónico tuvo un rol medular en el desarrollo del ministerio de Pablo; centralidad que se refleja una y otra vez en los elementos polémicos de las cartas paulinas.[43]

Hch 15:1 ubica el inicio de esta confrontación inmediatamente después del primer viaje misionero de Pablo (49 dC).[44] La herejía judaizante dio lugar al Concilio Apostólico de Jerusalén (Hch 15:2-35), el cual resolvió la cuestión en forma favorable para Pablo.[45] a) En cuanto a doctrina, los gentiles ciertamente son parte de la iglesia, puesto que la salvación es por fe y no por las obras de la ley. b) En cuestión adiáfora (aquello que no hace a la salvación), se pidió a los gentiles que –en la libertad del evangelio– se abstengan de ciertas comidas para no romper la unidad con aquellos que guardaban las costumbres del judaísmo en esa misma libertad (Hoerber, 1991a). Al menos algunos representantes de la iglesia de Jerusalén muestran haberse salido pronto de la línea planteada por el Concilio. En Antioquía (¿52 dC?) Pablo reprende a Pedro por su comportamiento hipócrita e incoherente (Gá 2:11-14). A lo largo de la mayoría de sus cartas, el apóstol confronta la desobediencia a la decisión conciliar de parte de predicadores itinerantes.[46] En Ro 14 y 1Co 8 y 10 el apóstol intenta mantener la letra del decreto conciliar. En Gá, Col y Fil 3 la tensión del argumento aumenta considerablemente, siendo necesario "romper" la letra (rechaza la abstinencia) para conservar el espíritu (afirma la salvación por fe). En las pastorales ya no se argumenta con la herejía judaizante, se la censura en forma lapidaria.

Los elementos judaizantes que presentan las pastorales son los siguientes:

a) Demanda de la circuncisión (Tit 1:10).
b) Concentración en torno a la ley mosaica (1Ti 1:7-10; Tit 3:9), a otra clase de prescripciones legales (Tit 1:14) y a mitos y genealogía (1Ti 1:4; 2Ti 4:4; Tit 1:14; 3:9).[47]
c) Preocupación por cuestiones de pureza ritual (Tit 1:15).
d) Abstinencia de ciertos alimentos (1Ti 4:1-5; Tit 1:15).

El encuentro de elementos gnósticos y judaizantes en el caso de la herejía de Éfeso (1 y 2Ti) de ningún modo es un imposible.[48] La herejía combatida por Pablo en Col y la secta de comienzos del siglo 2 dC de los *elkasai* son ejemplos claros de la misma combinación.[49] Esto no sorprende si se toma en cuenta en primer lugar la tendencia esotérica que tuvo el judaísmo contemporáneo a Jesús,[50] en segunda instancia que el carácter sincretista le permitió al gnosticismo impregnarse recíprocamente con cualquier religión (Finegan: 87-92), y por último, la posible participación del mismo judaísmo en la gesta del gnosticismo.[51] 1Ti, no obstante, no presenta una fusión absoluta entre las herejías judaizante y gnóstica. La obsesión judaizante por la genealogía (1Ti 1:4) se encuentra en contrapunto con el desprecio gnóstico del matrimonio y la procreación (1Ti 1:15; 4:3).[52]

A lo largo del comentario señalaremos otros indicios menores de estas cartas que confirman nuestra identificación de los falsos maestros tanto de Creta (Tit) como de Éfeso (1 y 2Ti) con el cristianismo judaizante, herejía que, en las cartas a Timoteo se entrecruza con elementos gnósticos.[53]

EL GÉNERO LITERARIO DE LAS CARTAS PASTORALES

Pese al deseo por un pronto reencuentro entre Pablo y sus colaboradores (1Ti 3:14; 2Ti 1:4; 4:9 y 21; Tit 3:12), el contexto retórico de nuestras cartas es en realidad el de un apóstol que se va. En 1Ti y Tit, Pablo se va hacia el Occidente (1Ti 1:3; Tit 1:5; 3:12), y muy posiblemente por largo tiempo, si acaso hay un regreso. En 2Ti, Pablo se va para siempre. Quedan los sucesores con la difícil tarea de resguardar la tradición recibida en un contexto que hace peligrar fuertemente el éxito de esta tarea. El maestro escribe a sus alumnos para reafirmar las enseñanzas, advertir contra los peligros, animar al cumplimiento, instruir en la conducta, enfocar la mirada adonde debe estar puesta.

A partir del exilio babilónico (580 aC), entre los judíos tomó fuerza popular una tradición literaria ancestral, ya absorbida abiertamente en tiempos de Salomón (950 aC) en los círculos de la corte real: la tradición sapiencial.[54] El programa básico de la tradición sapiencial consiste en la búsqueda de orden y continuidad en la lucha contra el caos, en prevenir a las generaciones más jóvenes de caer fuera de la tradición lograda a lo largo del tiempo (Crenshaw: 1, 279).

El género literario típico de la tradición sapiencial nacida en la corte egipcia es la "instrucción".[55] El contexto retórico que dio origen a este género es sumamente parecido al del Israel pos-exílico y al de estas cartas: a) El anciano portador de la tradición parte; b) la tradición queda en manos de un sucesor que necesita instrucción final; c) el caos amenaza con cortar la cadena de transmisión de esta tradición ancestral. La "instrucción" responde a esta situación exhortando a seguir una línea de conducta determinada, animando a guardar la tradición de los ancestros y advirtiendo contra los riesgos de apartarse de la misma.[56]

Proponemos que, en el caso de nuestras cartas, el apóstol echa mano de la tradición sapiencial y de su característico género de "instrucción".[57] Es claro que en nuestro caso, la instrucción toma formato epistolar.[58]

Éstas son las características típicas del género literario de "instrucción", las que de un modo u otro están presentes a lo largo de estas cartas:[59]

1) El lector es interpelado por el autor como "hijo mío" incluso cuando el autor no es el padre sanguíneo. Es "hijo genuino" aquél que, como en el concepto de Jesús (Mr 3:31-35), sigue las instrucciones de su "padre" (Pr 1:8, 10; 7:1, 24; 24:1, 13, 21; *Instrucción de Amenemope* XXII-XXIV; Crensahw: 54).
2) Preocupación por la transmisión precisa de la tradición. Se percibe un marcado tono de urgencia debido al riesgo de que se pierda este cúmulo de sabiduría ancestral (Pr 22:17-21; Ajikar C, CXXVI; Rutherford, 1927: 198-219).[60]
3) El horizonte conceptual es considerablemente estrecho.[61] a) No se piensa primordialmente en términos de salvación eterna, sino de preservación del orden social (Pr 11:10-18).[62] b) Los principios fundamentales de la existencia y de la moral son aprendidos a partir de la experiencia personal,[63] de la tradición de los antepasados y de la observación de la naturaleza.[64] c) Lo bueno y lo malo es

definido a partir de su resultado.[65] d) Se piensa en términos de causa y efecto (Pr 10-15).[66]

4) El grueso de un escrito de "instrucción" no consiste en la argumentación de conceptos, sino en la exhortación.[67]
5) Se promueve cuatro virtudes cardinales: a) el silencio (control sobre las pasiones); b) la elocuencia (comunicación persuasiva y efectiva); c) el ser oportuno; d) la modestia (Crenshaw: 71-72).
6) Las estrategias retóricas son variadas. a) Se argumenta en base a la observación de la naturaleza y de la conducta humana (Pr 6:6-8; 10:5; 14:4). b) Se persuade por medio de promesas y se disuade con advertencias y amenazas. c) Se apela a la búsqueda del bien y del honor (la buena reputación) y a la complementaria evasión del mal y la vergüenza. d) Muy característico es el uso de la metáfora erótica: las virtudes (la sabiduría, la justicia) y los vicios (la estupidez) son personificados y descritos como seductores. El alumno debe perseguir a las virtudes como a una amante y aceptar sus convites (Pr 8; 9:1-12). Del mismo modo debe escapar de las trampas puestas por los vicios que seducen como una prostituta o una mujer extraña (Pr 9:13-18; Sab 1:16-2:24).[68] e) Se recurre a frases proverbiales y a fórmulas con características de credo que recogen material tradicional cuya autoridad no se discute (Pr 1:6-19; Sirácides). f) Se utilizan "preguntas imposibles" (entimemas - Pr 6:20-35).

Consideramos correcta la crítica levantada por Pearson (131-32) contra el mal uso del género literario que le impone al texto un sentido que no le es propio. De todos modos hay códigos del texto que son perdidos de vista si se hace caso omiso al género literario en cuestión.[69] Las características del género "instrucción" recién descritas explican muchos de los contrastes que estas cartas presentan con el resto del corpus paulino; contrastes que generalmente y por error son atribuidos a una pluma no paulina: diferencia de estilo, concentración en temas distintos,[70] utilización de material tradicional,[71] "menor vuelo" y diferente enfoque teológicos.[72]

Pero más aún que explicar diferencias, las características del género de "instrucción" ayudan a entender el material que vamos a abordar: parte de una preocupación genuina para que el mensaje que produce la verdadera "revolución" siga actuando con poder en las generaciones futuras; no se trata de conservadurismo burgués que se acomoda a este mundo.[73] El énfasis no está puesto tanto en la "salvación grande" (el giro de condena eterna a salvación eterna), sino en la "salvación chica" (la preservación del creyente de los riesgos padecidos y la conservación del don divino ya recibido por gracia).[74] Las exhortaciones no son las implicancias finales del tema desarrollado en el cuerpo de la carta; son más bien el cuerpo mismo de la carta.[75]

Es nuestro deseo más profundo ofrecerle a la iglesia del Señor Jesús una herramienta que le ayude a usted, lector, a obtener un conocimiento claro de la verdad y a entregarse al servicio del evangelio con arrojo y fervor.

Roberto E. Bustamante
Enero de 2007

NOTAS

INTRODUCCIÓN AL COMENTARIO A LAS CARTAS A TIMOTEO Y A TITO

1. En esta sección se discute las opciones que presentan los diferentes manuscritos en base al aparato crítico de Nestle-Aland 27º. Hoy día se distinguen tres líneas o métodos para tomar una decisión cuál es la lectura original: a) El método histórico-documental basa sus decisiones exclusivamente sobre la autoridad (por antigüedad y origen) de los manuscritos en cuestión (evidencia externa). b) El método ecléctico riguroso ignora directamente la evidencia externa, y define su decisión en base a las tendencias del autor del escrito (por ejemplo Pablo) y a las tendencias típicas de los escribas que copiaron los manuscritos. c) El método ecléctico moderado toma en cuenta tanto la evidencia externa como la interna. El autor del presente comentario se identifica con esta última línea. Ver Epp, Royse y Voelz (1995: 23-60).

   Éstas son las ocho instancias en las que diferimos del texto de Nestle-Aland 27º:

   1Ti 2:9: Omitimos la conjunción καί.
   1Ti 4:9: Cambio de puntuación.
   1Ti 6:13: Omitimos el pronombre σοι.
   2Ti 3:12: Leemos ζῆν εὐσεβῶς.
   2Ti 3:15: Omitimos el artículo τά.
   Tit 1:10: Omitimos la conjunción καί.
   Tit 3:8: Cambio de puntuación.
   Tit 3:9: Leemos el singular ἔριν.

   Para la discusión detallada de cada caso ver el margen gris correspondiente a cada texto.

2. Esta sección considera las opciones que algunos diccionarios ofrecen para la traducción del texto griego y analiza la función sintáctica de cada elemento del texto. Los diccionarios utilizados en forma constante son BAGD y Louw & Nida. También son consultados Liddell & Scott, Robertson, Trench y Classic Series. En lo que al análisis gramatical y sintáctico se refiere, las obras consultadas son BDF, Smyth, Wallace y Voelz (1993).

3. El profesor Vilson Scholz usa la triple metáfora del texto bíblico como "vidrio" (que permite ver más allá de sí mismo), "espejo" (en el que se refleja quién está enfrente de él) y "vitral" (con detalles a ser apreciados e interpretados).

Consideramos que el texto bíblico tiene esta triple función. El criticismo literario (en contraposición a los criticismos histórico, de las fuentes, redaccional) da gran prioridad al texto como "vitral". Exegetas como Frei, Beardslee, Funk, Via y Crossan llamaron la atención a la importancia que tiene el carácter literario de los documentos bíblicos para su interpretación. Para material introductorio al criticismo literario ver Powell (1990), Trible, Beardslee (1989).

4. Blomberg (240-46) indica que el procedimiento apropiado para evaluar la historicidad de cualquier documento consta de dos pasos: a) asumir que su testimonio es confiable, a menos que el mismo documento señale lo contrario; b) considerar la fuerza de las diversas objeciones que se levantan en contra de su historicidad. Desde el siglo 19 la historicidad de todas las Escrituras ha sido puesto bajo una crítica que partió equivocadamente de la sospecha a la tradición cristiana y de una reconstrucción hipotética y, en muchos casos caprichosa, de los hechos sucedidos en torno a Israel, Jesús y los apóstoles. Sobre esta base se edificó el grueso de la interpretación bíblica a partir de entonces. Un inmenso edificio que no deja de crecer sobre axiomas metodológicamente fallados.

5. El Canon de Muratori 60-63 hace la siguiente acotación respecto a nuestras cartas en su conjunto: "a Tito una, a Timoteo dos, escritas de buena voluntad y amor, pero consideradas sagradas para la gloria de la iglesia católica en relación al orden de la disciplina eclesiástica" (Schneemelcher, I: 36).

6. Los siguientes son algunos de los testimonios más tempranos respecto a la autenticidad de las pastorales:

   Orígenes (210-250 dC) señala: "Pablo, que después llegó él mismo a ser un apóstol de Jesús, dice en su epístola a Timoteo: Éste es un dicho fiel, que Jesucristo vino al mundo a salvar pecadores, de los cuales soy el primero" (Cels. I.LXIII).

   El Canon de Muratori 60-63 (200 dC) atribuye las tres cartas al apóstol Pablo (ver nota 6).

   Clemente de Alejandría (190-200 dC) atribuye al apóstol Pablo la expresión "la falsamente llamada ciencia" (1Ti 6:20, *Stom.* II.11) y la predicción de la apostasía de los tiempos finales (1Ti 4:1-2; 2Ti 3:15; 4:3-4, *Strom.* III.6).
   No puede pasarse por alto aquí el hecho de que 2P 3:2-4 (escrita antes del 68 dC) y Jud 17-19 (escrita alrededor del 70 dC) atribuyen a "los apóstoles" profecías escatológicas cuya fraseología muestra ser dependiente de 1Ti 4:1-2; 2Ti 3:15; 4:3-4.

   Guthrie (1990a: 611, nota 3) sostiene que el hecho de que las pastorales nunca estuvieron dentro de la categoría de "antilegómena" (aquellos libros que finalmente entraron en el canon, pero que, durante un período temprano fueron puestos en duda) es de gran importancia. Aune (205), por otro lado, señala que el corpus paulino sin incluir las cartas de autenticidad discutida (Ef y las pastorales) presenta la típica forma de agrupar escritos por tamaño. Aune considera esto testimonio de que originalmente el corpus paulino no contuvo estas cartas.

7. Lo que podría considerarse excepciones son dos "ausencias" de las pastorales en testimonios antiguos:

La primera es la exclusión de estas cartas de los "cánones" gnósticos del siglo 2 dC: Basílides, Valentín, Marción (Guthrie, 1990a: 609; Ramos: 48). Tertuliano (*Adv. Marc.* V.21) no atribuye esta exclusión en el caso de Marción al desconocimiento de las mismas: "Sin embargo, estoy sorprendido que mientras él (Marción) aceptó esta carta (Filemón) que fuera dirigida a un solo hombre, haya rechazado las dos epístolas a Timoteo y la dirigida a Tito, las cuales tratan de disciplina eclesiástica."

La ausencia más significativa es la que sucede en el Papiro Chester Beatty (P^{46}) del 200 dC. La mayoría de los que atacan la autenticidad de las pastorales utilizan esto como base para argumentar que nuestras cartas no formaban parte del canon en Egipto (Gurthrie, 1990a: 611). El hecho de que Clemente de Alejandría (190-200 dC) use material de nuestras cartas desarma este argumento (Strom. II.11; III.6). Debe considerarse que a este manuscrito le faltan las últimas páginas, por lo que es incierta su ausencia real. Por último, es importante notar que otro papiro de la misma época (el P^{32}) sí contiene Tit 1:1-15; 2:3-8 (Carrez: 651).

8. Más allá del material ya mencionado en la nota 7, las siguientes referencias presentan a los padres apostólicos citando nuestras cartas. Esto delata reconocimiento de su autoridad apostólica:

Orígenes (210-250 dC) en *Cels.*: Hendriksen (1979: 38) reconoce las siguientes citas de las pastorales: 1Ti 2:1, 2; 3:15-16; 4:1-5, 10, 17, 18; 6:20; 2Ti 1:3, 10; 2:5; 3:6-8; 4:7, 11, 15, 20, 21; Tit 1:9, 10, 12; 3:6, 10, 11.

Ireneo (140-202 dC) en *haer.*: IV.Prefacio.3 cita 2Ti 2:23; IV.16.3 cita 1Ti 1:9; V.17.1 cita 1Ti 2:5; III.1.1 cita 1Ti 3:15; II.21.2 cita 1Ti 4:2; I.16.3 cita Tit 3:10.

Teófilo de Antioquía (160 dC?) en *Autol.*: II.16 hace una fusión de Ef 5:26 y Tit 3:5; III.14 cita 1Ti 2:2.

Policarpo (69-155 dC) en *Pol. Fil.*: I.6 cita a 1Ti 1:6; II.5 cita de 1Ti 6:7; II.7 argumento dependiente de 1Ti 3:4; II instrucciones dependientes de 1Ti 3:1-13 y Tit 2:3-8. El parecido de *Pol. Fil.* a las pastorales es tal que llevó a Dibelius (2 nota 7) a argumentar que el autor de los tres escritos es Policarpo. Hendriksen (1979: 41), por su parte, nota correctamente que el hecho de que Ireneo, discípulo de Policarpo, haya atribuido las pastorales a Pablo (y no a su maestro) es determinante.

Clemente de Roma (?-101 dC) en *1Cl:* XI cita Tit 3:1; XLV cita 2Ti 1:3.

9. Las teorías alternativas son las siguientes:

Composición seudónima total: Un autor pos-apostólico del círculo paulino (algunos sugieren a Lucas) aborda temas de interés de su iglesia y atribuye el material al Pablo para darle autoridad apostólica (Guthrie, 1990a: 647 nota 3).

La teoría de las "notas genuinas": Un discípulo de Pablo quiso eternizar ciertas notas escritas por el apóstol dándole formato de carta (Goguel).

Kelly (25-27) hace parte de una distinción entre amanuense (al que se le dictaba sílaba por sílaba) y secretario (al que se le indicaba el contenido básico pero se le daba la libertad de redactarlo a su modo) y propone que Pablo usó un secretario para componer las pastorales. De este modo explica las diferencias de vocabulario, concepto y estilo que existe entre las pastorales y el resto del corpus paulino.

Debe reconocerse que todas estas teorías son altamente hipotéticas. Fee (1984: xxxvi) señala que el hecho de que se trata de tres documentos dinamita cualquiera de las dos primeras teorías: ¿porqué habría de presentarse el material en cuestión en tres cartas diferentes?

10. Básicamente seguimos aquí la presentación de la temática en cuestión que hace Guthrie (1990a: 612-21).

11. Por ejemplo, Pablo no podría haber dejado casi al mismo momento a Timoteo en Éfeso y a Tito en Creta, pues esto presupone una larga estadía del apóstol simultáneamente en los dos lugares. Lestapis (52-54) argumenta que Pablo puede haber dejado a Tito en Creta incluso sin haber estado allí.

12. El argumento de Dibelius parte de axiomas definitivamente discutibles. Dibelius entiende que la hipótesis de una segunda prisión en Roma (posterior al relato de Hch) no puede ser separada de la visita de Pablo a España, y que esta visita es mutuamente excluyente con la presencia del apóstol en Grecia y Asia Menor sugerida en 2Ti. Aún más, Dibelius descarta toda afirmación que carezca documentación. Considera que las referencias al viaje de Pablo a España no son solventes, de modo que –razona Dibelius– es imposible que el apóstol haya ido a España, haya sufrido una segunda prisión y haya escrito 2Ti.

13. Cothenet (41-42) reconstruye la evolución de la jerarquía eclesiástica en tres etapas: a) tiempo apostólico en el que la iglesia era liderada por profetas y maestros; b) tiempo pos-apostólico (fines del siglo 1) en el que los obispos y diáconos reemplazaron a los líderes carismáticos (Clemente de Roma a los Corintios); c) siglo 2, tiempo en el que se definió la estructura en tres niveles de jerarquía: un único obispo (obispo monárquico), varios presbíteros y por último los diáconos (Ignacio de Antioquía).

    Käsemann (1969a: 89-90), por su parte, atribuye este giro estructural a la divinización de la iglesia puesta en evidencia en el himno de Ef 5:23 y ss. (para Käsemann pos-apostólico). Cristo aquí es transformado en "una imagen más del pedestal" en el que se encuentra la institución de la iglesia también.

    Dibelius (2-8) argumenta que el requerimiento de que el obispo no sea neófito (1Ti 3:6) demanda una iglesia de larga data. Lo que Dibelius no considera es que la comunidad de Éfeso ya tendría alrededor de 10 años para el tiempo en el que se escribió 1Ti. Es significativo que en Tit, donde la situación de las iglesias en cuestión muestra ser significativamente más primitiva, no se registra un requisito de esta clase. Hanson atribuye el episcopado monárquico del siglo 2 no a los obispos de las pastorales, sino a Timoteo y a Tito. Ver von Campenhausen.

14. Ver Ro 12:7-8; 1Co 12:28; 16:15-16; Gá 6:6; Ef 4:11-12; Fil 1:1; 1Ts 5:12-13. Ramos (82) considera "difícil pensar que la creación de cargos eclesiásticos fue provocada solamente por cuestiones doctrinales (en las controversias doctrinales de la iglesia pos-apostólica). La necesidad de un ministerio organizado resaltaba desde la creación del movimiento cristiano".

15. Es cierto que las pastorales siempre usan "obispo" (*epískopos*) en singular (1Ti 3:2; Tit 1:7), mientras que "ancianos" toma forma plural (*presbúteroi*, 1Ti 5:17; Tit 1:5). Esto hace pensar a muchos en la estructura ignaciana. Para la discusión ver Apéndice III, Los oficios eclesiásticos en las pastorales (545).

16. "Presidiendo el Obispo en lugar de Dios, y los presbíteros en lugar del Senado apostólico, y teniendo los diáconos, para mí amadísimos, confiado a su celo el ministerio de Jesucristo" (Magn. VI.1).

    "Obedeced todos al Obispo, como Jesucristo al Padre, y a los presbíteros como a los Apóstoles; reverenciad a los diáconos, porque sirven por mandato de Dios. Sin el Obispo nadie haga cosa alguna de aquellas que tocan a la Iglesia. Téngase por verdadera Eucaristía la que se hace por mandato del Obispo o de aquel a quien el Obispo lo concediese. Donde se presente el Obispo, allí esté la multitud, como, donde estuviese Cristo Jesús, allí está la Iglesia católica. No es lícito sin (la autorización) del Obispo ni bautizar ni celebrar el ágape; lo que él aprobare, esto es del agrado de Dios; todo lo que así se haga será estable y firme" (*Esm.* VIII).

    Esto se confirma en la carta escrita por Policarpo (*Pol. Fil.* 2:13): "Por lo tanto, ustedes (los hombres jóvenes) deben abstenerse de todas estas cosas, sujetándose a los ancianos y a los diáconos como a Dios y a Cristo."

    En las pastorales el rol de regla de la fe lo ejercen la sana enseñanza (1Ti 1:10; 4:6; 6:3; 2Ti 1:11; 4:3; Tit 1:9; 2:1), el evangelio de Pablo (2Ti 2:2, 8; 3:14), el depósito (1Ti 6:20; 2Ti 1:14) y Pablo mismo en cuanto ejemplo (1Ti 1:16; 2:7; 2Ti 1:13; 3:10-11); las Escrituras (2Ti 3:15-17). Kelly (14) señala que la atmósfera que se respira en las pastorales es por lejos menos sofisticada y articulada que la de las cartas de Ignacio.

17. "Necesario es, en efecto, que sin el Obispo nada hagáis, como de hecho no hacéis, y que además estéis sometidos a los presbíteros, como a los Apóstoles de Jesucristo, nuestra esperanza: viviendo así, nos encontraremos en él... Todos reverencien de igual manera a los diáconos como a Jesucristo, como también al Obispo, que es figura del Padre, y a los presbíteros, como Senado de Dios y Concilio de los Apóstoles" (*Trall.* II.2-II.1). "Procurad usar de una sola Eucaristía, porque una es la carne de nuestro Señor Jesucristo y uno solo el cáliz en la unidad de la sangre del mismo; uno solo el altar, como uno el Obispo con el cuerpo de los presbíteros y con los diáconos, sus compañeros en el servicio (de Dios) para que hagáis según Dios todas vuestras obras" (*Ign. Fil.* IV.1).

    En las pastorales el fundamento de la iglesia es la promesa divina y su cumplimiento en la manifestación de Cristo (1Ti 6:19; 2Ti 2:19; Tit 2:14).

18. Ver "El contexto histórico de las cartas pastorales" (p. 20).

19. Probablemente esto se deba a una interpretación errónea de la atribución que los padres de la iglesia hacen del origen del gnosticismo (pero en su versión cristiana) a Simón el Mago, el hechicero mencionado en Hch 8 (Justino, *Apol.* XXVI; Ireneo, *haer.* I.23). González (128) correctamente señala que lo que los padres apostólicos atribuyen a Simón el Mago es haber hecho entrar en contacto al cristianismo con

el gnosticismo por primera vez. Cullmann (1972a: 18) define como "una concepción errónea" impuesta por la escuela de teología de Tübingen a "la idea de que en sus comienzos el cristianismo era simplemente judío y que sólo más tarde se ha hecho helenístico. Este error fundamental ha implicado toda una serie de otros, como por ejemplo, la suposición de que la herejía llamada gnóstica no habría aparecido sino más tarde en los medios helenísticos situados fuera de Palestina".

20. Yamauchi (1987), por otra parte, considera "débil" la afirmación de que el gnosticismo antecedió al cristianismo, por falta de documentación. Williams (200), rechaza de plano la discusión respecto a si el gnosticismo es previo o posterior al cristianismo, ya que debe considerarse por separado cada escuela de pensamiento que entra bajo la categoría omni-abarcativa "gnóstico".

21. Durante mucho tiempo se ubicó a Marción dentro del gnosticismo. A partir de von Harnack, se lo comprende como un pensador original, pese a que comparte con el gnosticismo por lo menos tres falsas doctrinas fundamentales: a) El Dios de Cristo no creó el mundo; b) Cristo no se encarnó; c) es el alma (no el cuerpo) el que se salva, por lo que no hay resurrección de entre los muertos. El pensamiento de Marción, de todos modos, no consiste en un popurrí religioso, sino de una reorganización radical de la doctrina cristiana (Hägglund: 35).

    Los siguientes son algunos puntos de coincidencia entre el marcionismo y la falsa doctrina de las pastorales: a) 1Ti 2:5 afirma la unidad de Dios (contra los dos dioses de Marción); b) 1Ti 4:3-4 condena costumbres ascéticas; c) 1Ti 4:4 se da una valoración positiva a la creación (contra el desprecio marcionista); d) 2Ti 2:18 repudia la negación de la resurrección física; e) 1Ti 6:20 menciona el "falsamente llamado conocimiento" y las "contradicciones" (*antizéseis*), elementos que pueden ser conectados con la herejía marcionita, considerando que el hereje compuso una obra en la que exponía las contradicciones entre el AT y el NT, a la que llamó "Contradicciones" (*Antizéseis - Adv. Marc.* II.28); f) 2Ti 3:16 afirma que *toda* la Escritura está inspirada (contra el canon mutilado de Marción).

    Todos estos puntos (salvo los últimos dos) hacen posible conectar a los falsos maestros no sólo con Marción, sino con cualquiera de los movimientos gnósticos. Con respecto al punto f) Guthrie (1990a: 644) correctamente señala que el concepto de 2Ti 3:16 no demanda pensar en la controversia anti-marcionista necesariamente. El pastor Timoteo también habrá necesitado de esta reafirmación apostólica. El punto e) es significativamente débil para definir la cuestión.

    Algunos de los teólogos que hacen esta propuesta son Bauer, von Campenhausen, Goodspeed, Gealy y Riddle (Dibelius: 2; Guthrie, 1990a: 618).

22. Un elemento fundamental en el programa reformador de Marción fue eliminar toda conexión entre Jesús, la iglesia y Pablo con el AT y con el judaísmo. Para la herejía judaizante ver "El contexto histórico de las cartas pastorales" (p. 20).

23. Guthrie, 1990a: 615-18.

24. Knight (23), por su parte, sostiene que el modus operandi que reflejan las pastorales es el mismo que el de Ro 16:17; Fil 3:17-18 y 2Ts 3:6, donde el apóstol aconseja

a sus comunidades respecto de un tercer partido disidente. Para Guthrie (1990a: 641), el hecho de que el autor aconseja ignorar las herejías es argumento a favor de una composición temprana. La forma en que la iglesia del siglo 2 confrontaba el gnosticismo era por medio de la refutación doctrinal y con preocupación y respeto por las consecuencias que podía traer su influencia en la iglesia.

25. Éstos son algunos de los puntos de tensión doctrinal entre las pastorales y el resto del corpus paulino (Ver Guthrie, 1990b: 45-51; 1990a: 618-19.):
1) Las pastorales presentan un concepto de Dios más helénico (inmortal, invisible) y judío (inaccesible) que paulino (Dios como Padre).
2) Un concepto cristológico típico de Pablo como la así llamada "unión mística" del creyente con Cristo ("en Cristo") está poco representada en las pastorales.
3) Poca mención del Espíritu Santo. Col y 2Ts mencionan al Espíritu sólo una vez, mientras que Flm no lo menciona directamente.
4) El clásico uso paulino de "fe" (la fe que cree – *fides qua creditur*) no es dominante en las pastorales, mientras que sí lo es un uso objetivo (la doctrina que es creída – *fides quae*), poco común para el corpus paulino (sólo en Fil 1:27; Col 2:7; Ef 4:5), referente a "la totalidad de las verdades a ser creídas". Es claro que esto responde al contexto retórico de controversia con las herejías.
5) Pérdida de la expectativa escatológica, que vuelve central el concepto burgués del cristiano como un ciudadano ejemplar (Dibelius: 8, 39-41).

26. Algunos intérpretes explican estas diferencias proponiendo que el lenguaje del apóstol sufrió una evolución considerable durante los últimos años de su vida asimilando mayor terminología helénica y latina. Esta hipótesis no debe ser descartada de plano, considerando la alta posibilidad de que el mayor contacto que el apóstol tuvo con el mundo helénico no se dio ya en la juventud (lo más probable es que Saulo haya crecido en Jerusalén mismo y no en Tarso, su ciudad natal; Hch 22: 3; McDonald: 328), sino recién a partir de sus viajes misionales (van Unnik). Dibelius (145) considera que la autenticidad de las pastorales demandaría la extraña evolución lingüística de una terminología particularmente paulina a una forma secular de expresar los conceptos. Habría de esperarse, en cambio, que el apóstol se mueva de una terminología típica del judaísmo helénico a una forma más particular.

Se ha argumentado que las pastorales presentan mayor similitud lingüística con la obra de dos tomos de Lucas (Lc-Hch) que con el resto del corpus paulino (Knight: 48-52). Lucas, en este caso, se movería entre autor, co-autor y secretario del apóstol (con mayor influencia que la del mero amanuense). Los datos estadísticos, una vez más, no prueban nada definitorio.

27. Harrison señala que a) 175 palabras de las pastorales no aparecen en el resto del NT (*hapax legomena*). b) 130 palabras sí están en el NT, pero no en el resto del corpus paulino. c) 112 partículas claves en el resto del corpus paulino no son usadas en las pastorales. d) El vocabulario de las pastorales coincide con el típico vocabulario del siglo 2 (padres apostólicos y apologetas).

Hendriksen (1979: 14, nota 5) demuestra que el porcentaje de *hapax legomena* de cada una de las pastorales no difiere sustancialmente de una carta reconocida como paulina como Romanos: Ro tiene 261 palabras nuevas de 993 (26,3%); 2Ti tiene 114 palabras nuevas de 413 (27,6%); Tit 81 palabras nuevas de 293 (27,6%) y 1Ti, por su parte, 173 palabras nuevas de 529 (32,7%).

Para una refutación exhaustiva del trabajo de Harrison (ver Guthrie, 1990b: 224-40; 1990a: 619-21.)

28. La mayoría de los exegetas modernos considera que la iglesia primitiva tomó sin cuestionamiento la práctica contemporánea de escribir obras bajo el nombre de personajes famosos. El problema ético de la composición seudónima responde, según los liberales, a una preocupación exclusivamente moderna, por lo que pensar que la iglesia primitiva consideró este tema como conflictivo es imponerle una tabla de valores extraña para la época. Knight (47) demuestra que Pablo mismo encara el tema en 2Ts, denunciando la composición seudónima (2Ts 2:2) como repudiable y presentando a su saludo de puño y letra como marca de autenticidad (2Ts 3:17). La iglesia primitiva, en la misma línea, muestra haber repudiado el uso del seudónimo. Tertuliano (*Bapt.* 17), por ejemplo, señala que el presbítero de Asia que escribió *A. Paul.* "como si él pudiera agregarle algo al prestigio de Pablo, fue removido de su oficio después de haber sido reprendido y de que confesara que lo había hecho por amor a Pablo". Llamativamente, el mismo escrito apócrifo, aunque siempre reconocido como tal, fue muy usado y considerado como fuente histórica confiable hasta el siglo 10 dC (Schneemelcher, II: 216).

29. Es claro que la coherencia teológica de nuestras cartas con el pensamiento del apóstol Pablo depende en primera instancia de cómo se reconstruye el pensamiento paulino. Entramos aquí en un terreno altamente controvertido, no sólo porque tomó el centro de la discusión en torno a Pablo desde la Reforma, sino por lo complejo que es desde un punto de vista metodológico abstraer el centro teológico del pensamiento paulino a partir de cartas que fueron gestadas en el terreno pastoral y contingente de la relación del apóstol con sus congregaciones.

Básicamente han sido propuestos dos ejes fundamentales diferentes para el pensamiento de Pablo: la justificación por gracia / fe (Lutero, Bultmann y sus seguidores) y la concepción apocalíptico-escatológica de la historia de la salvación (Stendahl y Ridderbos). Desde que esta segunda alternativa fue planteada, se ha pensado en términos excluyentes (una u otra). Compartimos la propuesta de Käsemann de entender a ambos elementos (tanto al concepto apocalíptico-escatológico como a la justificación por gracia / fe) como pertenecientes al centro teológico del pensamiento de Pablo.

Dentro de este marco, las pastorales muestran inclinar su foco hacia el eje apocalíptico-escatológico. En total coherencia con el pensamiento paulino, las dos apariciones (*epifáneiai*) de Cristo sucedidas en los tiempos escogidos (*kairoís idíois*) marcan en las pastorales las intervenciones decisivas de Dios en la historia y cargan de gravedad escatológica a la existencia y al actuar de la iglesia en este tiempo (ver Apéndice IV – La salvación y el salvador en las pastorales, p. 559 y Apéndice V – El concepto de historia en las pastorales, p. 565).

Pese a que nuestras cartas no elaboran gran material en torno al otro eje (la justificación por gracia / fe), de todos modos los conceptos de las pastorales de ningún modo se mueven en dirección opuesta. De hecho, la ética de nuestras cartas muestra presuponer este sustento tan clave para la teología paulina. Esto llevó a que Lutero (Pelikan, 1968: 3) llame a Tito "una especie de epítome y sumario de otras epístolas más extensas."

30. Reicke y van Bruggen son unos de los últimos en sostener esta teoría. McDonald (492) señala que las "lagunas" que deja Lucas en la narrativa de Hch no permiten descartar de plano la posibilidad.

1Ti 1:3 abre la carta mencionando de la partida del apóstol de la ciudad de Éfeso (donde deja a Timoteo) para viajar a Macedonia. La única vez que Pablo hace este viaje en Hch, lo hace con Timoteo (Hch 20), quien siguió en compañía del apóstol en toda su recorrida: está con él no sólo en Macedonia (donde había estado preparando la colecta para la iglesia de Jerusalén, Hch 19:22), Grecia (cuando Pablo escribe Ro, Timoteo lo está acompañando, Ro 16:21), y nuevamente Macedonia, al iniciar el viaje a Jerusalén (Hch 20:4). Es muy probable que Timoteo haya acompañado al apóstol incluso hasta Jerusalén (aunque Lucas no lo mencione en la estadía en Jerusalén), considerando la relación que Timoteo tenía con la colecta de las iglesias de Macedonia y el hecho de que el apóstol siguió acompañado por un grupo numeroso hasta Jerusalén mismo (Hch 21:17, 29). Evidencia de que Timoteo estuvo con el apóstol durante su primera prisión en Roma son las cartas de las que ambos son co-autores: Filipenses (Fil 1:1), Colosenses (Col 1:1) y Filemón (Flm 1).

Tit nos presenta a un apóstol que deja a su ayudante en la isla de Creta para continuar con su trabajo (Tit 1:5) y que planea pasar el invierno en Nicópolis de Epiro (Tit 3:12). El paso del apóstol por la isla en el libro de Hch es demasiado corto y casual para tratarse del contexto de nuestra carta (Hch 27). De hecho, Pablo está en camino a la primera prisión de Roma, donde permaneció por dos años. Esto hace imposible la planificación del viaje a Nicópolis.

Finalmente, la situación legal del apóstol en 2Ti es significativamente diferente a la que nos presenta Hch y Fil. Es muy probable que el informe que elevaron Festo y Agripa al emperador haya resonado a los comentarios registrados en Hch 26:31-32: "Este hombre no ha hecho nada que merezca la muerte ni la cárcel... Se podría poner en libertad a este hombre si no hubiera apelado al emperador." La descripción que Hch 28:30-31 hace de la prisión domiciliaria del apóstol no muestra gran tensión. El pronóstico que Pablo mismo hace desde la prisión es aún incierto, pero evidentemente tendiente a la liberación (Fil 1:25-26; 2:23-24). 2Ti, por el contrario, describe a un apóstol abandonado por los suyos (2Ti 1:15; 4:10, 16), peligrosamente opuesto en el tribunal (2Ti 4:14-15), y con la certeza de su inminente martirio (2Ti 4:6-8, 9, 18, 21).

31. Es un error considerar al libro de Hechos como una "biografía" (*bíos*) del apóstol. Hch tiene un programa diferente que consiste en describir el cumplimiento del programa planteado por el Jesús antes de su ascensión (Hch 1:8).

32. Se levanta una gran discusión en torno al referente de la expresión "el límite occidental" (*epí tó térma tēs dúseōs elzōn*). Quienes sostienen que Pablo no fue liberado de su primera prisión, sino martirizado, interpretan esta frase como indicando la llegada del apóstol a la ciudad de Roma. Es en estos términos que el libro de Hch, por ejemplo, describe a Roma (Hch 1:8).

    Hendriksen (1979: 35 nota 14) menciona algunos autores que escribieron desde Roma (como Clemente) y que usan la misma terminología para referirse a España: Herodoto (siglo 5 aC) describe a los celtas como "nación occidental"; Teodoreto (siglo 5 dC) habla de España, Galia y Bretaña como "los que habitan en los límites de occidente"; Estrabón (63 aC-24 dC) hace un uso similar de la expresión. Es evidente, por tanto, que "el límite del mundo" dependió de cuál era "el centro del mundo" para cada autor: para un judío en Palestina, el límite podía ser Roma. Para un romano, el límite occidental seguramente no coincidía con el centro del mundo (Roma).

33. Crisóstomo (*hom. in 2Tim.* III: 484) señala que el apóstol "había ofendido a Nerón al hacerse amigo de uno de sus sirvientes". Más adelante añade que "Él (Pablo) ya había estado ante Nerón y logró escapar. Pero luego, puesto que convirtió a su maestro copero, fue decapitado" (*hom. in 2Tim.* X: 514). Ramos (37) indica que las fechas propuestas en la antigüedad para la muerte del apóstol se mueven entre el 66 dC (Epifanio), 67 dC (Eusebio) y 68 dC (Jerónimo).

34. Harrison (623) considera que la referencia de la antigüedad al viaje de Pablo a España no es más que una leyenda surgida en torno a Ro 15. El relato de la partida de Pablo desde Roma rumbo a España que presenta el apócrifo *Los Hechos de Pedro* - Vercellenses I-III (siglo 2 dC) muestra ser una elaboración de las otras referencias más confiables (Schneemelcher, II: 287-89). En su comentario a Tito, Jerónimo considera que Pablo escribe esta carta desde Nicópolis (Roberts, VI: 498).

35. Reconocemos que ésta, como cualquier otra reconstrucción de los hechos en torno a las pastorales, es altamente hipotética. De todos modos consideramos que es la que hace mayor justicia a las diversas fuentes. Para una reconstrucción similar ver Hendriksen (1979: 49-50), Guthrie (1990a: 624) y Hoerber (1986: 1850-51). Ver también "Apéndice VI – Personajes de las pastorales" (p. 569).

36. Sumney (13) critica la liviandad con la que se reconstruye el pensamiento de los opositores del apóstol a partir de lo que Pablo describe de ellos. Sumney sugiere, más bien, que en el discurso polémico se caricaturiza al opositor, sobredimensionando sus defectos para producir rechazo y convencer al lector del riesgo que implica optar por su línea de conducta y pensamiento. Sumney agrega, aún, que normalmente cuanto más cercano es el opositor, más se lo degrada y se exageran sus defectos.

37. Los principales líderes gnósticos dentro del cristianismo fueron Simón el Mago (Samaria, siglo 1), Menandro (Siria, siglo 1), Cerinto (Éfeso, siglo 1), Saturnino (Siria, siglo 2), Carpócrates (Alejandría, siglo 2), Basílides (Alejandría, siglo 2) y

Valentín (Roma, siglo 2) (Hägglund: 35; González, 1992: 128-34). Los principales teólogos cristianos que confrontaron la herejía gnóstica son Ignacio (*Esm.*, *Ign. Pol.*), Justino (*1Apol.* XXVI), Ireneo (*haer.*), Tertuliano (*Praescr. haer.*), Clemente de Alejandría (*Strom.*) (González, 1992: 128, nota 25). Para escritos apócrifos pertenecientes a movimientos gnósticos (ver Schneemelcher I: 354-413; y diversos escritos de Schneemelcher II).

Hemos mencionado en las notas 20 y 21 de esta introducción la discusión respecto a los límites del término gnosticismo. Guthrie (1990a: 566, nota 3) propone limitarlo en referencia a las herejías cristianas combatidas por los padres de la iglesia del siglo 2. Cullmann (1972c: 43, nota 4), por otro lado, considera que "es arbitrario restringir el término sólo a los sistemas en los cuales aparece el mito del salvador divino que, descendido sobre la tierra salvándose a sí mismo, salva a los otros por su ascensión. El gnosticismo no es un movimiento de contornos bien delimitados. Es un fenómeno sincretista, y cuando se intenta elegir más o menos arbitrariamente uno de los múltiples aspectos para describirlo como el único elemento distintivo legítimo, se hace violencia a la complejidad de la realidad histórica". Finalmente, Williams (200) define como artificial la categoría "gnosticismo", y propone considerar cada escuela gnóstica por separado.

38. Ireneo (*haer.* I.28.1) ataca a los gnósticos encratitas (siglo 2 dC) por el repudio del matrimonio: "Gente que se inspira en Saturnino y en Marción y que se llaman encratitas han proclamado que hay que rechazar el matrimonio, repudiando la antigua obra modelada por Dios y acusando de forma aberrante a aquel que hizo al hombre y a la mujer para la procreación; han introducido la abstinencia de lo que ellos dicen animado, ingratos como son para con Dios que ha hecho todas las cosas; niegan igualmente la salvación del primer hombre." *Los Hechos de Pablo* presenta a Pablo como heraldo de algunos conceptos de tipo gnóstico. Este texto apócrifo del siglo 2 dC señala que el apóstol predicaba la "palabra de Dios con respecto a la continencia y la resurrección" (*A. Paul.* V). *A. Paul.* III.12 condiciona la resurrección a la conservación de la virginidad.

39. El *Evangelio de Felipe* (texto de la secta gnóstica valentiniana del siglo 2 dC) llama "resurrección" a la experiencia paradisíaca del alma inmortal, como en contraposición al infierno (*Ev. Fel.* 63). El mismo evangelio afirma que la resurrección se recibe por medio del Bautismo (*Ev. Fel.* 76) o por medio de la unción de aceite (*Ev. Fel.* 92, 95). "Aquellos que dicen que primero van a morir y luego se van a levantar están en error. Si no reciben la resurrección primero, mientras aún viven, cuando mueran no van a recibir nada" (*Ev. Fel.* 90).

40. El concepto gnóstico de salvación consiste en la liberación de las almas que quedaron esclavizadas por el mundo material. Esta liberación se produce por medio del acceso a un conocimiento superior (*gnōsis*) que permite la purificación del alma y el consecuente acceso a la esfera divina. Este conocimiento no es accesible a todos los humanos, sino exclusivamente a aquellos que están iniciados en el gnosticismo (Hägglund: 37).

41. Hägglund (33) considera que el dualismo (originario de Persia) es una de las dos marcas fundamentales del gnosticismo, siendo la especulación filosófica acerca de la formación del cosmos la segunda (originaria de Babilonia).

Ferguson (291), por su parte, enlista los siguientes elementos como característicos del gnosticismo:

* El cosmos está formado por una gran multitud de eones (dimensiones) dispuestos en forma jerárquica: el Dios supremo está encima de todo y generó una serie de eones inferiores.

* El mal surgió en el mundo de los dioses inferiores: alguno de ellos sufrió una caída y, como consecuencia, creó el mundo material en el que los humanos quedamos atrapados.

* Dualismo: el mundo espiritual (los eones superiores) es el valor supremo, el mundo material es el problema de la humanidad.

* Implicancias éticas libertinas o ascetas. La primera alternativa (nicolaítas) responde al desinterés por lo que sucede a nivel físico. La segunda alternativa (encratitas) afirma la necesidad imperiosa de sujetar el cuerpo bajo las restricciones más duras.

* Antropología que distingue varias jerarquías de humanos: los espirituales están a salvo de este mundo, los síquicos deben hacer un gran esfuerzo para alcanzar la salvación y los carnales no tienen opción de salvarse.

* Escatología realizada: la esperanza no está puesta dentro del marco de la historia del mundo, sino en el escape de ella.

42. En Tit no se combate expresamente elementos heréticos de tipo gnóstico. Esto no significa que rechacemos la posibilidad de que la herejía de Creta haya sido la misma que la de Éfeso (Knight: 11-12, 28; Dibelius: 65-66).

43. Barrett (1999: 43-53) sostiene que Pablo debió confrontar en casi todos los ámbitos a dos clases de opositores surgidos de una misma raíz: los judaizantes y los otros apóstoles. Presentamos aquí una síntesis de esta propuesta de Barrett:

	JUDAIZANTES	LOS OTROS APÓSTOLES
Concilio de Jerusalén (49 dC)	Hch 15:1-2a: Presentan como imprescindible la circuncisión para alcanzar la salvación. Gá 2:4: Falsos hermanos que buscan esclavizarlos por medio de la circuncisión, haciéndoles perder la libertad en Cristo. Hch 15:5: Algunos creyentes pertenecientes a la secta de los fariseos.	Gá 2:6: Se creen columnas de la iglesia. Pedro recibió de parte de Dios el apostolado entre los judíos. Él, junto con Santiago y Juan, reconocen el apostolado de Pablo entre los gentiles. Barrett (1999: 53) señala que Pablo habrá considerado a estos líderes como un potencial peligro para su trabajo (Gá 2:2). Hch 15:2b: Apóstoles y ancianos (*apostólous kaí presbutérous*) de Jerusalén con quienes se encuentran para realizar el concilio. Hch 15:9, 11: Pedro señala que los corazones son purificados por la fe y se alcanza la salvación por la gracia de nuestro Señor.
Antioquía (¿52 dC?)	Gá 2:12: Enviados de Santiago que buscan separar a los judíos de los paganos.	Gá 2:11-13: Pedro se muestra inestable e hipócrita al dejarse influir por los que llegan de parte de Santiago.
Corinto 55-56 dC	2Co 11:4: Vienen (de afuera) para predicar otro Jesús. 2Co 11:13: Pablo los llama "falsos apóstoles" (*pseudapóstoloi*). 2Co 3:1: Éstos vienen con carta de recomendación, muy probablemente de los "superapóstoles".	1Co 15:11: Los otros apóstoles predican al Cristo resucitado. 2Co 11:5; 12:11: Pablo los llama "superapóstoles" (*huperlían apóstoloi*).
Galacia 56 dC	Molestan, hechizan y esclavizan a los creyentes con las demandas de la ley de Moisés.	
Filipos 62 dC	Fil 3:18: Enemigos de la cruz de Cristo, cuyo final es la destrucción. Su dios es el vientre y su gloria está "en la vergüenza" (*en tē aisjúnē autōn*). Barrett (1999: 48) interpreta al "vientre" como referente a las leyes dietéticas y a "la vergüenza" como una expresión eufemística para los genitales (relacionado con la circuncisión).	Fil 1:15-17: Algunos aprovechan el encierro de Pablo para ganar terreno. Aunque por envidia, de todos modos predican a Cristo.

44. Es posible que la confrontación entre los dos partidos se remonte a Hch 6 mismo. Cullmann (1972a y 1972c) entiende que la división que existió dentro de la iglesia de Jerusalén, expresada por Lucas en Hch 6:1 con los términos "helenistas" (*hellēnístai*) y "hebreos" (*hebraíoi*), no está conectada ni con la ascendencia (mestizos y judíos puros) ni con la lengua materna (griego o arameo) de cada parte de la comunidad, sino con la clase de judaísmo practicado por cada sector. La designación "hebreos" haría referencia a los que practicaban un judaísmo ortodoxo, mientras que los "helenistas" serían judíos sincretistas con prácticas heterodoxas y esotéricas. Cullmann señala que la persecución de Hch 8 se desata precisamente en contra de estos "helenistas" opuestos al templo (los apóstoles no necesitan huir de la metrópolis). Ante la persecución, los helenistas se mueven hacia Samaria, cabecera de playa del judaísmo contrario al templo.

    Hengel (32) menciona un detalle más que significativo: los fariseos y el rey Agripa II depusieron al sumo sacerdote Anás II cuando éste mandó a matar a Santiago, el hermano de Jesús, obispo de la iglesia de Jerusalén. Esto confirma la unidad estrecha que existió hasta el año 62 dC entre la iglesia y el templo de Jerusalén.

45. Barrett (1999: 57), en contraposición, llama al contenido del decreto del Concilio de Jerusalén (Hch 15:20, 23-29) "judaísmo básico, pero sin circuncisión", pues hace demandas éticas (abstenerse de la inmoralidad sexual) y ceremoniales (abstenerse de ciertos alimentos). Barrett considera poco posible que Pablo haya aceptado dichas imposiciones.

46. Wan considera que los oponentes del apóstol tanto en Corinto como en Galacia son rebeldes al acuerdo del Concilio de Jerusalén, que predican la ley entre los gentiles.

47. Para la discusión respecto al carácter gnóstico o judío de la expresión "mitos y genealogías" ver el comentario correspondiente a 1Ti 1:4 (p. 80).

48. McDonald (495), por ejemplo, rechaza equivocadamente toda identificación con los judaizantes por encontrar que evidencian de gnosticismo en la herejía de las pastorales.

49. Schneemelcher (II: 685-90) presenta una reconstrucción del libro de los elkasai (frase aramea que significa "poder oculto:" *hail kasai* – חיל כסי) a partir de las citas registradas por Hipólito (170-235 dC) y Epifanio (315-403 dC). Elkasai, fundador del movimiento, recibió de Cristo y del Espíritu Santo una revelación en la que se revalida gran parte de la ley judía para que la iglesia alcance la perfección. Ferguson (577) señala que Cerinto, hereje que vivió en Éfeso hacia fines del siglo 1 dC (!), combinó conceptos propiamente judíos como el milenialismo (*haer.* I.26; HE III.28.2) con sus rasgos gnósticos como el docetismo y la separación del Dios principal y el Creador como inferior.

50. Mientras Cullmann (1972a y 1972c) distingue el judaísmo esotérico del ortodoxo, Jeremias (1980: 253) denuncia la presencia de esoterismo entre los mismos

escribas. Cita de la Mishná (escrito rabínico ordenado en forma temática) el documento *Hagiga* ("La ofrenda festiva") II.1, 7: "No se deben explicar públicamente las leyes sobre el incesto delante de tres oyentes, ni la historia de la creación del mundo delante de dos, ni la visión del carro delante de uno solo, a no ser que éste sea prudente y de buen sentido. A quien considere cuatro cosas más le valiera no haber venido al mundo, a saber: en primer lugar lo que está arriba, en segundo lugar lo que está abajo, en tercer lugar lo que era antes, en cuarto lugar lo que será después." Jeremías encuentra en la visita de Nicodemo a Jesús (Jn 3:1-13) rasgos típicos de esoterismo judío.

51. Ferguson (288) señala que la centralidad que tienen la personificación de la Sabiduría, la angelología y la reflexión mística respecto a la creación en el gnosticismo delata que este movimiento bebió de las aguas del judaísmo esotérico. Este contacto, señala Ferguson, definitivamente antecede al contacto entre el gnosticismo y el cristianismo.

52. El punto de encuentro entre estas dos posturas antagónicas es la obsesión por usar el "ejercicio físico" (*hē sōmatikē gumnasía*, 1Ti 4:8) como medio de salvación.

53. Furnish (337) advierte que, en la tarea de reconstruir la herejía combatida por Pablo, "se debe resistir a la tentación de pensar que cada palabra dura o cada supuesta crítica implica que del otro lado hay un oponente identificable".

54. Clements (273-81) menciona los siguientes factores que contribuyeron a la popularización de la tradición sapiencial como consecuencia del exilio:
    * Contribuyó a la educación moral en medio del desenfreno de los paganos con los que Israel comenzó a convivir.
    * Sirvió como marco amplio de diálogo "inter-confesional" para promover la tradición judía por un lado (utilidad misional y apologética), y por el otro para conservar a las generaciones subsiguientes dentro de la tradición de los ancestros.
    * Sirvió para que el "Israel sin templo" re-defina su religión en términos abstractos y universales y ya no sacramentales (dependiente del rito) ni sacerdotales. Los términos en los que se entiende la retribución da cuenta de esto: seguridad, prosperidad y felicidad.
    * La tradición sapiencial se volvió esencial para el programa de educación religiosa del Israel pos-exílico por ser efectiva dentro del marco político y social en el que el pueblo de Dios quedó inmerso a la fuerza: es el hogar el escenario educativo. No estando ahora los sacerdotes, surge la necesidad de tener una autoridad externa lo más objetiva posible (escrita). Esta necesidad es satisfecha por medio de los conceptos de la Tora y la tradición de los ancestros.

55. La tradición sapiencial nació en Egipto ya durante el Imperio Antiguo (siglo 22 aC) y logró su desarrollo durante el Imperio Nuevo (siglos 16-11 aC) (Crenshaw: 23).

56. Crenshaw (52) enlista los siguientes componentes de la "instrucción" cortesana egipcia: reglas de etiqueta, modos en la mesa, protocolos oficiales, elocuencia, restricciones, comportamiento con respecto a las mujeres, control de las pasiones, propiedad para saber cuándo hablar y cuándo no.

57. Correctamente se ha identificado a 1Ti y Tit con los edictos imperiales publicados en forma de cartas oficiales (Knight: 70; Cothenet: 10). Aune (164-65) indica que este tipo de comunicación oficial entre autoridades gubernamentales (pero de carácter público) servían como "herramientas para influir en la opinión pública". El género literario que se ha propuesto para 2Ti, por su parte, es el de Testamento: recuerdo de las experiencias compartidas, anuncio sombrío del porvenir e instrucciones respecto al curso de acciones a seguir (Dibelius: 71; Cothenet: 10).

    De todos modos, consideramos preferible nuestra identificación del género literario de las tres cartas pastorales como "instrucción" sapiencial puesto que a la vez de señalar las mismas características que los otros géneros propuestos, refleja mejor el contexto retórico (no sólo de partida como el testamento, sino de transmisión de la tradición al sucesor) y los parámetros dentro de los cuales se edifica la persuasión y argumentación de las cartas (ver características del género "instrucción" a continuación). Carrez (652-53) es el único otro intérprete que sugiere de forma tangencial el parentesco de las pastorales con la tradición sapiencial.

58. El formato poético y el narrativo son los más comunes en la literatura sapiencial.

59. Esta síntesis de las características de la "instrucción" está basada fundamentalmente en el tratamiento del género que hace Crenshaw en su libro *Education In Ancient Israel: Across the Deadening Silence.*

60. El tratado rabínico *Pirke Aboth* da gran importancia a una "cadena" ininterrumpida para conservar sana la tradición: "Moisés recibió la Ley de (Dios en) Sinaí y se la pasó a Josué; Josué a los ancianos (los jueces); los ancianos a los profetas; y los profetas se la pasaron a los miembros de la Gran Asamblea (los líderes de Israel en la era pos-exílica)" (*Aboth* I.1).

61. Esto no refleja, lógicamente, falta de profundidad ni mucho menos. El carácter pragmático de la literatura sapiencial es aquí determinante.

62. El campo cubierto por las instrucciones morales de la literatura sapiencial, por ejemplo, no es idéntico al del decálogo (los diez mandamientos). Es el alcance del orden y el bienestar comunitario lo que toma prioridad en la tradición sapiencial (von Rad, 1972a: 75).

63. Una y otra vez Lutero destaca que Pablo habla en 1Ti no solamente por inspiración del Espíritu Santo, sino particularmente desde la voz de la experiencia (Oswald, 1973: 296, 299, 337, 381).

64. El Creador "ocultó" detrás del orden y la sabiduría que manifiesta la creación su propio orden y sabiduría.

65. "El comportamiento y la actividad de un individuo siempre son vistos tanto en relación con sus consecuencias como en conexión con sus efectos en la sociedad" (von Rad, 1972a: 78), de modo que el hombre es "bueno" en la medida en que produce bienestar social y es "malo" cuando produce daño.

66. Von Rad (1972a: 79) demuestra que el fuerte lenguaje de causa-efecto dentro de la literatura sapiencial no implica una doctrina de la retribución contraria a la gracia. El horizonte del sabio se mueve dentro del plano social, donde la experiencia ha demostrado suficientemente el efecto que tienen los diferentes actos humanos. Se trata, por tanto, más bien de las consecuencias lógicas y conocidas de un acto antes que del veredicto que Dios como juez dicta sobre los humanos.

67. Dentro de la clasificación clásica de Aristóteles (*Rhet.* II), nuestro género literario corresponde claramente a la retórica deliberativa: busca que el oyente / lector realice la acción propuesta por el orador / autor.

Tipo de retórica	*Contexto en el que es usada*	*Efecto buscado*	*Estrategia positiva*	*Estrategia negativa*
Jurídica	Corte judicial	Convencer al juez con respecto a eventos pasados	Defensa	Acusación
Deliberativa	La asamblea de la polis griega	Persuadir a la asamblea con respecto a un curso de acción futuro	Persuasión	Disuasión
Epideíctica	Ceremonias	Dar placer (en el presente) al auditorio celebrando los valores comunes	Alabanza	Difamación

Los tipos de retórica propuestos por Aristóteles son los siguientes tres:
Para la discusión de estas categorías con relación a las cartas del NT ver Aune (198-203).

68. Las típicas tentaciones del escriba en la tradición sapiencial son adherirse a una enseñanza diferente y ambicionar riquezas (Crenshaw: 162). En la tradición egipcia, aquél que se deja seducir por tales tentaciones padece fuertes dolores físicos en la vejez (Crenshaw: 197).

69. Bryan (13) correctamente señala que el "género implica un *conjunto* de elementos. Tan significativos son estos elementos que podemos entender porqué se está tentado a menudo a considerarlos como 'reglas'. Pero no son precisamente 'reglas', pues no necesitan estar todas presente en un solo escrito. El género de una obra particular se establece por la presencia de suficientes motivos del género con considerable fuerza para dominar". De este modo, el género "establece límites entre el

autor y su audiencia y comienza a limpiar el camino para que una audiencia determinada perciba el propósito de cierto autor" (Bryan: 11).

70. Nótese la importancia inusual que las pastorales le dan a temas como la transmisión de la tradición apostólica (1Ti 3:15; 4:6, 11-16; 6:2b; 2Ti 1:3, 5, 13; 2:2; 3:10-17; 4:2; Tit 1:9; 3:8), la organización estructural de las iglesias (1Ti 2:8-3:13; 5:3-16; 2Ti 2:2; Tit 1:5-9), la sujeción a las autoridades eclesiásticas (1Ti 1:1-4, 18-20; 2:7-3:15; 4:12; 5:1-2, 17-25; Tit 1:10-11; 2:15; 3:10-11), la censura y huida de las herejías (1Ti 1:3-7, 19-20; 2:12; 4:1-10; 5:12-13; 6:3-10, 20-21; 2Ti 2:16-4:5; Tit 1:10-16; 3:9-11).

71. Nótese las "afirmaciones fieles" que convalidan material tradicional (1Ti 1:15; 3:1; 4:9; 2Ti 2:11; Tit 3:8) y la apelación al ejemplo autoritativo del apóstol (1Ti 1:15-16; 4:12; 2Ti 1:13; Tit 2:7).

72. Correctamente Lutero (Oswald, 1973: 217) señala que, a diferencia de las cartas más tempranas, en nuestras cartas Pablo no establece doctrinas básicas. Dibelius considera que el material parenético (las exhortaciones) de estas cartas está vaciado de toda dimensión teológica y avanza al punto de considerar como teológicamente inconsistente al autor de las pastorales.

    Es llamativo que los exegetas modernos del AT cuestionan la profundidad y ortodoxia teológica de la literatura sapiencial canónica del mismo modo en que sucede con las cartas pastorales (von Rad, 1972a: 10; Clements: 269; Crenshaw: 239-40).

73. Un concepto básico de la comprensión que tiene Dibelius (39-41) de las pastorales es el de la "buena ciudadanía cristiana" como marca del supuesto aburguesamiento de la iglesia pos-apostólica que se acomodó a este mundo y adoptó como meta fundamental el ser parte de él y ya no del cielo.

74. Esto afecta a la comprensión de algunos textos (1Ti 2:15; 3:13; 4:16; 5:12; 6:10, 12; 2Ti 1:18; 4:7; Tit 2:1, 11-13) que a simple vista parecen traer un concepto en tensión con la doctrina de la salvación por gracia. Ver Apéndice IV – La salvación y el Salvador en las pastorales (p. 559).

75. A diferencia del resto del corpus paulino nuestras cartas (especialmente 1Ti y Tit) no están organizadas en una sección teológica y otra parenética (exhortaciones finales), sino en distintas secciones exhortativas, dentro de las cuales se desarrollan algunos conceptos teológicos.

2 TIMOTEO A VUELO DE PÁJARO

NOTAS EN PÁGINAS 57-58

Antes de entrar al análisis de textos puntuales, recorreremos la carta desde lo alto para tener un panorama amplio de ella. Antes de mirar el árbol, miraremos el bosque; para así luego entender mejor las características de cada árbol singular. Si el lector no ha leído aún "1 Timoteo a vuelo de pájaro" (Comentario a Primera Timoteo, publicado por la misma casa editora), recomendamos que lea la discusión teórica de cada sección allí, para poder comprender, mejor lo presentado aquí.

LAS DOS NARRATIVAS DE 2 TIMOTEO

Toda carta relata dos historias. Una es la historia que ya ocurrió y que demanda la composición de la carta en cuestión: Dios actuó en Cristo y llamó a su iglesia para tener parte en su victoria y para servirle. Pero han sucedido cosas que demandan la instrucción apostólica. Ésta es la "narrativa secundaria". La otra, la "narrativa principal", es la historia futura, deseada, demandada. Aquí el autor (narrador) funciona como el director de una obra de teatro cuyos actores no leyeron el guión, por lo que aquél debe tomarse el trabajo de decirles qué hacer. Es en esta historia donde está puesto el interés del autor. Recorreremos las dos narrativas de nuestra carta:

1) Narrativa secundaria: Antes de que comience el tiempo Dios ya había escogido en Cristo a los suyos. Por medio de su intervención en la historia, la salvación y la vida dejaron de ser promesa para volverse una realidad concreta. Pablo fue hecho apóstol precisamente para que los escogidos alcancen este nuevo orden de vida por medio de la predicación del evangelio. Timoteo y muchos otros lo siguieron en este servicio. El privilegiado turno de estos hombres había sido largamente esperado por los antepasados, pues la victoriosa

aparición de Jesús anunciaba la cercanía de otra más gloriosa aún, su resurrección anticipaba la de ellos mismos. Cosecha y corona que se hacían palpar y esperar con ansias. ¡Pero la muerte siguió golpeando igualmente! Los oponentes, como todos los que sirvieron al diablo, atacan al apóstol con antagonismo, persecución, cárcel y una muerte inminente. El apóstol de la vida ahora se transformaba en peligro de muerte incluso para aquellos que lo habían acompañado.

2) Narrativa principal: Timoteo, como soldado de Cristo Jesús, recibe la instrucción del desgastado superior de dejar su puesto para estar con él en una vanguardia destinada a la derrota (desde un punto de vista humano). La gran lucha para Timoteo, de todos modos, no está allí, ante el tribunal romano y su amenaza. La batalla clave se encuentra aquí, en la tentación ("el gran peligro") de relativizar el mensaje del evangelio y sus demandas con el fin de evadir "los pequeños peligros". Entendiendo las reglas del juego, sabiendo detrás de quién marcha y teniendo en mente la gran recompensa, Timoteo asume "los pequeños peligros" con los que amenazan los oponentes para salir victorioso ante "el gran peligro".

Recordamos que entre nuestras dos narrativas se encuentra la composición de la carta, existiendo entre cada uno de los elementos una relación de "causa y efecto". La narrativa secundaria relata la tragedia escandalosa de Pablo y los suyos ante la muerte.[1] La carta resuelve el escándalo y demanda avanzar hacia la vanguardia.[2] Finalmente, la narrativa principal relata la epopeya victoriosa de Timoteo ante la muerte.[3]

CARACTERIZACIÓN DE LOS PERSONAJES

Recorreremos la descripción que Pablo hace de cada uno de los personajes que entra en escena en nuestras dos narrativas. Repasemos las dos coordenadas que guían nuestro análisis de los personajes:

a) Cuánto afecta el personaje a la trama. El *protagonista* es aquél que está en el centro mismo de la trama. Los *personajes principales* intervienen activamente y afectan en forma significativa a la narrativa. Sin ellos, el desenlace no sería posible. Los *personajes secundarios* aparecen en forma consistente a lo largo de la trama, pero no la determinan. Los *personajes menores* cumplen un rol específico, limitado y periférico.

b) Cuánto afecta la trama al personaje. Un personajes es *complejo* cuando presenta rasgos contradictorios que lo fuerzan a moverse para un lado o para el otro en el desarrollo de la narrativa. Un personaje es *simple* cuando a lo largo de la trama no sufre cambio alguno, ya sea porque sus rasgos responden coherentemente a un "rasgo-raíz" (del que deriva el resto) o porque este personaje no presenta más que un único rasgo.

Éste es el elenco de cada una de las narrativas:

	Narrativa principal	*Narrativa secundaria*
Protagonista	Timoteo	Pablo
Personajes principales	Pablo El Espíritu Santo Cristo Los oponentes	Dios Cristo Los oponentes
Personajes secundarios	Dios	Los escogidos Timoteo Los ayudantes de Pablo
Personajes menores	Los escogidos Los ayudantes de Pablo Los ancestros de Pablo Los ancestros de Timoteo Los vivos y los muertos El diablo Janes y Jambres Moisés David	Los ancestros de Pablo Los ancestros de Timoteo El Espíritu Santo El diablo

TIMOTEO

Timoteo es el *protagonista* de la narrativa principal. De hecho ésta parece relatar la lucha de Timoteo consigo mismo.[4] No así en la narrativa secundaria, donde funciona como personaje *secundario.* Allí presenta una trayectoria consistente como aprendiz en la fe de su abuela Loida y su madre Eunice (1:5) y como seguidor de la enseñanza y ministerio del apóstol (1:13; 3:10-11). Es por esto que Pablo lo llama "hijo amado" (1:2), que lo tiene constantemente en el recuerdo y en sus oraciones (1:3) y que añora verlo para quedar lleno de gozo (1:4).

No obstante, Timoteo no queda inmune del escándalo y el temor (1:7-8) padecido por los otros ayudantes de Pablo (1:15; 4:10, 16) al recibir la instrucción apostólica de unirse en los sufrimientos (1:8; 2:3) estando junto a Pablo (4:9, 21) y enfrentando la misma oposición (4:14-15) y riesgos (1:8; 4:5). Se hace imprescindible reducir el escándalo de la muerte o el riesgo de padecerla. La distorsión del evangelio de los falsos maestros (2:16-18) y la relativización del imperativo apostólico ofrecen vías de escape ante la situación. Pero las vías no son válidas (2:16; 21-23; 3:9).

La tensión se vuelve definitiva cuando el apóstol devela lo que está en juego aquí. No se trata solamente de ser coherente en el seguimiento del apóstol (1:6-7, 12-13; 3:10-11). Aquí está en juego el depósito que Dios mismo le confió (1:14), por el que renueva su conjuro (4:1-5). Está en juego la conservación de la fe materna que forjó su identidad (1:5; 3:14-15). Está en juego nada menos que su unidad con Cristo Jesús (1:8; 2:3, 11-13; 4:8), y por consecuencia, su participación en la salvación final (2:12, 22; 3:12, 15; 4:1, 8). Los "pequeños peligros" de la corte imperial se vuelven ahora insignificantes al lado del "gran peligro" de la corte divina. Evitar los primeros implica caer ante este último.

Pablo, de todos modos, no viene al encuentro de Timoteo solamente para ponerlo entre la espada y la pared. El apóstol le recuerda el marco grande de poder, de victoria sobre la muerte y de vida en el que Timoteo está incluido: él está "en Cristo" (1:9, 13; 2:1, 10; 3:12, 15). Es en consonancia con este poder divino manifestado en la resurrección de Jesús (1:10; 2:8), entregado a Timoteo en su bautismo (2:11) y renovado en su entrada al ministerio (1:7), que Timoteo es ahora desafiado (1:8, 14; 2:1).

El filo en el que se encuentra Timoteo y lo interno de su lucha lo hacen un personaje profundamente *complejo*, paradigma de la lucha en la que se encuentra el lector que no podrá más que identificarse con este Timoteo. Se espera más aún, que se experimente empatía con el marco de certeza en el que se resuelve tanto el escándalo como el temor.

PABLO

En la narrativa principal, Pablo tiene un rol *principal.* Su intervención en la trama es significativa, especialmente en agregarle tensión, pero también en guiar a Timoteo para que resuelva su conflicto. En la narrativa secundaria, en cambio, Pablo es el *protagonista.* Es particularmente en torno a él que el escándalo y el peligro de la muerte se levantan.

Pablo fue hecho predicador, apóstol y maestro del evangelio que trae vida e incorruptibilidad (1:1, 10-11). Timoteo se alinea detrás de él con fidelidad (3:10-11, 14) y recibe el mismo Espíritu (1:14) de poder, de amor y de auto-disciplina (1:7) a través de su imposición de manos (1:6). Las palabras del apóstol son el modelo de sana predicación que Timoteo debe mantener (1:13) y pasar a otros (2:2). Sus instrucciones son la clave para que Timoteo alcance un conocimiento divino (2:7; 3:1, 14).

Este maestro que proclama a un Mesías victorioso sobre la muerte (2:8) es golpeado por el poder destructor del enemigo. Como consecuencia, un número importante de colaboradores lo abandona (1:15; 4:14, 16). Las persecuciones, no obstante, son parte integral del ministerio de Pablo desde sus inicios (3:11), de la experiencia cristiana toda (3:12) y del mismísimo evangelio (1:8; 2:11-13). El apóstol, sirviendo con una conciencia pura (1:3), soportó todo para que los escogidos alcancen la salvación (2:10), pues sabía que aquel en quien confiaba (1:12) era poderoso para rescatarlo de todas las persecuciones (3:11). Ahora, al final de su carrera, Pablo está preso (1:8, 12; 2:9) y pronto a ser sacrificado (4:6-7). El único capítulo que falta aún es recibir el cumplimiento final de la promesa divina (4:8). Ahora el rescate esperado ya no es el de ser liberado de la muerte, sino de la tentación a evadir el riesgo y de la incapacidad para cumplir la tarea (4:17-18).

El maestro nuevamente invita a Timoteo a seguirlo (4:9, 21), pero esta vez la lección es sobre cumplir el ministerio hasta la muerte.

Pese a la aparente tensión entre la vida y la muerte que presenta nuestro personaje (tensión que en realidad no le es inherente a él, sino al evangelio), Pablo es un personaje *simple.* Sus varias facetas se remiten a un único rasgo-raíz: él es el modelo puesto por Dios para que Timoteo siga con fidelidad.[5] Se espera que el lector se apropie también de este modelo para compartir el llamado, la entrega, la esperanza y la certeza.

EL ESPÍRITU SANTO

Pese a que su mención es muy escasa, de todos modos tiene un rol *principal* en la narrativa principal. Es por su intermedio que Timoteo puede cumplir con su llamado y guardar así el depósito que le fue confiado por Dios (1:14). Timoteo debe "reavivar" este don divino para que sus frutos de poder, amor y auto-disciplina anulen toda cobardía ante el peligro (1:6-7).

En la narrativa secundaria, en cambio, se trata de un *personaje menor:* funciona como sello divino que confirma la unidad entre Timoteo y el apóstol. El Espíritu reposó sobre Timoteo por medio de la imposición de manos hecha por el apóstol (1:6); por lo que no se trata de "mi Espíritu" o "tu Espíritu", El Espíritu Santo es el que "habita en nosotros" (tanto en Pablo como en Timoteo, 1:14).

CRISTO

En las dos narrativas Cristo es un personaje *principal,* pues afecta en forma definitiva sus respectivas tramas. Muestra clara de la centralidad de su rol es el contenido de los varios usos de la frase "en Cristo" (*en Jristō*): en él nos fue dada la gracia divina antes de que comience el tiempo (1:9); en él tenemos la promesa de vida (1:1); en él está la fe que conservan la sana predicación (1:13) y recibe la salvación (2:10; 3:15); en él debe fortalecerse Timoteo (2:1). Un recorrido similar sucede en el himno de 2Ti 2:11-13 en torno a otra típica frase paulina: "con él" (*sun autoú*) los escogidos atraviesan tanto la historia de sufrimiento y muerte como la de vida y gloria. La comunidad alcanzada por estar "en Cristo" otorga a los escogidos un marco de vida, poder y salvación en el contexto de muerte, debilidad y peligro.

Cristo hace su primera "aparición" (*epifáneia*) como guerrero y creador: él vence a la muerte y saca a la luz la vida y la incorruptibilidad (1:10). La extensión de este nuevo orden se realiza por medio de la proclamación de su victoria (2:8), para lo que Cristo recluta a sus soldados (2:3-4): el evangelio le fue confiado a Pablo (1:11), Timoteo debe dar testimonio sin vergüenza (1:8) y muchos otros esclavos de este Señor son enviados a rescatar a los cautivos del diablo (2:24).

En esta tarea de extender la proclamación, Cristo no permanece pasivo. Él fortalece (1:2; 2:1; 4:17, 22) y da entendimiento a sus ministros (2:7), los rescata (*rúomai*) una y otra vez de los "riesgos pequeños" (3:11; 4:17) y especialmente del "gran riesgo" de la tentación (4:18) para que logren proclamar el mensaje en forma completa (4:17).

Las dos apariciones (*epifaneíai*) de Cristo funcionan como dos polos con cargas diferentes. En la primera, apareció como guerrero y creador para vencer y salvar (1:10; 2:10; 3:15; 4:18). En la segunda, vendrá para juzgar y reinar (4:1). Esta estampa estática del Cristo sentado en el trono de autoridad suprema (y ya no luchando en el campo de batalla ni en el lodo creacional como antaño) es el poderoso mojón que da seguridad a los escogidos en medio de sus tormentosas luchas.

Predomina en nuestra carta la descripción del Señor como juez. Puesto que Cristo es el juez justo (4:8) y universal (4:1), es a él a quien el apóstol apela en su anhelo de misericordia para Onesíforo (1:18) y su familia (1:16), en su demanda de justicia para sí mismo y para los creyentes (4:8), de castigo para su opositor (4:14) y de absolución para sus débiles compañeros (4:16). Es delante de este mismo juez que Timoteo es comprometido por el apóstol bajo conjuro (4:1-5). La otra estampa escatológica de Cristo -íntimamente ligada a la de juez- es la del rey davídico (2:8). Pese a que como tal, Cristo es quien ostenta el reino (*tēn basileían autoú*, 4:1) celestial (4:18), él lo comparte con los suyos (2:12).

Las diferentes imágenes de Cristo convergen en un rasgo-raíz (es un personaje *simple*): él es ante todo el Mesías resucitado. Es el escogido de Dios para encarnar nuestra liberación venciendo a la muerte y estableciendo su reino de vida.

DIOS

En la narrativa principal, Dios es un personaje *secundario.* Su intervención en la trama es generalmente mediada por otros que actúan en base a sus dones y atributos. Es delante de él que Timoteo debe presentarse como un trabajador aprobado (2:15). Es para hacer su voluntad que se rescata a los cautivos del diablo (2:26). Su poder y sus dones dan el sustento para que los ministros lleven adelante su función (1:2, 8; 2:19, 22; 3:16-17). Sólo dos son sus entradas en escena para realizar una tarea: Dios es llamado para ser testigo de los conjuros bajo los que son puestos Timoteo (4:1) y los hombres confiables (2:14) y para otorgarle arrepentimiento y salvación a los cautivos del diablo (2:25).

En la narrativa secundaria su rol se vuelve más activo (es un personaje *principal*). Él es el que toma la iniciativa de salvarnos, por lo que diseñó su plan y nos entregó su gracia ya antes de que comience la historia (1:9). Dios llama a Pablo como apóstol (1:1) y le otorga a Timoteo el Espíritu de poder, amor y auto-disciplina para predicar el evangelio y extender así la victoria lograda por Cristo (1:6-7). Él mantiene activo su poder resguardando el destino de salvación de sus escogidos (1:12; 2:19).

Dios evidencia ser un personaje *simple,* puesto que incluso sus dos rasgos fundamentales (la gracia y el poder) terminan remitiéndose a uno solo: su trascendencia. Él nos da su gracia, fidelidad y salvación más allá de nuestras obras (1:9; 2:13, 25; 4:16). Su cuidado por los escogidos (1:8, 12), su palabra (2:9), el fundamento sobre el que edificó la iglesia (2:19) y su salvación (2:26) son inmunes a todo ataque del maligno. Esta trascendencia, funciona, en última instancia, como el gran colchón que permite a los escogidos arrojarse al vacío.

LOS OPONENTES

En las dos narrativas los oponentes funcionan como un personaje grupal y cumplen un rol *principal.* Son ellos los que amenazan a los ministros y a los escogidos con los dos niveles de peligros (los pequeños y el gran peligro).

Aquellos que presentan "los pequeños peligros" parecen actuar primordialmente desde afuera de la iglesia, en combinación con el poder político del imperio (4:16-18). Estos oponentes golpean a la iglesia con oposición al evangelio (4:3-4, 14), persecuciones (3:11-13), acusaciones (4:14-15), prisión (1:8; 2:9), condenas injustas (4:8) y muerte (3:11; 4:6). Su perversión marca la llegada del anunciado tiempo final (3:1; 4:3) y avanzará más aún (3:13).

Los oponentes que presentan "el gran peligro" actúan desde adentro mismo de la iglesia (2:20-21; 3:5). Su amenaza consiste en distorsionar el evangelio reemplazando la verdad por mitos y charlatanerías mundanas (2:16, 18; 4:3-4). Estos falsos maestros actúan con trampa y engaño (3:6, 13), convulsionan la fe de muchos (2:18), oprimen y esclavizan a sus alumnos con un eterno aprendizaje de nada (3:6-7) y finalmente los empujan a la destrucción (2:14). Pese a esto, la creciente popularidad que ostentan (2:17; 4:3-4) responde a que su discurso satisface los deseos perversos del humano (3:6; 4:3). Es precisamente la popularidad de este evangelio diluido la que tienta a los predicadores de la verdad que sufren persecución y muerte (3:5; 4:5).

Janes y Jambres delatan la relación inseparable que existe entre las dos versiones de oponentes recién analizadas. Por un lado son presentados en los mismos términos que los oponentes que actúan desde afuera de la iglesia: su oposición es fundamentalmente "delante de la autoridad civil". Pero al mismo tiempo Pablo los presenta como paradigma de los falsos maestros que atacan desde adentro (3:8).

Es que en última instancia, ambos sectores presentan un mismo rasgo-raíz (son un personaje *simple*): ellos son esclavos del diablo. El sopor de la cautividad (2:26) arruina sus pensamientos (3:8-9, 13) y promueve el avance de su perversión e impiedad (2:16; 3:2-4; 4:18). Se espera producir en el lector antipatía y alerta por los diabólicos oponentes (2:14, 16; 3:4; 4:15). No obstante el esclavo del Señor debe aspirar a corregirlos y hacerles conocer la verdad (2:24-26; 4:2, 5, 17).

OTROS PERSONAJES MENORES

Entre los personajes menores se puede distinguir dos grupos según sus funciones: aquellos que *sirven a la trama* y aquellos que *sirven para describir a otros* personajes de mayor importancia.

Entre los que *sirven a la trama* están contados en primer lugar "los escogidos" (la iglesia). Se trata de un personaje grupal fuertemente pasivo, pues son beneficiarios y receptores de los padecimientos y la predicación de los ministros (2:2, 10, 14). Un sub-grupo de ellos, los "hombres confiables" y "esclavos del Señor", tienen un rol más activo: deben cuidar y transmitir el mensaje apostólico (2:2) y deben lidiar con los falsos maestros distanciándose de ellos (2:14), pero rescatándolos al fin (2:24-26). Estos dos sectores cumplen un único rol dentro de las narrativas: rompen el halo de extrema soledad que rodea a Pablo y a Timoteo. Es con ellos con quienes Timoteo debe buscar comunión y paz (2:22), a ellos también les está reservada la corona de justicia (4:8), ellos estrechan lazos unos con otros y con Pablo y Timoteo por medio de los saludos (4:19-21). *Por* ellos y *con* ellos los ministros sirven y sufren.

Los ayudantes de Pablo también *sirven a la trama*. Hay dos grupos destacados: aquellos que abandonan y traicionan al apóstol (1:15; 4:10, 16) y aquellos que están a su lado y lo fortalecen (1:16-18; 4:11). Cada uno ejemplifica las alternativas que Timoteo tiene delante de sí. Pero en última instancia todos (salvo Lucas) comparten un rasgo-raíz: ayudantes fieles o infieles, todos están ausentes (4:10-12, 20). Esto resalta la gravedad de la situación del apóstol (protagonista de la narrativa secundaria) e inyecta presión a la decisión que debe tomar Timoteo (protagonista de la narrativa principal).

Tanto los ancestros de Pablo como los de Timoteo funcionan en conjunto como una herramienta persuasiva para lograr la imitación del modelo apostólico. La yuxtaposición de estos ancestros (1:3, 5; 3:14-15) produce el siguiente efecto: Pablo predica, soporta y muere en consonancia con la fe de los ancestros, ¿y Timoteo?, ¿su decisión lo alineará o lo distanciará de la fe de los suyos?

El último grupo que entra en escena para aportar a la trama son "los vivos y los muertos" (4:1). Al señalar la universalidad de la jurisdicción de Cristo como juez, los vivos y los muertos ofrecen consuelo para un Timoteo ante la muerte (si muere, es Cristo el que lo reivindicará), pero a la vez advertencia para un Timoteo ante la tentación (si escapa de la muerte, es Cristo el que lo juzgará también).

La segunda categoría de personajes menores es la de aquellos que *sirven para describir a otros* personajes. El diablo es uno de ellos. Él es quien se mueve por detrás de los oponentes (2:26; 3:3; 4:17) para delatar su estirpe y la dimensión de su perversión. Janes y Jambres, hechiceros que se opusieron a Moisés, también entran en escena para enfatizar la perversión de los oponentes y su destino de un fracaso certero (3:8-9). En la misma comparación aparece Moisés. Es significativo que este héroe del AT no representa a Timoteo, sino a la verdad (3:8). Esto nuevamente habla de la extrema perversión de los oponentes por un lado, pero se vuelve advertencia para Timoteo por el otro: los nuevos "Janes y Jambres" no necesariamente son "sus" oponentes, pueden ser sus aliados. En el otro extremo, David sustenta el carácter real y mesiánico del Cristo detrás de quien Timoteo es llamado a luchar (2:8).

DINÁMICA DEL DISCURSO

Hagamos un breve repaso de la estructura del discurso sugerida por la retórica clásica:

a) La "introducción" (*exordium*) busca poner a la audiencia del lado del autor.

b) La "narración" (*narratio*) describe los hechos en base a los cuales se argumentará.
c) La "propuesta" (*propositio*) anuncia en forma sintética lo que se quiere probar.
d) La "argumentación" (*probatio*) presenta las pruebas que sustentan la propuesta.
e) La "conclusión" (*peroratio*) repasa el argumento y apela a la emoción de la audiencia para convencerla.

Nuestra carta, junto con 1Ti y Tit, rompen abiertamente con la teoría de la retórica clásica en cuanto que la "exhortación" (*exhortatio*) toma el rol de "eje del discurso" que normalmente le corresponde a la "argumentación" (*probatio*). Esto, recordamos, responde al género literario de "instrucción" sapiencial.[6]

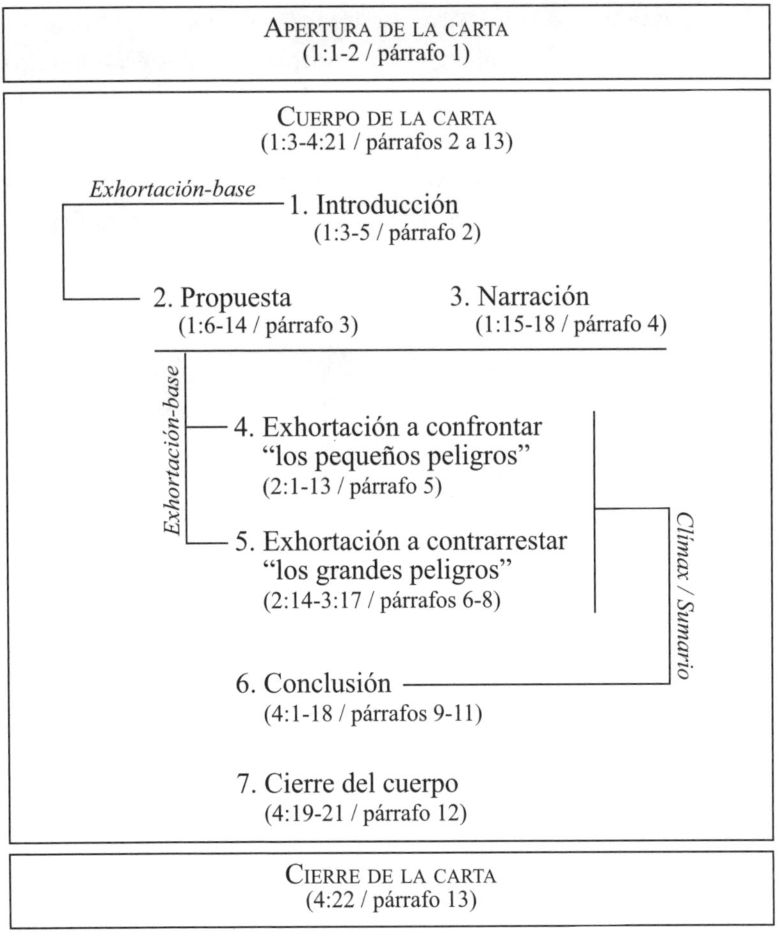

El uso de introducción (*exordium*) delata la necesidad que tiene el autor de lograr en el lector buena predisposición hacia el grave pedido de la carta.[7] Debe destacarse el "enroque" entre la propuesta y la narración (intercambian su posición normal).[8] La propuesta (*propositio*) presenta una importante elaboración de los temas y de los argumentos de la carta.[9] La narración (*narratio*) abre de un modo típico ("Tú ya estás al tanto de esto", 1:15)[10] y plantea la disyuntiva con la que es confrontado Timoteo por medio del ejemplo dejado por los otros ayudantes de Pablo.

Planteado el material inicial (2Ti 1), Pablo introduce las dos exhortaciones (*exhortationes*) que conforman el núcleo del discurso (2Ti 2-3). Finalmente el discurso se mueve hacia su punto de clímax, la conclusión (*peroratio*), donde se recapitula el material ya elaborado y se dan instrucciones prácticas para responder al planteo de la carta (2Ti 4).

Si bien estructuramos nuestro discurso en torno a dos exhortaciones (a confrontar "los pequeños peligros" y a contrarrestar "el gran peligro"), de todos modos el eje del discurso puede reducirse a un único punto: que Timoteo participe en los padecimientos (*sugkakopazeín*) del apóstol.[11] Cada sección del discurso vuelve a este punto clave para persuadir con mayor efectividad. El discurso de 2Ti, por tanto, podría ser graficado como un espiral:

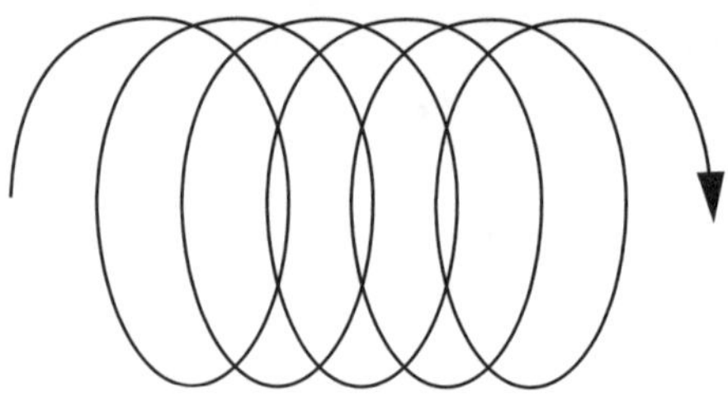

El movimiento interno del discurso de cada una de estas grandes secciones que componen esta carta será analizado a lo largo del comentario. Ver la sección "El lugar de nuestro párrafo en la carta" en los comentarios a 2Ti 2:14-26 (p. 185) y 2Ti 4:1-5 (p. 310).

NOTAS

2 TIMOTEO A VUELO DE PÁJARO

1. La narrativa secundaria presenta una *trama de fortuna:* se mueve entre el dominio de la vida y el de la muerte en un aparente "ida y vuelta"

2. La carta nos lleva por una *trama de conocimiento:* nos mueve de la ignorancia y el escándalo al descubrimiento de la verdad y la consecuente resolución del escándalo.

3. La narrativa principal presenta una *trama de carácter:* se mueve de la cobardía y la tentación a la victoria del coraje y la entrega.

4. El 96 % de las exhortaciones de la carta tienen en la mira a Timoteo. Sólo el 4 % de los imperativos apelan a la obediencia de la iglesia. Igual de significativo es el objeto indirecto de aquellos imperativos dirigidos a Timoteo (en relación a quién debe actuar Timoteo):
   a) Timoteo en relación a su ministerio 39 % (debe dedicarse a la enseñanza y aceptar los sufrimientos).
   b) Timoteo en relación al apóstol 25 % (debe unirse en los sufrimientos y acercarse).
   c) Timoteo en relación a sí mismo 18 % (debe huir y buscar ciertas cosas, debe permanecer).
   d) Timoteo en relación a los herejes 11 % (debe evitar, no prestar atención).
   e) Timoteo en relación a la iglesia 7 % (debe encomendar e instruir).

5. Es significativo que muchos de los verbos usados en modo indicativo en relación a Pablo son usados en modo imperativo en relación a Timoteo. Pablo demanda de su seguidor Timoteo lo que él mismo hizo o está haciendo:

Verbos	*Pablo*	*Timoteo*
(No) avergonzarse	1:12	1:8
Sufrir (con)	1:12; 2:9; 3:11	1:8; 2:24; 3:12; 4:5
Fortalecerse (en Cristo)	1:7; 4:17	1:7; 2:1

Verbos	*Pablo*	*Timoteo*
Presentarse aprobado	4:7-8	2:15
Predicar	4:17	4:2
Cumplir el ministerio en forma total	4:7, 17	4:5
Encargar a otros delante de Dios	4:1	2:14

6. Ver la sección "El género literario de las Cartas Pastorales" (p. 23) en la "Introducción al Comentario".

7. Aune (185) indica que la acción de gracias en las cartas paulinas funciona como introducción (*exordium*) al estimular la buena voluntad en el lector e introducir en forma indirecta (*insinuatio*) el tema de la carta.

8. No obstante, Aristóteles (*Rhet.* III.16.16) señala que la ubicación de la "narración" (*narratio*) es relativamente libre, salvo que se la quiera poner al comienzo del discurso.

9. *Rhet. ad Her.* I.10.17 llama a esta clase de "propuesta" (*propositio*) "exposición" (*expositio*). La "propuesta-exposición" está en contraste con la "propuesta-enumeración" (*enumeratio*), en cuyo caso no se elabora ninguna clase de argumentos, sino que se enlista los puntos a elaborar en la "argumentación" (*probatio*).

10. Quintiliano (Inst. III.9.5 y IV.2.7, 30) recomienda iniciar la narración una afirmación que determine una interpretación compartida entre el autor y el lector del relato que sigue. Se propone frases como "Sé que estás al tanto de…", "Recordarás que…", "No eres ignorante de…"

11. En este punto, a diferencia de las otras dos cartas pastorales, 2Ti sigue el patrón normal de discurso clásico de tener un único elemento a ser probado o defendido.

2TI 1:1-2 / PÁRRAFO 1
APERTURA DE LA CARTA

‹1:1› Παῦλος ἀπόστολος Χριστοῦ Ἰησοῦ διὰ θελήματος θεοῦ κατ' ἐπαγγελίαν ζωῆς τῆς ἐν Χριστῷ Ἰησοῦ ‹1:2› Τιμοθέῳ ἀγαπητῷ τέκνῳ, χάρις ἔλεος εἰρήνη ἀπὸ θεοῦ πατρὸς καὶ Χριστοῦ Ἰησοῦ τοῦ κυρίου ἡμῶν.

1 Pablo, apóstol de Cristo Jesús por la voluntad de Dios, de acuerdo con la promesa de vida, que es en Cristo Jesús, 2 a Timoteo, hijo amado.
Gracia, misericordia y paz de Dios Padre y de Cristo Jesús, nuestro Señor.

COMENTARIO

El apóstol abre su segunda carta a Timoteo siguiendo una vez más las convenciones básicas de la antigüedad. Este primer párrafo, por tanto, está formado por dos oraciones que presentan el material característico (Aune: 184): la oración 1 abre con el remitente y destinatario y la oración 2 con el saludo.

EL REMITENTE Y EL DESTINATARIO (ORACIÓN 1)

1 Pablo, *amplificación* apóstol de Cristo Jesús *amplificación*
por la voluntad de Dios,

de acuerdo con la promesa de vida,
que es en Cristo Jesús,

2 a Timoteo, hijo amado.

Si es sorprendente que 1Ti abra con la formalidad del título apostólico oficial, lo es más aún aquí, en una carta en la que la intimidad del diálogo entre Pablo y su hijo amado Timoteo nunca se desvía hacia reglas eclesiásticas o instrucciones destinadas a terceros. Pero el tono oficial no responde a que Pablo y Timoteo se comuniquen delante de la iglesia, sino delante de Dios.

Pablo se presenta y escribe esta carta en carácter de apóstol de Cristo Jesús. La apertura de nuestra carta comparte con 1 y 2Co, Ef y Col la atribución del apostolado de Pablo a la voluntad de Dios (*diá zelēmatos zeoú*). 2Ti 2:26 señala que el ideal hacia el que debe encaminarse toda existencia humana es precisamente el cumplimiento de la voluntad de Dios. El apóstol encarcelado no escribe desde su miseria, sino desde el alto cumplimiento del ideal humano y desde su alta dignidad de apóstol. En línea con las otras dos cartas pastorales, el lugar de apóstol desde el que escribe Pablo es finalmente descrito por medio de la frase preposicional *katá* (ver 1Ti 1:1; Tit 1:1). En nuestro caso, la frase preposicional especifica "de acuerdo con" qué ha sido llamado Pablo a ser apóstol: "de acuerdo con la promesa de vida, que es en Cristo Jesús". El apóstol que muere, todavía más, el apóstol que se ha transformado en una trampa mortal para sus seguidores, no escribe como representante de la parca, sino desde el desarrollo de su función clave dentro del programa divino de darle nuevamente vida a la creación por medio de Cristo Jesús. La promesa divina de vida, aunque más positiva de lo que el ser humano puede imaginar, trae aparejada, no obstante, el llamado a la entrega de aquel que deposita en ella su esperanza (1Ti 4:8). Nótese cómo Pablo avanza de un marco al otro desde el que escribe a Timoteo: la carta es parte del apostolado de Pablo, el apostolado es por voluntad divina, la voluntad divina está determinada por la promesa de vida, la promesa de vida no es sino en Cristo Jesús (*en Jristō Iēsoú*).

Timoteo, el remitente, es nombrado con profunda ternura: "hijo amado" (*agapētō téknō*). Hemos señalado en el comentario a 1Ti 1:2 que evidentemente Pablo acostumbró designar a Timoteo como "hijo" (*téknon*, 1Co 4:17; Fil 2:22; 1Ti 1:2, 18; 2Ti 2:1). Todavía más, la marca sapiencial de nuestras cartas le otorga a esta designación (utilizada por el maestro para nombrar a su aprendiz) una función retórica clave: Timoteo, como hijo, no tiene más que obedecer las instrucciones de su maestro e imitar su ejemplo. Todas las veces que el NT usa la frase "hijo amado" (*agapētón téknon*), salta a primer plano el concepto de imitación: los creyentes, en cuanto hijos amados, deben seguir el modelo del apóstol (1Co 4:14, 17) o de Dios (Ef 5:1), pues están destinados a ser idénticos a su Padre (1Jn 3:1-3). Al llamar así a su lector, el apóstol toca las fibras más íntimas del sentimiento, a la vez de insinuar el tremendo desafío de seguir sus pasos y su destino de entrega.

EL SALUDO (ORACIÓN 2)

Gracia, misericordia y paz	*amplificación*	de Dios Padre y de Cristo Jesús, nuestro Señor.

Si algo impregna cada porción de la carta, incluso aquellas partes que Timoteo nunca hubiese deseado leer (2Ti 1:8; 3:12; 4:5, 9), es el deseo que Pablo tiene de que estos tres dones divinos reposen sobre el lector: la gracia, la misericordia, y la paz (ver comentario a 1Ti 1:2). En nuestra carta, la "gracia" (*járis*) divina atraviesa toda la historia de la salvación. Ya estuvo allí, antes de que comience el tiempo (2Ti 1:9), como base sobre la que se edificó la salvación del mundo y el llamamiento de los creyentes. Se manifestó, esto es, tomó cuerpo en la destrucción de la muerte y en la irrupción de la vida por medio del evento de Cristo y medio de la predicación del evangelio (2Ti 1:10). Finalmente es en la gracia donde Timoteo puede fortalecerse para actuar con valor como un buen soldado de Cristo Jesús (2Ti 2:1). Evidentemente, la gracia tiene una conexión estrecha con el don de la vida con el que Dios quiebra el dominio y la amenaza de la muerte. La "misericordia" (*éleos*), por su parte, funciona en nuestra carta como la paga justa con la que el Señor (*ho kúrios*), en su carácter de juez, retribuirá el sacrificio por la causa del evangelio tanto de Onesíforo (2Ti 1:18) como de su familia (2Ti 1:16). Finalmente la "paz" (*eirēnē*) es mencionada solamente una vez en otra parte de nuestra carta (2Ti 2:22). Se trata de uno de los dones divinos a los que debe aspirar Timoteo como esclavo del Señor. Si bien la paz contrasta en forma inmediata con la controversia propia de los oponentes (2Ti 2:14, 23-25), de todos modos paradójicamente es esa misma paz la que compromete la seguridad de Timoteo, pues define su alianza "con los que invocan al Señor" (2Ti 2:22) y no con la gente de los últimos tiempos (2Ti 3:1-9; 4:3-4).

La paradoja que atravesará toda la carta ya se perfila en nuestra oración, pues los tres dones divinos deseados sobre Timoteo son alivio al conflicto de la persecución, sí; son salida al dilema de la muerte, sí; pero a su vez son la puerta de entrada para el mismísimo martirio, pues no es sino en el compartir la muerte con Cristo que su gracia irrumpe en victoria, no es sino en el padecimiento de la injusticia que el juez divino retribuirá con su misericordia, no es sino en la alianza de paz con unos que rompe definitivamente el conflicto con el otro. Lo promisorio es, no obstante, que los dones divinos aquí deseados superan largamente el conflicto que ellos abren.

SÍNTESIS DEL PÁRRAFO

Como en toda carta antigua, la apertura establece el filtro básico desde el que se debe entender todo el documento. El apóstol que muere y desafía a su alumno a seguir sus pasos atreviéndose incluso al martirio, no escribe desde el encandilamiento de estar rodeado por la muerte, sino desde el marco grande de la vida con la que Dios vence la muerte, no evadiéndola, sino más bien pasando a través de ella.

PROPUESTAS PRÁCTICAS

La existencia humana no es sin conflicto. Y menos aún la experiencia cristiana. Estar al filo de la muerte por la debilidad propia, por la persecución, por la tragedia de la muerte cercana, por la lucha frente a la tentación y la renuncia a la que llama el evangelio, nos expone con crudeza a la conciencia de nuestra finitud.

* ¿Desde dónde encaras tu vida? ¿Desde la tragedia y el dolor inmediatos y palpables o desde la certeza de victoria y liberación prometidas en Cristo? ¿Cuál de estos dos puntos de partida ("vida y victoria" o "muerte y derrota") es realmente el marco que impregna toda tu existencia? ¿Es el mismo marco con el que Pablo se entiende como "apóstol de la vida" mientras espera su martirio?
* ¿Cuánto desconcierto te produce la paradoja de la experiencia cristiana de contar con una gracia divina que no pasa la muerte por encima, sino que la atraviesa; de disfrutar de la misericordia del Señor, pero no como evasión de las injusticias, sino como reivindicación de ellas; de gozar de una paz que no libera del conflicto, sino que en muchos casos nos encamina hacia él? ¿Cuál es entonces el beneficio que nos ofrece Dios, si sigue habiendo muerte, injusticia y conflicto?

APUNTES TÉCNICOS

APUNTES DE LÉXICO Y SINTÁXIS

2Ti 1:1

"de Cristo Jesús" (Χριστοῦ Ἰησοῦ): Genitivo subjetivo: Cristo es el sujeto de la acción embutida dentro del sustantivo verbal "apóstol" (ἀπόστολος) (Wallace: 82, nota 30).

"por" (διά): BAGD (διά.A.III.1.d: 180) ubica a nuestra expresión bajo la categoría de "causa eficiente": denota el instrumento gracias al cual se obtiene un resultado.

"la voluntad de Dios" (θελήματος θεοῦ): Genitivo posesivo (Wallace: 81-83).

"de acuerdo con" (κατ'): κατά de estándar (Wallace: 377).

"de vida" (ζωῆς): Genitivo objetivo: la vida es el objeto de la promesa divina, esto es: *lo que* Dios promete en Cristo Jesús (Wallace: 116-19).

"en" (ἐν): ἐν + acusativo de esfera (Wallace: 153-55, 372).

2Ti 1:2

"misericordia" (ἔλεος): BAGD (ἔλεος.2.b: 250) "misericordia, compasión, piedad, clemencia". Louw & Nida § 88.76 define a nuestro sustantivo como "mostrar bondad o cuidado por alguien que se encuentra en serias necesidades". Trench (156-61) indica que, cuando son aplicadas a Dios, "gracia" (χάρις) denota el don gratuito del perdón dado al humano en cuanto *pecador,* mientras que "misericordia" (ἔλεος) es el dolor que Dios padece por el humano en cuanto *miserable,* padecimiento que lo mueve a revertir dicha condición. Trench conjetura que en la mente de Dios la "misericordia" (ἔλεος) antecede a la "gracia" (χάρις).

APUNTES CRÍTICO-TEXTUALES

Para la ubicación geográfica y temporal de cada testigo de 2Ti ver Apéndice IX (p. 477).

2Ti 1:2: Algunos manuscritos reemplazan "Cristo Jesús" (Χριστοῦ Ἰησοῦ) por:
a) "el Señor Jesucristo" (κυρίου Ἰησοῦ Χριστοῦ).
b) "Jesucristo" (Ἰησοῦ Χριστοῦ).

1) **Por evidencia interna:** El escriba de la variante a) adapta el texto original a la típica fórmula paulina de salutación inicial ("de nuestro Dios y Padre y del Señor Jesucristo": - ἀπὸ θεοῦ πατρὸς ἡμῶν καὶ κυρίου Ἰησοῦ Χριστοῦ: Ro 1:7; 1Co 1:3; 2Co 1:2; Gá 1:3; Ef 1:2; Fil 1:2; 2Ts 1:2; Flm 3). Al hacerlo, no obstante, por un lado rompe con la fórmula usada en las pastorales (1Ti 1:2 y Tit 1:4), y, por el otro, produce una expresión entorpecida por la repetición de "Señor" (κυρίου). El escriba de la variante b), posiblemente trabajando en base a la variante a), intenta corregir la repetición de "Señor" (κυρίου).
2) **Por evidencia externa:** Éste es el apoyo de cada una de las alternativas:

- El texto original está sostenido por la segunda corrección del códex Sinaítico (א), los códigos Alejandrino (A), Claromontanus (D), Boreelianus (F), Boernerianus (G), Freerianus (I) y Athous Lavrensis (Ψ), el texto mayoritario (𝔐), gran parte de la tradición latina y las versiones siríaca Harklensis y cópticas Sahídica y parte de la Bohaírica.
- La variante a) está sustentada por el original del códex Sinaítico (א), el minúsculo 33 y la versión siríaca Peshitta.
- La variante b), por su parte, está sustentada por los minúsculos 629 1739 y 1881 y un manuscrito de la Vulgata.

Es evidente la superioridad de apoyo con el que cuenta el texto original.

2Ti 1:3-5 / PÁRRAFO 2
ACCIÓN DE GRACIAS

NOTAS EN PÁGINAS 77-78

‹1:3› Χάριν ἔχω τῷ θεῷ, ᾧ λατρεύω ἀπὸ προγόνων ἐν καθαρᾷ
συνειδήσει, ὡς ἀδιάλειπτον ἔχω τὴν περὶ σοῦ μνείαν ἐν ταῖς
δεήσεσίν μου νυκτὸς καὶ ἡμέρας, ‹1:4› ἐπιποθῶν σε ἰδεῖν,
μεμνημένος σου τῶν δακρύων, ἵνα χαρᾶς πληρωθῶ, ‹1:5›
ὑπόμνησιν λαβὼν τῆς ἐν σοὶ ἀνυποκρίτου πίστεως, ἥτις ἐνῴκησεν
πρῶτον ἐν τῇ μάμμῃ σου Λωΐδι καὶ τῇ μητρί σου Εὐνίκῃ,
πέπεισμαι δὲ ὅτι καὶ ἐν σοί.

3 Siempre doy gracias a Dios, a quien he servido desde mis ancestros
con una conciencia pura, al tener de ti un recuerdo que es constante
en mis oraciones de noche y de día, 4 añorando verte, por rememorar
tus lágrimas, para quedar completamente lleno de gozo, 5 puesto que
me acuerdo de la fe no fingida que hay en ti, la misma que habitó
primero en tu abuela Loida y en tu madre Eunice, y estoy convencido
de que también en ti.

COMENTARIO

Este párrafo da inicio el discurso de la carta. Pablo se toma aquí el tiempo y el espacio para la "introducción" (*exordium*), sección en la que el orador / autor intenta crear buena disposición de parte del oyente / lector. Solamente dos cartas del corpus paulino omiten esta sección inicial, precisamente porque no necesitan lograr la atención ni el buen ánimo del lector. Se trata de las otras dos pastorales (1Ti y Tit).[1] En ambos casos, el destinatario es un fiel colaborador del apóstol (Timoteo y Tito), la carta no busca corregir un concepto o una conducta errada en el lector y, posiblemente, el destinatario estaba esperando la llegada de la carta para confirmar su trabajo delante de las comunidades y para tener mayor detalle de las instrucciones que el apóstol ya le había dado en forma oral (1Ti 1:3-4; Tit 1:5-6). ¿Y qué de nuestra carta, entonces? El hecho de que el destinatario de nuestra carta sea el mismo Timoteo, quien –se supone– perdura en su histórica lealtad (2Ti 15; 3:10), vuelve más significativo el uso de la "introducción" (*exordium*). 2Ti es la carta que nadie quisiera recibir jamás, pues es el llamado concreto y decisivo a entregar la vida. La aproximación al tema de la carta es sutil e indirecta (*insinuatio*), como corresponde a un caso en que el auditorio está en la vereda opuesta al orador (*Rhet. ad Her.* I.5.8). El apóstol sabe que la radicalidad de su mandato demanda esforzarse al extremo por poner de su lado inclusive a un lector tan fiel como Timoteo.

La introducción (*exordium*) toma aquí la típica forma paulina de acción de gracias por el lector.[2] El párrafo está formado por una única oración ciertamente compleja en su estructura y cargada de contenido así como de emotividad.

contexto temporal — 3 Siempre
doy gracias a Dios, *amplificación* — a quien he servido — *contexto temporal* — desde mis ancestros
modo — con una conciencia pura,
contexto circunstancial — al tener de ti un recuerdo que es constante,
contexto circunstancial — en mis oraciones
contexto temporal — de noche y de día
modo — 4 añorando verte,
por rememorar tus lágrimas, — *razón-resultado*
para quedar completamente lleno de gozo, — *propósito-medio*
resultado -razón — 5 puesto que me acuerdo de la fe no fingida
que hay en ti,
la misma que habitó primero en tu abuela Loida y en tu madre Eunice,
y estoy convencido de que también en ti. — *identificación*

Desde un punto de vista sintáctico, a la declaración básica de que el apóstol da gracias por Timoteo (*járin éjō*, 2Ti 1:3a) le siguen dos grandes bloques subordinados: a) el contexto circunstancial en el que surge la gratitud (la constante oración por Timoteo, 2Ti 1:3b-4) y b) la razón por la cual el apóstol da gracias por Timoteo (el recuerdo de su fe no fingida, 2Ti 1:5). Desde un punto de vista temático, esta acción de gracias lo pone a Pablo en el centro del escenario como protagonista, mientras Timoteo funciona como escenografía, para luego intercambiar los papeles:

a) La fidelidad constante de Pablo para con Dios (2Ti 1:3a).
  b) El afecto constante de Pablo para con Timoteo (2Ti 1:3b).
  b´) El afecto pasado de Timoteo para con Pablo (2Ti 1:4).
a´) La fidelidad pasada de Timoteo para con Dios (2Ti 1:5).

Varias de las acotaciones con las que Pablo abre la acción de gracias por Timoteo buscan destacar, en verdad, su propia fidelidad y arraigo al culto apropiado. Su servicio a Dios no cuenta con la trayectoria de varios años, ni siquiera de toda su vida. El apóstol remite su adoración a la tradición de sus ancestros (*hō latreúō apó progónōn*). Pablo apeló numerosas veces a esta confesión de fidelidad al pacto sinaítico para protegerse de las falsas acusaciones por parte de los judíos (Hch 22:1-5; 24:14; Gá 1:13-14; Fil 3:5).[3] Un contexto retórico muy diferente en el que también se apela a la adoración de los ancestros son las historias de martirios judíos previas al comienzo de nuestra era. Esta tradición de martirios repite siempre un mismo patrón: el héroe de la fe se expone a la muerte y convoca a otros a imitarlo en la convicción de que ésa es la forma en que se es fiel a la adoración de los padres.[4] En una carta como la nuestra, en la que se pedirá a Timoteo que se alinee con el apóstol y se pare sobre la misma plataforma quebradiza, Pablo necesita por un lado deshacer todo prejuicio y sospecha por parte del lector, y por el otro, debe asegurarle a su discípulo que lo que experimenta (la prisión y el martirio) no es sino el rostro que hoy toma la fidelidad al culto de los ancestros.[5]

Servir a Dios en línea con los ancestros y por medio de una oración hecha "de noche y de día" (*nuktós kaí hēméras*) satisface el ideal judío de servicio a Dios (Lc 1:72-75; 2:37).[6] Servir a Dios por medio de la acción de gracias (*jarín éjein*)[7] satisface el ideal de experiencia cristiana (1Ti 4:3-5), pues el culto íntimo que es rendido por medio de la oración (Ro 1:9-10; 1Co 1:4;

Ef 5:20; Fil 1:3; 1Ts 1:2; 2:13; 2Ts 1:3; Flm 4) es entendido por el apóstol como la adoración "en el Espíritu" (*latreúein en pneúmati*, Ro 1:9; Fil 3:3) demandada por Jesús (*proskuneín en pneúmati*, Jn 4:23-24; Hess, 1983b: 455). Éste es precisamente el testimonio de la "conciencia pura" (*en kazará suneidēsei*) de Pablo, que su servicio a Dios tampoco encuentra su tope en el culto de los ancestros, sino que se remite a la mismísima voluntad divina. El apóstol sirve con conciencia pura porque tiene la certeza de que es en su evangelio, por el que ahora está padeciendo, que las promesas hechas a los padres alcanzan su cumplimiento (Ro 4:13-25; 9:1-8; Gá 3:26-29).

Al describir las circunstancias en las que surge la acción de gracias (su oración regular, 2Ti 1:3b-4), el discurso avanza para señalar la constancia del apóstol ahora en su relación de afecto para con Timoteo. La primera forma en que el apóstol expresa su cariño constante por su discípulo es orando (*déēsis*) por él.[8] De este modo la relación con Timoteo se vuelve parte integral del servicio ofrecido a Dios. Pero el afecto que Pablo muestra tener en el presente por su hijo amado no está solamente prendido de un recuerdo por el pasado, sino que se proyecta hacia el futuro en la expectativa de volver a verlo para llenarse de gozo.

Casi como si se tratara de un espejo, el texto describe en Timoteo las mismas cualidades del apóstol (2Ti 1:4-5). Así como Pablo tiene su oración, su recuerdo, su deseo y su gozo puesto en el lector, del mismo modo se destaca la sinceridad y el afecto que Timoteo evidenció por medio de sus lágrimas.[9] Así como el apóstol confirma su propia ortodoxia y fidelidad apelando a la adoración de los ancestros (2Ti 1:3), del mismo modo la acción de gracias surge por la fe genuina y ortodoxa de Timoteo. Aquí también la relación de Timoteo con Dios muestra satisfacer –en primera instancia– el ideal judío de estar en línea con la fe de los ancestros (2Ti 1:5). Siendo hijo de padre griego y madre judía (Hch 16:1), es claro que el arraigo de Timoteo en "la religión de los ancestros" se da por la línea materna.[10] Es discutido entre los comentaristas si aquí se afirma que Loida, la abuela de Timoteo, fuera cristiana o una judía piadosa y fiel (Guthrie, 1990b: 137).[11] Sea lo que fuere, Loida ubica a Timoteo y a su madre Eunice dentro de la tradición sinaítca. Hemos señalado en el comentario a 1Ti 1:5 que la "fe no fingida" (*anupókritos pístis*) está en diametral oposición por un lado a la especulación que se aprovecha de la religión para satisfacer los deseos propios (1Ti 6:5), y por el otro, a la ruptura con la verdad del evangelio (1Ti 4:2;

Gá 2:13-14). De modo que la relación de Timoteo con Dios –en segunda instancia– también satisface el ideal cristiano, puesto que su fe está aferrada a la revelación divina sucedida en Cristo.[12] En el lenguaje paulino, el ser o la cosa que "habita" (*enoikeín*) al ser humano es el que domina sus decisiones.[13] La renuncia a la satisfacción propia y el apego a la causa del evangelio ciertamente caracterizaron las decisiones de Timoteo (2Ti 3:10-11, 14-15) y de aquella madre que entregó a su hijo para que acompañe al apóstol en su ministerio (Hch 16:1-3).

Ahora bien, esta correspondencia entre el apóstol y Timoteo que el texto funcionando como un espejo, no es absoluta. Hay dos detalles en el texto que aparecen con una repetición e insistencia que demandan la atención del lector. Cuando es Pablo el que está en el centro del escenario (2Ti 1:3-4), los marcadores de tiempo que señalan constancia y persistencia ("de noche y de día" *–nuktós kaí hēméras–* y "constante" *–adiáleipton–*) se suman al uso de verbos presentes que connotan duración y extensión en el tiempo ("siempre doy gracias" *–járin éjō–* y "he servido desde" *–latreúō apó–*). Cuando Timoteo toma protagonismo (2Ti 1:3-5), los términos referentes a la memoria recurren una y otra vez, limitando los elogios al tiempo pasado: "al tener un recuerdo" (*éjō mneían*), "por rememorar" (*memnēménos*), "puesto que me acuerdo" (*hupómnēsin labōn*). La yuxtaposición de nuestros dos personajes expone esta diferencia como un marcado contraste, pues mientras se afirma con total certeza que la virtud pasada del apóstol se mantiene intacta en el presente y el futuro, las virtudes que se exaltan de Timoteo se remiten solamente al pasado:

	En el pasado	*En el presente y futuro*
Ortodoxia y fidelidad a Dios por parte del apóstol	Su servicio se remonta a los ancestros	Siempre mantiene el servicio en buena conciencia
Afecto del apóstol por Timoteo	Su constante recuerdo estimula la acción de gracias	Añora encontrarlo y sabe que se llenará de gozo al hacerlo
Afecto de Timoteo por el apóstol	Sus lágrimas dieron testimonio de su afecto y unidad	
Ortodoxia y fidelidad a Dios por parte de Timoteo	Su fe genuina se remontó a sus ancestros	

La función retórica de este contraste de ningún modo consiste en oponer al apóstol con Timoteo, ni tampoco en poner en dudas el afecto y la ortodoxia actuales del lector. El espacio en blanco que deja el apóstol en el papel es un poderoso llamado para que Timoteo lo llene por medio de hechos concretos. Es el lector quien debe escribir esta parte de la historia. El autor no puede más que llenar esos cuadros en blanco con expresiones provisorias de anhelo y de confianza, expresiones que ciertamente no describen hechos sino que los estimulan.[14] Es Timoteo quien, en línea con su pasado y con la constancia de su maestro, debe ahora mostrar su unidad y afecto por el apóstol satisfaciendo el deseo y la necesidad del encuentro.[15] Es Timoteo quien debe ahora mostrar que su fe sigue siendo tan genuina como antaño y que la confianza del apóstol en su discípulo no es vana. Recién entonces la correspondencia aquí truncada entre estas dos historias, el elogio de las virtudes (encomio) de Timoteo y la acción de gracias del apóstol quedarán definitivamente completas.

SÍNTESIS DEL PÁRRAFO

El apóstol exalta y da gracias a Dios por las virtudes de Timoteo que guarda en su memoria. Aquel afecto y lo genuino del servicio a Dios que este discípulo demostró en el pasado, son descritos como presentes en Pablo y esperan ser renovados en Timoteo. La acción de gracias por los recuerdos que comienza acercando al lector, se proyecta en expectativa de que esa misma comunión se traduzca en actos concretos en un futuro cercano.

PROPUESTAS PRÁCTICAS

PREGUNTAS PARA LA REFLEXIÓN PERSONAL Y DEVOCIONAL

Mi esposa siempre fue considerada en su casa paterna como una experta en pedir lo que necesita. Conoce muy bien cuándo el ambiente es propicio para el pedido, y si aún falta algo, ella sabe cómo completar el cuadro para maximizar las posibilidades de un "sí". Se podría entender esto como un manipuleo, pero es, en verdad, una virtud.

El uso de "introducción" (*exordium*) en las cartas del NT tiene precisamente esta misma función: crear el clima como para que el pedido del autor tenga altas posibilidades de ser aprobado. Exaltar las virtudes del lector e iniciar la carta con una oración de gratitud por él, ¿no es acaso manipuleo o adulación?

En sus lecciones acerca de la carta a Filemón, Lutero hace la siguiente aclaración respecto de la repetitiva exaltación de la virtudes del lector: "Él (Pablo) le presenta (a Filemón) el ejemplo de sus propias acciones, por las cuales es recomendado entre los demás santos... Esto es adulación y de la buena, pero es santa, porque es hecha como estando en Cristo. A cualquiera que elogio, lo elogio como cristiano; por lo tanto ni lo adulo ni me desilusiono en él (en sus debilidades), ya que es imposible exaltar lo suficiente a Cristo. Si adulo a un cristiano, no lo hago por causa de él, sino por Cristo, quien habita en él. Y a él (a Cristo) todo cristiano debe rendirle honores" (Pelikan, 1968: 98-99).

Similar al estilo de los salmos de súplica,[16] el apóstol exalta y reconoce lo que el lector es, antes de demandar algo de él. Pero, según la interpretación de Lutero, quién es exaltado y a quien se le da la confianza (2Ti 1:5, 12) de satisfacer el pedido es al Cristo que habita y actúa por medio del lector. El hecho de que nuestra "introducción" (*exordium*) toma forma de acción de gracias *por* Timoteo, pero *dirigida a* Dios da cuentas de esto. Pablo no conoce imperativo ("haz esto") sin haber pasado por el indicativo ("eres esto").[17]

* ¿Desde dónde partimos para lograr buenos frutos en otros (en mis hermanos, en mi familia) y en nosotros mismos? ¿Desde el imperativo de la ley que ahoga con su acoso o desde el indicativo del evangelio que comienza por declararnos justos y santos en Cristo, dándonos así la verdadera justicia y poder que satisfacen la demanda de la ley?
* ¿Cuántos de tus "fracasos" en la lucha contra la debilidad y en el intento por vivir en forma más recta se centraron exclusivamente en el imperativo "debo hacer esto" o "debo dejar de hacer aquello"?
* Lee las siguientes declaraciones que señalan lo que fuiste hecho en Cristo. Piensa luego cómo cada una de ellas te provee de las fuerzas necesarias para confrontar tus debilidades y cuál es el llamado de servicio para el que Dios te capacita por medio de cada una de estas virtudes:

"Aun los jóvenes se cansan, se fatigan, y los muchachos tropiezan y caen; pero los que confían en el Señor renovarán sus fuerzas; volarán como las águilas: correrán y no se fatigarán, caminarán y no se cansarán" (Is 40:30-31).

"Ustedes son la sal de la tierra... ustedes son la luz del mundo" (Mt 5:13-14).

"Yo te digo que tú eres Pedro, y sobre esta piedra edificaré mi iglesia, y las puertas del reino de la muerte no prevalecerán contra ella" (Mt 16:18).

"Les escribo a ustedes, los amados de Dios que están en Roma, que han sido llamados a ser santos" (Ro 1:7).

"Dios tomará en cuenta nuestra fe como justicia, pues creemos en aquel que levantó de entre los muertos a Jesús nuestro Señor" (Ro 4:24).

"De la misma manera, también ustedes considérense muertos al pecado, pero vivos para Dios en Cristo Jesús" (Ro 6:11).

"Sin embargo, en todo esto somos más que vencedores por medio de aquel que nos amó" (Ro 8:37).

"Así que ya no eres esclavo sino hijo; y como hijo, Dios te ha hecho también heredero" (Gá 4:7).

"Dios sometió todas las cosas al dominio de Cristo, y lo dio como cabeza de todo a la iglesia. Ésta, que es su cuerpo, es la plenitud de aquel que lo llena todo por completo" (Ef 1:22-23).

"Pero ustedes son linaje escogido, real sacerdocio, nación santa, pueblo que pertenece a Dios" (1P 2:9a).

"¡Fíjense qué gran amor nos ha dado el Padre, que se nos llame hijos de Dios! ¡Y lo somos!" (1Jn 3:1a).

"Mira que delante de ti he dejado abierta una puerta que nadie puede cerrar. Ya sé que tus fuerzas son pocas, pero has obedecido mi palabra y no has renegado de mi nombre" (Ap 3:8).

PROPUESTAS PARA LA PREDICACIÓN

Nuestro texto es sugerido en la serie trienal C para el vigésimo domingo después de Pentecostés (*PC:* 684). La estrategia retórica de nuestro texto como "introducción" (*exordium*) puede aprovecharse para darle riqueza al sermón:

* Exaltación de las virtudes de la comunidad casi al punto de la exageración.

* Cuestionamiento de esta exaltación (¿acaso no estamos llenos de debilidades y pecados, de hipocresía y de conflictos?).
* Sí, pero mayor aún es la justicia con la que Cristo irrumpe en medio de nuestra pequeñez.
* Conectar las virtudes exaltadas al comienzo con referencias bíblicas que describan las virtudes propias de Cristo.
* En el bautismo fuimos hechos uno con este Cristo, la iglesia pasó a ser su cuerpo, su novia, de modo que todo aquello que le pertenece a Cristo, nos fue entregado a nosotros.
* Ahora bien, no fue para ensoberbecernos, sino para servir con poder y eficiencia.

Otro detalle del texto impregnado de fuerza es la yuxtaposición de las virtudes pasadas, presentes y futuras del apóstol con las virtudes solamente pasadas del lector que funciona como desafío para que el auditorio llene el espacio vacío. La estructura del sermón podría moverse del siguiente modo:

* Exaltación de virtudes de Dios o de Cristo que se mantuvieron desde el pasado hasta el presente y seguirán aún en el futuro.
* Exaltación de virtudes de la comunidad que estuvieron ciertamente en el pasado.
* Amén.
* ¡No! ¿Cómo "Amén"? ¿Y qué pasa con nuestro presente? ¿Qué pasa con nuestro futuro?
* Probablemente están aún en blanco, pero no para decir "Amén, aquí se cierra la historia". Si aún están en blanco, es para que aquél que actuó por medio de nosotros en el pasado dándonos de su virtud vuelva a actuar con mayor poder aún en nuestro presente y futuro.
* Recién entonces diremos con alegría nuestro "Amén".

APUNTES TÉCNICOS

APUNTES DE LÉXICO Y SINTÁXIS

2Ti 1:3

"Siempre doy gracias" (Χάριν ἔχω): BAGD (χάρις.5: 878) señala que nuestra expresión significa "ser o estar agradecido para con alguien". Presente iterativo: señala que la acción se repite sucesivas veces (Wallace: 520-21).

"he servido" (λατρεύω): BAGD (λατρεύω: 467) define nuestro verbo de este modo: "en nuestra literatura, sólo con referencia a desarrollar deberes religiosos, especialmente de naturaleza cultual". Presente de acción pasada aún en progreso: "Nótese que éste se diferencia del tiempo *perfecto* en que el perfecto se refiere a los *resultados* existentes en tiempo presente. Éste se diferencia del *presente progresivo* en que se extiende hasta el pasado y usualmente tiene alguna clase de indicador, como una frase adverbial, para mostrar este elemento de referencia pretérita" (Wallace: 519-20).

"desde mis ancestros" (ἀπὸ προγόνων): BAGD (πρόγονος: 704) propone traducir "como mis ancestros lo hicieron". Louw & Nida § 10.20 traduce "a quien sirvo con una conciencia limpia al modo en que mis ancestros lo hicieron". Una traducción más literal no sería extraña al concepto hebreo de que la persona ya estuvo representada en los ancestros en forma germinal (Éx 12:42; Heb 7:9-10).

"con una conciencia pura" (ἐν καθαρᾷ συνειδήσει): ἐν + dativo de modo (Wallace: 372).

"al (tener)" (ὡς): Consideramos que se trata del uso de la partícula ὡς como conjunción temporal. De todos modos, en vista de que los elementos de "recuerdo" de nuestra oración actúan como disparadores de las acciones que el apóstol hace en relación a Timoteo, nuestra partícula no deja de tener fuerza causal. Smyth § 2992 indica que la cláusula gobernada por ὡς suele ser parentética.

"un recuerdo" (μνείαν): BAGD (μνεία.1: 524) propone traducir nuestra frase idiomática mnei,an e;cein como "me acuerdo constantemente de ti". Preferimos, de todos modos, hacer una traducción más literal para reflejar mejor la función de cada elemento de nuestra cláusula. Louw & Nida § 29.18 define a nuestro sustantivo de este modo: "recordar y responder haciendo mención de – recordar y mencionar"; y agrega "μνημονεύω y μνεία invaden el dominio de *comunicación* (33), en vista de que el significado no sólo implica el recordar, sino el hacer mención de una persona en oración" (Louw & Nida: 349, nota 2).

"en mis oraciones" (ἐν ταῖς δεήσεσίν μου): ἐν + dativo de esfera (Wallace: 372).

"de noche y de día" (νυκτὸς καὶ ἡμέρας): El genitivo de tiempo no señala que Pablo haya tenido ocupada la cabeza con los recuerdos de Timoteo durante cada minuto, las 24 horas del día, sino que tanto de noche como de día (en las horas fijadas en el judaísmo para la oración) lo recordaba (Wallace: 122-24). El genitivo se usa para referirse a una *clase* de tiempo y no a su *extensión* (acusativo).

2Ti 1:4

"añorando" (ἐπιποθῶν): BAGD (ἐπιποθέω: 297) "desear o añorar algo". Louw & Nida § 25.18 define nuestro verbo de este modo: "añorar algo, con la implicación de reconocer una carencia; añorar, desear profundamente". Participio adverbial de modo: señala la actitud, emoción o circunstancia bajo la cual es realizada la acción del verbo principal "al tener (un recuerdo)": ἔχω (Wallace: 627-28).

"por rememorar" (μεμνημένος): BAGD (μιμνῄσκομαι.1.a.α: 522) "hacerse recordar (a uno mismo), llamarse a la memoria, recordar". BAGD señala que nuestro verbo toma el caso genitivo para señalar lo que se recuerda. Louw & Nida § 29.7 define a este verbo como "rescatar información de la memoria, pero sin que necesariamente la persona la haya olvidado". Participio adverbial de causa. Wallace (631-32) indica que casi todos los participios perfectos pertenecen a esta categoría. Se trata de un perfecto con fuerza presente (Wallace: 579-80).

"de gozo" (χαρᾶς): Genitivo de contenido (Wallace: 92-94).

2Ti 1:5

"puesto que me acuerdo de" (ὑπόμνησιν λαβὼν): BAGD (ὑπόμνησις.2: 846) señala que esta frase significa "recibir un recordatorio de", y propone traducir nuestro texto "recordar algo". Louw & Nida § 29.10 indica que esta construcción "debe ser interpretada como una frase pasiva de causa... 'se me hizo recordar tu fe sincera', pero también puede ser expresada como una instancia de recuerdo activo, y por lo tanto traducida como 'me acuerdo de la fe sincera que tienes'." Knight (369), por su parte, indica que nuestra expresión puede ser entendida simplemente como "tener un recuerdo". El participio es adverbial de causa (Wallace: 631-32).

"la misma que" (ἥτις): Es posible que el nuestro sea uno de los casos en los que los autores del NT confunden el sentido del pronombre relativo indefinido ("quienquiera que": ὅστις) con el del pronombre relativo definido ("el que, el cual": ὅς – BAGD, ὅστις.3: 587; BDF § 293). De todos modos nos parece más probable que se trata del uso *cualitativo* del pronombre relativo indefinido: la concentración está puesta en la naturaleza o esencia de la cosa en vista (la fe no fingida). Wallace (343-45) propone nuestra traducción.

"habitó" (ἐνῴκησεν): Louw & Nida § 85.73 y BAGD (ἐνοικέω: 267) "habitar, morar en". BAGD señala que en nuestra literatura, el verbo "habitar" (ἐνοικέω) es usado siempre en relación a cosas o personajes espirituales cuya morada son personas. Aoristo global: ve el estado espiritual de estas dos mujeres en forma de sumario (Wallace: 557-58).

"estoy convencido" (πέπεισμαι): BAGD (πείθω.4:639) "estar convencido". Perfecto con fuerza presente (Wallace: 579-80).

"y" (δέ): de, conectiva (Wallace: 671). Smyth § 2836 señala que nuestra categoría "es típica para indicar *continuación*, especialmente cuando se añade un elemento subordinado. Así, cuando una nueva fase de la narrativa es desenvuelta... allí donde se llama la atención a un nuevo punto o personaje".

APUNTES CRÍTICO-TEXTUALES

Para la ubicación geográfica y temporal de cada testigo de 2Ti ver Apéndice IX (p. 477).

2Ti 1:5: Algunos manuscritos reemplazan el participio aoristo λαβών por su forma presente λαμβάνων.

1) **Por evidencia interna:** El escriba cambia el tiempo del participio ya sea por simple descuido o para hacerlo coordinar con el aspecto presente de los otros dos participios de nuestra oración: "añorando" (ἐπιποθῶν) y "por rememorar" (μεμνημένος).
2) **Por evidencia externa:** Éste es el apoyo de cada alternativa:
   - El texto original es sustentado por el original del códex Sinaítico (א), los códigos Alejandrino (A), Ephraemi Syri Rescriptus (C), Boreelianus (F), Boernerianus (G) y Athous Lavrensis (Ψ) y los minúsculos 33 104 1175 1739 y 1881.
   - La variante es sustentada por la segunda corrección del códex Sinaítico (א), el códex Claromontanus (D), el minúsculo 365, el texto mayoritario (𝔐) y la versión siríaca Harklensis.

Es clara la desventaja de la variante.

NOTAS

ACCIÓN DE GRACIAS

1. Para ciertos rasgos de "introducción" (*exordium*) en la "narración" (*narratio*) de 1Ti 1:3-17 ver la sección "Dinámica del discurso" en 1Ti a vuelo de pájaro (p. 54).

2. Ocho de las trece cartas que forman el corpus paulino abren el discurso con acción de gracias (Ro 1:8-11; 1Co 1:4-9; Ef 1:15-23; Fil 1:3-6; Col 1:3-8; 1Ts 1:2-5; 2Ts 1:3-10; 2Ti 1:3-5; Flm 4-7).

3. Al romper con "la tradición de los ancianos" *(hē parádosis tōn presbutérōn)*, Jesús no se abre del pacto sinaítico, sino de la desvirtuación con la que el judaísmo de su tiempo había vaciado el verdadero culto a Dios (Mt 15:1-6).

4. Algunos de los libros de Macabeos presentan este mismo patrón. Matatías, el padre de Judas Macabeo, convoca a la revolución en contra de la opresión del imperio griego apelando, demandando fidelidad a la adoración de los antepasados (*latreía patérōn,* 1Mac 2:19-20). Algunos habitantes de Jerusalén se convocan a la guerra para morir defendiendo la ley de sus padres cuando Ptolomeo IV Filópator (siglo 3 aC) pretende entrar al lugar santísimo del templo (3Mac 1:23). El último de los siete hermanos martirizados junto con su madre en tiempos del imperio griego *apela al Dios de los padres (ho patrōos zeós)* para que tenga misericordia de él y para que vengue su muerte injusta (4Mac 12:18). Finalmente, en el *Testamento de Moisés* IX.4-7 (siglo 1 dC) el levita Taxo anima a sus hijos a aceptar el martirio sobre la misma base (Charlesworth, I: 919-34).

5. Nótese cómo en 2Ti 4:6 el apóstol habla de su martirio en términos sacrificiales.

6. Ya hemos señalado que Jeremías (1989: 87) interpreta a la frase "de noche y de día" (*nuktós kaí hēméras*) como indicio de que al menos parte de la iglesia primitiva mantuvo la observancia de las horas establecidas para la oración dentro del judaísmo. Ver comentario a 1Ti 2:1-2.

7. Hendriksen (1979: 17) indica que tanto nuestro texto como 1Ti 1:12 reproducen una típica expresión latina (latinismo): *gratia habere.* Ver nota 4 al comentario a 1Ti 1:12-17.

8. Schönweiss (1983a: 323) señala que la oración *(déēsis)* de uno por el otro en la iglesia primitiva fue una forma característica para expresar unidad y afecto (Ro

15:30; Ef 6:18-20).

9. Lc 7:38 y 44-47 entiende a las lágrimas como una expresión sublime de amor y devoción. Pablo se refiere a sus propias lágrimas para señalar su rectitud y transparencia (Hch 20:19), pasión y verdadera preocupación por el otro (Hch 30:31) y profundo amor (2Co 2:4).

10. Crenshaw (189-91 y 268-69) sostiene que en el judaísmo, la responsabilidad de la educación religiosa de los hijos era compartida por el padre y la madre al igual.

11. El tema en cuestión no parece tener una solución terminante. Guthrie (1990b: 137) sugiere que el libro de Hechos no usa la designación "creyente" (*pistós*) para contraponer a un cristiano de un judío. Esto es cierto en la medida en que algunos que forman parte de la iglesia, y por tanto son llamados "creyentes", siguen apegados a la ley de Moisés (Hch 10:45; 15:5; 21:20). De todos modos, Hch nunca designa como "creyente" (*pistós*) a un judío piadoso que no ha aceptado el evangelio. Ahora bien, el verbo "creer" (*pisteúein*) sí es atribuido a algunos no-cristianos (Hch 19:2; 26:27; ¿Hch 13:12?).

12. Que esta misma fe haya habitado en Loida aboga a favor de la posibilidad de que ella haya sido la primera en aceptar el evangelio.

13. Así puede ser el pecado (Ro 7:20), un demonio (Mt 12:45), Cristo (Ef 3:17), el Espíritu de Dios (Ro 8:11; 1Co 3:16) o su palabra (Col 3:16). Nótese que en 2Ti 2:20-21, el que habita "la casa grande" (la iglesia) es el Señor.

14. Aune (189) demuestra que la función persuasiva de las diversas fórmulas de confianza usadas en las epístolas apuntan a la satisfacción de aquello que el autor está solicitando del lector.

15. Nótese que hacia el final de la carta (2Ti 4:9 y 21), este nostálgico deseo demuestra esconder un llamado urgente.

16. Los salmos de súplica generalmente abren con el reconocimiento de los actos pasados de Dios a favor del salmista, para recién pedir una nueva intervención divina en su auxilio (Sal 3; 5; 13; 22; 25; 44; 79; 80; 83).

17. Un ejemplo claro de esta clásica articulación de la teología paulina es Ro 6:1-14.

2Ti 1:6-14 / Párrafo 3
HACERLO EN EL PODER DE DIOS

NOTAS EN PÁGINAS 109-17

‹1:6› δι᾽ ἣν αἰτίαν ἀναμιμνῄσκω σε ἀναζωπυρεῖν τὸ χάρισμα τοῦ
θεοῦ, ὅ ἐστιν ἐν σοὶ διὰ τῆς ἐπιθέσεως τῶν χειρῶν μου. ‹1:7› οὐ
γὰρ ἔδωκεν ἡμῖν ὁ θεὸς πνεῦμα δειλίας ἀλλὰ δυνάμεως καὶ
ἀγάπης καὶ σωφρονισμοῦ. ‹1:8› μὴ οὖν ἐπαισχυνθῇς τὸ μαρτύριον
τοῦ κυρίου ἡμῶν μηδὲ ἐμὲ τὸν δέσμιον αὐτοῦ, ἀλλὰ
συγκακοπάθησον τῷ εὐαγγελίῳ κατὰ δύναμιν θεοῦ, ‹1:9› τοῦ
σώσαντος ἡμᾶς καὶ καλέσαντος κλήσει ἁγίᾳ, οὐ κατὰ τὰ ἔργα
ἡμῶν ἀλλὰ κατὰ ἰδίαν πρόθεσιν καὶ χάριν, τὴν δοθεῖσαν ἡμῖν ἐν
Χριστῷ Ἰησοῦ πρὸ χρόνων αἰωνίων, ‹1:10› φανερωθεῖσαν δὲ νῦν
διὰ τῆς ἐπιφανείας τοῦ σωτῆρος ἡμῶν Χριστοῦ Ἰησοῦ,
καταργήσαντος μὲν τὸν θάνατον φωτίσαντος δὲ ζωὴν καὶ
ἀφθαρσίαν διὰ τοῦ εὐαγγελίου ‹1:11› εἰς ὃ ἐτέθην ἐγὼ κῆρυξ
καὶ ἀπόστολος καὶ διδάσκαλος, ‹1:12› δι᾽ ἣν αἰτίαν καὶ ταῦτα
πάσχω· ἀλλ᾽ οὐκ ἐπαισχύνομαι, οἶδα γὰρ ᾧ πεπίστευκα καὶ
πέπεισμαι ὅτι δυνατός ἐστιν τὴν παραθήκην μου φυλάξαι εἰς
ἐκείνην τὴν ἡμέραν. ‹1:13› ὑποτύπωσιν ἔχε ὑγιαινόντων λόγων ὧν
παρ᾽ ἐμοῦ ἤκουσας ἐν πίστει καὶ ἀγάπῃ τῇ ἐν Χριστῷ Ἰησοῦ·
‹1:14› τὴν καλὴν παραθήκην φύλαξον διὰ πνεύματος ἁγίου τοῦ
ἐνοικοῦντος ἐν ἡμῖν.

6 Por esta causa te recuerdo que reavives el don de Dios que ha
reposado sobre ti por medio de la imposición de mis manos. 7 Pues
Dios no nos dio un espíritu de cobardía, sino de poder, de amor y de
auto-disciplina.
8 No te vayas a avergonzar del testimonio con respecto a nuestro

Señor, ni de mí, su prisionero, sino más bien únete en los sufrimientos en pro del evangelio, en consonancia con el poder de Dios,
9 el que nos salvó
y (nos) llamó por medio de un llamamiento santo,
en consonancia no con nuestras obras,

sino con el plan y la gracia propios,
la que ya nos había sido dada en Cristo Jesús
antes de que comience la historia,
10 pero fue manifestada ahora
por medio de la aparición de nuestro salvador, Cristo Jesús,
destruyéndole el poder a la muerte,
y trayendo a la luz la vida y la incorruptibilidad por medio del evangelio,
11 para el cual yo fui hecho predicador, apóstol y maestro. 12 Por esta
causa, inclusive estas cosas estoy padeciendo; pero no me
avergüenzo, pues conozco bien (a aquél) en quien he creído y estoy
convencido de que es capaz de cuidar mi depósito hasta aquel día.
13 Mantén como modelo de la sana predicación lo que escuchaste de
mí, por medio de la fe y el amor que son en Cristo Jesús. 14 Cuida el
excelso depósito por medio del Espíritu Santo que habita en nosotros.

COMENTARIO

Después de la "introducción" (*exordium* - 2Ti 1:3-5) y en base a su contenido (las virtudes elogiadas de Timoteo y las expectativas del apóstol), se edifica la "propuesta" de la carta (*propositio*). Esta sección anuncia abiertamente (*enumeratio*) y plantea en forma concisa (*expositio*) aquello de lo que el apóstol intentará persuadir al lector a lo largo del resto del documento. Los grandes temas que ocuparán el cuerpo de la carta aquí son anticipados: compartir los sufrimientos, la entrega por el evangelio, el cumplimiento total del ministerio, la victoria y la protección divina.

A nivel interno, el párrafo está formado por seis oraciones. Este detalle, sumado al hecho de que el nuestro es el segundo párrafo más extenso de la carta,[1] está en contrapunto con el carácter de "resumen" que la teoría de la retórica clásica le atribuye a la "propuesta" (*propositio*). Probablemente la dificultad del planteo fuerza al apóstol a dar ciertos rodeos (la exhortación principal es presentada dos veces: 2Ti 1:8 y 13-14) y a entrelazar algunas argumentaciones con el planteo en sí (nótese el largo paréntesis de 2Ti 1:9-12). La relación que presentan los elementos que forman nuestro párrafo es la siguiente:

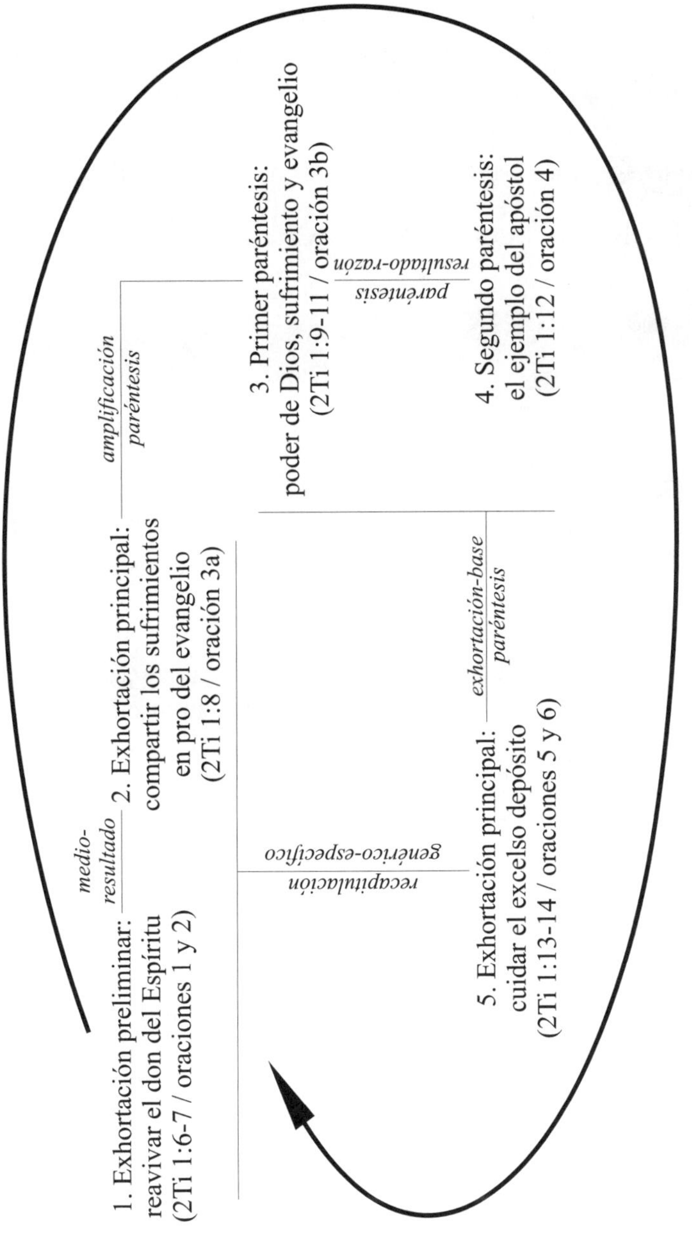

La exhortación preliminar (reavivar el don del Espíritu, 2Ti 1:6-7) da el pie para que, sin más tardanza ni eufemismos, entre en escena la exhortación principal (compartir los sufrimientos en pro del evangelio, 2Ti 1:8). La inevitable conmoción de este planteo requiere algunas aclaraciones. Allí hacen su ingreso los dos paréntesis (*disgressiones*). El primero (2Ti 1:9-10-11) provee el "colchón" para que Timoteo se arroje al vacío del sufrimiento en pro del evangelio. El segundo paréntesis (2Ti 1:12) ata a Timoteo en responsabilidad para con el evangelio y el sufrimiento que este implica. Finalmente, el discurso vuelve por segunda vez a la exhortación principal (*exhortatio*), formulada esta vez en términos más generales (2Ti 1:13-14).

EXHORTACIÓN PRELIMINAR (ORACIONES 1 Y 2)

ORACIÓN 1

6 Por esta causa — *base-exhortación*

te recuerdo que reavives el don de Dios, — *identificación*

que ha reposado sobre ti

medio-resultado

por medio de la imposición de mis manos.

base-exhortación

ORACIÓN 2

7 Pues Dios no nos dio un espíritu de cobardía,

sino de poder,
de amor
y de auto-disciplina. — *contraste*

Antes de pedirle reacción al motor, el apóstol quiere asegurarse de que el motor esté en marcha. Antes de plantear la exhortación principal para lo que viene (2Ti 1:8), Pablo presenta la exhortación preliminar (*exhortatio*) apelando a lo que Timoteo ya recibió en el pasado (2Ti 1:6-7). Nuestra sección, formada por dos oraciones, gira en torno a los dones del Espíritu que Timoteo recibió en su ordenación y que ahora debe dar rienda suelta (oración 1) ya que son ellos los que permitirán a Timoteo satisfacer la exhortación principal (oración 2).

Pablo no comienza sino transitando terreno conocido para Timoteo. El prefijo *aná-* ("nuevamente") de los verbos que forman el núcleo de nuestra exhortación ("recuerdo" *–anamimnēskō–* y "reavives" *–anadsōpureín–*) proveen este sentido de seguridad: "Timoteo, no te asustes, ya hemos pasado por aquí". ¿Por dónde? Por la experiencia del don divino, por aquella entrega valiente a la que Timoteo se arrojó a partir de su ordenación como colaborador del apóstol (Hch 16:1-5).

El verbo "reavivar" (*anadsōpureín*) habla más del brete en el que está Timoteo y de aquello que debe ser reavivado, que del lector mismo.[2] Nuestra expresión no habla de timidez o desánimo innatos ni de decadencia espiritual. No se trata de un llamado a resucitar algo que esté muerto en Timoteo, sino de "hacer un uso total" del don de Dios (Knight: 370), puesto que Pablo lo está llamando a entregar la vida por causa del evangelio.[3] Que Timoteo deba reavivar su propio espíritu (su ánimo)[4] queda directamente fuera de posibilidad, ya que el don que debe reavivarse fue recibido en el momento de la ordenación.[5] Ahora bien, el Espíritu Santo es una alternativa más atractiva. La alusión al fuego (*púr*) hecha por nuestro verbo (*anadsōpureín*) indudablemente tiene conexión con la descripción lucana del Espíritu Santo como fuego (Lc 3:16; Hch 2:3-4).[6] Uno de las cosas que Timoteo recibe en el momento de la imposición de manos ciertamente es el Espíritu (ver comentario a 2Ti 1:7 abajo). Todavía más, el libro de Hch llama numerosas veces "don" al Espíritu Santo (Hch 2:38; 8:20; 10:45 y 11:17). No obstante, consideramos que precisamente aquí se encuentra el talón de Aquiles de esta alternativa, pues el Espíritu es llamado "don" (*dōreá*) por ser "dado" (*dídōmi*) por Dios, pero nunca es llamado "don" (*járisma*) porque nunca funciona como objeto del verbo "dar" (*jarídsomai*).[7] El "don" (*járisma*) que Timoteo debe reavivar es la virtud, la capacidad y el poder que el Espíritu Santo le entregó y que controló ("que ha reposado sobre ti": *hó estin en soí*)[8] el ejercicio de su ministerio al menos hasta donde el apóstol tiene conocimiento de primera mano (2Ti 1:4-5). 1Ti 1:18 y 4:14 delatan que el don recibido por Timoteo está lejos de ser una condecoración o un objeto pasivo (ver comentarios correspondientes). La virtud, la capacidad y el poder que el Espíritu da siempre desafían, puesto que implican una encomienda, un depósito. De modo que reavivar el don del Espíritu trae aparejado el ser reavivado por él.

¿A qué evento hace referencia la frase "la imposición de mis manos" (*hē epízesis tōn jeirōn mou*)? ¿Acaso es el mismo suceso que el de 1Ti 4:14? Pese a que son diferentes las personas que imponen las manos (en 1Ti 4 es el cuerpo de ancianos, aquí Pablo)[9] y el referente del "don" recibido (en 1Ti 4 es el ministerio, aquí es una capacidad o disposición),[10] el evento muestra ser el mismo, pues el mojón del que vuelve a aferrarse Pablo una y otra vez es la ordenación de Timoteo como colaborador y representante del apóstol (2Ti 1:11-14). Aquí las luces son puestas sobre el apóstol imponiendo las manos, pues es en relación (y no a los ancianos) que ahora se presenta el desafío. Aquí la mira es puesta sobre la habilidad y la disposición como don recibido pues son ellas (y no la encomienda como tal) las que capacitarán a Timoteo para responder al llamado.

La segunda oración (2Ti 1:7) da las razones (*probatio*) por las que el apóstol empezó apelando al don recibido en la ordenación (*exhortatio*). Nuevamente surge aquí la cuestión respecto al referente de lo que recibió Timoteo en la ordenación. La misma estructura que es usada aquí (*pneúma* + genitivo) sirve en algunos casos para referirse a los *dones* del Espíritu[11] y en otros al *Espíritu* que infunde dones.[12] La diferencia reside en qué está siendo puesto en primer plano: la demanda ética (ley como regla) o el actuar del Espíritu (evangelio). Consideramos que nuestro texto está hablando del Espíritu Santo.[13] Para comenzar, nuestra oración presenta algunas correspondencias claras con 2Ti 1:14. Allí también se habla de un espíritu que es compartido en forma especial entre Pablo y Timoteo en virtud del ministerio que el apóstol comparte con su colaborador (2Ti 1:11-13).[14] A ése se lo llama Espíritu Santo (*pneúma hágion*). Todavía más, nuestra oración (2Ti 1:7) se estructura sobre un esquema ya conocido en Pablo ("Dios no nos dio un espíritu de… sino –el Espíritu– de…") que pone en contraste al pecado con el Espíritu Santo en cuanto poderes "personales" y ya no como vicios o virtudes (Ro 8:15; 1Co 2:12). Estos poderes antagónicos dominan al humano puesto que habitan en él (el pecado / el Espíritu en uno – Ro 7:20; 8:9b-11a) y le proveen una esfera de existencia (uno en el pecado / en el Espíritu – Ro 8:8-9a, 11b).

Así pues, el Timoteo convocado al martirio ya no debe obedecerle a la cobardía (*pneúma deilías*), puesto que la tragedia que acobarda dejó de ser su marco de existencia. Debe someterse más bien a la demanda de las virtudes que el Espíritu Santo le impone (poder, amor y auto-disciplina), pero solamente por haber sido sumergido primero dentro del marco de existencia de esos mismos dones divinos gestados en el evento de Cristo (poder, amor y auto-disciplina). Se produce así una clara correspondencia entre dos realidades antagónicas que giran en torno al eje del llamado al padecimiento (2Ti 1:8). Al vicio de la cobardía (*deilía*)[15] le corresponden por oposición las virtudes del valor y la hombría (poder),[16] de la entrega y la resistencia en unión con el que padece (amor)[17] y el dominio de las pasiones e instintos de supervivencia (auto-control).[18] Pero todavía más, al poder que se mueve detrás de la cobardía (*pneúma deilías*), le corresponden por oposición las siguientes realidades escatológicas que se mueven detrás de las virtudes. En primer lugar, el poder (*dúnamis*) del Espíritu que resucitó de entre los muertos a Jesús (Ro 1:4; 8:10-11; 1Co 6:14-20; Fil 3:10). En segundo lugar, el amor (*agápē*) de aquel que uniéndose a nuestra muerte nos hace partícipes de la suya, para que ya no vivamos para nosotros mismos y que tengamos parte también en su resurrección (Gá 2:20; Ef 5:25; 2Co 5:14-15; 1Jn 4:10). En tercer lugar, la victoria que el nuevo Adán logró frente a la tentación reduciendo los deseos carnales (*sōfronismós*) al plan divino (Mt 4:1-11; 26:36-46; Heb 5:7-10).[19]

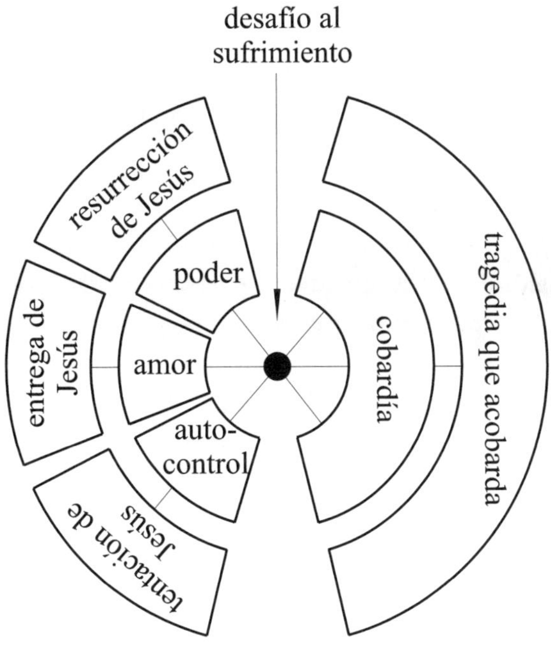

EXHORTACIÓN PRINCIPAL (ORACIÓN 3A)

8 No te vayas a avergonzar
(*adición de serie*)
del testimonio con respecto a nuestro Señor,
ni de mí, su prisionero,
(*contraste*)
sino más bien únete en los sufrimientos
en pro del evangelio, (*propósito-medio*)
en consonancia con el poder de Dios, (*modo*)

Nuestra sección es la primera parte de una oración extendida por medio de dos amplificaciones (2Ti 1:9-10 y 2Ti 1:11) que introducen al discurso en aclaraciones parentéticas. Esta parte de la tercera oración (2Ti 1:8) presenta la exhortación principal (*exhortatio*) elaborada en base al material de la primera sección, la exhortación preliminar (2Ti 1:6-7). El paralelismo antitético sobre el que se estructura a nuestra exhortación reproduce el contraste que presenta la oración anterior (2Ti 1:7).

El primer miembro del paralelismo antitético censura la vergüenza por dos cosas: por el mensaje del evangelio y por el apóstol. La forma en que cada elemento es descrito tiene fuertes implicancias. El evangelio es aquí denominado "testimonio con respecto a nuestro Señor" (*tó martúrion toú kuríou hēmōn*), lo que nos introduce en el contexto jurídico. La abierta persecución en contra del cristianismo que desató Nerón (54-68 dC),[20] contexto desde el que está escribiendo el apóstol,[21] hizo que el evangelio realmente funcione como "testimonio" (*martúrion*), como evidencia en base a la cual se definía el caso jurídico (Coenen, 1983a: 611), pero lo definía en contra del que se identificara con ese mensaje.[22] El apóstol se presenta como "prisionero" del Señor (*ho désmios autoú*).[23] Detrás de este título se esconden la satisfacción de estar alcanzando el cumplimiento de los planes que el Señor tenía para el apóstol (Hch 9:16) y la certeza respecto a quién controla esta situación que parece adversa y amenazante: no es otro que el Señor (Mr 13:9; Jn 19:11).

Es claro que lo que aquí se censura ("no te vayas a avergonzar": *mē epaisjunzēs*) no es la sensación interna de rubor,[24] sino la concreta evasión de quedar implicado con el evangelio y el apóstol (Mr 8:38; Lc 9:26). El desafío es totalmente tangible: Timoteo debe presentar delante del tribunal romano aquella declaración que lo compromete al extremo.[25] Link (1983: 740) indica que la frase paralela de Ro 1:16a ("no me avergüenzo del evangelio": *ou epaisjúnomai tó euangélion*) funciona como fórmula de confesión de fe con el significado de "confieso". Todavía más, en la misma carta a los romanos, Pablo se apropia de la identificación hebrea de la vergüenza con la condena divina que aniquila (Sal 69:4-7, 19-20; Is 1:28-30) y –por correspondencia– del no avergonzarse con la salvación (Ro 1:16b; 6:21; ver especialmente Ro 9:33 citando Is 28:16). El llamado a Timoteo, por tanto, es a estar parado en la victoria y salvación que ya le fueron dadas en Cristo.

Al pasar al segundo miembro de nuestra antítesis nos movemos de la censura a la demanda positiva. Timoteo debe unirse en los sufrimientos (*sugkakopázēson*). ¿Con quién? A primera vista, es evidente que se trata de compartir los sufrimientos padecidos por el apóstol encarcelado, que espera a solas el martirio (2Ti 1:8; 2:9-10; 4:6).[26] No obstante, padecer en pro del evangelio (*tō̄ euangelíō̄*) une en última instancia con Cristo mismo (Mr 8:34-36; Col 1:24-27; 2Ti 2:10-12). Todavía más, no hay sufrimiento "en consonancia con el poder de Dios" (*katá dúnamin zeoú*) sino en la fraternidad con Cristo (Fil 3:7-11).[27] Solamente en base a esta fraternidad el creyente es llamado a un padecimiento que no consiste en el lamentable resultado del dominio del oponente, sino que es la herramienta máxima y extrema con la que se sirve a la extensión del evangelio.[28] Solamente en base a su fraternidad con Cristo el creyente puede sufrir dentro del marco de victoria que le garantiza el poder de Dios manifestado en forma inaugural en la resurrección de Cristo (Ro 5:12-21; 1Co 15:20-23). Se recoge aquí la paradoja paulina de experimentar el poder extremo de Dios precisamente allí donde uno se vuelve humanamente más débil (2Co 4:7-11; 6:6-10; 12:7-10; 13:4).[29] "El cristiano es un ser tan paradójico, porque experimenta la ósmosis de la pascua de Cristo" (Durrwell: 256).

PRIMER PARÉNTESIS (ORACIÓN 3B)

adición de serie 9 el que nos salvó

y (nos) llamó

resultado-medio por medio de un llamamiento santo,

razón-resultado

en consonancia no con nuestras obras,

adición de contraste

sino con el plan y la gracia propios,

la que ya nos había sido dada en Cristo Jesús

contexto temporal antes de que comience la historia,

contraste

10 pero fue manifestada ahora

medio-resultado

por medio de la aparición de nuestro salvador, Cristo Jesús,

destruyéndole el poder a la muerte,

y trayendo a la luz la vida y la incorruptibilidad

resultado-medio

por medio del evangelio,

amplificación

11 para el cual yo fui hecho *identificación*

adición de serie

predicador,

apóstol

y maestro.

El primer paréntesis (*disgressio* – 2Ti 1:9-11) provee el "colchón" para que Timoteo se arroje al sufrimiento en pro del evangelio y lo hace describiendo al Dios en consonancia con cuyo poder Timoteo es llamado a sufrir (2Ti 1:8). Desde un punto de vista sintáctico, nuestra sección es parte de la misma oración iniciada en 2Ti 1:8 (es una cláusula subordinada a la anterior). El discurso de la sección recorre el siguiente camino:

a) *Qué hizo Dios:* nos salvó y nos llamó (2Ti 1:9a).
b) *Porqué lo hizo:* por su plan y gracia (2Ti 1:9b).
c) *Cómo lo hizo… y hace:* por medio del evento Cristo y del evangelio (2Ti 1:10-11).[30]

El Dios que muestra su poder soberano salvando (*toú sōsantos hēmás*) y dando vida a los suyos y haciendo esto según su plan y gracia, indiscutiblemente presenta una estampa de realeza.[31] El llamamiento (*kaí kalésantos*) no hace más que confirmar esto, pues al llamar, Dios reclama autoridad exclusiva sobre sus siervos.[32] Éstos ya no son dueños de sí mismos ni propiedad de ningún poder extraño (sea cual fuere), sino que le pertenecen a aquél que los reclama como propios. Así pues, quien recibe este "llamamiento santo" (*klēsei hagía*) debe someterse en obediencia al Dios para el cual fue apartado (Ro 1:7; 1Co 1:2; 1Ts 4:7), pues ya no está determinado en su existencia y destino por ningún poder contrincante, sino por el poder del Dios que lo salvó.

Al avanzar hacia el *porqué lo hizo* (2Ti 1:9b), el apóstol apela a dos típicos contrastes: "nuestras obras" (*tá érga hēmōn*) contra el plan divino (*hē ídia prótesis*, Ro 9:11-12) y su propia gracia (*hē ídia járis*, Ro 4:4-5; 11:5-6; Gá 2:15-21; Ef 2:5-10). Ambos contrastes posicionan al fundamento de nuestra salvación fuera de nosotros mismos, fuera de nuestra historia marcada por la debilidad, el temor y la muerte. Que Dios no nos haya salvado ni llamado en base a nuestras obras sino al plan que él mismo determinó, le recuerda a Timoteo que no es él ni sus verdugos quienes deben tomar una decisión que lo salve, pues esa decisión ya fue tomada favorablemente por aquel que tiene autoridad para salvar (Ro 8:28). La salvación de Timoteo no se forja aquí, en medio de la tormenta de tentaciones, temores y sufrimiento, sino que fue determinada allí, en los tiempos inmemorables de Dios (Ef 1:11). Que Dios no nos haya salvado ni llamado en base a nuestras obras, sino a su gracia, posiciona el mérito nuevamente fuera del humano. Esto no sólo deja fuera de juego la soberbia del que es salvo (Ro 3:27-28),[33] sino que afirma la libertad y la soberanía con las que Dios se relaciona con los suyos tanto para darles la salvación como para llamarlos al padecimiento (Ro 4:4-5; 9:19-24; Ef 2:4-10; Esser, 1982: 321). ¿Quién puede negarse a darle a Dios aquello que le pertenece a él, aquello que él mismo entregó primero (Gn 22:1-19)? Todavía más, la única forma en que la promesa de victoria sobre la muerte puede mantenerse en pie es que dependa de la gracia divina y no de la insuficiencia de nuestras obras (Ro 4:14-16; Gá 3:18). Nuevamente la salvación de Timoteo no se forja aquí, en el ojo de la tormenta, sino allí, "antes de que comience la historia" (*pró jrónōn aiōníōn*), cuando la gracia ya nos había sido dada. Ahora bien, este Dios que actúa desde afuera de la historia no se vuelve tan distante, tan "otro", al punto de ser irreconciliable con el Señor que nos llama al sufrimiento desde adentro de la historia (2Ti 1:8). La gracia que otorga confianza y seguridad nos fue dada justamente en este Cristo Jesús (*tēn dozeísan hēmín en Jristō Iēsoú*), pues no hay gracia fuera de él (Jn 1:14, 16-17; Ro 5:2; 1Co 1:4).[34]

En la sección que describe *cómo lo hizo… y hace* (2Ti 1:10-11), el discurso cambia dramáticamente de dirección. Toda la distancia anteriormente tomada (2Ti 1:9) ahora es revertida al describirse cómo esta misma gracia tomó carne en nuestra historia para volver realidad la salvación y el llamamiento. Si no hay salvación fuera de la gracia y no hay gracia fuera de Cristo,[35] nuestra sección sostiene que no hay Cristo fuera de esta historia marcada por el sufrimiento ni fuera del evangelio en pro del cual Timoteo es llamado a padecer (2Ti 1:8).[36] El contraste que se marca entre el "antes de que comience la historia" (*pró jrónōn aiōníōn*) y el "ahora" (*nún*)[37] subraya el carácter escatológico del tiempo en el que se encuentra el lector (Timoteo y nosotros).[38] Ésta no es la temible hora de la derrota sino el tiempo ansiado de la salvación y la victoria (Lc 10:23-24; 2Co 6:1-2), pues se trata de la historia que asumió el Cristo victorioso[39] para traer vida y salvación.[40]

La manifestación (*fanerōzeísan*) de la gracia recoge aquello que hizo Dios en su autoridad y poder para impregnarlo de historicidad, pues Dios no nos salva ni nos llama desde afuera de esta historia, sino desde sus propias entrañas, en el evento de Cristo y en la proclamación del evangelio. Estas dos realidades (el evento Cristo y el evangelio), impregnadas de la mortalidad propia de nuestra historia, son salvíficas no *por evadir* la muerte (esto no sería una verdadera victoria), sino precisamente *por quebrar* su poder desde adentro de ella misma. La destrucción "del poder de la muerte" (*katargēsantos mén tón zánaton*), anunciada en 1Co 15:26 y 53-57 como perteneciente al fin de los tiempos, es presentada aquí como ya realizada. Esto no sólo se debe a que Cristo, como primogénito de los muertos (Col 1:18; Ap 1:5),[41] inauguró en forma anticipada el camino que recorrerá la nueva humanidad que viene detrás de él (1Co 15:23-24).[42] La destrucción del poder de la muerte es entendida aquí como presente puesto que junto con la gracia que se manifiesta, el futuro de Dios invade el ahora (*nún*) de Timoteo[43] para quebrar aquello que conservaba la hegemonía de la muerte: el pecado es devorado por la gracia, la ley por el evangelio y la muerte por la vida (1Co 15:55-56).[44] Esta victoria sobre la muerte es repasada nuevamente pero en términos de vida: la gracia fue manifestada "trayendo a la luz la vida y la incorruptibilidad por medio del evangelio" (*fōtísantos dé dsōēs kaí afzarsían diá toú euangelíou*).[45] Resurrección y evangelio encuentran aquí una significativa fusión.[46] Pues así como el evento de pascua es la proclamación de "la luz" (*fōs méllei katangéllein*) que solamente Cristo, en cuanto el primero en resucitar, podía inaugurar (Hch 26:23), del mismo modo la predicación del evangelio no consiste en una mera transmisión de información, sino en la irrupción concreta de la vida en medio de un orden de muerte, pues ese evangelio da voz al que "llama las cosas que no son como si ya existieran" (Ro 4:17).[47] La resurrección de Cristo y la proclama del evangelio son aquellas dos realidades inseparables por medio de las que la gracia es manifestada (2Ti 1:10a), y con ella alcanzan su realización la salvación y el llamamiento divinos (2Ti 1:9a).[48]

Nuestra sección cierra identificando cuál es el evangelio que porta semejante poder divino: es el mensaje para el cual Pablo fue hecho predicador, apóstol y maestro (2Ti 1:11).[49] Se completa el círculo aquí, pues el mismo evangelio que hoy confronta al apóstol y a Timoteo con la muerte y la debilidad (2Ti 1:8) es el único que otorga la verdadera vida y el poder de Dios con los que la muerte es derrotada (Ro 1:16; 2Co 4:1-12). La salvación, así, más allá de tener sus bases aseguradas fuera de esta coyuntura de la historia, no nos abraza sino desde adentro de nuestra historia de cruz.

SEGUNDO PARÉNTESIS (ORACIÓN 4)

12 Por esta causa, *razón-resultado*
inclusive estas cosas estoy sufriendo;
contraexpectación-concesión
pero no me avergüenzo,
razón-resultado
pues conozco bien (a aquél) en quien he creído
específico-genérico
y estoy convencido de que es capaz de cuidar mi depósito
contexto circunstancial hasta aquel día.

El segundo paréntesis (*disgressio* – 2Ti 1:12) avanza un paso más para resolver la paradoja del sufrimiento en consonancia con el poder de Dios. Los dos indicativos con los que Pablo relata su propia historia se corresponden precisamente con los dos imperativos con los que Timoteo está siendo desafiado en la exhortación principal (2Ti 1:8): el sufrimiento (*taúta pásjō*) y la falta de vergüenza al respecto (*ouk epaisjúnomai*). Ahora bien, el simple hecho de que el apóstol esté pasando por semejante trance no alcanza a persuadir a Timoteo para aceptar el desafío de recorrer el mismo camino. Pablo apela entonces a dos estrategias persuasivas.

En primera instancia, el apóstol ata íntimamente su padecimiento al ministerio en el que fue puesto ("por esta causa": *di´ hēn aitían*). Haber sido puesto al servicio de aquella verdad que el mundo no soporta (2Ti 3:1-5, 12-13; 4:3-4) trae como resultado el sufrir "inclusive estas cosas" (*kaí taúta*): persecución, cárcel y martirio. Al mismo tiempo, la responsabilidad que le fue dada a Pablo como predicador, apóstol y maestro lo compele a asumir aquellos padecimientos en forma voluntaria, pues son parte integral del ministerio al que fue llamado (Col 1:24-25; 2Ti 4:5, 17) y hacen a su propia participación en la historia de Cristo (Fil 3:10-11).[50]

La segunda estrategia persuasiva gira en torno a la falta de vergüenza ante el sufrimiento. Recordamos que no se trata aquí solamente de gloriarse en el padecimiento (Ef 3:13), sino de confrontarlo con el valor y la certeza de estar parado dentro del marco de victoria y salvación dadas en Cristo (ver comentario a 2Ti 1:8).[51] El valor y la convicción con los que Pablo confronta el padecimiento (la falta de vergüenza) no se sostienen en su propia hombría (*andréia*), sino en el poder de Dios (*dúnamis zeoú*).[52] Hay una densa yuxtaposición de términos de seguridad y certificación. Pablo no solamente puso su fe (*pepísteuka*)[53] en este Dios, sino que lo conoce (*oída*).[54] Es este conocimiento del poder de Dios (*pépeismai hóti dunatós estin*)[55] que le da la convicción para saber que su destino está definitivamente a salvo. Se vuelve a usar aquí la metáfora del depósito (ver comentario a 1Ti 6:20), pero en la dirección opuesta a la de 1Ti 6:20 y 2Ti 1:14.[56] Esto se debe a que el verbo "confiar" (*paratízēmi*), del que se desprende el concepto de "depósito" (*parazēkē*), es usado en el contexto de la ordenación en direcciones opuestas: allí Dios le confía al candidato el ministerio, la enseñanza, la comunidad, los dones (1Ti 1:18; 6:20; 2Ti 1:14; 2:2); pero allí también el candidato le confía a Dios su propia vida y lo que suceda con su ministerio (Hch 14:23; 20:32). Pablo, siendo martirizado, sabe igualmente que el Dios al que le confió (*hō pepísteuka,* ver Hch 14:23) su vida, su seguridad y salvación, es capaz (*dunatós estin,* ver Hch 20:32) de cumplir su tarea porque es "el Dios que da vida a los muertos y que llama las cosas que no son como si ya existieran" (Ro 4:17). La referencia temporal que señala el momento de la devolución del depósito confirma esta interpretación. En línea con la expresión hebrea (*bayyōm hahu´* – בַּיּוֹם הַהוּא), "aquel día" (*ekeínēn tēn hēméran*) señala la intervención definitiva de Dios a favor de los suyos (2Ts 1:10; 2Ti 1:18; 4:8; Colin Brown, 1983b: 684). Nuestro texto recoge una típica imagen de la escatología judía del segundo templo que describe a Dios reclamándole la devolución de los suyos al seol, lugar donde había resguardado su depósito, para resucitarlos y darles victoria y salvación (Bauckham, 1998a: 91).[57]

El apóstol, por tanto, entiende al sufrimiento como parte integral del ministerio y a la falta de vergüenza como consecuencia directa de la capacidad de Dios. La efectividad persuasiva de estas dos estrategias reside en que ninguna de estas realidades (servicio al evangelio y el poder de Dios) es pertenencia exclusiva de Pablo, sino que Timoteo también ha sido incorporado en ellas.

EXHORTACIÓN PRINCIPAL (ORACIONES 5 Y 6)

ORACIÓN 5

13 Mantén como modelo de la sana predicación
lo que escuchaste de mí, *identificación*
en la fe y el amor
que son en Cristo Jesús.
medio-resultado

exhortación-base
genérico-específico

ORACIÓN 6

14 Cuida el excelso depósito
por medio del Espíritu Santo que habita en nosotros.
medio-resultado

Nuestra última sección, formada por las oraciones 5 y 6, llega nuevamente al lugar de la exhortación principal (*exhortatio*) ya planteada en la segunda sección del párrafo (2Ti 1:8). De algún modo, el párrafo todo se condensa aquí: las dos primeras exhortaciones (*exhortationes,* 2Ti 1:6-8) son recapituladas y las dos digresiones (*disgressiones,* 2Ti 1:9-12) funcionan como base para la exhortación aquí nuevamente planteada.

Cada una de las oraciones que forman nuestra sección (2Ti 1:13-14) reformulan la exhortación principal desde una perspectiva particular y por medio de conceptos cosechados de secciones del párrafo diferentes. La estructura misma de cada oración refleja la correspondencia que existe entre ellas: a la exhortación ("Mantén como modelo..." / "Cuida el excelso depósito...") le sigue la estrategia planteada ("por medio de...").

La primera de las oraciones (2Ti 1:13) se asegura de que nada de lo expuesto en el segundo paréntesis (2Ti 1:12) quede librado al azar. Lo que llegó a ser una muy fuerte insinuación en la oración anterior (Pablo encarna el ideal propuesto para Timoteo) ahora se vuelve invitación expresa y abierta (Timoteo debe apropiarse del modelo del apóstol). Los eslabones quedan definitivamente enganchados: el evangelio desata el sufrimiento y el poder de Dios que anula la vergüenza, Pablo fue puesto al servicio del evangelio y le confió su destino a ese Dios, Timoteo debe seguir los pasos del apóstol en cuyo ministerio fue incorporado, entonces Timoteo no debe avergonzarse sino más bien unirse en los sufrimientos (2Ti 1:8). La sana predicación (*hugiainóntōn lógōn*) que el apóstol le deja a Timoteo como modelo no debe ser entendida solamente como señalando a un dogma o a un discurso limitado a lo oral. Aquello que el apóstol confesó con su boca no es sino aquello que creyó en su corazón (Ro 10:10). Y es esta predicación confesada y creída que sumergió al apóstol en el drama existencial más tremendo que pudo haber experimentado, pues en ella murió y en ella fue resucitado juntamente con Cristo (Ro 6:3-4; 2Ti 1:10). Es esta predicación confesada y creída que sumerge al apóstol hoy en el conflicto indudablemente concreto del martirio inminente y de la resurrección certera (2Ti 1:12b).[58] La imitación (*hupotúpōsin éje*) del modelo paulino de predicación, por tanto, no sólo consiste en la fiel repetición y conservación de la doctrina del evangelio, sino también en la aceptación voluntaria de atravesar el conflicto y la victoria que dicha predicación acarrea (2Ti 1:8).[59]

Timoteo no debe responder a este planteo usando algún instrumento que no esté a su alcance. La estrategia que plantea el apóstol es seguir su modelo por medio de las marcas clásicas con las que se evidencia la irrupción de la gracia en la vida del individuo: "la fe y el amor que son en Cristo Jesús" (*en pístei kaí agápē tē en Jristō Iēsoú*).[60] Al apóstol le consta que estas marcas de la gracia ciertamente no son ajenas a su discípulo (2Ti 1:5 y 7).

La segunda oración (2Ti 1:14) ya no pone a Timoteo como viniendo detrás de Pablo ni lo comprende al apóstol como el único eslabón que conecta al lector con el conflicto que tiene por delante. Pablo deja de hablar de un "tú" y un "yo" (2Ti 1:8, 11-13) para terminar hablando de un "nosotros" (*en hēmín*). Pues el lector tiene tanta parte en el servicio al evangelio como el apóstol mismo. Los dos recibieron el mismo "excelso depósito" para ser cuidado (*tēn kalēn parazēkēn fúlaxon*):[61] servir al evangelio en forma completa y sin avergonzarse.[62] Los dos deberán rendirle cuentas de lo que hicieron al Dios que salva y llama por medio del evangelio (1Co 3:5-15; 2Ti 1:9-10). Los dos recibieron el mismo Espíritu Santo que los capacita para la tarea (2Ti 1:7) y que "habita" (*toú enoikoúntos*) en ellos con el fin de dirigirlos para la lucha (ver comentario a 2Ti 1:5) y de sellarlos para la victoria (Ro 8:11, 23-27; 2Co 1:21-22; 5:4-5; Ef 1:14).

SÍNTESIS DEL PÁRRAFO

Timoteo es desafiado a la entrega máxima y extrema desde un punto de vista humano, la disposición al martirio. Lejos de ser una trágica derrota, se trata del privilegio de cumplir en forma total aquello para lo que el lector existe y sirve. Todavía más, se trata de avanzar en el propio recorrido por la historia divina de salvación y victoria que no consiste precisamente en evadir la muerte, sino en impregnarse definitivamente de la cruz de Cristo por saberse impregnado de su resurrección.

PROPUESTAS PRÁCTICAS

PREGUNTAS PARA LA REFLEXIÓN PERSONAL Y DEVOCIONAL

Al ver la pesada carga que estaba siendo puesta sobre los hombros de Timoteo uno respira profundo sabiéndose tranquilo, detrás del escritorio, en el arado, en el torno, allí donde no hay llamado al martirio. Y pensamos: "¡Menos mal que no soy yo quien recibió esa carta!"

Pero esta carta sí la recibiste tú, de hecho la estás leyendo; y fue destinada para ti. Bonhoeffer (1963: 99) afirma con certeza: "Todo mandato de Jesús es un llamado a morir… El llamamiento de Cristo, su bautismo, pone a los cristianos en el medio de la arena cotidiana contra el pecado y el diablo". El mismísimo primer inicio de la experiencia del cristiano, su bautismo, ya es un llamado al martirio más extremo. La renovación diaria de aquel pacto al ser confrontado por la ley, que siempre mata, sigue sonando con el mismo tono. El esfuerzo del creyente por alcanzar la estatura perfecta del nuevo Adán, implica martirizar al viejo. La dedicación de la vida como ofrenda de olor agradable a Dios y la entrega en servicio al prójimo no pueden ser sino entregas dispuestas a todo. No hay experiencia del creyente sin llamamiento al martirio.

- ¿Qué aspectos del viejo hombre crees que puntualmente tú estás siendo llamado a ahogar? ¿Cuáles son los vicios o inclinaciones que se mantienen con más fuerzas en tu vida?
- ¿Qué temes perder junto con esos vicios e inclinaciones?
- ¿Qué pierdes realmente al darle asilo político a esos vicios e inclinaciones?
- ¿Qué herramientas te dio el Espíritu Santo para confrontar ese llamado a morir?
- ¿Dentro de qué orden de existencia fuiste incorporado en el Bautismo para que ese llamado a morir no sea una tragedia insuperable? (recuerda que el Timoteo temeroso fue llamado dentro del orden de poder de Dios).
- ¿Qué consuelos y certezas obtienes de nuestro párrafo (2Ti 1:6-14) para confrontar el llamamiento de Jesús a tomar la cruz y seguirlo?
- ¿Sobre qué base está parada tu subsistencia? ¿Sobre qué tarima confrontas la muerte en un sentido metafórico y en un sentido literal? ¿Sobre la base de la exigencia de la ley que te llama a darte, a morir, a matar esto y aquello?, ¿o sobre la base del evangelio que te provee un marco de existencia que ya probó en la historia de Jesús ser victorioso sobre la muerte?

PROPRUESTA PARA LA PREDICACIÓN

Indudablemente nuestro texto es más que propicio para la predicación pascual.[63] La sección 2Ti 1:3-14 es sugerida como epístola en el ciclo trienal, serie C, para el vigésimo domingo después de Pentecostés (*PC:* 684).

Ofrecemos a continuación una propuesta de predicación para niños en base a 2Ti 1:9-10 (Weisheit, 1979: 111-12):

Material necesario: Un plato de comida (si es posible tallarines o papas fritas) y una servilleta.

A menudo Jesús dice que nos concedió dones del mismo modo en que alguien nos invita a una comida festiva. Dios es el anfitrión y nosotros los huéspedes. Él nos dice que vayamos a su casa para un gran banquete. La lectura del día contiene una invitación de Dios. Él "nos salvó y (nos) llamó por medio de un llamamiento santo, en consonancia no con nuestras obras, sino con el plan y la gracia propios".

Dios nos invita porque nos ama. Él no nos está devolviendo alguna invitación que nosotros le hayamos hecho primero. Él no nos invita a una comida para vendernos algo. Él quiere estar con nosotros.

Y aquí está la comida (*muestre el plato*). Puede que estén hambrientos ahora, y estar viendo este plato probablemente les dé más ganas de comer. Dejen que estas ganas les recuerden cuánto más necesitamos el amor y la gracia que Dios nos da en Cristo.

Seguramente si estuvieras sentado a la mesa comiendo con Dios intentarías usar todos los mejores modales. Así y todo te ensuciarías con la comida. Pero miren, en el banquete de Dios no solamente hay comida para disfrutar, sino que también una servilleta para limpiarte. Él sabe que se te podría caer algo de la comida o que tus manos se ensuciarían, de modo que te ofrece la servilleta para que no pases vergüenza. En tu vida espiritual, esa servilleta es el perdón de los pecados diarios. Cuando Dios nos llama a su fiesta, él nos perdona por medio de Cristo.

Es importante que a la hora en que el banquete comienza la servilleta esté allí, a mano. Dios no esperó a que nos ensuciemos para entonces pensar en una forma de resolver el problema. Dios nos ama tanto que cuando preparó la fiesta para nosotros, también preparó la servilleta. Fíjense qué dice el resto de la lectura de hoy: Él nos concedió su gracia "la que ya nos había sido dada en Cristo Jesús antes de que comience la historia, pero fue manifestada ahora por medio de la aparición de nuestro salvador, Cristo Jesús, destruyéndole el poder a la muerte, y trayendo a la luz la vida y la incorruptibilidad por medio del evangelio".

Antes de que comience el tiempo, lógicamente antes de que pequemos, Dios ya tenía preparada su gracia para nosotros en Cristo Jesús. Nosotros no podíamos ver claramente esa gracia de Dios antes de que Cristo venga a morir por nuestros pecados y a darnos vida eterna. Pero cuando recibimos estos regalos de Cristo, no se trataban de cosas recién inventadas. Dios ya tenía reservados esos regalos desde el comienzo de todo, pues él no esperó a que pequemos para ver qué hacer con ese problema. Así como un anfitrión pone la servilleta al lado del plato para cuando se la necesite, Dios, desde el comienzo, nos dio su gracia en Cristo Jesús. Él ya estaba preparado para nuestra salvación.

Cuando te sientes a la mesa y veas una servilleta, acuérdate de Cristo. Incluso antes de que necesites ayuda, Dios ya te la dio.

APUNTES TÉCNICOS

APUNTES DE LÉXICO Y SINTÁXIS

2Ti 1:6

"te recuerdo" (ἀναμιμνῄσκω): Tanto Louw & Nida § 29.10 como BAGD (ἀναμιμνῄσκω: 57) traducen "te recuerdo que vuelvas a encender". Presente instantáneo: la acción sucede en el momento preciso de escribir-leer la carta (Wallace: 517-18).

"que reavives" (ἀναζωπυρεῖν): BAGD (ἀναζωπυρέω.1: 54) "volver a encender". Louw & Nida § 68.8 define nuestro verbo de este modo: "hacer que algo vuelva a comenzar; reactivar, hacer que algo vuelva a ser activo nuevamente". Louw & Nida indica que "algunos traductores han usado una expresión como 'mantener vivo el don', primordialmente para evitar dar la impresión de que Timoteo se ha apartado de algún modo de su dedicación inicial al evangelio". Infinitivo de objeto directo: "te recuerdo esto" (Wallace: 601-03).

"de Dios" (τοῦ θεοῦ): Genitivo subjetivo (Wallace: 113-16): Dios es el sujeto de la acción "embutida" dentro del sustantivo verbal "don" (χάρισμα), a saber, "dar generosamente" (χαρίζω).

"ha reposado sobre ti" (ἐστιν ἐν σοί): BAGD (εἰμί.III.4: 225) señala que nuestra construcción ("estar en alguien": ἐστιν ἐν τινι) puede ser traducida como "reposar sobre alguien". Presente de acción pasada aún en progreso: la acción comenzó en algún punto del pasado, pero sigue aún vigente (Wallace: 519-20).

"por medio de" (διά): Nuestra preposición muestra moverse entre un dia, de medio o de instrumento (Wallace: 368). Se ajusta a alguna de las dos siguientes entradas de las que presenta Louw & Nida: a) instrumento por medio del cual algo es realizado (§ 90.8); b) medio por el cual un evento hace que otro sea posible (§ 89.76).

"de mis manos" (τῶν χειρῶν μου): Genitivo objetivo (Wallace: 116-19): las manos son el objeto directo del verbo "imponer" (ἐπιτίθημι) presupuesto dentro del sustantivo verbal "imposición" (ἐπιθέσεως).

2Ti 1:7

"dio" (ἔδωκεν): Aoristo ingresivo: señala el comienzo de un estado o acción nuevos (Wallace: 558-59).

"de cobardía" (δειλίας): Louw & Nida § 25.266 define a nuestro verbo de este modo: "un estado de temor por causa de falta de coraje o de fuerza moral; cobardía, timidez". Puesto que consideramos que el referente de "espíritu" (πνεῦμα) es la segunda persona de la trinidad, descartamos la alternativa de que tanto nuestro sustantivo como los tres siguientes (δυνάμεως, ἀγάπης y σωφρονισμοῦ) sean genitivos atributivos: "Dios no nos dio un *espíritu cobarde*" (Wallace: 86-88). Consideramos que se trata, más bien, de genitivos de producto: "Dios no nos dio un *Espíritu que produce cobardía...* sino *poder...*" (Wallace: 106-07).

"auto-disciplina" (σωφρονισμοῦ): BAGD (σωφρονισμός.2: 802) "moderación, auto-disciplina, prudencia." BAGD comenta que la versión siríaca traduce nuestro texto en el sentido dado en la literatura secular: "buen juicio, moralidad, consejo." Louw & Nida presenta ambas alternativas como posibles: a) En el plano mental: "tener entendimiento con respecto a cuestiones prácticas y, así, ser capaz de actuar de un modo sensible – tener un juicio sano, ser sensible" (§ 32.34). b) En el plano actitudinal: "perteneciente al ser sensible y moderado en el comportamiento" (§ 88.94).

2Ti 1:8

"avergonzar" (ἐπαισχυνθῇς): BAGD (ἐπαισχύνομαι.1: 282) "ser avergonzado". BAGD traduce "no te avergüences de dar testimonio de nuestro Señor". Louw & Nida (310, nota 13) señala que nuestro verbo "parece tener cierta diferencia de significado con αἰσχύνομαι en cuanto que la atención está enfocada en aquello que causa la vergüenza". Aoristo subjuntivo ingresivo utilizado como imperativo (Wallace: 723-24). Wallace señala que, puesto que el aoristo hace comprender a la acción como una unidad monolítica, generalmente nuestro uso de prohibición tiene fuerza ingresiva: "no empieces".

"con respecto a nuestro Señor" (τοῦ κυρίου ἡμῶν): Genitivo objetivo: nuestro Señor funciona aquí como el objeto del testimonio, el referente no es otro que el evangelio (Wallace: 116-19). Existe la posibilidad, a su vez, de considerar a nuestro genitivo como subjetivo: nuestro Señor es el que dio un testimonio valiente (Wallace: 113-16; Louw & Nida § 25.193). Se trataría, por tanto, de una exhortación a no tener vergüenza de dar el mismo testimonio que dio nuestro Señor (ver 1Ti 6:12-13; 2Ti 2:3, 8-13).

"de mí" (ἐμέ): Nótese el uso enfático de la forma no-enclítica del pronombre personal (Smyth § 325.a).

"su (prisionero)" (αὐτοῦ): Wallace (82, nota 30) señala que clasificar a nuestra construcción como de genitivo de posesión es muy vago (pero no sugiere ninguna categoría más específica). Quizá deba ser considerada como genitivo subjetivo: el Señor es el que lo retiene en prisión (Wallace: 113-16).

"únete en los sufrimientos" (συγκακοπάθησον): BAGD (συγκακοπαθέω: 773) "sufrir junto con alguien". BAGD traduce "únete (conmigo) en sufrir en pro del evangelio". Aunque es probable que Timoteo ya haya compartido con Pablo parte de sus sufrimientos por causa del evangelio, consideramos que nuestro imperativo aoristo es ingresivo: el tipo de padecimientos que Pablo está experimentando ciertamente aún no son sufridos por Timoteo, y el apóstol lo invita a enfrentarlos (Wallace: 719-20). Wallace señala la marca de *urgencia* que imprime nuestra categoría.

"en pro del evangelio" (τῷ εὐαγγελίῳ): Si bien el nuestro puede ser un dativo de causa (Wallace: 167-68), preferimos comprenderlo, junto con BAGD (συγκακοπαθέω: 773), como un dativo de ventaja: "en beneficio de" (Wallace: 142-44).

"en consonancia con" (κατά): κατά de estándar (Wallace: 377).

2Ti 1:9

“el que nos salvó y (nos) llamó” (τοῦ σώσαντος ἡμᾶς καὶ καλέσαντος): Participios adjetivales (dependientes) en aposición a “Dios” (θεοῦ) de 2Ti 1:8 (Wallace: 619-21). A nuestra construcción (artículo + participio**1** + “y” –καί– + participio**2**) se aplica claramente la regla Grandville Sharp, esto es: los dos hacen referencia a una misma y única persona (Wallace: 270-90). La categoría de nuestros participios y de los otros cuatro siguientes (δοθεῖσαν, φανερωθεῖσαν, καταργήσαντος y φωτίσαν τος) es la de un aoristo global con una clara fuerza puntiliar: hacen referencia a acciones que son instantáneas (Wallace: 557-58).

“llamó” (καλέσαντος): El sentido de nuestro verbo se mueve entre dos de las entradas incluidas por Louw & Nida: a) “Pedirle a una persona que acepte la hospitalidad ofrecida – invitar” (§ 33.315, nótese el énfasis que los versículos siguientes ponen en el ofrecimiento de gracia); b) “Invitar a alguien con premura para que acepte responsabilidades para una tarea particular, implicando una nueva relación con aquél que realiza el llamamiento” (§ 33.312, recuérdese que Pablo está invitando aquí a Timoteo a compartir sus sufrimientos). Consideramos que es válido y apropiado no perder de vista a ninguno de los dos aspectos.

“llamamiento” (κλήσει): BAGD (κλῆσις.1: 435) señala que nuestro sustantivo es usado en el NT casi exclusivamente en un sentido religioso. Dativo de medio o instrumento (Wallace: 162-63).

“en consonancia con” (κατά): BAGD (κατά.II.5.a.δ: 407) señala que nuestra construcción (κατά + acusativo) es de estándar (Wallace: 377) y penetra en parte el sentido de causalidad.

“obras” (τὰ ἔργα): BAGD (ἔργον.1.b.β: 308) señala el uso típico de nuestra expresión “con respecto a los hechos de los hombres, exhibiendo un carácter moral consistente”.

“propios” (ἰδίαν): BAGD (ἴδιος.1.a.β: 369) indica que nuestro uso de ἴδιος señala el contraste con lo que le pertenece al otro. Nótese la posición enfática en el texto original, perdida en nuestra traducción.

“plan” (πρόθεσιν): BAGD (πρόθεσις.2.b: 706) define a nuestra entrada como “plan, propósito (lo que alguien se ha propuesto), voluntad, diseño”. Louw & Nida § 30.63 define como “aquello que es planeado o propuesto de antemano”. Tanto nuestro sustantivo como el siguiente (“gracia:” χάριν) son definidos por tratarse de sustantivos monádicos (únicos en su clase), abstractos y objetos de la preposición κατά (Wallace: 247-50).

“la que ya nos había sido dada... pero fue manifestada” (τὴν δοθεῖσαν... φανερωθεῖσαν δέ): Ciertamente ésta no es del tipo de construcciones a las que se aplica la regla Grandville Sharp (artículo + participio**1**+ “y” –καί– + participio**2**), en vista de que nuestros participios adjetivales (dependientes) no están conectados por la conjunción “y” (καί), sino por “pero” (δέ). No obstante el referente de ambos participios es el mismo (“gracia:” χάριν).

"antes de que comience la historia" (πρὸ χρόνων αἰωνίων): Louw & Nida § 67.133 incluye nuestra construcción entre las expresiones que hacen referencia a "un período de tiempo excesivamente largo, que cubre desde un supuesto inicio hasta el presente; desde todos los tiempos, por todas las edades pasadas, desde el comienzo del tiempo". Consideramos que esta definición de tiempo extendido se ajusta a las construcciones similares encabezadas por la preposición "desde / a partir de" (ἐκ / ἀπό), pero nuestra preposición ("antes de": πρό) impone otra comprensión. BAGD (αἰώνιος.1: 28) resuelve en parte el problema al traducir "antes de que comience el tiempo". Ahora bien, Cullmann (1968: 35) aboga con razón contra el concepto intemporal de la eternidad y señala que la designación que el NT le da a la eternidad es precisamente en términos temporales (αἰῶν). "En el Nuevo Testamento, no son, por consiguiente, el tiempo y la eternidad los que se oponen, sino el tiempo limitado y el tiempo ilimitado, infinito" (Cullmann, 1968: 35). Esto demanda una traducción que no niegue el carácter temporal de la eternidad (ver Cullmann, 1968: 35, nota 17 para la expresión equivalente de 1Co 2:7: πρὸ τῶν αἰωνίων). Por otra parte, BAGD (χρόνος: 888) señala que el plural de "tiempo" (χρόνος) es usado para "un período de tiempo considerablemente largo, compuesto por varios (períodos) pequeños". Louw & Nida § 67.78 define a nuestro sustantivo como "una unidad indefinida de tiempo".

2Ti 1:10

"por medio de" (διά): διά de medio (Wallace: 368). Nótese que nuestra frase preposicional tiene la misma relación con el participio "fue manifestada" (φανερωθεῖσαν) que las dos frases participiales con las que termina el versículo 10. La diferencia semántica es la siguiente: la frase preposicional señala el "instrumento" utilizado para manifestar la gracia divina (la aparición de nuestro salvador); las frases participiales, en cambio, indican la estrategia utilizada para que la manifestación de la gracia divina llegue a ser realidad (la destrucción del poder a la muerte y la irrupción de la vida).

"de la aparición de nuestro salvador, Cristo Jesús" (τῆς ἐπιφανείας τοῦ σωτῆρος ἡμῶν Χριστοῦ Ἰησοῦ): Nuestra cadenas de genitivos presenta las siguientes categorías:

1) "la aparición" (τῆς ἐπιφανείας) es el genitivo demandado por la preposición "por medio de" (διά) para indicar mediación o instrumentalidad (Wallace: 368).
2) "de ... salvador" (τοῦ σωτῆρος) es un genitivo subjetivo (Wallace: 113-16): el salvador es sujeto del verbo "aparecer" (ἐπιφαίνω) embutido dentro "aparición" (ἐπιφανείας).
3) "nuestro" (ἡμῶν) es genitivo objetivo (Wallace: 116-19): "nosotros" es el objeto del verbo "salvar" (σῴζω) contenido por el sustantivo "salvador" (σωτῆρος).
4) "Cristo Jesús" (Χριστοῦ Ἰησοῦ) es un genitivo en aposición simple a "de nuestro salvador": τοῦ σωτῆρος ἡμῶν (Wallace: 94).

"destruyéndole" (καταργήσαντος): Louw & Nida § 13.163 traduce "poniéndole fin a la muerte". Preferimos la traducción propuesta por BAGD (καταργέω.2: 417): "destruyendo el poder de la muerte". Tanto este participio como el siguiente ("trayendo a la luz": φωτίσαντος) forman construcciones participiales de genitivo absoluto. Nuestro caso rompe con dos puntos de la regla para el genitivo absoluto: a) normalmente la construcción precede al verbo principal; b) el sujeto del genitivo absoluto no debe ser parte de la cláusula principal, aunque ocasionalmente esto sucede (Smyth § 2073). Consideramos que el sujeto de nuestros genitivos absolutos es Cristo Jesús (Χριστῷ Ἰησοῦ). El genitivo absoluto es un participio adverbial, por lo que toma alguna de las funciones típicas (Smyth § 2070; Wallace: 655). En nuestro caso funciona como un participio adverbial de medio (Wallace: 628-30): explica cómo fue llevada a cabo la acción implicada dentro del participio adjetival "fue manifestada" (φανερωθεῖσαν). El tiempo verbal aoristo utilizado tanto en este participio como en el siguiente ("trayendo a la luz": φωτίσαντος) impide que éstos sean tratados como participios de resultado: "fue manifestada... de modo que le destruyó... y trajo..." (Wallace: 638).

"-" (μὲν ... δὲ): Nuestras partículas normalmente marcan una frase concesiva ("si bien": μέν) seguida de una frase adversativa ("de todos modos": δέ). No obstante, el nuestro es uno de los casos en los que su utiliza simplemente para evidenciar el contraste entre la muerte y la vida (BAGD μέν.1.c: 503).

"trayendo a la luz" (φωτίσαντος): BAGD (φωτίζω.2.c: 873) "sacar a la luz, revelarle algo a alguien". Louw & Nida § 28.36 define como "hacer que algo sea completamente conocido revelándolo claramente y en detalle".

"la incorruptibilidad" (ἀφθαρσίαν): Louw & Nida § 23.127 define nuestro sustantivo como "el no estar sujeto a la decadencia que lleva a la muerte". BAGD (ἀφθαρσία: 125) señala que nuestro sustantivo es comprendido aquí como una cualidad de la vida futura. En esta misma línea Louw & Nida propone traducir "revelando *la vida inmortal* por medio del evangelio". Trench (237-38) niega que el adjetivo cognado "incorruptible" (ἄφθαρτος) se traduzca como "inmortal", ya que dicho sentido pertenece a ἀθάνατος o a la expresión ἔχων ἀθανασίαν (1Ti 6:16). Trench especifica que lo característico de nuestra familia de palabras es la imposibilidad de decaer y perecer. Tanto nuestro sustantivo como el anterior ("vida": ζωὴν) son definidos pese a la falta de artículo por tratarse de sustantivos monádicos: únicos en su especie (Wallace: 248-49).

2Ti 1:11

"para" (εἰς): εἰς de propósito o ventaja (Wallace: 369). BAGD (εἰς.4.d: 229) señala que nuestra preposición indica el propósito de una vocación.

"fui hecho" (ἐτέθην): BAGD (τίθημι.I.2.a.α: 816) "hacer alguien de alguien". Louw & Nida § 33.259 traduce "(Dios) me ha puesto como un predicador, un apóstol y un maestro".

2Ti 1:12

"inclusive" (καί): καί adverbial. Smyth § 2881 define a nuestro uso de este modo: "El καί adverbial "también, incluso" (en latín *etiam*) influye sobre palabras individuales o cláusulas completas. El καί adverbial enfatiza una idea importante; usualmente la idea presentada por la palabra que sigue".

"estoy padeciendo" (πάσχω): BAGD (πάσχω.3.b: 634) propone para nuestro texto "soportar, padecer, sobrellevar". Louw & Nida § 90.66 define nuestra entrada como "atravesar una experiencia usualmente difícil y normalmente con la implicancia del sufrimiento físico y sicológico; experimentar, sufrir". Presente progresivo: describe la acción no como repetitiva, sino como continua, y durante un lapso de tiempo reducido (el mismísimo tiempo de escritura), pero no puntual, sino extendido (Wallace: 518-19).

"conozco bien" (οἶδα): Consideramos que nuestro uso corresponde a la entrada que BAGD (οἶδα.2: 556) define así: "conocer íntimamente a alguien, estar en una relación cercana con alguien ... Conocer a Dios, eg. no sólo en forma teórica ... sino tener una relación positiva con él".

"he creído" (πεπίστευκα): BAGD (πιστεύω.2.a.α: 661) indica que nuestra categoría hace referencia a "una creencia religiosa con un sentido especial en cuanto fe en la divinidad que pone especial énfasis en confiar en su poder y su cercanía para ayudar, en adición al estar convencido de que existe y de que sus revelaciones son verdaderas". Conjetura BAGD que el referente de nuestro pronombre relativo es Cristo. Perfecto intensivo: la utilización del perfecto imprime en nuestro texto la siguiente idea pretérita: el tiempo de la indefinición ya pasó, yo quedé definido como creyente (Wallace: 574-76). En el caso de que se comprenda que el énfasis está puesto en el resultado presente de ese acto pasado, se trataría de un perfecto extensivo (Wallace: 577).

"estoy convencido" (πέπεισμαι): BAGD (πείθω.4: 640) "estar convencido, seguro". Louw & Nida § 31.82 define este verbo de este modo: "creer en algo o en alguien al punto de poner la confianza o esperanza; confiar en, esperar en, depender de, tener (completa) confianza en". Perfecto con fuerza presente: la acción pasada (fuerza pretérita del perfecto) es difícilmente distinguible del resultado presente (Wallace: 579-80).

"capaz" (δυνατός): BAGD (δυνατός.1.a.β: 208) sugiere que el sentido hacia el que se inclina nuestro uso es hacia el de la "habilidad" (más que hacia el de la potencia). Louw & Nida presenta dos entradas que pueden ser aplicadas a nuestro texto: 1) Capaz: "perteneciente a tener la habilidad para realizar alguna función" (§ 74.2); 2) Especialista: "perteneciente a tener una competencia especial en realizar alguna función" (§ 74.4). Si bien podría tratarse de esta última, creemos que un sentido más general como el de la primera alternativa es más viable. Es importante, no obstante, no perder de vista la conexión que nuestro adjetivo tiene con el concepto de "poder" (δύναμις) de 2Ti 1:7-8.

"depósito" (παραθήκη): BAGD (παραθήκη: 616) "depósito, propiedad confiada a otro". Louw & Nida § 35.48 traduce "porque él es capaz de cuidar lo que se me ha confiado a mí". Aunque considera la remota posibilidad de traducir como nosotros, la desalienta en base al uso de 2Ti 1:14. Liddell & Scott (παραθήκη. suplemento: 239) señala el uso referente a "una tableta confiada a los poderes sobrenaturales para la ejecución de la maldición que contiene, *Tab. Defix. Aud.* XXII.39 y XXXII.27". Esta ocurrencia de παραθήκη pone en evidencia que la situación no siempre consiste en que un superior deja su depósito al cuidado de un súbdito (como en el caso de 1Ti 6:20 y 2Ti 1:14).

"de cuidar" (φυλάξαι): BAGD (φυλάσσω.1.c: 868) "guardar, proteger". Infinitivo epexegético: explica en qué respecto es veraz lo predicado por el adjetivo "capaz" (δυνατός) con referencia a Dios-Cristo (Wallace: 607).

"hasta" (εἰς): BAGD (εἰς.2.a.α: 228) ubica correctamente a este texto bajo el significado de "hasta" (connotando continuidad), y no de "para" (connotando una conservación de tipo vegetativa).

2Ti 1:13

"Mantén como modelo de la sana predicación lo que escuchaste de mí, por medio de la fe y el amor que son en Cristo Jesús" (ὑποτύπωσιν ἔχε ὑγιαινόντων λόγων ὧν παρ' ἐμοῦ ἤκουσας ἐν πίστει καὶ ἀγάπῃ τῇ ἐν Χριστῷ Ἰησοῦ): Ésta es una construcción de doble acusativo de objeto-complemento (Wallace: 182-89). Recordamos que el complemento pertenece a una categoría semántica más amplia e indefinida que el objeto del verbo, y su función es predicar algo con respecto éste último. En nuestra oración el complemento es "modelo de la sana predicación" (ὑποτύπωσιν ὑγιαινόντων λόγων) y el objeto directo del verbo "mantén" (ἔχε) es "lo que escuchaste de mí" (ὧν παρ' ἐμοῦ ἤκουσας).

"modelo" (ὑποτύπωσιν): BAGD (ὑποτύπωσις: 848) "modelo, ejemplo". En nuestro texto toma el sentido de *estándar.* Louw & Nida § 58.59 define nuestro sustantivo como "un modelo de comportamiento como un ejemplo a ser imitado o evitado". Louw & Nida propone traducir "apégate al ejemplo de sana enseñanza que has escuchado de mí". La falta de artículo no señala indefinición (consideramos que nuestro sustantivo es definido) sino que marca la función de complemento que tiene nuestro sustantivo dentro de la construcción doble acusativo de objeto-complemento. Wallace señala que cuanto más adelante es puesto el complemento dentro de la oración, más específico su sentido y definido su carácter (Wallace: 185).

"mantén" (ἔχε): BAGD (ἔχω.I.1.c.β: 332) propone para nuestro texto "mantén, preserva". Presente imperativo de costumbre: se trata de un precepto general (formador de carácter) que demanda una acción continua (Wallace: 722).

"sana" (ὑγιαινόντων): BAGD (ὑγιαίνω.2: 832) "ser sano o correcto". Louw & Nida § 72.15 define nuestro verbo como "tener el punto de vista correcto, con la implicación de que tal estado sea evaluado positivamente – ser correcto, sano, acertado". Participio adjetival propio (dependiente de "predicación": λόγων) en posición atributiva (Wallace: 309-10, 618).

"de la... predicación" (λόγων): BAGD (λόγος.1.b.β: 478) señala que la forma plural es usada generalmente para referirse a las enseñanzas o predicación cristiana. Consideramos a nuestra construcción como definida en vista de que se trata de un sustantivo genérico: no es con parte de la predicación correcta que deben concordar, sino con la predicación correcta (Wallace: 253-54). Genitivo de referencia: el ejemplo que debe mantener Timoteo es en relación a la predicación (Wallace: 127-28).

"lo que" (ὧν): Nuestro pronombre relativo sufre aquí una atracción, toma su caso no de la función que cumple dentro de su cláusula (objeto directo de "escuchaste": ἤκουσας), sino de su antecedente: "la sana predicación" (ὑγιαινόντων λόγων). Wallace indica que esta atracción del acusativo al genitivo del antecedente es muy común (Wallace: 338-39).

"de (mí)" (παρά):para, de fuente (BAGD, παρά.I.3.c: 610; Wallace: 378).

"escuchaste" (ἤκουσας): BAGD (ἀκούω.1.a.β: 32) señala que nuestra construcción (corrompida por la atracción del pronombre relativo) corresponde a la categoría "escuchar algo (acusativo) de alguien (genitivo)" (ἀκούειν τί τινος). Consideramos que nuestro verbo se mueve entre alguna de las dos siguientes entradas que presenta Louw & Nida: a) "Creer algo y responder en base a lo que se ha oído" (§ 31.56); b) "Escuchar o prestar atención a una persona, con el resultante ajuste a lo que se recomendó y ordenó" (§ 36.14). Aoristo global: no hace referencia a un suceso puntual y único sino que se trata de un sumario de toda la predicación apostólica presenciada por Timoteo (Wallace: 557-58).

"por medio de la fe y el amor" (ἐν πίστει καὶ ἀγάπῃ): ἐν + dativo de medio (Wallace: 372). Dibelius (105) entiende que nuestra frase preposicional tiene conexión con el verbo principal ("mantén": ἔχε) y no con la frase que precede inmediatamente ("escuchaste": ἤκουσας). BDF § 270.3 indica que el uso de artículo definido en la frase adjetival que sigue delata el carácter definido de nuestros sustantivos.

"que son en Cristo Jesús" (τῇ ἐν Χριστῷ Ἰησοῦ): Aunque nuestra frase adjetival es singular, no por esto modifica solamente a alguno de los dos sustantivos precedentes, sino a ambos. Todo adjetivo (o frase adjetival) que modifica a más de un sustantivo concuerda en género, número y caso con el último (Smyth § 1030).

2Ti 1:14

"excelso" (καλὴν): BAGD (καλός.2.c.β: 400) ubica a nuestro texto bajo la entrada "inobjetable, sin culpas o mancha, excelente".

"el excelso depósito" (τὴν καλὴν παραθήκην): Consideramos a nuestro sustantivo como *par excellence*: el mejor de los depósitos, "El Gran Depósito" (Wallace: 222-23).

"cuida" (φύλαξον): BAGD (φυλάσσω.1.c: 868) "guardar, proteger". Imperativo aoristo global: enfatiza el carácter solemne y categórico del mandato (Wallace: 720-21; BDF § 337.3). De todos modos, nuestro uso no pierde la fuerza de urgencia característica de la otra categoría del imperativo aoristo, el ingresivo (Wallace: 719-20).

"por medio de" (διά): διά de agente intermedio (Wallace: 368, 431-34).

APUNTES CRÍTICO-TEXTUALES

Para la ubicación geográfica y temporal de cada testigo de 2Ti ver Apéndice IX (p. 477).

2Ti 1:6: Algunos manuscritos reemplazan ἀναμιμνῄσκω por ὑπομίμνῃσκω: "recuerdo".

1) **Por evidencia interna:** El escriba acomoda el texto a término utilizado en otras partes de las pastorales (ὑπομίμνῃσκω: 2Ti 2:14; Tit 3:1). El texto (ἀναμιμνῄσκω), aunque no es usado en el resto de las pastorales, no es ajeno a Pablo (1Co 4:17; 2Co 7:15).
2) **Por evidencia externa:** Es clara la falta de peso que tiene la variante: los códigos Claromontanus (D) y Athous Lavrensis (Ψ) y los minúsculos 365 1505.

2Ti 1:6: Algunos manuscritos reemplazan "Dios" (θεοῦ) por "Cristo" (Χριστοῦ).

1) **Por evidencia interna:** El escriba introduce aquí un concepto no muy común en Pablo: que el don proviene específicamente de Cristo. Si bien este concepto aparece en Pablo en Ef 4:7-11 y 1Co 12:5, el apóstol tiende a comprender los dones como repartidos por Dios (Ro 6:23; 11:29; 12:3; 1Co 7:7; 12:28; el Espíritu es mencionado en 1Co 12:4, 9 como entregando los dones).
2) **Por evidencia externa:** La soledad del códex Alejandrino (A) como testigo a favor de la variante demuestra que se trata de una corrupción del texto original.

2Ti 1:10: Algunos manuscritos reemplazan "Cristo Jesús" (Χριστοῦ Ἰησοῦ) por:

a) "Jesucristo" (Ἰησοῦ Χριστοῦ).
b) "Dios" (θεοῦ).

1) **Por evidencia interna:** El escriba de la variante a) probablemente toma el orden de las palabras de Tit 2:13 (σωτῆρος ἡμῶν Ἰησοῦ Χριστοῦ). Las pastorales, en verdad, no presentan un orden fijo al hablar Cristo Jesús como "nuestro Salvador": τοῦ σωτῆρος ἡμῶν Χριστοῦ Ἰησοῦ (2Ti 1:10), Χριστοῦ Ἰησοῦ τοῦ σωτῆρος ἡμῶν (Tit 1:4), σωτῆρος ἡμῶν Ἰησοῦ Χριστοῦ (Tit 2:13), Ἰησοῦ Χριστοῦ τοῦ σωτῆρος ἡμῶν (Tit 3:6). El escriba de la variante b) acomoda el texto al concepto más común en las pastorales de llamar "nuestro Salvador" a Dios (1Ti 1:1; 2:3; Tit 1:3; 2:10; 3:4). En el caso de esta expresión el orden de las palabras es relativamente consistente.
2) **Por evidencia externa:** Éste es el apoyo de cada alternativa:
   - El texto original es sustentado por el original de los códigos Sinaítico (א) y Claromontanus (D), el códex Alejandrino (A), el minúsculo 81, algunos manuscritos de la Vulgata y Ambrosiaster.
   - La variante a) es sustentada por la segunda corrección de los códigos Sinaítico (א) y Claromontanus (D), los códigos Boreelianus (F), Boernerianus (G) y Athous Lavrensis (Ψ), los minúsculos 33 1739 y 1881, el texto mayoritario (𝔐), gran parte de la tradición latina, la versión siríaca y Orígenes.
   - La variante b) es registrada solamente en el códex Freerianus (I).

Es clara la superioridad de soporte del texto original.

2Ti 1:11: Algunos manuscritos reemplazan la frase "maestro" (διδάσκαλος) por:
a) "maestro de las naciones" (διδάσκαλος ἐθνῶν).
b) "siervo" (διάκονος).

1) **Por evidencia interna:** El escriba de la variante a) adorna el texto insertando un elemento extraído de 1Ti 2:7. El escriba de la variante b), por su parte, introduce aquí uno de los títulos con los que Pablo define su ministerio en Ef 3:7; Col 1:23 y 25.
2) **Por evidencia externa:** Éste es el soporte de cada alternativa:
- El texto original es sustentado por el original del códex Sinaítico (א), los códigos Alejandrino (A) y Freerianus (I) y el minúsculo 1175.
- La variante a) es sostenida por la segunda corrección del códex Sinaítico (א), los códigos Ephraemi Syri Rescriptus (C), Claromontanus (D), Boreelianus (F), Boernerianus (G) y Athous Lavrensis (Ψ), los minúsculos 1739 y 1881, el texto mayoritario (𝔐), toda la tradición latina y las versiones siríaca y cóptica.
- La segunda variante es sustentada por el minúsculo 33 y algunos otros pocos manuscritos.

Pese a que la variante a) presenta un soporte considerable, de todos modos el del texto original muestra superioridad.

2Ti 1:12: Algunos manuscritos omiten el adverbio "inclusive" (καί).

1) **Por evidencia interna:** El escriba omite el adverbio ya sea por descuido o por entenderlo como conjunción ("y") para evitar la superposición de dos conjunciones. Cuando la frase "por esta causa" (δι' ἣν αἰτίαν) abre la oración funciona como una conjunción de causa (BAGD, αἰτία.1: 26).
2) **Por evidencia externa:** Pese a la importancia de los testigos, el sustento de la variante no llega a inclinar la balanza a su favor: el original del códex Sinaítico (א), el códex Athous Lavrensis (Ψ), el minúsculo 1175, algunos manuscritos de la Vulgata y la versión siríaca Peshitta.

NOTAS

HACERLO EN EL PODER DE DIOS

1. Nuestro párrafo tiene 166 palabras y ocupa el 13 % del total del texto. El párrafo más extenso es 2Ti 2:14-26, con un total de 208 palabras (17 % de la carta).

2. Se ha utilizado nuestro texto para "reavivar" la especulación al estilo de los Hechos de los apóstoles apócrifos en relación a la situación espiritual de Timoteo (¿tenía "apagado" el don?) y a su carácter (¿era muy tímido?). No es éste el punto que Pablo tiene en mente aquí.

3. Resuena aquí la repercusión de la arenga con la que Simón, hermano de Judas Macabeo (siglo 2 aC), convocó a sus hombres para dar la vida luchando: "se enardecieron los ánimos del pueblo" (*anedsōpúrēsen tó pneúma toú laoú*, 1Mac 13:7). Gn 45:27 usa la misma expresión para referirse a la reacción de Jacob cuando llegan los carros del faraón enviados por José: "el espíritu de Jacob se reanimó" (*anedsōpúrēsen tó pneúma Iakōb*, Gn 45:27).

4. Nótese que en los dos textos de la LXX citados en la nota 3, arriba, el objeto directo del verbo "reavivar" es "el espíritu / ánimo" en cuanto órgano del ser humano (*tó pneúma autoú*). Heráclito, filósofo de Éfeso (siglo 6 aC), consideraba que "el alma del hombre está formada por fuego" (Bietenhard, 1982: 252).

5. La madre judía martirizada junto con sus siete hijos anima a los suyos refiriéndose a la vida como "el espíritu" (*tó pneúma*) que Dios les dio (*jarídsomai*, 2Mac 7:22). De modo que el espíritu (como órgano del ser humano) puede ser considerado "don de Dios", pero lógicamente otorgado en la gestación misma.

6. ¿Acaso el Espíritu Santo necesita que el creyente lo reavive? Es claro que no. De todos modos, en caso de que esta alternativa fuera la correcta, la expresión "reavivar" al Espíritu Santo se correspondería con las expresiones metafóricas y antropomórficas de 1Ts 5:19 ("apagar el Espíritu") y Ef 4:30 ("entristecer al Espíritu Santo").

7. No debe ser confundido este "Espíritu" (la tercera persona de la trinidad) con el "espíritu" como órgano humano al que se refiere 2Mac 7:22 (ver nota 5 arriba). Vorländer (589) señala que, en algunos casos, Pablo usa estos dos términos para "don" (*dōron* y *járisma*) en forma intercambiable (Ro 5:15-17; 2Co 9:15). No obs-

tante, ninguno de los textos se refiere al Espíritu Santo, sino al logro de la salvación.

8. La expresión "en ti" (*en soí*) ya mostró en el versículo anterior (2Ti 1:5) ser equivalente a "habitar en ti" (*enoikeín en soí*). Para el sentido de dominio transmitido por esta última expresión, ver comentario a 2Ti 1:5 (p. 69).

9. Recordamos que Lohse (434) indica que en la ordenación rabínica de un nuevo candidato, no solamente el rabí principal imponía las manos, sino también el resto de los rabíes allí presentes.

10. Para la amplitud del referente del "don" (*járisma*) recibido por Timoteo en el momento de su ordenación, ver 1Ti 4:14 y, particularmente, la nota 41 del comentario a 1Ti 4:6-16.

11. Éste es el caso de la estructura *pneúma* + una virtud en genitivo atribuido (Gá 6:1; 1Co 4:21; 2Co 4:13; ver también Fil 1:27). Esta categoría le otorga fuerza adjetival al sustantivo principal: "espíritu" (Wallace: 89-91). Pablo delata así el carácter espiritual (de fruto del Espíritu) de las virtudes. La estructura *pneúma* + el nombre de un profeta (Elías o Moisés) en genitivo –¿posesivo o de subordinación?– (Nm 11:17; 2R 2:9, 15; Sir 48:12; Lc 1:17). Chemnitz (I: 134) advierte en contra de identificar a *pneúma* en estos textos con el Espíritu Santo. Ésta es, más bien, una forma de designar el don especial que el Espíritu Santo les otorgó a los profetas como Elías y Moisés.

12. Éste muestra ser el caso de estructura *pneúma* + un don o virtud en genitivo de producto (Wallace: 106-07): "Espíritu de la verdad" (Jn 14:17; 15:26; 16:13; 1Jn 4:6), "Espíritu de adopción" (Ro 8:15), "Espíritu de vida" (Ro 8:2; Ap 11:11), "Espíritu de sabiduría" (Ef 1:17), "Espíritu de santidad" (Ro 1:4), "Espíritu de la gracia" (Heb 10:29).

13. Chemnitz (I: 135) y Hendriksen (1979: 260) lo entienden así también. Esto tiene significativas implicancias respecto a lo que acontece en la ordenación de un ministro. Lo que allí sucede no solamente se mueve en el plano sociológico de la autorización pública y oficial para que una persona determinada ejerza un oficio. La ordenación toma en realidad una clara dimensión divina: Dios le entrega allí al candidato una porción especial de su Espíritu Santo. Es claro que esto no significa que antes de la ordenación el ministro no haya recibido el Espíritu Santo. En línea con el testimonio bíblico respecto de la abundancia con la que Dios entrega su Espíritu, "para Lucas, el don del Espíritu es tanto continuo como renovable en la vida del creyente" (Marshall: 202). Ver Lc 11:13 y los numerosos casos en que Hch relata la entrega del Espíritu Santo a creyentes (contra Dunn, 1982: 142). Shepherd (157-58, 181) demuestra que cuando Hechos (Hch 8:17-19; 9:12, 17; 13:3-4; 19:6) conecta la imposición de manos con el "don del Espíritu Santo", no se tiene en mente el paso de perdición a salvación, sino la capacitación de los creyentes para que éstos extiendan el mensaje del evangelio. De este modo Lucas recoge la tradición del AT que entiende al Espíritu como "espíritu profético". La imposición de

las manos y el don del Espíritu Santo confirman y aseguran la continuidad apostólica entre las misiones y la iglesia madre de Jerusalén.

La lucha de los reformadores en contra de los abusos católico-romanos referentes a la ordenación (ACA XIII.11-13; AE X) no los llevó a negar el tremendo suceso de la entrega del Espíritu Santo en este contexto. Los teólogos de la Reforma entendían que no es la imposición de manos en sí la que otorga el Espíritu, sino la palabra del evangelio enaltecida por medio del gesto (ACA XIII.12; Pelikan, 1970: 132) y la oración que la comunidad eleva sobre la promesa de Lc 11:13 (Klug: 186, 256-60).

14. Knight (371) considera que si 2Ti 1:7 hace referencia al Espíritu Santo, entonces tanto el "nos" como el "en nosotros" (*hēmín*) de 2Ti 1:14 debe incluir a todos los creyentes que comparten el mismo Espíritu Santo. Consideramos que una cosa no quita la otra. El hecho de que el don del Espíritu Santo al que hace referencia nuestro párrafo señala aquella porción que Timoteo recibió en el momento de la ordenación (y no aquella otra recibida en su conversión) permite que ambos "nosotros" (*hēmín*, 2Ti 1:7 y 14) sean excluyentes, pues señalan aquella porción del Espíritu que une de un modo particular al apóstol y a su discípulo en torno al ministerio que deben cumplir.

15. En la literatura bíblica, la "cobardía" (*deilía*) tiene una larga trayectoria como vicio censurado y condenado. El llamado divino a la conquista de la tierra prometida es combinado una y otra vez con la censura de la cobardía (*mē deilián*, Dt 1:21; 31:6, 8; Jos 1:9; 8:1; 10:25). La misma exhortación es retomada por Judas Macabeo para animar a su tropa (2Mac 15:8). En el relato del martirio de los siete hermanos judíos (4Mac 14:4; 8:15), el "no acobardarse" (*mē deilián*) es identificado con el "no esquivar la muerte" (*mē tón zánaton okneín*). El mártir judío Eleazar (4Mac 6:20), por su parte, considera a esta "cobardía" de evitar el martirio como traición a la ley. Tanto Eleazar (4Mac 6:21) como Pr 19:15 identifican a la cobardía con lo afeminado, lo opuesto a la virtud del mártir de ser varonil y valiente (ver nota 16 abajo). En el contexto de riesgo y persecución, el NT censura (Jn 14:27) la cobardía por estar en contraste con la paz otorgada por el Espíritu Santo (Jn 14:26; 20:19-23) y llega a condenar este vicio al identificarlo directamente con la falta de fe (Mr 4:40; Ap 21:8).

16. En el martirio de Policarpo, cuando éste entra al estadio, una voz del cielo le dice: "Sé fuerte, Policarpo, y pórtate en forma varonil" (*M. Pol.* IX.2). Ver también el importante rol que juega el vocabulario en torno al término "varón" (*andrós*) en los libros de Macabeos, material impregnado del llamado a dar la vida por la palabra de Dios (1Mac 6:31; 2Mac 4:31, 32, 34, 38; 5:23; 12:43; 14:43; 4Mac 1:4, 6, 11, 18; 5:23, 31; 6:21; 8:16).

17. La entrega de la propia vida como expresión del amor genuino es un lugar clásico en la ética del NT (Jn 15:13; 1Co 13:4-7; Gá 2:20; Ef 5:25).

18. En la ética filosófica, el "auto-control" (*sōfrosúnē*) consiste, básicamente, en la capacidad de ponerle medida a las pasiones (Luck, 1964-76a: 1099). Pese a que

normalmente en la misma antigüedad las pasiones sexuales tomaron protagonismo, de todos modos nuestro término también fue usado en referencia a la pasión del temor ante el peligro. 4Mac 1:18-23 pone esto de manifiesto al contrastar las virtudes y los vicios que rondan en torno al martirio: "Las formas que toma la sabiduría son la prudencia, la justicia, la hombría y el control (*kaí adelía kaí sōfrosúnē*). La principal de éstas es la prudencia; por medio de la cual es que ciertamente el razonamiento domina las pasiones. De las pasiones, el placer y el dolor son las más abarcativas; y por naturaleza ellas están conectadas con el alma. Hay, a su vez, muchas pasiones que acompañan al placer y al dolor. Antes del placer está el deseo (*epizumía*); y después del placer, el jolgorio. Antes del dolor el temor (*fóbos*); y después del dolor la tristeza."

19. Bonhoeffer (1977) presenta un concepto paulino (Ro 5) de la tentación en términos de ser tentado en Adán (quien fracasó) o en Cristo (quien triunfó).

20. El incendio de Roma (64 dC) forzó a Nerón a perseguir abiertamente a los cristianos. El edicto que Nerón promulgó en contra de los cristianos se mantuvo en pie incluso después de su muerte (González, 1978, I: 69). El emperador Trajano (98-117 dC) propuso castigar solamente a aquellos cristianos que fueran acusados (González, 1978, I: 91). La violencia y la saña que mostró Nerón en su persecución de la iglesia sugieren que el simple testimonio a favor del evangelio era evidencia suficiente para ser castigado.

21. Ver la sección "El contexto histórico de las cartas pastorales" en Introducción al comentario (p. 20).

22. Coenen (1983a: 615), no obstante, indica que este uso del término "testimonio" (*martúrion*) en referencia al evangelio es característico en el apóstol, por tratarse, posiblemente, de una innovación lingüística que debe atribuirse a su cuenta (1Co 1:6; 2:1; 2Co 1:12; 2Ts 1:10).

23. Fil 1:12-17 muestra que la prisión del apóstol no trajo sino oportunidades para el evangelio: muchos perdieron el temor para anunciar (vv. 14-17), y el mismo hecho de estar preso por causa de Cristo (*en Jristō*) se volvió testimonio para muchos (vv. 13). El aprovechamiento divino de las cadenas de Pablo muestra ser absolutamente claro para el apóstol. Cristo, por tanto, no sólo es *aquél por quien* Pablo sufre la prisión, sino *aquél que* lo pone en prisión. Este concepto toma tal valor para el apóstol hasta ser adoptado como un título honorífico ("Pablo, prisionero de Cristo Jesús", Ef 3:1; Flm 1) y usado como base que lo autoriza para dar instrucciones (Ef 4:1; Flm 9).

24. En la antigüedad la búsqueda de honor determinaba la mayoría de las decisiones y acciones (DeSilva), el llamado a no avergonzarse tiene una fuerza retórica más que significativa. 1P 4:16 completa la otra cara de la moneda, no sólo censurando la vergüenza (*mē aisjunészō*) por sufrir como "cristianos", sino también exhortando a gloriarse en el nombre de Cristo (*doxadsétō dé tón zeón en tō onómati toútō*).

25. Jesús identifica el no avergonzarse del evangelio con el entregar la vida en unión

con la muerte de Cristo (Mr 8:34-38; Lc 9:23-26).

26. El tema de la fraternidad, del compartir, de la comunidad es clave y recurrente en el contexto de martirio (Mt 26:31-38; Heb 11; 4Mac 9:23; 13:22-25; *Ign. Ro.* II.12). El autor del *Martirio de Policarpo* desea tener parte en la porción que le tocó a un verdadero mártir como Policarpo, entregarle la vida al Señor (*M. Pol.* XVII.4). Probablemente se trate de un intento de alivio ante la trágica desprotección y soledad de aquél que muere en manos de sus torturadores. Durrwell (69-72) señala que, en la tradición del AT, detrás de todo sacrificio se mueve el concepto de comunidad y comunión. Cristo y Pablo llevan esto al extremo por medio del concepto de que aquél que muere por todos atrae a todos para que mueran con él en su cruz (Jn 12:32; 2Co 5:14-15; Col 3:20-22).

27. "*Dúnamis zeoú* es el poder de Dios, y por tanto el poder de la salvación que actúa en la historia, y específicamente en el evento de Cristo" (Grundmann, 1964-76b: 309). El *Martirio de santas Perpetua y Felicidad* (siglo 3 dC) relata que esta última da a luz en su espera del martirio. Viendo los gritos y el padecimiento que le producen los dolores de parto, los guardias le preguntan cómo podrá soportar entonces el martirio. Felicidad responde: "Ahora mis sufrimientos son sólo míos. Mas cuando tenga que enfrentarme a las bestias habrá otro que vivirá en mí, y sufrirá por mí, puesto que yo estaré sufriendo por él" (González, 1978, I: 148).

28. Tertuliano (siglo 3 dC) decía que "la sangre de los mártires era semilla, pues mientras más se le derramaba más cristianos había" (González, 1978, I: 152). Esto hace que el sufrimiento del mártir ya no sea un accidente ni una tragedia, pues implica la atrevida pero conciente decisión de quien alcanza semejante plenitud (Bonhoeffer, 1963: 98). Por esto consideramos que el dativo de *tō euangelíō* no es de causa, sino de propósito.

29. "El poder escondido en la debilidad es el poder de la resurrección oculto en el de la muerte, poder que se vuelve realidad en la debilidad de la carne que muere, y que supera el poder de la muerte en este mismo ocultamiento" (Grundmann, 1964-76b: 317).

30. En verdad, esta tercera sección ("cómo lo hizo y hace") no está subordinada a la primera ("qué hizo Dios"), sino a la segunda ("por qué lo hizo"), pues consiste en una descripción (amplificación) de "gracia" (*járis*). De modo que ésta es a la vez razón y medio de aquello que Dios realizó.

31. Esto es totalmente coherente con el concepto de Dios como salvador en las pastorales (ver Apéndice IV – La salvación y el salvador en las pastorales: p. 449). La entrega de la vida como marca de la soberanía divina lo acerca fundamentalmente a la tradición oriental (ver nota 10 del Apéndice IV: p. 454).

32. Coenen (1981b: 430-31) indica que este concepto es compartido tanto por las religiones de misterio como por el AT (Éx 3:4; 5:2; 2R 1:3, 9).

33. Dadas las circunstancias, es muy posible que la soberbia de creer ser salvo por

méritos propios no sea el punto que quiere tocar aquí nuestro contraste entre obras y gracia.

34. La entrega de la gracia antes de su manifestación en la historia toca de cerca el concepto de predestinación. Nuestro texto ubica este concepto dentro del marco evangélico que proporciona la persona de Cristo Jesús, del mismo modo en que la *Fórmula de Concordia* (FC XI.9-10, 13) lo entiende: "Esta elección para la vida eterna no la debemos juzgar ni a base de lo que dice la razón ni a base de la ley de Dios, pues esto nos conduce a una vida disoluta y epicúrea o a la desesperación... La apreciación correcta de la predestinación ha de aprenderse sólo del santo evangelio que nos habla de Cristo... por medio de ella (de la doctrina de la predestinación en Cristo) sabemos que de pura gracia, sin ningún mérito de nuestra parte, somos escogidos en Cristo para la vida eterna, y que nadie puede arrebatarnos de su mano." La *Declaración Sólida* (FC DS XI.43-47), después de conectar nuestro texto con la doctrina de la predestinación, señala que la función propia de esta verdad es dar consuelo y certeza de la salvación a aquellos creyentes que son golpeados "por la astucia y el poder del diablo y del mundo pecador".

35. Gá 2:15-21 da absoluta centralidad al Cristo crucificado en su comprensión de la gracia divina. Gracia, para Pablo, no es otra cosa que Cristo.

36. Es también familiar en Pablo la identificación del evangelio con la gracia (Gá 1:6-7; 2Ts 2:14; ver también Hch 13:43; 20:24).

37. Dibelius (99) indica que este contraste sumado al uso de cláusulas participiales delatan el carácter kerigmático u homilético de nuestro primer paréntesis (2Ti 1:9-11).

38. Tit presenta dos estructuras significativamente similares.

    Tit 1:2-3 también contrasta el "antes de que comience la historia" (*pró jrónōn aiōníōn*), como el tiempo en el que se preparó la salvación del creyente, con "los tiempos escogidos" (*kairoís idíois*) en los que la salvación se manifestó (*faneróō*) dentro de la historia. Ro 16:26 presenta un esquema semejante.

    Tit 3:4-7, por su parte, presenta un *racconto* similar de la historia en el que la salvación que no es motivada por nuestras obras, sino por su misericordia (*éleos*) se vuelve realidad a partir de la aparición de Cristo y de su extensión a través de un medio de gracia (el Bautismo).

39. La "aparición" (*epifáneia) del salvador (sōtēr*) que viene a conquistar el poder enemigo y a traer vida en medio de la muerte recoge la estampa del emperador romano o de los monarcas orientales (ver Apéndice IV – La salvación y el salvador en las pastorales: p. 449).

40. Bultmann y Lührmann (10) señalan que la aparición terrena de Cristo puede portar la designación *epifáneia* solamente por ser entendida en términos escatológicos.

41. Heb 2:14 presenta un cuadro casi idéntico, pero introduce en escena al diablo. Aquí es él quien ostenta el poder sobre la muerte (y así esclaviza a vivos y muertos)

y quien es "anulado" (*katargēsē*) por Jesús. La narrativa se asemeja a la de las tradiciones apócrifas respecto al descenso de Cristo a los infiernos (Hoffman; *A. Thom.; Ev. Nic.*). Allí Cristo destruye el poder del diablo "desde adentro" de la muerte misma.

42. Teodoreto de Antioquía (siglo 5 dC), comentando sobre 1Co 15:20, considera que la resurrección de Cristo no es un evento aislado de la experiencia del creyente, sino que en ella tenemos la garantía de nuestra propia resurrección (Harris: 159).

43. Seguimos aquí el concepto de historia propuesto por Pannenberg. En contra del concepto de Cullmann (en el futuro se nos va a dar la versión "perfecta" del imperfecto reino de Dios presente), Pannenberg (1974: 15) entiende que el presente reino de Dios consiste en la invasión anticipada del futuro. Ver Apéndice V – El concepto de historia en las pastorales (p. 455).

44. Nótese la correspondencia entre los términos de nuestro texto y los de 1Co 15:55-56.

45. 1Co 15:54 entiende a la irrupción de la incorruptibilidad (*hē afzarsía*) en medio de lo corruptible (*tó fzartón*) como el modo en que se anula el poder de la muerte, de modo que las últimas dos cláusulas participiales de 2Ti 1:10 presentan una relativa equivalencia. "Los dos conceptos, 'vida e incorruptibilidad' probablemente constituyen una endíadis; por lo tanto se refiere a la *vida incorruptible,* que no muere" (Hendriksen, 1979: 265).

46. Harris (160) indica que los conceptos de "incorruptibilidad" (*afzarsía*) e "inmortalidad" (*azanasía*) siempre son usados en conexión con el cuerpo resucitado.

47. Ninguno de los tres términos utilizados en 2Ti 1:10 que giran en torno a la "iluminación" ("fue manifestada" –*fanerōzeísan*–, "aparición" –*epifáneia*– y "trayendo a la luz" –*fōtísantos*–) hacen referencia simplemente a una transmisión de un dato, sino a la aparición e inauguración de una realidad.

    Becker (1982: 167-68) registra una inscripción griega del 9 aC en la que se llama "evangelio" (*euangélion*) a la victoria con la que el emperador Augusto trajo paz y orden: "Se trata de un día que podemos considerar con razón, como equivalente al comienzo de todo… siendo que restauró en forma todas las cosas, cuando estaban fallando y se estaban volviendo en infortunio, y dio un nuevo aspecto al universo en un momento en que se habría recibido de buen grado la destrucción total, si César no hubiese nacido para volverse bendición para todos los hombres… La providencia que determinó la totalidad de nuestra existencia, demostrando preocupación y celo, ordenó la más perfecta consumación para la vida humana, entregando a Augusto, y llenándolo de virtudes para hacer la obra de benefactor entre los humanos, y enviándolo, por así decirlo, como salvador nuestro y de los que vienen detrás de nosotros, para hacer cesar la guerra, para crear el orden en todo lugar… y considerando que el aniversario de Dios (Augusto) fue, para el mundo, el comienzo de las buenas nuevas (*euangélion*) que vinieron a él".

48. La historia de la salvación es relatada en nuestra sección (2Ti 1:9-10) por pares de

elementos: a) *Qué hizo Dios* (nos salvó y nos llamó); b) *porqué lo hizo* (en base a su plan y gracia); c) *cómo lo hizo… y lo hace* (destruyéndole el poder a la muerte y trayendo a la luz la vida). Ahora bien, estos elementos agrupados por pares muestran tener cierta conexión transversal, pues así como es primordialmente en la resurrección que la salvación fue realizada, es primordialmente en la voz del evangelio que somos llamados. Conceptualmente, Pablo también tiende a conectar más íntimamente la salvación con la gracia y el llamamiento con su plan eterno.

49. Para una descripción de estos tres títulos de Pablo y su lugar en la historia de la salvación ver el comentario a 1Ti 2:7.

50. Ver nota 28 arriba.

51. Es precisamente esto lo que ansía Ignacio para la hora de su martirio: "Solamente oren por mí, para que Dios me dé fuerza interior y exterior, para que no solamente confiese, sino también esté dispuesto; no solamente sea llamado cristiano, sino también muestre serlo realmente" (*Ign. Rom.* I.10).

52. La comprensión cristocéntrica del tema sigue dándole prioridad a las virtudes de Dios y a la realidad de poder y victoria que él inauguró antes que a las virtudes varoniles y antropocéntricas enfatizadas en otros escritos referentes al martirio (ver particularmente las referencias registradas en las notas 15 a 18 arriba).

53. Hch 14:23 conecta el perfecto de "creer" (*eis hón pepisteúkeisan*) con la encomienda del ministerio y de la vida espiritual de los creyentes de Listra, Iconio y Antioquia.

54. La convicción (*pisteúein* / *peízein*) basada en el conocimiento (*eidénai*) funciona como fórmula de verificación tanto en el cuarto evangelio (Jn 4:42; 16:30; 19:35) como en Pablo (Ro 14:14; Ga 2:16; Fil 1:25; Flm 21).

55. El estar un paso más adelante que en su primera prisión en lo que a la comunión en los sufrimientos de Cristo respecta, parece darle al apóstol aquel conocimiento de Dios que es ambicionado en Fil 3:10 por el mismo apóstol.

56. Una cantidad importante de comentaristas (ver Hendriksen, 1979: 266, nota 120) entienden que los tres usos de nuestra metáfora se mueven en la misma línea. Schütz (337) considera a nuestro caso como un ejemplo de apropiación del término "cuidar" (*fulássein*) para referirse a la fiel observancia de la tradición o la encomienda (como si Jesús protegiera la observancia del apóstol del ministerio que le fue encomendado por Dios).

57. "En aquellos días, el mundo de los muertos devolverá todos los depósitos que haya recibido y el infierno devolverá todo lo que posee. Entonces él escogerá a los justos y a los santos de entre los resucitados, pues ya ha llegado el día en que serían escogidos y salvados" (Enoch 51:1). Ver también Ap 20:13; 2Es 7:32-36; 4Esd 4:41-43; 7:32; 2Bar 21:23; 42:8; 50:2.

58. Para la connotación pragmática que contrarresta el reduccionismo dogmático y

ritualista de la frase "sana enseñanza" ver los comentarios correspondientes a 1Ti 1:10 y 1Ti 6:3.

59. Para la connotación existencial de la imitación del ejemplo ver Apéndice II - La imitación del ejemplo en el corpus paulino (p. 431).

60. Para la misma expresión ver el comentario a 1Ti 1:14.

61. Aquí el "depósito" (*parazēkē*) evidentemente es aquello que Dios le confió a Timoteo, al igual que en 1Ti 6:20.

62. Plinio (*Epístolas* X.96) señala que los cristianos "se comprometen con un juramento a no cometer ningún crimen, robo o adulterio, no romper su palabra ni *negar el depósito* cuando sea demandado" (Ferguson: 558). Nuestro referente muestra ser más amplio que el pronunciar un credo como en Plinio. Es claro que la encomienda que recibió Timoteo equivale (por lo menos) al planteo hecho en 2Ti 1:8.

63. El himnario *Lutheran Worship* presenta la siguiente paráfrasis de 2Ti 1:10 como verso después del gradual para el culto de resurrección (LWsp: 48) y para el décimo cuarto domingo después de Pentecostés (LWsp: 77): "Aleluya, Aleluya, Cristo ha destruido la muerte. ¡Aleluya! Él sacó a la luz la vida y la inmortalidad por medio del evangelio. ¡Aleluya!"

2Ti 1:15-18 / Párrafo 4

SE BIFURCA EL CAMINO

NOTAS EN PÁGINAS 131-33

‹1:15› Οἶδας τοῦτο, ὅτι ἀπεστράφησάν με πάντες οἱ ἐν τῇ Ἀσίᾳ, ὧν ἐστιν Φύγελος καὶ Ἑρμογένης. ‹1:16› δῴη ἔλεος ὁ κύριος τῷ Ὀνησιφόρου οἴκῳ, ὅτι πολλάκις με ἀνέψυξεν καὶ τὴν ἅλυσίν μου οὐκ ἐπαισχύνθη, ‹1:17› ἀλλὰ γενόμενος ἐν Ῥώμῃ σπουδαίως ἐζήτησέν με καὶ εὗρεν· ‹1:18› δῴη αὐτῷ ὁ κύριος εὑρεῖν ἔλεος παρὰ κυρίου ἐν ἐκείνῃ τῇ ἡμέρᾳ. καὶ ὅσα ἐν Ἐφέσῳ διηκόνησεν, βέλτιον σὺ γινώσκεις.

15 Tú ya estás al tanto de esto: que todos los que (están) en Asia se apartaron de mí, de los cuales Figelo y Hermógenes son algunos. 16 Que el Señor le conceda misericordia a la familia de Onesíforo, pues él me reanimó muchas veces y no se avergonzó de mi prisión, 17 sino que, en cuanto estuvo en Roma, hizo todo lo posible para buscarme, y me halló. 18 Que el Señor le conceda hallar misericordia de parte del Señor en aquel día. Inclusive todos los servicios que quiera que haya prestado en Éfeso, tú los conoces mejor.

COMENTARIO

Una vez planteada la "propuesta" (*propositio*) de la carta (2Ti 1:6-14), el apóstol pone al lector frente a frente con los hechos sucedidos por medio de la "narración" (*narratio*). Nuestra narración responde fielmente a los rasgos demandados por la teoría de la retórica clásica: es breve y su discurso simple (*Rhet.* III.16.2; *Inst.* IV.2.31-33), genera simpatía exaltando a uno e indignación difamando a otros (*Rhet.* III.16.7, 16), lleva al lector hasta la parte de la historia en la que le toca decidir a él (*Rhet.* III.16.11; *Inst.* IV.2.132) y abre con una típica fórmula de conocimiento ("Tú ya estás al tanto de esto" – *Inst.* III.9.5 y IV.2.7, 30).

Este párrafo, formado por cuatro oraciones, presenta una estructura extremadamente simple: el mal ejemplo de "todos los que están en Asia" (oración 1 / 2Ti 1:15) es puesto en contraste con el buen ejemplo de Onesíforo (oraciones 2 a 4 / 2Ti 1:16-18). La desproporción en cuanto a la tinta invertida en cada uno de estos dos ejemplos puestos en contraste delata dónde pretende Pablo que el lector ponga su atención y su mira, en el ejemplo a imitar.[1]

EL MAL EJEMPLO DE LOS DE ASIA (ORACIÓN 1)

15 Tú ya estás al tanto de esto: *contenido*

que todos los que (están) en Asia se apartaron de mí,

genérico-específico | de los cuales Figelo
y Hermógenes son algunos.

La narración (*narratio*) abre con el relato referente al mal ejemplo dado por los de la provincia de Asia. Se utiliza al comienzo una típica fórmula para darle credibilidad a la narración ("Tú ya estás al tanto de esto": *oídas toúto*), pues comienza con aquello de lo que el lector mismo fue testigo.

La traición es presentada en términos extremos y, posiblemente, cargados de cierta exageración (hipérbole) para aportar dramatismo (Hoerber, 1986: 1859). A primera vista parecería que todas las iglesias de la provincia romana de Asia Menor[2] apostataron del evangelio de Pablo: "todos los que (están) en Asia se apartaron de mí" (*apestráfēsán me pántes hoi en tē Asía*).[3] Normalmente el verbo "apartarse" (*apostréfō*) es usado en este sentido (2Ti 4:4; Tit 1:14). No obstante, es indiscutible que las congregaciones de Asia Menor permanecieron básica y oficialmente en la misma doctrina.[4] La traición por la totalidad de un grupo evidentemente sucede *en* Asia Menor mismo (Guthrie, 1990b: 147) y muestra tener cierta conexión con el arresto o la prisión de Pablo después de su viaje a España (66 dC).[5] Knight (383) propone que la traición consistió ya sea en no darle ayuda al apóstol en el momento del arresto o en no ir a Roma para alentarlo en su padecimiento. Preferimos esta última alternativa, considerando en primer lugar el contraste que se busca marcar entre el mal ejemplo de estos "todos" (*pántes*) y el buen ejemplo de Onesíforo (quien sí fue a Roma y reanimó al apóstol, 2Ti 1:16-17) y tomando en cuenta en segundo lugar que el mal ejemplo de los de Asia es denunciado para que no sea imitado por Timoteo (a quien el apóstol le pide que vaya a Roma, 2Ti 1:8; 4:9, 21). Al cierre de la oración se distingue a Figelo[6] y Hermógenes,[7] posiblemente por haber tenido un lugar preponderante en su traición. ¿Habrán sido ellos el nexo que colaboró "desde adentro" con los oponentes externos del apóstol (judíos o romanos)? ¿Lo habrán entregado al apóstol delatando su paradero?[8]

EL BUEN EJEMPLO DE ONESÍFORO (ORACIONES 2 A 4)

16 Que el Señor le conceda misericordia a la familia de Onesíforo,

razón-resultado

pues él me reanimó muchas veces

y no se avergonzó de mi prisión, *contraste*

17 sino que,

en cuanto estuvo en Roma,

contexto temporal

hizo todo lo posible para buscarme,

resultado-razón

y me halló. *adición de progresión*

contexto circunstancial

18 Que el Señor le conceda hallar misericordia de parte del Señor

en aquel día.

adición de progresión

Inclusive todos los servicios que quiera que haya prestado en Éfeso, tú los conoces mejor.

Al abandono de los de Asia se le contrapone el acompañamiento ejemplar que el apóstol recibió de parte de Onesíforo (2Ti 1:16-18). La sección, formada por tres oraciones, presenta el siguiente movimiento:

a) Deseos de "misericordia" para la familia de Onesíforo (2Ti 1:16a).
b) El servicio ejemplar de Onesíforo en Roma (2Ti 1:16b-17).
c) Deseos de "misericordia" para Onesíforo (2Ti 1:18a).
d) El servicio ejemplar de Onesíforo en Éfeso (2Ti 1:18b).

Es evidente que el centro de la sección gira en torno al punto b): la exaltación del servicio ejemplar de Onesíforo en Roma (2Ti 1:16b-17). Fuera de nuestra carta no hay referencia canónica a este creyente.[9] Colin

Brown (1981c: 158) sugiere no reducir el referente del verbo "reanimar" (*anapsújō*) a una ayuda ya sea física o anímica. La descripción que el escritor satírico Luciano (siglo 2 dC) hace del acompañamiento que presta la iglesia al falso líder en la prisión muestra ser ilustrativa:

> "Cuando él fue puesto en prisión, los cristianos, considerando este incidente como una calamidad, no dejaron nada sin hacer para rescatarlo. Entonces, como fue imposible, le prestaron toda otra clase de atenciones y no de un modo casual, sino con gran asiduidad. Desde el alba podías ver a las ancianas rondando lentamente la prisión, viudas y huérfanos, mientras sus oficiales incluso dormían con él en el calabozo después de sobornar a los guardias. Le llevaban elaboradas comidas y sus libros sagrados eran leídos en alta voz... De hecho, la gente venía incluso desde las ciudades de Asia, enviados por los cristianos con los fondos de la comunidad, para ayudar, defender y alentar al héroe" (*Sobre la muerte del Peregrino* XII).

Al igual que el mismo apóstol (2Ti 1:12), Onesíforo encarna el desafío que tiene Timoteo por delante (2Ti 1:8), pues "no se avergonzó" de la prisión de Pablo (*tēn hálusín mou ouk epaisjúnzē*),[10] sino que puso todo su empeño y compromiso en darle compañía y aliento.[11] El esfuerzo que implicó buscar y encontrar al apóstol (*spoudaíōs edsētēsen me*) probablemente responda a las dimensiones de la ciudad de Roma[12] y a las condiciones de marginalidad a las que Nerón habría sometido a quienes caían en prisión por ser cristianos. Aunque incierto, es bastante probable que el servicio de Onesíforo haya llegado al punto del martirio. El deseo de una retribución favorable para el día del juicio (2Ti 1:18a) insinúa esto, pero es cierto, está lejos de probarlo.[13] El deseo de que sea *el Señor* el que satisfaga las necesidades de la familia de Onesíforo con su misericordia (2Ti 1:16a) y el hecho de que Onesíforo no está en ningún lado (ya no está con el apóstol ni en Éfeso con su familia ni en algún viaje encomendado por Pablo)[14] prueban que este creyente ejemplar se encuentra en prisión o ya fue ejecutado. La posibilidad de que Onesíforo esté muerto causa gran incomodidad entre algunos intérpretes evangélicos por entender erróneamente al deseo de misericordia de 2Ti 1:18 como una oración en su favor.[15]

El servicio ejemplar de Onesíforo (2Ti 1:16b-17) se encuentra rodeado por dos deseos de misericordia divina (2Ti 1:16a y 18a) que presentan básicamente la misma estructura: "Que el Señor le conceda misericordia" (*dōē éleos ho kúrios*) + el destinatario del deseo (la familia y Onesíforo mismo). Esta fórmula es usada tanto para una oración como para expresar un deseo (Wallace: 481-83).[16] En el primer caso (2Ti 1:16a) el apóstol desea que el Señor satisfaga las necesidades de la familia ante la ausencia de Onesíforo[17] del mismo modo en que Onesíforo satisfizo y reanimó al apóstol con su presencia (2Ti 1:16b). En el segundo caso (2Ti 1:18a) Pablo desea que Onesíforo tenga parte en la salvación final. Nuestra oración presenta una estructura intrincada y repetitiva (nótese la incómoda yuxtaposición de los dos "Señor") ya que combina dos fórmulas típicas (Dibelius: 106):

a) "Que el Señor le conceda misericordia" (*dōē éleos ho kúrios*) es la fórmula de expresión de deseo ya mencionada.[18]
b) "Hallar misericordia de parte del Señor" (*heureín éleos pará kuríou*) se enraíza en una clásica frase hebrea (*madsa´ hēn* – מָצָא חֵן) de connotación jurídica: "ser aceptado o lograr la aprobación" (Harris, I: 521). El lenguaje nos pone en el contexto del tribunal divino, donde lo que se espera es que el juez se apiade de la persona en cuestión,[19] ya sea salvándolo de la condena (Gn 19:19) o reivindicándolo delante de sus enemigos (Dn 3:38).[20]

Se produce un juego de palabras en torno a los "hallazgos" (*heureín*) de Onesíforo. El apóstol desea que el esfuerzo con el que Onesíforo buscó hallarlo (2Ti 1:17) se revierta en otro hallazgo mejor: el de la misericordia del juez en la hora decisiva (2Ti 1:18). Lejos está esto de ser una plegaria con la que Pablo quiere influir la decisión del Señor respecto al destino eterno de este creyente.[21] En quién quiere influir el apóstol no es sino en el lector. Al rodear el ejemplo de Onesíforo con los dos deseos de misericordia, los está rodeando en verdad con poderosos elogios.

La última aclaración respecto a los servicios prestados en Éfeso por este creyente ejemplar (2Ti 1:18b) por un lado ayuda a la credibilidad de la narración,[22] pues conecta el relato de lo que sucedió allí en Roma con aquellos hechos de los que Timoteo es aun mejor testigo que el mismo apóstol. Por otro lado, esta oración trae el camino de la historia hasta los pies de Timoteo, allí donde la trayectoria de Onesíforo era compartida por el lector (servicio fiel en Éfeso), allí desde donde Timoteo también debe dar el mismo paso de entrega que Onesíforo en fraternidad con el sufrimiento del apóstol.

SÍNTESIS DEL PÁRRAFO

El lector es puesto entre dos modelos. El de los de Asia, difamado como traición extrema, y el de Onesíforo, exaltado por encarnar precisamente el planteo que la carta le hace a Timoteo. La narración, en realidad, no habla de terceros, sino que es una inmensa pregunta dirigida a Timoteo respecto a cuál de estas historias será la suya.

PROPUESTAS PRÁCTICAS

PROPUESTAS PARA EL ESTUDIO BÍBLICO GRUPAL

Todos los personajes a los que hace referencia Pablo en nuestro texto (y el tácito Timoteo que no deja de estar en la mira) fueron en algún momento creyentes y colaboradores en el ministerio. Algunos más cercanos al apóstol, otros menos. Pero todos compartieron su lealtad al evangelio y al apóstol. Para todos, en algún momento, permanecer en Asia Menor trabajando en lo suyo, celebrando al Señor y predicando la palabra fue el mejor modo de cumplir la propia vocación como creyentes y como colaboradores de Pablo. Pero de pronto todo cambió. Nuestro texto nos lleva al encuentro de un apóstol que difama y considera una traición la opción de "todos los que están en Asia" de permanecer allí, donde siempre habían estado, haciendo lo que siempre habían hecho con tanta constancia y fidelidad. Sabemos, esto es una velada advertencia a Timoteo para que él tampoco vaya a tomar la misma opción. Pero, ¿qué le pasó al apóstol? ¿Por qué semejante cambio de opinión? Pues nada de eso. El apóstol no "cambió de parecer". Simplemente reconoce cuál es la opción particular que sus colaboradores deben tomar ante las nuevas circunstancias.

Las diferentes etapas de la vida, los sucesos de la historia que nos rodea, el vértigo con el que "avanza" nuestro mundo tecnificado y conectado en red, todo esto nos bombardea como individuos, como familias y como iglesias con un sinnúmero de disyuntivas en las que hay que tomar una decisión.

La tentación del creyente y de la iglesia, allí acurrucados como entre dos trenes que pasan a cada lado, es a aferrarse a todo lo que siempre fue, a lo que siempre se hizo, a lo que decidieron nuestros padres o decidimos nosotros mismos pero en aquellos años dorados de reposo. Entonces sentimos la seguridad de estar tomando la opción correcta, porque un día lo fue. Pero lo que ayer fue la mejor de las decisiones (permanecer en Asia Menor) puede transformarse en la peor.

¿Cómo librarse de esta tragedia, entonces? Proponemos dos vías:

* *Vía 1:* Librarnos de la angustia que esto genera aferrándonos a aquel que sin dudas se mantiene el mismo por su fidelidad, Jesús, y al consuelo firme que nos dan las buenas noticias de la intocable salvación que Cristo ya conquistó para nosotros.
* *Vía 2:* Confrontar la demanda de una decisión de parte de nuestra cambiante realidad (seguimos con los pies en la tierra) por medio de la oración –imprescindible–, pero también poniendo en claro el orden de prioridades que la palabra de Dios nos plantea. Así, a la hora de sacrificar algo a partir de mi decisión, sé qué es lo que debo sacrificar primero.

Para la discusión en grupo sugerimos realizar las siguientes actividades en base a lo antedicho:

a) Cada integrante expresa por turno su respuesta a esta pregunta: ¿Cómo los vertiginosos cambios de la vida y la sociedad te golpean y angustian en los tres siguientes planos: en la vida personal, familiar y de iglesia?

b) Cuando cada integrante termina de dar su respuesta, el grupo busca en la Biblia aquellas promesas de Dios que responden y liberan de las angustias manifestadas. Si el líder lo considera aconsejable, puede tener elegidos de antemano algunos textos con promesas o afirmaciones evangélicas que pueden servir de guía (ver la lista de textos en la sección "Propuestas prácticas" del comentario a 2Ti 1:3-5). El grupo puede pensar cuál de esos textos se aplica a cada conflicto planteado y cómo lo hace.

c) Moviéndonos hacia la "vía 2" mencionada arriba, cada integrante trabajará a solas por un momento (de 5 a 10 minutos). Se debe definir el orden de prioridad e importancia que cada uno considera que debe existir entre los siguientes elementos (ponerle 1 al más importante, 2 al segundo…).

Vida personal	*Vida familiar*	*Vida congregacional*
☐ Mi profesión ☐ Estar bien con los demás ☐ Servir al Señor ☐ Estar bien conmigo mismo ☐ Estar tranquilo ☐ Ser útil a los demás ☐ Mi salud física ☐ Que los demás estén bien conmigo	☐ La herencia (material) para los hijos ☐ Que cada individuo pueda desarrollarse de la mejor forma ☐ No pelearnos ☐ Saber compartir proyectos y situaciones ☐ La fidelidad al Señor ☐ La unidad	☐ La asistencia a las reuniones ☐ La sana doctrina ☐ La tarea misional ☐ Las relaciones interpersonales ☐ Influir en la sociedad ☐ La estabilidad económica ☐ Que haya orden y decoro ☐ Conservar las costumbres de los ancestros

d) Compartir las respuestas y abrir el debate. Es muy importante que se fundamente las distintas opciones en base a las Escrituras. Ofrecemos a continuación algunos textos que pueden ser relevantes en cada área.

Vida personal	*Vida familiar*	*Vida congregacional*
Gn 2:15; Éx 13:1-2; Am 7:10-17; Sal 1:1-2; Mt 5:43-48; 6:25-34; Mr 8:36-38; 1Co 4:3-4; 10:33; 13:1-3; 2Co 8:21; 2Ti 2:9.	Ecl 2:22-26; Sal 127:3-4; Mr 3:33-35; Lc 12:49-53; Ef 6:1-4.	Mt 5:13-16; 13:31-32; Mr 7:8; Jn 13:34-35; 17:15-19; 1Co 14:36, 39-40; 2Ti 1:13; Heb 10:25.

e) Ver de qué modo esta definición de prioridades responde y resuelve (aunque sea parcialmente) la angustia ante las disyuntivas planteadas al comienzo, en el punto a).

APUNTES TÉCNICOS

APUNTES DE LÉXICO Y SINTÁXIS

2Ti 1:15

"ya estás al tanto de" (Οἶδας): BAGD (οἶδα.1.e: 556) ubica a nuestro uso bajo "conocer, saber". Consideramos que se trata, más bien, del significado de la segunda categoría enlistada por BAGD (οἶδα.2: 556): "estar al tanto de". Perfecto con fuerza presente (Wallace: 579-80).

"(esto): que" (ὅτι): ὅτι de aposición (Wallace: 458-59).

"se apartaron" (ἀπεστράφησάν): BAGD (ἀποστρέφω.3.a: 100) "rechazar o repudiar a alguien". BAGD traduce "todos se han alejado de mí". Louw & Nida § 35.18 define nuestro verbo como "negarse a proveer ayuda a alguien". Preferimos la propuesta –similar a la de BAGD– de BDF § 149 ("apartarse de alguien"), considerando el resto de los elementos (rechazo, negación de ayuda) como connotados. Aoristo consumativo: pone el énfasis en el cese de una actividad, estado, o (en nuestro caso) relación (Wallace: 559-61).

"de los cuales" (ὧν): Genitivo partitivo (Wallace: 84-86).

2Ti 1:16

"le conceda" (δῴη): Optativo voluntativo. Wallace (481-83) señala que nuestra categoría se usa aquí por cortesía. A diferencia del subjuntivo, el optativo mira aquello que se desea para el futuro como posible y no como incierto (Voelz, 1993: 261).

"misericordia" (ἔλεος): BAGD (ἔλεος.2.b: 250) "misericordia, compasión, piedad, clemencia". Louw & Nida § 88.76 define a nuestro sustantivo como "mostrar bondad o cuidado por alguien que se encuentra en serias necesidades". Trench (156-61) indica que, cuando son aplicadas a Dios, "gracia" (χάρις) denota el don gratuito del perdón dado al ser humano en cuanto *pecador*, mientras que "misericordia" (ἔλεος) es el dolor que Dios padece por el ser humano en cuanto *miserable*, padecimiento que lo mueve a revertir dicha condición.

"muchas veces" (πολλάκις): BAGD (πολλάκις: 686) "muchas veces, a menudo, frecuentemente". Preferimos la primera acepción, ya que no implica un matiz tan específico con respecto a la regularidad de los tiempos como las otras dos.

"me reanimó" (ἀνέψυξεν): BAGD (ἀναψύχω.1: 63) "darle a alguien un respiro, reavivar o reanimar a alguien". Louw & Nida § 25.149 define cómo "hacer que alguien recobre un estado de alegría o coraje luego de un tiempo de ansiedad o problema". Tanto nuestro verbo como el siguiente ("se avergonzó": ἐπαισχύνθη) son aoristos globales: las muchas ocurrencias de la misma situación son presentadas a modo de sumario (Wallace: 557-58).

"prisión" (ἅλυσιν): BAGD (ἅλυσις.2: 41) señala el uso figurado de nuestro sustantivo (cadena) con el significado de "prisión", y la posible connotación, en nuestro texto, de las desgracias causadas por la prisión.

2Ti 1:17

"en cuanto estuvo" (γενόμενος): Participio adverbial de tiempo –contemporáneo a la acción del verbo principal– (Wallace: 623-27).

"hizo todo lo posible para" (σπουδαίως): BAGD (σπουδαίως.2: 763) "diligentemente, con seriedad o celo". Louw & Nida § 68.65 define nuestro adverbio como "perteneciente a un esfuerzo intenso para alcanzar una meta; esforzándose para, haciendo lo mejor para".

"buscarme" (ἐζήτησέν): BAGD (ζητέω.1.a.β: 338) define la entrada bajo la cual ubica a nuestro texto como "buscar aquello con lo que uno desea tener relación o aquello que uno desea obtener sin saber dónde ha de ser encontrado". Louw & Nida § 27.41 define nuestro verbo como "intentar descubrir el paradero de algo, a menudo yendo de un lado al otro en el proceso de búsqueda". Aoristo ingresivo (Wallace: 558-59).

"me halló" (εὗρεν): BAGD (εὑρίσκω.1.a: 324) "encontrar o descubrir después de haber buscado algo". Traducimos "hallar" para marcar la conexión con el uso del versículo siguiente. Aoristo consumativo (Wallace: 559-61).

2Ti 1:18

"hallar" (εὑρεῖν): BAGD (εὑρίσκω.3: 325) "hallar (para uno), obtener", y traduce "que obtenga misericordia del Señor". Infinitivo (sustantival) de objeto directo: "Que el Señor le conceda *esto: hallar misericordia*" (Wallace: 601-03).

"de parte del" (παρά): para, de fuente (BAGD, παρά.I.3.b: 610; Wallace: 378). Consideramos, no obstante, que se trata de un caso muy similar al que usa Xenofón (*Cyropaedia* II.2.6): "la buena voluntad de parte de los dioses" (ἡ παρὰ τῶν θεῶν εὔνοια – cita y traducción de Smyth § 1692.21.b).

"inclusive" (καί): καί adverbial (Smyth § 2881-84).

"todos los... que quiera que haya" (ὅσα): BAGD (ὅσος.2: 586) traduce nuestro uso absoluto (sin sustantivo al que modifica) como "todo lo que, las cosas que quiera que haya".

"servicios... prestado" (διηκόνησεν): BAGD (διακονέω.2: 184) traduce nuestra construcción (διακονεῖν + acusativo) como "los servicios que realizó". Aoristo global: evidentemente se trata de una descripción a modo de sumario de todos los servicios prestados por Onesíforo (Wallace: 557-58).

"mejor" (βελτίων): Tanto Louw & Nida § 65.23 como BAGD (βελτίων: 139) proponen traducir el uso adverbial de nuestro adjetivo como "muy bien". BDF § 244.2 descarta la fuerza comparativa de nuestro uso alegando que no tendría sentido que Timoteo sepa *mejor que* Pablo lo que Onesíforo había hecho en Éfeso. Se trata más bien, según BDF, del uso absoluto ("muy bien") que en el clásico perteneció solamente al superlativo y que también fue absorbido en el coiné por el comparativo. El argumento de BDF está edificado sobre el rechazo de nuestra reconstrucción del trasfondo histórico de la carta. Si Timoteo estuvo sirviendo durante los últimos años en Éfeso, mientras que el apóstol misionaba en occidente, no sería de extrañar que Timoteo conozca mejor que Pablo todas las cosas hechas por Onesíforo.

APUNTES CRÍTICO-TEXTUALES

Para la ubicación geográfica y temporal de cada testigo de 2Ti ver Apéndice IX (p. 477).

2Ti 1:17: Algunos manuscritos reemplazan la forma positiva del adverbio de modo "hizo todo lo posible para" (σπουδαίως) por:

a) el comparativo "hizo aún más / hizo todo lo posible para" (σπουδαιοτέρως).
b) el comparativo "hizo aún más / hizo todo lo posible para" (σπουδαιότερον).

1) **Por evidencia interna:** El escriba de la variante a) posiblemente comete un error por parecido gráfico, introduciendo la forma comparativa, pero conservando el final en -ως. El escriba de la variante b) también opta por la forma comparativa, pero por la más común tanto en el ático como en el coiné (final en –ον– BDF § 102.1; Smyth § 345). La forma positiva es la única en que nuestro adverbio aparece en otra parte de las pastorales (Tit 3:13).
2) **Por evidencia externa:** Éste es el apoyo de cada alternativa:
- El texto original es sustentado por los códigos Sinaítico (א), Ephraemi Syri Rescriptus (C), Porphyrianus (P), el original del códex Claromontanus (D), los minúsculos 6 33 81 104 1175 1739 y 1881, toda la tradición latina, las versiones siríaca Peshitta y cóptica y Orígenes.
- La variante a) es sostenida por el códex Alejandrino (A), el minúsculo 365 y algunos pocos manuscritos más.
- La variante b) es sustentada por la primera corrección del códex Claromontanus (D), el códex Athous Lavrensis (Ψ), el texto mayoritario (𝔐) y la versión siríaca Harklensis.

Es clara la superioridad de soporte que presenta el texto original.

2Ti 1:18: Algunos manuscritos insertan el pronombre personal "me" (μοι) después de "servicios que... haya prestado" (διηκόνησεν).

1) **Por evidencia interna:** El escriba especifica el destinatario de los servicios que Onesíforo realizara en Éfeso conectándolos con Pablo.
2) **Por evidencia externa:** Es clara la falta de sustento que presenta la variante: los minúsculos 104 365 y 629, la versión latina antigua, la Vulgata Clementina y la versión siríaca.

NOTAS

SE BIFURCA EL CAMINO

1. Mientras al mal ejemplo (2Ti 1:15) se le dedica una única oración que ocupa el 25% del párrafo, al buen ejemplo de Onesíforo (2Ti 1:16-18) se le dedica tres oraciones que toman el 75% de nuestro texto.

2. La provincia romana de Asia Menor, formada por Misia, Lidia, Caria, la mayor parte de Frigia y las islas costeras (Guthrie, 1990b: 147; ver mapa en la Introducción al comentario), llegó a ser al mismo tiempo el centro de mayor impacto y dedicación del trabajo de Pablo (Hch 16:6; 19:10, 22, 26-27; 20:18) y –probablemente por esto– una importante vertiente de la hostilidad y oposición para el trabajo de la iglesia (Hch 6:9; 21:27; 24:19; 2Co 1:8). En el tiempo del imperio (a partir del siglo 1 aC) Asia Menor había logrado salir del período de decadencia económica padecido durante la república (siglos 5 a 1 aC). Esta situación de prosperidad y paz movilizó desde un comienzo la oposición al trabajo del apóstol por amenazar algunos de los pilares del apogeo asiático.

3. Así entiende Lutero (Oswald, 1973: 381) a nuestra frase.

4. La composición de la misma carta presupone esto (ver también 2Ti 2:2; 4:22).

5. Ver la sección "El contexto histórico de las cartas pastorales" en la Introducción al comentario (p. 20).

6. BDF § 42.3 indica que en una inscripción en las cercanías de Éfeso se encuentra registrado el nombre de Figelo (*Fúgellos*). Ésta parece ser la única referencia a este nombre conocida hasta la fecha.

7. Según *A. Paul.* III.1 Hermógenes es uno de los dos compañeros de viaje del apóstol en su visita a Iconio. Allí es identificado como "el que trabaja el cobre" (al igual que el Alejandro de 2Ti 4:15) y como "lleno de hipocresía". Junto con su compañero, Hermógenes adula al apóstol para luego traicionarlo entregándolo a sus enemigos (*A. Paul.* III.11).

8. El *M. Pol.* VI.1-5 describe cómo Policarpo es finalmente atrapado por sus perseguidores gracias a la ayuda de los integrantes de su propia familia y de dos esclavos que confiesan al ser torturados. En el paralelismo constante que hace el autor entre la muerte de Jesús y la de Policarpo, a los traidores se los pone lado a lado con

Judas mismo.

9. *A. Paul.* III.2 elabora en base a nuestra referencia y presenta a Onesíforo como un buen creyente que hospeda a Pablo en su casa.

10. Para la amplia connotación del concepto de vergüenza ver comentario a 2Ti 1:8 (p. 86).

11. Ignacio de Antioquia (siglo 2 dC) exalta la bondad de las congregaciones de Asia Menor por haber enviado a sus líderes mientras es escoltado hacia su martirio en Roma (*Ign. Ef.* I.4-7; *Magn.* I.4; *Trall.* I.3; *Ign. Fil.* III.4, 6; *Ign. Esm.* III.20). Policarpo (siglo 2 dC) también exalta a los filipenses por haber acompañado a los muchos en prisión que llegaron a ser santos (*Pol. Fil.* I.2). La *Didascalia Apostolorum* (siglo 3 dC) aplica Mt 25:31-46 al acompañamiento o abandono de aquellos cristianos en prisión que esperan ser martirizados (*Const. Ap.* V.1.1).

12. La ciudad de Roma en tiempos del apóstol Pablo tuvo alrededor de un millón de habitantes (McDonald y Porter: 451).

13. En la misma carta (1:12; 4:8) se hace referencia a "aquel día" con respecto a personas vivas (Knight: 386). Del mismo modo, la retribución escatológica es anunciada y deseada para Alejandro, el que trabaja el cobre (2Ti 4:14), quien ciertamente aún sigue siendo una amenaza (2Ti 4:15).

14. Onesíforo no figura entre aquellos que el apóstol envió a alguna misión especial (2Ti 4:10-12), ni entre los que dejaron al apóstol (2Ti 4:10 y 20), ni entre los que están acompañando a Pablo (2Ti 4:11 y 21), ni con los suyos en Éfeso recibiendo los saludos del apóstol (2Ti 4:19).

15. Así Hendriksen (1979: 271), Dibelius (106) y Guthrie (1990b: 148-49).

16. Resuenan aquí algunos de los elementos que forman la versión griega (LXX) de la bendición aarónica (Nm 6:24-26), en la que "el Señor" (*kúrios*) es el sujeto de la entrega del don deseado sobre el otro (optativo de "dar": *dōē*) y la misericordia es uno de esos dones (*eleéō*).

17. *A. Paul.* III.2 menciona a los integrantes de la familia de Onesíforo por nombre: Simea y Zenón son los hijos y Lectra su esposa.

18. Rut les desea un mejor final a sus nueras diciéndoles "Que el Señor les conceda hallar..." (*dōē kúrios humín kaí heúroite,* Rt 1:9).

19. La "conclusión" (*peroratio*) del discurso jurídico en la retórica clásica se concentra en estimular la "misericordia" (*éleos*) de parte del juez (Esser, 1983b: 177).

20. Dn 3:38 es parte de la larga inserción (vv. 24-90) de la LXX y la versión siríaca que presenta el himno que Azarías cantó mientras caminaba con sus dos compañeros adentro del horno de fuego. Inicia el himno con un reconocimiento de la responsabilidad que Israel tiene por el castigo que está recibiendo en tierra pagana. En vista de que ya no hay "lugar donde ofrecerte las primicias y hallar gracia a tus

ojos" (*tópos toú karpōsai enōpión sou kaí heureín éleos*), Azarías ofrece su humildad y contrición como sacrificio, para que Dios los libere.

21. El deseo por Onesíforo aquí manifestado equivale al anhelo de salvación para toda su nación expresada en Ro 9:2-3.

22. Quintiliano (Inst. IV.2.31-32) considera clave que la narración sea creíble.

2Ti 2:1-13 / Párrafo 5
Confrontar los “pequeños peligros”

NOTAS EN PÁGINAS 171-81

‹2:1› Σὺ οὖν, τέκνον μου, ἐνδυναμοῦ ἐν τῇ χάριτι τῇ ἐν Χριστῷ
Ἰησοῦ, ‹2:2› καὶ ἃ ἤκουσας παρ' ἐμοῦ διὰ πολλῶν μαρτύρων,
ταῦτα παράθου πιστοῖς ἀνθρώποις, οἵτινες ἱκανοὶ ἔσονται καὶ
ἑτέρους διδάξαι. ‹2:3› συγκακοπάθησον ὡς καλὸς στρατιώτης
Χριστοῦ Ἰησοῦ. ‹2:4› οὐδεὶς στρατευόμενος ἐμπλέκεται ταῖς τοῦ
βίου πραγματείαις, ἵνα τῷ στρατολογήσαντι ἀρέσῃ. ‹2:5› ἐὰν δὲ
καὶ ἀθλῇ τις, οὐ στεφανοῦται ἐὰν μὴ νομίμως ἀθλήσῃ. ‹2:6› τὸν
κοπιῶντα γεωργὸν δεῖ πρῶτον τῶν καρπῶν μεταλαμβάνειν. ‹2:7›
νόει ὃ λέγω· δώσει γάρ σοι ὁ κύριος σύνεσιν ἐν πᾶσιν.

‹2:8› Μνημόνευε Ἰησοῦν Χριστὸν ἐγηγερμένον ἐκ νεκρῶν,
ἐκ σπέρματος Δαυίδ, κατὰ τὸ εὐαγγέλιόν μου, ‹2:9› ἐν ᾧ
κακοπαθῶ μέχρι δεσμῶν ὡς κακοῦργος, ἀλλὰ ὁ λόγος τοῦ θεοῦ
οὐ δέδεται· ‹2:10› διὰ τοῦτο πάντα ὑπομένω διὰ τοὺς
ἐκλεκτούς, ἵνα καὶ αὐτοὶ σωτηρίας τύχωσιν τῆς ἐν Χριστῷ Ἰησοῦ
μετὰ δόξης αἰωνίου. ‹2:11› πιστὸς ὁ λόγος·

εἰ γὰρ συναπεθάνομεν, καὶ συζήσομεν·
‹2:12› εἰ ὑπομένομεν, καὶ συμβασιλεύσομεν·
εἰ ἀρνησόμεθα, κἀκεῖνος ἀρνήσεται ἡμᾶς·
‹2:13› εἰ ἀπιστοῦμεν, ἐκεῖνος πιστὸς μένει,
ἀρνήσασθαι γὰρ ἑαυτὸν οὐ δύναται.

1 Tú, hijo mío, fortalécete por medio de la gracia que (se nos da) en Cristo Jesús.

2 Las cosas que escuchaste venidas de mí en presencia de muchos testigos, estas cosas encomienda a hombres confiables, en cuanto que

deben ser competentes para enseñarles a otros también.
3 Únete en los sufrimientos como un soldado de Cristo Jesús
inobjetable en todo respecto. 4 Nadie que sirve como soldado se
enreda en los quehaceres de la vida cotidiana con el propósito de
complacer al que (lo) reclutó. 5 Ahora bien, aunque alguien participe
habitualmente en competencias, ciertamente no recibe el premio, a
menos que compita de acuerdo con las reglas. 6 Al labrador que hace
el trabajo duro le corresponde recibir su parte de la cosecha más que
a cualquiera. 7 Considera cuidadosamente lo que estoy diciendo;
ciertamente el Señor te dará entendimiento en todo respecto.
8 Ten siempre presente a Jesús, el Mesías resucitado de entre los
muertos, surgido de la simiente de David, de acuerdo con mi
evangelio; 9 en pro del cual ahora estoy sufriendo inclusive la prisión
como si fuera un malhechor, pero la palabra de Dios no puede quedar
encarcelada. 10 Por esta razón siempre soporto todas las cosas en
beneficio de los escogidos: para que también ellos alcancen la
salvación acompañada de gloria eterna que es en Cristo Jesús.
11 La afirmación es confiable:
Si hemos muerto con (él), también viviremos con (él);
12 si soportamos, también reinaremos con (él);
si no nos vamos a declarar en su favor, también él nos rechazará;
13 si somos infieles, él siempre sigue siendo fiel, pues de ningún modo
puede negarse a sí mismo.

COMENTARIO

Después de la larga introducción de la carta (2Ti 1), y por cierto adentrada en tema, nuestro párrafo presenta la primera de las exhortaciones (*exhortationes*) centrales que conforman el cuerpo de la carta, la "exhortación a confrontar los *pequeños peligros*".[1] El tono progresivo con el que avanza nuestro discurso resuena a la secuencia de pasos con la que se preparaba un pelotón para salir a la batalla. Las instrucciones cuasi-litúrgicas con las que *La Regla para la Guerra* (1QM) organiza el avance de los miembros de la comunidad de Qumrán hacia la batalla escatológica ilustra esto de un modo apropiado:

> "Cuando ellos comiencen a marchar para la batalla deberán escribir en sus estandartes *la verdad de Dios, la justicia de Dios, la gloria de Dios, el juicio de Dios,* seguido de toda la lista ordenada de sus nombres. Cuando ellos se acerquen a la batalla deberán escribir en sus estandartes *la diestra de Dios, el tiempo escogido de Dios, el golpe de Dios, la ejecución de Dios,* seguido de toda la lista ordenada de sus nombres. Cuando ellos vuelvan de la batalla deberán escribir en sus estandartes *el honor de Dios, la majestad de Dios, el esplendor de Dios, la gloria de Dios,* junto con toda la lista de sus nombres" (1QM IV).

Para cada paso del desarrollo de la batalla *La Regla para la Guerra* prescribe una trompeta y un estandarte particular que están inscriptos con el tema apropiado que el guerrero debe tener en mente en ese preciso momento: *marchar* con confianza y convicción; *acercarse* con decisión y reacción; *volver* con celebración.[2]

Las cuatro exhortaciones que forman nuestro párrafo organizan cada movimiento que Timoteo, como un buen soldado, debe realizar para avanzar hasta la vanguardia donde se encuentra el apóstol.

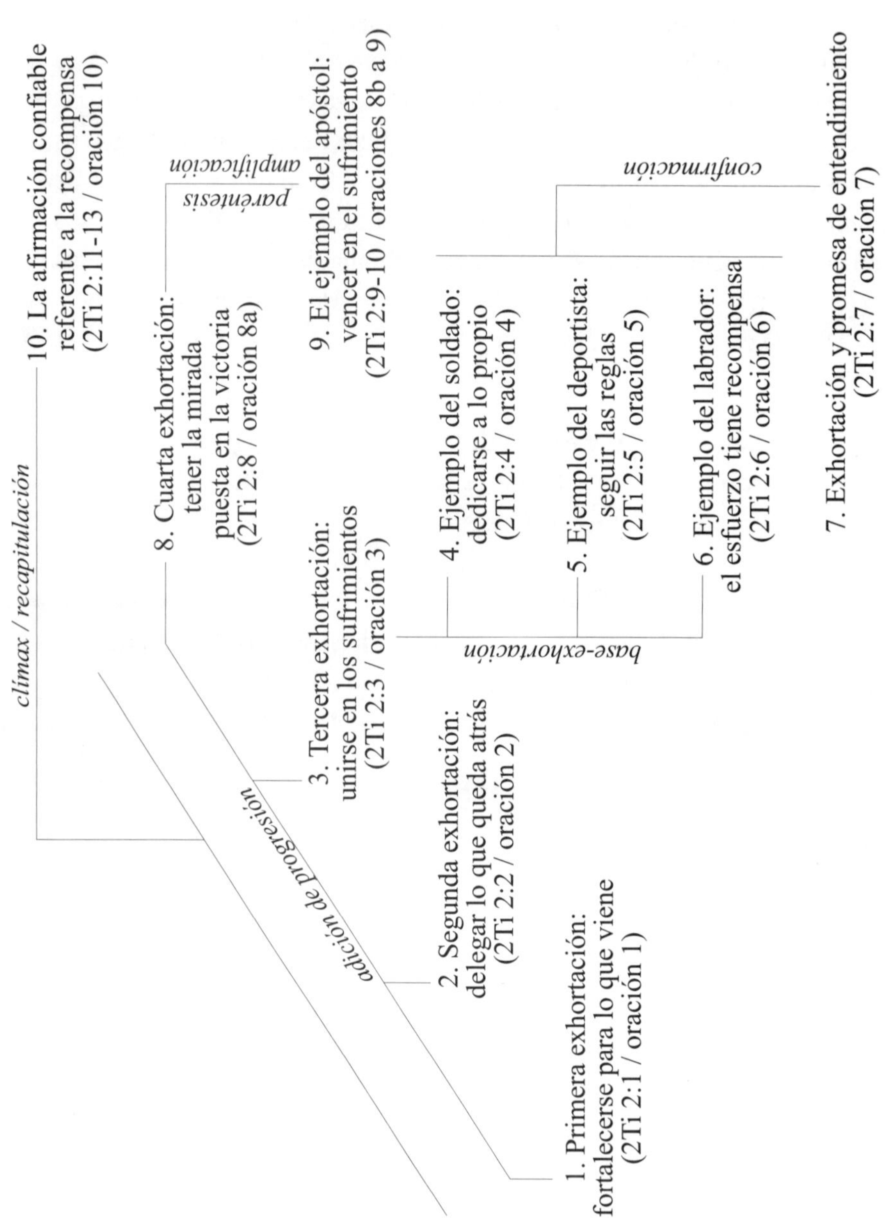

La sucesión de estas cuatro exhortaciones (*exhortationes*) funciona como el discurso preparatorio para quien sale del reposo del campamento a la acción del campo de batalla: "fortalézcanse antes de salir, dejen atrás todo lo que queda, únanse a los que están allí adelante dando la vida, ¡salgan a vencer!"[3] La progresión que se da de una exhortación a la otra avanza hasta que nuestro párrafo rompe finalmente en el himno de la afirmación confiable (2Ti 2:11-13). Las dos primeras exhortaciones (2Ti 2:1-2) no presentan ningún tipo de argumento y están conectadas con la tarea a realizar *antes de salir* a la batalla: Timoteo debe fortalecerse y debe confiar la predicación a otros. Las últimas dos exhortaciones (2Ti 2:3-13), conectadas con *la salida misma* al campo de batalla, sí presentan extensiones que funcionan como argumento (*probatio*) para persuadir a la obediencia.

PRIMERA EXHORTACIÓN: FORTALECERSE PARA LO QUE VIENE (ORACIÓN 1)

1 Tú, hijo mío, fortalécete por medio de la gracia
que (se nos da) en Cristo Jesús. *identificación*

El primer estandarte que se levanta y la primera trompeta que suena llaman a apropiarse del poder que la gracia de Dios encierra (*endunamoú en tē járiti*). La emotiva interpelación del lector ("Tú, hijo mío": *sú oún, téknon mou*) carga al llamado de adrenalina.[4] Dos párrafos atrás (2Ti 1:6-14 / párrafo 3), la gracia divina es descrita como el don supremo que nos fue dado desde la eternidad (2Ti 1:9), que irrumpió en la historia por medio de la resurrección de Cristo y que llega hasta nosotros por medio del evangelio (2Ti 1:10).

Ef 6:10 abre la alegoría militar referente a la armadura del cristiano con una frase equivalente: "fortalézcanse con el gran poder del Señor" (*endunamoúsze en kuríō kaí en tō krátei tēs isjúos autoú*). La oración siguiente traduce esta exhortación en términos metafóricos: "Pónganse toda la armadura de Dios para que puedan hacer frente a las artimañas del diablo" (Ef 6:11). Evidentemente, pese a que Cristo ya ha conquistado al poder enemigo de la muerte (2Ti 1:10), Timoteo también tiene una batalla por delante, por esto necesita fortalecerse con la armadura divina. No obstante, el combate de Timoteo es muy diferente al del Señor, pues consiste en la lucha interna contra la tentación y pretensión de tener que librar la misma batalla fundamental que ya ganó Cristo: salvarse de la muerte. Ésta es la gran artimaña con la que el diablo atacó al mismo Jesús por boca de Pedro (Mr 8:31-38). Frente a ella no hay capacidad para permanecer en pie (*dúnaszai stēnai,* Ef 6:11) sino por medio de la fortaleza que provee la gracia divina que en Cristo ya conquistó esa batalla por nosotros. Solamente confiando en que Dios hizo y hará su parte en el gran choque contra la muerte es que Timoteo puede hacer la suya en su propio choque contra la tentación y el terror (2Ti 1:12).[5] La tensa preparación para la lucha propia consiste en la relajante apropiación de la victoria ya lograda por Cristo.

SEGUNDA EXHORTACIÓN: DELEGAR LO QUE QUEDA ATRÁS (ORACIÓN 2)

2 Las cosas que escuchaste venidas de mí *contexto circunstancial*

identi-ficación en presencia de muchos testigos,

estas cosas encomienda a hombres confiables,

en cuanto que deben ser competentes *genérico-específico*
para enseñarles a otros también.

El segundo estandarte se levanta y la segunda trompeta es tocada para que Timoteo, ya habiendo puesto las manos en el arado, no se quede mirando atrás (Lc 9:62). Timoteo debe dejar que la cadena se desplace un eslabón más adelante: en 1Ti era Pablo quien se ausentaba y delegaba a Timoteo el cuidado y la enseñanza de la sana doctrina (1Ti 3:15; 4:13, 16); ahora es Timoteo quien debe confiarle esto mismo a otros hombres para poder ausentarse junto al apóstol.

Los elementos que entran en juego aquí (la enseñanza que debe confiar y los hombres a los que debe entregarle este depósito) son identificados y definidos con precisión. No es cualquier doctrina la que debe delegar a los que vienen detrás ni es a cualquiera a quien le debe confiar tarea de semejante peso.[6] La doctrina es definida como "Las cosas que escuchaste venidas de mí en presencia de muchos testigos" (*há ēkousas par´ emoú diá pollōn martúrōn*). No está hablando Pablo aquí de algún mensaje en particular como el del bautismo o la ordenación de Timoteo (contra Dibelius: 108), ni de una parte sola de la enseñanza apostólica (como si hubiese otra enseñanza privada que debe conservarse en secreto). Pablo le está pidiendo a Timoteo que encomiende exactamente la misma predicación que escuchó de él, predicación que siempre fue abierta, pública, reconocida y ortodoxa (Hch 18:26; 19:8; 26:26; 1Ts 2:2).[7] Así lo entiende correctamente Crisóstomo (*hom. in 2 Tim.* IV: 488): "Es como si dijera: tú no me has escuchado en secreto, ni aparte, sino en presencia de muchos, con un discurso totalmente abierto."[8]

Aquellos a quienes Timoteo debe encomendar el cuidado y la predicación de la sana doctrina son identificados como "hombres confiables, en cuanto que deben ser competentes para enseñarles a otros también" (*pistoís anzrōpois, hoítines hikanoí ésontai kaí hetérous didáxai*). La preocupación del apóstol evidentemente es que la sana doctrina sea preservada y extendida a lo largo de las generaciones, tarea en la cual aquellos que ejercen el ministerio público de la palabra tienen un rol fundamental. No obstante, aquí no asistimos a la institución de un "magisterio de la iglesia" que asegure una sucesión apostólica elitista, privilegiada y reservada para algunos pocos.[9] La doctrina que ellos deben cuidar es la misma doctrina que conoce también "un niño de siete años" (AE XII.2), es la doctrina que acaba de ser definida como pública y universal y de la que *la iglesia toda* es "columna y soporte" (1Ti 3:15). De hecho, los "otros" (*hetérous*) a los que deben enseñar estos hombres confiables no son los nuevos eruditos que los sucedan en el puesto de honor. Es más bien la iglesia toda, son los más pequeños (1Ti 3:2; 2Ti 2:24-25; 4:2; Tit 1:9) por causa de los cuales se escoge a quienes son "competentes para enseñar" (*hikanoí didáxai*).

Nuestro texto igualmente justifica la existencia del ministerio público de la palabra ya no desde una perspectiva teológica, en cuanto institución divina (Hch 20:28; Ef 4:11), sino desde una perspectiva pragmática, en cuanto herramienta útil para conservar la fidelidad de la iglesia a la sana doctrina. La sucesión apostólica depende de la fidelidad a la doctrina de los apóstoles con la que *la iglesia* proclama el evangelio y administra los medios de gracia (Sasse, 1986: 84-107). Pero para que se mantenga y crezca sobre la base de los apóstoles, Dios le proveyó a la iglesia de aquel oficio que vela por su bienestar.

TERCERA EXHORTACIÓN: UNIRSE EN LOS SUFRIMIENTOS (ORACIONES 3 A 7)

3 Únete en los sufrimientos — *exhortación-base*

como un soldado de Cristo Jesús inobjetable en todo respecto.

base-exhortación

4 Nadie que sirve como soldado
se enreda en los quehaceres
de la vida cotidiana — *propósito*

con el propósito de complacer al que (lo) reclutó.

5 Ahora bien, aunque alguien
participe habitualmente
en competencias, — *concesión-contraexpectación*

condición-conclusión — ciertamente no recibe el premio,

a menos que compita de acuerdo con las reglas.

adición de progresión

confirmación

6 Al labrador que hace el trabajo duro
le corresponde recibir su parte de la cosecha

comparación — más que a cualquiera.

7 Considera cuidadosamente lo que estoy diciendo;

exhortación-base / *condición-consecuencia* — ciertamente el Señor te dará entendimiento en todo respecto.

El tercer estandarte y la tercera trompeta llaman a entrar directamente a la lucha. Reaparece una vez más el llamado apostólico a unirse en los sufrimientos. Esta porción, formada por cinco oraciones, presenta básicamente tres secciones:

a) La exhortación (*exhortatio*) a unirse en los sufrimientos (2Ti 2:3 / oración 3).
b) La argumentación (*probatio*) en base a tres ejemplos de la vida cotidiana (2Ti 2:4-6 / oraciones 4 a 6).
c) La exhortación final (*peroratio*) que provee autoridad a la argumentación (2Ti 2:7 / oración 7).

La participación en los sufrimientos del apóstol es entendida aquí (2Ti 2:3), a partir de la metáfora militar,[10] como condición para ser “un soldado de Cristo Jesús inobjetable en todo respecto” (*kalós stratiōtēs Jristoú Iēsoú*). La metáfora señala por un lado la extrema obediencia que Timoteo (el soldado: *stratiōtēs*) le debe a Cristo Jesús (el capitán: *stratēgós*) y por el otro le otorga al llamado apostólico rango de mandato divino y militar, y como tal ineludible e indiscutible.[11] El eco que se produce aquí de la frase de 1Ti 1:18 (“para que pelees la más excelente batalla”: *hína strateúē tēn kalēn strateían*) delata cómo ha cambiado de contenido la batalla que debe librar Timoteo: allí (1Ti) era un ministerio de tipo pastoral sobre la iglesia de Éfeso, aquí (2Ti) es la disposición al martirio.[12]

Ésta, la exhortación clave de nuestra carta, presenta aquí una argumentación (*probatio*) considerable (2Ti 2:4-7). El tono de nuestra sección ahora se vuelve marcadamente sapiencial:[13] el apóstol argumenta a partir de la observación de tres ejemplos cotidianos y sella la autoridad de estos ejemplos con una promesa de sabiduría.

El primer ejemplo (2Ti 2:4) permanece en el campo semántico de la metáfora recién mencionada y gira en torno a la enajenación de la vida civil experimentada por el soldado romano.[14] Una vez por año desde el momento del enrolamiento, el soldado pronunciaba un juramento (*sacramentum*) de lealtad con el que se comprometía a dedicar toda su vida (al menos por veinte o veinticinco años)[15] al entrenamiento y servicio en la batalla,[16] a prestar obediencia extrema a sus superiores y a morir por el Imperio con disposición y voluntad (Ferguson: 48). La entrega exclusiva al ejército no solamente implicaba no dedicarse a otras labores,[17] sino inclusive no contraer matrimonio.[18] Esta ruptura de los lazos con el mundo exterior hacía que el soldado encontrara su verdadera comunidad en la legión (David Kennedy: 790)[19] y que sus metas estuvieran supeditadas a las del ejército. Agradar al superior,[20] por tanto, sí era un medio para obtener grandes beneficios personales otorgados por la vida militar,[21] pero más aun se transformaba en un fin en sí mismo, pues de esto dependía la efectividad del ejército en el campo de batalla.[22]

El segundo ejemplo (2Ti 2:5) es tomado de otra figura emblemática y heroica, la del deportista. Hemos señalado en el comentario a 1Ti 4:7 la popularidad que alcanzó el ejercicio físico a partir del surgimiento del imperio.[23] Esto no hizo más que ayudar a la idealización del deportista profesional, cuyo honor residía precisamente en el esfuerzo realizado y las victorias alcanzadas.[24] El ejemplo gira en torno a un punto muy familiar para nuestra cultura: si el atleta, haya hecho lo que fuere en el pasado, no cumple las reglas de juego, no puede ganar el torneo de turno.[25]

El tercer ejemplo (2Ti 2:6) es tomado de otra profesión que es fuente primordial de imágenes para el lenguaje de las escrituras: el labrador. Nuevamente la universalidad del ámbito demanda poca explicación del ejemplo en sí. El tema del "trabajo duro" (*tón kopiōnta*) vuelve a aparecer aquí, pero el énfasis muestra estar puesto en el derecho privilegiado del labrador esforzado (*prōton*). Este principio es sostenido por la legislación social del AT[26] y se mueve por detrás de la paradoja de la vida referida en Ecl 2:26 y Lc 12:16-21.

Pablo no decodifica los ejemplos ni los conecta con el planteo presentado a Timoteo. Esta tarea, dejada en manos del lector ("Considera cuidadosamente lo que estoy diciendo": *nóei hó légō,* 2Ti 2:7), no sólo implica el ejercicio exegético de "atar los cabos sueltos" que dejó el maestro,[27] sino la toma de decisión concreta de seguir o rechazar los ejemplos presentados.[28] La situación que se genera aquí resuena a la enseñanza de Jesús que provoca simultáneamente exclusión (de "los de afuera" que no entienden: *mē suniōsin*) e inclusión (de "los de adentro") en torno a los misterios del reino (Mr 4:10-12). El punto allí tampoco consistía en la decodificación del lenguaje metafórico, sino en la aceptación de lo que el Padre estaba revelando en Cristo (Mt 16:17). Es que el "entendimiento" (*súnesis*) es el don divino que no se recibe sin atravesar y aceptar el evento pascual de la cruz y la resurrección (Mr 8:33; 15:38-39; Lc 24:45). Allí cuando entiendas, Timoteo, los ejemplos "en clave pascual" y aceptes el desafío y la promesa que ellos encierran para ti, "ciertamente el Señor te dará entendimiento en todo respecto" (*dōsei gár soi ho kúrios súnesin en pásin*). La promesa de este ideal de la tradición sapiencial (recibir entendimiento de parte del Señor)[29] le otorga autoridad divina al llamado que el apóstol está planteando nuevamente por medio de los tres ejemplos.

Ahora sí, ¿cómo se decodifican los ejemplos "en clave pascual"? La metáfora usada en la exhortación inicial (2Ti 2:3) puso a Timoteo como protagonista de las escenas que vendrían, así cada profesional de los ejemplos (soldado, atleta y labrador) encarna el modelo que se le propone al lector. [30]

Así como un soldado (2Ti 2:4), Timoteo debe renovar el juramento (*sacramentum*) hecho en el enrolamiento de agradar al superior en extrema obediencia a su mandato, incluso si esto implica "morir por el Imperio", pues allí está su recompensa. Como atleta que ha sido por años junto al apóstol (1Ti 4:10), Timoteo no debe confiarse (2Ti 2:5). Lo que importa ahora, en el torneo de esta temporada, es que compita según las reglas de juego que él mismo prometió cumplir; reglas que dicen, por ejemplo, que "todos los que se proponen vivir de forma piadosa en Cristo también serán perseguidos" (2Ti 3:12).[31] La satisfacción aquí ya no es solamente el cumplimiento de la responsabilidad (como en el ejemplo del soldado), sino ser coronado, "recibir el premio" (*stefanoúszai*).[32] El último ejemplo (2Ti 2:6) le entrega al lector, ya cargado de una tremenda responsabilidad, la misma visión de esperanza que el Sal 126:5-6: así como no hay recompensa sin responsabilidad (soldado y atleta), tampoco hay responsabilidad sin recompensa (labrador).[33] El que padece a la hora de la siembra, cosechará con gritos de alegría, pues "si un grano de trigo… muere, da abundante cosecha" así como "el que desprecia su vida en este mundo, la conservará para la vida eterna" (Jn 12:24-25).[34]

Los tres ejemplos mantienen una clara tensión entre la responsabilidad y la recompensa, elementos que rotan sus lugares de preponderancia a medida que el discurso progresa. Del extremo rigor militar concentrado en la obediencia se avanza hacia el equilibrio entre las reglas deportivas y la corona, para llegar finalmente a la promesa de la cosecha. Este mismo movimiento del discurso invita a ser recorrido también por el lector para que comience aceptando la responsabilidad ante el llamado al sufrimiento y termine listo para recordar al Mesías victorioso y resucitado (2Ti 2:8).

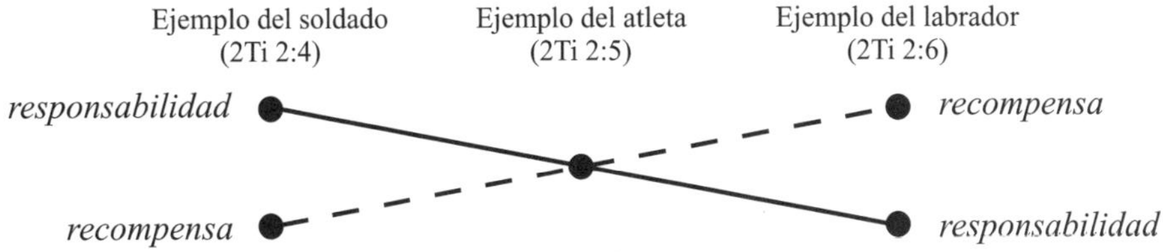

CUARTA EXHORTACIÓN: TENER LA MIRADA PUESTA EN LA VICTORIA (ORACIÓN 8A)

8 Ten siempre presente a Jesús,

ampli-ficación el Mesías resucitado de entre los muertos,

ampli-ficación surgido de la simiente de David,

de acuerdo con mi evangelio;

amplificación *paréntesis*

9 en pro del cual ahora estoy sufriendo
inclusive la prisión como si fuera un malhechor, *adición de progresión*

concesión-contraexpectación pero la palabra de Dios
no puede quedar encarcelada.

10 Por esta razón siempre soporto todas las cosas
en beneficio de los escogidos:

para que también ellos alcancen la salvación *propósito-medio*

amplificación acompañada de gloria eterna
que es en Cristo Jesús.

El último estandarte levantado y la última trompeta tocada es el llamado a tener la mirada puesta en la victoria de Cristo. La sección, formada por dos oraciones, abre con la "exhortación" (*exhortatio* – 2Ti 2:8) y se mueve pronto hacia una "digresión" (*dissgresio* – 2Ti 2:9-10) en torno al tema de la victoria en el mismo sufrimiento.

La exhortación recoge material tradicional de larga data. El Jesús al que Timoteo debe tener siempre presente (*mnēmóneue Iēsoún*) no funciona en verdad como la estampa rígida de un héroe en la que Timoteo debe inspirarse ahora, saliendo al campo de batalla. La antigüedad de la tradición a la que se apela en 2Ti 2:8 aporta un gran dinamismo al discurso. Para empezar, el llamado al recuerdo del evento central de la redención (el Mesías resucitado) se corresponde con la tradición pascual judía de celebrar el éxodo por medio de un recuerdo (*mnēmoneúō* / *mnēmósunon*) que permite a las generaciones posteriores participar y apropiarse de aquella liberación sucedida siglos atrás (Éx 12:14; 13:3, 9).[35] Salir al campo de batalla con el recuerdo del Mesías resucitado es hacerlo echando mano a su victoria.[36]

En segundo lugar, aquello en lo que Timoteo es llamado a participar, aunque sea presentado en forma de nombre y títulos, tiene más carga verbal que sustantival, pues se trata del evento central de la redención que dio contenido al evangelio de los apóstoles desde sus inicios: que este Jesús es "el Mesías resucitado de entre los muertos" (*Jristón egēgerménon ek nekrōn*) y "surgido de la simiente de David" (*ek spérmatos Dauíd*).[37] Pese a que existe una clara correspondencia entre esta formulación del evangelio de Pablo y la articulación de las dos naturalezas de Cristo (humano/divino) o de sus estados de existencia (humillación/exaltación),[38] no es aquí donde nuestro texto tiene puesta su atención (como si Timoteo tuviera que salir al martirio repasando la cristología dogmática). Estos dos rasgos (Mesías resucitado y simiente de David) se mueven en la misma dirección calificando a Jesús para ser aquél en quien Dios cumplió las promesas que Timoteo necesita vivir como actuales en la hora decisiva.

Comenzaremos por el último rasgo. Que Jesús haya sido descendiente de David no es determinante de su carácter mesiánico, pero, el interés que particularmente Mt y Lc tienen en confirmar esto,[39] delata que se trata de un punto de partida fundamental. El clímax político y religioso que Israel había alcanzado con David lo volvió arquetipo del ungido (el Mesías) por medio del que Dios volvería a liberar a su pueblo destruyendo a los enemigos y opresores (Ez 34:24). A este recuerdo idealizado de aquellos tiempos se sumaron las promesas divinas dadas en relación a la descendencia de David (*tó spérma Dauíd*). Particularmente dos de ellas (2S 7:14 y Sal 2:7) tuvieron un papel fundamental en la definición de las expectativas mesiánicas judías (Feiner y Löhrer, III: 213). El Mesías sería aquel descendiente de David a quien Dios, en los últimos tiempos, le entregaría su poder (Sal 89:1-37) para a) juzgar y destruir a los enemigos (Salmos de Salomón XVII-XVIII), b) librar a su pueblo de los opresores (Salmos de Salomón XVII; 4Esd XII) y c) conquistar un reino eterno y de dimensiones universales (Mi 5:1-4; Salmos de Salomón XVII-XVIII; 2Bar XL; Witherington, 1998: 15). Éste, y ningún otro, podría portar los títulos de "Mesías"[40] e "hijo de Dios",[41] pues solamente en él, "el descendiente de David" por excelencia, se cumplirían las promesas ancestrales.

Yendo ahora al primer rasgo (el Mesías resucitado), debe destacarse que tanto Lucas[42] como Pablo[43] reflejan el mismo concepto funcional judío respecto al Mesías (el Mesías es aquél que *realiza* la tarea propia), de modo que le atribuyen a Jesús todos los títulos mesiánicos (hijo de Dios, Señor y Mesías) en virtud de haber resucitado de entre los muertos.[44] Como *resucitado,* Jesús comprueba su carácter mesiánico, puesto que, de acuerdo con los parámetros judíos, es precisamente el evento de la resurrección lo que certifica su victoria sobre los enemigos, el logro de la liberación para el pueblo de Dios y la instauración de su dominio. Ahora bien, como *Mesías resucitado,* este mismo evento rebasa los parámetros y las expectativas judías referentes al Mesías. En primera instancia, un Mesías que vence la muerte quiebra la reducción nacionalista judía al delatar que el verdadero enemigo no era un imperio pagano y que los oprimidos que necesitaban la liberación no eran solamente los judíos, sino la humanidad toda (Heb 2:14-15). En segunda instancia, un Mesías resucitado presupone un Mesías sacrificado, ambos conceptos definitivamente sorprendentes y escandalosos para la mente judía (1Co 1:22-24);[45] pero ambos conceptos que vuelven a girar el foco del mesianismo hacia un enemigo mayor que el imperio (el pecado, Hch 13:23, 26, 32-33, 38) y hacia un pueblo de Dios mayor que el "Israel según la carne" (Jn 10:16; Ro 9:6-8).

Jesús, en cuanto Mesías resucitado de entre los muertos, es "el descendiente de David" por excelencia, en quien alcanzan un cumplimiento definitivo e insuperable las promesas divinas de antaño. Recordar a este Jesús es apropiarse de su victoria sobre la muerte ya inaugurada y de su reino eterno ya instaurado.[46] No obstante, recordar al Mesías resucitado-crucificado y a aquel que encarna la expectativa mesiánica histórica le impide a Timoteo caer en la fantasía de escaparse de la historia que lo desafía con el sufrimiento y la muerte.[47] Nuevamente, no es sino dentro de *esta* historia que sucede la victoria sobre la muerte entrando en ella juntamente con Cristo para también atravesarla en él.[48]

Pablo cierra la exhortación señalando que el Jesús al que se apela es integral a su evangelio ("de acuerdo con mi evangelio": *katá tó euangélión mou*).[49] Ro 1:1-4 señala que la formulación cristológica similar a la nuestra que allí se afirma (hijo de David "según la carne" e hijo de Dios "según el Espíritu") es el mensaje central del evangelio de Pablo. Bultmann (1952, I: 49) considera que esto es imposible y proyecta en el apóstol su propio desinterés por el Jesús histórico como descendiente de David, para poner la mira exclusivamente en el Cristo exaltado y resucitado.[50] El testimonio del libro de Hch pone en evidencia que las formulaciones cristológicas de Ro 1:1-4 y 2Ti 2:8 (únicas en mencionar la ascendencia davídica), si no mantuvieron su protagonismo en el corpus paulino, al menos funcionaron como punto de partida fundamental para la formación de la cristología paulina y de la predicación de su evangelio.[51] Pablo, como el resto de los apóstoles, recibió un evangelio edificado sobre la certeza del carácter mesiánico de Jesús.[52]

De este evangelio cuyo centro es el Mesías resucitado y victorioso vuelve a desprenderse (como en 2Ti 1:10-12) una digresión (*disgressio*) respecto al padecimiento ejemplar del apóstol (2Ti 2:9-10). Nuestro repaso de los sufrimientos, no obstante, están impregnados de la victoria que transpira el evangelio del apóstol. Se presentan dos paradojas progresivas que afirman la victoria divina primero (2Ti 2:9) "pese a" los sufrimientos, luego (2Ti 2:10) "justamente por" los sufrimientos.

La primera paradoja (2Ti 2:9) realiza un juego de palabras (paranomasía) con el que arrasa el contradictorio sufrimiento del apóstol "como si fuera un malhechor" (*kakopazō hōs kakoúrgos*) con la paradójica victoria de la palabra de Dios, que pese a la prisión (*desmoí*) de Pablo "no puede quedar encarcelada" (*ou dédetai*).[53]

La segunda paradoja (2Ti 2:10) avanza en forma definitiva al delatar la intencionalidad con la que Dios y el apóstol aprovechan el sufrimiento para llevar a cabo los planes divinos. La razón por la que Pablo soporta todas estas cosas (*diá toúto pánta hupoménō*) es extender la repetición del estribillo con el que el libro de Hch marca el crecimiento de la iglesia:[54] que sean salvos (*hína sōtērías tújōsin*) aquellos que estaban destinados para esto (*hoi eklektoí*).[55] El lenguaje de esta última oración recoge la expectativa apocalíptica característica de seguridad y reversión del padecimiento: que los que hoy sufren sean fielmente reconocidos y rescatados por Dios como elegidos que son, y que su padecimiento y miseria momentáneas se vuelvan salvación "acompañada de gloria eterna" (*metá dóxēs aiōníou*).[56] Pero no hay parte en esta liberación y gloria ansiadas sino en el mismo Cristo Jesús (*en Jristō Iēsoú*)[57] en quien hoy el apóstol y su discípulo son desafiados al sufrimiento.[58]

LA AFIRMACIÓN CONFIABLE (ORACIÓN 10)

11 La afirmación es confiable:

confirmación
contenido-orientador

Si hemos muerto con (él),
condición
-consecuencia también viviremos con (él);
12 si soportamos,
condición
-consecuencia también reinaremos con (él);
si no nos vamos a declarar en su favor,
condición
-consecuencia también él nos rechazará;
13 si somos infieles,
concesión-
contraexpectación él siempre sigue siendo fiel,
pues de ningún modo puede negarse a sí mismo. *razón-resultado*

adición de progresión

Esta última sección (2Ti 2:11-13) recapitula el contenido de todo el párrafo y lleva al discurso a su punto de clímax por medio un himno que mueve al lector a la entrega responsable en vista de la recompensa. Ésta es una de las cinco "afirmaciones confiables" (*pistós ho lógos*) distribuidas a lo largo de las tres cartas pastorales (ver Apéndice I – Las afirmaciones confiables: p. 423). Como tal, se apropia de material tradicional, en este caso de una pieza litúrgica de evidente tono bautismal (Cothenet: 37),[59] para aplicarla al planteo del contexto presente.[60]

El himno está formado por cuatro versos. La estructura de dos miembros por verso, propia de la oración condicional ("si X, también Y": *ei… kaí*), es conservada en los tres primeros versos (2Ti 2:11b-12) e interrumpida con el último que presenta tres miembros (2Ti 2:13). De este modo, junto con lo mecánico de la estructura poética,[61] se quiebra también lo mecánico del concepto de "causa y efecto" con el que funciona el resto del himno (Dibelius: 109).[62]

El discurso como un todo se mueve en dirección opuesta al ciclo de los tres ejemplos de la vida cotidiana de 2Ti 2:4-6 (ver arriba), pues avanza de la promesa a la advertencia, de lo inmenso de la recompensa divina a lo inmenso de la responsabilidad de Timoteo. En forma transversal, la prótasis (primera parte de la oración condicional: "si...") de los tres primeros versos funcionan en conjunto llevando al lector en un recorrido que avanza cronológicamente desde su bautismo (aoristo), hacia la disposición actual frente al padecimiento (presente) para llegar finalmente a la hora decisiva que se aproxima (futuro). La apódosis (segunda parte de la oración condicional: "también...") de los tres primeros versos señala consistentemente la repercusión escatológica de lo que se describe en la prótasis (bautismo, padecimiento y testimonio). Esto es, a partir de su bautismo, el lector se encuentra en la vidriera del fin de los tiempos, donde es observado en forma decisiva; pero donde también él debe y puede observar aquello tremendo o aquello precioso que se viene.

El primer verso (2Ti 2:11b) nos ubica dentro del marco bautismal. Este himno, que en su contexto litúrgico original anunció el padecimiento, ahora es leído por el apóstol en forma retrospectiva, recordando el evento litúrgico desde el contexto anunciado de padecimiento. Ahora más que nunca toca reapropiarse de todo lo sucedido en el evento original del Bautismo. Nuestro verso se enfoca en el plano existencial (no en el ético) de la participación del bautizado en el evento de la muerte y resurrección de Cristo que Ro 6:2-11 describe.[63] En este plano existencial tanto la muerte como la vida del creyente tienen su centro de gravedad fuera de los límites de la vida fisiológica. La muerte es entendida siempre como ya sucedida (en el Gólgota, donde se realizó la redención o en el Bautismo, donde se me aplicó la redención), de modo que "ya no vivo yo sino que Cristo vive en mí" (Gá 2:20). La vida, del mismo modo, entendida en términos de resurrección escatológica, está asegurada para el día final (Col 3:1-4). No es esto una negación suicida del don de la vida ni una evasión fantasiosa de la tragedia que implica la muerte física. Se trata más bien de que mi nacimiento y mi defunción, estas "débiles patas" de la mesa, son reemplazadas en su gravedad por otras dos, infinitas veces mayores (mi muerte en el Gólgota y en el Bautismo y mi resurrección en el día final). Por tanto, perder la "vida física" por causa del evangelio no es perderlo todo. La "Vida" aún sigue estando allí adelante con Cristo. Del mismo modo, morir por causa del evangelio no es la tragedia más grande, pues ya hemos pasado la "Muerte" mayor en el Bautismo y el Gólgota.

La fórmula "con Cristo" (*sún Jristoú*) no señala en Pablo el mero acompañamiento o imitación de Cristo, sino la participación e incorporación en el evento escatológico y único (una vez y para siempre) de la muerte y resurrección de Cristo (*en Jristō*).[64] De modo que el desafío planteado a Timoteo aquí no consiste en el terrible e inútil esfuerzo humano de igualarse a Cristo, sino de seguir teniendo su Muerte y su Vida allí donde fueron puestas en el Bautismo. El drama radical sucedido en el Bautismo, por tanto, es lo único que capacita al creyente para ser el tipo de discípulo que Pedro pretendió ser por cuenta propia ("Aunque tenga que morir contigo... jamás te negaré": *eán déē me sunapozaneín soi, ou mē se aparnēsomai,* Mr 14:31). Pero esa misma radicalidad del Bautismo expone y desafía al creyente para ser el tipo de discípulo que Pedro no pudo ser por cuenta propia.[65]

El segundo verso (2Ti 2:12a) avanza cronológicamente hacia el presente del apóstol y de Timoteo: el llamado a "soportar" (*hupoménein*) en medio del padecimiento. Semejante desafío tiene por delante la promesa escatológica de participar en el reino (*sumbasileúein*) del descendiente de David que ya instauró su dominio definitivo (2Ti 2:8). En torno a nuestro verso y al siguiente ronda la tentación a la interpretación equivocada de que la recompensa escatológica se obtiene a partir del mérito, como si la promesa de reinar fuera un adicional ofrecido solamente a los creyentes que soportan el martirio en forma virtuosa.[66] La expresión equivalente que registra Mt en dos discursos programáticos del padecimiento que les vendría a los discípulos ("el que se mantenga firme hasta el fin será salvo": *ho dé hupomeínas eis télos hoútos sōzēsetai,* Mt 10:22 y 24:13) agrega tensión a este punto, pues la recompensa ya no es solamente "un adicional", sino la misma salvación. La participación en el reino no es el resultado mecánico de la resistencia (*hupomonē*) en medio de todo padecimiento, sino la reversión escatológica de la miseria presente padecida por el pueblo de Dios.[67] Dominar junto con Cristo no será sino un don impregnado de la gracia divina. Desde este punto de vista, la oración condicional tiene cierta fuerza de contraexpectación: aunque hoy tengamos que padecer, mañana vamos a reinar. No obstante, el contexto de persecución sugerido por el verbo "soportar" (*hupoménein*), hace que en el NT equivalga a la fe del creyente. Las opciones, por tanto, son soportar o apartarse de la fe (*skandalídseszai,* Mt 24:10) y volverse para atrás (*hupostolē,* Heb 10:39). Así nuestra oración conserva igualmente una clara fuerza condicional: solamente quien soporta (permanece en la fe y no se vuelve para atrás) será reivindicado por Dios.

A partir del tercer verso (2Ti 2:12b), la prótasis (primera parte de la oración condicional: "si...") ya no hace referencia a la feliz experiencia del creyente que el apóstol quiere incentivar, sino a la perversión en contra de la que se levanta una poderosa amenaza. Nuestro verso es la contraparte del anterior (2Ti 2:12a) y nos advierte en forma anticipada respecto a la grave hora de la decisión: "¿qué haremos cuando se nos pida que declaremos? Eso mismo se hará con nosotros en el juicio final". Es evidente que el himno recoge la advertencia acuñada por Jesús y registrada en Mt 10:33 ("Pero a cualquiera que me desconozca delante de los demás, yo también lo desconoceré delante de mi Padre": *hóstis d´ án arnēsētaí me émproszen tōn anzrōpōn, arnēsomai kagō autón émprozen toú patrós mou*). Rechazar a Jesús aquí traerá como consecuencia el ser rechazado por él allí, en el Gran Juicio, cuando se defina la partida principal. El silencio que guarda la prótasis de nuestro verso respecto al objeto directo de la negación (*ei arnēsómeza*) produce la misma ambigüedad que la falta de un objeto directo expreso del verbo "únete en los sufrimientos" (*sugkakopazeín,* 2Ti 1:8; 2:3): en última instancia, se trata de la relación con Cristo, pero en términos inmediatos se trata de la relación de Timoteo con el apóstol. Así como sufrir junto con el apóstol, es en verdad sufrir con Cristo, del mismo modo negar a Cristo hoy (delante del lector llamado a acompañar al apóstol en su segunda defensa, ver 2Ti 4:9-18, 21a), toma el rostro de "no ir a declararse a favor de" Pablo y de su evangelio.[68]

El último verso (2Ti 2:13) guarda una clara continuidad con el resto del himno. Los dos primeros miembros del verso repiten la estructura condicional, aunque esta vez con fuerza de contraexpectación ("pese a que X, Y"). El contenido negativo de la prótasis (primera parte de la oración condicional: "si...") da intimidad a nuestro verso con el anterior (2Ti 2:12b), pues señala en forma expresa que por detrás de la negación de Jesús se mueve nada menos que la infidelidad (*ei apistoúmen*).[69] Este movimiento de la situación concreta (tercer verso) a la amplia realidad que está por el fondo (cuarto verso) revierte el movimiento con el que comenzó el himno: de la amplia realidad de fondo (primer verso) a la situación concreta (segundo verso).

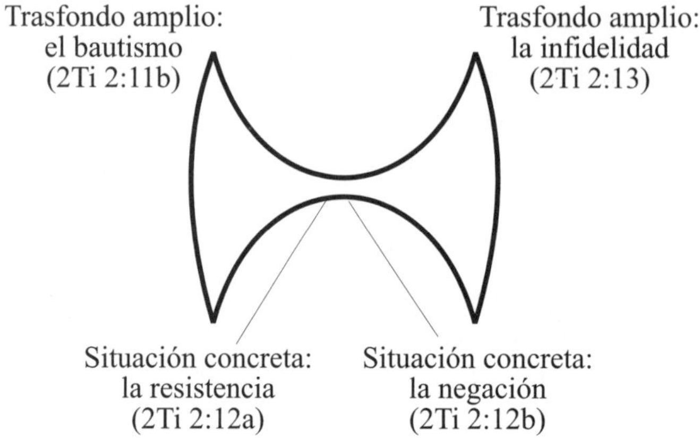

La estructura quiástica (χ) que así se produce nos prepara para una correspondencia trágicamente mecánica. Así como a la muerte bautismal le sigue la vida, a la resistencia el reino, a nuestra negación la divina, del mismo modo a nuestra infidelidad tiene que seguirle la infidelidad de Dios. Pero la mecánica inercia es rota aquí. Nuestra infidelidad no golpea ni trastoca la fidelidad divina (*ekeínos pistós ménei*). Esto, que en primera instancia parece dar un respiro, no lo es en verdad. Que Dios siga siendo fiel de ningún modo significa que él nos vaya a salvar incluso si nosotros nos apartamos de la fe. Sanders (198) demuestra que la fidelidad divina no está atada exclusivamente al cumplimiento de las promesas de salvación (Dt 7:9; Sal 144:13 LXX; Is 49:7; Salmos de Salomón II.28; XIV.1), sino a la rectitud del actuar de Dios tanto para recompensar como para castigar (Dt 7:10; 32:4; Jer 49:5 LXX).[70] La Carta a los Romanos discute precisamente el intrincado tema de cómo mantiene Dios su fidelidad sin salvar a la nación de Israel. Ro 3:3 comienza señalando la trascendencia divina frente a nuestra infidelidad. Ro 9:6, por su parte, resuelve el conflicto mostrando que es en el verdadero Israel ("según el Espíritu") donde Dios comprueba su fidelidad a las promesas de salvación (Nygren: 297).[71]

De todos modos, la ruptura de la correspondencia mecánica producida en nuestro verso impide que su contenido sea idéntico al del tercer verso (2Ti 2:12b): nuestro vicio (rechazo / infidelidad) desata el castigo divino (rechazo / cumplimiento estricto de sus amenazas).[72] Particularmente en el corpus paulino, la fidelidad de Dios es conectada una y otra vez con el compromiso inquebrantable con el que él cuida de los suyos e impide que su destino quede librado al azar (1Co 1:8-9; 10:13; 1Ts 5:23-24; 2Ts 3:2-5). La fidelidad de Dios, por tanto, trasciende nuestra infidelidad cumpliendo sus amenazas, es claro, pero también haciendo todo lo necesario para que su propósito de salvación llegue a ser realidad en sus hijos (Knight: 407). Todavía más, la fidelidad de Dios, como todo atributo "positivo" u operativo (Pieper, I: 435), trasciende nuestra debilidad haciéndonos fieles a nosotros mismos (2Co 1:17-18; Heb 10:23; 11:11).[73] Esto hace que nuestro último verso, a la vez de ser una tremenda amenaza (Heb 3:12 y 19), funcione como un poderoso consuelo que complementa a 2Ti 1:9 en cuanto que, así como la gracia nos fue dada desde antes de nuestro pecado, del mismo modo la fidelidad divina sobrevive a la nuestra, pues después de nuestra caída él permanece allí con su fidelidad[74] buscando hacernos nuevamente fieles.[75] Pablo termina tocando una piedra tan fundamental para el evangelio y la esperanza de salvación que rompe todo equilibrio retributivo. La trascendente fidelidad del "Cristo en nosotros", por tanto, envuelve toda la realidad del creyente expuesto a la hora decisiva del martirio.

SÍNTESIS DEL PÁRRAFO

El apóstol presenta aquí el planteo básico y fundamental de la carta: disponer a Timoteo para confrontar los pequeños riesgos del juicio, la cárcel y hasta el martirio junto con el apóstol. El párrafo avanza reproduciendo paso a paso el despegue del lector desde la "tranquilidad" de Éfeso hasta la exposición en el campo de batalla romano. Semejante movimiento no puede ni debe ser vivido sino en conexión con los grandes sucesos del Bautismo y de la recompensa escatológica.

PROPUESTAS PRÁCTICAS

La naturaleza propia del texto invita a ser usado en la preparación de un creyente, un grupo o comunidad para un momento clave en su experiencia cristiana: ya sea para el Bautismo o la confirmación, para la salida a una "campaña" o viaje de misión, en la última etapa de la capacitación para el ministerio. En caso de que las condiciones sean propicias, podría aprovecharse la metáfora de los cuatro estandartes y trompetas preparatorios para la salida al campo de batalla (fortalecerse para lo que viene, dejar lo que queda atrás, unirse en la lucha, y la mirada en la victoria) para estudiar o reflexionar en cuatro reuniones sucesivas sobre cada una de las exhortaciones de nuestro texto. El himno final podría usarse como base del mensaje de la celebración litúrgica final o –en caso de tratarse de un Bautismo, confirmación o egreso– para el culto correspondiente.

2Ti 2:1-15 es sugerido por el *Ritual Cristiano* como texto para la dedicación de una casa parroquial (RC: 160), mientras que 2Ti 2:8-13 para el vigésimo primer domingo después de Pentecostés en la serie trienal C (*PC:* 688; CS: 118). Presentamos a continuación la propuesta para sermón de Weisheit (1979: 113-14):

Texto bíblico: 2Ti 2:11-13.

Material necesario: Dos planos de ruta grandes similares a los siguientes. En el primero, la ruta "Cristo" y la ruta "tú" deben unirse recién en el extremo derecho del plano. En el segundo, las dos rutas se unen al comienzo del recorrido (extremo izquierdo) y atraviesan todo el plano como una única ruta.

Plano 1

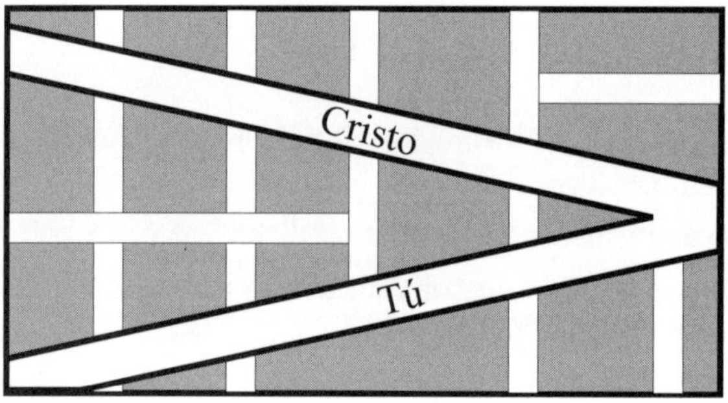

Plano 2

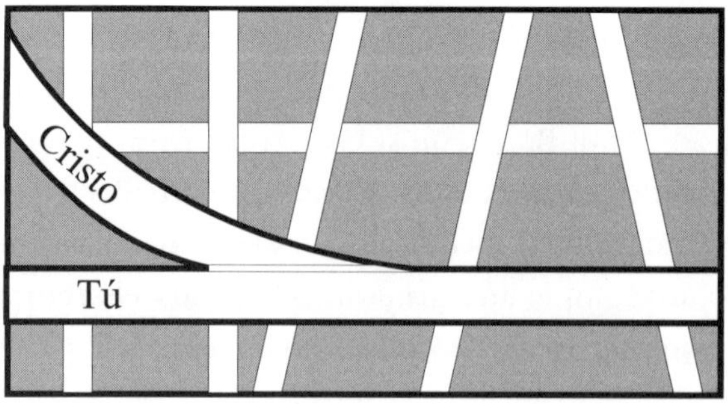

En la lectura bíblica para el día de hoy se nos dice: "Si hemos muerto con (él), también viviremos con (él)". La promesa es que si tomamos parte en la muerte de Cristo –lo que ya nos ha sucedido en el Bautismo– él tomará cartas en nuestra muerte resucitándonos y dándonos de su victoria sobre ella.

Esta promesa puede ser vista en un plano como éste (*muestre el Plano 1*). Miren: una ruta se llama "Cristo" y la otra "Tú" –esa ruta es cada uno de ustedes. Estas dos rutas se encuentran en una intersección llamada "Muerte". Cuando nos encontramos con Cristo en nuestra muerte, ya no seguiremos como dos rutas separadas, sino como una sola, pues viviremos juntos para siempre.

Pero nuestra lectura nos ofrece una promesa mucho más grande que la que ustedes ven en este mapa. Dice así: "Si soportamos, también reinaremos con (él); si no nos vamos a declarar en su favor, también él nos rechazará; si somos infieles, él siempre sigue siendo fiel, pues de ningún modo puede negarse a sí mismo."

Esta promesa nos recuerda que a Cristo lo encontramos mucho antes que en la hora de nuestra muerte (*muestre el Plano 2*). ¿Ven? Las dos rutas se unen cuando Cristo se volvió parte de tu vida aquí, en la tierra. Así como dos rutas pueden tener dos números, "Cristo" y "Tú" se unen para hacerse una ruta sola. Las vidas de ustedes quedaron fundidas. Así atraviesan muchas intersecciones. Ésta (*señale alguna de la izquierda*) es "Tentación". Recuerden que Cristo comparte nuestras tentaciones, sólo que él no cayó en nuestros pecados. Tú atraviesas la intersección llamada "Pena", pero no estás solo. Hay muchas otros cruces que causan gozo, dolor, desilusión. Pero Cristo está contigo en cada uno de ellos. Entonces, cuando llegues a la calle "Muerte", no la atravesarás sin Cristo, pues las dos rutas siguen siendo una sola.

El texto nos presenta también una fuerte advertencia. Dice que si negamos a Cristo, él nos negará a nosotros. Negarlo es tomar nuestras vidas fuera de su camino. Él no se desviará con nosotros, sino que nos llamará para que volvamos con él. Incluso en la advertencia hay una preciosa promesa. El texto afirma que aunque seamos infieles, él seguirá siendo fiel. Él siempre permanecerá en la ruta guiándonos a la vida eterna. Siempre nos llamará para que nos volvamos a él.

Por tu Bautismo tu vida y la de Jesús quedaron unidas como estas dos rutas. Cuando veas dos números de ruta en un mismo cartel, piensa que uno dice "Cristo" y el otro tiene inscripto tu nombre, pues tú viajas por la vida con él.

APUNTES TÉCNICOS

APUNTES DE LÉXICO Y SINTÁXIS

2Ti 2:1

"fortalécete" (ἐνδυναμοῦ): Louw & Nida § 74.6, derivando el significado del campo semántico de *habilidad* (en contraposición con el de *poder*), define a nuestro verbo como "hacer que alguien tenga la capacidad para hacer o para experimentar algo". BAGD (ἐνδυναμόω.1: 263) señala que la voz pasiva de nuestro verbo toma el sentido intransitivo de "volverse fuerte", por lo que traduce "sé fuerte". Preferimos, junto con BAGD, comprender a nuestro texto como perteneciente al campo semántico de *poder-valor* y no de *habilidad* (como Louw & Nida). Imperativo presente ingresivo-progresivo (Wallace: 721-22).

"por medio de la gracia" (ἐν τῇ χάριτι): ἐν y dativo de medio (Wallace: 162-63, 372).

2Ti 2:2

"escuchaste" (ἤκουσας): BAGD (ἀκούω.1.a.β: 32) "oír, escuchar". BAGD señala que nuestra construcción corresponde a la categoría de "escuchar algo (acusativo) de alguien (genitivo)" (ἀκούειν τί τινος). Aoristo global: referencia a modo de sumario de todos los elementos que forman la tradición apostólica paulina (Wallace: 557-58).

"venidas de" (παρά): παρά de fuente (BAGD, παρά.I.3.b: 610; Wallace: 378).

"en presencia de" (διά): BAGD (διά.III.2.a: 180) comenta con respecto a nuestro texto: "en ocasiones la mediación se realiza en la presencia". Filón de Alejandría (*Leg. Gai.* CLXXXVII) usa la misma expresión.

"encomienda" (παράθου): Tanto Louw & Nida § 35.47 como BAGD (παρατίθημι.2.a.α: 623) proponen "confiarle algo a alguien". Imperativo aoristo global: la balanza de nuestro imperativo se inclina hacia lo solemne y categórico del mandato (Wallace: 720-21). De todos modos, consideramos muy factible que nuestro imperativo tenga cierta fuerza de ingresivo: el tono urgente no parece estar totalmente ausente aquí (Wallace: 719-20).

"confiables" (πιστοῖς): Tanto Louw & Nida § 31.87 como BAGD (πιστός.1.a.α: 664) traducen "hombres confiables".

"en cuanto que" (οἵτινες): Consideramos que nuestro uso pertenece a la categoría cuya función BAGD (ὅστις.2.b: 587) define así: "enfatizar una cualidad característica, por medio de la cual debe confirmarse la afirmación precedente". BAGD traduce esta entrada como "en tanto y en cuanto". BDF § 293.4 señala que Pablo tiende a usar el pronombre relativo definido ("el que": ὅς) para hacer una aserción simple, mientras que usa el pronombre relativo indefinido ("cualquiera que": ὅστις) al concentrarse en una característica específica.

"deben ser" (ἔσονται): Futuro con fuerza imperativa (Wallace: 569-70). Wallace (569) cita el siguiente comentario que Gildersleeve hace en su *Classical Greek* con respecto a nuestra categoría: "No se trata de un imperativo delicado. Una predicción puede implicar un poder irresistible o fría indiferencia, compulsión o concesión".

"para enseñar(les)" (διδάξαι): Infinitivo epexegético: explica o cualifica a –entre otros– adjetivos que indican habilidad como el nuestro (Wallace: 607).

2Ti 2:3

"Únete en los sufrimientos" (συγκακοπάθησον): BAGD (συγκακοπαθέω: 773) "sufrir junto con alguien". Imperativo aoristo ingresivo: el tipo de padecimientos que Pablo está experimentando ciertamente aún no son sufridos por Timoteo, y el apóstol lo invita a enfrentarlos (Wallace: 719-20).

"como" (ὡς): Consideramos que nuestra partícula pertenece a la categoría con respecto a la cual BAGD (ὡς.III.1.a: 898) señala que "introduce la cualidad característica (real) de una persona, cosa, o acción". Esto le da a nuestro uso cierta fuerza de causa (BAGD, ὡς.III.1.b: 898).

"inobjetable" (καλός): BAGD (καλός.2.c.α: 400) ubica a nuestro texto bajo la categoría "inobjetable en todo respecto, sin culpas o manchas, excelente". Nótese la posición enfática de nuestro adjetivo.

"de Cristo Jesús" (Χριστοῦ Ἰησοῦ): Genitivo objetivo: Cristo Jesús es el objeto indirecto del verbo "prestar un servicio militar" (στρατεύω) embutido dentro del sustantivo de agente στρατιώτης (BDF § 109.8; Wallace: 116-19).

2Ti 2:4

"que sirve como soldado" (στρατευόμενος): BAGD (στρατεύω: 770) "prestar un servicio militar, servir en la armada, ser un soldado". Louw & Nida § 55.18 define nuestro verbo como "involucrarse en actividad militar como un soldado; servir como soldado, ser soldado". Participio adjetival (dependiente de "nadie": οὐδεὶς) en segunda posición predicativa (Wallace: 311, 617-19).

"se enreda" (ἐμπλέκεται): Louw & Nida § 90.81 define nuestro verbo como "quedar comprometido en alguna actividad de modo que se experimenta restricciones severas en lo que uno puede hacer". BAGD (ἐμπλέκω.2: 256) traduce "queda enredado en los quehaceres civiles". Presente gnómico: principio general, universal, atemporal (Wallace: 523-25).

"de la vida cotidiana" (βίου): BAGD (βίος.1: 141) "referente a la vida terrena". BAGD traduce "en los asuntos de la vida cotidiana". Louw & Nida § 41.18 define a nuestro sustantivo como "la vida cotidiana". Genitivo posesivo: "las actividades que pertenecen / corresponden a la vida cotidiana" (Wallace: 81-83).

"en los quehaceres" (πραγματεία): BAGD (πραγματεία: 697) señala que en el NT sólo se usa la forma plural, referente a los "quehaceres, negocios u ocupaciones". Dativo de esfera (Wallace:153-55).

"al que (lo) reclutó" (στρατολογήσαντι): Tanto Louw & Nida § 55.19 como BAGD (στρατολογέω: 770) traducen "aquél que (lo) enlistó". Louw & Nida § 55.20 presenta una segunda alternativa: "ser comandante de la armada, ser oficial de la armada". Liddell & Scott (στρατολογέω: 1653) solamente registra "reclutar o enlistar soldados". Participio sustantival independiente (Wallace: 619-21).

2Ti 2:5

"Ahora bien, aunque alguien participe habitualmente en competencias" (ἐὰν δὲ καὶ ἀθλῇ τις): BAGD (ἐάν.3.a: 211) propone traducir nuestra construcción ἐὰν δὲ καί como "pero si". Consideramos que la conjunción δέ no es adversativa, sino conectiva, por lo que no debe traducirse como "pero", sino "por el otro lado", señalando no un contraste sino un cambio de metáfora (Wallace: 671). Ahora bien, ἐάν y καί sí funcionan en conjunto. BAGD (ἐάν.3.a: 211) propone traducir nuestra construcción como "inclusive si", considerando al καί como adverbial (Smyth § 2881-84). Tanto BDF § 374 como Smyth § 2369-70 entienden a esta construcción más bien como concesiva: "incluso si". Comenta Smyth § 2370 al respecto: "La apódosis ("no gana el premio": οὐ στεφανοῦται) de las cláusulas concesivas, por tanto, tiene un significado adversativo, por ejemplo, afirma lo que es comprendido como cierto *pese a* lo que se asume en la prótasis" ("aunque alguien sea atleta": ἐὰν δὲ καὶ ἀθλῇ τις).

"participe habitualmente en competencias" (ἀθλῇ): BAGD (ἀθλέω: 21) "competir en un torneo". BAGD señala que se trata de las competencias realizadas en la arena. Louw & Nida § 50.2 define a nuestro verbo como "participar en una contienda atlética, con el énfasis puesto en la competición; competir." Louw & Nida traduce "cualquiera que compite en un deporte atlético no puede ganar el premio a menos que compita de acuerdo a las reglas". Presente de costumbre: hace referencia a una actividad habitual (Wallace: 521-22). BAGD (ἐάν.1.c: 211) señala que nuestro uso del tiempo presente contrasta con el aoristo puntiliar "compita" (ἀθλήσῃ) del final del v. 5 para indicar que aquí se hace referencia a la profesión ("ningún atleta") en contraste con la acción en sí ("participar en *una* contienda").

"recibe el premio" (στεφανοῦται): BAGD (στεφανόω.1: 767) "coronar, premiar a alguien". Louw & Nida § 57.122 define nuestro verbo como "hacer que alguien reciba un premio o recompensa como el resultado de la excelencia en la competición; dar un premio, entregar una recompensa". Louw & Nida traduce "él no va a recibir el premio a menos que compita de acuerdo con las reglas". Presente gnómico: principio general, universal, atemporal (Wallace: 523-25).

"ciertamente no recibe el premio, a menos que compita de acuerdo con las reglas" (οὐ στεφανοῦται ἐὰν μὴ νομίμως ἀθλήσῃ): Las relaciones existentes entre las cláusulas de nuestra oración son ciertamente complejas. Las últimas dos cláusulas forman una condición de quinta clase o condición general presente. En este tipo de oración condicional no se afirma nada con respecto a la realidad de su cumplimiento, simplemente se trata de la siguiente conexión lógica: "si A, entonces B" (Wallace: 696-99).

"a menos que" (ἐὰν μή): Louw & Nida § 89.67 y BAGD (ἐάν.3.b: 211) proponen nuestra traducción. Consideramos que éste es uno de los casos en los que nuestra partícula invade en parte el significado temporal de "cuando quiera que" (ὅταν).

2Ti 2:6

"que hace el trabajo duro" (τὸν κοπιῶντα): Louw & Nida § 42.47 y BAGD (κοπιάω.2: 443) "trabajar duro, esforzarse, luchar". Participio adjetival (dependiente de "labrador": γεωργόν) en primera posición atributiva: artículo + adjetivo + sustantivo (Wallace: 306, 618). La fuerza del tiempo presente es de costumbre: sugiere un esfuerzo habitual (Wallace: 521-22).

"le corresponde" (δεῖ): BAGD (δεῖ.6: 172) ubica a nuestro texto bajo la entrada que corresponde a la "compulsión de lo que corresponde".

"más que a cualquiera" (πρῶτον): Consideramos que se trata de un uso adverbial de grado y no de tiempo. BAGD (πρώτος.2.c: 726) incluye estas traducciones: "en primer lugar, por sobre todo, especialmente".

Wallace (133, nota 164) toma a nuestro adjetivo en forma sustantival ("lo primero"), y lo considera objeto directo de "recibir su parte" (μεταλαμβάνειν), aunque reconoce que este verbo toma el caso genitivo (y no acusativo) para su objeto directo. La traducción, en este caso, sería: "Al labrador que hace el trabajo duro le corresponde recibir lo primero (la primicia) de la cosecha."

"su parte de la cosecha" (τῶν καρπῶν): Genitivo partitivo: señala el total del que el sustantivo principal (elíptico en nuestro texto) es una parte (Wallace: 86-88; BDF § 169.1).

"recibir" (μεταλαμβάνειν): BAGD (μεταλαμβάνω.1: 511) traduce "reciba su parte de la cosecha". BAGD señala que nuestro verbo toma el caso genitivo para señalar aquello que se recibe. Infinitivo sustantival subjetivo: desde un punto de vista sintáctico, el infinitivo cumple la función de sujeto del verbo δεῖ (Wallace: 600-01).

2Ti 2:7

"Considera cuidadosamente" (νόει): BAGD (νοέω.2: 540) "considerar, tomar en cuenta, reflexionar con respecto a". BAGD traduce "considera lo que digo". Louw & Nida § 30.3 define nuestro verbo como "repasar una cuestión con cuidado" y traduce "piensa cuidadosamente con respecto a lo que te estoy diciendo". Imperativo presente de costumbre: demanda que no haya momento en el que se tome en cuenta lo que Pablo acaba de decir (Wallace: 722).

"ciertamente" (γάρ): Consideramos que se trata del adverbio confirmatorio. Smyth § 2803-04 señala que el uso adverbial generalmente da énfasis a la palabra precedente. Cuando es utilizada en deseos, señala la proximidad entre el deseo y la realidad.

"en todo respecto" (ἐν πᾶσιν): BAGD (πᾶς.2.a.δ: 633) traduce como "en todo respecto". ἐν + dativo de referencia (Wallace: 144-46, 372).

2Ti 2:8

"Ten siempre presente" (μνημόνευε): BAGD (μνημονεύω.1.b: 525) "acordarse, tener en mente, pensar con respecto a". Louw & Nida § 29.8 define nuestro verbo como "quedarse recordando o pensando con respecto a algo una y otra vez", Imperativo presente ingresivo-progresivo (Wallace: 721-22).

"a Jesús, el Mesías" (Ἰησοῦν Χριστὸν): Con respecto al nombre "Cristo Jesús," en lugar de "Jesucristo", Hendriksen (1979: 61, nota 19) destaca la evolución que hubo en Pablo de una forma a la otra:

- Epístolas más antiguas (Gá; 1 y 2Ts; 1 y 2Co; Ro): 32 Cristo Jesús contra 54 Jesucristo.
- Epístolas de la primera prisión (Ef; Col; Flm y Fil): 31 Cristo Jesús contra 13 Jesucristo.
- Pastorales: 25 Cristo Jesús contra 5 Jesucristo.

Hendriksen explica esta evolución sugiriendo que en los primeros años de la iglesia, resonaba la transliteración del arameo de Jesús el Mesías. Pero con el paso del tiempo tomó más preponderancia la flexibilidad griega con respecto al orden de los nombres y, por sobre todo, la comprensión de "Cristo" como nombre propio antes que como título (BAGD, Χριστός.2: 887; BDF § 24). Esto delata que el uso tardío del orden Ἰησοῦς Χριστός pone el énfasis sobre el título mesiánico. Traducimos, por tanto, "Jesús, el Mesías levantado...", considerando a Χριστόν como en aposición. Guthrie (1981: 248) considera que Ro 9:5 es el único uso paulino de Χριστός como título mesiánico. Cothenet (26) y Knight (59), al igual que nosotros, entienden que nuestro texto es otro caso más.

"resucitado" (ἐγηγερμένον): BAGD (ἐγείρω.2.c: 215) propone traducir como "resucitar". Participio adjetival (dependiente de "Mesías": Χριστόν) en cuarta posición atributiva: sustantivo + adjetivo (Wallace: 310-11, 618).

"de entre los muertos" (ἐκ νεκρῶν): Genitivo de separación: se diferencia del genitivo de origen en cuanto que se concentra más en el resultado que en la causa (Wallace: 107-09).

"surgido" (-): En nuestro texto sucede una elipsis (omisión por razones de estilo) para evitar la repetición del participio adjetival ἐγηγερμένον. Es claro que la LXX no usa nuestro verbo, sino el transitivo de "levantar" (ἵστημι) para traducir el hebreo קום en relación al mantenerle la descendencia a alguien (Gn 38:8; 2S 7:12; 1R 15:4). Este uso de קום–ἵστημι está íntimamente ligado a la expresión "mantener el nombre" de un muerto por medio de la ley del levirato (Rut 4:5, 10). De todos modos, BAGD (ἐγείρω.1.a.ε: 214) señala que los autores del NT sí usan el verbo ἐγείρω dentro del mismo campo semántico ("traer a la existencia"; Mt 3:9 y Lc 3:8). La diferencia reside en el personaje que es objeto de la acción divina: ἵστημι es usado para el progenitor al cual se le mantiene la simiente, ἐγείρω para el descendiente levantado de esa simiente. Nuestro uso, a su vez, muestra tener cierta conexión con la elección y autorización de una persona para ejercer un determinado oficio (Mi 5:2; Zac 11:16; Mt 11:11; Lc 7:16; Jn 7:52; Hch 13:22). En este caso la LXX traduce el hebreo קום con cualquiera de los dos verbos (ἐγείρω o ἵστημι).

"de la simiente" (ἐκ σπέρματος): Genitivo de origen: señala a partir de qué "materia prima" fue levantado (traído a la existencia) Jesús (Wallace: 109-10). Otra posibilidad es considerar a nuestro genitivo como partitivo: Jesús es parte de la descendencia de David (Wallace: 84-86).

"de David" (Δαυίδ): Genitivo de relación: categoría para señalar parentesco (Wallace: 83-84). Nuestro genitivo también puede ser visto como un genitivo de origen: señala de dónde surgió la descendencia a la que pertenece Jesús (Wallace: 109-10).

"acuerdo con" (κατά): κατά de estándar (Wallace: 377; BAGD, κατά.5.a: 407).

"mi (evangelio)" (μου): Genitivo subjetivo: Pablo fue llamado a "predicar buenas nuevas": εὐαγγελίζεσθαι (Wallace: 113-16; BAGD, εὐαγγέλιον: 317).

2Ti 2:9

"en pro del cual" (ἐν ᾧ): Si bien podría tratarse de un ἐν + dativo de causa (Wallace: 167-68), preferimos comprenderlo como ἐν + dativo de ventaja: "en beneficio de" (Wallace: 142-44).

"ahora estoy sufriendo" (κακοπαθῶ): BAGD (κακοπαθέω.2: 397) "sufrir una desgracia". Presente progresivo: hace referencia a un período de tiempo considerablemente corto (el presente inmediato), pero presenta a la acción como continua (Wallace: 518-19).

"inclusive" (μέχρι): Tanto Louw & Nida § 78.51 como BAGD (μέχρι.1.c: 515) traducen "sufro incluso al punto de estar encarcelado".

"la prisión" (δεσμῶν): BAGD (δεσμός.1: 176) "cepo, grillete". BAGD proponte traducir "prisión, encarcelamiento".

"como si fuera" (ὡς): Consideramos que nuestro uso es el que BAGD (ὡς.III.3: 898) define como referente "a una cualidad atribuida en forma equivocada".

"puede quedar encarcelada" (δέδεται): BAGD (δέω.1.b: 177) propone nuestra traducción. Louw & Nida presenta más de una alternativa viable para la comprensión semántica de nuestra expresión más que para la traducción en sí: a) "hacer que algo quede bajo la autoridad de algún otro; restringir" (§ 37.45); b) "ejercitar autoridad sobre algo por no ser legítimo; prohibir, censurar, no permitir" (§ 37.46). Perfecto gnómico: afirmación de tipo proverbial (Wallace: 580-81).

2Ti 2:10

"Por esta razón" (διὰ τοῦτο): Consideramos que nuestra construcción de causa funciona en conexión con la cláusula-ἵνα (BAGD, διά.B.II.2: 181 "por esta razón, [para] que"). "Esto" (τοῦτο), por lo tanto, es anafórico: no se refiere a lo que antecede ("la palabra de Dios no puede quedar encarcelada"), sino a lo que sucede ("que los escogidos alcancen la salvación").

"soporto" (ὑπομένω): Louw & Nida § 25.175 define este verbo como "seguir soportando pese a la dificultad y sufrimiento; resistir, soportar, mostrar aguante, sobrellevar". Presente de costumbre: el lapso de tiempo referido es significativamente más amplio que el de la prisión (Wallace: 521-22).

"en beneficio de los escogidos" (διὰ τοὺς ἐκλεκτούς): Consideramos que nuestro διά no es de causa (Wallace: 369), sino de *propósito o ventaja.* Ni BAGD ni Wallace incluyen este campo semántico, mientras que Liddell & Scout (διά.B.III.3: 389) y Louw & Nida § 90.38 sí lo hacen. Louw & Nida define de este modo a nuestra preposición: "indicador de un participante que es beneficiado por un evento o por el cual ocurre un evento; por la causa de, por, en el lugar de, en beneficio de".

"para que también" (ἵνα καί): καί adverbial (Smyth § 2881). Otra posibilidad sería considerarla como un καί conjuncional con fuerza epexegética: "la afirmación que antecede es explicada ya sea por otra palabra o por un ejemplo" introducido por la conjunción: "por esta causa soporto todas las cosas... *esto es:* para que ellos alcancen la salvación" (Smyth § 2869). De todos modos, el uso enfático y expreso del pronombre personal "ellos" (αὐτοί) aboga por la comprensión adverbial de καί.

"la salvación" (σωτηρίας): Wallace (250) señala que nuestro sustantivo es definido pese a la falta de artículo por tratarse de un sustantivo abstracto.

"alcancen" (τύχωσιν): BAGD (τυγχάνω.1: 829) "encontrarse con, lograr, ganar, hallar, experimentar". BAGD señala que nuestro verbo toma el caso genitivo para señalar la persona o cosa que se encuentra. Louw & Nida § 90.61 ubica a nuestro texto bajo la categoría así definida: "experimentar un evento (generalmente de connotación neutral)" y traduce "para que incluso éstos puedan experimentar la salvación que es por medio de Cristo Jesús". Aoristo ingresivo (Wallace: 558-59).

"acompañada de" (μετά): BAGD (μετά.A.III.2: 509) señala que nuestra preposición es usada "para señalar los fenómenos que acompañan" a cierto evento o estado. Debe excluirse todo concepto de adición: "que alcancen tanto la salvación como también le gloria eterna". Smyth § 1691.4 señala la *adición* en el sentido característico de "con" (σύν) en contraposición al sentido de *participación,* típico de "en compañía de" (μετά). "Gloria eterna" (δόξης αἰωνίου) no es un segundo objeto directo del verbo "alcanzar" (τυγχάνω), sino un elemento descriptivo de la salvación. Por esta razón cambiamos el orden original de las cláusulas, anteponiendo "acompañada de gloria eterna" (μετὰ δόξης αἰωνίου) a "que es (la salvación) en Cristo Jesús" (τῆς ἐν Χριστῷ Ἰησοῦ).

2Ti 2:11

"Si" (εἰ): Aquí tenemos cuatro oraciones condicionales de primera clase (Wallace: 690-94). Wallace hace dos salvedades con respecto a nuestra categoría:

a) La partícula "si" (εἰ) de la prótasis no debe traducirse de ningún modo como "puesto que". La prótasis de la oración condicional de primera clase no consiste en una lectura cerrada de la realidad, sino en la apertura de la discusión con respecto a una afirmación. Wallace sugiere traducir la prótasis como "si –y asumamos que esto es cierto por razones de argumento–..." (ver también BDF § 372.2a).
b) El hecho de que nuestra categoría asuma (momentáneamente) el contenido

de la prótasis como verdadero para llevar adelante la discusión no significa que niegue de hecho su veracidad. Éste sería el caso de una oración condicional de segunda clase: asume una falsedad como cierta por razón del argumento. Nuestra categoría no considera el contenido de la prótasis simplemente como hipotético, sino que, en algunos casos toma bajo consideración una afirmación cierta.

Consideramos que el nuestro es uno de los casos en los que –como sostiene Wallace (692-93)– la oración condicional tiene la fuerza retórica de "desafiar una respuesta", funciona como un "mandato cortés" expresado en lenguaje indirecto.

"-" (γάρ): Dejamos sin traducir nuestra partícula para no estropear el paralelismo con el que comienzan las cuatro oraciones condicionales de nuestro himno. De todos modos, concordamos con Knight (401) al considerar que nuestra partícula conecta y expande el material del resto del párrafo.

"también" (καί): BDF § 442.7 sostiene que la introducción de la apódosis (segunda cláusula de la oración condicional) por medio de καί se debe a una clara influencia hebrea.

"viviremos con (él)" (συζήσομεν): BAGD (συζάω: 775) "vivir con" alguien. Louw & Nida § 23.96 define nuestro verbo como "vivir en asociación con o junto con alguien". Tanto nuestro futuro como los dos siguientes ("reinaremos con (él)": συμβασιλεύσομεν y "rechazará": ἀρνήσεται) son futuros predictivos (Wallace: 568).

2Ti 2:12

"no nos vamos a declarar en su favor" (ἀρνησόμεθα): BAGD (ἀρνήομαι.3.c: 108) "negar, repudiar... usualmente referente a apostatar de la fe cristiana". BAGD distingue nuestra entrada de referente amplio de aquella otra referente a la negación específica (antónimo de "confesar, decir sí": ὁμολογεῖν) ante una pregunta o pedido de declaración judicial (BAGD, ἀρνήομαι.2: 107). No nos parece apropiado entender a estas entradas como mutuamente excluyentes. De todos modos, si alguna de las dos ideas toma mayor preponderancia en nuestro texto, ésta muestra ser la "puntiliar", referente a la negación a dar testimonio legal o kerigmático en un momento crítico y decisivo (BAGD, ἀρνήομαι.2: 107; Louw & Nida § 33.277). Consideramos esto en base a los siguientes elementos:

a) Wallace (566) sostiene que la fuerza aspectual (*Aktionsart*) del tiempo futuro se corresponde con la del aoristo indicativo. Presenta un evento en forma de sumario por dos posibles razones: 1) porque la naturaleza del evento mismo es "puntiliar", la elección del tiempo futuro es motivada por las características del evento; o 2) por la decisión de no prestar atención a los pormenores, sino al suceso como un todo, en el caso de que se trate de un evento complejo.

b) Nuestro texto muestra copiar la fraseología de Mt 10:32-33 y su paralelo Lc 12:8-9. Nótese el uso de "también yo" (κἀγώ) en el texto de Mt. Esta promesa-advertencia de Jesús le yuxtapone a "negar" (ἀρνήομαι) el verbo "confesar" (ὁμολογέω). En segundo lugar, el uso del aoristo en la primera cláusula de cada oración pone en evidencia el carácter "puntiliar" y jurídico de la confesión y negación. Sumado a esto, Lc 12 especifica el contexto puntual del juicio final en el que se da su propia confesión y negación.

"también él" (κἀκεῖνος): BAGD (κἀκεῖνος.2.b: 396) traduce nuestra expresión como "él también". ¿Qué fuerza imprime el uso del pronombre demostrativo en lugar del pronombre personal *autós* (él)? Consideramos como probable que el nuestro sea uno de los casos en los que el demostrativo pierde su fuerza característica. De todos modos, cabe considerar la posibilidad de que nuestro pronombre aporte color escatológico a la escena referida (el juicio final), escena que normalmente es denominada "aquél día" (ἐκείνη ἡμέρα; 2Ti 1:12, 18; 4:8).

2Ti 2:13

"somos infieles" (ἀπιστοῦμεν): BAGD (ἀπιστέω.2: 85) "ser infiel, desleal". Presente de costumbre: no hace referencia a un acto concreto sino a la identidad (Wallace: 521-22).

"él" (ἐκεῖνος): BAGD (ἐκεῖνος.1.b: 239) define nuestro pronombre demostrativo como "referente a lo anterior y retomando una palabra que precede inmediatamente". BAGD señala que en este uso se pierde el sentido de lo remoto o distante, volviéndose intercambiable con el pronombre personal "él" (αὐτός).

"negarse" (ἀρνήσασθαι): BAGD (ἀρνήομαι.4: 108) señala que cuando nuestro verbo funciona en conjunto con el pronombre reflexivo "a sí mismo" (ἑαυτόν) debe traducirse (en nuestro caso) como "negarse o engañarse a uno mismo, no ser genuino". Louw & Nida § 88.231 define nuestro verbo como "comportarse de un modo en el que se es falso en relación a lo que uno realmente es, en el sentido de negar ciertos aspectos válidos de la propia personalidad". Louw & Nida propone traducir "él sigue siendo fiel, pues no puede ser falso consigo mismo". Infinitivo complementario de "ser capaz de": δύναται (Wallace: 598-99).

"puede" (δύναται): BAGD (δύναμαι.1.b: 207) y Louw & Nida § 74.5 "ser capaz de, tener la habilidad para". Presente gnómico: presenta una aserción eterna y universal (Wallace: 523-25).

APUNTES CRÍTICO-TEXTUALES

Para la ubicación geográfica y temporal de cada testigo de 2Ti ver Apéndice IX (p. 477).

2Ti 2:3: Algunos manuscritos reemplazan "Únete en los sufrimientos" (συγκακοπάθησον) por:

a) "Tú, pues, soporta los sufrimientos" (σὺ οὖν κακοπάθησον).

b) "Soporta los sufrimientos" (κακοπάθησον).

1) **Por evidencia interna:** El escriba de la variante a) acomoda el texto a la fraseología del v. 1 ("Tú, hijo mío": Σὺ οὖν, τέκνον μου), probablemente motivado por la falta de referente para el prefijo συγ-. En la otra ocurrencia de συγκακοπαθεῖν (2Ti 1:8), no obstante, tampoco hay referente expreso de sufrimiento al cual se debe sumar Timoteo (Metzger, 1994: 579). El escriba de la variante b) omite el prefijo συγ- (en el caso de estar trabajando en base al texto original) o la introducción σὺ οὖν (en caso de contar con la variante a) ya sea por

descuido o por acomodación al κακοπαθῶ contextual de 2Ti 2:9.

2) **Por evidencia externa:** Éste es el apoyo de cada alternativa:
- El texto original es sustentado por los códigos Sinaítico (א), Alejandrino (A), Boreelianus (F), Boernerianus (G), Freerianus (I) y Porphyrianus (P), el original de los códigos Ephraemi Syri Rescriptus (C), Claromontanus (D) y Coislinianus (H), los minúsculos 33 81 104 365 1739, el original de 1881, el manuscrito latino m, una nota marginal de la versión siríaca Harklensis y la versión cóptica Bohaírica.
- La variante a) es sustentada por la tercera corrección del códex Ephraemi Syri Rescriptus (C), la primera corrección del códex Claromontanus (D), la corrección del códex Coislinianus (H), el códex Athous Lavrensis (Ψ), la corrección del minúsculo 1881, el texto mayoritario (𝔐) y la versión siríaca Harklensis.
- La variante b) es apoyada por el minúsculo 1175 y la tradición latina completa.

Es evidente la ventaja de soporte que presenta el texto original.

2Ti 2:4: Algunos manuscritos insertan "para Dios" (τῷ θεῷ) después de "Nadie que sirve como soldado" (οὐδεὶς στρατευόμενος).

1) **Por evidencia interna:** El escriba vuelve expresa la aplicación de la metáfora.
2) **Por evidencia externa:** Es indiscutible la pobreza de sustento de la variante: los códigos Boreelianus (F) y Boernerianus (G), la versión latina antigua, las Vulgatas Clementina y Wordsworth/White, Cipriano y Ambrosiaster.

2Ti 2:6: El original del códex Sinaítico (א) reemplaza la forma superlativa πρῶτον ("más que a cualquiera") por la comparativa πρότερον ("antes que otro").

1) **Por evidencia interna:** El escriba modifica el texto en fidelidad a su propio estilo (ambas formas son intercambiables en el coiné) o por la tendencia aticista para mejorar el texto (intento de recuperar un "mejor griego" al estilo ático).
2) **Por evidencia externa:** La soledad absoluta del manuscrito que sustenta la variante delata su carácter espurio.

2Ti 2:7: Algunos manuscritos reemplazan el número del pronombre relativo singular "lo que" (ὃ) por el plural "las cosas que" (ἃ).

1) **Por evidencia interna:** El escriba acomoda el texto para que concuerde con la pluralidad de cosas que Pablo acaba de decir (¿influencia de Flm 21?).
2) **Por evidencia externa:** Éste es el apoyo de cada alternativa:
- El texto original está sustentado por el original del códex Sinaítico (א), los códigos Alejandrino (A), Ephraemi Syri Rescriptus (C), Boreelianus (F), Boernerianus (G) y Porphyrianus (P) y los minúsculos 33 y 1739.
- La variante es sustentada por la segunda corrección del códex Sinaítico (א), los códigos Claromontanus (D), Coislinianus (H) y Athous Lavrensis (Ψ), el minúsculo 1881, el texto mayoritario (𝔐), toda la tradición latina y la versión siríaca Harklensis.

Es clara la superioridad de soporte que presenta el texto original.

2Ti 2:7: Algunos manuscritos reemplazan el futuro del indicativo "(el Señor te) dará" (δώσει) por el aoristo optativo "que (el Señor te) dé" (δῴη).

1) **Por evidencia interna:** El escriba acomoda el texto a la fórmula de deseo repetida varias veces a lo largo de nuestra epístola (2Ti 1:16, 18; 2:25).
2) **Por evidencia externa:** Éste es el soporte de cada alternativa:
   - El texto original es sustentado por los códigos Sinaítico (א), Alejandrino (A), Claromontanus (D), Boreelianus (F) y Boernerianus (G), el original del códex Ephraemi Syri Rescriptus (C), el mayúsculo 048, los minúsculos 33 1175 y 1739 y toda la tradición latina.
   - La variante es apoyada por la tercera corrección del códex Ephraemi Syri Rescriptus (C), los códigos Coislinianus (H) y Athous Lavrensis (Ψ), el minúsculo 1881 y el texto mayoritario (𝔐).

La superioridad del texto original es abrumadora.

2Ti 2:12: Algunos manuscritos reemplazan el tiempo futuro "no nos vamos a declarar en su favor" (ἀρνησόμεθα) por el presente "no nos declaramos en su favor" (ἀρνούμεθα).

1) **Por evidencia interna:** El escriba dilata el referente específico del verbo volviéndolo válido para cualquier acto de apostasía presente.
2) **Por evidencia externa:** Éste es sustento de cada alternativa:
   - El texto original es sustentado por el original del códex Sinaítico (א), los códigos Alejandrino (A), Ephraemi Syri Rescriptus (C), y Athous Lavrensis (Ψ), el mayúsculo 048, los minúsculos 33 81 104 365 y 1175, toda la tradición latina y Tertuliano.
   - La variante es apoyada por la segunda corrección del códex Sinaítico (א), el códex Claromontanus (D), los minúsculo 1739 y 1881, el texto mayoritario (𝔐), Cipriano y Ambrosiaster.

Es clara la superioridad del texto original.

2Ti 2:13: Algunos manuscritos omiten la partícula "pues" (γάρ).

1) **Por evidencia interna:** El escriba comete la omisión posiblemente por descuido.
2) **Por evidencia externa:** Éste es el soporte de cada alternativa:
   - El texto original es sustentado por el original del códex Sinaítico (א), los códigos Alejandrino (A), Ephraemi Syri Rescriptus (C), Claromontanus (D), Boreelianus (F), Boernerianus (G), Angelicus (L) y Prophyrianus (P), el mayúsculo 948, los minúsculos 6 33 81 104 326 365 1175 1739 y 1881 y las versiones siríaca Peshitta y algunos manuscritos de la versión cóptica Bohaírica.
   - La variante es sustentada por la segunda corrección del códex Sinaítico (א), el códex Athous Lavrensis (Ψ), el texto mayoritario (𝔐), toda la tradición latina, las versiones siríaca Harklensis y cópticas Sahídica y Bohaírica y Tertuliano.

El texto original muestra tener un soporte superior.

NOTAS

CONFRONTAR LOS "PEQUEÑOS PELIGROS"

1. Hablamos en plural de los "peligros" que Timoteo debe confrontar por el hecho de que el martirio fue la peor entre varias posibilidades. La condena también podía tratarse de trabajo forzado, confiscación de las propiedades o la proscripción (Hemingway, IV: 469).

2. Vermes (104) señala que las prescripciones de *La Regla para la Guerra* están inspiradas en la organización del ejército romano.

3. 1QM XV y XVII prescribe que el sumo sacerdote arengue a los guerreros que están justo a punto de salir a pelear, diciendo: "sean valientes, sean guerreros, sean bravos".

4. Para la designación de Timoteo como "hijo" (*téknon*) ver comentarios a 1Ti 1:2 y a 2Ti 2:2.

5. Este mismo doble rostro de lucha interna y descanso confiado sucede en el caso de Abraham (Ro 4:20-21), cuya lucha interna ante la prueba (*endunamōzē tē pístei*) tiene íntima conexión con la certeza respecto al poder y la fidelidad de Dios (*plēroforēzeís hóti hó epēngeltai duntatós estin kaí poiēsai*).

6. Esta última frase no debe ser entendida como negación de la delegación divina del oficio de las llaves en la iglesia toda (Mt 18:15-20), sino como afirmación del ministerio público de la palabra, pues no debe ser cualquiera quien ejerza en forma abierta y reconocida el cuidado y la predicación de la doctrina que sostiene la comunidad, sino el obispo (Hch 20:32; Tit 1:9).

7. El cuarto evangelio muestra una fuerte preocupación por comprobar el carácter público de la predicación de Jesús (Jn 5:14; 6:27; 7:14, 26; 18:20-21). Probablemente el evangelista contrarresta la confiabilidad doctrinal de su evangelio con la falsedad de las doctrinas esotéricas de los herejes fundadas sobre supuestas revelaciones secretas de parte del Señor.

   El *Evangelio de María* (siglo 2 dC) presenta el conflicto entre la iglesia oficial representada por los apóstoles (y su doctrina establecida) y la nueva revelación representada por María magdalena: "Cuando María dijo esto, permaneció en silencio, de modo que el Salvador le había hablado hasta aquí. Pero Andrés respondió y dijo a sus hermanos: Díganme, ¿qué piensan respecto a lo que dijo ella? Yo, por lo menos, no creo que el salvador haya dicho esto, pues ciertamente estas doctrinas tienen otros significados. Pedro dijo en respuesta con referencia a cosas de esta clase y les preguntó (a los discípulos) acerca del salvador: ¿Acaso él habló en privado con una mujer antes que con nosotros, y no lo hizo en público? ¿Deberíamos arrepentirnos y atender lo que ella dice? ¿Acaso él la prefirió a ella por encima nuestro?... Leví respondió y le dijo a Pedro: Pedro, siempre tuviste un carácter áspero. Ahora veo cómo te esfuerzas en contra de esta mujer como si se tratara de un adversario. Pero ¿y si el salvador la hizo digna, quién eres tú para rechazarla?" (Schneemelcher, I: 394).

Para otros ejemplos de esta escena en la que el Señor lleva aparte a algunos de sus apóstoles privilegiados para darles una revelación especial en lo secreto ver *Ev. Thom.* XIII; LXII; CVIII; *Evangelio Secreto de Marcos* (Schneemelcher, I: 108); *Pistis Sofía* (Schneemelcher, I: 361-69).

8. Así también Guthrie (1990b: 150-51) y Knight (390).

9. La iglesia Católica entiende que "El oficio de interpretar auténticamente la palabra de Dios, oral o escrita, ha sido encomendada sólo al Magisterio vivo de la Iglesia, el cual lo ejercita en nombre de Jesucristo, es decir, a los obispos en comunión con el sucesor de Pedro, el obispo de Roma" (CIC § 85). Es precisamente en contra de esta usurpación de la prerrogativa de la iglesia toda que Lutero sostuvo el concepto del sacerdocio universal de todos los creyentes en *A la Nobleza Cristiana de la Nación Alemana acerca del Mejoramiento del Estado Cristiano* (Witthaus, 1967: 80) y *Derechos de una Comunidad Cristiana* (Witthaus, 1977: 256).

   La Regla de la Comunidad prescribe una función similar a la del magisterio católico: "En el Concilio de la Comunidad habrá doce hombres y tres sacerdotes, perfectamente versados en todo lo que se ha revelado respecto a la ley, cuyas obras deben ser la verdad, la rectitud, la justicia, la amabilidad y la humildad. Ellos preservarán la fe en la Tierra con fidelidad y bondad y harán propiciación por los pecados practicando la justicia y sufriendo los dolores de la aflicción" (1QS VIII).

10. La partícula "como" (*hōs*) no tiene fuerza comparativa, sino de causa (identifica a Timoteo con un soldado), de modo que esta comparación no es un símil ("Timoteo, haz eso *como si fueras un soldado*"), sino una metáfora ("Timoteo, haz esto *como soldado que eres*" – Caird: 144-45).

11. Usando el mismo simbolismo del mandato militar, Platón (*Apolog.* XXVIII) señala el compromiso ineludible de la vocación del filósofo: "De modo que habría hecho algo terrible... si obedeciera cuando los comandantes que elegiste para que sean mis superiores me designaran una posición... pero cuando los dioses me designaran una posición... con órdenes de entregar mi vida a la filosofía y a examinarme a mí mismo y a otros, entonces desertara de mi puesto por miedo a la muerte o a lo que fuere".

12. Para el tema del giro del llamado divino ver el párrafo anterior (2Ti 1:15-18: p. 119).

13. Para los rasgos de la tradición sapiencial presentes en las cartas pastorales ver la sección "El género literario de las cartas pastorales" en la Introducción al comentario (p. 23).

14. Augusto (27 aC a 14 dC) eliminó las legiones (5000 soldados) formadas por civiles para pasar a tener veintiocho legiones formadas exclusivamente por profesionales (David Kennedy: 790).

15. Sólo en casos excepcionales este juramento sagrado quedaba invalidado. El *Papiro Oxirrinco* XXXIX (52 dC), por ejemplo, registra el siguiente certificado de baja del ejército: "Copia de una excepción fechada y firmada en el año décimo segundo de Emperador Tiberio Claudio César Augusto Germánico, Pharmouthi 29. Fue concedida la baja del servicio por el general Vergilius Capito, prefecto del Alto y Bajo Egipto, a Trifón, hijo de Dionisio el tejedor, por padecer de cataratas y miopía; oriundo de la ciudad de Oxirrinco. El examen médico fue realizado en Alejandría" (Barrett, 1989: 43).

16. Josefo describe el entrenamiento y la obediencia del ejército romano del siguiente modo: "Si uno no hace más que prestar atención a la disciplina militar de ellos, se verá forzado a confesar que el logro de semejante dominio (el imperio) ha sido el resultado de su valor y no un mero regalo de la fortuna. Pues ellos no empiezan a usar sus armas por primera vez en la guerra, ni recién entonces ponen sus manos en movimiento, evitando hacerlo durante el tiempo de paz... sino que todo soldado permanece día a día ejercitándose y haciéndolo con gran diligencia, como si estuvieran en tiempo de guerra. Es por esto que ellos soportan la fatiga de la batalla tan fácilmente. Pues tampoco ningún desorden puede interrumpir su disciplina cotidiana... esa firmeza de conducta les permite siempre superar a aquellos que no cuentan con la misma virtud. No estará equivocado el que llame a aquellos ejercicios una batalla sin sangre y a sus batallas un sangriento ejercicio" (*BJ* III.5.1).

17. El soldado no solamente no podía hacer negocios (*pragmateúomai*) propios de civiles, sino que no le era conveniente. Formar parte del ejército ciertamente era una forma promisoria para amasar una fortuna y conseguir un lugar de poder y honor. Augusto fijó el salario de un soldado en 225 denarios (*Ann.* I.17), mientras que Domiciano lo elevó a 300 denarios (Ferguson: 48), a lo que se le sumaba los regalos del emperador. La promoción dentro del ejército, a su vez, era casi ilimitada: se podía ascender hasta servir en las prestigiosas tropas de la ciudad de Roma, o hasta gobernar alguna provincia o a formar parte del senado (David Kennedy: 790). Incluso en el caso de la *auxilia* (cuerpo militar inferior a las legiones romanas formado por extranjeros) la paga era importante y la posibilidad de ascenso dentro del ejército y de obtener la ciudadanía romana hacía de la vida militar una opción atractiva (David Kennedy: 791).

18. En la realidad, esto no sucedía en forma estricta. Muchos soldados formaban familia, pero sólo podían formalizar sus matrimonios una vez afuera del ejército (Campbell: 152).

19. Cada legión (alrededor de 5000 hombres) estaba dividida en diez cohortes (de 480 soldados cada una), y cada cohorte estaba formada por seis centurias (¡de 80 soldados!), organizadas, a su vez, en grupos de ocho soldados.

20. Las cabezas principales del ejército eran aristócratas. Los militares de verdadera trayectoria profesional dentro de una legión eran los sesenta centuriones (David Kennedy: 790; Ferguson: 48).

21. Ver nota 15 arriba.

22. Otra vez Josefo aporta una descripción de la obediencia a los superiores de utilidad: "Ellos logran tales ejercicios de preparación de las armas que no sólo los cuerpos de los soldados, sino también sus almas se fortalecen: se endurecen para la guerra por el temor, pues sus leyes infligen penas capitales no sólo para los desertores, sino también para la desidia e inactividad, aunque en menor grado. Pero sus generales son más severos aun que las mismas leyes, pues éstas previenen que se cometa cualquier crueldad en contra de los condenados y prometen una gran recompensa para los soldados valientes. La prontitud para obedecer a los comandantes es tan grande que se vuelve un adorno en tiempo de paz; pero cuando salen a la batalla, toda la armada no es sino un único cuerpo: tanto se corresponden cada uno de los rangos, tan repentino es su cambio de dirección, tan agudos son sus oídos para cualquier orden que se les da, tan rápida su atención a los estandartes, tan laboriosas son sus manos para ponerse a trabajar. Por todo esto, lo que ellos hacen es realizado rápidamente y lo que ellos sufren lo soportan con la mayor paciencia" (*BJ* III.7).

23. Ver especialmente nota 17 del comentario a 1Ti 4:6-16.

24. Ferguson (92) indica que los atletas profesionales en tiempos de los romanos alcanzaron un apoyo financiero y una adulación de parte del público semejante a la de los grandes deportistas de la actualidad.

25. Jugar de acuerdo con las reglas no solamente era una necesidad estratégica para obtener el premio, sino también un compromiso asumido por medio del voto que todos los atletas debían tomar antes de que comience la competencia. Esto se debía a que las competencias tenían íntima conexión con el culto a los dioses paganos (Ferguson: 91-92).

26. "Y si alguno ha plantado una viña y no ha disfrutado de las uvas, que vuelva a su finca, no sea que muera en batalla y sea otro el que disfrute de ellas" (Dt 20:6).

27. Crenshaw (217) enlista los siguientes cuatro estadios del proceso intelectual en la tradición sapiencial: a) observación; b) discusión en la que se da voz a las diversas posturas; c) oír con discernimiento; d) exploración analítica de cada faceta de un concepto. La invitación de nuestro texto a "considerar cuidadosamente" (*noeín*) se corresponde con el último estadio y el más avanzado.

28. Harder (1983: 29) indica que incluso en el judaísmo helénico y el NT, el "razona-

miento" (*noús*) está impregnado del concepto hebreo de "corazón" (*lēb* – לֵב), en cuanto que a) no se limita al ejercicio intelectual, sino que tiene una fuerte connotación de decisión práctica y moral y b) no es una facultad humana, sino que siempre sigue siendo un don divino.

29. La promesa de que "el Señor da sabiduría; conocimiento y ciencia brotan de sus labios" (*hóti kúrios dídōsin sofían kaí apó prosōpou autoú gnōsis kaí súnesis*, Pr 2:6) es hecha realidad en dos personajes emblemáticos de la tradición sapiencial: Salomón (1Cr 22:12) y Daniel (Dan 1:17 y Sus 1:44).

30. La correspondencia que existe entre nuestros ejemplos y su referente es naturalmente alta (no hay un solo punto de contacto o comparación sino múltiples) ya que estas comparaciones presentan dos rasgos que Caird (154-55) considera claves para generar alta correspondencia entre la metáfora y el referente: a) que el símbolo sea tomado de las relaciones interpersonales (soldado-capitán) y b) que pertenezca a algún área de la vida humana rica en simbolismo (agricultura, juzgado, comercio, ejército, deporte, familia).

31. La resistencia con la que Eleazar soportó las torturas y el martirio lo vuelven comparable con un atleta (4Mac 6:10).

32. 1Co 9:24-27 también utiliza la metáfora de deporte para estimular a la disciplina y al dominio del creyente, sabiendo de la superioridad del premio por el que nos esforzamos. En 2Ti 4:8 Pablo mismo se describe como el deportista que llegó a la meta y que está a punto de ser premiado por el Señor. El logro deportivo es aquí metáfora de entrega al servicio fiel hasta el mismo martirio. La recompensa de la corona en el resto del NT es el resultado del salir aprobado (*dókimos genómenos*, Stg 1:12) ya sea como creyente en medio de la prueba y la persecución (Stg 1:12; Ap 2:10; 3:11) o como siervo de Dios, cumpliendo fielmente el ministerio encomendado (1P 5:4).

33. Pr 27:18 significativamente presenta la misma analogía del cuidado de la planta como base de argumento para el propio comportamiento con el superior: "El que cuida de la higuera comerá de sus higos (*fágetai toús karpoús autēs*), y el que vela por su amo (*tón heautoú kúrion*) recibirá honores."

34. Es llamativo cómo Guthrie (1990b: 154) interpreta la metáfora del labrador con referencia al derecho a recibir sustento (de acuerdo con 1Co 9:7). Según Guthrie, Pablo anima a Timoteo aquí a hacer uso de este derecho (!). Es claro que el apóstol está apuntando en una dirección muy diferente a la de 1Co 9. No obstante, es significativo que dos de los ejemplos cotidianos (el soldado y el labrador, 1Co 9:7) utilizados en aquella carta que Timoteo tuvo que llevar a destino son aquí usados para persuadir al mismo Timoteo. Como portador de 1Co, Timoteo tiene que haberse apropiado del argumento de la carta para defenderla en su exposición ante los primeros lectores, de modo que ahora Pablo utiliza base de argumentos compartida por ambos.

35. Childs (84-85) define la experiencia judía del recuerdo de esta forma: "Significa

más que la influencia de un evento pasado que seguía haciéndose sentir en las generaciones sucesivas, hecho obvio e innegable. Había más antes que esto un encuentro inmediato, una participación real en los grandes eventos de la redención... la reactualización es un proceso mediante el cual un evento pasado es contemporizado para una generación distante en el tiempo y el espacio del evento original. Cuando Israel obedecía más tarde, mediante su memoria, al imperativo continuo de su tradición, aquel momento del tiempo histórico también se volvía experiencia del éxodo. No en el sentido de que más tarde Israel volviera a atravesar el Mar Rojo. Esto evento es irreversible y ocurrió de una vez para siempre. Por el contrario, Israel entró en la misma realidad redentora que la generación del éxodo". Colin Brown (1983d: 60) considera que lo que está en juego en el llamado a la memoria de Israel es simplemente la renovación de la confianza en el Dios que es siempre presente y fiel para que vuelva a actuar del mismo modo en que lo hizo en el pasado recordado.

36. Lo que en el martirio de Eleazar (2Mac 6:18-31; 4Mac 5-6) y de los siete hermanos y su madre (2Mac 7) es esperanza borrosa, en Timoteo es certeza con arraigo histórico.

37. Es significativo que una de las pocas diferencias que presentan los sinónimos usados por las Escrituras para referirse a la resurrección (*egéirein* y *anástasis-anístēmi*) reside en la preferencia por el verbo *egéirein* para referirse al evento único de pascua, mientras que el segundo (*anástasis*) normalmente designa la resucitación de los muertos hecha por Jesús durante su ministerio terreno y a la resurrección escatológica y universal (Coenen, 1983b: 180). "Esto indica que la fe cristiana no confiesa tanto la *resurrección* de Jesucristo cuanto el hecho de que Jesús ha resucitado o, mejor, Dios lo ha resucitado de entre los muertos" (Schillebeeckx, 1981: 489). Lógicamente esto es aprovechado por aquellos que, siguiendo a Bultmann (1961: 39-42), consideran intrascendente la historicidad del evento de pascua, pues ella –según esta interpretación existencialista radical– no sirve ni debe su existencia sino a la predicación de la iglesia. El punto que marca esta diferencia entre el verbo *egéirein* y el sustantivo *anástasis* es precisamente el arraigo a la historia en la que la iglesia primitiva estaba transitando. La resurrección de Cristo no era un dogma sino un evento (*egéirein*) del que muchos de ellos habían sido testigos oculares. La resurrección universal, si bien reafirmada por los sucesos de pascua, seguía siendo una estampa relativamente fija (*anástasis*) por estar allí adelante, en la esperanza escatológica.

38. Dibelius (108), por su parte, conecta los rasgos cristológicos de nuestro texto con las dos naturalezas de Cristo.

Ignacio de Antioquía (siglo 2 dC) sí utiliza el concepto del linaje davídico para defender la naturaleza humana de Cristo: "Quiero el pan de Dios, que es la carne de Jesucristo, el cual fue hecho del linaje de David" (*Ign. Rom.* VII.3). "Nuestro Señor, el cual es verdaderamente del linaje de David según la carne e hijo de Dios según la voluntad y la potencia de Dios, que verdaderamente nació de la virgen, fue bautizado por San Juan para que se cumpliese por él toda justicia, y verdaderamente fue clavado en carne por nosotros en la cruz bajo Poncio Pilato y el tetrarca Herodes" (*Esm.* I). Bornkamm (228) entiende a Ro 1:3-4 y a nuestro texto en conexión con estas referencias de Ignacio, de modo que considera que, a diferencia del uso dentro del judaísmo, el título "hijo de de David" señala el estado de humillación de Cristo.

39. Ambos evangelios se ocupan en comprobar la ascendencia davídica de Jesús (Mt 1:1-17 y Lc 3:23-37; para discusión respecto de las características de cada tabla genealógica ver Jeremias, 1980: 303-09). Nótese el lugar enfático que Mt le da a la aplicación a Jesús del título "hijo de David" (Mt 1:1 lo antepone al título "hijo de Abraham; ver también Mt 9:27; 12:23; 15:22; 20:30-31; 21:9, 15; 22:42, 45).

40. Longenecker (1970: 73) indica que ni Jesús ni el Maestro de Justicia de Qumrán ni Simón Bar Kosebá (siglo 2 dC), tres líderes con clara conciencia mesiánica, aceptan que sus seguidores lo llamen "Mesías", pues este título lo podría portar solamente aquel que complete su misión mesiánica.

41. En *La Regla Mesiánica* se describe a Dios engendrando al Mesías (1QSa II.12). 4Q246 presenta algunos impactantes paralelos con las palabras de Gabriel en la anunciación a María (Fitzmyer, 1993: 155). Allí el ser "hijo de Dios" e "hijo del Altísimo" está íntimamente conectado con el reino eterno y el juicio a los enemigos.

42. Witherington (1998: 156) señala que Lucas tiene una particular "sensibilidad histórica" para atribuirle a Jesús los títulos mesiánicos de "hijo de Dios" y "Señor" a lo largo de sus dos volúmenes. En el evangelio, solamente humanos especialmente inspirados (Lc 1:43, 76) o personajes celestiales (Dios, ángeles o demonios, Lc 1:32, 35; 2:11; 3:22; 4:3; 8:28) atribuyen a Jesús estos títulos. Es la resurrección lo que desata el reconocimiento público del carácter mesiánico de Jesús en el libro de Hch (Hch 2:36; 3:13, 20; 4:26; 9:20; 10:36, 42; 13:33; 17:31).

43. Ro 1:3-4; 10:9.

44. La interpretación adopcionista de Ro 1:3-4 y de las varias predicaciones apostólicas registradas en Hch pierde de vista precisamente esto, que Pablo y Lucas trabajan sobre el trasfondo judío de un concepto funcional de Mesías (Feiner y Löhrer, III: 212). De ningún modo esto significa que Jesús no haya sido, por ejemplo, hijo de Dios antes de su resurrección, sino que fue declarado públicamente como tal a partir del evento de pascua. Jesús llegó a ser "hijo de Dios" desde la perspectiva de la expectativa judía mesiánica (2S 7:14 y Sal 2:7) a partir de su resurrección, pues fue entonces cuando cumplió las condiciones para ser el Mesías de Israel.

45. La resurrección, en la mente judía, era "resurrección de los muertos" (*anástasis nekrōn*) y no "resurrección de entre los muertos" (*egeírein ek nekrōn*); era la liberación de la miseria que golpeaba al pueblo de Dios, pero nunca al Mesías (Schillebeeckx, 1981: 488, nota 15). 4Esd 7:29 es la única referencia dentro de la literatura judía en la que el Mesías muere, pero esta muerte no tiene ninguna connotación expiatoria. La muerte del Mesías –junto con la de toda la humanidad–

delata el fin de esta era.

46. Hendriksen (1979: 283) señala correctamente que la yuxtaposición de los dos aspectos cristológicos de su resurrección y su ascendencia davídica anticipa las dos primeras promesas del siguiente himno: vivir juntamente con el resucitado y reinar juntamente con la simiente de David.

47. Käsemann (1969a: 68-69) advierte en contra de una teología de la resurrección que haga desaparecer la teología de la cruz a través del exitismo. Éste, dice Käsemann, fue el gran problema de la comunidad de Corinto, que perdió de vista tanto la cristología como la cruz, para embriagarse en la soteriología y antropología de una doctrina de la resurrección sin cruz. Es significativo que en 1Co 2 tener en mente al Mesías crucificado es el zumo mismo del poder y la sabiduría de Dios, ambos, promesas que Timoteo tiene aquí por delante (2Ti 1:8-12; 2:7).

48. Bartels (1983b: 68) señala que el recuerdo, particularmente dentro del contexto litúrgico, distinguió al pueblo de Dios de las religiones de la naturaleza, de misterio y gnósticas, arraigando su experiencia en los eventos de redención sucedidos dentro de la historia.

49. En Ro Pablo remite otras dos afirmaciones al contenido de su evangelio: el juicio final ejecutado a través de Cristo Jesús (Ro 2:16) y la capacidad divina de fortalecer a la congregación (Ro 16:25). Eusebio (*HE* III.4) atribuye a la tradición de la iglesia el concepto de que cuando Pablo usa la frase "según mi evangelio" se refiere al evangelio de Lucas. Esto es dudoso, pues parece ser más bien el modo en que Eusebio otorga carácter apostólico al tercer evangelio.

50. Sanders (514) es uno de los tanto que sigue la misma línea. Whitsett (661-62) refuta a Bultmann y sus seguidores sosteniendo que Ro 1:3-4 se corresponde claramente con la síntesis del evangelio genuinamente paulino presentada en Ro 15:8-9: a) el ministerio de Cristo que sirve a la fidelidad divina para con Israel (hijo de David); b) el ministerio de Cristo que sirve para salvación de los gentiles (hijo de Dios).

51. En su misma conversión, antes de saber el nombre del que se le aparece en el camino a Damasco, Pablo lo reconoce como "Señor" (*tís eí kúrie,* Hch 9:5). Aún en Damasco e inmediatamente después de su conversión, la proclamación paulina es resumida en dos afirmaciones cristológicas básicas: "que éste es el hijo de Dios" (*hóti houtós estin ho huiós toú zeoú,* Hch 9:20) y "que éste es el Mesías" (*hóti hoútos estin ho jristós,* Hch 9:22). La próxima predicación del apóstol que registra Lucas es el primer sermón en la sinagoga de Antioquía de Pisidia (Hch 13:16-41). Allí la resurrección lo señala a Jesús como el descendiente de David (Hch 13:23) y como aquel en quien se cumple lo anunciado y prometido (Hch 13:30-34), pero a la vez lo disocia del mismo David elevándolo por encima de él (Hch 13:34-37).

52. La convicción de que Jesús fue resucitado de entre los muertos desató la conciencia de que él es Señor, hijo de Dios y Mesías. Un Mesías resucitado que, como hemos señalado arriba, implicó también un Mesías crucificado. Ambos rostros

señalan el enemigo derrotado (la muerte y el pecado) y el pueblo de Dios liberado (el Israel "según el Espíritu"). Esta buena noticia del Mesías resucitado y crucificado es ofrecida a todos por igual, sin contar sus obras ni su raza. De este modo, Cristo llega a dar también un claro cumplimiento a las promesas hechas a Abraham de ser bendición para todas las naciones.

53. Crisóstomo (*hom. in 2 Tim.* IV: 489) indica que nuestro versículo posiciona nuestra batalla en el plano espiritual, de modo que las cadenas no implican de ningún modo derrota: "Si fuéramos soldados de este mundo y combatiéramos en guerras mundanas, las cadenas que agarran nuestras manos triunfarían. Pero Dios nos ha hecho de tal forma que nada nos reprime. Pues nuestras manos están atadas, pero no nuestra lengua, pues nada puede atar la lengua sino la cobardía y la incredulidad. Allí donde éstas no están, aunque ajustes cadenas en nuestras manos, la predicación del evangelio no queda atrapada."

    Hch 28:31 (Pablo puede predicar pese a estar encarcelado) y Fil 1:14 (la prisión del apóstol dio coraje a muchos para hablar abiertamente) son ejemplos de la misma paradoja sucedida durante la primera prisión de Pablo.

54. Ver Hch 2:41, 47; 6:7; 9:31; 11:21; 12:24; 14:1; 16:5; 19:20.

55. La dimensión teológica y soteriológica de los sufrimientos de Pablo alcanza una de las expresiones más profundas en Col 1:24, donde el apóstol entiende que sus sufrimientos en la tarea de extender el evangelio completan los que le faltaba padecer a Cristo mismo por la iglesia. Ef 3:13 recuerda a los lectores que los sufrimientos del apóstol en prisión redundan en gloria para los creyentes, y así deben ser interpretados.

56. Bar 4:24 presenta un cuadro muy similar al nuestro: "Y como las vecinas de Sión ven ahora vuestro cautiverio (*tēn humetéran aijmalōsían*), así verán pronto vuestra salvación (*humōn sōtērían*) de parte de Dios, que os llegará con gran gloria (*hē epeleúsetai humín metá dóxēs megálēs*) y resplandor del Eterno." Ver también Is 33:17.

57. El "pequeño apocalipsis" de los sinópticos describe el regreso de Jesús como "con poder y gran gloria" (*metá dunámeōs kaí dóxēs pollēs,* Mt 24:30; Mr 13:26; Lc 21:27).

58. "Cristo en mí, así como también yo en Cristo, no se trata de misticismo alguno, sino de escatología: una anticipación de la vida que está más allá de la muerte y resurrección y que puede ser conocida sólo por fe" (Barrett, 1999: 65).

59. Hendriksen (1979: 288) propone que la partícula *gár* (2Ti 2:11) delata que el himno que Pablo cita aquí originalmente tendría una línea anterior, en relación a la cual se desata la lista de oraciones condicionales.

60. Guthrie (1990b: 157) yerra al negar que nuestro himno funcione aquí como una invitación al martirio por tratarse de una porción de origen bautismal. Guthrie pierde de vista que, pese a que este himno pertenece originalmente al contexto

litúrgico, aquí está siendo usada claramente como llamado al martirio.

61. La ruptura de la repetición es característica de la poesía hebrea y marca el cierre de la idea (Voelz, 1995: 128 y 140).

62. Knight (407) correctamente indica que el sentido de la partícula "si" (*ei*) de la última oración condicional es más bien concesivo ("aunque seamos infieles..."). Nótese que la conjunción "también" (*kaí*) solamente falta en este último verso.

63. Ro 6:2-11 habla de la participación en el evento pascual de Cristo en dos planos diferentes:
    a) En el *plano existencial*, el Bautismo nos hizo morir juntamente con Cristo en el Gólgota y nos hará resucitar con Cristo allí en el futuro. El drama de nuestra existencia e historia sucede y se define en aquellos dos extremos del pasado y el futuro.
    b) En el *plano ético*, el Bautismo hoy nos hace morir al pecado y nos hace vivir para Dios. La historia de nuestro servicio sucede aquí, en el presente.

    Ro 6 afirma la participación en el plano existencial (indicativo) para renovar la participación en el plano ético (imperativo).

64. "La acción resucitante de Dios en Jesús es escatológica, después de ella no hay ninguna otra; los fieles no se yuxtaponen o sobreañaden a este misterio, sino que se integran plenamente con él" (Durrwell: 178).

65. "Así como Cristo es Cristo sólo en virtud de su sufrimiento y rechazo, del mismo modo el discípulo es discípulo sólo en tanto y en cuanto comparte con su Señor el sufrimiento, rechazo y crucifixión" (Bonhoeffer, 1963: 96).

66. Esta tentación se vuelve mayor en nuestro segundo verso, considerando la posible alusión a la resistencia (*hupomonē*) del ejército en el campo de batalla: permanecer en pie de guerra fue (y es) la clave para dominar. No hay imperio sin victoria en el campo de batalla (ver el comentario que hace al respecto Josefo en nota 16 arriba).

67. Es en estos términos que el mismo llamado a soportar (*hupoménein*) es conectado por los profetas del AT con la expectativa escatológica de liberación (Dn 12:12; Hab 2:3; Sof 3:8) y por el apóstol Pablo con la "esperanza" (*elpís*, Ro 5:3-5; 8:23-25; 12:12-13; 15:3-6; 1Ts 1:3).

68. En el discurso registrado en Hch 3:13, Pedro denuncia a los judíos de haber "rechazado" (*ērnēsaze*) a Jesús delante de Pilato. El rechazo consistió en no intervenir a favor del indulto, sino de la condena del acusado.

69. Pese a que Ro 14:1 habla de "ser débil en la fe" (*aszeneín tē pístei*), de todos modos nunca usa la familia de palabras apist- sino para referirse a los incrédulos en contraposición con los creyentes. Pablo sigue en esto la usanza del judaísmo tardío, de marcar la separación entre el verdadero pueblo de Dios y los paganos en torno al concepto de "fe/fidelidad" (*pístis* – Michel, 1982: 222-23). Mr 9:24 parece ser un

caso atípico en el que el que el padre que cree padece al mismo tiempo de "incredulidad" ("creo, ayúdame en mi incredulidad": *pisteúō, boēzei mou tē apistía*). El rechazo de la fe por parte de creyentes es entendido en las pastorales como letal: 1Ti 1:19; 4:1; 5:8, 12; 6:10, 21; 2Ti 2:18; 3:8.

70. Salmos de Salomón XVII.8-10 expresa este concepto claramente: "Tú los recompensaste de acuerdo con sus pecados, oh Dios, de modo que les sucedió en consonancia con sus hechos. Dios no les mostró piedad, sino que buscó a cada uno de sus descendientes y no permitió que ninguno escapara. Fiel es el Señor en todos los juicios (*pistós ho kúrios en pási toís krímasin autoú*) que ejecuta sobre la tierra."

71. Este mismo concepto se mueve por detrás de la fidelidad con la que Cristo sentencia en forma veraz (Ap 1:5; 3:14; 19:11).

72. Hendriksen (1979: 294) limita su interpretación del último verso a este concepto, pues entiende la frase "él siempre sigue siendo fiel" (*ekeínos pistós ménei*) como una reformulación de la frase "también él nos rechazará" (*kakeínos arnēsetai hēmás*) en cuanto que "la fidelidad de su parte significa cumplir sus amenazas (Mt 10:33) tanto como sus promesas (Mt 10:32)".

73. Aquí reside precisamente el gran descubrimiento experimentado por Lutero cuando entiende que los atributos positivos de Dios invaden la realidad humana encarnándose en los creyentes: "Finalmente, por la misericordia de Dios, meditando día y noche, presté atención al contexto de las palabras, esto es: 'En esto se revela la justicia de Dios, tal como está escrito: El que es justificado por la fe vivirá'. Entonces comencé a comprender que la justicia de Dios es aquella por medio de la que el justo vive por un don divino, esto es: la fe. Y éste es el significado: la justicia de Dios se revela a través del evangelio, es decir, la justicia pasiva con la que el Dios misericordioso nos justifica por la fe... Aquí sentí que, de repente, estaba naciendo de nuevo y que estaba entrando al paraíso mismo como por una puerta abierta. Después recorrí las Escrituras de memoria. Y encontré una analogía en otros términos también, como la obra de Dios que es lo que Dios hace en nosotros, el poder de Dios con el que nos fortalece, la sabiduría de Dios con la que nos hace sabios, la fuerza de Dios, la salvación de Dios, la gloria de Dios" (Spitz: 337) y deberíamos agregar la "fidelidad de Dios".

74. El *Manual de Disciplina* de la comunidad de Qumrán presenta un concepto muy similar al paulino: "En cuanto a mí, si tropiezo, las misericordias de Dios serán mi salvación eterna. Si me descarrío por los pecados de la carne, mi justificación será por la justicia de Dios que dura para siempre" (1QS XI).

75. Es sobre esta convicción que Pablo, a la vez de asegurar la condena del Israel infiel (*tē apistía exeklázēsa* , Ro 11:20), sabe que Dios puede implantar nuevamente a su nación por medio de la fe (*dunatós gár estin ho zeós pálin egkentrísai autoús*).

2Ti 2:14-26 / Párrafo 6
DISTANCIA Y ATAQUE

NOTAS EN PÁGINAS 221-33

‹2:14› Ταῦτα ὑπομίμνῃσκε διαμαρτυρόμενος ἐνώπιον τοῦ θεοῦ μὴ λογομαχεῖν, ἐπ᾽ οὐδὲν χρήσιμον, ἐπὶ καταστροφῇ τῶν ἀκουόντων. ‹2:15› σπούδασον σεαυτὸν δόκιμον παραστῆσαι τῷ θεῷ, ἐργάτην ἀνεπαίσχυντον, ὀρθοτομοῦντα τὸν λόγον τῆς ἀληθείας. ‹2:16› τὰς δὲ βεβήλους κενοφωνίας περιΐστασο· ἐπὶ πλεῖον γὰρ προκόψουσιν ἀσεβείας ‹2:17› καὶ ὁ λόγος αὐτῶν ὡς γάγγραινα νομὴν ἕξει. ὧν ἐστιν Ὑμέναιος καὶ Φίλητος, ‹2:18› οἵτινες περὶ τὴν ἀλήθειαν ἠστόχησαν, λέγοντες [τὴν] ἀνάστασιν ἤδη γεγονέναι, καὶ ἀνατρέπουσιν τήν τινων πίστιν. ‹2:19› ὁ μέντοι στερεὸς θεμέλιος τοῦ θεοῦ ἕστηκεν, ἔχων τὴν σφραγῖδα ταύτην· Ἔγνω κύριος τοὺς ὄντας αὐτοῦ, καί, Ἀποστήτω ἀπὸ ἀδικίας πᾶς ὁ ὀνομάζων τὸ ὄνομα κυρίου. ‹2:20› Ἐν μεγάλῃ δὲ οἰκίᾳ οὐκ ἔστιν μόνον σκεύη χρυσᾶ καὶ ἀργυρᾶ ἀλλὰ καὶ ξύλινα καὶ ὀστράκινα, καὶ ἃ μὲν εἰς τιμὴν ἃ δὲ εἰς ἀτιμίαν· ‹2:21› ἐὰν οὖν τις ἐκκαθάρῃ ἑαυτὸν ἀπὸ τούτων, ἔσται σκεῦος εἰς τιμήν, ἡγιασμένον, εὔχρηστον τῷ δεσπότῃ, εἰς πᾶν ἔργον ἀγαθὸν ἡτοιμασμένον. ‹2:22› τὰς δὲ νεωτερικὰς ἐπιθυμίας φεῦγε, δίωκε δὲ δικαιοσύνην πίστιν ἀγάπην εἰρήνην μετὰ τῶν ἐπικαλουμένων τὸν κύριον ἐκ καθαρᾶς καρδίας. ‹2:23› τὰς δὲ μωρὰς καὶ ἀπαιδεύτους ζητήσεις παραιτοῦ, εἰδὼς ὅτι γεννῶσιν μάχας· ‹2:24› δοῦλον δὲ κυρίου οὐ δεῖ μάχεσθαι ἀλλὰ ἤπιον εἶναι πρὸς πάντας, διδακτικόν, ἀνεξίκακον, ‹2:25› ἐν πραΰτητι παιδεύοντα τοὺς ἀντιδιατιθεμένους, μήποτε δώῃ αὐτοῖς ὁ θεὸς μετάνοιαν εἰς ἐπίγνωσιν ἀληθείας ‹2:26› καὶ ἀνανήψωσιν ἐκ τῆς τοῦ διαβόλου παγίδος, ἐζωγρημένοι ὑπ᾽ αὐτοῦ εἰς τὸ ἐκείνου θέλημα.

14 Haz(les) recordar estas cosas, encargándo(les) delante de Dios que
no peleen por cuestiones de palabras, cosa que no sirve de nada,
(sólo) para la destrucción de los que escuchan.
15 Haz todo lo que puedas por presentarle a Dios tu propia persona
como aprobada, como trabajador que no tiene de qué avergonzarse,
uno que enseña sin desvíos el mensaje de la verdad. 16 Esquiva las
charlatanerías mundanas; pues avanzarán aún más hacia la impiedad,
17 y la enseñanza de ellos se extenderá como gangrena. De éstos
Himeneo y Fileto son algunos, 18 quienes perdieron la marca en
relación a la verdad enseñando que la resurrección ya ha tenido lugar,
de modo que están convulsionando la fe de algunos.
19 No obstante, el sólido fundamento puesto por Dios permanece
inamovible, pues tiene (grabada) esta inscripción: "El Señor conoce a
los que son suyos" y: "Todo el que invoca el nombre del Señor debe
alejarse de la maldad."
20 En una casa grande no sólo hay recipientes de oro y plata sino
también de madera y arcilla; y aunque algunos (están preparados)
para (un uso) honroso, otros (lo están) para (un uso) deshonroso.
21 Ahora bien, si alguno se limpia de estas cosas, será un recipiente
(preparado) para (un uso) honroso, consagrado, útil para su dueño,
puesto en condiciones para cualquier clase de tarea noble.
22 Huye de los deseos impuros de la juventud, más bien intenta
alcanzar rectitud, fe, amor, (y) paz con los que invocan al Señor a
partir de un corazón puro. 23 Evita las controversias tontas e
ignorantes, sabiendo que producen choques amargos. 24 A un esclavo
del Señor no le corresponde ser pendenciero sino más bien amable
con todos, hábil para enseñar, paciente, 25 (dispuesto a) corregir con
gentileza a los oponentes, (buscando ver) si Dios les concede un
arrepentimiento que (los) lleve a conocer la verdad, 26 y si se
recuperan de la trampa soporífera del diablo, después de haber sido
rescatados vivos de debajo de él para (realizar) la voluntad de aquél.

COMENTARIO

EL LUGAR DE NUESTRO PÁRRAFO EN LA CARTA

Este párrafo abre la segunda gran sección del cuerpo de la carta: la "exhortación a confrontar los grandes peligros" (2Ti 2:14-3:17). Si bien el planteo principal de la carta ya fue ampliamente elaborado en la sección anterior ("exhortación a confrontar los pequeños peligros", 2Ti 2:1-13), de todos modos el apóstol es conciente de que por detrás de la disposición al martirio se mueve un universo de luchas en el receptor de semejante llamado. Son las tentaciones que traen los oponentes al entrar en escena los grandes peligros con los que debe lidiar Timoteo: ensuciarse en la lucha cuerpo a cuerpo por seguir las reglas de juego del oponente, escandalizarse ante el aparente colapso del programa encabezado por el apóstol, adoptar la doctrina tergiversada del oponente.[1] Pablo sabe que para confrontar los pequeños peligros del juicio ante el emperador, la cárcel y el martirio es necesario que Timoteo confronte correctamente los grandes peligros con los que tienta el enemigo.

El discurso de esta gran sección (2Ti 2:14-3:17) se mueve de este modo:

1) Exhortación inicial:
cómo se pelea la buena batalla
(2Ti 2:14-26 / párrafo 6)

base-exhortación — *recapitulación*

2) Visión apocalíptica
(2Ti 3:1-9 / párrafo 7)

contraste
base-exhortación

3) Exhortación final:
a qué trayectoria se debe fidelidad
(2Ti 3:10-17 / párrafo 8)

LA ESTRUCTURA INTERNA DEL PÁRRAFO

A nivel interno, este párrafo abre planteando la exhortación (*exhortatio*) básica a luchar tomando distancia de los oponentes (2Ti 2:14-18), a la que le siguen dos argumentaciones (*probationes*): a) la razón fundamental de este distanciamiento no es el fracaso o la incapacidad para la lucha, sino la firmeza del fundamento divino (2Ti 2:19); b) el propósito del distanciamiento es que aquellos que verdaderamente le pertenecen a Dios puedan serle útiles a su Señor (2Ti 2:20-21). Finalmente el discurso retoma la exhortación (*exhortatio*) inicial a tomar distancia de la perversión (2Ti

2:22-26), recapitulación que queda impregnada del tema abierto en la segunda argumentación: el propósito misional que se mueve detrás del mismísimo distanciamiento del mundo. Se produce así un *inclusio* en torno a las dos exhortaciones a tomar distancia.

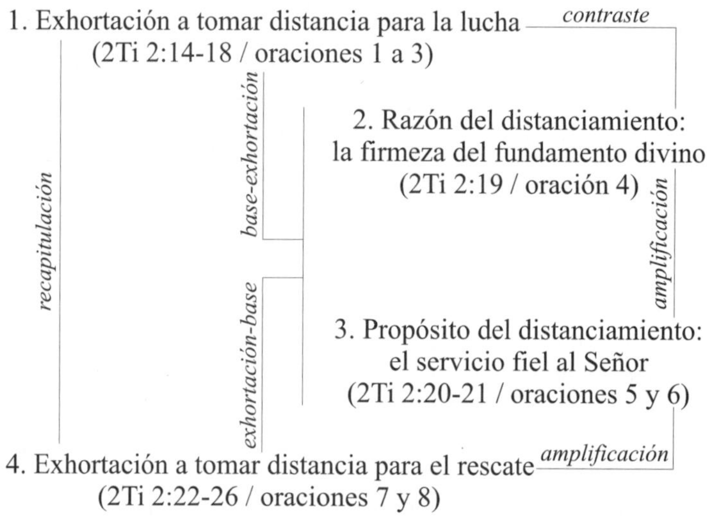

La tercera sección referente al propósito del distanciamiento (2Ti 2:20-21) elabora su material en base a la segunda cita bíblica registrada en la sección anterior (2Ti 2:19b). La sección final (2Ti 2:22-26), por su parte, reformula la exhortación inicial pero dentro del molde tomado del ejemplo de los recipientes de la sección anterior (2Ti 2:20-21).

A lo largo de todo el párrafo se respira cierta indefinición respecto del destinatario final de las exhortaciones. Evidentemente en la primera oración (2Ti 2:14), Pablo tiene en mente a los "hombres confiables" a quienes se los hace entrar en el ruedo en 2Ti 2:2. Pero en forma inmediata, la mira se vuelve nuevamente a Timoteo (2Ti 2:15) y parece permanecer allí al menos hasta 2Ti 2:23. El tono amplio y general de la instrucción con la que termina el párrafo (2Ti 2:24-26) sugiere que el apóstol nuevamente amplía el foco para incluirlos nuevamente a los destinatarios de la primera oración. Por detrás, está claro, se mueve la pertenencia de todos a un mismo llamado y ministerio. Los hombres confiables van detrás de Timoteo, su ejemplo, por lo que las instrucciones para uno son válidas también para el otro.

A. EXHORTACIÓN A TOMAR DISTANCIA PARA LA LUCHA (ORACIONES 1 A 3)

ORACIÓN 1

14 Haz(les) recordar estas cosas,

modo encargándo(les) delante de Dios

contenido que no peleen por cuestiones de palabras,

base-exhortación

propósito cosa que no sirve de nada,

resultado (sólo) para la destrucción
de los que escuchan.

contraste

progresión

ORACIÓN 2

15 Haz todo lo que puedas *medio-propósito*

por presentarle a Dios tu propia persona como aprobada,

específico-genérico

como trabajador que no
tiene de qué avergonzarse,

uno que enseña sin desvíos
el mensaje de la verdad.

contraste

ORACIÓN 3

16 Esquiva las charlatanerías mundanas;

base-exhortación

pues avanzarán aún más hacia la impiedad,

17 y la enseñanza de ellos se extenderá como gangrena.

amplificación De éstos Himeneo
y Fileto son algunos, *amplificación*

18 quienes perdieron la marca en relación a la verdad

resultado-medio enseñando que la resurrección
ya ha tenido lugar, *medio-resultado*

de modo que están convulsionando la fe de algunos.

El párrafo abre poniendo todas las miras sobre la necesidad de distanciarse de aquel que enseña una doctrina diferente. Éste es el único interés de nuestra sección (2Ti 2:14-18). La estructura interna de la sección también forma un quiasmo (χ):

a) Exhortación a no enredarse en la polémica (2Ti 2:14 / oración 1).
b) Exhortación a dedicarse a la sana enseñanza (2Ti 2:15 / oración 2).
a´) Exhortación a no enredarse en la falsa doctrina (2Ti 2:16-18 / oración 3).

Nuevamente el quiasmo se ve atravesado por una progresión en el discurso, pues se avanza de la censura a polemizar a la censura radical, incluso a tener contacto con la doctrina del oponente.

La primera exhortación (*exhortatio*) señala cómo debe preparar Timoteo a los suyos (probablemente a los "hombres confiables" de 2Ti 2:2). La descripción de la tarea de Timoteo resuena a aquello que tuvo que hacer en Corinto (1Co 4:17): formar el carácter y la convicción de los suyos por medio del recuerdo y el repaso de la enseñanza apostólica (*taúta hupomímnēske*).[2] Todavía más, así como el apóstol interpela a Timoteo una y otra vez por medio del conjuro (1Ti 5:21; 6:13-14; 2Ti 4:1-2, 5),[3] éste también debe hacerlo con su comunidad para que se comprometa delante de Dios (*enōpion toú zeoú*) a no entrar en el juego del oponente herético. La discusión por cuestiones de palabras (*logomajeín*) no solamente es aquello que no le corresponde a los líderes de la iglesia (1Ti 2:8; 3:3; Tit 1:7), sino que es el *modus operandi* propio del hereje (1Ti 1:4; 6:4, 20; Tit 3:9), la estrategia con la que el diablo logra su cometido de confusión y destrucción en la iglesia (1Ti 1:4; 2Ti 2:26).[4] Las acotaciones aportadas por las dos frases preposicionales-*epí* delatan la gravedad de la cuestión: entrar en el juego del oponente no sólo es improductivo (1Ti 2:15; 5:13-14; Tit 3:9), en verdad trae la "destrucción de los que escuchan" (1Ti 6:4-5; Tit 1:11).[5]

Por contraste, en la segunda exhortación (*exhortatio,* 2Ti 2:15) se le indica a Timoteo a qué sí debe dedicarse. Se produce aquí un repentino salto de destinatario (de los hombres confiables a Timoteo mismo).[6] El lenguaje jurídico introducido para poner bajo juramento a los hombres confiables, es conservado aquí para poner a Timoteo cara a cara frente a aquel que juzgará su trabajo (1Co 3:10-15). Timoteo debe estar en condiciones para presentarse delante de Dios y salir aprobado (*seautón dókimon parastēsai tō zeō*).[7] El lector sabe claramente cuál es el criterio que Dios usará para probar con fuego el trabajo de cada uno: que se haya edificado a la iglesia (1Co 3:16-17) sobre el fundamento de Jesucristo (1Co 3:10-11). No obstante, Pablo le especifica qué es presentarse aprobado. En primer lugar, es ser un "trabajador que no tiene de qué avergonzarse" (*ergátēn anepaísjunton*), pues sabe que no será expuesto en un error delante de los demás (2Ti 3:8), y que no se encuentra bajo el aplastante juicio divino sino dentro del marco de la victoria final (1Co 9:27; 2Ti 1:8). Nuestra "falta de vergüenza" (*anepaísjuntos*) debe ser entendida a la luz del desafío que nuestra carta le presenta a Timoteo de "no avergonzarse" (*mē epaisjunzēs,* 2Ti 1:8), sino estar dispuesto a confesarse a favor del evangelio al costo que fuere (2Ti 2:12; 4:2).[8] En segundo lugar, presentarse aprobado es enseñar "sin desvíos el mensaje de la verdad" (*orzotomoúnta tón lógon tēs alēzeías*). Teodoreto (siglo 5 dC) entiende que "enseñar sin desvíos" (*orzotomeín*) es lenguaje metafórico referente al surco recto que el labrador debe hacer con el arado (Robertson, 1989: 813-14; ver Pr 3:6; 11:5).[9] Sea como fuere, la demanda aquí es a ser intransigente en la fidelidad al evangelio en medio de un contexto de controversia.[10]

La tercera exhortación (*exhortatio,* 2Ti 2:16-18) ocupa el resto de la sección. El apóstol renueva la censura inicial, pero avanza tanto en la restricción como en el tono polémico. Timoteo debe directamente "esquivar" (*periïstaso*) la doctrina del oponente (1Ti 1:4; 4:7; 6:20; 2Ti 2:14, 23; 3:5; Tit 1:14; 3:9). El lenguaje cáustico, característico tono de controversia de nuestras cartas (1Ti 1:6; 4:7; 6:20; Tit 1:10), se suma a la yuxtaposición que contrasta "el mensaje de la verdad" (*tón lógon tēs alēzeías,* 2Ti 2:15) con "las charlatanerías mundanas" (*tás dé bebēlous kenofōnías,* 2Ti 2:16) para aumentar la tensión del discurso. La exhortación difamatoria (*exhortatio*) es seguida y sustentada por dos argumentaciones (*probationes*) con carácter de visión apocalíptica que anuncian la misma realidad: la diseminación de la falsa doctrina y su efecto destructivo.[11] El primero de estos anuncios señala que las charlatanerías mundanas "avanzarán aún más hacia la impiedad" (*epí pleíon gár prokópsousin asebeías*). Éste muestra ser un concepto clave en la caracterización que nuestra carta hace de los oponentes. Nótese cómo la frase "avanzar hacia" (*prokóptein epí*) va tomando diferentes formas a lo largo de nuestra gran sección (2Ti 3:9 y 13): aquí (2Ti 2:16) se anuncia el progreso, pero hacia la impiedad; en 2Ti 3:9 se niega el progreso (*ou prokóptein epí pleíon*) por quedar en evidencia la falta de entendimiento de los oponentes; y finalmente en 2Ti 3:13 se vuelve a afirmar el progreso, pero hacia lo peor (*prokóptein epí tó jeíron*). Si Knight (413) está en lo correcto al sugerir que Pablo está usando la terminología propagandista de los falsos maestros, lo que es muy factible,[12] los tres usos de nuestra expresión encierran una clara ironía. En la segunda visión apocalíptica (2Ti 2:17a) el apóstol hace el mismo anuncio usando un símil tomado de la medicina.[13] El progreso de la falsa enseñanza (motivo de orgullo para los oponentes) es caricaturizado y delatado en su carácter destructivo al ser comparado con una gangrena que se extiende para devorarlo todo (*hōs gángraina nomēn héxei*).

Finalmente, nuestra oración presenta una amplificación en la que se aplica el anuncio apocalíptico recién expuesto a un caso específico de herejía en Éfeso: el de Himeneo y Fileto.[14] Es posible que Himeneo sea el mismo que el apóstol menciona en 1Ti 1:20. Fileto no es mencionado sino recién en un escrito apócrifo del siglo 6 dC.[15] La identificación histórica de estos herejes y la definición de su situación dentro de la iglesia de Éfeso no sólo es imposible, sino también innecesaria para comprender nuestro texto.[16]

Pablo señala que estos falsos maestros perdieron la marca en relación a la verdad[17] "enseñando que la resurrección ya ha tenido lugar" (*légontes tēn anástasin ēdē gegonénai*). Pero, ¿quién podría decir que este concepto es errado, considerando afirmaciones paulinas como las siguientes?: "En él también (ustedes) fueron resucitados mediante la fe" (*en hō kaí sunēgérzēte diá tēs písteōs,* Col 2:12) o "Dios nos resucitó y nos hizo sentar con él en las regiones celestiales" (*kaí sunēgeiren kaí sunekázisen en toís epouraníois,* Ef 2:6).[18] Es claro que el corpus paulino transfiere la misma tensión escatológica del "ya" y el "todavía no" del concepto de historia[19] a la participación del creyente en la resurrección de Jesús: por un lado, el creyente "ya" resucitó con Cristo en el Bautismo, pero al mismo tiempo su participación definitiva y total en ese evento "todavía no" sucedió, sino que se mantiene en el futuro (1Co 15:22-24, 52; Fil 3:10-11, 20-21; Col 3:1).[20] La "resurrección ya sucedida" (*anástasis ēdē gegonénai*) de 2Ti 2:18 probablemente sea una reformulación positiva de la herejía que en 1Co 15 es rotulada en los términos negativos de "no hay resurrección" (*anástasis nekrōn ouk éstin,* 1Co 15:12).[21] En ambos casos se reduce la participación del creyente en la resurrección de Cristo a las implicancias presentes, ya sea por concentrarse exclusivamente en el plano ético y espiritual (entendiendo a la muerte física como irremediable)[22] o por pretender haber alcanzado en el rito de iniciación[23] la inmortalidad e incorruptibilidad (entendiendo a la muerte física como inexistente).[24]

Si bien los herejes seguramente usaron afirmaciones apostólicas para defender su doctrina (como siempre sucede), de todos modos es un error atribuirle al mismo Pablo esta distorsión.[25] Esta clase de herejía de tipo gnóstica evidentemente encuentra su médula en la filosofía griega[26] o en las religiones de misterio,[27] cosmovisiones que, a diferencia de la fe israelita,[28] parten de la premisa de que los muertos no pueden ni necesitan resucitar.[29] No es casual que el apóstol afine la puntería para denunciar justamente *esta* herejía. Tanto la negación del "todavía no" de la resurrección corporal e histórica (versión corintia) como la obsesiva exaltación del "ya" de la resurrección que se limita exclusivamente a sus implicancias éticas y espirituales (versión efesia) son, en verdad, la relativización engañosa del carácter mortífero de la muerte (Braaten, 1969: 80).[30] Se maquilla así el horrible rostro de la muerte transformándola en una atractiva amiga que ya no me reta al costo de la entrega conciente y voluntaria, sino que me salva de los sufrimientos presentes. Cuando la muerte pierde así su carácter mortífero, la salvación en Cristo pierde su dimensión salvífica, pues mi esperanza ya no está puesta en el Cristo que conquistó al enemigo (2Ti 1:10, 12; 2:8), sino en ese mismísimo enemigo.[31] Junto con el dogma de la resurrección, se cambia entonces de salvador[32] y de Dios.[33] La tentación que produce esta distorsión de la doctrina (particularmente en un contexto de martirio como el de Timoteo), sumada a sus dramáticas consecuencias (como gangrena estaba convulsionando la fe de algunos), hace que esta herejía sea uno de los "grandes peligros" que Timoteo debe confrontar.

B. LA FIRMEZA DEL FUNDAMENTO DIVINO (ORACIÓN 4)

19 No obstante, el sólido fundamento puesto por Dios permanece inamovible,
identificación — el que tiene (grabada) esta inscripción:
contenido — "El Señor conoce a los que son suyos"
y: "Todo el que invoca el nombre del Señor
base-exhortación — debe alejarse de la maldad."

La exhortación a tomar distancia de los oponentes, sumada al anuncio del éxito destructivo de su herejía, ambos temas instalados en la sección anterior (2Ti 2:14-18), abren la dramática cuestión respecto al aparente fracasado del programa apostólico: abandono del apóstol de parte de todos los líderes de Asia Menor, apóstol a punto de ser ejecutado, Timoteo llamado a la muerte, éxito de doctrinas tergiversadas, colapso en la fe de los maestros y de algunos cuantos. ¿Qué queda aún en pie? Semejante ocaso, similar al de Israel en tiempos de Elías (1R 19:14), amenaza con un segundo "gran peligro": confrontar lo que viene (la vida y la muerte) en "modo derrota", creyendo que no es sólo "la fe de algunos" lo que está siendo convulsionada, sino el mismísimo plan divino de salvación. Lo que resta del párrafo responde a este profundo temor. Nuestra oración (2Ti 2:19) proporciona una primera respuesta contrastando la amenaza del oponente con lo intocable e inamovible de las cosas de Dios.[34] La metáfora de construcción aquí introducida y extendida hasta la siguiente sección (la casa grande, 2Ti 2:20) proporciona el sentido de seguridad y firmeza requerido por el lector.[35]

Nuestra sección abre con una afirmación lapidaria que quiebra la dirección del discurso: "el sólido fundamento puesto por Dios permanece inamovible" (*ho méntoi stereós zemélios toú zeoú héstēken*). Hay una fuerte tendencia a ver a la iglesia que se mantiene pese al golpe de la herejía como el referente de nuestra metáfora.[36] Debe tomarse en cuenta, no obstante, que una vez más Pablo alude aquí a la piedra de toque de Is 28:16, texto que contrasta la inestabilidad de la salvación inventada por medios humanos con la seguridad de la salvación divina (la piedra probada: *tá zemélia*). En línea con el profeta, el apóstol siempre utiliza esta metáfora para referirse a la realidad salvífica sobre la que la iglesia es edificada (y no a la iglesia misma),[37] realidad salvífica que, en verdad, tiene nombre: Cristo Jesús (Ro 15:20; 1Co 3:10-12; Ef 2:20; 3:17; 1Ti 6:19). De modo que la metáfora debe ser entendida en términos cristológicos (Schmidt) como referente al plan divino de salvación en Cristo ya inaugurado en forma victoriosa y definitiva dentro de la historia (2Ti 1:10; 2:8) e intocable en lo que aún está por venir (2Ti 2:11-13).

Ahora bien, lo inamovible de la salvación lograda en Cristo no responde a que pertenece a una realidad que nada tiene que ver con el contexto de crisis en el que se encuentra el lector. Al contrario, el compromiso divino y la demanda de compromiso y fidelidad, al ser inherentes a esa salvación intocable, siguen tan firmes e inamovibles como la "inscripción" (*sfragís*) que se grababa sobre la piedra basal o la angular.[38] Elaborando así sobre la metáfora arquitectural, el apóstol afirma lo intocable de la promesa y del llamado divinos expresados en dos citas del AT.

La primera de las "inscripciones" ("El Señor conoce a los que son suyos": *égnōn kúrios toús óntas autoú*) recoge la historia de la rebelión del levita Coré en contra de la autoridad profética de Moisés y de la elección divina de Aarón como sacerdote (Nm 16; Sal 106:16).[39] Aunque el número de seguidores de Coré no es impactante (algo más de doscientos cincuenta hombres, Nm 16:1-2), de todos modos los intérpretes judíos siempre entendieron a esta rebelión como arquetípica (Kugel: 474).[40] Nuestro texto cita las palabras con las que Moisés acepta el desafío de los sediciosos (Nm 16:5).[41] El desenlace de la historia de Nm 16 hace que estas palabras se vuelvan una poderosa promesa de reivindicación y garantía para los elegidos de Dios que están siendo cuestionados y vapuleados por los oponentes,[42] y a la vez una tremenda amenaza para estos últimos (Nm 16:31-35).[43]

La segunda "inscripción" ("Todo el que invoca el nombre del Señor debe alejarse de la maldad": *apostētō apó adikías pás ho onomádsōn tó onómato kuríou*) combina la cita de dos frases familiares para la tradición judía. En primer lugar se recoge la exhortación clásica de la literatura sapiencial de apartarse de la maldad (*afistēnai apó adikías*).[44] Esta exhortación, elaborada sobre la metáfora de los dos caminos (de la virtud/sabiduría y del vicio/necedad), normalmente está ligada a una fuerte advertencia respecto del destino catastrófico en el que desemboca la senda que debe abandonarse. Considerando que la historia de la rebelión de Coré (Nm 16) parece rondar a lo largo de todo nuestro párrafo, es posible que esta primera parte de la inscripción presente alguna conexión con el llamado divino a apartarse de los rebeldes para no tener parte ni en el pecado ni en la condena de ellos (Nm 16:20-27). La segunda frase recogida por nuestra inscripción consiste en la designación que Jl 3:5 (2:32) atribuye a aquellos que serán liberados del castigo en el día del Señor ("todo el que invoque el nombre del Señor escapará con vida": *pás hós án epikalésētai tó ónoma kuríou sōzēsetai*).[45] Esta forma de referirse al creyente, no obstante, es típica dentro de la tradición paulina (Hch 9:14, 21; 22:16; Ro 10:14; 1Co 1:2; 2Ti 2:22). Aunque esta segunda inscripción está cargada con las mismas municiones que la primera, el cambio de formato de afirmación (primera inscripción) a exhortación (segunda inscripción) imprime un cambio de énfasis de promesa a amenaza y advertencia. Con la misma firmeza con la que se debe descansar en el consuelo de la predestinación y del compromiso divino para con el creyente, el lector debe atender al llamado a distanciarse de la perversión para no tener parte en ella ni en la condena que conlleva.[46]

La convulsión que generan los oponentes de ningún modo sacude la salvación en Cristo, ni el compromiso que Dios asumió con los suyos, ni la demanda divina de fidelidad. El llamado a apartarse de ningún modo refleja la derrota de los creyentes ni mucho menos de Dios, sino precisamente la de sus oponentes.

C. EJEMPLO DE LOS RECIPIENTES: EL SERVICIO FIEL AL SEÑOR (ORACIONES 5 Y 6)

20 En una casa grande *contexto espacial*

no sólo hay recipientes de oro y plata

contraste sino también de madera y arcilla;

amplificación

y aunque algunos (están preparados) para (un uso) honroso,

concesión-contraexpectación otros (lo están) para (un uso) deshonroso.

ORACIÓN 5

contraexpectación-concesiÛn

21 Ahora bien, si alguno se limpia de estas cosas,

ser· un recipiente *consecuencia-condición*

adición de serie

(preparado) para (un uso) honroso,
consagrado,
útil para su dueño,
puesto en condiciones
para cualquier clase de tarea noble.

ORACION 6

Nuestra sección avanza en su respuesta al planteo abierto por la exhortación inicial a tomar distancia (2Ti 2:15-18). La respuesta ya no es dada en términos de "por qué" (2Ti 2:19), sino del "para qué": el soldado de Jesucristo no debe luchar cuerpo a cuerpo, sino que debe tomar distancia para poder realizar el servicio que le corresponde.[47] Siguiendo la metáfora arquitectural introducida en la sección anterior (2Ti 2:19), el apóstol nos sitúa ahora "en una casa grande" (*en megálē oikía*).[48] Nuevamente es discutido el referente de la metáfora (¿la casa representa la iglesia o el mundo?).[49] Debe partirse más bien de la función narrativa que cumple la "casa grande" dentro del discurso. En primera instancia, ella simplemente provee el escenario para los protagonistas de la escena (los variados recipientes).[50] En segunda instancia, la metáfora arquitectural sigue proveyendo el requerido sentido de seguridad y ubica a cada personaje en el rol que le corresponde: tanto los fieles como los oponentes no son más que recipientes (*tá skeúē*) usados o desechados por el "dueño" (*despótēs*) de la casa. La casa, sea que se trate de la iglesia visible (la institución o agrupación en la que se encuentran fieles y apostatas)[?] o del mundo, es el espacio de dominio divino.[52]

Así como es grande la casa, es grande la diversidad de recipientes tanto en lo que respecta a los materiales con los que están hechos (oro, plata, madera y arcilla),[53] como también a las funciones para las que son destinados (usos honrosos y deshonrosos). En términos muy generales, la tradición judía identificó por un lado al oro y a la plata con el honor y la pureza[54] y por el otro a la madera y a la arcilla con la bajeza e impureza.[55] Sumado a esto, la estructura del texto parece empujar al lector hacia la identificación de un tipo de recipientes (los de oro y plata) con el uso honroso, y al otro (los de madera y arcilla) con el uso deshonroso. Esto finalmente llevaría a aplicar en forma rígida y estática el ejemplo de los recipientes al honor y destino de cada clases de maestros en confrontación (Timoteo y Pablo con relación a sus oponentes).[56]

No obstante, la segunda oración de nuestra sección (2Ti 2:21) retoma el dinámico llamado a alejarse de la maldad (*apostētō apó adikías*) de 2Ti 2:19 e introduce un sorpresivo quiebre que contrarresta precisamente esa identificación mecánica. La bisagra que divide a los recipientes puros de los impuros no es el material del que están hechos, sino el acto de "purificación" (*eán oún tis ekkazárē heautón*) y de distanciamiento de aquellos recipientes deshonrosos (*apó toútōn*). Esto es, aunque un recipiente sea de oro, si no se limpia de las impurezas, no será un recipiente preparado para un uso honroso. De ningún modo esto rompe con la tradición judía que considera posible el uso deshonroso de recipientes de oro,[57] como también el uso honroso de recipientes de arcilla.[58] Todavía más, no puede perderse de vista que Pablo, llamado al apostolado en términos de "recipiente" (*skeúos eklogēs,* Hch 9:15), se describe a sí mismo como un "recipiente de barro" (*ostrákinon skeúos*) que contiene el tesoro divino (2Co 4:7) para señalar la paradoja de tener un oficio superior al de sus oponentes (2Co 5:20-6:1; 10:4-18; 12:1-6) pese a tener una apariencia más débil que la de ellos (2Co 4:7-4:10; 6:4-10; 10:1-3; 12:7-10).[59] Pablo parece estar manejando aquí el mismo concepto para evitar que Timoteo caiga en alguno de los grandes peligros, ya sea por falsa seguridad o por adoptar el "modo derrota". Por más "recipiente de oro o plata" que pretenda ser Timoteo, a menos que se aparte del error de los falsos maestros no estará destinado a un uso honroso. En el otro extremo, por más "recipiente de madera o barro" que se sienta (y lo sienta al apóstol encarcelado y abandonado) frente al brillo de los falsos maestros (recipientes de oro y plata), el destino de honra no depende del poder o del éxito humanos, sino de la fidelidad al llamado a mantenerse limpio y distante (*ekkazárē*).

Es remotamente posible que la purificación sugerida en 2Ti 2:21 implique la excomunión del hereje, así como sucede en 1Co 5:7 (ver Tit 3:9-11).[60] No obstante, la clara correspondencia que presenta nuestra oración con la segunda inscripción de 2Ti 2:19 y con la sección final (2Ti 2:22-26) sugiere pensar en el siguiente cuadro: a) quién debe alejarse no es el hereje, sino el fiel; b) aquello de lo que debe alejarse no es primordialmente una persona, sino la maldad (*apó adikías*, 2Ti 2:19), los deseos impuros (*epizumías*, 2Ti 2:22) y las controversias (*dsētēseis*, 2Ti 2:22-23). Así se alcanza la condición de "recipiente preparado para un uso honroso" (*skeúos eis timēn*). Es indudable que nuestra frase tiene conexión con Ro 9:20-23. De todos modos allí (en Ro 9) es protagónica la paga final que cada uno recibirá de Dios: el recipiente para honor recibirá misericordia divina (*skeúē eléous*) y el recipiente para deshonra recibirá su ira (*skeúē orgēs*). Aquí (en 2Ti 2), ciertamente sin perder este aspecto de vista, el honor está dado más bien en la clase de tarea para la que el recipiente está preparado y es usado. Aquí, ser recipiente para honor es estar "consagrado" (*hēgiasménon*), ser "útil para su dueño" (*eújrēston tō despótē*)[61] y "puesto en condiciones para cualquier clase de tarea noble" (*eis pán érgon agazón hētoimasménon*).[62]

D. EXHORTACIÓN A TOMAR DISTANCIA PARA EL RESCATE (ORACIONES 7 A 8)

22 Huye de los deseos impuros de la juventud,

contraste más bien intenta alcanzar

adición de serie
rectitud,
fe,
amor,
(y) paz con los que invocan al Señor

a partir de un corazón puro. *razón-resultado*

ORACIÓN 7

específico-genérico

ORACIÓN 8

23 Evita las controversias tontas e ignorantes,

base-exhortación

sabiendo que producen choques amargos.

24 A un esclavo del Señor
no le corresponde ser pendenciero *contraste*

sino más bien
amable con todos,
hábil para enseñar,
paciente,
25 (dispuesto a) corregir con gentileza a los oponentes, *adición de serie*

propósito-medio

(buscando ver) si Dios
les concede un arrepentimiento *amplificación*

que (los) lleve a conocer la verdad,

26 y si se recuperan de la trampa
soporífera del diablo, *contexto temporal* *resultado-medio*

después de haber sido rescatados vivos de debajo de él
para (realizar) la voluntad de aquél. *propósito*

La última sección del párrafo expresa en términos concretos en qué consiste el servicio para el cual es necesario alejarse de la impiedad al que se refiere la sección anterior (2Ti 2:20-21). Ya había quedado en claro que no se trata de un escapismo derrotista (2Ti 2:19). Ahora bien, este distanciamiento con el propósito de un servicio santo tampoco promueve un sectarismo similar al de Qumrán (ver nota 4, arriba), sino todo lo contrario: el servicio para el que los fieles deben separarse de los oponentes consiste en rescatar de la esclavitud en la que se encuentran precisamente estos últimos. El último "gran peligro" aquí confrontado, entonces, es el escapismo triunfalista que abandona al oponente en su ignorancia del evangelio.

Cada una de las oraciones de nuestra sección funciona en base al molde planteado en 2Ti 2:21: es necesario *apartarse* de la impiedad *para dedicarse* a la tarea noble. Ahora bien, se produce una progresión desde lo genérico a lo específico, pues mientras la oración 7 (2Ti 2:22) se concentra en vicios y virtudes generales e internas con las que debe lidiar el lector, la oración 8 (2Ti 2:23-26) aborda concretamente el distanciamiento y el rescate del oponente.

La primera de estas oraciones (2Ti 2:22), notablemente similar a 1Ti 6:11,[63] está organizada en torno a dos imperativos de movimiento característicos de la literatura sapiencial: "huye" (*feúge*) e "intenta alcanzar" (*díōke*).[64] El vicio del que Timoteo debe huir es uno solo ("los deseos impuros de la juventud": *tás neōterikás epizumías*). La correspondencia que existe entre nuestra oración y la siguiente, sugiere pensar aquí en la inclinación juvenil a enredarse en el calor de las discusiones o en la atracción por doctrinas novedosas o impactantes (2Ti 4:3). La tarea noble es descrita en conexión con cuatro dones básicos y fundamentales para la experiencia cristiana: la rectitud, la fe, el amor, y la paz con el resto de los creyentes. La lista de dones parece estar organizada a partir de los inseparables elementos centrales (fe y amor) que nos ubican en los dos planos de relación del creyente: con Dios y con el prójimo. De estos dones centrales derivan, en forma de extensión, los elementos ubicados en los extremos (rectitud y paz). La fuerte carga escatológica que en nuestra carta impregna el concepto de rectitud o justicia (*dikaiosúnē*)[65] es equilibrada por medio del segundo don, la fe (*pístis*), por medio del cual el creyente participa hoy de la salvación (2Ti 1:5, 12-13; 3:10). Los últimos dos dones de la lista, centrados en la relación del creyente con el prójimo, llamativamente son los "antídotos" con los que Pablo contrarresta dos perversiones claves de los corintios: en contra de la pretensión de superioridad, el apóstol llama a "intentar alcanzar el amor" (*diōkete tēn agápēn,* 1Co 14:1); en contra de las distorsiones e innovaciones, el apóstol apela a conservar la catolicidad (universalidad) de la práctica y la doctrina "junto con todos los que en todas partes invocan (*sún pásin toís epikalouménois*) el nombre de nuestro Señor Jesucristo" (1Co 1:2; también 1Co 4:17; 7:17; 14:33, 36).[66] Tanto el amor (2Ti 1:7, 13; 3:10; 4:8) como la pureza (2Ti 2:21) funcionan en nuestra carta como lazos que sostienen el compromiso mutuo y la unidad de los creyentes.[67] Ambos planos de la relación del creyente (con la iglesia y con Dios) son puestos en una misma "vereda" a la que se invita al lector a sumarse. Perder uno de los planos (la justicia delante de Dios o la comunión con el resto de la iglesia) es perder el resto.

La segunda oración de nuestro párrafo (2Ti 2:23-26) repite el mismo esquema de alejamiento de la maldad ("evita": *paraitoú*; "no le corresponde": *ou deí*) y dedicación a la tarea noble ("le corresponde": *deí*). Se produce aquí el retorno a la censura inicial a contender por cuestiones de doctrina (2Ti 2:14, 16)[68] y al característico lenguaje polémico y difamatorio. Las doctrinas del oponente son llamadas "controversias tontas e ignorantes" (*mōrás kaí apaideútous dsētēseis*), calificativos que delatan la ilusoria pretensión de sabiduría por parte de los herejes.[69]

La descripción de la tarea noble (2Ti 2:24b-26) se corresponde claramente con los elementos de la censura (2Ti 2:23-24a). Frente a la ignorancia potenciada por la alucinación de los herejes,[70] el "esclavo del Señor" (*doúlos kuríou*)[71] tiene por delante una inmensa tarea pedagógica.[72] Frente a la incitación demoníaca a combatir contra el oponente hasta la destrucción, el esclavo del Señor tiene por delante la excelsa misión de rescatarlo con vida por tratarse de un prisionero del diablo. Es claro que no se trata de dos tareas diferentes, sino de una misma descripta en forma literal (tarea pedagógica) y figurada (tarea de rescate). La forma literal describe en qué consiste concretamente la tarea (enseñar la sana doctrina), la forma figurada delata la trascendencia y las implicancias de la tarea (rescatar al prisionero).

La tarea es detallada por medio de cuatro virtudes características de un obispo (1Ti 3:2-3; Tit 1:7-9), pues se intercala dos virtudes de carácter ("amable con todos": *ēpion prós pántas*[73] y "paciente": *anexíkakon*) con dos virtudes pedagógicas ("hábil para enseñar": *didaktikón* y "dispuesto a corregir con gentileza a los oponentes": *en praütēti paideúonta toús antidiatizeménous*).[74] Una vez más la habilidad para la enseñanza no reside en la capacidad de los líderes para exponer teorías complejas, sino en la sensibilidad ante el más pequeño para realmente edificarlo en la verdad.[75] Las cláusulas de propósito con las que termina nuestra oración (2Ti 2:25b-26) son lúcidas en este respecto. La primera (2Ti 2:25b), todavía formulada en términos pedagógicos, tiene una dimensión definitivamente existencial, pues no se aspira solamente a entregar información, sino a que Dios conceda el arrepentimiento (*mēpote dōē autoís ho zeós metánoian*)[76] necesario para conocer la verdad (*eis epígnōsin alēzeías*).[77] Esta frase, recordamos, funciona en las pastorales como sinónimo de conversión, de salir del engaño destructivo para acceder a la salvación.[78] La segunda cláusula de propósito (2Ti 2:26) directamente reformula el lenguaje pedagógico en términos de rescate del prisionero. Al oponente se lo describe como presa de la trampa del diablo (*hē toú diabólou pagís*) que necesita de una intervención externa para liberarse.[79] La tarea didáctica del esclavo del Señor, por tanto, es retratada como la campaña de rescate de los cautivos ("rescatados vivos de debajo de él": *edsōgrēménoi hup΄ autoú*).[80] Puesto que la trampa diabólica muestra tener íntima conexión con el engaño de la herejía (1Ti 4:1) y con la pérdida del juicio (1Ti 1:7; 6:4-5; 2Ti 3:9; Tit 1:15),[81] la liberación implica la recuperación del sentido (*ananēpsōsin*).[82] Ahora bien, el oponente mismo, como cautivo rescatado, es puesto así en condiciones para realizar la mismísima tarea noble que otrora echaba a perder (2Ti 2:19-21): "realizar la voluntad de aquel" (*eis tó ekeínou zélēma*) que le concedió la liberación.[83] Este cuadro del rescate de una esclavitud destructiva para ser puesto al servicio de Dios indudablemente recoge la estampa del éxodo, marcada a fuego en la identidad judía (Éx 13:1-2; Sal 74:2; Hendel).[84]

El discurso termina finalmente en un terreno totalmente diferente al del comienzo del párrafo. La aparente pasividad y evasión del creyente ante la actividad e invasión de terreno del oponente, es el punto de partida para la actividad e invasión de terreno enemigo de parte del esclavo del Señor. Lejos está esto de la derrota.

SÍNTESIS DEL PÁRRAFO

Después de haber dado las instrucciones "paso a paso" para que el lector entre en el campo de batalla y confronte los pequeños peligros (2Ti 2:1-13), el apóstol comienza a abordar las cuestiones de fondo respecto a los grandes peligros. El gran tema que atraviesa nuestro párrafo es el modo en que se debe luchar en el campo de batalla: no es cuerpo a cuerpo, sino tomando distancia del peligroso oponente (2Ti 2:14-18). Pero no responde a una supuesta inferioridad o fracaso (2Ti 2:19), sino a la fidelidad frente al llamamiento santo a dedicarse a la noble tarea de la piedad y de la proclamación del evangelio (2Ti 2:20-25). Éste es el campo de batalla en el que el lector debe participar para finalmente rescatar de la cautividad al mismísimo oponente (2Ti 2:26).

PROPUESTAS PRÁCTICAS

Nuestro texto aborda una temática de tremenda actualidad: ¿Cuál es la actitud que la iglesia, las familias cristianas, o el creyente a nivel individual deben tomar frente a la invasión epidémica de "otros evangelios", de doctrinas y predicaciones alternativas, de filosofías extrañas que imponen cosmovisiones diferentes a la del evangelio? ¿Debe acomodarse la iglesia a las nuevas ideas que nunca dejan de aparecer? ¿Debe encerrarse en una cápsula y apartarse para vivir en una comunidad apartada de la sociedad? ¿Debe confrontar cuerpo a cuerpo y dedicar su existencia a la discusión apologética frente a las otras doctrinas circundantes? ¿Hasta cuando?, ¿hasta dónde?

Alguien podría cuestionar alegando que el apóstol no confronta aquí (en nuestro párrafo) "todas" las falsas doctrinas que pululaban en el mundo antiguo, sino un problema interno de herejía de la iglesia de Éfeso. Correcto. Pero esa herejía no tenía sus vertientes sino precisamente en las falsas doctrinas ajenas al seno de la iglesia. Por el otro lado, ¿qué comunidad cristiana del occidente actual es inmune a la invasión "desde afuera de la iglesia" de filosofías extrañas? Ni siquiera son inmunes las comunidades que aún guardan la ilusión de mantenerse aisladas del "resto de la sociedad corrompida" como, por ejemplo, las de los menonitas.

Los mismos "grandes peligros" que corrieron Timoteo y los hombres confiables de 2Ti 2:2, lectores originales de nuestro párrafo, los corremos nosotros también:

- Aguar el evangelio y la ley para obtener la popularidad de la que disfrutan otras doctrinas.
- Abandonar el llamado positivo a proclamar el evangelio por perdernos en los laberintos de las falsas doctrinas con las que queremos discutir y a las que queremos refutar.
- Tomar distancia de todo esto pero en "modo derrota", abandonando toda confrontación por creerse perdedor frente a otras doctrinas más sofisticadas o atractivas.
- Tomar distancia de todo esto pero en un triunfalismo sectario que

abandona al mundo en su error y condena por sentirse seguro y a salvo.

El tema puede ser provechoso para ser tratado en un grupo de estudio bíblico. Se podría seguir el siguiente esquema:

a) Comenzar desarrollando los dos primeros párrafos de esta sección (Propuestas prácticas).
b) Considerar cuál de las cuatro actitudes erradas mencionadas en el párrafo anterior es nuestra "gran tentación" (nuestra tendencia frente a la vorágine de filosofías).
c) Estudiar el texto bíblico (2Ti 2:14-26).
d) Definir el planteo del texto (¿hay que tomar distancia?, ¿por qué?, ¿para qué?, ¿cómo hay que hacerlo?, ¿cómo no hay que hacerlo?).
e) Definir determinaciones concretas al respecto a ser tomadas a nivel iglesia, grupo, familia, individuo.

APUNTES TÉCNICOS

APUNTES DE LÉXICO Y SINTÁXIS

2Ti 2:14

"Hazles recordar" (ὑπομίμνῃσκε): Imperativo presente iterativo: indica indefinida repetición de un evento (Wallace: 722).

"encargándo(les)" (διαμαρτυρόμενος): BAGD (διαμαρτύρομαι.1: 186) "conjurar, advertir, encargar". Louw & Nida § 33.319 define a nuestro verbo como "ser enfático en expresar una opinión o un deseo; insistir". Participio adverbial de modo: señala cómo se ejecuta la acción del verbo "haz(les) recordar": ὑπομίμνῃσκε (Wallace:628-30).

"que (no) peleen por cuestiones de palabras" (λογομαχεῖν): BAGD (λογομαχέω: 477) "disputar por palabras, hilar fino". Louw & Nida § 33.454 define nuestro verbo como "discutir o pelear con respecto al significado o uso de palabras". Infinitivo de discurso indirecto: representa al imperativo presente de precepto general (Wallace: 724-25) con el que Timoteo sometería bajo conjuro a los hombres de confianza (Wallace: 603-05).

"que no sirve de nada, (sólo) para la destrucción" (ἐπ' οὐδὲν χρήσιμον, ἐπὶ καταστροφῇ): BAGD (χρήσιμος: 885) evidencia que el primer ἐπί es de propósito. Ahora bien, BDF § 235.4 argumenta que la yuxtaposición del ἐπί + acusativo de propósito con el ἐπί + dativo, permite que también se comprenda a este segundo como de propósito, o de resultado. Robertson (812-13), por su parte, descarta la posibilidad del ἐπί + dativo de propósito ("discutir por palabras... para traer destrucción"), considerándolo claramente como de resultado ("discutir por palabras... trayendo como resultado la destrucción").

"de los que escuchan" (τῶν ἀκουόντων): Participio sustantival independiente (Wallace: 619-21). Genitivo objetivo (Wallace: 116-19): los oyentes son el objeto directo del verbo "destruir" (καταστρέφω) implícito en el sustantivo "ruina" (καταστροφή).

2Ti 2:15

"Haz todo lo que puedas" (σπούδασον): BAGD (σπουδάζω.2: 763) "ser celoso o ávido, hacer todos los esfuerzos por". Louw & Nida § 68.83 define nuestro verbo como "hacer algo con un esfuerzo y motivación intensos; trabajar duro por, hacer lo mejor para, comprometerse con". Imperativo aoristo global: enfatiza el carácter solemne y categórico de la orden (Wallace: 720-21).

"como aprobada" (δόκιμον): BAGD (δόκιμος.1: 203) "aprobado (por medio de un examen), chequeado y verdadero, genuino". Louw & Nida § 30.115 define nuestro adjetivo de este modo: "perteneciente a ser juzgado digno o valioso sobre la base de la prueba; considerado bueno, visto como digno". Nuestro adjetivo es el complemento en la construcción de doble acusativo objeto-complemento (Wallace: 182-89): indica la cualidad con la que Timoteo debe presentarle a Dios su propia persona (σεαυτὸν).

“por presentar(le)” (παραστῆσαι): BAGD (παρίστημι.1.c: 628) ubica a nuestro texto bajo el uso paulino equivalente a “hacer” algo de alguien. Infinitivo complementario de “hacer todo lo posible por”: σπούδασον (Wallace: 598-99).

“como trabajador” (ἐργάτην): Acusativo en simple aposición a “tu propia persona” (σεαυτὸν).

“uno que enseña sin desvíos” (ὀρθοτομοῦντα): BAGD (ὀρθοτομέω: 580) propone comprender a nuestra expresión (utilizada normalmente para “cortar camino”) como “‘guiar la palabra de la verdad a través de un camino recto’ (como un camino que se dirige directamente a la meta), sin ser desviada por debates por cuestiones de palabras o conversaciones impías”. Otras posibilidades que BAGD incluye son “enseñar la palabra de una forma correcta, exponerla de forma sana, predicarla sin temor”. Louw & Nida § 33.234 define como “dar instrucción precisa; enseñar correctamente, exponer de un modo recto”. Dibelius (111) critica la interpretación tradicional de nuestro término que pone el énfasis en el verbo raíz (“cortar”: -τομέω) en lugar de enfatizar el sentido de corrección traído por el prefijo ὀρθο-. Participio sustantival independiente en aposición a “un trabajador que no tiene de qué avergonzarse”: ἐργάτην ἀνεπαίσχυντον (Wallace: 619-21).

“de la verdad” (τῆς ἀληθείας): Genitivo atributivo: designa la cualidad que tiene el mensaje al que hace referencia Pablo (Wallace: 86-88).

2Ti 2:16

“(las charlatanerías) mundanas” (βεβήλους): Louw & Nida § 88.115 y BAGD (βέβηλος: 138) “profano, mundano”. BAGD propone traducir nuestra construcción (τὰς δὲ βεβήλους κενοφωνίας) como “conversación profana y vacía”.

“charlatanerías” (κενοφωνίας): BAGD (κενοφωνία: 428) “cháchara, parloteo, conversación vana”. Louw & Nida § 33.376 define como “charla que carece de un contenido importante; charla tonta, charla vacía”. Trench (169-71) contrasta al adjetivo cognado “vacío” (κενός) con “infructífero” (μάταιος), denotando éste primero el no tener contenido o sustento alguno, mientras que el último el no tener utilidad o meta alguna.

“esquiva” (περιΐστασο): BAGD (περιΐστημι.2: 647) “rodear para evitar, evitar, huir”. Louw & Nida § 13.157 define nuestro verbo como “mantenerse alejado de quedar involucrado con alguna actividad; evitar, retenerse de hacer”. Imperativo presente de costumbre (Wallace: 722).

“aún más” (ἐπὶ πλεῖον): BAGD (ἐπί.III.3: 289) “en una medida mayor, más allá, más aún”. Por un lado BAGD (πολύς.II.2.c: 689) considera que nuestra construcción está conectada con el sustantivo “impiedad” (ἀσεβείας), significando “van a llegar a una medida aún mayor de impiedad”. Louw & Nida § 59.64 también interpreta de esta forma nuestra construcción. Por el otro lado, BAGD (προκόπτω.2: 708) conecta la frase ἐπὶ πλεῖον con el verbo “avanzarán” (προκόψουσιν), traduciendo la expresión como “hacer un progreso mayor, progresar más aún”. En vista de que la otra ocurrencia de ἐπὶ πλεῖον (2Ti 3:9) funciona en combinación con el verbo "avanzar" (προκόπτω), consideramos preferible la segunda alternativa propuesta por BAGD.

"pues" (γάρ): La posición atípica de la conjunción (en tercer lugar y no en segundo) se debe a la necesidad de no cortar al medio la construcción "más aún": ἐπὶ πλεῖον (BDF § 475.2).

"avanzarán" (προκόψουσιν): BAGD (προκόπτω.2: 708) "hacer un progreso mayor, progresar más aún". Futuro predicativo (Wallace: 568).

"hacia la impiedad" (ἀσέβειας): BAGD (ἀσέβεια: 114) "impiedad". Louw & Nida § 53.10 define nuestro sustantivo como "vivir de un modo contrario a las creencias y prácticas religiosas apropiadas". BAGD (πολύς.II.2.c: 689) propone comprender a nuestro genitivo como partitivo: "medida de impiedad". Roberston traduce como un genitivo de referencia ("avanzarán más en la impiedad"). Consideramos que se trata más bien de un genitivo de destino (Wallace: 100-01).

2Ti 2:17

"de ellos" (αὐτῶν): Genitivo subjetivo (Wallace: 113-16): ellos son el sujeto del verbo "decir, enseñar" (λέγω) implícito en el sustantivo "enseñanza" (λόγος).

"gangrena" (γάγγραινα): BAGD (γάγγραινα: 149) "gangrena, cáncer de úlceras que hacen metástasis". Louw & Nida § 23.165 define nuestro sustantivo como "una enfermedad que implica una severa inflamación y posiblemente una diseminación cancerígena de úlceras que carcomen carne y huesos". Louw & Nida traduce "lo que ellos enseñan se diseminará como cáncer".

"se extenderá" (νομὴν ἕξει): BAGD (νομή.2: 541) señala que el lenguaje médico tomó la figura del rebaño desparramado en un campo para pastar, para referirse a la "diseminación de una úlcera".

"De éstos" (ὧν): Genitivo partitivo (Wallace: 84-86).

"son" (ἐστιν): Nuestro verbo es singular puesto que, por preceder a los dos sustantivos a los que modifica, concuerda con el número del primer sustantivo: Ὑμέναιος (BDF § 135.1.a).

2Ti 2:18

"quienes" (οἵτινες): BAGD (ὅστις.3: 587) considera que el nuestro es uno de los casos en los que el pronombre relativo indefinido es usado como equivalente del pronombre relativo definido (ὅς) "el que".

"perdieron la marca" (ἠστόχησαν): BAGD (ἀστοχέω: 118) "perder la marca, fallar, desviarse". BAGD señala que nuestro verbo toma la frase preposicional περί + acusativo para indicar con respecto a qué se pierde la marca. Louw & Nida § 31.68 define nuestro verbo de este modo: "perderse como resultado de apartarse de la verdad; abandonar la verdad, perder el camino". Louw & Nida traduce "algunos perdieron su camino con respecto a la verdad". Aoristo consumativo: enfatiza el cese de una actividad o estado (Wallace: 559-61).

"enseñando" (λέγοντες): BAGD (λέγω.II.1.e: 469) "sostener, declarar, proclamar como enseñanza". Participio adverbial de medio: indica en qué consistió la pérdida de la marca de Himeneo y Fileto (Wallace: 628-30).

"ha tenido lugar" (γεγονέναι): BAGD (γίνομαι.3: 158) "tener lugar, suceder". Perfecto extensivo o consumativo: enfatiza el carácter completo de la acción (Wallace: 577). Infinitivo de discurso indirecto (Wallace: 603-05). Wallace señala que el infinitivo de discurso indirecto retiene el tiempo verbal del discurso directo.

"de modo que" (καί): Consideramos que la fuerza de nuestra conjunción es de resultado (Smyth § 2874).

"están convulsionando" (ἀνατρέπουσιν): BAGD (ἀνατρέπω.2: 62) "hacer caer, dar vuelta, destruir". Louw & Nida § 31.72 define nuestro verbo como "causar serias dificultades o problemas con respecto a la fe". BAGD propone traducir "ellos están convulsionando la fe de algunos". Liddell & Scout (ἀνατρέπω.I.3: 124) indica que en el ámbito de la argumentación, nuestro verbo es utilizado como "refutar". Presente de costumbre (Wallace: 520-21).

2Ti 2:19

"No obstante" (μέντοι): Smyth § 2917 señala que nuestra partícula es al mismo tiempo aseverativa ("ciertamente") y adversativa ("pero"). μέντοι toma el segundo lugar por ser pospositiva. BAGD (μέντοι.2: 503) traduce "no obstante el fundamento firme permanece en pie". Louw & Nida § 89.130 define nuestra partícula como "indicador de contraste, implicando la validez de algo sin importar otras consideraciones".

"sólido" (στερεός): BAGD (στέρεος.1: 766) "firme, sólido, fuerte". Louw & Nida § 79.7 define nuestro adjetivo como "perteneciente a ser sólido o firme en contraste con aquello que es blando o líquido".

"fundamento" (θεμέλιος): BAGD (θεμέλιος.2.b: 356) "fundamento", ubica a nuestro uso bajo la entrada referente a "los requisitos indispensables para que algo llegue a existir o suceder".

"puesto por Dios" (τοῦ θεοῦ): Puede tratarse de un genitivo subjetivo (Wallace: 113-16) o de un genitivo de producción / productor (Wallace: 104-06). El primer caso se da si se considera la conexión del sustantivo "fundamento" (θεμέλιος) con el verbo "poner un fundamento" (θεμελιόω). El segundo se da en caso de que no se reconozca una raíz verbal en el sustantivo principal: "el fundamento preparado por Dios".

"permanece inamovible" (ἕστηκεν): BAGD (ἵστημι.II.2.c.α: 382) propone nuestra traducción. Louw & Nida § 13.29 define nuestro verbo como "continuar firmemente o bien establecido en un estado particular; permanecer firmemente, continuar inamovible". Perfecto con fuerza presente: la acción pasada equivale a los resultados (Wallace: 579-80).

"pues tiene (gravada)" (ἔχων): Participio adjetival (dependiente de "fundamento": θεμέλιος) en segunda posición predicativa: "el fundamento de Dios que porta la siguiente marca" (Wallace: 308, 618-19).

"esta inscripción" (τὴν σφραγῖδα):Tanto Louw & Nida § 33.57 como BAGD (σφραγίς.1.c: 796) consideran que se trata de un uso metafórico de la marca dejada por un sello: "marca, inscripción".

"conoce" (ἔγνω): Aoristo gnómico: "usado... para presentar un hecho atemporal y general... no se refiere a un evento particular que sucedió en algún momento, sino a un evento genérico que ciertamente sucede" (Wallace: 562). La posible diferencia con el presente gnómico reside en que éste se concentra en la continuidad del evento, mientras que el aoristo gnómico simplemente afirma su realidad.

"a los que son" (τοὺς ὄντας): Participio sustantival (independiente) (Wallace: 619-21).

"suyos" (αὐτοῦ): Genitivo posesivo (Wallace: 81-83).

"debe alejarse" (ἀποστήτω): BAGD (ἀφίστημι.2.b: 127) "mantenerse alejado (en un sentido moral)". Louw & Nida § 34.41 define nuestro verbo como "evitar intencionalmente toda asociación con alguien".

Imperativo aoristo global: enfatiza el carácter solemne y categórico del mandato (Wallace: 720-21).

"de la maldad" (ἀδικίας): BAGD (ἀδικία.2: 18) "injusticia, perversión, maldad". Genitivo de separación (Wallace: 107-09).

"todo el que" (πᾶς): BAGD (πᾶς.1.c.γ: 632) indica que a menudo πᾶς + participio equivale a "cualquiera que".

"el que invoca" (ὁ ὀνομάζων): BAGD (ὀνομάζω.2: 574) "nombrar un nombre" (hebraísmo). Louw & Nida § 53.62 considera que toda nuestra construcción (ὀνομάζω τὸ ὄνομα κυρίου) es una frase idiomática que significa: "emplear el nombre del Señor como evidencia de que uno le rinde culto". Louw & Nida traduce "cualquiera que dice pertenecer al Señor debe alejarse de la maldad". Participio sustantival independiente (Wallace: 619-21).

2Ti 2:20

"-" (δέ): Nuestra conjunción es una δέ conectiva o copulativa: sin fuerza adversativa (Wallace: 671). Smyth § 2836 señala que δέ "es la partícula común usada para conectar sucesivas cláusulas u oraciones que añaden algo nuevo o diferente, pero no opuesto, a lo que precede".

"no sólo... sino también" (οὐ μόνον... ἀλλὰ καί): BAGD (ἀλλά.1.a: 38) señala que nuestra construcción es utilizada para marcar un contraste con fuerza ascendente.

"hay" (ἔστιν): Presente gnómico (Wallace: 523-25).

"recipientes" (σκεύη): BAGD (σκεῦος.1.b: 754) señala que el nuestro es un uso más específico que el genérico "cosa": "vasija, jarra, plato". Louw & Nida § 6.118 define de este modo nuestro sustantivo: "un término altamente genérico para cualquier clase de jarra, pote, canasto o vasija; contenedor".

"y aunque algunos... otros" (ἃ μὲν... ἃ δέ): BAGD (μέν.1.c: 503) señala que éste es uno de los casos en los que nuestra construcción no es utilizada para marcar oposición entre dos pensamientos, sino una clara distinción entre dos elementos: "algunos... otros". Smyth § 2904 indica que nuestra construcción puede tener cierta fuerza concesiva: "aunque... igualmente..."

"para" (εἰς): εἰς de propósito (Wallace: 369). BAGD (εἰς.4.d: 229) dice que nuestra categoría señala "la vocación, el uso o la finalidad". BAGD traduce "un recipiente pensado / preparado para un uso honorable o deshonroso".

"(un uso) honroso" (τιμήν): BAGD (τιμή.2.b: 817) traduce "para honor" y señala que "un recipiente es honrado (o deshonrado) por el uso para el que es puesto".

2Ti 2:21

"si" (ἐὰν): Oración condicional de tercera clase; futuro más vívido: señala la posible ocurrencia de algo específico en futuro (Wallace: 696-99).

"Ahora bien" (οὖν): Nuestra conjunción indica la recapitulación del tema de la última cita del AT ("Todo el que invoca el nombre del Señor...") después de que el apóstol introdujera el ejemplo de los recipientes hogareños (BDF § 451.1).

"se limpia" (ἐκκαθάρῃ ἑαυτόν): BAGD (ἐκκαθαίρω.2: 240) traduce "limpiarse uno mismo de algo". Louw & Nida § 79.50 define como "hacer que algo quede limpio quitando aquello que es impuro o sucio". Aoristo consumativo (Wallace: 559-61). Smyth § 2325 indica que el uso de aoristo en la prótasis (la primera cláusula) de la oración condicional implica que se considera la acción de nuestro verbo como completa para que la acción de la apódosis (la segunda cláusula de la oración) llegue a cumplirse.

"de estas cosas" (ἀπὸ τούτων): Robertson (1989: 814-15) considera que el referente de nuestra frase son los "recipientes preparados para un uso deshonroso". Consideramos que se trata, más bien, de las tareas y condiciones de preparación de los recipientes y no de éstos. BAGD (οὗτος.1.b.α: 597) señala que el pronombre demostrativo plural neutro es usado en ciertos casos como sumario de lo que precede.

"será" (ἔσται): Futuro gnómico: "La idea no es que un evento particular va a suceder, sino que tales eventos suceden en la vida" (Wallace: 571).

"consagrado" (ἡγιασμένον): BAGD (ἁγιάζω.2: 8) "consagrar, dedicar, santificar". Louw & Nida § 53.44 define nuestro verbo como "dedicar al servicio de, y lealtad a la deidad". Tanto nuestro participio, como "puesto en condiciones" (ἡτοιμασμένον) son participios adjetivales (dependientes de "recipiente": σκεῦος) en cuarta posición atributiva: sustantivo + adjetivo (Wallace: 310-11, 618). Perfecto intensivo o resultativo: enfatiza el resultado permanente por sobre la acción pasada (Wallace: 574-76).

"para su dueño" (τῷ δεσπότῃ): BAGD (δεσπότης: 176) "dueño". Louw & Nida § 57.13 traduce como "dedicado y útil a su señor". Consideramos que, desde un punto de vista semántico, es correcta la propuesta de Louw & Nida, pero no lo es para la traducción ya que pierde de vista el lenguaje metafórico. Dativo ético: "habla de algo que es cierto... sólo con referencia a aquél cuya identidad... es presentada en el dativo. Por tanto, no habla de absolutos, sino de un punto de vista particular" (Wallace: 146-47).

"cualquier clase de" (πᾶν): Tanto Smyth § 1174 como BAGD (πᾶς.1.a.β: 631) "toda clase de".

"tarea noble" (ἔργον ἀγαθόν): BAGD (ἀγαθός.1.b.β: 3) traduce "buena obra". Consideramos que el discurso aún se encuentra dentro de la metáfora de "purificación de utensilios", por lo que preferimos traducir en lenguaje metafórico, considerando la propuesta de BAGD como correcta *interpretación* del referente final de la metáfora, pero no como una correcta *traducción* de la metáfora.

2Ti 2:22

"-" (δέ): Nuestra partícula es transicional: marca el cierre de la metáfora de los recipientes (2Ti 2:20-21), y el consecuente cambio a una nueva sección (Wallace: 674).

"deseos impuros" (ἐπιθυμίαις): Louw & Nida § 25.20 define nuestro uso como "desear muy fuertemente tener lo que le pertenece a otro y/o intervenir en una actividad moralmente viciosa". BAGD (ἐπιθυμία.3: 293) señala que nuestra categoría se refiere "en un mal sentido a un deseo por algo prohibido". BAGD traduce "deseos juveniles".

"huye" (φεῦγε): BAGD (φεύγω.3: 856) presenta las dos siguientes aclaraciones: a) nuestro verbo toma el caso acusativo para indicar aquello de lo que se huye; b) nuestro verbo es usado aquí en un sentido moral. Louw & Nida § 13.161 traduce "evita los deseos impuros de la juventud". Presente de costumbre: mandato que apunta a la formación del carácter (Wallace: 722).

"intenta alcanzar" (δίωκε): BAGD (διώκω.4.b: 201) "perseguir, esforzarse por, buscar, aspirar a". Presente de costumbre: mandato que apunta a la formación del carácter (Wallace: 722).

"con" (μετά): BAGD (μετά.A.II.3.b: 509) no ubica a nuestro uso bajo la categoría que denota compañía, sino más bien reciprocidad.

"los que invocan" (τῶν ἐπικαλουμένων): BAGD (ἐπικαλέω.2.a.β: 294) "invocar (una divinidad)". Louw & Nida § 11.28 considera que este tipo de uso de la forma pasiva de "invocar" (ἐπικαλέω) es una expresión idiomática derivada del AT, cuyo sentido es "ser reconocido como pertenencia de aquél cuyo nombre es invocado sobre un individuo; ser el pueblo de (Dios)". Participio sustantival independiente (Wallace: 619-21). Presente de costumbre: en última instancia, hace referencia –como Louw & Nida señala– al estado de pertenencia al Señor (Wallace: 521-22).

"puro" (καθαρᾶς): BAGD (καθαρός.3.b: 388) "puro (en un sentido moral y religioso), libre de pecado". Louw & Nida § 53.29 define nuestro adjetivo como "perteneciente a ser ritualmente limpio o puro".

"corazón" (καρδίας): BAGD (καρδία.1.b.α: 403) señala que nuestro sustantivo es usado en el sentido amplio de "centro desde el cual surge la vida interior toda". BAGD relaciona nuestra construcción (ἐκ... καρδίας: a partir de un corazón...) con el significado "desde el fondo del corazón = sinceramente". Genitivo de origen (Wallace: 109-10).

2Ti 2:23

"tontas" (μωρὰς): BAGD (μωρός.2: 531) "tonto, estúpido". Louw & Nida § 32.58 define nuestro adjetivo como "perteneciente a pensamientos carentes de comprensión y, por lo tanto, tontos, sin sentido".

"ignorantes" (ἀπαιδεύτους): BAGD (ἀπαίδευτος: 79) "sin instrucción, ignorante". BAGD traduce "especulaciones estúpidas". Louw & Nida § 27.25 define nuestro adjetivo como "perteneciente a aquello o aquél que es incapaz de reflejar una instrucción o entrenamiento formal".

"controversias" (ζητήσεις): BAGD (ζήτησις.1 y 2: 339) "investigación (respecto a problemas teológicos o religiosos), controversia". Louw & Nida § 33.440 define nuestro sustantivo de este modo: "expresar fuertemente diferencias de opinión sin tener necesariamente la presunta meta de alcanzar una solución".

"evita" (παραιτοῦ): BAGD (παραιτέομαι.2.b: 616) "rechazar, evitar". Louw & Nida § 27.60 define a nuestra entrada de este modo: "no prestar atención a algo; negarse a prestar atención a, evitar, no prestar atención a". Presente de costumbre: mandato que apunta a la formación del carácter (Wallace: 722).

"sabiendo" (εἰδὼς): Participio adverbial de modo: señala bajo qué impresión es realizada la acción del verbo principal ("evita": παραιτοῦ – Wallace: 627-28). Es claro, al mismo tiempo, que nuestro participio adverbial tiene fuerza de causa: señala la razón no de mandato, sino de la obediencia (Wallace: 631-32).

"producen" (γεννῶσιν): BAGD (γεννάω.3: 155) "traer, producir, causar". Louw & Nida § 13.129 define nuestro verbo como "hacer que algo suceda, con la implicancia del resultado de circunstancias existentes". Louw & Nida traduce "sabiendo que incitan o producen pelas". Presente gnómico (Wallace: 523-25).

"choques amargos" (μάχας): BAGD (μάχη: 496) "en nuestra literatura es usada sólo en plural y con respecto a batallas peleadas sin armas: luchas, peleas, disputas". Louw & Nida § 39.23 define nuestro sustantivo como "un conflicto serio, ya sea físico o no, pero claramente intenso y amargo; grave choque, lucha".

2Ti 2:24

"A un esclavo" (δοῦλον): BAGD (δοῦλος.4: 206) aboga por traducir "esclavo" en lugar de "siervo, sirviente", atribuyendo esta desviación a problemas contemporáneos con respecto al tema (particularmente conectados con nuestro continente). Acusativo de sujeto del infinitivo "ser pendenciero" (μάχεσθαι – Wallace: 192-97).

"del Señor" (κυρίου): Genitivo de posesión (Wallace: 81-83).

"le corresponde" (δεῖ): BAGD (δεῖ.6: 172) ubica a nuestro texto bajo la entrada que corresponde a la "compulsión de lo que corresponde". Presente gnómico: aseveración universal y atemporal (Wallace: 523-25).

"ser pendenciero" (μάχεσθαι): BAGD (μάχομαι.2: 496) propone traducir el uso absoluto (sin modificadores) como "ser pendenciero". Infinitivo subjetivo: funciona como sujeto del verbo impersonal "corresponde" (δεῖ – Wallace: 600-01).

"amable" (ἤπιον): BAGD (ἤπιος: 348) traduce "amable con todos". Louw & Nida § 88.61 define nuestro adjetivo como "perteneciente a ser gentil, con la implicancia de la amabilidad". Louw & Nida traduce "el siervo del Señor no debe pelear, debe ser gentil para con todos". Nótese la posición enfática de nuestro adjetivo, especialmente considerando que es el primero de una serie. Tanto nuestro adjetivo como los dos siguientes ("hábil para enseñar" –διδακτικόν– y "paciente –ἀνεξίκακον–) y el participio adjetival "(dispuesto a) corregir" (παιδεύοντα) están en segunda posición predicativa en relación a "esclavo" (δοῦλον – Wallace: 311).

"-" (εἶναι): Nuevamente se trata de un infinitivo subjetivo que funciona como sujeto del elíptico (omitido para evitar repetición) verbo impersonal "corresponde, es necesario que" (δεῖ – Wallace: 600-01).

"paciente" (ἀνεξίκακον): BAGD (ἀνεξίκακος: 65) "que soporta la maldad sin resentimiento, paciente". Louw & Nida § 25.170 define a nuestro adjetivo como "perteneciente a soportar dificultades sin enojarse o alterarse".

2Ti 2:25

"gentileza" (πραΰτητι): BAGD (πραΰτης: 699) "gentileza, humildad, cortesía, consideración, suavidad". Louw & Nida § 88.59 define nuestro sustantivo como "gentileza de actitud y comportamiento en contraste con aspereza en el trato con otros". Trench (147) distingue a nuestro sustantivo del sentido de "mansedumbre" (ἐπιεικής) en cuanto que se tiene "mansedumbre" (πραΰτης) no sólo en relación con inferiores, sino con todos. Trench (143-44) define nuestro sustantivo como "el temple del espíritu que acepta" con paciencia lo que Dios y los humanos hacen con uno, considerándolo todo en un buen sentido. Nótese la posición enfática de nuestro sustantivo. ἐν y dativo de modo (Wallace: 161-62, 372).

"(dispuesto a) corregir" (παιδεύοντα): BAGD (παιδεύω.2.a: 603) "corregir, dar guía a alguien". Louw & Nida § 36.10 define nuestro verbo como "entrenar a alguien de acuerdo con las reglas de conducta y comportamiento apropiadas; disciplinar". Louw & Nida, tomando a nuestro participio como adverbial, traduce "el siervo del Señor... debe ser gentil al disciplinar a sus oponentes". Trench (105-08) contrasta el sustantivo cognado "disciplina" (παιδεία) con "amonestación" (νουθεσία), señalando que, mientras el último denota un "entrenamiento por medio de las palabras", "disciplina" (παιδεία) denota un "entrenamiento por medio de los actos". Trench rechaza la traducción "instrucción", en vista de que esto sería limitarse al campo intelectual, cuando en realidad en "disciplina" (παιδεία) están incluidos la corrección, el castigo y "rectificación" (ἐπανόρθωσις). Participio adjetival (dependiente de "esclavo": δοῦλον – Wallace: 618-19).

"a los oponentes" (τοὺς ἀντιδιατιθεμένους): BAGD (ἀντιδιατίθημι: 74) "oponerse a, estar opuesto a". Louw & Nida § 39.1 define nuestro verbo como "oponerse a alguien, implicando no sólo una actitud psicológica, sino también el correspondiente comportamiento". Participio sustantival (Wallace: 619-21).

"(buscando ver) si" (μήποτε): BDF § 370.3 señala que en muchos casos la partícula "no" (μή) pierde totalmente su fuerza negativa y toma el sentido de "por si acaso, (a ver) si posiblemente". Smyth § 2674 indica que esta traducción corresponde a los casos –como el nuestro– en que la construcción se refiere a *algo esperado* y no a algo *temido*. Nuestra expresión funciona con verbos de ver o considerar, tal como traduce BAGD (μήποτε 3.b.β: 519): "(viendo) si acaso Dios no les concede arrepentimiento".

"les concede" (δώῃ): Forma del subjuntivo muy utilizada por Pablo. Normalmente la forma de 3° singular, aoristo subjuntivo de "dar" (δίδωμι) es *dō* (δῷ). Tanto nuestro verbo como "si se recuperan" (ἀνανήψωσιν) son subjuntivos de propósito (Smyth § 2674).

"un arrepentimiento que (los) lleve a" (μετάνοιαν εἰς): BAGD (εἰς.6.a: 230) traduce nuestra construcción como: "volverse a (la proclamación, Mt 13:41)". El uso de la preposición εἰς con verbos de cambio es ubicado por BAGD bajo la categoría de meta o destino (BAGD, εἰς.4.b: 229). BAGD (μετάνοια: 512) menciona tres ocurrencias de nuestra construcción (Lc 24:47; Hch 20:21 y 1Cl VII.6) y traduce como "arrepentimiento que lleva a".

"conocer" (ἐπίγνωσιν): BAGD (ἐπίγνωσις: 291) propone para nuestro texto "conocimiento de la verdad". Preferimos traducir trayendo a primer plano la fuerza verbal de "el conocer" (ἐπίγνωσις) antes que su carácter sustantival.

"la verdad" (ἀληθείας): Genitivo objetivo: Nuestro sustantivo funcionaría como objeto directo del verbo implícito en "el conocer": ἐπίγνωσις (Wallace: 116-19).

2Ti 2:26

"se recuperan (de la trampa) soporífera" (ἀνανήψωσιν): BAGD (ἀνανήφω: 58) traduce "recuperar el sentido (y escapar) de la red del diablo". Louw & Nida § 30.27 define como "volver a un estado mental apropiado; recuperar el sentido" y aclara que "puede ser expresado como 'pensar nuevamente bien' o 'ya no tener pensamientos turbios'". Liddell & Stott (ἀνανήφω.1: 114) "recuperarse del sopor". Lograr una traducción fiel a la estructura y al sentido de cada elemento muestra aquí cierta complejidad: o se inserta un verbo como lo hace BAGD, o debemos transferirle a "la trampa" (τῆς παγίδος) el elemento de conciencia / inconciencia inherente a nuestro verbo. Para evitar multiplicar las oraciones de una construcción compleja como la nuestra, optamos por la segunda alternativa. Subjuntivo de propósito.

"la trampa" (τῆς παγίδος): Louw & Nida incluye tres diferentes entradas: a) trampa, red (§ 6.23); b) peligro (§ 21.4); c) control, dominio (§ 37.15). BAGD (παγίς.2: 602) ubica a nuestro texto en la entrada de sentido figurado referente a "cosas que producen riesgo de muerte en forma repentina e inesperada". Traducimos "trampa", pero manteniendo la fuerza simbólica de control bajo el dominio del diablo y su riesgo correspondiente. ἐκ ("de") + genitivo de separación (Wallace: 107-09).

"del diablo" (τοῦ διαβόλου): Genitivo posesivo: la trampa es puesta por, y le pertenece al diablo (Wallace: 81-83).

"después de haber sido rescatados vivos de debajo de él para (realizar) la voluntad de aquél" (ἐζωγρημένοι ὑπ' αὐτοῦ εἰς τὸ ἐκείνου θέλημα): Nuestra cláusula presenta grandes problemas de referente. Las interpretaciones que se han ofrecido son de las más diversas. Junto con Wallace (329), consideramos que la dificultad de interpretar el sentido del texto no debe llevarnos en primera instancia a forzar el uso normal de ciertas palabras. Descartamos, por tanto, el tratamiento forzado que se ha hecho de los pronombres "él" (αὐτοῦ) y "aquél" (ἐκείνου) para resolver el sentido de nuestra frase.

1) "él" (αὐτοῦ): Wallace señala que los comentarios antiguos tienden a considerar que el referente de nuestro pronombre personal es "el esclavo del Señor" (δοῦλον κυρίου) de 2Ti 2:24. Se interpreta que el siervo del Señor es agente de la captura ("rescatados por él": ἐζωγρημένοι ὑπ' αὐτοῦ).

2) "aquél" (ἐκείνου):

a) Quienes hacen la interpretación recién mencionada, toman como referente del pronombre demostrativo a "el Señor" (κυρίου) de 2Ti 2:24. De modo que el sentido de la oración completa sería que "el siervo del Señor... debe estar dispuesto a guiar con gentileza a los opositores... después de haber sido rescatados por él (por el siervo) para que hagan la voluntad de aquél (del Señor)".

b) Actualmente se considera que ambos pronombres personales tienen como referente al diablo (Hendriksen, 1979: 313, nota 149). Hanson (143) señala que el pronombre demostrativo es usado en ocasiones para referirse a personalidades bien conocidas con cierta connotación desfavorable, de modo que propone entender la expresión como significando "ya sabemos quién": el diablo.

c) BAGD (ζωγρέω: 340), por su parte, propone que el referente de "aquél" (ἐκείνου) también es el diablo, cuya traducción debería ser simplemente "él", ya que considera que se trata de uno de los casos de debilitamiento del sentido propio de ἐκεῖνος (BDF § 291.6). Ahora bien, mientras este uso debilitado de ἐκεῖνος es evidente en el evangelio de Juan, en Pablo es poco probado.

Consideramos más apropiado encontrar el antecedente de "él" (αὐτός) en el candidato más cercano (el diablo) y mientras el de "aquél" (ἐκεῖνος) en el más distante (Dios). Así también lo entiende Crisóstomo (*hom. in 2 Tim.* VI: 498). Debe tomarse en cuenta, a su vez, el uso paulino del vocablo "voluntad" (θέλημα). De las 23 ocurrencias de "voluntad" (θέλημα) en el corpus paulino (sin contar la nuestra), solamente 2 veces se trata del propósito de un hombre (1Co 7:37; 16:2), 1 sola de los deseos de la carne (Ef 2:3) y 20 veces el referente es la voluntad de Dios o de Cristo. Pese a que hablar de hacer la voluntad del diablo en un contexto de cautiverio bajo el poder del diablo no sería de ningún modo sorprendente hablar de realizar la voluntad del diablo (concepto cercano al de Ef 2:3). De todos modos, la evidencia estadística es más que clara. Este cierre con un giro positivo, por otra parte, presenta clara correspondencia con el resto del contexto: 2Ti 2:20-21; 3:1-9, 10-17.

"después de haber sido rescatados vivos" (ἐζωγρημένοι): BAGD (ζωγρέω: 340) "capturar vivo". Louw & Nida § 37.1 define nuestro verbo como "tener bajo control y seguir reteniendo". BAGD traduce "habiendo sido tenidos cautivos por él (el diablo) para realizar su voluntad (la del diablo)". Louw & Nida traduce "habiendo estado controlados por él para hacer su voluntad". Liddell & Scott (ζωγρέω.I: 758) define nuestro verbo como "tomar, capturar vivo, tomar cautivo en lugar de matar a alguien". Liddell & Scott (ζωγρέω.II: 758) incluye este otro sentido: "restaurar la vida y la fuerza de alguien, revivir". Lc 5:10 usa nuestro verbo en este sentido para referirse al ministerio apostólico: "No temas; desde ahora serás pescador de hombres" (Μὴ φοβοῦ· ἀπὸ τοῦ νῦν ἀνθρώπους ἔσῃ ζωγρῶν).

Esto abre la posibilidad para comprender nuestro texto de dos formas diferentes:

a) "si recuperan el sentido, (siendo liberados) de la trampa del diablo después de haber sido *hechos cautivos por él*, para realizar la voluntad de aquél".
b) "si recuperan el sentido, (siendo liberados) de la trampa del diablo después de haber sido *rescatados vivos de debajo de él*, para realizar la voluntad de aquél".

Cada opción presenta sus dificultades y sus fortalezas:

La primera interpretación (tomada en forma sistemática por los comentaristas y las versiones bíblicas) queda atrapada en el problema de referentes de los pronombres "él" (αὐτοῦ) y "aquél" (ἐκείνου). Para presentar un flujo lógico del discurso, ambos pronombres deben señalar al diablo (opción que rechazamos). Robertson, por otro lado, propone correctamente que "aquél" (ἐκείνου) hace referencia a Dios, pero se ve forzado a conectar la frase preposicional-εἰς ("para realizar la voluntad de aquél") con "si recuperan el sentido".

La segunda interpretación tiene en su contra la inclinación paulina de usar la construcción ὑπό + genitivo como de agencia (Wallace: 126-27, 389) y no como locativa (Smyth § 1698.1.a; Liddell & Scott, ὑπό.I: 1873). De 47 ocurrencias (dejando de lado la nuestra), sólo 1 caso (Ro 16:20) corresponde evidentemente a la categoría locativa ("debajo de") y 43 a la categoría de agencia ("por"). 3 casos (Ro 13:1 [x2]; 2Co 1:11) podrían ser interpretados de un modo o del otro. Esto demuestra lo poco común (aunque no absolutamente extraño) de la interpretación de ὑπό + genitivo de la segunda interpretación.

Consideramos a las dos alternativas como viables. De todos modos nos inclinamos por la segunda opción especialmente por ofrecer una estructura más natural del discurso. En este caso, el agente (tácito) del participio adverbial "ser tenidos / tomados cautivos" (ἐζωγρημένοι) lógicamente no sería el diablo, sino Dios o el esclavo del Señor.

El uso que el AT hace de nuestro concepto inclina la balanza a favor de la segunda alternativa. El énfasis del verbo (o del sustantivo cognado) no está puesto en la opresión de vivir en esclavitud, sino en la compasión mostrada hacia la persona a la que se le perdona la vida (con la excepción de 2Cr 25:12 y 2Mac 12:35). Es claro, de todos modos, que en la mayoría de los casos, la persona a la que se le perdona la vida debe prestar servicios como esclavo (Nm 31:15, 35; Dt 2:34; 20:16; Jos 9:20; 2S 8:2). Josué (Jos 2:13; 6:25) interpreta nuestro verbo en términos de "salvar de la muerte" (ἐξελεῖσθε τὴν ψυχήν μου ἐκ θανάτου), sin siquiera una connotación de esclavitud posterior.

Participio adverbial de tiempo: "después de haber sido rescatados vivos / sido hechos cautivos" (Wallace: 623-26). La fuerza del tiempo perfecto depende de la interpretación por la que se opte. La primera alternativa demanda un perfecto intensivo: el énfasis es puesto en el estado de cautividad al que los somete el diablo (Wallace: 574-76). La segunda interpretación requiere que el perfecto sea extensivo: el énfasis está puesto en el momento de la captura / rescate más que en el estado resultante (Wallace: 577).

APUNTES CRÍTICO-TEXTUALES

Para la ubicación geográfica y temporal de cada testigo de 2Ti ver Apéndice IX (p. 477).

2Ti 2:14: Algunos manuscritos reemplazan "delante de Dios" (ἐνώπιον τοῦ θεοῦ) por:
a) "delante del Señor" (ἐνώπιον τοῦ κυρίου).
b) "delante de Cristo" (ἐνώπιον τοῦ Χριστοῦ).

1) **Por evidencia interna:** El escriba de la primera variante (a) introduce una expresión que, pese a que no es extraña para el corpus paulino (2Co 8:21), sí lo es para las pastorales. Es incierto, no obstante, la razón por la que se reemplaza una típica expresión paulina (ἐνώπιον τοῦ θεοῦ es usada 8 veces) por ésta, menos común. Posiblemente el escriba tenga interés en darle a Cristo el lugar que Pablo le da a Dios (ver 2Ti 1:6 –2º reemplazo–).
El escriba de la variante b), posiblemente trabajando en base a la primera variante, cambia el significante (la palabra) referido a la segunda persona de la trinidad, para acomodar el texto original a una forma más común para las pastorales (ἐνώπιον τοῦ θεοῦ καὶ Χριστοῦ Ἰησοῦ aparece 3 veces en nuestras cartas: 1Ti 5:21; 6:13; 2Ti 4:1).

2) **Por evidencia externa:** Éste es el soporte de cada alternativa:
- El texto original es sustentado por los códigos Sinaítico (א), Ephraemi Syri Rescriptus (C), Boreelianus (F), Boernerianus (G) y Freerianus (I), los minúsculos 614 629 630 1175, el manuscrito latino a, algunos manuscritos de la Vulgata, una nota marginal de la versión siríaca Harklensis y algunos manuscritos de las versiones cópticas Sahídica y Bohaírica.
- La variante a) es apoyada por los códigos Alejandrino (A), Claromontanus

(D) y Athous Lavrensis (Ψ), el mayúsculo 048, los minúsculos 1739 y 1881, el texto mayoritario (𝔐), el manuscrito latino b, la Vulgata, las versiones siríaca y algunos manuscritos de las versiones cópticas Sahídica y Bohaírica.
- La variante b), por su parte, es sustentada por el minúsculo 206.

El texto original muestra tener un sustento superior a la única variante significativa desde la evidencia externa (a).

2Ti 2:14: Algunos manuscritos reemplazan el infinitivo "(Hazles recordar) que no peleen por cuestiones de palabras" (λογομαχεῖν) por el imperativo del mismo verbo (λογομάχει).

1) **Por evidencia interna:** El cambio puede deberse ya sea a una omisión por descuido o –más posiblemente– a una acomodación del texto para resolver la lectura problemática producida por la falta de sujeto del infinitivo. BDF § 389 considera que la variante es la mejor lectura del texto.
2) **Por evidencia externa:** Éste es el soporte de cada alternativa:
- El texto original es sustentado por los códices Sinaítico (א), Claromontanus (D), Boreelianus (F), Boernerianus (G), Freerianus (I) y Athous Lavrensis (Ψ), por la tercera corrección del códex Ephraemi Syri Rescriptus (C), los minúsculos 33 1739 y 1881, el texto mayoritario (𝔐), la versión siríaca y Clemente de Alejandría.
- La variante se apoya sobre el testimonio del códex Alejandrino (A), el original del códex Ephraemi Syri Rescriptus (C), el minúsculo 1175 y toda la tradición latina.

Es evidente la ventaja que presenta el texto original, particularmente en su mayor distribución geográfica.

2Ti 2:14: Algunos manuscritos reemplazan la preposición ἐπί ("que no sirve de nada": ἐπ' οὐδὲν χρήσιμον) por εἰς.

1) **Por evidencia interna:** El escriba intenta aclarar el texto original reemplazando una estructura poco común para denotar propósito, por otra más frecuente.
2) **Por evidencia externa:** Éste es el soporte de cada alternativa:
- El texto original se apoya sobre los códigos Sinaítico (א), Alejandrino (A), Ephraemi Syri Rescriptus (C), Boreelianus (F), Boernerianus (G), Freerianus (I), Porphyrianus (P), el mayúsculo 048 y los minúsculos 33 1175 1241.
- La variante es sustentada por la segunda corrección del códex Sinaítico (א), los códigos Claromontanus (D) y Athous Lavrensis (Ψ), los minúsculos 1739 y 1881 y el texto mayoritario (𝔐).

La superioridad de soporte que presenta el texto original es innegable.

2Ti 2:16: Algunos manuscritos reemplazan "charlatanerías" (κενοφωνίας) por "jergas / noticias novedosas" (καινοφωνίας).

1) **Por evidencia interna:** El escriba confundió las letras ε y αι por parecido fonético (BDF § 22). Podría tratarse, de todos modos, de un cambio intencional.
2) **Por evidencia externa:** Es significativamente pobre el sustento que presenta la variante: los códigos Boreelianus (F) y Boernerianus (G) y los manuscritos latinos b d.

2Ti 2:18: Algunos manuscritos omiten el artículo definido "la (resurrección)" (τὴν).

1) **Por evidencia interna:** El escriba acomoda el texto original a su concepto radical de escatología-no-realizada. El escriba hace que Pablo condene incluso un concepto de realización parcial de la resurrección, de hecho coherente con la teología paulina (Ro 6:4; Ef 2:5-6; Col 2:12-13): "los que se desviaron con respecto a la verdad al decir que *una* resurrección ya sucedió".
2) **Por evidencia externa:** Éste es el soporte que presenta cada una de las alternativas:
   - El texto original es sustentado por los Alejandrino (A), Ephraemi Syri Rescriptus (C), Claromontanus (D) y Athous Lavrensis (Ψ), los minúsculos 1739 y 1881, el texto mayoritario (𝔐) y Nestle-Aland 27º.
   - La variante se apoya sobre el testimonio de los códigos Sinaítico (א), Boreelianus (F) y Boernerianus (G), el mayúsculo 048, el minúsculo 33 y Nestle-Aland 25º.

El sustento del texto original evidencia superioridad.

2Ti 2:19: Un manuscrito inserta "todos" (πάντα) antes de "los que son suyos" (τοὺς ὄντας αὐτοῦ).

1) **Por evidencia interna:** Es posible que el escriba conozca alguna variante del AT que contenga la inserción, o intente concordar esta parte de la cita con la siguiente ("Todo el que invoca el nombre del Señor": πᾶς ὁ ὀνομάζων τὸ ὄνομα κυρίου).
2) **Por evidencia externa:** Pese al peso del códex Sinaítico (א), su soledad demuestra lo espurio de la variante.

2Ti 2:21: Algunos manuscritos insertan la conjunción "y" (καί) antes de la frase "útil para su dueño" (εὔχρηστον τῷ δεσπότῃ).

1) **Por evidencia interna:** El escriba corrige el *asíndeton* (falta de conjunción) del texto original.
2) **Por evidencia externa:** Éste es el soporte de cada alternativa:
   - El texto original es sustentado por los códigos Alejandrino (A), Boreelianus (F) y Boernerianus (G), la segunda corrección del códex Ephraemi Syri Rescriptus (C), el original de los códigos Sinaítico (א) y Claromontanus (D), el mayúsculo 048, los minúsculos 33 y 629, la versión latina antigua (it) y Ambrosiaster.
   - La variante, por su parte, es sustentada por la segunda corrección del códex Sinaítico (א), la primera corrección del códex Claromontanus (D), el original del códex Ephraemi Syri Rescriptus (C), el códex Athous Lavrensis (Ψ), los minúsculos 1739 y 1881, el texto mayoritario (𝔐), la mayor parte de la tradición latina, la versión siríaca Harklensis y Orígenes.

Es clara la superioridad de soporte que presenta el texto original.

2Ti 2:22: Algunos manuscritos reemplazan la frase "con los que invocan al Señor" (μετὰ τῶν ἐπικαλουμένων τὸν κύριον) por:

a) "con los que invocan al Señor" (μετὰ ἐπικαλουμένων τὸν κύριον) – omisión del artículo definido τῶν.

b) "con todos los que invocan al Señor" (μετὰ πάντων τῶν ἐπικαλουμένων τὸν κύριον) – inserción del adjetivo πάντων.

c) "con todos los que aman al Señor" (μετὰ πάντων τῶν ἀγαπώντων τὸν κύριον).

1) **Por evidencia interna:** El escriba de la variante a) comete omisión posiblemente por descuido. El escriba de la variante b) acomoda el texto original a la forma corriente en que se designa a los creyentes cuando se usa la frase πᾶς + ἐπικαλεῖν + acusativo divino (Ro 10:12; 1Co 1:2). Finalmente, el escriba de la variante c) inserta un concepto normal en Pablo (Ef 6:24; 2Ti 4:8), quizá para hacer coordinar nuestra designación de los creyentes con la de 2Ti 4:8.

2) **Por evidencia externa:** Éste es el apoyo de cada alternativa:
- El texto original es sustentado por los códigos Sinaítico (א), Claromontanus (D) y Athous Lavrensis (Ψ), los minúsculos 1739 y 1881, el texto mayoritario (𝔐), gran parte de la tradición latina, la versión siríaca Peshitta y parte de la versión cóptica Bohaírica.
- La variante a) se apoya en el testimonio de los códigos Boreelianus (F) y Boernerianus (G).
- La variante b) en el de los códigos Ephraemi Syri Rescriptus (C) y Freerianus (I), el mayúsculos 048, los minúsculos 33 81 104 326 y las versiones siríaca Harklensis y cópticas Sahídica y parte de la Bohaírica.
- La variante c), finalmente, es sustentada por el códex Alejandrino (A).

Es clara la superioridad del sustento del texto original.

2Ti 2:24: Algunos manuscritos reemplazan "amable" (ἤπιον) por "infantil / inmaduro" (νήπιον).

1) **Por evidencia interna:** El escriba reemplaza el *hapax legomenon* (que sucede una única vez en el NT) por un término utilizado en algunas oportunidades en el corpus paulino. Es significativo, no obstante, que Pablo siempre usa "infantil / inmaduro" (νήπιος) en forma despectiva (Ro 2:20; 1Co 3:1; 13:11; Gá 4:1, 3; Ef 4:14), excepto en 1Ts 2:7, donde el apóstol habla de la mansedumbre y la suavidad con la que trató a la congregación. El escriba, lógicamente, recolecta este texto para definir el tipo de ministerio que debe desarrollar Timoteo.

2) **Por evidencia externa:** Éste es el sustento presentado por cada alternativa:
- El texto original es registrado en los códigos Sinaítico (א), Alejandrino (A), Ephraemi Syri Rescriptus (C) y Athous Lavrensis (Ψ), la segunda corrección del códex Claromontanus (D), el mayúsculo 048, los minúsculos 33 1739 1881, el texto mayoritario (𝔐) y las versiones siríaca y cóptica.
- La variante, por su parte, es sustentada por el original del códex Claromontanus (D) y los códigos Boreelianus (F) y Boernerianus (G).

Es clara la insuficiencia de soporte que presenta la variante.

2Ti 2:25: Algunos manuscritos reemplazan una forma del subjuntivo "si les concede" (δώῃ) por otra: δῷ.

1) **Por evidencia interna:** El escriba acomoda el texto original al uso lingüístico

de su tiempo y lugar. BDF § 95.2 señala que la forma del subjuntivo δῷ era más corriente que la usada por Pablo (δώῃ). El optativo, por otro lado, durante el siglo 1 dC tomaba la forma de δωίη, pero a partir del siglo 2 dC, cambió por la forma δώῃ. El escriba (lógicamente posterior al siglo 1 dC) espera encontrar en nuestro texto un subjuntivo (δῷ) y halla la forma optativa δώῃ, sin notar que se trata precisamente de la forma subjuntiva utilizada por el apóstol.

2) **Por evidencia externa:** Éste es el soporte que presenta cada alternativa:
- El texto original es sustentado por los códigos Alejandrino (A), Boreelianus (F), Boernerianus (G) y Athous Lavrensis (Ψ), el original de los códigos Sinaítico (א) y Claromontanus (D) y los minúsculos 81 y 104.
- La variante es apoyada por la segunda corrección de los códigos Sinaítico (א) y Claromontanus (D), los minúsculos 33 1739 y 1881 y el texto mayoritario (𝔐).

El pobre sustento de la variante evidencia su carácter corrupto.

NOTAS

DISTANCIA Y ATAQUE

1. La Mishná *Berakhot* 61b describe una situación similar: "Cierta vez el régimen perverso (de Roma) les prohibió a los judíos estudiar la Torá. Pappus ben Judá de pronto encontró al Rabbí Aquiba organizando igualmente grupos para el estudio público de la Tora. 'Aquiba', le dijo, '¿No le temes al régimen?' Él le dijo: 'Déjame responderte con una comparación. Es como un zorro que caminaba al lado de la orilla del río cuando vio un grupo de peces moviéndose de un lugar al otro. Él les preguntó: '¿De qué están escapando?' Ellos respondieron: 'De las redes que los humanos echan sobre nosotros'. Él les dijo, entonces: '¿No les gustaría subir a tierra firme para que yo viva con ustedes, como lo hicieron alguna vez mis ancestros?' Ellos respondieron: '¿Se supone que tú eres el más astuto de los animales? ¡Tú no eres astuto sino estúpido! Pues si hay peligro en el lugar donde siempre vivimos, ¿acaso no habrá más peligro aún en el lugar donde tenemos que morir?' De esta forma sucede con nosotros ahora, pues nos sentamos y estudiamos la Tora, acerca de la cual se dice 'ella es tu vida y el largo de tus días' (Dt 30:20). Si llegamos a abandonarla, correríamos un peligro mucho mayor" (Kugel: 524-25).

2. Para una elaboración de la estrategia pedagógica a través de la memoria ver comentario a Tit 3:1.

3. Para análisis del conjuro como estrategia retórica ver comentario a 1Ti 5:21-22.

4. 1QS IX demanda la misma actitud de parte del maestro de la comunidad para con los de afuera. Pero el motivo no es el de protegerse de las estrategias del oponente, sino el de marcar la distinción entre los de adentro y los de afuera de la comunidad: "No reprenderá a los hombres del Pozo ni discutirá con ellos. Él esconderá la enseñanza de la ley de los hombres del engaño pero impartirá el verdadero conocimiento y un juicio recto a aquellos que hayan escogido el Camino... él les enseñará a hacer todo lo que fuere necesario en aquél tiempo y a separarse de todos los que no hayan rechazado la impiedad."

   Ignacio de Antioquía (siglo 2 dC) presenta una exhortación similar a la de nuestro párrafo: "Es necesario, por tanto, huir de éstos, no hablar de ellos ni privadamente ni en público coloquio; antes al contrario, atender a los profetas y principalmente al evangelio, en el cual se nos ha revelado la pasión y demostrado perfectamente la resurrección. Huid de la discordia, como principio de (muchos) males"

(*Esm.* VII).

5. Nótese el contraste que se produce aquí con aquellos textos que hacen referencia a la edificación y salvación que genera la sana doctrina (1Ti 1:4-5; 4:7-8, 16; Tit 3:8).

6. Consideramos, no obstante, que ninguno de los dos sectores (Timoteo y los hombres confiables) son perdidos totalmente de vista a lo largo del párrafo).

7. Si bien el verbo "presentarse" (*parístēmi*) se mueve entre los campos semánticos jurídicos (Ro 14:10), sacrificiales (Ro 12:1) y de otra clase de entrega para el servicio (Ro 6:13, 16, 19; 16:2), no sucede lo mismo con el término "aprobado" (*dókimos*), que pertenece claramente al lenguaje jurídico (Haarbeck).

8. Para el concepto de "falta de vergüenza" ver comentario a 2Ti 1:8 (p. 86).

9. Las confesiones luteranas comprenden a nuestro texto como referente a la distinción entre ley y evangelio (ACA IV.188; FC V.2; FC DS V.1). Este sentido no es propio del texto ya que se basa sobre la comprensión etimológica errada del verbo "enseñar sin desvíos" (*orzotoméō*) prevaleciente en el pasado ("cortar en forma [cor]recta"). Dibelius (111) demuestra que la combinación del prefijo "sin desvíos" (*orzo-*) con el verbo "cortar" (*toméō*) hace que el énfasis no caiga sobre el verbo (dividir, cortar), sino sobre el prefijo (en forma recta). Ahora bien, la aplicación que tiene este texto, igualmente permite aprovechar un concepto valioso de la teología luterana como la distinción entre ley y evangelio para describir una enseñanza de la Palabra sin desvíos.

10. La predicación de Pablo es descripta como "mensaje de la verdad" (*ho lógos tēs alēzeías*) en el discurso apologético de 2Co 6:7, donde el apóstol enlista las características por las que su ministerio no es causa de tropiezo para nadie. Ef 1:13 y Col 1:5 amplifican más nuestra frase: Ef señala que se trata del evangelio que le trajo salvación a los lectores y por medio del cual fueron marcados con el sello del Espíritu Santo como garantía de la herencia a recibir. Col nuevamente indica que el "mensaje de la verdad" no es sino el evangelio, mensaje que está dando frutos en todo el mundo, y que da conocimiento certero de la gracia de Dios.

11. Para este género literario ver comentario a 1Ti 4:1-5.

12. Betz (68, nota 114) indica que el concepto del progreso (*prokóptein / prokopē*), característico de la filosofía griega, hizo su ingreso en la iglesia primitiva ya en los primeros años (Lc 2:52; Gá 1:14; Fil 1:12, 25; 2Cl 17:3).

13. Dibelius (111) señala que la imagen de la gangrena es tan popular en el mundo antiguo que no implica aquí que el autor recibió información especial al respecto de un especialista en medicina, tal como algunos intérpretes sugieren, señalando que fue Lucas.

14. La descripción de la decadencia presente en forma de visión apocalíptica es característica del genero (ver comentario a 1Ti 4:1-5).

15. Fileto es mencionado en los Hechos de Santiago el Grande (siglo 6 dC). Fileto abandona a su compañero Hermógenes (ver 2Ti 1:15) para seguir al apóstol Santiago, lo que desata la ira de su perverso amigo que lo hechiza para entorpecer su nuevo camino. Fileto finalmente es liberado por el apóstol (Elliott: 527). Liddell & Scott (suplemento: 306) menciona un tal Fileto (*Fílētos*) de Pisidia del siglo 2 dC.

16. Dibelius (111) identifica a nuestro Himeneo con el de 1Ti 1:20, y supone que aún no fue entregado a Satanás; de modo que, en el caso de que uno considere algún tipo de trasfondo histórico de las cartas, este elemento sugeriría –según Dibelius– que nuestra carta es anterior a 1Ti (!). Preferimos la conjetura de Guthrie (1990b: 161), quien sugiere que Himeneo, al ser excomulgado, cambió su campo de influencia y comenzó a convulsionar a los creyentes desde afuera de las reuniones "oficiales". Esto estaría en consonancia con lo oculto del *modus operandi* de los falsos maestros denunciado en 2Ti 3:6.

17. Nótese el contraste que se sigue marcando entre lo que debe hacer Timoteo ("enseñar sin desvíos el mensaje de la verdad": *orzotomoúnta tón lógon tēs alēzeías*) y la descripción de los oponentes ("perdieron la marca en relación a la verdad": *perí tón alēzeian ēstójēsan*). Para una descripción similar de la apostasía de los falsos maestros ver 1Ti 1:5-6; 4:1; 6:5, 21; 2Ti 4:4; Tit 1:14.

18. Ver también Ro 6:1-11; 7:4-6; 2Co 5:14-15; Ef 5:14; Col 3:1. La mayoría de los textos que presentan una escatología y resurrección ya realizada están conectados con el Bautismo y sus implicancias éticas.

19. Ver Apéndice V – El concepto de historia en las pastorales (p. 455).

20. Harris (148) comprende que en el corpus paulino se manejan tres clases de "resurrecciones": a) Cristo resucitado *de entre* los muertos *a* la inmortalidad; b) los creyentes resucitados con Cristo *de* la esclavitud al pecado *a* la novedad de vida; c) los creyentes resucitarán *de entre* los muertos *a* la inmortalidad.

21. La misma formulación negativa es atribuida por algunos padres apostólicos a algunos sectores gnósticos. Policarpo (*Pol. Fil.* VII) advierte a los filipenses en contra de varias falsas doctrinas gnósticas diciendo: "El que pervierte los oráculos del Señor en beneficio de sus propios malos deseos y dice que no hay resurrección ni juicio, éste es el primogénito de Satanás" (*kaí hós án mezodéē tá lógia toú kuríou prós tás idías epizumías kaí légē mēte anástasin mēte krísin, hoútos prōtótokós esti toú satanā́*). Ireneo (*haer.* III.3-4) señala que Policarpo le atribuye este mismo título (primogénito de Satanás) a Marción.

    Justino (*Dial.* LXXX) describe una herejía similar diciendo: "Ellos dicen que no hay resurrección de los muertos, sino que en el mismo instante de la muerte, sus almas son llevadas al cielo" (*légousi mē eínai nekrōn anástasin, all´ háma tō apoznēskein tás psujás autōn analambáneszai eis tón ouranón*).

22. En los Hechos de Pablo (siglo 2 dC) se relata que los falsos maestros Simón y Cleobio predican en Corinto "que no hay resurrección de la carne sino sólo del

espíritu, y que el cuerpo humano no es creación de Dios" (*A. Paul.* VIII). Contra esta herejía, el mismo escrito apócrifo señala que Pablo escribió su respuesta en 3Co: "para aquellos que les dicen a ustedes que no hay resurrección de la carne, no habrá resurrección" (*A. Paul.* VIII). Ireneo (*haer.* II.31-32) refuta una herejía similar en su *Refutación y destrucción de la falsamente llamada Gnosis* sostenida por los seguidores de Simón y Carpócrates. Estos sostienen que no es posible revivir a un muerto. El *Ev. Thom.* LI, por su parte, relata el siguiente diálogo entre Jesús y sus discípulos: "Le dijeron: ¿Cuándo volverán a la existencia el resto de los muertos? ¿En qué día vendrá el nuevo mundo? Él les dijo: Lo que ustedes esperan, ya ha venido, pero ustedes no lo conocen."

23. Los valentinianos afirmaban que era el momento en que se recibía la gnosis salvadora cuando sucedía la verdadera y definitiva resurrección (Di Berardino, I: 954). *A. Thom.* CXXXII, por ejemplo, entiende al Bautismo, la Unción y la Eucaristía como ritos de iniciación que proveen inmortalidad.

24. Ireneo (*haer.* I.23) describe detalladamente la herejía que Menandro (siglo 2 dC) tomó de su maestro, Simón el mago, en estos términos: "Él también (del mismo modo que Simón), tal como lo afirma, otorga por medio de esa magia que enseña el conocimiento para esto: que uno pueda vencer a esos mismos ángeles que hicieron el mundo; pues sus discípulos obtienen la resurrección al ser bautizados en él, y ya no pueden morir, sino que permanecen en posesión de la juventud inmortal." Justino mártir (*1Apol.* I.26.4) señala que este Menander "convenció a sus seguidores de que nunca morirían".

El Evangelio de Felipe, documento valentiniano del siglo 2 dC, afirma: "Aquellos que dicen que primero morirán y recién entonces resucitarán están equivocados. Si no reciben primero la resurrección mientras aún están con vida, cuando mueran no recibirán nada. Así también hablan acerca del Bautismo diciendo: 'El Bautismo es una gran cosa; pues si la gente lo recibe va a vivir'. Felipe, el apóstol dijo: 'José el carpintero plantó un jardín porque necesitaba madera para su negocio. Fue él quien preparó la cruz de sus propios árboles. De modo que su propia simiente estuvo colgada de aquello que él plantó. Su simiente fue Jesús, y la siembra fue una cruz. Pero el árbol de la vida está en medio del paraíso. Se trata de un olivo, del que sale la unción. Por medio de ésta vino la resurrección'" (*Ev. Fel.* XC-XCII).

Demas y Hermógenes, los falsos discípulos de Pablo en los Hechos de Pablo (siglo 2 dC), sostienen que la resurrección "ya tuvo lugar en los hijos que tenemos (*hóti ēdē gégonen ef´ hoís éjomen téknois*), y que hemos resucitado en cuanto que conocimos la verdad de Dios" (*A. Paul.* III.14).

25. Robinson considera que Pablo tuvo una marcada tendencia hacia una escatología realizada (en la que la vida "en el Espíritu" jugó un papel fundamental). Tanto el gnosticismo como la ortodoxia, según él, son desviaciones posteriores del concepto paulino. "Aparentemente la experiencia que hoy es llamada *regeneración* bautismal, un término nunca usado en el tiempo apostólico, era designada por algunos corintios como *resurrección* bautismal. Por esto, el desarrollo máximo de

la salvación personal era obtenido en la misma iniciación y no necesitaba estar reservado para el fin, cuya relevancia –e incluso su realidad– tendería a desaparecer" (Robinson: 17). Colin Brown (1983c: 203), por su parte, asevera que el concepto paulino "en Cristo" o "con Cristo" (?) sirvió para desligar algunos de los vínculos que ligaban la resurrección a la expectativa apocalíptica.

26. Bolt (66-70) señala que en el mundo greco-romano hubo dos conceptos dominantes respecto del destino del alma después de la muerte: a) la aniquilación total (epicúreos y estoicos) y b) el traslado del alma a una región beatífica (platónicos). Séneca (*Ep. Mor.* CII.22) expresa este segundo concepto griego así: "Dejaré el cuerpo aquí, donde lo encontré, y me transportaré por mi propia voluntad hasta los dioses. No es que esté apartado de ellos ahora, sino que estoy detenido en una opresiva prisión de este mundo."

27. En los cultos de misterio, el rito bautismal de iniciación proveía al adepto participación en la muerte y resurrección de la deidad (McDonald y Porter: 85). El gran "logro" de las religiones de misterio fue poner al alcance del pueblo lo que hasta entonces había quedado limitado a la clase aristocrática: la promoción de un muerto para que su alma alcance inmortalidad. Aunque los pitagóricos ampliaron el espectro de candidatos a la inmortalidad, originalmente limitada sólo a los emperadores (la "apoteosis del emperador"), de todos modos esto siguió siendo una prerrogativa de pocos (Bolt: 72-76).

28. Bauckham (1998a: 86) demuestra que el concepto judío de resurrección de los muertos de ningún modo está ligado a un concepto antropológico, sino a una certeza teológica. Los muertos resucitan porque Dios es "el Creador soberano, el Juez justo, el Padre fiel a su pueblo". El Israel del siglo 1 dC, no obstante, no queda intacto de la influencia griega, sino que en algunos casos también diluye la gravedad de la muerte física moldeando su esperanza en términos de inmortalidad del alma (Sir 19:19; Sab 3:1-4; 15:8; Jubileo II.24; 4Mac 7:18-19; 13:16; 15:2; 16:25; 17:5, 8; *Ant.* XVIII.1.5).

29. Algo similar sucede en el caso más promisorio de las religiones egipcias: "¿Qué significó para Osiris ser 'levantado de entre los muertos'? Simplemente que, gracias a la ayuda de Isis, logra experimentar más allá de la tumba una vida que es casi una réplica perfecta de la existencia terrenal. Pero nunca va a aparecer entre los vivos, sino que va a reinar sólo sobre los muertos... Este dios revivido es, en realidad, un dios 'momia'" (de Vaux: 236).

30. "Pero la mortalidad se convierte en mortífera en forma poderosa y en alianza con el pecado, cuando llega a ser la orientación de la vida. La mortalidad se transforma en muerte cuando uno vive de acuerdo con sus criterios, cuando la convierte en rectora de su vida, o malogra su existencia negándola o enmascarándola. Es así como uno se convierte en esclavo de la muerte, al ser ésta la influencia que da sentido a la vida. En tal caso es el enemigo final del hombre y debe ser destruido. Las buenas nuevas de la resurrección en el Nuevo Testamento se relacionan con esta cualidad mortífera de la mortalidad del hombre. La resurrección... no implica

una excepción a la mortalidad. Más bien la presupone. No es un acontecimiento que niegue la mortalidad, más bien le arrebata su mordiente y esclavizante efecto sobre las vidas humanas" (Braaten, 1974: 70).

31. Éste fue un gran dilema para la iglesia de los siglos 3 y 4 dC, debido a que una gran cantidad de "creyentes" utilizó en forma suicida a la persecución del imperio para escaparse de este mundo. Ver San Agustín (*Civ. Dei* I.19-27).

32. Käsemann (1969a: 65) indica que en la teología de los corintios, y podríamos decir sin dudarlo de los efesios también, la soteriología desbancó totalmente a la cristología: "Ellos no escucharon nada en la proclamación acerca del señorío de Cristo, excepto en relación con lo que él le dio a su pueblo. En verdad, él (Cristo) se volvió el agente e instrumento de la gracia... Ya no significó nada como Señor de la vida individual, como Juez de nuestra conducta, como el Exaltado a quien servimos. Esto significa que lo que ahora tenía importancia no era Cristo mismo, sino solamente su don."

33. Braaten (1969: 74) señala correctamente que la negación de la realidad de la resurrección le quita a Dios la definición que él escogió para sí mismo en el NT: "el que levantó a Cristo de entre los muertos", "el que da vida a los muertos y llama a la existencia aquello que no era".

34. El tema que ya viene atravesando todo el capítulo 2 de nuestra carta aquí salta a primer plano: la trascendencia divina por sobre nuestras flaquezas y debilidades: la prisión encarcela a Pablo, no al mensaje (2:9); nuestra infidelidad no lo hace infiel al Señor (2:13); la impiedad sacude la fe de muchos, pero no el sólido fundamento divino (2:19).

35. El mismo efecto retórico sucede en los rollos Qumrán (Vermes: 40), donde normalmente se describe a la secta con una "Casa de Santidad", "Casa de Perfección y Verdad" (1QS VIII.5, 9), "Casa de la Ley" (CD XIX.10, 13) y una "Casa Segura" (CD III.19) y se compara a la piedra angular de Is 28:16 con la comunidad misma.

36. Knight (415) considera que el referente de "fundamento" no es el evangelio, sino la iglesia, considerando la metáfora de "casa / familia" predominante en las pastorales. Blunck (246) entiende que el fundamento sobre el que persiste la iglesia es doble aquí: el acto divino en Cristo (como en el resto del corpus paulino), pero también la dedicación constante de la iglesia en apartarse de la impureza. Hendriksen (1979: 301) presenta tres posibles interpretaciones (la elección desde la eternidad, Cristo mismo y la iglesia) y opta por la última.

37. Aunque no está fuera de las posibilidades que el genitivo de Ef 2:20 ("edificados sobre el fundamento de los apóstoles y los profetas": *epioikodomēzéntes epí tō zemelíō tōn apostólōn kaí profētōn*) sea entendido como de aposición (los apóstoles y profetas son el fundamento sobre el que es edificada la iglesia), es preferible entenderlo como un genitivo subjetivo (los apóstoles y los profetas son los que ponen el fundamento que es Cristo, Wallace: 100). Incluso en el caso de que se opte por el genitivo de aposición, Ef 2:20 debe ser entendido en la misma línea que Mt

16:18: el apóstol (Pedro) sobre el que Cristo edifica su iglesia no es fundamento sino en virtud de aquello que confiesa: Jesús el Cristo.

38. La inscripción gravada sobre esta piedra servía ya sea para distinguirla del resto (Ap 21:14; Dibelius: 112) o para señalar a quién pertenecía o se dedicaba su construcción. Freedmann (545) indica, por ejemplo, que en las excavaciones realizadas en Éfeso se encontró un fragmento de columna del templo de Artemisa con la inscripción "donado por el rey Creso", tal como lo reporta Herodoto (*Hist.* I.92).

39. Es de destacar que la historia de la rebelión de Coré toca los siguientes puntos que entran en escena en nuestro párrafo:
 a) Los rebeldes son líderes elegidos por la comunidad (Nm 16:2).
 b) Moisés los acusa de haber "ido demasiado lejos" (Nm 16:7).
 c) Los rebeldes distorsionan la promesa poniéndola en el pasado (Nm 16:13).
 d) El Señor pide a sus siervos que se aparten de los rebeldes (Nm 16:21).
 e) Moisés y Aarón piden a la gente que se aparte de los rebeldes y que no toquen nada que les pertenezca, pues van a la destrucción (Nm 16:26).
 f) Moisés y Aarón, acusados de destruir al pueblo (Nm 16:41-42), terminan rescatándolos de la destrucción (Nm 16:46-48).

40. De hecho, los contados seguidores de Coré eran nada menos que representantes de gran parte del pueblo. La gran dimensión numérica de la rebelión de Coré no se deja percibir sino hacia el final del capítulo (Nm 16:49). Josefo (*Ant.* IV.12) entiende que la muerte sobrenatural de Coré delata que la suya fue la más grande de todas las sediciones, ya que puso en riesgo de destrucción a todo el pueblo de Israel.

41. Probablemente Pablo esté trabajando en base a una versión de la LXX que reza "Señor" (*kúrios*) en vez de "Dios" (*zeoú*), considerando que el TM dice "Yahvé" (יהוה).

42. La *Declaración Sólida* (FC DS XI.43-47), después de conectar nuestro texto con la doctrina de la predestinación, señala que la función propia de esta verdad es dar consuelo y certeza de la salvación a aquellos creyentes que son golpeados "por la astucia y el poder del diablo y del mundo pecador". Ver también FC DS XI.90-91.

43. Las *Odas de Salomón* VIII.14-16 presentan una promesa similar a la de nuestro texto: "Pues yo no doy vuelta la cara de aquellos que me pertenecen, pues yo los conozco, antes de que lleguen a existir yo tomo conocimiento de ellos y pongo mi sello en sus rostros" (Rutherford, 1927: 124).

44. Es posible que Pablo esté aludiendo a (o citando en forma explícita) alguno de los siguientes textos:

 a) Job 36:10 (LXX), cuarto discurso de Eliú, en el que defiende la trascendencia divina frente al Job que acusa. Eliú aclara aquí, que pese a su trascendencia, Dios no pierde contacto con el justo: "Pero al justo lo oirá, pues ha dicho que se alejarán de la maldad" [traducción nuestra] (*allá toú dikaíou eisakoúsetai kaí eípen hóti epistrafēsontai ex adikías*).

b) Sir 17:26, texto en el que, después de anunciar el inevitable juicio divino ante el que todos los humanos tendrán que rendir cuentas, el autor invita a la conversión para recibir perdón: "Vuélvete al Altísimo y apártate de la injusticia" (*kaí apóstrefe apó adikías*).

c) Sir 35:3, instrucción que mantiene la tensión entre un culto ritual y un culto moral. Después de delatar lo inútil de la ofrenda ritual carente de un comportamiento digno (Sir 34:18-26), el autor pide en nuestro segundo párrafo (Sir 35:1-3) elevar un culto moral, en base al cual finalmente (Sir 35:4-10) sí invita a la ofrenda ritual. "Apartarse del mal es complacer al Señor, sacrificio de expiación apartarse de la injusticia" (*eudokía kuríou apostēnai apó ponērías, kaí exilasmós apostēnai apó adikías*).

45. Is 26:13 comienza a forjar esta designación del creyente en el canto de victoria para el día de la liberación de Judá. Como en los capítulos circundantes, la confianza en la salvación obrada por Dios es puesta en nuestro texto en contraposición con la debilidad de los pequeños refugios humanos (ciudades, ejércitos, reyes): "Oh Señor, nuestro Dios: tómanos como tu propiedad, Señor. Fuera de ti no conocemos a otro; invocamos tu nombre" (*kúrie ho zeós hēmōn ktēsai hēmás kúrie, ektós soú állon ouk oídamen, tó ónomá sou enomádsomen* – traducción nuestra).

46. Guthrie (1990b: 162-63) considera que el destinatario de la primera inscripción son Timoteo y los fieles (a los que se da aliento), mientras que los destinatarios de la segunda son Himeneo, Fileto y sus seguidores (a los que se advierte y amenaza). Consideramos que ambas inscripciones (consuelo y advertencia) están dirigidas a aquellos que aún forman parte de la iglesia.

47. Resuena aquí la temática del ejemplo cotidiano del soldado en servicio de 2Ti 2:4.

48. Probablemente Pablo esté pensando aquí en una casa de clase alta (*domus*), que normalmente seguía el modelo griego o italiano posicionando los numerosos cuartos alrededor de un patio central (Ferguson: 128). Freedmann (545) describe las imponentes casas desenterradas en las excavaciones arqueológicas realizadas en Éfeso. Una de las residencias (de 20 x 20 m.) probablemente perteneció al procónsul.

    Pese a que 2Ti 2:21 describe la función de los recipientes de la casa en términos rituales ("consagrado": *hēgiasménon*), consideramos que el templo queda igualmente fuera de toda posibilidad como referente de la metáfora. El que usa los recipientes no es el sacerdote, sino el dueño o amo de la casa. Por el otro lado, nunca se usa *oikía* para el templo, salvo en dos Salmos que comparan al templo con un palacio o una morada (Sal 83:4; 100:7 LXX) y en Zac 5:11, donde *oikía* es usada para el "templo" pagano de Babilonia que se dedicaría a la maldad como diosa.

49. Schmidt (64) considera que la "casa" de 2Ti 2:20 es la iglesia, cuyo fundamento fue mencionado 2Ti 2:19. La continuidad de la metáfora arquitectural es innegable. No obstante, la mención del fundamento en 2Ti 2:19 no compele a entender a nuestra casa como parte de la misma estampa. Crisóstomo (*hom. in 2 Tim.* VI: 496), en el otro extremo, niega toda posibilidad de que se trate de la iglesia,

lógicamente por estar a más de un milenio de la aparición del binomio "iglesia visible-invisible": "Pues no creas –así oro– que se refiere a la iglesia; pues allí no habría ningún recipiente de madera o de arcilla, sino todos de oro o plata, pues es el cuerpo de Cristo, es aquella 'virgen pura, sin manchas o arrugas o nada de esa clase'."

50. No cualquier casa habrá tenido recipientes que van desde el oro hasta la arcilla.

51. En este caso, surge el interrogante de si acaso la casa grande tiene alguna conexión con el lugar de culto y reunión de la iglesia primitiva.

52. En Mr 3:27 Jesús compara al mundo dominado por el diablo con una casa (*oikía*) y a aquellos que viene a arrebatarle al enemigo con los artefactos (*skeúos*) de la casa. En Mr 13:34-35 El dueño de la casa (*kúrios tē̄s oikías*) es el Jesús que se ausenta y deja a cargo de sus asuntos a los suyos.

53. Es claro que la lista de diferentes materiales con los que cada uno construye de 1Co 3:10-15 presenta diferencias insalvables (Hendriksen, 1979: 305): 1Co 3 se refiere al tipo de ministerio que los siervos de Cristo realizan, 2Ti 2 al tipo de ministro que es cada maestro. No obstante, probablemente nuestro texto presupone que lo que en 1Co 3 se hace con cada construcción se hará con cada ministro (prueba que destruye o confirma).

54. Los objetos de oro y plata (*tá skeúē jrusá kaí argurá*) son los que abundan en el santuario y el templo de Israel (Éx 35:22; 1R 7:34; 10:21; 15:15; 2Cr 24:14; Esd 1:6-11; 5:14). Ahora bien, hay otros dos usos que normalmente reciben esta clase de objetos: son el botín de guerra (Éx 3:22; 11:2; 12:35; Nm 31:50; 2R 24:13) y el tributo que el vasallo paga al soberano (1S 6:8, 15; 2S 8:10; 1R 10:25). Es indudable que, pese a que la misma producción del oro y la plata consistía en un proceso de purificación del material, de todos modos no es el *material mismo* lo que lo hace ritualmente puro, sino *su dedicación* al servicio en el templo. Ahora bien, la entrega preferencial de esta clase de objetos al servicio en el templo responde a que Dios es visto como soberano (al que se le debe el mejor tributo) y conquistador (propietario del botín de guerra).

55. Dos escribas del siglo 2 aC dispusieron que los utensilios de vidrio eran susceptibles de contraer impureza ritual (Jeremias, 1980: 52). Del mismo modo, la madera también podía ser impura dependiendo del lugar de origen (Jeremias, 1980: 67). Lv 11:32; 15:12 proveen las instrucciones necesarias para purificar los utensilios de madera (*skeúos xúlinon*) y de barro (*skeúos ostrákinon*).

56. Esta conexión hace Knight (418) y es la que impide a Crisóstomo toda posibilidad de entender a la casa como metáfora de la iglesia (ver nota 47, arriba).

57. Ejemplo de esto es la historia que narra Dn 5:1-4, en la que Belsasar usa las copas y tazones de oro y plata que Nabucodonosor trajo del templo de Jerusalén para celebrar una fiesta orgiástica en honor de los dioses (confeccionados con los mismos materiales). Ap 17:4 toma la imagen de Jer 51:7 de la copa de oro (*potē̄rion*

jrusoún) en la que se encuentran las impurezas (*tá akázarta*) y perversiones del imperio enemigo del pueblo de Dios. En la Carta de Jeremías (Bar 1:58) el profeta ridiculiza a los falsos dioses de Babilonia hechos de oro y plata de este modo: "Es mucho mejor ser... un utensilio provechoso en una casa, del cual se sirve su dueño, que no estos falsos dioses" (*ōste kreísson eínai... skeúos en oikía jrēsimon ef' hō jrēsetai ho kektēménos ē hoi pseudeís zeoí*).

58. Sab 15:7 no sólo entiende la utilidad de la arcilla para tareas deshonrosas, sino también para el uso de tareas puras: "Un alfarero trabaja laboriosamente la tierra blanda y moldea diversas piezas, todas para nuestro uso; unas van destinadas a usos nobles, otras al contrario (*all' ek toú autoú pēloú aneplásato tá te tōn kazarōn érgōn doúla skeúē tá te enantía*), pero todas las modela de igual manera y de la misma arcilla."

59. Lane (684-85) señala que el mismo concepto aparece en la literatura rabínica, en la que se asevera que, del mismo modo en que el vino no puede ser guardado en un recipiente de oro o de plata, sino que debe ser guardado en el recipiente más vulgar (el de arcilla), del mismo modo sucede con la Tora, solamente puede ser guardada en aquel que se comprende a sí mismo como un recipiente de arcilla (Sifre Dt 48 – 84a; Taanith 7a).

60. El hecho de que el verbo "*limpiar*" (*ekkazaírō*) no es usado en 1Co 5:7 como término técnico para la excomunión, sino en un sentido metafórico (purificación para la celebración de la pascua) vuelve más relativa la propuesta de Ramos (326) y Guthrie (1990b: 164).

61. Flm 11 describe el cambio cualitativo del esclavo Onésimo en términos de utilidad: antes era "inútil" (*ájrēston*) ahora es "útil" (*eújrēston*). ¿Hace esto de puente con la metáfora de esclavitud de 2Ti 2:24?

62. La meta a la que es invitado Timoteo vuelve a expresarse en los mismos términos al final de nuestra sección grande (2Ti 3:17): "Estar equipado para toda clase de buena obra" (*prós pán érgon agazón exērtisménos*). Ahora bien, los caminos tomados por cada texto son significativamente diferentes en tono: 2Ti 2 presenta la exhortación negativa a alejarse y purificarse de la enseñanza y práctica hereje. 2Ti 3, por otro lado, propone en términos positivos permanecer y afirmarse en la enseñanza y práctica apostólica. Doble vía para una misma meta.

63. Es claro que la reproducción idéntica de parte del material de 1Ti 6:11 trae a nuestro texto también la aliteración, que en nuestro caso se extiende más aún: "más bien intenta alcanzar rectitud" (***díōke dé dikaiosúnēn***) "los que invocan al Señor a partir de un corazón puro" (*tōn epi**k**alouménōn tón **k**úrion e**k** **k**azarás **k**ardías*).

    Foerster (1964-76: 182) compara las listas de las virtudes/dones de 1Ti 6:11 y 2Ti 2:22 y nota la ausencia de "piedad" (*eusébeia*) en nuestro texto. Esto sugiere para Foerster que el concepto de "piedad" (*eusébeia*), aunque característico en las pastorales (al ser contrastadas con el resto del NT), no es central ni indispensable en ellas.

64. Hendriksen (1979: 309) señala el quiasmo que presenta nuestra oración:
a) Vicios ("de los deseos impuros de la juventud")
b) Mandato a huir ("Huye").
b´) Mandato a alcanzar ("más bien intenta alcanzar").
a´) Virtudes ("rectitud, fe, amor, (y) paz con los que invocan al Señor a partir de un corazón puro").

65. La justicia es comprendida por el apóstol en 2Ti 4:8 como el acto de reivindicación escatológico con el que el Señor, el juez justo, revertirá la injusticia y la maldad que dominan su presente (2Ti 2:19; 3:16; 4:8).

66. El libro deuterocanónico Salmos de Salomón VI.1 presenta una expresión similar a la nuestra: "Feliz el hombre cuyo corazón está preparado para invocar el nombre del Señor; cuando se acuerde del nombre del Señor será salvo" (*makários anēr hoú hē kardía autoú hetoímē epikalésaszai tó onómato kuríou en tō mnēmoneúein autón tó onómato kuríou sōzēsetai*). Knight (421-22) sugiere entender a "alcanzar... paz con los que invocan al Señor" como contraparte del mandato a alejarse de la maldad de 2Ti 2:19. Allí hemos señalado que el "invocar al Señor" (*epikaleíszai tón kúrion*) es un epíteto común en Pablo para designar a los creyentes (ver comentario a 2Ti 2:19b, arriba).

67. BAGD (καρδία.1.b.a : 403) entiende que la expresión "un corazón puro" (*kazarás kardías*) denota una actitud sincera o genuina.

68. La recapitulación temática se vuelve sonora por el uso de los términos cognados (emparentados) "que no peleen" (*mē logomajeín*, 2Ti 2:14) y "choques amargos" (*májas*) y "ser pendenciero" (*májeszai*, 2Ti 2:24). Ringwald (90) señala que *majē* y *májeszai* nunca son usadas con una connotación positiva como otros términos de lucha.

69. 1Co 3:18-19, usando el mismo lenguaje polémico, evidencia la confrontación entre la filosofía humana y la predicación del evangelio en cuanto que aquello que para uno es "sabiduría" (*sofía*), para el otro es "tontera" (*mōría*).

70. Crenshaw (117) señala que dentro de la tradición sapiencial se manejan tres niveles de ignorancia o resistencia a la sabiduría: a) la simple *carencia de conocimiento* o experiencia es la más fácil de revertir; b) el *prejuicio* implica deshacer los falsos conceptos y reemplazarlos por otros correctos; c) la *ilusoria pretensión de conocimiento,* es la que ofrece mayor resistencia al aprendizaje.

71. Los destinatarios de nuestro párrafo (Timoteo y los hombres confiables de 2Ti 2:2) habían sido comparados anteriormente con los recipientes (*tá skeúa*) al servicio del dueño de la casa (*hó despótēs tēs oikías*). La nueva metáfora de esclavitud (2Ti 2:24) mantiene la misma relación entre los destinatarios de pertenencia al servicio del Señor. Para la comprensión del esclavo como herramienta en el mundo antiguo ver la sección "Las dos narrativas de Tito" en Tito a vuelo de pájaro (Carta a Tito, Editorial Concordia).

72. ¿Está pensando el apóstol en la misma figura del esclavo pedagogo de Gá 3:24-25 y 4:1-2?

73. Tit 3:2 presenta una demanda ética muy similar destinada a todos los creyentes.

74. El libro de Sirácides aconseja repetidas veces hacer las cosas "con gentileza" (*en praútēti*, Sir 3:17; 4:8; 10:28; 45:4).

75. Son clásicas las historias dentro del judaísmo en las que se contrasta el perjuicio que trae el mal carácter de Shammai con el beneficio pedagógico de la paciencia de Hillel (Gaster: 18-25). Ver también comentario a 1Ti 3:3 y 6.

76. Hch 5:31 y Sab 12:19 también presentan a Dios concediendo arrepentimiento (*doúnai metánoian*). La *Fórmula de la Concordia* (FC DS II.26) entiende a nuestro texto como sustento claro del concepto bíblico de que no es otro sino el Espíritu Santo quien obra la conversión.

77. La fórmula "arrepentimiento que lleva a" (*metánoia eis*) es común en el NT y es seguida por la realidad salvífica resultante del arrepentimiento (Mr 1:4; Lc 3:3; 24:47; 2Co 7:10). Particularmente Hch 11:18 presenta una frase muy similar a la nuestra "Así que también a los gentiles les ha concedido Dios el arrepentimiento para vida (*ho zeós tēn metánoian eis dsōēn édōken*)".

78. Ver comentario a 1Ti 2:4.

79. La *Fórmula de la Concordia* (FC DS II.6) entiende a nuestra metáfora de esclavitud como evidencia clara de la incapacidad absoluta del ser humano por liberarse y lograr su conversión.

80. Rahab, la prostituta de Jericó, hace el siguiente pedido a los espías hebreos: "Perdónenle la vida a la casa de mi padre… ¡rescaten mi vida de la muerte!" (*kaí dsōgrēsete tón oíkon toú patrós mou… kaí exeleísze tēn psujēn mou ek zanátou*, Jos 2:13).

81. "El diablo es representado aquí en un doble rol. Es tanto intoxicador como captor de la mente de los hombres" (Guthrie, 1990b: 167). Para una discusión detallada del concepto "la trampa del diablo" (*hē pagís toú diabólou*) ver comentario a 1Ti 3:7.

82. 1Co 15:34 invita a los corintios engañados con un falso concepto respecto de la resurrección de los muertos a "recuperar el buen juicio" (*eknēfein*). Ignacio de Antioquía conecta del mismo modo que nuestro texto la recuperación del sentido con el arrepentimiento: "Más aún, es razonable para nosotros recuperar el sentido mientras tenemos la oportunidad para volvernos a Dios" (*eúlogón estin loipón ananēpsai hēmás, hōs éti kairón éjomen eis zeón metanoeín* – Esm. IX.1).

83. La última frase de nuestro párrafo presenta grandes problemas de referente en torno a los dos pronombres yuxtapuestos ("después de haber sido rescatados vivos de debajo de él para (realizar) la voluntad de aquél": *edsōgrēménoi hup´ autoú eis*

tó ekeínou zélēma). Guthrie (1990b: 167) enlista tres alternativas:
Ver la discusión correspondiente en la sección "Apuntes técnicos" (p. 214-15).

Autoú	*Ekeínou*
El diablo	El diablo
El esclavo del Señor	El Señor o Dios
El diablo	Dios

84. Ya el imperio egipcio del siglo 14 aC tenía la práctica de tomar cautivos a grandes grupos de habitantes de Canaán por medio de campañas militares. A estos cautivos se los llamaba "capturados para vivir" (*dsōgréō*). La mayoría era utilizada para el servicio en los templos (Hendel: 606).

2Ti 3:1-9 / Párrafo 7

EL CAMINO DE LOS OPONENTES

NOTAS EN PÁGINAS 257-65

‹3:1› Τοῦτο δὲ γίνωσκε, ὅτι ἐν ἐσχάταις ἡμέραις ἐνστήσονται
καιροὶ χαλεποί·
‹3:2› ἔσονται γὰρ οἱ ἄνθρωποι
    φίλαυτοι φιλάργυροι
        ἀλαζόνες ὑπερήφανοι βλάσφημοι,
            γονεῦσιν ἀπειθεῖς, ἀχάριστοι ἀνόσιοι
            ‹3:3› ἄστοργοι ἄσπονδοι διάβολοι
            ἀκρατεῖς ἀνήμεροι ἀφιλάγαθοι
        ‹3:4› προδόται προπετεῖς τετυφωμένοι,
    φιλήδονοι μᾶλλον ἢ φιλόθεοι,
‹3:5› ἔχοντες μόρφωσιν εὐσεβείας τὴν δὲ δύναμιν αὐτῆς
ἠρνημένοι· καὶ τούτους ἀποτρέπου. ‹3:6› ἐκ τούτων γάρ εἰσιν
οἱ ἐνδύνοντες εἰς τὰς οἰκίας καὶ αἰχμαλωτίζοντες γυναικάρια
σεσωρευμένα ἁμαρτίαις, ἀγόμενα ἐπιθυμίαις ποικίλαις, ‹3:7›
πάντοτε μανθάνοντα καὶ μηδέποτε εἰς ἐπίγνωσιν ἀληθείας ἐλθεῖν
δυνάμενα. ‹3:8› ὃν τρόπον δὲ Ἰάννης καὶ Ἰαμβρῆς ἀντέστησαν
Μωϋσεῖ, οὕτως καὶ οὗτοι ἀνθίστανται τῇ ἀληθείᾳ, ἄνθρωποι
κατεφθαρμένοι τὸν νοῦν, ἀδόκιμοι περὶ τὴν πίστιν. ‹3:9› ἀλλ᾽ οὐ
προκόψουσιν ἐπὶ πλεῖον· ἡ γὰρ ἄνοια αὐτῶν ἔκδηλος ἔσται
πᾶσιν, ὡς καὶ ἡ ἐκείνων ἐγένετο.

1 Entiende esto, que en los últimos días vendrán tiempos difíciles;
2 pues los seres humanos serán
    amantes de sí mismos, amantes del dinero,
        fanfarrones, engreídos, blasfemos,

desobedientes de sus padres, ingratos, perversos,
3 carentes de afecto, irreconciliables, difamadores,
descontrolados, indomados, no amantes del bien,
4 traicioneros, imprudentes, vanidosos,
amantes del placer y no amantes de Dios,
5 de apariencia acorde con la piedad pese a haber rechazado su
poder. Aléjate de estos (hombres).
6 De éstos son, por ejemplo, los que se inmiscuyen dentro de las casas
y toman cautivas a tontas mujerzuelas, sobrecargadas por sus
pecados, dirigidas por toda clase de deseos impuros, 7 que están
siempre aprendiendo, pero nunca pueden llegar a conocer la verdad.
8 Del mismo modo en que Janes y Jambres se opusieron a Moisés, así
también éstos se oponen a la verdad. Gente depravada con respecto
al pensamiento, reprobada con respecto a la fe. 9 Pero ya no harán un
progreso mayor, puesto que su falta de entendimiento será evidente
para todos, así como también se volvió (evidente) la de aquellos.

COMENTARIO

Éste es el segundo párrafo de la gran sección de la carta referente a "los grandes peligros" (2Ti 2:14-3:17).[1] Este texto funciona como argumentación (*probatio*) sobre la que se edifican los dos bloques exhortativos (*exhortationes*) que lo encierran (2Ti 2:14-26 y 3:10-17). La estrategia retórica aquí utilizada, la dinámica del discurso, la función del párrafo y el contenido reproducen las características de 1Ti 4:1-5:

a) Visión apocalíptica de la perversión humana (2Ti 3:1-5 / oraciones 1 y 2).
b) Identificación de los falsos maestros (2Ti 3:6-7 / oración 3).
c) El fin de los falsos maestros (2Ti 3:8-9 / oraciones 4 y 5).

Debe destacarse el hecho de que nuestro párrafo comienza y termina anunciando el desenlace de los hechos: se anuncia la creciente perversión de los seres humanos por medio del oráculo (2Ti 3:1-5) y el fracaso de los falsos maestros por medio de la exégesis de la historia del éxodo (2Ti 3:8-9).

VISIÓN APOCALÍPTICA DE LA PERVERSIÓN HUMANA (ORACIONES 1 Y 2)

1 Entiende esto, *contenido*

contexto temporal

que en los últimos días — vendrán tiempos difíciles;

2 pues los humanos serán *razón-resultado*

adición de serie

amantes de sí mismos, amantes del dinero,
fanfarrones, engreídos, blasfemos,
desobedientes de sus padres, ingratos, perversos,
3 carentes de afecto, irreconciliables, difamadores,
descontrolados, indomados, no amantes del bien,
4 traicioneros, imprudentes, vanidosos,
amantes del placer y no amantes de Dios,
5 de apariencia acorde con la piedad

concesión-contraexpectación

pese a haber rechazado su poder.

ORACION 1

base-exhortación Aléjate de estos (hombres).

Nuestra sección, formada por dos oraciones, consiste en una visión apocalíptica enmarcada por dos exhortaciones características de la tradición sapiencial: a) el mandato a entender la advertencia pesimista que el maestro está a punto de pronunciar (*toúto dé gínsōske,* 2Ti 3:1a)[2] y b) el mandato a alejarse de los seres humanos aquí descritos (*kaí toútous apotrépou,* 2Ti 3:5b).[3]

Una vez más el apóstol describe el contexto de perversión presente en términos de visión apocalíptica.[4] La injusticia padecida por el autor y el lector es descrita en términos futuros ("vendrán tiempos difíciles": *enstēsontai kairoí jalepoí*).[5] Al tiempo presente se lo comprende como la antesala de la intervención final ("en los últimos días": *en esjátais hēmérais*) en la que Dios juzgará al mundo y reivindicará a los suyos (Is 2:2; Ez 38:16). Se apela al género literario apocalíptico no sólo para determinar la lectura de los hechos circundantes (la perversión tiene los días contados por lo que es necesario hacer un último esfuerzo por mantener la fidelidad), sino especialmente para darle autoridad profética a la exhortación que acompaña a la visión apocalíptica (2Ti 2:14-26; 3:10-17).[6]

La dificultad de los tiempos finales reside en la perversidad de los seres humanos (*ésontai gár hoi ánzrōpoi*), aquí descriptos por medio de una extensa lista de veinte clases de viciosos.[7] Knight (430) parece estar en lo correcto al sugerir que nuestra lista presenta una estructura quiástica (χ), aunque al final de la lista (2Ti 3:5) se añade un último elemento que desequilibra esta estructura:

a) Amor mal direccionado (primer grupo).

b) Arrogancia y hostilidad (segundo grupo).

c) Ausencia de virtudes esenciales con "difamadores" (*diáboloi*) en el centro (tercero a quinto grupo).

b´) Arrogancia y hostilidad (sexto grupo).

a´) Amor mal diseccionado (séptimo grupo).

d) Apariencia contradicha (octavo grupo).

La cuidadosa estrategia retórica con la que nuestro catálogo está organizado,[8] la repetición de elementos del catálogo registrado en Ro 1:29-31[9] y el hecho evidente de que nuestro material gira en torno a los dos grandes mandamientos (amar a Dios y al prójimo, Mr 12:28-31),[10] sugieren que el apóstol está tomando aquí material catequético tradicional.[11]

El primer grupo ("amantes de sí mismos, amantes del dinero": *fílautoi filárguroi*) presenta vicios fundamentales que rompen las bases mismas de la piedad. Parece como si Pablo comienza allí donde la perversión lo hace también.[12] Amarse a sí mismo (*filautía*) se encuentra en diametral oposición al amar *al otro* (al prójimo y a Dios). El amor al dinero (*filarguría*), por su parte, ha sido descrito en 1Ti 6:10 como el vicio-raíz del que brotan todas las perversiones de los oponentes.[13]

El segundo grupo ("fanfarrones, engreídos, blasfemos": *aladsónes huperḗfanoi blásfēmoi*) ya muestra el horrible rostro que se esconde detrás de la máscara del "amor" (*fil-*). Los tres adjetivos son descripciones propias para el pagano enemigo y perseguidor del pueblo de Dios.[14] Mientras el fanfarrón (*aladsōn*) pretende delante de los demás (*coram hominibus*) tener lo que en verdad él sabe que no tiene,[15] el engreído (*huperḗfanos*) es soberbio delante de sí mismo y de Dios (*coram deo*, Pr 25:6; Sab 2:16; 5:8; 17:7).[16] El paso de la soberbia delante de Dios a la blasfemia es inevitable.[17]

El tercer grupo ("desobedientes de sus padres, ingratos, perversos": *goneúsin apeizeís ajáristoi anósioi*) abre la sección central del quiasmo (χ), conglomerada en torno al alfa-privativa. Toda esta sección (formada por tres tríadas de viciosos), descubre lo que se esconde en el fondo del ser humano del último tiempo: abierta oposición a la moral cristiana (Guthrie, 1990b: 169),[18] e identificación con el diablo mismo (ver comentario referente al cuarto grupo de viciosos abajo). Cada tríada que conforma esta sección central señala la corrupción de un plano de relaciones particular: en nuestro caso se trata de la relación con Dios.[19] La desobediencia a los padres es entendida en la tradición judía como un elemento integral de la relación con Dios (antes que de las relaciones sociales).[20] Es destacable el hecho de que Dt 21:18 manda ejecutar al hijo desobediente (*huiós apeizēs*) por medio de la lapidación, castigo reservado para los pecados tocantes a la primera tabla de la ley.[21] Nuestro segundo adjetivo ("ingrato": *ajáristos*) es usado en Sab 16:29 y en Lc 6:35 para referirse al hombre alejado de Dios.[22] Esto encuentra plena coherencia con el lugar que ocupa la gratitud (*eujaristía*) en la definición paulina del creyente (Ro 14:6; 1Co 10:30; 1Ti 4:3-4). El "impío" (*anósios*), finalmente, es aquel poderoso que daña al pueblo de Dios (2Mac 7:34; 8:32; 3Mac 2:2; 4Mac 12:11) o que profana su nombre (1Ti 1:9).[23]

El cuarto grupo ("carentes de afecto, irreconciliables, difamadores": *ástorgoi áspondoi diáboloi*) señala la corrupción de las relaciones sociales. Cranfield (132-33) ejemplifica la falta de afecto (*ástorgos*), también enlistada en Ro 1:31, con la práctica antigua de exponer a los niños no deseados (abandonarlos o arrojarlos por un barranco para deshacerse de ellos).[24] La putrefacción de relaciones no sólo responde a la áspera carencia de afecto, sino especialmente al espíritu beligerante que no está dispuesto a dar "tregua" (*spondē*); todavía más, que se dedica a difamar a los demás (*diábolos*).[25] La ruptura de la consistente alfa-privativa de nuestra sección da centralidad a nuestro último adjetivo (Voelz, 1995: 128, 140). Todavía más, los "difamadores" (*diáboloi*) se encuentran nada menos que en el centro (segunda tríada) del centro de nuestro catálogo (sección "c" del quiasmo). Considerando que toda nuestra sección central (c) devela la oculta impiedad de los seres humanos (2Ti 3:5), este elemento central (*diáboloi*) conecta lingüísticamente al ser humano perverso del fin de los tiempos con el diablo mismo.[26]

El quinto grupo ("descontrolados, indomados, no amantes del bien": *akrateís anēmeroi afilágazoi*) es la tercera tríada que cierra la sección central del catálogo (c). Finalmente se apunta a la corrupción interna y personal del ser humano, incapaz de controlar sus actos y pensamientos (*akrasía*).[27] La estampa de nuestro grupo se encuentra en clara contraposición con el ideal de la tradición sapiencial (control, bondad)[28] y, particularmente, con el de nuestra sección (el recipiente / esclavo que se somete a su amo para agradarle por medio de buenas obras, 2Ti 2:20-26; 3:16-17).[29]

El sexto grupo de viciosos ("traicioneros, imprudentes, vanidosos": *prodótai propeteís tetufōménoi*) se corresponde con el segundo (b y b´). Ambos giran en torno a la soberbia y al ataque del hombre perverso en contra de las cosas de Dios. En nuestro caso, no obstante, lo que se ataca no parece ser el nombre sagrado sino el pueblo y los siervos de Dios que son traicionados y entregados al enemigo (2Mac 5:15; 10:22; Lc 6:16; Hch 7:52). El segundo adjetivo ("imprudentes": *propeteís*) comparte con el primero el tono de agresividad (Hch 19:36) y con el tercero el elemento de necedad.[30] Recordamos que en 1Ti la vanidad (*tetufōménos*) señala la soberbia con la que el hereje innova en doctrina (1Ti 3:6) y la necedad con la que ignora la verdad (1Ti 6:4).[31]

El séptimo grupo ("amantes del placer y no amantes de Dios": *filēdonoi mállon ē filózeoi*) retoma el motivo del amor (*fil-*), cerrando así el quiasmo (a´). El mandamiento principal es roto de la forma más baja, pues el amor a Dios es reemplazado por el amor al placer, pasión despreciable dentro de la tradición sapiencial.[32] Nuestro texto resuena fuertemente al dicho pitagórico citado por BAGD (φιλόθεος: 860): "es imposible para aquel que es amante de Dios ser amante del placer" (*adúnaton tón autón filózeón te eínai kaí filēdonon*).

Finalmente llegamos al octavo grupo: "de apariencia acorde con la piedad pese a haber rechazado su poder" (*éjontes mórfōsin eusebeías tēn dé dúnamin autēs ērnēménoi*). Como todo elemento que en la literatura bíblica rompe el patrón de una secuencia,[33] nuestro grupo toma preponderancia, funcionando como clave de interpretación del resto del catálogo: lo que en la superficie parece positivo y atractivo en los falsos maestros, en verdad esconde la mayor perversión. Lo que en la superficie del quiasmo (a y a´) es expresado en términos de "amor" (*fil-*), en el fondo (b y b´ y especialmente c) esconde una perversión diabólica (*diábolos*, 2Ti 3:3).[34] Se trata nada menos que del rechazo de aquel don divino que en nuestra carta juega un papel fundamental: el "poder" (*dúnamis*) con el que Dios venció a la muerte en Cristo (2Ti 1:8-10), da impulso y dirección para que los creyentes afronten los peligros y desafíos (2Ti 1:7; 2:1; 4:17) y les asegura la victoria final (2Ti 1:12; 3:15).

Como hemos señalado al comienzo de esta sección, la perversión final es anunciada aquí no solamente para que Timoteo entienda la causa del sufrimiento del justo (2Ti 3:12; 4:5) y de la creciente apostasía (2Ti 1:15; 2:16-18; 4:3-4), sino particularmente para que se aleje a conciencia del camino de vicio y del destino de destrucción (*kaí toútous apotréou,* 2Ti 2:19; 3:9).

IDENTIFICACIÓN DE LOS FALSOS MAESTROS (ORACIÓN 3)

6 De éstos son, por ejemplo, los que se inmiscuyen dentro de las casas
y toman cautivas a tontas mujerzuelas, — *propósito-medio*
amplificación
— sobrecargadas por sus pecados,
— dirigidas por toda clase de deseos impuros,
— 7 que están siempre aprendiendo, — *concesión-contraexpectación*
— pero nunca pueden llegar a conocer la verdad.

La visión apocalíptica es traída ahora a casa. No hay que esperar a una futura aparición de esta clase de seres humanos, ya que los últimos tiempos es el mismo presente. Nuestra oración identifica a estos perversos de apariencia piadosa con los falsos maestros con los que deben lidiar Timoteo y los líderes de la iglesia (2Ti 2:2, 14).

El apóstol identifica a los falsos maestros describiendo prácticas que muestran ser rutinarias en ellos. En primer lugar, ellos "se inmiscuyen dentro las casas" (*hoi endúnontes eis tás oikías*). Las casas como el escenario de una enseñanza sigilosa y escondida están en claro contraste con lo público de la sana predicación, ejercida dentro del marco de la "oficialidad" (2Ti 2:2). Esta opción es condenada aquí una vez más (1Ti 3:11; 5:13; 2Ti 2:18; Tit 1:11) por delatar mala intención e hipocresía y por ser caldo de cultivo para la tergiversación de la doctrina.[35] En otras partes del NT se describe de un modo similar el ingreso de los falsos maestros como siendo "por la puerta de atrás" (Gá 2:4; 2P 2:1; Jud 4).[36]

En segundo lugar, los falsos maestros "toman cautivas" (*kaí aijmalōtídsontes*) a sus víctimas. Este lenguaje de guerra (Wright: 98) indudablemente habrá traído a la memoria de un judío sucesos lamentables como el exilio babilónico (2R 24:14; Tob 1:10) o la abominable corrupción de Israel en tiempos de los Macabeos (1Mac 1:32; 5:13; 8:10; 10:33; 15:40).[37] Considerando que Lc 4:18 describe la redención inaugurada por Cristo como la proclamación de "la libertad a los cautivos" (*kērúxai aijmalōtois áfesin*), seguir a los falsos maestros es volver a la situación de opresión anterior a la llegada de Cristo (Gá 4:8-9; 5:1). Más allá del dominante elemento opresivo, por detrás de esta estampa permanece la idea del engaño.[38] Es por esto que en la literatura de la iglesia primitiva se utilizó esta imagen de cautiverio en relación al engaño de los herejes.[39]

La concentración en cómo repercuten estas prácticas sobre los seguidores hace que los falsos maestros pronto queden en un segundo plano y se los termine conociendo en base al cuadro patético con el que se retrata a sus discípulos. El prototipo de éstos son las "tontas mujerzuelas" (*gunaikária*). Considerando el lugar de prominencia que tuvieron las mujeres dentro de los sistemas heréticos del cristianismo primitivo, es posible que el apóstol esté describiendo hechos conocidos para él.[40] No obstante, es indiscutible que atribuirle como grandes conquistas mujerzuelas insignificantes es una estrategia difamatoria efectiva,[41] propia de un discurso polémico.[42] La descripción que se presenta de las tontas mujerzuelas es mérito de sus maestros. La estampa es la de un círculo vicioso y opresivo, éste es el ofrecimiento de los falsos maestros. Las culpas pasadas no son borradas, sino que las discípulas permanecen "sobrecargadas por sus pecados" (*sesōreuména hamartíais*).[43] Todavía más, el discipulado detrás de estos falsos maestros genera innumerables nuevas culpas, puesto que no se actúa en obediencia a un Dios santo y justo, sino a "toda clase de deseos impuros" (*agómena epizumíais poikílais*). El tercer rasgo consiste en la falta de progreso de estas mujerzuelas "que están siempre aprendiendo, pero nunca pueden llegar a conocer la verdad" (*pántote manzánonta kaí mēdépote eis epígnōsin alēzeias elzeín dunámena*).[44] La incapacidad para pasar de la perdición a la salvación[45] no es un defecto de los aprendices (como si se tratara de una debilidad intelectual), sino que responde al tipo de doctrina predicada por los maestros: nunca llegan al conocimiento de la verdad, simplemente porque los maestros no la predican.[46] Este lamentable cuadro es la consecuencia lógica de un sistema que combina el legalismo que genera culpas con la inmoralidad que pervierte. Nótese el contraste que se produce entre nuestra estampa y las de 2Ti 2:22-26 (purificación, liberación de los deseos impuros y acceso a la salvación) y 2Ti 3:14-17 (aprendizaje de larga data, pero que da acceso a la salvación).

EL FIN DE LOS FALSOS MAESTROS (ORACIONES 4 Y 5)

ORACIÓN 4

[8] Del mismo modo en que Janes y Jambres
se opusieron a Moisés,

así también éstos se oponen a la verdad. *comparación*

conclusión-base
contraste
ampli-ficación

Gente depravada con respecto al pensamiento,
reprobada con respecto a la fe.

ORACIÓN 5

[9] Pero ya no harán un progreso mayor, *resultado-razón*

puesto que su falta de entendimiento será evidente para todos,

así como también
se volvió (evidente) la de aquellos. *comparación*

Nuestra sección, formada por dos oraciones (4 y 5), cierra el párrafo haciendo nuevamente una predicción. Esta vez el apóstol no actúa como profeta o vidente, como en la primera parte del párrafo (2Ti 3:1-5), sino como exegeta. El apóstol prevé el destino de los hombres perversos que se oponen a la verdad aplicando el principio rabínico de interpretación llamado "una regulación equivalente" (*gezera shawa*). Ésta consiste en aplicar lo sucedido en cierto texto bíblico a una situación similar con la que convive el intérprete (Evans: 117; Moo: 27-28).[47]

Desde un punto de vista estructural, nuestra sección está formada por dos elementos: a) la *prueba* sobre la que se afirma la correspondencia entre los dos grupos de oponentes (oración 4 / 2Ti 3:8) y b) la *predicción* de un mismo destino entre estos dos grupos (oración 5 / 2Ti 3:9). Nótese la estructura quiástica que se produce: a) la oposición de aquéllos comparada con b) la oposición de éstos (*prueba*) y b´) el destino de éstos comparado con a´) el destino de aquéllos (*predicción*).

Janes y Jambres[48] son los nombres que la tradición judía extra-bíblica[49] les atribuyó a los principales hechiceros del faraón que se opusieron a Moisés (*antéstēsan Mōüseí*) en las negociaciones previas al éxodo (Éx 7-

9).[50] Su oposición consistió en emular algunas de las señales hechas por Moisés (vara transformada en serpiente, agua en sangre, invasión de ranas, Éx 7:11, 22; 8:7)[51] con el propósito de endurecer el corazón del faraón e impedir así la liberación de Israel. El resultado de su engaño, empero, fue la destrucción y la ruina para aquellos que los siguieron (el faraón y todo Egipto).[52] Estos hechiceros muestran haber funcionado ya dentro de la tradición judía como paradigma de cualquier falso profeta que, emulando ser un enviado de Dios, empujó hacia la destrucción al pueblo de Dios por medio del engaño.[53] El apóstol también pone en la misma vereda a los oponentes de la verdad (*hoútōs kaí hoútoi anzístantai tē alēzeía*) con los que él mismo y Timoteo deben lidiar.

Los dos elementos que amplifican la descripción son de esperar, considerando la necedad y tragedia que implica el oponerse (*anzístēmi*) a las cosas de Dios (Lc 21:15; Hch 6:10; Ro 9:19; 13:2).[54] A estos falsos maestros se los describe como depravados con respecto al pensamiento (*katefzarménoi tón noún*), esto es, corrompidos teológica y moralmente (1Ti 6:4; Tit 1:15).[55] Todavía más, como reprobados con respecto a la fe (*adókimoi perí tēn pístin*). En 2Co 13:5-10 el apóstol teme que los corintios se descubran como reprobados (*adókimoi*) al examinarse en la fe (*en tē pístei*).[56] Los criterios para determinar la aprobación o desaprobación divina muestran ser el tener o no a Cristo en uno (*Iēsoús Jristós en humín,* 2Co 13:5) y el apego o el rechazo a la verdad del evangelio (Fil 2:22; 2Co 13:8; 2Ti 2:15, 18).

Una vez asegurada la identidad entre estos oponentes y los hechiceros egipcios (*prueba,* 2Ti 3:8), el apóstol se atreve a anticipar el final de su historia (*predicción,* 2Ti 3:9). El "progreso" (*prokóptein epí pleíon*) de los falsos maestros, promesa con la que posiblemente estarían atrapando a sus inocentes víctimas,[57] tiene los días contados, "puesto que su falta de entendimiento será evidente para todos" (*hē gár ánoia autōn ékdēlos éstai pásin*). Pablo no está anunciando aquí la pérdida de popularidad de sus oponentes por quedar en ridículo al desempeñar el papel de "tontos" (*ánoia*). El carácter apocalíptico de nuestra carta afirma, por el contrario, que éstos arrastrarían más gente aún (2Ti 2:16-17; 3:13; 4:3-4). Lo que se está anunciando, más bien, es la abierta constatación de la impiedad de estos falsos maestros.[58] Su éxito, por tanto, ya no sería por la vía del engaño (2Ti 3:5), sino por responder abiertamente a las expectativas de una humanidad pervertida y opuesta a Dios (2Ti 4:3-4). De modo que, así como los hechiceros del faraón no logran emular todas las señales realizadas por Moisés (mosquitos y llagas),[59] de forma tal que se supo quién servía a Dios y quién no, la impiedad de estos falsos maestros quedará expuesta a la luz, mostrando a su vez el carácter divino del servicio del apóstol y de Timoteo (ver 1Ti 4:15).

SÍNTESIS DEL PÁRRAFO

La alucinación no sólo es un padecimiento de aquellos que están sometidos bajo el cautiverio del demonio (2Ti 2:26). Los creyentes también tienen altas posibilidades de ser engañados por el oponente, ya que su ética contraria a la voluntad de Dios se esconde detrás de un velo de "amor" (*fil-* 2Ti 3:2-4), su rechazo del poder divino se oculta detrás de una apariencia acorde con la piedad (2Ti 3:5), su oposición a la verdad está encubierta detrás de la mímica característica de un hechicero. El apóstol no sólo advierte aquí en contra de este peligro, sino que anuncia la pronta puesta en evidencia de la perversión de los falsos maestros (2Ti 3:8-9).

PROPUESTAS PRÁCTICAS

Evidentemente siempre estamos "en los últimos días" (*en esjátais hēmerais,* 2Ti 3:1), pues la descripción de la perversidad con la que lidiaron el apóstol y Timoteo nunca perdió vigencia, sino más bien parece acrecentada. Claro que éste es el llamado a la iglesia a mantenerse despierta que el Señor renueva una y otra vez (Mt 24:42-51).

Es que el ser humano siempre sigue siendo ser humano. Pero vaya si no es actual la descripción de una religiosidad que encuentra su punto de partida en el lugar humanamente más lógico, el amor: "Dios no puede juzgarme, sino que tiene que aguantar mi injusticia si es que en verdad me ama. Dios no puede ser incomprensible, oculto (*Deus absconditus*), tiene que atenerse a mi regla y concepto de amor para seguir siendo Dios. Dios no puede pretender dominarme o poseerme, ¡eso no es amor, es abuso!"

Frente a esta necia expectativa de una religiosidad a la medida del hombre, occidente asiste hoy a una innumerable oferta de religiones y de dioses hechos a imagen y semejanza del ser humano. Los medios de comunicación están inundados de predicaciones que ofrecen al dios que se espera. Un dios tan amoroso que se diluye fundiéndose con los caprichos del cliente. Un dios que ofrece amor, demanda amor, promueve amor, vende y compra amor.

La satisfacción sicológica y anímica que genera esta verborragia de "amor" hace aceptables a cualquier filosofía y secta que esté dando vueltas. "¿Qué *sana doctrina* de una iglesia ortodoxa e histórica?" Esto suena a esterilidad, a muerte, a insatisfacción.

Nuestro texto se vuelve advertencia profética en contra de este engaño, para que no caigamos en las redes de quienes se llenan la boca con la palabra "amor" e ignoran abiertamente la revelación divina en Cristo. Pero también para que la iglesia de Cristo no sea tentada a abandonar la verdad por emular a los populares hechiceros que la imitan a ella primero para atrapar sus víctimas.

La piedad no es cuestión de apariencia, sino del poder divino que actuó y sigue actuando en Cristo Jesús (2Ti 3:5). La salvación no es parloteo que gira en torno a un concepto humano de "amor". La salvación encuentra su entrada en la predicación de la verdad del evangelio, por medio del cual Dios decidió irrumpir con *su* amor en nuestra perversión.

Es evidente que la fe sin amor es una cosa muerta, vaciada de Cristo (Stg 2:26). Pero es tanto o más cierto aún que allí donde no fue Cristo quién sorprendió al pecado con *su* perdón, a la debilidad con *su* poder y la muerte con *su* victoria, toda apariencia de piedad y amor no es más que un sepulcro blanqueado, no es más que cáscara que oculta la putrefacción del pecado, la debilidad y la muerte del hombre (Mt 25:7-28). La iglesia debe estar atenta a esta realidad sin caer en el engaño de discursos atractivos y debe denunciar la perversión que se esconde detrás de todo rostro de piedad que carece de Cristo, la verdad.

"Por mucho que hablen de ese hábito, ni puede haber en los hombres amor de Dios sin la justicia de la fe, ni puede entenderse lo que es amor de Dios" (ACA IV.18). Solamente donde el Cristo entregado a favor nuestro es proclamado, la justicia, la santidad y el amor de Dios se abren paso y se vuelven realidad en medio de nuestra miseria (Lc 7:36-50).

APUNTES TÉCNICOS

APUNTES DE LÉXICO Y SINTÁXIS

2Ti 3:1

"Entiende" (γίνωσκε): Imperativo presente ingresivo-progresivo: "entiende esto y tenlo en mente" (Wallace: 722).

"que" (ὅτι): ὅτι de aposición (Wallace: 458-59).

"en los últimos días" (ἐν ἐσχάταις ἡμέραις): BAGD (ἔσχατος.3.b: 314) define nuestra categoría como "referente a una situación en la que no hay nada que le sigue." ἐν + dativo de tiempo (Wallace: 155-57).

"vendrán" (ἐνστήσονται): BAGD (ἐνίστημι.2: 266) "estar por suceder, ser inminente". De todos modos BAGD reconoce que nuestro texto puede denotar el significado común de nuestro verbo: "presentarse, haber venido". Louw & Nida § 13.109 define este verbo como "suceder, con la implicancia de haber una serie de circunstancias determinadas". Futuro predictivo (Wallace: 568).

"difíciles" (χαλεποί): BAGD (χαλεπός: 874) propone dos traducciones: "tiempos duros" o "tiempos de aflicción". Louw & Nida § 22.29 define nuestro adjetivo como "perteneciente a aquello que causa problemas y dificultad, con la implicancia de violencia". Louw & Nida traduce "en los últimos días habrá días problemáticos".

2Ti 3:2

BDF § 460.2 señala que el *asíndeton* (falta de conjunción entre elemento y elemento) de nuestra lista de viciosos se debe a que no es un mismo grupo de hombres el referente de todas estas descripciones.

"amantes de sí mismos" (φίλαυτοι): BAGD (φίλαυτος: 859) "que se ama a sí mismo, egoísta". Louw & Nida § 25.39 traduce "pues serán gente que se ama a sí misma". Trench (328-30) señala que el φίλαυτος busca satisfacerse a sí mismo y evita todo lo que ponga en riesgo el placer propio a cualquier costo.

"amantes del dinero" (φιλάργυροι): BAGD (φιλάργυρος: 859) "amantes del dinero, avaros". Trench (77-79) distingue "amor al dinero" (φιλαργυρία) de "avaricia" (πλεονεξία) en cuanto que la primera es menos evidente y agresiva que la segunda, consistiendo en la conservación y divinización de lo que se tiene (incluso siendo poco).

"fanfarrones" (ἀλαζόνες): BAGD (ἀλαζών: 34) "fanfarrón, arrogante". Louw & Nida § 88.220 define este adjetivo como "uno que es pretenciosamente orgulloso y dado a la arrogancia por esto". Trench (93-94) señala que "fanfarrón" (ἀλαζών) deriva de "vagabundo" (ἄλη), término atribuido originalmente a exorcistas y hechiceros itinerantes que decían tener poderes que en realidad no poseían. Lo característico, por tanto, de "fanfarrón" (ἀλαζών), señala Trench, es la jactancia en base a la mentira.

"engreídos" (ὑπερήφανοι): BAGD (ὑπερήφανος: 841) "arrogante, altivo, orgulloso". Louw & Nida § 88.214 define como "perteneciente a ser ostentosamente orgulloso". Trench (95-97) señala que, mientras el "fanfarrón" (ἀλαζών) lo es necesariamente en su trato con los otros, el "engreído" (ὑπερήφανος) puede serlo incluso reprimiendo las demostraciones públicas de su alto concepto de sí mismo. Lo ostentoso no es esencial al "engreimiento" (ὑπερηφανία); se es "fanfarrón" (ἀλαζών) delante de los hombres, se es "engreído" (ὑπερήφανος) delante de Dios.

"ingratos" (ἀχάριστοι): BAGD (ἀχάριστος: 128) "desagradecido, ingrato".

"perversos" (ἀνόσιοι): BAGD (ἀνόσιος.1: 72) "impío, perverso". Louw & Nida § 53.47 define como "perteneciente a lo que no está consagrado o no tiene devoción a Dios".

2Ti 3:3

"carentes de afecto" (ἄστοργοι): BAGD (ἄστοργος: 118) "que no ama". Robertson (1989: 817) traduce como "sin afecto natural". Louw & Nida § 25.42 define nuestro adjetivo como "perteneciente a la falta de amor o afecto por los íntimos o la familia". Louw & Nida traduce "pues van a ser personas... carentes de afecto humano".

"irreconciliables" (ἄσπονδοι): BAGD (ἄσπονδος: 117) propone nuestra traducción. Louw & Nida § 40.7 define nuestro adjetivo como "perteneciente a no estar dispuesto a reconciliarse con otros". Trench (181-82) señala que nuestro término es significativamente fuerte, en vista de que presupone una situación de guerra o conflicto (y no de paz o buena relación) y denota la falta de voluntad de que esa situación cese. Trench define como "absolutamente irreconciliable".

"indomados" (ἀνήμεροι): Louw & Nida § 20.5 y BAGD (ἀνήμερος: 66) "salvaje, brutal, indomado".

2Ti 3:4

"vanidosos" (τετυφωμένοι): BAGD (τυφόω.1: 831) "engreírse, envanecerse". Louw & Nida § 88.218 define nuestro verbo como "ser tan arrogante al punto de quedar prácticamente demente; ser enfermizamente arrogante, ser extremadamente orgulloso". Participio adjetival (dependiente de "los seres humanos" –οἱ ἄνθρωποι– de 2Ti 3:2 – Wallace: 618). Perfecto intensivo: pone el énfasis en el estado resultante de la acción pasada (Wallace: 574-76).

"y no" (μᾶλλον ἤ): BAGD (μᾶλλον.3.c: 489) señala que nuestra construcción "excluye de toda consideración el contenido de la frase introducida por ἤ." BDF § 245a.1 señala que el griego bíblico sigue el uso hebreo del comparativo "de, más que" (מִן) para indicar contraste o exclusión.

"amantes de Dios" (φιλόθεοι): BAGD (φιλόθεος: 860) señala que el uso de este término es sinónimo de "piadoso" (εὐσεβής).

2Ti 3:5

"de" (ἔχοντες): Participio adjetival (dependiente de "los humanos" –οἱ ἄνθρωποι– de 2Ti 3:2 – Wallace: 618).

"apariencia" (μόρφωσιν): BAGD (μόρφωσις.2: 528) "forma externa, apariencia". BAGD sugiere que el referente de los así descritos son los "maestros del error", y traduce "los que presentan una forma externa de religión". Robertson (1989: 818) lo define como "forma externa sin corresponderse con la realidad". Tanto BAGD como Robertson distinguen nuestro uso del de Ro 2:20.

"acorde con la piedad" (εὐσεβείας): BAGD (εὐσέβεια: 326) traduce "tendrán la forma externa de religión", pero decodifica nuestra expresión como "serán religiosos sólo en apariencia". La conexión con la religión es indudable aquí. De todos modos lo que se finge y en verdad se rechaza no es la religión cristiana, sino el modo de vida traído por el evangelio. Traducimos, por tanto, como "piedad". Genitivo atributivo: cumple la función de un adjetivo atributivo (Wallace: 86-88).

"poder" (δύναμιν): Louw & Nida § 34.41 traduce "ellos van a mantener la forma externa de nuestra religión, pero rechazarán su (verdadero) poder". BAGD (δύναμις.1: 207) traduce "ellos tienen sólo la apariencia externa de religión, y negaron su poder interno".

"pese a haber rechazado" (ἠρνημένοι): BAGD (ἀρνέομαι.3.d: 108) "no aceptar, rechazar, declinar algo". Participio adverbial de concesión: el verbo principal es cierto *pese* a la acción indicada por nuestro participio (Wallace: 634-35). El tiempo verbal de nuestro participio aboga en contra de considerarlo adjetival (uno más de la lista), y sustenta su comprensión como adverbial. Perfecto extensivo: toma fuerza la acción pasada de la que surge el estado presente (Wallace: 577).

"-" (καί): Smyth § 2873 señala que cuando la conjunción copulativa καί es usada en oraciones imperativas significa "y ahora, simplemente" (en inglés: *and now, just*). En muchos casos no se traduce, pero funciona como "bandera a cuadros" para indicar la largada.

"Aléjate" (ἀποτρέπου): BAGD (ἀποτρέπω: 101) "alejarse de, evitar". BAGD señala que nuestro verbo toma el caso acusativo para señalar aquello de lo que uno se aleja. Louw & Nida § 34.41 define nuestro verbo como "evitar intencionalmente toda asociación con alguien; huir, evitar, mantenerse lejos de, no tener nada que ver con". Imperativo presente ingresivo-progresivo: tiene la misma fuerza de hábito que el presente de costumbre, pero añade el elemento de largada o inicio –ver καί en 2Ti 3:5– (Wallace: 721-22).

2Ti 3:6

"De éstos" (ἐκ τούτων): Genitivo partitivo (Wallace: 84-86).

"por ejemplo" (γάρ): Adverbio confirmatorio con fuerza epexegética: "por ejemplo" (Smyth § 2808). Nuestro adverbio podría tener simplemente fuerza confirmatoria: "ciertamente". Smyth señala que nuestro adverbio no pierde totalmente el sentido casual. La posición de nuestra partícula (no está en segunda posición cuando podría estarlo) sugiere que no se trata de la conjunción causal.

"se inmiscuyen" (ἐνδύνοντες): BAGD (ἐνδύνω.1: 263) "entrar, arrastrarse". BAGD traduce "se inmiscuyen dentro de las casas". Louw & Nida § 15.94 define nuestro verbo como "entrar en forma secreta y con dobles motivos". Louw & Nida parafrasea nuestro texto así: "entran a las casas sin que la gente sepa qué es lo que buscan realmente". Muestran ser esenciales los elementos de intriga, falsedad y secreto. Participio sustantival independiente (Wallace: 621-23).

"dentro de las casas" (εἰς τὰς οἰκίας): La traducción de nuestra expresión se mueve entre los dos textos paralelos que ofrecen sus respectivas alternativas: 1Ti 5:13 (las viudas jóvenes merodeando por las casas) y Tit 1:11 (los falsos maestros convulsionando familias enteras). Desde un punto de vista del léxico, cualquiera de las dos alternativas es viable. Preferimos, de todos modos, "dentro de las casas" puesto que tanto nuestro texto como 1Ti 5 parecen hacer referencia más bien del movimiento físico que da origen al problema delatado por Tit 1.

"toman cautivas" (αἰχμαλωτίζοντες): BAGD (αἰχμαλωτίζω.3: 27) traduce como "arrastran, descarrían, engañan". Louw & Nida § 37.29 define nuestro verbo como "tomar completo control sobre, ya sea por la fuerza o el engaño". Louw & Nida traduce "algunos de ellos entran a las casas y toman control de mujeres indefensas". ¿Esta metáfora de cautiverio habrá sido una metáfora tan gastada al punto de que su traducción ya no refleje nada del campo semántico original? El hecho que Liddell & Scott (αἰχμαλωτίζω: 45) no incluye ninguna entrada fuera del campo semántico del cautiverio, delata que las propuestas de BAGD y Louw & Nida decodifican en exceso la metáfora. Esto pierde inútilmente la fuerza del lenguaje metafórico para traer a primer plano el sentido de engaño (BAGD) y dominio (Louw & Nida); sentidos que ciertamente no desaparecen con nuestra traducción. Participio sustantival independiente (Wallace: 621-23).

"a tontas mujerzuelas" (γυναικάρια): BAGD (γυναικάριον: 168) señala que una traducción literal sería "mujer pequeña", pero que este diminutivo es utilizado en forma despectiva (BDF § 111.3), por lo que debe traducirse como "mujeres holgazanas o tontas". Louw & Nida § 9.35 traduce "ellos entran en las casas y toman control sobre mujeres frívolas".

"sobrecargadas" (σεσωρευμένα): Tanto Liddell & Scott (σωρεύω.II: 1750) como BAGD (σωρεύω.2: 800) traducen "mujeres tontas, sobrecargadas con sus pecados". Louw & Nida § 68.76 define como "estar involucrado en forma intensiva y extensiva en una actividad; entregarse a hacer, estar totalmente comprometido con". Aunque Louw & Nida considera posible interpretar nuestra expresión como "cargadas de pecados" o "cargadas de culpas por el pecado", igualmente traduce "toman control sobre mujeres débiles entregadas a sus pecados". Tanto el nuestro como los tres siguientes participios ("conducidas" –ἀγόμενα–, "que aprenden" –μανθάνοντα–, "que pueden" –δυνάμενα–) son adjetivales (dependientes de "mujerzuelas": γυναικάρια) en cuarta posición atributiva: sustantivo + adjetivo (Wallace: 310-11,

618). Perfecto intensivo-resultativo: enfatiza el estado actual, resultante del evento pasado (Wallace: 574-76).

"por sus pecados" (ἁμαρτίαις): Dativo de contenido: indica aquello con lo que un recipiente (en este caso la expresión es metafórica) está lleno o cargado. Nuestra categoría es usada con sustantivos cualitativos y/o abstractos, a diferencia del dativo de material, usado con sustantivos cuantitativos (Wallace: 162-63).

"dirigidas" (ἀγόμενα): BAGD (ἄγω.3: 14) "ser guiado por, dejarse guiar por". BAGD traduce la expresión análoga ἄγειν εἰς ἐπιθυμίαν (Partenio XXIX.2) como "tentar hacia el deseo". Presente de costumbre: se hace referencia aquí a una cualidad de estas mujerzuelas (Wallace: 521-22).

"deseos impuros" (ἐπιθυμίαις): Louw & Nida § 25.20 define nuestro uso como "desear muy fuertemente tener lo que le pertenece a otro y/o intervenir en una actividad moralmente viciosa". BAGD (ἐπιθυμία.3: 293) señala que nuestra categoría se refiere "en un mal sentido a un deseo por algo prohibido". BAGD traduce "dirigidas por deseos". Consideramos a nuestro dativo como de agencia pese a que el sustantivo debería ser personal para realizar la acción en forma voluntaria (Wallace: 163-66). De todos modos, la personificación de los deseos impuros (ἐπιθυμίαι) como dominando o controlando al ser humano sin Cristo es típica en Pablo (ver Ro 1:24; 6:12; Ef 2:3; Tit 3:3).

2Ti 3:7

"que están aprendiendo" (μανθάνοντα): BAGD (μανθάνω.1: 490) ubica a nuestro uso bajo la categoría más general de "aprender". Louw & Nida § 27.12 define como "adquirir información como resultado de la instrucción, ya sea en un contexto informal o formal; aprender, ser instruido, ser enseñado". Presente iterativo: indica tanta continuidad como el presente de costumbre, pero con referencia a una actividad y no a un estado (Wallace: 520-21).

"pero" (καί): Smyth § 2871 indica que a menudo, cuando coordina una cláusula afirmativa con una negativa, nuestra conjunción tiene fuerza adversativa.

"llegar a conocer la verdad" (εἰς ἐπίγνωσιν ... ἐλθεῖν): Louw & Nida discute las dos posibles facetas de nuestra expresión idiomática: a) ἐπίγνωσις con fuerza verbal: "llegar a entender el significado de algo", con un énfasis especial en el proceso de descubrimiento (§ 32.17); b) ἐπίγνωσις con fuerza sustantival: "adquirir información... descubrir algo", con un énfasis puesto en aquello que se adquiere (§ 27.4). Siendo que en nuestro texto la "verdad" (ἀλήθεια) cumple la función de objeto (lo conocido), consideramos que ἐπίγνωσις es usado aquí en su fuerza verbal. No se trata de "lograr una verdad conocida", sino de llegar "a conocer la verdad". De todos modos, el tiempo aoristo puntiliar del infinitivo "llegar" (ἐλθεῖν) sugiere comprender a ἐπίγνωσις (el "conocer") como un evento puntual y no como un proceso extendido y progresivo.

"la verdad" (ἀληθείας): Genitivo objetivo: Nuestro sustantivo funcionaría como objeto directo del verbo "conocer" (γινώσκω) implícito en ἐπίγνωσις (Wallace: 116-19).

"llegar" (ἐλθεῖν): Infinitivo complementario del participio "pueden" (δυνάμενα – Wallace: 598-99).

"pueden" (δυνάμενα): Louw & Nida § 74.5 y BAGD (δύναμαι.1.a: 207) definen a nuestro tipo de construcción (δύναμαι + infinitivo) como referente a habilidad para hacer algo. Consideramos que se trata de un presente de costumbre: describe una cualidad y no una actividad (Wallace: 521-22). El adverbio "nunca" (μηδέποτε) le imprime a nuestro uso fuerza gnómica (Wallace: 523-25). No se trata, empero, de un presente gnómico propiamente dicho, en vista de que el apóstol no está haciendo una afirmación abstracta y general, sino que está describiendo casos reales y concretos.

2Ti 3:8

"Del mismo modo en que... así también" (ὃν τρόπον ...οὕτως καί): BAGD (τρόπος.1: 827) propone nuestra traducción. BDF § 160 señala que el acusativo de "modo, clase" (τρόπος) es de respecto.

"-" (δέ): BDF § 475.2 indica que nuestra partícula toma un lugar inusual (tercero en vez de segundo) ya que la construcción "del mismo modo en que" (ὃν τρόπον) es comprendida como una unidad sinónima de la partícula comparativa ὡς.

"se opusieron" (ἀντέστησαν): BAGD (ἀνθίστημι.1: 67) "ponerse en contra de, oponerse, resistir a". Louw & Nida § 39.1 define nuestro verbo como "oponerse a alguien, implicando no sólo una actitud sicológica, sino también el comportamiento correspondiente; oponerse a, ser hostil para con, mostrarle hostilidad a". Aoristo global: recapitula tanto la actitud como las numerosas acciones en forma de sumario (Wallace: 557-58).

"a Moisés... a la verdad" (Μωϋσεῖ... τῇ ἀληθείᾳ): Ambos sustantivos son dativos de interés (de desventaja – Wallace: 142-44).

"se oponen" (ἀνθίστανται): Presente de costumbre: encierra la descripción de actitud y acciones (Wallace: 521-22).

"depravada" (κατεφθαρμένοι): BAGD (καταφθείρω.2: 420) traduce como "depravados en (relación a) la mente". Louw & Nida § 88.266 define nuestro verbo como "hacer que alguien se vuelva perverso o depravado, en cuanto a una clase de destrucción moral". Louw & Nida traduce "gente con mentes depravadas". Participio adjetival (dependiente de "gente": ἄνθρωποι) en cuarta posición atributiva: sustantivo + adjetivo (Wallace: 618, 310-11). Perfecto intensivo-resultativo: el énfasis no está puesto en el evento pasado de corrupción, sino en el estado actual de depravación (Wallace: 574-76).

"con respecto al pensamiento" (τὸν νοῦν): BAGD (νοῦς.3.a: 544) considera que nuestro uso se refiere a "la mente, actitud o modo de pensar en cuanto suma del estado mental y moral como un todo". Louw & Nida § 30.5 también incluye la misma acepción: "un modo particular de pensar, disposición, clase de pensamiento, actitud". BDF § 159.3 señala que el nuestro es un acusativo retenido con el verbo pasivo de una oración originalmente activa con doble acusativo de persona-objeto: "a ellos (acusativo de persona) se les corrompió la mente" (acusativo de objeto). BDF señala que esto sucede siempre con participios perfectos pasivos como el nuestro "depravados" (κατεφθαρμένοι – Wallace: 197).

"reprobada" (ἀδόκιμοι): BAGD (ἀδόκιμος: 18) "que no pasa la prueba, entonces: descalificado, que no vale nada, mediocre". Con respecto a nuestro texto, BAGD indica que la frase preposicional "con respecto a la fe" (περὶ τὴν πίστιν) indica el área de la prueba que no es satisfecha. Louw & Nida § 65.13 define nuestro adjetivo como "perteneciente a haber sido comprobado como sin valor".

"con respecto a la fe" (περὶ τὴν πίστιν): περί + acusativo de referencia (Wallace: 379).

2Ti 3:9

"harán un progreso" (προκόψουσιν): BAGD (προκόπτω.2: 708) "hacer un progreso mayor, progresar más aún". Louw & Nida § 42.18 ubica a nuestro verbo dentro del campo semántico de *hacer, realizar,* por lo que propone las tres siguientes traducciones como posibles: a) "pero ellos no van a lograr mucho"; b) "pero ellos no van a ir muy lejos"; c) "pero ellos no harán mucho progreso". Futuro predicativo (Wallace: 568).

"ya no… mayor" (οὐ… ἐπὶ πλεῖον): BAGD (ἐπί.III.3: 289) "en una medida mayor, más allá, más aún". BAGD (πολύς.II.2.c: 689) traduce "ya no más". Nuestra construcción imprime a nuestra cláusula con una idea de comparación, por lo que se impone la propuesta de BAGD (προκόπτω.2: 708) sobre las de Louw & Nida § 42.18 (ver προκόπτω en 2Ti 3:9).

"falta de entendimiento" (ἄνοια): BAGD (ἄνοια: 70) "estupidez". Louw & Nida § 32.51 define nuestro sustantivo como "el estado de carecer entendimiento". Louw & Nida aclara que nuestro texto no implica que la gente referida sea incapaz de comprender, sino que evidentemente no están dispuestos a comprender.

"su… de aquellos" (αὐτῶν… ἐκείνων): Ambos son genitivos subjetivos: funcionarían como sujeto del verbo "carecer de inteligencia" (ἀνοηταίνω) implícito en el sustantivo "falta de entendimiento" (ἄνοια – Wallace: 113-16).

"evidente" (ἔκδηλος): BAGD (ἔκδηλος: 238) "muy evidente, clara". Louw & Nida § 28.59 define nuestro adjetivo como "perteneciente a ser fácilmente conocido; muy evidente, bastante obvio". Louw & Nida ensaya inútilmente una distinción entre nuestro adjetivo y πρόδηλος (utilizado en 1Ti 5:24), sugiriendo que éste último pone mayor énfasis en el carácter público. Nuestro texto ("les será evidente a todos": ἔκδηλος ἔσται πᾶσιν) refuta este argumento. Es el elemento de tiempo introducido por el prefijo pro- ("antes que") lo que vuelve más específico el sentido de πρόδηλος: "claro o manifiesto de antemano, previsto" (Liddell & Scott, πρόδηλος: 1474).

"será" (ἔσται): Futuro predicativo (Wallace: 568).

"se volvió" (ἐγένετο): BAGD (γίνομαι.I.4.b: 159) define nuestra categoría como referente "a personas y cosas que cambian su naturaleza, para indicar su entrada a una nueva condición: volverse algo". Señala BAGD que nuestra construcción (γίνομαι + adjetivo) es usada para parafrasear una oración pasiva: "así como también la de aquellos fue hecha (evidente)". Aoristo puntiliar (Wallace: 557-58).

APUNTES CRÍTICO-TEXTUALES

Para la ubicación geográfica y temporal de cada testigo de 2Ti ver Apéndice IX (p. 477).

2Ti 3:1: Algunos manuscritos reemplazan "Entiende esto" (Τοῦτο δὲ γίνωσκε) por:

a) "Entiendan (ustedes) esto" (τοῦτο δὲ γινώσκετε).

b) "(Él) debe entender esto" (τοῦτο δὲ γινωσκέτω).

1) **Por evidencia interna:** El escriba de la primera variante cambia el número del imperativo ya sea por recolección de la introducción a la advertencia apocalíptica de Lc 12:39 (semejante a la de Gá 3:7), por considerar que el público amplio debe tomar en cuenta lo que sigue o por simple descuido. El de la variante b), posiblemente trabajando en base a la primera variante, parece intentar recuperar el número singular del destinatario.

2) **Por evidencia externa:** Éste es el apoyo que cada una de las variantes presenta:
- La variante a) es sustentada por los códigos Alejandrino (A), Boreelianus (F) y Boernerianus (G) y por el minúsculo 33.
- La variante b) es apoyada por el testimonio del minúsculo 1175 y Ambrosiaster.

Ninguno de las dos variantes presenta soporte sólido.

2Ti 3:2: Algunos manuscritos reemplazan "ingratos" (ἀχάριστοι) por "inútiles" (ἄχρηστοι).

1) **Por evidencia interna:** El escriba introduce este concepto ya sea por simple descuido (por parecido gráfico o fonético) o por recolección de las listas de virtudes en las que Pablo utiliza tanto "bueno" (χρηστός, Ef 4:32) como "bondad" (χρηστότης, 2Co 6:6; Gá 5:22; Col 3:12). Nuestra carta, a su vez, utiliza el antónimo "útil" (εὔχρηστος) para describir Marcos (2 Ti 4.11).

2) **Por evidencia externa:** Es clara la falta de sustento de la variante: el original del códex Ephraemi Syri Rescriptus (C) y el códex Mosquensis (K).

2Ti 3:3: Algunos manuscritos reemplazan la frase "carentes de afecto, irreconciliables" (ἄστοργοι ἄσπονδοι) por:

a) "irreconciliables" (ἄσπονδοι) – omisión de "carentes de afecto" (ἄστοργοι).

b) "irreconciliables, carentes de afecto" (ἄσπονδοι ἄστοργοι) – cambio de orden.

c) Omisión de la frase.

1) **Por evidencia interna:** El escriba de la primera variante omite "carentes de afecto" (ἄστοργοι) posiblemente por descuido. Se trata de un *homoioarjón* (confusión producida por el comienzo idéntico de una serie de palabras). El escriba de la variante b) posiblemente trabajó en base a la variante a), aunque, por tener conocimiento del texto original (texto completo), reinserta "caren-

tes de afecto" (ἄστοργοι), pero en el orden equivocado. Posiblemente el escriba de la última variante (c) también haya trabajado en base a la variante a), al que le añade su propia omisión por descuido.

2) **Por evidencia externa:** Éste es el soporte de cada una de las variantes:
- La variante a) es sustentada por el códex Sinaítico (א).
- La variante b) se apoya en el testimonio del códex Claromontanus (D), los minúsculos 365 y 1175, los manuscritos latinos a g m, algunos manuscritos de la Vulgata y Ambrosiaster.
- La variante c), por su parte, está registrada en el minúsculo 431 y la versión siríaca Pesita.

Ninguna de las variantes presenta un sustento convincente.

2Ti 3:6: Algunos manuscritos reemplazan la forma αἰχμαλωτίζοντες ("toman cautivas") por αἰχμαλωτεύοντες.

1) **Por evidencia interna:** El escriba, posiblemente influenciado por el estilo de la LXX (*septuagintismo* – BDF § 108.5), reemplaza la forma más común en el coiné (αἰχμαλωτίζειν) por aquella más común en la LXX (αἰχμαλωτεύειν).
2) **Por evidencia externa:** Es clara la falta de sustento de la variante: segunda corrección del códex Claromontanus (D) y el texto mayoritario (𝔐).

2Ti 3:6: Un solo manuscrito inserta el artículo definido "las" (τά) antes de "tontas mujerzuelas" (γυναικάρια).

1) **Por evidencia interna:** El escriba agrega especificidad al texto original para aumentar el tono difamatorio del texto.
2) **Por evidencia externa:** Es indiscutible la falta de sustento de la variante: el minúsculo 2.

2Ti 3:6: Algunos manuscritos insertan "y placeres sensuales" (καὶ ἡδοναῖς) entre "por deseos impuros" (ἐπιθυμίαις) y "toda clase de" (ποικίλαις).

1) **Por evidencia interna:** El escriba completa el texto tomando material de la referencia similar de Tit 3:3: "al ser esclavizados por toda clase de deseos impuros y placeres sensuales" (δουλεύοντες ἐπιθυμίαις καὶ ἡδοναῖς ποικίλαις).
2) **Por evidencia externa:** Pese a la importancia del uncial, el sustento de la variante no es determinante: códex Alejandrino (A), el minúsculo 1505 y la versión siríaca Harklensis.

2Ti 3:8: Algunos manuscritos reemplazan "Mambres" (Μαμβρῆς) en lugar de "Jambres" ('Ιαμβρῆς).

1) **Por evidencia interna:** El escriba utiliza la forma que la tradición judía usaba para "Jambres" ('Ιαμβρῆς - Metzger, 1994: 580).
2) **Por evidencia externa:** Es clara la pobreza de sustento que presenta la variante: los códigos Boreelianus (F) y Boernerianus (G), la versión latina antigua, las Vulgatas Clementinas y Wordsworth/White y Cipriano.

2Ti 3:9: Un único manuscrito reemplaza "falta de entendimiento" (ἄνοια) por "mente / intención" (διάνοια).

1) **Por evidencia interna:** El escriba intenta mejorar el texto original reemplazando el *hapax legómenon* para el corpus paulino (la otra ocurrencia de ἄνοια sucede en Lc 6:11) por este otro término común para Pablo (διάνοια, Ef 2:3; 4:18; Col 1:21). El cambio agrega responsabilidad a los hombres perversos.
2) **Por evidencia externa:** Pese a la importancia del códex Alejandrino (A), su soledad delata el carácter corrupto de la variante.

NOTAS

DISTANCIA Y ATAQUE

1. Para el movimiento del discurso de esta gran sección ver comentario a 2Ti 2:14-26 (p. 185).

2. La visión apocalíptica de 2P 3:1-4, texto que parece tener cierta dependencia de las visiones apocalípticas de las pastorales y particularmente de la nuestra (2Ti 3:1-5) también abre con el llamado a "entender" la advertencia del anuncio ("Ante todo, deben saber que en los últimos días vendrá gente burlona": *toúto prōton ginōskontes hóti eleúsontai ep´ esjátōn tōn hēmerōn... empaíktai*, 2P 3:3).

3. De hecho las tres visiones apocalípticas que registran las cartas a Timoteo (1Ti 4:1-5; 2Ti 3:1-5; 4:3-4) derivan en la misma doble exhortación a alejarse de esa gente y de sus prácticas y a dedicarse en cambio a la piedad (1Ti 4:6-16; 2Ti 3:10-17; 4:5).

4. Para una discusión detallada de las características y de la función retórica de la visión apocalíptica ver comentario a 1Ti 4:1-5.

5. La descripción pesimista de la perversión final es propia de la comprensión apocalíptica de la historia que definía cierta división de períodos en los que la injusticia y la vida licenciosa aumentaban hacia el final (Bar 27; 2Esd 5:2).

6. Si el profeta no se equivocó al anunciar cómo sería el tiempo del lector, evidentemente su inspiración es divina y su oráculo es confiable (Dt 18:21-22). De modo que si a la visión apocalíptica ya cumplida se le suma otra aún no cumplida o una exhortación determinada, éstas deben ser tenidas en cuenta como de carácter divino.

7. Los catálogos de vicios y viciosos también tienen su origen en la tradición sapiencial (Güting y Brown: 353). Para listas de vicios en la literatura intertestamentaria ver Sab 14:25-26; Test. Rub. 3:3-6; Test. Jud. 16:1; Enoch Eslavónico 10:4-5; 1QS 4:9-11.

   Es significativa la predilección que las pastorales tienen por enlistar viciosos en lugar de vicios. La proporción es de cuatro (1Ti 1:9-10; 2Ti 3:2-5; Tit 1:7; 3:3) contra una lista (1Ti 6:4-5). Muy posiblemente esto responda al carácter polémico de las cartas (las únicas otras dos listas puras de viciosos se encuentran en otra carta polémica: 1Co 5:10-11; 6:9-10).

8. La estructura temática recién descripta está respaldada por el recurso retórico de la aliteración. Nótese el uso del prefijo *fil-* en a) y a´), de la alfa privativa en c) y del prefijo *pro-* en b´):

	Transliteración	Traducción
a)	***fíl***_autoi_ ***fil***_árguroi_	amantes de sí mismos, amantes del dinero,
b)	*aladsónes huperēganoi blásfēmoi*	fanfarrones, engreídos, blasfemos,
c)	*goneúsin* ***a***_peizeís,_ ***a***_járistoi_ ***a***_nósioi_ ***á***_storgoi_ ***á***_spondoi diáboloi_ ***a***_krateís_ ***a***_nēmeroi_ ***a***_filágazoi_	desobedientes de sus padres, desagradecidos, perversos, carentes de afecto, irreconciliables, difamadores, descontrolados, indomados, no amantes del bien,
b´)	***pro***_dótai_ ***pro***_peteís tetufōménoi_	traicioneros, imprudentes, vanidosos,
a´)	***fil***_ēdonoi mállon ē_ ***fil***_ózeoi_	amantes del placer y no amantes de Dios,
d)	*éjontes mórfōsin eusebeías tēn dé dúnamin autēs ērnēménoi*	de apariencia acorde con la piedad pese a haber rechazado su poder.

El catálogo de viciosos, por tanto, está organizado por pares (a y a´), y por tríadas (b, c y b´). En el caso de b) y b´) se trata de tríadas únicas, mientras que c) está formado por tres tríadas de viciosos.

La asonancia producida por la repetición del sonido *–oi* (plural masculino) con el que cierra la mayoría de los adjetivos es también evidente (Dibelius: 115).

9. Nótese la correspondencia entre el material de Ro 1:30-31 ("engreídos y fanfarrones; se ingenian maldades; desobedientes de sus padres... carentes de afecto": *huperēfánous aladsónas, efeuretás kakōs, goneúsin apeizeís... astórgous*, traducción nuestra) y el de 2Ti 3:2 ("fanfarrones, engreídos, blasfemos, desobedientes de sus padres": *aladsónes huperēfanoi blásfēmoi, goneúsin apeizeís*). Es probable también que exista algún contacto entre nuestro catálogo y los de 1Ti 1:9-10 ("perversos": *anósios*) y 1Ti 6:4-5 ("blasfemos": *blásfēmos*; "vanidosos": *tufóomai*).

10. Si bien nuestro catálogo cubre casi la totalidad de los diez mandamientos (el único mandamiento al que no se hace referencia es el tercero –cuarto en la tradición judía–), de todos modos, la centralidad que tiene el tema del amor (*filéō*) sugiere pensar más bien en los dos grandes mandamientos de la tradición judía (Dt 6:5; Lv 19:18). Debe tenerse en cuenta que la LXX nunca usa la forma *filéō* para estos mandamientos, sino *agapáō*. No obstante, consideramos posible la conexión en primer lugar desde un punto de vista temático. En segundo lugar, la fórmula de

confesión de fe de tipo sinagogal registrada en 1Co 16:22 ("Si alguno no ama al Señor, quede bajo maldición": *eí tis ou fileí tón kúrion, ētō anázema*) parece estar inspirada en Dt 6:5.

11. Si éste es el caso, nuestro catálogo habrá servido para ilustrar de qué modo se rompen los dos grandes mandamientos, y para advertir en consecuencia.

12. Crisóstomo (*hom. in 2 Tim.* VII: 501) encuentra una secuencia desde "amantes de sí mismos" hasta "desobedientes de sus padres" que consiste en que el primer vicio lleva al segundo, y así sucesivamente.

13. 4Mac 1:26 enlista al amor al dinero (*filarguría*) junto con la fanfarronería (*aladsoneía*) como pasiones (*pázos*) viciosas características del placer (*hēdonē*). Filón (*Spec. leg.* I.333; IV.170; *Leg. All.* I.52), por su parte, entiende que el amor propio (*filautía*) y la arrogancia (*aladsoneía*) son los vicios opuestos a la piedad (*eusébeia*).

14. Mientras 2Mac 15:1 llama "fanfarrón" (*aladsōn*) a Nicanor, enemigo de Judas Macabeo, 2Mac 9:8 le atribuye ambos vicios ("fanfarronería": *aladsoneía* y "engreimiento": *huperēfanía*) a Antíoco Epifanes.

    Sal 9:23 (LXX) es el impío (*asebēs*) el que se engríe y persigue al pobre. Güting y Brown (352) señala que, particularmente dentro de la literatura sapiencial, el nuestro ("engreído": *huperēfanos*) es un apelativo característico para los paganos (en contraposición con Israel como el humilde; Job 22:29; Pr 3:34; Dan 5:20; Stg 4:6; 1P 5:5). Los profetas, por su parte, produjeron un impactante giro lingüístico denunciando al mismísimo pueblo de Israel como "engreído" (Am 6:8; 8:7; Os 5:5; Jer 13:9; Ez 7:10; 16:56; Sof 2:10).

    En la LXX, el blasfemo normalmente es el pagano que ataca el nombre de Dios en forma directa o a través de su desprecio por el pueblo de Dios (Währisch y Brown: 313). Nótese que Pablo describe su tiempo de perseguidor como siendo blasfemo (1Ti 1:13). 1Ti 6:1 y Tit 2:5, por su parte, también identifica al pagano que observa la conducta del creyente como propenso a la blasfemia.

15. La fanfarronería (*aladsoneía*) es conectada numerosas veces con la ambición de poder y riquezas (Hab 2:5; 4Mac 1:26; 2:15; 1Jn 2:16).

16. Ver diferencia lingüística en la sección "Apuntes de léxico y sintaxis" (p. 248).

17. Jesús conecta el engreimiento (*huperēfanía*) con la blasfemia (*blasfēmía*) en Mr 7:22.

18. El recurso del alfa-privativa es efectivo en mostrar que la conducta de esta humanidad no se forja a partir de un principio positivo (*via positiva*), sino por oposición a la ética cristiana (*via negativa*).

19. Nótese el movimiento sucedido a lo largo del segundo grupo de viciosos desde la relación con los humanos (*coram hominibus*) a la relación con Dios (*coram deo*).

20. La tradición judía divide a los diez mandamientos en dos tablas de cinco, el primer

grupo se refiere a la relación del hombre con Dios y el segundo al orden social (Kugel: 381). Esto ubica al mandamiento referente a los padres (cuarto mandamiento y quinto para la tradición judía) dentro del primer grupo. Filón de Alejandría (20 aC-50 dC) explica esto del siguiente modo: "Después de dar el mandato respecto al séptimo día, él da un quinto mandamiento referente al honrar a los padres, poniéndolo en la frontera entre los dos grupos de cinco. Pues es el último del primer grupo, en el que se da leyes sobre lo sagrado, pero al mismo tiempo está conectado también con el segundo grupo, que trata sobre los deberes de un humano con el otro. Creo que la razón es ésta: la misma naturaleza de la paternidad lo ubica en la frontera entre lo inmortal y lo mortal. Lo mortal porque ellos (los padres) pertenecen a los humanos y a otros animales por su cuerpo perecedero. Lo inmortal porque el acto de la procreación los asimila a Dios mismo, el padre de todos" (*Dec.* CVI-CVII). La confesión del pecado del hijo pródigo en la parábola de Jesús delata este mismo concepto ("he pecado contra el cielo y contra ti", Lc 15:21).

Es en esta misma línea que los profetas del AT y los autores del NT desarrollan el concepto de desobediencia primordialmente en torno a la relación de Israel y la iglesia con Dios como su padre.

21. *TWOT* (II: 832) señala que la ley mosaica demanda lapidar (*ragam* – רגם) en tres casos: a) idolatría, b) brujería y c) blasfemia contra el nombre sagrado.

22. Sab 16:29 intercala nuestro apelativo con dos designaciones clásicas para describir al pagano: "impío" (*asebēs*, Sab 16:16, 18) e "inicuo" (*ádikos*, Sab 16:24). En Sir 29:16; 25, por su parte, el "ingrato" (*ajáristos*) parece ocupar más bien el lugar del necio, como ejemplo negativo.

23. Ver nota 30 del comentario a 1Ti 1:3-11.

24. Es impactante la frialdad reflejada en la carta que un tal Hilario le escribe a su esposa (siglo 1 aC – Papiro Oxyrrinco): "Te ruego y encomiendo que cuides al pequeño, en cuanto recibamos nuestra paga te la enviaré. Si, por casualidad, tienes un bebé, si es un niño, déjalo vivir, pero si se trata de una niña, deshazte de ella" (Barrett, 1989: 40).

25. Recordamos que en las otras pastorales éste es un vicio censurado en las diaconizas (1Ti 3:11) y las ancianas creyentes (Tit 2:3).

26. Así como detrás del rostro amoroso (a y a´) se esconde la oposición a la piedad cristiana (b, c y b´), así detrás de esto último se oculta la complicidad del humano con el diablo. Nótese que la misma conexión lingüística sucede en 1Ti 3:11.

27. Si bien existió una fuerte tendencia a conectar nuestros términos con asuntos sexuales, básicamente el término es más amplio, refiriéndose a la capacidad o incapacidad de controlarse en sus actos y pensamientos (Baltensweiler: 682). Pr 27:20 (LXX), por ejemplo, señala como una abominación para el Señor la falta de control de la lengua. Jesús, por su parte, identifica en Mt 23:25 la falta de control de los fariseos con el robo (*harpagē*).

28. Una de las virtudes con las que se elogia a la sabiduría personificada es su amor por el bien (Sab 7:22).

29. Tit 1:8 demanda del obispo que sea amante del bien (*filágazos*). Gá 5:23 considera al auto-control (*enkrateía*) como uno de los frutos del Espíritu.

30. En la literatura sapiencial, el imprudente es el que no sabe controlar la lengua (Pr 10:14; 13:3; Sir 9:18) y es puesto en contraste con la discreción del sabio (*sofós*).

31. Trench (95-97) conecta íntimamente al "engreído" (*huperēfanos*) con el "envanecido" (*tetufōménos*) de 2Ti 3:4.

32. "En el placer (*en tē hēdonē*) se encuentra también la disposición perversa, que presenta la mayor variedad de formas de todas las pasiones" (4Mac 1:25).

33. Se esperaría que el catálogo termine donde termina el quiasmo. Existe la posibilidad de que, si el apóstol está utilizando un material catequético tradicional, éste originalmente haya terminado con el séptimo grupo de viciosos (2Ti 3:2-4).

34. El paralelismo que en este respecto presenta nuestro texto con Tit 1:16 es notable. Filón de Alejandría hace también una descripción similar de sus oponentes: "pues incluso ahora hay algunos que usan la apariencia de piedad (*epimorfadsóntōn eusébeian*), gente que, con un espíritu mediocre, halla faltas en el sentido literal de la palabra, advirtiendo que es impío y peligroso hablar de Dios como la porción del hombre" (*Plant.* LXX).

35. Ésta es la advertencia de Ignacio de Antioquía: "Necesario es, en efecto, que sin el obispo nada hagáis, como de hecho no hacéis, y que además estéis sometidos a los presbíteros, como a los apóstoles de Jesucristo, nuestra esperanza: viviendo así, nos encontraremos en él" (*Trall.* II.2). "Él se encuentra en el santuario es puro, pero el que se encuentra fuera del santuario no lo es. Esto es, el que hace cualquier cosa aparte del obispo y del presbiterio y de los diáconos no es puro en su conciencia" (*Trall.* VII.2). "Procurad usar de una sola Eucaristía, porque una es la carne de nuestro Señor Jesucristo y uno solo el cáliz en la unidad de la sangre del mismo; uno solo el altar, como uno el obispo con el cuerpo de los presbíteros y con los diáconos, sus compañeros en el servicio (de Dios) para que hagáis según Dios todas vuestras obras" (*Ign. Fil.* IV.1). Para la advertencia de la *Const. Ap.* en contra del nomadismo que promueve la perversión de la doctrina ver nota 47 del comentario a 1Ti 5:3-16.

    Bernhard Lohse (183) sugiere que en los primeros años, Lutero permitió la celebración de la comunión en reuniones privadas (en consistencia con el concepto del sacerdocio universal). No obstante, luego tuvo que prohibir esta práctica para evitar disensión. "Pues donde se les permite a los individuos establecer reuniones y asambleas religiosas privadas, es evidente que la unidad y pureza de doctrina son fácilmente corrompidas y destruidas, y el ministerio y las reuniones públicas simplemente echadas a un lado" (Chytraeus: 56).

36. En *Barn.* II.10 y IV.9 es el diablo el que amenaza con lograr un acceso (*pareísdu-*

sis) a la vida del creyente.

37. Es significativo que la irrupción de los griegos en este período es conectada una y otra vez con la toma de mujeres como cautivas (*aijmalōtídsein tás gunaíkas*, 1Mac 1:32; 5:13; 8:10).

38. El himno de acción de gracias en el que Judit relata su hazaña señala que, después de ser seducido (*eis apátēn autoú*), Holofernes es tomado cautivo (*ējmalōtisen psujēn autoú*, Jdt 16:8-9).

39. "Por tanto, hijos de la luz y de la verdad, huyan de la división y de la falsa doctrina y sigan como ovejas allí adonde está el pastor. Pues hay muchos lobos atractivos que toman cautivos (*aijmalōtídsousin*) a los que corren la carrera divina con placeres perversos. Pero éstos no encontrarán lugar si ustedes se mantienen unidos" (*Ign. Fil.* II.2). En los *Hechos de Pablo* (siglo 2 dC), los oponentes del apóstol lo difaman atribuyéndole precisamente las mismas características con las que nuestra carta describe a los falsos maestros: a) Pablo toma cautivos a sus oyentes por medio de una predicación engañosa (*A. Paul.* III.9) y produce gran confusión en las familias (*A. Paul.* III.10); b) es seguido por "todas las mujeres y gente joven" (*A. Paul.* III.8-14); y c) numerosas veces es llamado "*hechicero*" *(A. Paul.* III.15, 20; VII).

40. Justino (*1Apol.* I.26.3) señala que los seguidores de Simón el mago "llaman El Primer Pensamiento generado por él (por Simón) a una tal Elena, que estuvo viajando con él por aquel tiempo y que anteriormente había estado en un prostíbulo". Para mayor referencia al lugar que tuvo la mujer en círculos heréticos ver nota 8 del comentario a 1Ti 2:8-3:1a.

41. Para estrategias difamatorias sugeridas por *Rhet. ad Her.* ver nota 14 de 1Ti a vuelo de pájaro.

42. Dibelius (116) interpreta el hecho que los herejes encuentran sus seguidores entre mujerzuelas como una ironía del autor: "son tan peligrosos que los únicos que le hacen caso son las mujerzuelas tontas". Crisóstomo (*hom. in 2 Tim.* VIII: 505) conecta nuestro texto con la estrategia que usó Satanás en el Edén.

    Es significativo el parecido de nuestro párrafo a la descripción del oponente que ofrecen los *Salmos de Salomón* IV: a) oprime a los otros con su condena (IV.2-3); b) tiene apariencia imponente (IV.2); c) insita a la impiedad y al pecado (IV.9-13); d) va de casa en casa dando entrada a la destrucción (IV.6, 9-12, 20); e) tiene cierta predilección por engañar a las mujeres con sus mentiras (IV.4-5, 22), f) actúa en forma oculta (IV.5) y g) el salmista espera que su perversión quede expuesta (IV.7).

43. El otro texto en el que se usa nuestro verbo ("sobrecargar": *sōreúō*) es Pr 25:22, texto citado por Pablo en Ro 12:20: "así amontonarás (*sōreúseis*) sobre su cabeza brasas y Yahve te dará la recompensa". Hoerber (1986: 982, nota 25:22) considera dos posibles referentes para esta expresión: a) que se trate del castigo divino (Sal 104:10) o b) que haga referencia a un ritual egipcio de expiación en el que la per-

sona daba señales de arrepentimiento y dolor llevando un recipiente con brasas sobre su cabeza. Sea como fuere, el uso de nuestro verbo está íntimamente ligado al peso de la culpa. Cabe considerar la posibilidad de que el estigma de culpas pasadas tenga conexión con el ascetismo extremo con el que eran oprimidas las mujeres al ingresar dentro de un movimiento herético (ver *A. Paul.*) como medio de expiación o compensación de las perversiones pasadas. Este ascetismo, más que limpiar las culpas, las perpetuaba.

44. El apóstol ridiculiza a los maestros por medio del juego de palabras con los adverbios de tiempo "siempre" (*pántote*) y "nunca" (*mēdépote*).

45. Para una discusión detallada de la expresión "llegar a conocer la verdad" (*mēdépote eis epígnōsin alēzeias elzeín*) ver comentario a 1Ti 2:4.

46. Es significativo que en las tres visiones apocalípticas de las cartas a Timoteo el concepto de "la verdad" (*hē alēzeia*) es un tema recurrente (1Ti 4:3; 2Ti 4:4).

47. Este mismo principio es utilizado por Jesús en Mr 2:23-28. Este uso predictivo de cualquier porción de las Escrituras se apoya sobre un concepto "poético" de la historia: el mismo Dios que inspiró las Escrituras es el que "compone" la historia, de modo que si en el pasado (registrado en el texto sagrado) Dios actuó de cierta forma, el intérprete sabe que sucederá lo mismo en aquella situación presente que reúna suficientes similitudes.

48. Hendriksen (1979: 325) señala el significado de los nombres arameos: Janes es "el que seduce" y Jambres "el que hace rebelión".

49. El escrito *Janes y Jambres,* compuesto en griego por un judío, data del siglo 1 dC (Charlesworth, II: 427-36).

    Sus nombres, no obstante, trascendieron las fronteras del judaísmo: Plinio el viejo (siglo 1 dC) los menciona como grandes figuras de la magia antigua: "Existe aún otra rama de la magia derivada de Moisés, Janes, Lotapés, y los judíos, que vivieron muchos miles de años después que Zoroastro" (*Historia Natural* XXX.2.11). Lo mismo sucede con Apuleyo (125-180 dC): "estoy listo para ser el tipo de mago que quieran –el mismísimo gran Carmendas o Damigerón o Moisés, de quien ustedes han oído, o Janes o Paolobex o Dardano mismo" (*Apología* XC).

    Para las diversas tradiciones que hacen referencia a Janes y Jambres ver Kugel (291-92).

50. El Targum Pseudo-Jonathan los presenta como enemigos de Moisés en dos contextos diferentes: a) El comentario a Éxodo 1:15-16 los ubica en el relato inicial de Éxodo, aconsejando al faraón el asesinato de todos los varones nacidos de entre los hebreos: "Entonces el faraón se durmió y tuvo una visión en su sueño, y he aquí (una gran balanza en la que) toda la tierra de Egipto estaba sobre un platillo y un pequeño niño en el otro. El platillo en el que estaba el niño superaba en peso al otro platillo. Por esto mandó buscar a los hechiceros de Egipto y les contó su sueño. Entonces Janes y Jambres, los hechiceros principales, tomaron la palabra y le dijeron al faraón: un hijo les nace a la nación de Israel, y por medio de él ellos

llevarán a la tierra de Egipto hacia la ruina. En vista de esto, el faraón, el rey de Egipto, siguió su consejo y les dijo a las parteras judías…" b) El comentario a Nm 22:22 los hace entrar en escena nuevamente como ayudantes de Baalám (Clark). De acuerdo a otra tradición judía, estos magos, al ver que no podían detener el éxodo, fingieron convertirse al judaísmo y acompañaron a Israel en el camino del desierto para inducirlo a adorar al becerro de oro (Hendriksen, 1979: 325).

51. La Midrash *Tanhuma*, en su comentario de Éx 32:1, indica que: "los dos magos de Egipto estaban con ellos, sus nombres eran Jonos y Hombros, los que hicieron todas estas obras de magia delante del Faraón, tal como está escrito en Éxodo" (Dibelius: 117). Eusebio de Cesarea, en su *Evangelicae Praeparationis* (IX.8), señala que: "Estaban cerca Janes y Jambres, escribas sagrados de los egipcios, hombres considerados como inferiores a nadie en habilidades mágicas, cuando los judíos fueron sacados de Egipto." Según Evans (35), la tradición les atribuye incluso el uso de la necromancia para volver de la muerte.

52. El *Ev. Nic.* V.1 (siglo 2 dC) habla de una destrucción que parece total: "Y estaban los sirvientes del Faraón, y ellos también hicieron no pocas de las señales que hiciera Moisés, y los egipcios los tomaron como dioses: Janes y Jambres. Puesto que las señales que hicieron no eran de Dios, perecieron tanto ellos como los que creyeron en ellos." El *Martirio de Pedro y Pablo* XXXIV, por su parte, les atribuye inclusive el haber quedado atrapados adentro del mar (Éx 14:23-28): "los egipcios Janes y Jambres engañaron al Faraón y a su ejército hasta que quedaron ahogados en el mar" (Dibelius: 117).

53. Ésta es la función que les otorga *La Regla de Damasco:* "Pues en tiempos antiguos, Moisés y Aarón se levantaron por la mano del Príncipe de Luces, y Satán, en su astucia, levantó a Janes y a su hermano cuando Israel fue liberado por primera vez. También en el tiempo de la desolación de la tierra se levantaron anuladores del pacto que descarriaron a Israel. Así la tierra fue desvastada porque aquellos predicaron rebelión en contra de los mandamientos de Dios, dados por intermedio de Moisés y sus santos escogidos, y porque profetizaron mentiras para alejar a Israel de seguir a Dios. Pero Dios recordó el pacto hecho con los antepasados y levantó de Aarón hombres de discernimiento y de Israel hombres de sabiduría, e hizo que prestaran atención" (CD V.17-VI.3).

54. Hch 13:6-12 relata la confrontación entre Saul / Pablo y el hechicero Barjesús / Elimas, quien "se les oponía (*anzístato*) y procuraba apartar de la fe al gobernador". Esta historia presenta significativos paralelos con las referencias que las pastorales hacen a los falsos maestros: a) ellos mismos se oponen (*anzístēmi*) a la verdad (2Ti 3:8); b) apartan de la verdad a su auditorio también (1Ti 4:1; 6:5; 2Ti 4:4; Tit 1:14); c) son llamados hechiceros (2Ti 3:13); d) no tardan en ser puestos en evidencia (2Ti 3:9); e) son reprendidos con un castigo físico (¿1Ti 1:20?).

55. Las pastorales toman de la LXX un concepto no intelectual ni abstracto de "pensamiento" (*noús*). Para una discusión detallada ver comentario a 1Ti 6:4 (particularmente la nota 11 del comentario a 1Ti 6:2b-10).

56. Para la misma expresión ("respecto a la fe": *perí tēn pístin*) para especificar el fracaso de los falsos maestros ver 1Ti 1:19; 6:21.

57. Para una discusión detallada de la expresión "avanzar hacia" (*prokóptein epí*) ver comentario a 2Ti 2:16 (p. 189). Es indiscutible la ironía del apóstol, considerando que el programa de estos oponentes acaba de ser descrito como un círculo vicioso que nunca avanza (2Ti 3:7).

58. Recordamos que la ruina del pensamiento de los falsos maestros (*ánzrōpoi kazefzarménoi tón noún*) no se mueve en el plano intelectual, sino espiritual, doctrinal y moral. Es en este mismo sentido religioso que es usado el concepto de "necedad" (*ánoia*). Sab 19:3 entiende la perversa terquedad de los egipcios ante el éxodo como "falta de entendimiento" (*ánoia*). En la misma línea, Lc 6:11 llama "necedad" a la ira de la que quedaron llenos los líderes religiosos ante la curación realizada por Jesús en un día sábado.

59. Las últimas dos escenas en las que el relato de Éx nos habla de los hechiceros, los pone fuertemente en ridículo. En la plaga de los mosquitos, ellos intentan reproducir la señal, pero no lo logran (Éx 8:18-19). En la plaga de las llagas, ya no intentan imitar a Moisés por estar convalecientes (Éx 9:11). En las cuatro últimas plagas (granizo, langostas, oscuridad y muerte del primogénito) directamente ni aparecen en escena (Éx 9-12).

2Ti 3:10-17 / Párrafo 8
EL CAMINO DE TIMOTEO

NOTAS EN PÁGINAS 297-307

‹3:10› Σὺ δὲ παρηκολούθησάς μου τῇ διδασκαλίᾳ, τῇ ἀγωγῇ, τῇ προθέσει, τῇ πίστει, τῇ μακροθυμίᾳ, τῇ ἀγάπῃ, τῇ ὑπομονῇ, ‹3:11› τοῖς διωγμοῖς, τοῖς παθήμασιν, οἷά μοι ἐγένετο ἐν Ἀντιοχείᾳ, ἐν Ἰκονίῳ, ἐν Λύστροις, οἵους διωγμοὺς ὑπήνεγκα καὶ ἐκ πάντων με ἐρρύσατο ὁ κύριος. ‹3:12› καὶ πάντες δὲ οἱ θέλοντες ζῆν εὐσεβῶς ἐν Χριστῷ Ἰησοῦ διωχθήσονται. ‹3:13› πονηροὶ δὲ ἄνθρωποι καὶ γόητες προκόψουσιν ἐπὶ τὸ χεῖρον πλανῶντες καὶ πλανώμενοι. ‹3:14› σὺ δὲ μένε ἐν οἷς ἔμαθες καὶ ἐπιστώθης, εἰδὼς παρὰ τίνων ἔμαθες, ‹3:15› καὶ ὅτι ἀπὸ βρέφους ἱερὰ γράμματα οἶδας, τὰ δυνάμενά σε σοφίσαι εἰς σωτηρίαν διὰ πίστεως τῆς ἐν Χριστῷ Ἰησοῦ. ‹3:16› πᾶσα γραφὴ θεόπνευστος καὶ ὠφέλιμος πρὸς διδασκαλίαν, πρὸς ἐλεγμόν, πρὸς ἐπανόρθωσιν, πρὸς παιδείαν τὴν ἐν δικαιοσύνῃ, ‹3:17› ἵνα ἄρτιος ᾖ ὁ τοῦ θεοῦ ἄνθρωπος, πρὸς πᾶν ἔργον ἀγαθὸν ἐξηρτισμένος.

10 Tú, en cambio, seguiste fielmente mi enseñanza, mi conducta, mi vocación, mi fe, mi paciencia, mi amor, mi resistencia, 11 mis persecuciones, mis padecimientos, tales como los que me sucedieron en Antioquia, en Iconio, en Listra –¡qué persecuciones soporté! ¡Y el Señor me rescató de todas!–
12 Todos los que se proponen vivir de forma piadosa en Cristo Jesús también serán perseguidos. 13 Pues los hombres perversos y los impostores se pondrán peor, engañando y siendo engañados.
14 Pero tú permanece en lo que aprendiste y (de lo que) llegaste a estar convencido, considerando de quiénes aprendiste, 15 y que ya desde la

niñez conoces las Sagradas Escrituras, las que son capaces de hacerte
sabio para la salvación por medio de la fe que es en Cristo Jesús. 16
Todo pasaje es inspirado por Dios y útil para enseñar, para convencer,
para corregir, para entrenar en la justicia, 17 con el propósito de que
el hombre de Dios sea realmente competente, completamente
equipado para toda clase de buena obra.

COMENTARIO

Nuestro párrafo cierra la segunda gran sección de la carta: la "exhortación a confrontar los grandes peligros" (2Ti 2:14-3:17). Detrás del dilema de tener que confrontar los "pequeños peligros" humanos del juicio, la cárcel o el martirio, el lector tiene que librar una lucha aún mayor: no comprender al camino del apóstol como de fracaso y no seguir el camino y la doctrina con la que tientan otros predicadores. Después de señalarle a Timoteo que la buena batalla se pelea tomando distancia de los oponentes y dedicándose a la Palabra (2Ti 2:14-26 / párrafo 6), Pablo delata la perversión de los falsos maestros por medio de una visión apocalíptica (2Ti 3:1-9 / párrafo 7). Nuestro texto presenta una clara relación con los dos párrafos que le preceden. Por un lado retoma la exhortación del párrafo 6, haciendo que el lector se enfoque exclusivamente en la Palabra. Por el otro, frente al retrato del camino de los falsos maestros (párrafo 7), el apóstol describe el camino de Timoteo.[1] Estos dos caminos puestos en contraste, no obstante, no son detallados en los mismos términos. En nuestro párrafo no suena el mismo tono inequívoco con el que el apóstol, como vidente, describe el presente y el futuro inmediato de perversión de los falsos maestros (párrafo 7). El presente y el futuro inmediato de Timoteo es, más bien, reconocido como incierto (¿será de piedad o de perversión?), puesto que es en ese respecto que el lector debe tomar una decisión.

Timoteo, empero, no debe trazar su camino sobre la nada de un desierto, sin referente alguno. Al menos en el pasado, su rumbo ya se había dirigido correctamente hacia la salvación. La forma en que Pablo se refiere a cada etapa del camino de Timoteo, por tanto, le recuerda al lector de la necesidad de tomar una decisión en relación a su presente y a su futuro inmediato y lo impulsa a tomar la más apropiada. Cada uno de estos tramos del camino debe ser visto frente a frente con el sendero de los oponentes:

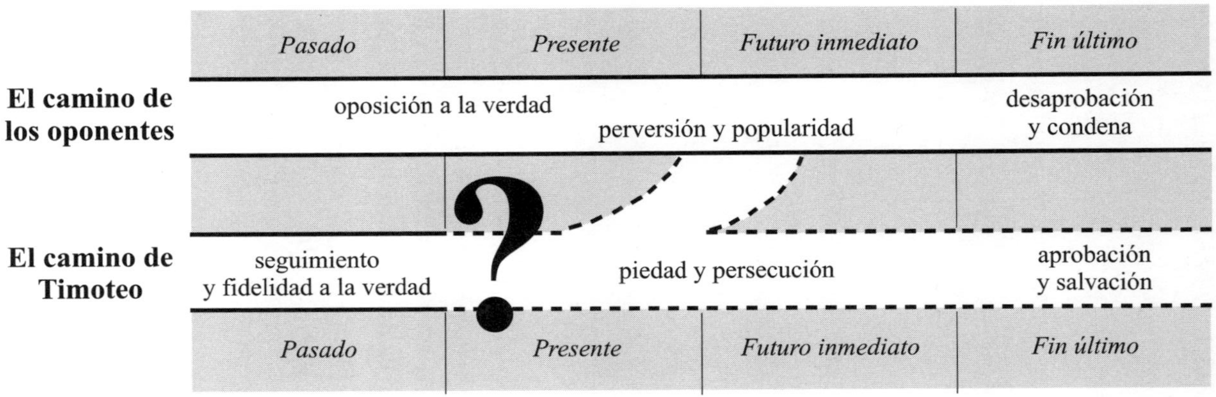

La estructura interna de nuestro párrafo presenta tres elementos básicos:

1) Resumen de la fidelidad pasada de Timoteo (2Ti 3:10-11 / oración 1) — *amplificación* / *específico-genérico* — 2) Advertencia respecto al presente y al futuro inmediato (2Ti 3:12-13 / oraciones 2 y 3)

1) — *base-exhortación* — 3) Exhortación a renovar la fidelidad y promesa para el fin último (2Ti 3:14-17 / oraciones 4 y 5) — *exhortación-base* / *contraexpectación-concesión* — 2)

RESUMEN NARRATIVO DE LA FIDELIDAD PASADA DE TIMOTEO (ORACIÓN 1)

10 Tú, en cambio, seguiste fielmente
- mi enseñanza,
- mi conducta,
- mi vocación,
- mi fe,
- mi paciencia,
- mi amor,
- mi resistencia,
- 11 mis persecuciones,
- mis padecimientos,

adición de serie

genérico-específico

tales como los que me sucedieron
en Antioquia, en Iconio, en Listra

¡qué persecuciones soporté!

adición de progresión

paréntesis

¡Y el Señor me rescató de todas!

Antes de confrontar al lector con la exhortación (*exhortatio*) del párrafo propiamente dicho, y preparando el discurso (*probatio*) para llegar allí, Pablo le describe a Timoteo un camino que se mueve en absoluta contraposición con el rumbo de los oponentes recientemente denunciado ("Tú, en cambio": *Sú dé*). El camino que el apóstol plantea con extrema habilidad retórica no es otro que el que recorriera tiempo atrás el mismo lector (!). Timoteo no debe seguir un ejemplo extraño, una meta imposible. Debe seguir sus propios pasos de fidelidad.[2]

Ahora bien, aquel recorrido inicial de Timoteo al que se apela como ejemplar, en consonancia con su llamado como colaborador e "hijo" del apóstol (Hch 19:22; Fil 2:19-22), consistió en seguir fielmente el modelo paulino (*parēkoloúzēsás mou*).[3] Es así que nuestra sección describe la virtud pasada de Timoteo en base al parámetro del mismo apóstol. Pablo enlista nueve planos de su propia vida que han sido fielmente imitados por el lector. La lista avanza desde elementos medulares del ministerio ("mi enseñanza, mi conducta, mi vocación": *mou tē didaskalía, tē agōgē, tē prozései*),[4] pasando por virtudes cristianas cardinales ("mi fe, mi paciencia, mi amor, mi resistencia": *tē pístei, tē makrozumía, tē agápē, tē hupomonē*)[5] para mencionar finalmente dos tribulaciones que le devinieron al apóstol ("mis persecuciones, mis padecimientos": *tois diōgmois, toís pazēmasin*).[6] El movimiento de la lista transporta al lector desde aquellos elementos a los que, sin dudas, él estará aferrado firmemente (el ministerio y la moral), para deslizarse luego hacia aquellos que, también sin dudas, Timoteo estaría esperando que no se repitan (los padecimientos). No se puede seguir a unos sin seguir a los otros, y Timoteo cumplió la tarea en todo respecto.

Es obvio que Timoteo tiene absoluta claridad respecto del referente de cada elemento enlistado (es también su propia vida la que está siendo descrita). No obstante, el apóstol ejemplifica los dos últimos elementos ("mis persecuciones, mis padecimientos"): "tales como los que me sucedieron en Antioquia, en Iconio, en Listra" (2Ti 3:11).[7] Significativamente los incidentes aquí mencionados sucedieron antes de que Timoteo acompañara al apóstol (Hch 13:14-14:23).[8] Según el relato de Lucas, particularmente en estas tres ciudades Pablo y Bernabé sufrieron todo tipo de padecimientos: oposición, blasfemia (Hch 13:45; 14:2), maltratos (Hch 14:6), persecución (*diōgmós*), expulsión (Hch 13:50), necesidad de huir (Hch 14:6, 20) y hasta lapidación (Hch 14:5, 19). ¿Por qué apunta Pablo específicamente a estos eventos?[9] No hay respuesta absoluta, pero posiblemente Knight (440) esté en lo correcto al sugerir que esta referencia por un lado conecta al Timoteo actual con aquel que un día estuvo dispuesto a seguir a un predicador estigmatizado por la persecución; por otro lado, le recuerda al lector que ya desde el comienzo del ministerio de Pablo hubo persecuciones.[10] Los padecimientos no son "adicionales" al ministerio apostólico que subsiste sin ellos. Son parte esencial desde sus inicios. Tanto más para el ministerio y la misma fe de Timoteo, gestados en el vientre de la persecución.

La sección termina con una digresión (*disgressio*) elaborada sobre los eventos referidos. El apóstol se asombra de la clase de persecuciones que soportó entonces (*hoíous diōgmoús hupēnegka*).[11] Pero por encima de su propia resistencia y confianza ejemplares, Pablo se admira del continuo rescate divino: "¡Y el Señor me rescató de todas!" (*kaí ek pántōn me errúsato ho kúrios*). El eco con el que resuenan aquí los salmos del AT no sólo aporta un color judaico a nuestro texto, sino que recoge también su teología: el justo no es aquel que está exento de la trampa mortal y mucho menos aquel que la evita; el justo es aquel que, siendo atrapado por la adversidad del perverso, espera y es rescatado por intervención divina.[12] Esto se vuelve un reto a no abandonar el seguimiento de una doctrina que está fundida con el padecimiento (so pena de perder el lugar de "justo" del Señor) y al mismo tiempo la confortante promesa de que seguir fielmente detrás de los pasos del apóstol implica contar con la intervención favorable nada menos que de Dios.

ADVERTENCIA RESPECTO AL PRESENTE Y AL FUTURO INMEDIATO (ORACIONES 2 Y 3)

[12] Todos los que se proponen vivir
de forma piadosa en Cristo Jesús

condición-consecuencia

también serán perseguidos.

razón-resultado

[13] Pues los hombres perversos
y los impostores se pondrán peor,

medio-resultado

engañando
y siendo engañados.

Nuestra sección (2Ti 3:12-13) amplifica y aclara lo que acaba de ser expuesto. Los padecimientos particulares que le sucedieron al apóstol responden en verdad a una regla general y de aplicación universal: no hay piedad sin padecimiento. El apóstol lleva así su línea de argumento un paso más adelante. La sección está formada por dos oraciones cuyo tono oracular nos conecta nuevamente con el párrafo anterior (2Ti 3:1-5, 9). Mientras la oración 2 (2Ti 3:12) anuncia un inevitable destino de persecución para los creyentes, la oración 3 (2Ti 3:13) retoma el anuncio apocalíptico de la corrupción final del ser humano. Esta última visión proporciona el sustento para la primera.

No es sorpresa, el primero de estos anuncios resuena a la advertencia programática con la que Pablo sintetiza y cierra su primer viaje misionero señalando la centralidad del sufrimiento en la experiencia cristiana (Hch 14:22). Es que así como el que quiere (*ho zélōn*) construir una torre debe saber de antemano su costo (Lc 14:28-33), del mismo modo "todos los que se proponen vivir de forma piadosa en Cristo Jesús" (*kaí pántes dé hoi zélontes dsēn eusebōs en Jristō Iēsoú*)[13] deben saber de antemano que "serán perseguidos" (*diōjzēsontai*). El creyente es nombrado aquí con una expresión que, para Pablo y Lucas, normalmente lleva la connotación negativa de la pretensión (*hoi zélontes*, Lc 16:26; 20:46; Gá 1:7; 4:21; 6:12; 2Co 11:12).[14]

Si éste es el caso aquí, la expresión entonces aporta un tono punzante con el que se advierte en contra de la pretensión fantasiosa de estar "en Cristo" sin sufrir persecución. No se puede experimentar a uno sin experimentar al otro, pues vivir "en Cristo" (*Jristō Iēsoú*) significa estar en aquel marcado por la persecución (*ei emé edíōxan kaí humás diōxousin,* Jn 15:20).[15] Lutero lo expresa en estos términos:

> "Ésta es la regla: si tienes fuego, también tendrás humo. Si quieres ser un cristiano y un hijo de Dios, también debes soportar lo que te suceda en consecuencia. En una palabra, un cristiano, simplemente por ser cristiano, está sometido a la querida y santa cruz, de modo que debe sufrir ya sea a manos de los hombres o del diablo mismo, que lo plaga y aterroriza con tribulación, persecución, pobreza y enfermedad, o en lo íntimo, en el corazón, con sus dardos ponzoñosos. La cruz es el signo y eslogan del cristiano en el santo, precioso, noble y bendito llamamiento que lo está llevando al cielo. A este llamamiento debemos hacer justicia y debemos aceptar como bueno traiga lo que traiga" (Plass § 680).

El segundo anuncio (2Ti 3:13) retoma el tema apocalíptico del asalto definitivo de la corrupción (párrafo 7). Se designa a los protagonistas de la estampa con dos títulos. El primero ("los hombres perversos": *ponēroí ánzrōpoi*) subraya su oposición al evangelio (Mt 12:39; 16:4; 22:10; Lc 11:29; 2Ts 3:2), lo que en última instancia los alinea con "el maligno" (*ho ponērós*).[16] El segundo título que se les asigna ("los impostores": *góētes*) delata la farsa de sus procedimientos.[17] No debe perderse de vista, no obstante, que en sentido literal, *góētes* significa "hechiceros". Esto se vuelve significativo considerando en primer lugar que Pablo acaba de comparar a los oponentes con Janes y Jambres (2Ti 3:8-9), y en segundo lugar que el tipo de predicación de estos falsos maestros (2Ti 2:18) estuvo ligada muchas veces en el siglo 2 dC a un concepto mágico de los sacramentos, similar al de las religiones de misterio.[18] Esto abre la posibilidad de que el apóstol esté pensando a *góētes* en un sentido específico y literal ("hechiceros"). Sea como fuere, el anuncio retoma lo que parece ser un slogan propagandístico de los falsos maestros:[19] ellos progresarán, sí (*prokópsusin*)... pero para ponerse peor (*epí tó jeíron*). La ironía con la que el apóstol estuvo utilizando el lenguaje del "progreso hacia algo más" (*prokóptein epí pleíon,* 2Ti 2:16; 3:9) aquí completa su ciclo en forma sonora, augurando un "progreso hacia algo peor" (*prokóptein epí tó jeíron*).[20] ¿Cómo sucederá esto? Por medio de una de las marcas elementales del tiempo final:[21] "engañando" (*planōntes*) a otros con sus falsedades y "siendo engañados" (*planōmenoi*)[22] por el padre de la mentira (Jn 8:44), aquel que da origen a sus enseñanzas (1Ti 4:1) y que los tiene adormecidos bajo su trampa (1Ti 6:9-10; 2Ti 2:26).

EXHORTACIÓN A RENOVAR LA FIDELIDAD Y PROMESA PARA EL FIN ÚLTIMO (ORACIONES 4 Y 5)

14 Pero tú permanece en lo que aprendiste
amplificación y (de lo que) llegaste
a estar convencido,
resultado-razón
considerando
contenido
de quiénes aprendiste,
15 y que ya desde la niñez
conoces las sagradas escrituras,
amplificación las que son capaces de
hacerte sabio para la salvación
medio-resultado
por medio de la fe
que es en Cristo Jesús.
amplificación
específico-genérico

ORACION 5

16 Todo pasaje es
adición de serie
inspirado por Dios y útil
adición de progresión
para enseñar,
propósito-medio para convencer,
para corregir,
para entrenar en la justicia,

17 con el propósito de que el hombre de Dios
sea realmente competente,
amplificación completamente equipado
para toda clase de buena obra.

Llegamos a la última sección de nuestro párrafo: "Exhortación a renovar la fidelidad y promesa para el fin último" (2Ti 3:14-17). La sección anterior nos llevó nuevamente al contenido del párrafo anterior (visión apocalíptica de la perversión final), de modo que el apóstol necesita volver a enfocar la mira en el lector. Nuestra sección (2Ti 3:14) abre con el mismo

"Pero tú" (*Sú dé*) del comienzo del párrafo (2Ti 3:10). No es que Pablo haya perdido el hilo. Es que llegamos aquí finalmente a destino. Nuestra sección edifica sobre lo expuesto en las dos anteriores: puesto que Timoteo transitó el camino que transitó (primera sección), entonces ahora Timoteo debe... (nuestra sección); pese a, y puesto que el futuro inmediato es como es (segunda sección), entonces ahora Timoteo debe... (nuestra sección). La sección está formada por una exhortación sintética (*exhortatio,* 2Ti 3:14a) seguida de una extensa argumentación (*probatio,* 2Ti 3:14b-17 / oraciones 4b y 5).

En contraste con la catastrófica pérdida de camino de los oponentes (*planōntes kaí planōmenoi,* 2Ti 3:13), "tú permanece en lo que aprendiste y (de lo que) llegaste a estar convencido" (*méne en hoís émazes kaí epistōzēs*). De ningún modo se trata aquí de un conservadurismo arcaico que por terror ante la realidad busca volver al seno materno recuperando el pasado.[23] El llamado es a la fidelidad y obediencia a la verdad[24] y a la coherencia con la propia identidad (2Ti 3:10). Perder el rumbo junto con los hombres perversos no sólo va en contra de las instrucciones maternas, apostólicas y divinas (ambas fuerzas externas), sino también va en contra de la propia convicción del lector (fuerza interna).

Inmediatamente Pablo ofrece sus argumentos. Timoteo debe "considerar" (*eidōs*) dos cosas. En primer lugar (2Ti 3:14b), debe tomar en cuenta "de quiénes" aprendió (*pará tínōn émazes*).[25] Sin dudas el lugar de maestro que ocupó el apóstol en la vida de Timoteo[26] se suma al eco de la expresión similar ("de mí": *par´ emoú*) con la que nuestra carta se refiere a la enseñanza apostólica (2Ti 1:13; 2:2) para ver a Pablo como el principal maestro al que aquí se apela. No obstante, el plural "de quiénes" (*pará tínōn*) demanda ampliar el espectro. La inmediata referencia a la instrucción religiosa que Timoteo recibió "desde la niñez" (2Ti 3:15) nos remite al menos a su madre Eunice y a su abuela Loida. Apelar a la cadena de maestros no sólo funcionó en el judaísmo como credencial de autoridad delante de los demás,[27] sino también como certificación para uno mismo de estar aún parado adentro del pacto divino.[28] Esto sucedió particularmente con el concepto de fidelidad a la instrucción de los ancestros.[29] Considerando el elogio recibido por las progenitoras de Timoteo al comienzo de nuestra carta (2Ti 1:5) y la recurrente afirmación de la confiabilidad espiritual, ética y doctrinal del apóstol,[30] ciertamente ambas figuras invitan a una imitación convencida para aquel "que se propone vivir de forma piadosa en Cristo Jesús" (2Ti 3:12). Timoteo no tiene poco maestro al que imitar, tiene nada menos que la piedad ejemplar de sus ancestros[31] y a Pablo como rabí de autoridad divina.[32]

En segundo lugar (2Ti 3:15), Timoteo debe considerar "que ya desde la niñez" (*apó bréfous*) conoce las Escrituras. Una vez más se apela a la trayectoria de Timoteo. Él, como todo buen judío,[33] conoció desde sus primeros años de vida el contenido de las Escrituras. Crenshaw (9) indica que a los cinco años todo niño judío comenzaba a memorizar oraciones, pasajes de la Escritura y la Tora.[34] Desde los diez años en adelante, debía dedicarse a la tradición oral de los ancestros (la Mishná a partir del siglo 2 dC).[35] No obstante, este conocimiento de las Escrituras no consistía en la mera acumulación de información, sino especialmente en una comprensión determinada del carácter de las Escrituras. Ellas son sagradas (*hierá grámmata oídas*).[36] Todavía más, tienen poder salvífico. La frase subsiguiente (2Ti 3:15b) no es una reflexión casual aprovechando la mención de las Escrituras. Es, antes bien, precisamente aquello que Timoteo supo desde la infancia: que las Escrituras son capaces de hacerlo sabio (*tá dunámená se sofísai*).[37] El lenguaje sapiencial es marcado aquí. La Tora es personificada como un maestro sobresaliente. En diametral contraste con la incapacidad de los falsos maestros y sus doctrinas (*mēdépote dunámena*, 2Ti 3:7), y en línea con el poder divino que actúa por medio de su Palabra (2Ti 1:8-10), ellas sí pueden volverlo sabio a Timoteo. Las Escrituras rotan así su posición con Timoteo de objeto conocido (2Ti 3:14-15a) a sujeto dador de conocimiento (2Ti 3:15b).[38] Ahora bien, el conocimiento que las Escrituras otorgan trasciende definitivamente la chatura académica. Timoteo no será formado como rabí o "doctor ordenado" (*hakam*), sino nada menos que como sabio "para la salvación por medio de la fe que es en Cristo Jesús" (*eis sōtērían diá písteōs tēs en Jristō Iēsoú*). La sabiduría provista por las Escrituras no reside en una capacitación que hace sobresalir "de la plebe", sino en el conocimiento salvífico de la verdad (1Co 1:18-25; 1Ti 2:4; 2Ti 2:25). El apóstol apela aquí a la convicción compartida por el lector de que las Escrituras (la ley y los profetas del AT) proclaman y ofrecen la salvación en Cristo Jesús que no se recibe sino por medio de la fe (Ro 3:21-31; 10:4-10), la cual es producida a su vez por el mismo testimonio de las Escrituras (Ro 10:14-17).[39]

Puesto que ésta fue su trayectoria desde la infancia, pese a, y puesto que, los hombres perversos avanzarán en su impiedad engañando y golpeando a la iglesia, Timoteo debe permanecer atado en fidelidad extrema a estas Escrituras comprendidas desde el prisma cristológico del evangelio confiado a Pablo. A ellas y a ninguna otra predicación debe ajustarse. Es que "no existe una forma más fácil de perder todos los artículos de la fe que reflexionando acerca de ellos sin las Escrituras" (Plass § 1211).

La última oración de nuestro párrafo (2Ti 3:16-17 / oración 5) amplifica el encomio (exaltación) de las Escrituras al que arribó el apóstol (2Ti 3:15). Aquí no se habla de ellas en los términos genéricos de "escrituras" (*grámmata*), señalando el cuerpo de escritos que forma una unidad literaria,[40] sino que la mira es puesta en cada elemento en particular ("todo pasaje": *pása grafē*).[41] Tanto Hendriksen (1979: 340) como Knight (448) sugieren que aquí se está pensando en todo el testimonio del Espíritu "reconocido por la iglesia como canónico" y que trasciende los límites del texto del AT (la iglesia primitiva llamó *grafē* a algunos dichos de Jesús y a las cartas paulinas).[42] Esta alternativa es ciertamente factible. No obstante, incluso en el caso de que Pablo siga refiriéndose aquí al AT en particular, de todos modos es un AT entendido e iluminado bajo la luz autoritativa de la revelación sucedida en Cristo y confirmada por medio de los apóstoles (Ro 15:4; 1Co 10:1-10; 2Co 1:19-20; Ef 3:4-5; 1Ti 2:5-7). De modo que, en este último caso, aquello que se predica aquí del AT ciertamente es válido para el testimonio apostólico oral y escrito (2Ts 2:15).

La primera afirmación fundamental que Pablo hace respecto de "todo pasaje" (*pása grafē*) es que "es inspirado por Dios" (*zeópneustos,* 2Ti 3:16a).[43] De ningún modo esto es novedoso dentro de la tradición judía, que consideró a los autores bíblicos como instrumentos proféticos guiados por el Espíritu de Dios.[44] El NT confirma esto al entender a los autores del AT como "impulsados" (*ferómenoi*) por el Espíritu (2P 1:21) y como hablando por medio de él (Mr 12:36; Hch 1:16; 2:30-31; 4:25; 28:25).[45] Pablo mismo se describe como vocero de Cristo (*toú en emoí laloúntos Jristoú,* 2Co 13:3) que da a conocer la revelación del misterio divino por medio del Espíritu (*en pneúmati,* Ef 3:5).[46]

Más allá de sus implicancias en relación al modo en que fueron escritos los textos sagrados,[47] la inspiración divina imprime en las Escrituras un carácter incomparable.[48] Cuando ellas son leídas, es Dios mismo el que viene al encuentro del lector y del oyente para pronunciarse.[49] Particularmente nuestro texto aporta gran claridad al discutido tema de la inspiración divina. En primer lugar, el hecho de que sea el Dios de la salvación (*Deus salutaris*) que se mantiene oculto fuera de Cristo (1Ti 2:5-6; 2Ti 1:9-10) el que inspira las Escrituras, no solamente las impregna de un carácter cristológico absoluto (*diá písteōs tēs en Jristō Iēsoú,* 2Ti 3:15), sino a la vez de eficacia salvífica (*eis soterían,* 2Ti 3:15).[50] Aunque en verdad, decir una cosa es decir la otra (Cristo = salvación), pues no hay Cristo sin salvación como tampoco salvación sin Cristo. El discutido concepto de la inerrancia resultante de la inspiración divina no puede ser divorciado de la funcionalidad salvífica de las Escrituras ni de su carácter cristológico. De otra forma se cae en un dogmatismo rígido y caprichoso.[51] Las Escrituras no yerran en lo que a la salvación se refiere.[52] Allí son absolutamente confiables por ser divinas.[53] Las Escrituras, señala Voelz (1995: 233-34), son totalmente humanas y totalmente divinas de un modo similar al de Cristo. Negar uno de estos rostros tiene la misma repercusión que en el terreno de la cristología: se pierde de vista el carácter encarnado de su verdadera humanidad o el poder salvífico exclusivo de Dios.[54] En segundo lugar, nuestro texto ("todo pasaje es inspirado por Dios": *pása grafē zeópneustos*), tal como lo indica Pieper (I: 217-21), expone claramente que el objeto de la inspiración divina (lo que Dios inspiró) no fue solamente el concepto transmitido por las Escrituras ni tampoco la persona del hagiógrafo, sino los libros sagrados como tales.[55] Pese a la centralidad que tienen el contenido de su proclamación (Gá 1:6-9)[56] y el rango apostólico de los autores para atribuirle a la Biblia el peso canónico que ella tiene,[57] de todos modos, no toda exposición apropiada del evangelio ni toda palabra que hayan dicho Pablo o Juan ostentan el mismo carácter de revelación divina. Precisamente porque son *las Escrituras* (que dan el testimonio supremo de Cristo no revelado por carne ni sangre, sino por el Padre que está en el cielo a los profetas y apóstoles) las que cuentan con la marca inigualable de la inspiración divina. Finalmente, no es una sección de la Biblia (algunos libros o cierto estrato en el proceso de redacción del texto) la que tiene autoridad divina, sino todas y cada una de sus partes (*pása grafē*).

La afirmación o el rechazo de esta comprensión de las Escrituras no responden a una cosmovisión "primitiva" (pre-iluminismo) o "evolucionada" (iluminismo) de la realidad, sino a una determinada convicción dogmática

(Juel: 57). El dogma del iluminismo no sólo demandó renunciar al carácter narrativo de las Escrituras (Frei: 8). Por sobre todas las cosas impidió comulgar con el concepto paulino de Escrituras, demandando el rechazo de su carácter divino y por consecuencia de su unidad y autoridad canónicas y de su inerrancia y verdadera eficacia divinas (*efficientia vere divina*) en relación a la salvación.[58]

Acorde con la tradición sapiencial que impregna nuestro párrafo, este carácter divino de las Escrituras no se comprueba sino en su utilidad (*ōfélimos*) instructiva, práctica y concreta. La segunda afirmación (2Ti 3:16b-17) enlista cuatro planos de la utilidad formativa de las Escrituras (cláusulas-*prós*) y añade finalmente la meta de la instrucción bíblica (cláusula-*hína*).

La estructuración de la lista referente a la utilidad educativa de las Escrituras puede ser analizada desde dos puntos de vista. Por un lado, los cuatro elementos están organizados en forma quiástica (χ), ubicando en el exterior elementos amplios y de carácter positivo y constructivo ("enseñar": *didaskalía* y "entrenar": *paideía*) y en el centro términos específicos y de carácter negativo por lidiar con el error ("convencer": *elegmós* y "corregir": *epanórzōsis*).[59] Por otro lado, la lista presenta un movimiento progresivo, avanzando desde elementos conectados con la convicción y la creencia ("para enseñar, para convencer": *prós didaskalían, prós elegmón*) hacia conceptos tocantes a la actitud y el comportamiento ("para corregir, para entrenar en la justicia": *prós epanórzōsin, prós paideían tēn en dikaiosúnē*).[60] Mientras el mensaje todo de las Escrituras muestra ser el objeto e instrumento de la "enseñanza" (*didaskalía*) en el NT, pues consiste en dar a conocer la doctrina bíblica y apostólica[61] para consuelo y fortalecimiento de la esperanza (Ro 15:4), es el rostro acusador de la ley el que "convence" (*elégjein*) al pecador de su perversión (Trench: 12-14). La *Fórmula de Concordia* (FC DS VI.14) entiende que este último es "el oficio peculiar de la ley" (con referencia al evangelio). Ahora bien, el reconocimiento del pecado aspira a la reversión del error, al cambio de conducta (*epanórzōsis*) y al entrenamiento disciplinado en una conducta recta (*paideía en dikaiosúnē*, Tit 2:11-13). Este movimiento del plano conceptual al actitudinal no debe llevar a una equivocada dicotomía que identifique al primer par con lo puramente intelectual y lo divorcie de la realidad.[62] Es precisamente esto lo que una vez más nuestro texto busca impugnar, pues la sabiduría y el reconocimiento obtenidos por la enseñanza de las Escrituras (2Ti 3:15b-16a) no mueve sino a la realización de actos concretos de justicia (2Ti 3:16b-17).[63] De hecho, todos nuestros conceptos presentan una estrecha interrelación en la tradición sapiencial a la que pertenecen.[64]

Nuestra sección cierra finalmente con la estampa de creyente ("el hombre de Dios": *ho toú zeoú ánzrōpos*)[65] buscada por las Escrituras en su función y poder educativos (2Ti 3:17): que "sea realmente competente" (*hína ártios ē*). Esta competencia, tal como lo indican Fürst (62) y Trench (73-74), no consiste en un ideal de perfección que se vuelve supramundano e irreal (concepto griego). Antes bien, en línea con el concepto del AT, la competencia es definida en términos de una realización concreta y encarnada de la piedad cristiana, pues consiste en estar "completamente equipado para toda clase de buena obra" (*prós pán érgon agazón exērtisménos*).[66] El apóstol no está haciendo aquí una reflexión teórica respecto de los beneficios de las Escrituras. Las buenas obras de las que habla nuestro texto recapitulan los diversos ideales y desafíos planteados a Timoteo a lo largo de toda la carta (2Ti 1:8, 14; 2:1, 3-6, 15, 21-26),[67] de modo que consisten en agradar a su Señor apartándose de aquellas cosas que no le pertenecen, para asumir los costos del llamado recibido. Esta carga de contenido de nuestra expresión ("toda clase de buena obra": *pán érgon agazón*) se confirma al considerar las implicancias en torno al valor para dar testimonio (2Ti 4:17) de la frase opuesta "todo emprendimiento perverso" (*pán érgon ponērós*) de 2Ti 4:18 (ver comentario correspondiente: p. 377). No es sino aferrándose a las Escrituras que dan testimonio del evangelio paulino y asumiendo los costos de este apego que Timoteo satisfará tanto la demanda divina como la apostólica.[68]

SÍNTESIS DEL PÁRRAFO

Frente al camino de los hombres perversos cada vez más poblado y ensanchado, el llamado a Timoteo que resuena desde el comienzo de la carta vuelve a ser reformulado; pero esta vez son las Escrituras las que toman un lugar preponderante. Ellas, por ser divinas, desembocan inevitablemente en persecución y padecimiento en un contexto de violencia e impiedad (pequeños peligros). Pero a su vez, el mismo carácter divino las vuelve camino de acceso hacia la certeza, el cumplimiento aprobado del llamado y la salvación en el creciente contexto de engaño, rechazo divino y perdición (grandes peligros). Éste fue el camino que Timoteo transitó desde un comienzo y es el camino por el que debe renovar su opción.

PROPUESTAS PRÁCTICAS

PROPUESTA PARA LA REFLEXIÓN

El avance de la historia hacia los últimos tiempos vuelve cada vez más ineludible el llamado apostólico de nuestro párrafo. El constante progreso de la humanidad "hacia lo peor" (2Ti 3:13) –al menos así vemos nuestro contexto–, por ser la humanidad del último tiempo, acrecienta los peligros que debe confrontar la iglesia. En algunos lugares por medio de la violencia física y la persecución (pequeños peligros). En otros, por medio del engaño de falsas doctrinas, tantas veces simpáticas a un oído cristiano poco atento, tantas veces camufladas detrás de la bandera del respeto por la diversidad de opinión y de una pluralidad que exige "ampliar horizontes confesionales" para poner juntos a "la Biblia y el calefón" (grandes peligros).

Cada vez nos encontramos más aún en "los últimos tiempos", de modo que la iglesia debe renovar con mayor firmeza su apego a aquello que probablemente le trae la cruz característica del cristiano, pero con más certeza aún, la libertad del engaño y la salvación prometida por su Señor. Así lo entiende el Reformador:

> "Ahora bien, si existiera otro camino al cielo, sin dudas él lo habría registrado también. Pero no hay otro camino. Por tanto, prendámonos de estas palabras, pongamos y reposemos nuestros corazones en ellas, cerremos los ojos y digamos: aunque tuviera los méritos de todos los santos, la perfección y pureza de todas las vírgenes, y aparte la piedad de San Pedro, aún consideraría mis logros como nulos. Debo aferrarme, más bien, a un fundamento diferente para edificar, a saber, estas palabras: Dios entregó a su hijo para que quienquiera creer en él, a quien el Padre envió por amor, será salvo. Debes insistir en forma confidente en que serás preservado. Debes afirmar valientemente tu postura sobre sus palabras que ningún diablo, infierno o muerte pueden suprimir… Por tanto, no importa lo que pase, debes decir: ahí está la palabra de Dios. Ésa es mi roca y mi ancla. En ella reposo, y ella permanece. Donde ella permanezca, también yo voy a permanecer. Donde ella se vaya, también yo me voy. La Palabra debe permanecer firme, pues Dios no puede mentir, pues el cielo y la tierra tienen que caer en ruinas antes de que la letra o el título más insignificante de su Palabra quede sin cumplir" (Plass § 197).

PROPUESTA PARA LA PREDICACIÓN

La serie trienal C sugiere 2Ti 3:14 para el vigésimo domingo después de Pentecostés (*CS:* 117) y 2Ti 3:14-4:5 para el vigésimo segundo domingo después de Pentecostés (*PC:* 690; *CS*: 119). Ofrecemos a continuación la propuesta de Weisheit (1976: 115) para la predicación de nuestro texto.

Texto bíblico: 2Ti 3:16-17.

Material necesario: Una calculadora y una Biblia.

¿Alguna vez usaron uno aparato como éste? (*muestre la calculadora*). Es muy divertido jugar con ella, pero no es un juguete. Es una calculadora. Sirve para hacer sumas, ¿ven? (*haga una suma*). También hace sustracciones, multiplica y divide (*muestre otras funciones*). Si sabes cómo usar un aparato de éstos, puedes resolver cualquier problema matemático sin ninguna dificultad.

¿Qué pasaría si alguien te regalara una calculadora como ésta y tú simplemente jugaras un rato con ella, para luego guardarla en algún lugar de la casa? Sería un verdadero desperdicio, ¿no? Si sólo usaras la calculadora como un juguete y nunca la aprovecharas de la forma en que se vuelve realmente útil, estarías desperdiciando un regalo valioso.

Quizá no tengas calculadora, pero seguramente tienes una de éstas (*muestre una Biblia*). La Biblia también puede hacer muchas cosas por ti. Hasta tiene un manual de instrucciones que te dice cómo usarla del mejor modo. La lectura para hoy dice así: "Todo pasaje es inspirado por Dios y útil para enseñar, para convencer, para corregir, para entrenar en la justicia". Así como la calculadora, la Biblia también puede hacer muchas cosas. Primero y por sobre todo, la Biblia te cuenta acerca de Jesucristo. Ella te muestra que tienes un Salvador que te ama y que te mantiene junto a él.

La Escritura también nos reprende cuando caemos en el error y corrige nuestras faltas. Temo que muchas veces usamos la Biblia para reprender y corregir los errores, pero los de los demás. Ella fue pensada por Dios para nosotros: para corregir nuestras faltas y reprendernos ante nuestros errores. También nos muestra cómo podemos vivir como cristianos. Nos dice cómo convivir con aquellos que también son creyentes, y cómo comportarnos con los que no lo son.

Pero si la Biblia nos ayuda en todas estas cosas, es para que la usemos en forma completa. No podemos decir: "Éste es un libro excelente, ¡es nada menos que la palabra de Dios!", pero tenerla guardada en un estante. La Biblia no es un libro mágico que nos ayuda simplemente porque tengamos una en casa. Es un libro para ser leído, compartido, creído y obedecido. ¡La lectura de hoy nos asegura que la Escritura nos capacita para hacer la obra que Dios soñó para nosotros!

Tenemos que admitir que muchas veces fallamos en cumplir lo que Dios quiere que hagamos. No le servimos como él nos dijo que debemos. No ayudamos a otros como nos gustaría ser ayudados. Cuando necesitemos ayuda, busquémosla en el libro que nos habla acerca de Cristo. Lee nuevamente acerca de su gran amor por nosotros. Escúchalo a él corrigiéndote y perdonando tus pecados. Míralo amando a otros y mostrándonos el camino para que nosotros también podamos amar. Entonces estaremos usando el poder que el Espíritu Santo nos da por medio del evangelio.

APUNTES TÉCNICOS

APUNTES DE LÉXICO Y SINTÁXIS

2Ti 3:10

"seguiste fielmente" (παρηκολούθησάς): BAGD (παρακολουθέω.2: 619) traduce "seguir fielmente (como regla)". BAGD aclara que nuestro verbo toma el caso dativo para indicar a quién o a qué se sigue. Louw & Nida § 36.32 define nuestro verbo como "conformar el comportamiento propio a un sistema particular de instrucción o enseñanza; seguir, ser un seguidor de, conformarse a". Aoristo global: tiene como referente múltiples elementos y sucesos, pero los encapsula en forma de síntesis (Wallace: 557-58).

"mi" (μου): Es claro que los elementos enlistados en los vv. 10 y 11 se refieren a virtudes y experiencias de Pablo, en vista de que la lista está precedida por el único pronombre personal "mi" (μου) y de que cada elemento es definido. El pronombre personal no se repite cada vez para evitar una estructura sobrecargada. Nuestro pronombre funciona como genitivo subjetivo en algunos casos (con "enseñanza" –τῇ διδασκαλίᾳ–, "conducta" –τῇ ἀγωγῇ–, "vocación" –τῇ προθέσει–, "fe" –τῇ πίστει–, "paciencia" –τῇ μακροθυμίᾳ–, "amor" –τῇ ἀγάπῃ– y "resistencia" –τῇ ὑπομονῇ–), mientras que en otros funciona como genitivo objetivo ("persecución" –τοῖς διωγμοῖς– y "padecimiento" –τοῖς παθήμασιν– Wallace: 113-19).

"enseñanza" (τῇ διδασκαλίᾳ): BAGD (διδασκαλία.2: 191) comprende a nuestro uso como pasivo, referente a aquello que es enseñado; en oposición al uso activo, referente al acto de enseñar. Tanto nuestro sustantivo como el resto de los elementos de la lista son dativos de objeto directo (Wallace: 171-73). Wallace señala que la opción por poner el objeto directo en dativo (y no en acusativo) es significativa, en cuanto que denota una relación íntima y comprometida.

"conducta" (τῇ ἀγωγῇ): BAGD (ἀγωγή: 14) "modo de vida, conducta". Louw & Nida § 41.3 define a nuestro sustantivo como "conducirse, con un aparente énfasis en el comportamiento diario evidente".

"vocación" (τῇ προθέσει): BAGD (πρόθεσις.2.a: 706) "plan, propósito, resolución, voluntad". BAGD sugiere la posibilidad de que nuestro texto tenga el significado de "modo de pensar". Louw & Nida § 30.63 define nuestro sustantivo como "aquello que es planeado o propuesto de antemano". Liddell & Scott (πρόθεσις.II: 1481), por su parte, como "propósito, fin propuesto" en conexión con la vida ("el propósito de las vidas": πρόθεσις βίων). Traducimos "vocación" puesto que encierra al mismo tiempo la meta por la que uno vive (y muere) y la decisión o entrega con la que uno se inclina hacia ella.

"mi paciencia... mi resistencia" (τῇ μακροθυμίᾳ... τῇ ὑπομονῇ): Trench (183-86) señala que la "paciencia" (μακροθυμία) es ejercitada frente a *personas* que provocan el enojo y la venganza, mientras que la resistencia (ὑπομονή) frente a *sucesos o cosas* que oprimen y hacen perder el coraje. Trench señala que Platón identifica a ὑπομονή con lo masculino: "es de hombres el resistir" (ἀνδρικῶν ὑπομεῖναι) es contrapuesto a "huir como un no-hombre" (ἀνάνδρως φεύγειν).

2Ti 3:11

"persecuciones" (τοῖς διωγμοῖς): BAGD (διωγμός: 201) "persecución". Louw & Nida § 39.45 define nuestro sustantivo como un programa sistemáticamente organizado "para oprimir y maltratar a gente; perseguir". En primera instancia, tanto nuestro sustantivo como el siguiente, dan la impresión de no pertenecer a la lista de rasgos apostólicos seguidos fielmente por Timoteo. La lista parece haber terminado con "resistencia" (τῇ ὑπομονῇ), puesto que es el último elemento en el que la decisión personal es protagónica. Las "persecuciones" (τοῖς διωγμοῖς) y "padecimientos" (τοῖς παθήμασιν) parecen ser más bien dativos de esfera que modifican a "resistencia" (τῇ ὑπομονῇ): "Tú seguiste fielmente mi resistencia en el contexto de las persecuciones y los padecimientos" (Wallace: 153-55). De todos modos, consideramos que -desde un punto de vista estructural- no hay suficientes indicios para excluir estos elementos de la lista de dativos de objeto directo, pese al desafío semántico que esto implica. Hubiese sido necesaria una conjunción entre "persecuciones" (τοῖς διωγμοῖς) y "padecimientos" (τοῖς παθήμασιν) para indicar que ellos presentan una unidad aparte.

"padecimientos" (τοῖς παθήμασιν): BAGD (πάθημα.1: 602) "aquello que es sufrido o soportado: sufrimiento, mala fortuna". BAGD señala que dentro de la literatura cristiana nuestro término es utilizado casi siempre en plural. Louw & Nida § 24.78 define como "sufrir padecimientos".

"tales como los que" (οἷα): BDF § 304 señala que tanto en griego clásico como en el coiné, nuestro adjetivo pronominal relativo es utilizado para exclamaciones: "¡Qué...!" BAGD (οἷος:562) considera que la segunda cláusula-οἷος es un caso de uso exclamativo, por lo que traduce "¡Qué persecuciones soporté!" Consideramos que la primera cláusula-οἷος ("las que me sucedieron": οἷά μοι ἐγένετο) es un caso del uso que especifica la cualidad de algo (Smyth § 340; BAGD, οἷος: 562).

"(me) sucedieron" (ἐγένετο): Tanto nuestro verbo como los dos siguientes ("soporté" –ὑπήνεγκα– y "rescató" –ἐρρύσατο–) son aoristos globales: hacen referencia a diferentes ocurrencias en forma de sumario (Wallace: 557-58).

"soporté" (ὑπήνεγκα): BAGD (ὑποφέρω: 848) "resistir (bajo), someterse a, soportar algo". BAGD (διωγμός: 201) traduce "sufrir persecución". Louw & Nida § 25.175 define nuestro verbo como "continuar soportando pese a la dificultad y el sufrimiento – resistir, mostrar resistencia, aguantar". Louw & Nida traduce "la clase de persecuciones que soporté".

"Y" (καί): Hendriksen (1979: 330) considera a nuestra partícula καί como adversativa. Las traducciones Reina Valera 95 y King James hacen la misma interpretación; mientras que la Biblia de Jerusalén, NIV y la Biblia de las Américas no. Si bien el contenido de las cláusulas produce un contraste, de todos modos consideramos que el punto de la exclamación no es la resistencia del apóstol (primera cláusula), sino la paradoja de la liberación divina (segunda cláusula). Esto demanda más bien comprender a nuestra conjunción como conectiva (Wallace: 671).

"de todas" (ἐκ πάντων): Genitivo de separación (Wallace: 107-09).

2Ti 3:12

"Todos... también" (καὶ πάντες δέ): Smyth § 2891 indica que cuando la partícula adverbial καί funciona en combinación con la partícula conjuntiva δέ, aquélla enfatiza la importancia de la palabra encerrada, mientras que esta última conecta nuestra frase u oración con lo antedicho. Los elementos que la partícula δέ conecta son, por un lado *la persona del apóstol,* cuyos sufrimientos acaban de ser descritos (2Ti 3:10-11) y por el otro, *todos los que se proponen vivir de forma piadosa* (2Ti 3:12). Nuestra partícula δέ tiene fuerza explicativa (Wallace: 673) antes que adversativa. Si bien se produce cierto contraste entre el recuento del sufrimiento individual del apóstol y la advertencia universal de sufrimiento para todos los creyentes, consideramos que la función de nuestra oración es explicar porqué Timoteo también tuvo (y tiene) que seguir fielmente los sufrimientos del apóstol. Pues, porque todo el que pretenda vivir de un modo piadoso debe pasar por lo mismo.

"los que se proponen" (οἱ θέλοντες): Consideramos que la fuerza que toma preponderancia en nuestro uso no es la del deseo, sino la del propósito planificado. Louw & Nida § 30.58 define esta categoría de este modo: "proponerse algo, generalmente sobre la base de la preferencia y el deseo", elementos éstos que no desaparecen aquí, pero que sí son puestos en segundo plano. Participio sustantival independiente (Wallace: 619-21). Presente gnómico: hace una afirmación –advertencia– universal y atemporal (Wallace: 523-25).

"vivir" (ζῆν): BAGD (ζάω.3.a: 336) define a nuestra categoría como "conducta de vida". Louw & Nida § 41.2 define nuestro verbo como "comportarse de la forma particular especificada por el contexto; vivir, conducirse, comportarse". Infinitivo complementario del participio "quieren" (θέλοντες – Wallace: 598-99). Louw & Nida § 41.2 señala que nuestro verbo "no se refiere a la existencia fisiológica, sino a la manera en que una persona se comporta... en relación a otros y a Dios". Louw & Nida traduce "todos los que quieren vivir una vida piadosa en Cristo Jesús serán perseguidos".

"vivir en Cristo Jesús también serán perseguidos" (ζῆν ἐν Χριστῷ Ἰησοῦ διωχθήσονται): Consideramos que la expresión "en Cristo Jesús" (ἐν Χριστῷ Ἰησοῦ) modifica al infinitivo "vivir" (ζῆν) y no al verbo "serán perseguidos" (διωχθήσονται). De las otras 80 ocurrencias de nuestra frase preposicional (sin contar nuestro texto), 70 veces modifica a lo que precede, y 10 veces modifica a lo que sigue. Por otro lado, hay cuatro ocurrencias (Ro 6:11, 23; 8:2; 2Ti 1:1) en las que se conecta la vida (o el vivir) y la expresión "en Cristo Jesús" (ἐν Χριστῷ Ἰησοῦ).

"serán perseguidos" (διωχθήσονται): Futuro gnómico: no tiene en vista un evento en particular (como sería en el caso de un futuro predictivo), sino algo que es parte natural de la vida. Las persecuciones son parte esencial del vivir en forma piadosa en Cristo. Igualmente, consideramos que nuestro uso tiene cierta fuerza de futuro imperativo en cuanto consecuencia necesaria por compulsión: "todos los que quieran vivir en forma piadosa *deben* ser perseguidos" (Wallace: 569-71). Recuérdese el contenido imperativo del mensaje que Pablo dio a las congregación mencionadas en nuestro texto: "es necesario para nosotros entrar en el reino de Dios por medio de muchas aflicciones" (διὰ πολλῶν θλίψεων δεῖ ἡμᾶς εἰσελθεῖν εἰς τὴν βασιλείαν τοῦ θεοῦ – Hch 14:22).

2Ti 3:13

"perversos" (πονηροί): BAGD (πονηρός.1.b: 690) "perverso, malvado, malo, bajo, indigno, vicioso, degenerado". BAGD señala que nuestro uso está dentro del campo semántico de la ética. Nuestro texto, por tanto, hace referencia a la perversión moral: "perverso, malvado, vicioso, degenerado" (Louw & Nida § 88.110); y no a la corrupción producida por una falta o una pérdida de la condición óptima: "malo, bajo, indigno" (Louw & Nida § 65.27).

"Pues" (δέ): δέ explicativa (Wallace: 673). Hace que nuestra predicción se vuelva base para la predicción anterior.

"impostores" (γόητες): BAGD (γόης: 164) "hechicero, mago". BAGD señala que en nuestra literatura es usado con la connotación de trampa y estafa. Louw & Nida § 88.232 define nuestro sustantivo como "uno que habitualmente... engaña a la gente por medio de la simulación" y traduce "hombres malos e impostores irán de mal en peor". Tanto nuestro sustantivo como el anterior ("hombres": ἄνθρωποι) son definidos pese a la falta de artículo, en cuanto que se trata de sustantivos genéricos (Wallace: 253-54).

"se pondrán (peor)" (προκόψουσιν): BAGD (προκόπτω.2: 708) traduce "avanzarán de mal en peor". Futuro predicativo (Wallace: 568).

"(se pondrán) peor" (ἐπὶ τὸ χεῖρον): BAGD (ἐπί.III.3: 289) comprende nuestra preposición como indicador de un grado mayor. Louw & Nida § 88.107 traduce "hombres malos e impostores se mantendrán avanzando de mal en peor". Liddell & Scott (χείρων.III.1: 1986) señala que nuestra construcción es utilizada para indicar un cambio desfavorable: "se pondrá peor, empeorará".

"engañando y siendo engañados" (πλανῶντες καὶ πλανώμενοι): BAGD (πλανάω.2.c.d: 665) traduce "engañadores (de otros) y (ellos mismos) engañados". Louw & Nida § 31.8 define nuestro verbo como "hacer que alguien tenga una visión equivocada y, por tanto, esté errado, descarriar, engañar". Louw & Nida traduce "engañando a otros y siendo engañados ellos mismos". Consideramos que nuestros participios no son sustantivales, como BAGD los entiende, sino adverbiales de medio: indican cómo se logra que el verbo principal "se pondrán (peores)" (προκόψουσιν) sea verdad (Wallace: 628-30).

2Ti 3:14

"permanece" (μένε): BAGD (μένω.1.a.β: 504) define a nuestra categoría como referente a "alguno que no abandona el terreno o la esfera en la que se encuentra: permanecer, continuar, perdurar". BAGD traduce "continúa en lo que has aprendido". Imperativo presente de costumbre (Wallace: 722).

"en lo que" (ἐν οἷς): BAGD (μανθάνω.1: 490) indica que nuestro pronombre relativo sufre atracción debido a la contracción de lo que sería la frase original. BAGD la reconstruye de este modo: ἐν τούτοις ἃ ἔμαθες (en estas cosas que aprendiste). El verbo "aprender" (μανθάνω) toma el caso acusativo para indicar el objeto directo. ἐν de esfera (Wallace: 372).

"aprendiste" (ἔμαθες): Las dos ocurrencias de nuestro verbo son aoristos globales: encierran numerosos sucesos en forma de sumario (Wallace: 557-58).

"llegaste a estar convencido" (ἐπιστώθης): BAGD (πιστόω.2: 665) "sentir confianza, estar convencido". BAGD traduce "pero tú debes permanecer en lo que has aprendido y de lo que te has convencido". Louw & Nida § 31.36 define nuestro verbo como "llegar a creer que algo es verdad" y traduce "pero en cuanto a ti, continua en lo que fuiste enseñado y (en lo que) llegaste a creer firmemente". Aoristo ingresivo: pone el énfasis en el comienzo de una acción o el ingreso a un estado determinado, sino señalar su continuidad como el imperfecto ingresivo (Wallace: 558-59).

"considerando" (εἰδὼς): BAGD (οἶδα: 556) incluye dos entradas apropiadas para nuestro uso: a) "reconocer" (BAGD, οἶδα.4: 556); b) "recordar" (BAGD, οἶδα.5: 556). Muchas de las acepciones que Liddell & Scott (εἴδω.B.1: 483) incluye para el perfecto de "saber" (οἶδα), están conectadas con el sentido de seguridad: "estar seguro, tener certeza de algo". Traducimos como "considerando", teniendo en mente el sentido que aportan las acepciones recién mencionadas. El tiempo perfecto de nuestro verbo en primera instancia parecería abogar a favor de interpretar al participio como adverbial de causa (Wallace: 631-32), pese a la posición irregular. Wallace lo incluye en esta categoría. De todos modos se trata de un perfecto con fuerza presente (Wallace: 579-80), lo que hace poco probable que sea de causa, ya que no antecede al verbo principal ni en tiempo ni en posición. Se trata más bien de un participio adverbial de modo: indica bajo qué impresión (con qué estímulo) Timoteo debe permanecer en lo aprendido (Wallace: 627-28).

"de (quiénes)" (παρά): παρά+ genitivo de agencia (Wallace: 378). BAGD (παρά.1: 609) señala que nuestra construcción "denota una persona e indica que algo procede de ella".

2Ti 3:15

"que" (ὅτι): ὅτι de discurso indirecto: la cláusula-ὅτι contiene un reporte de lo pensado (Wallace: 456-58). Wallace señala que nuestra categoría no siempre tiene por detrás un discurso directo.

"la niñez" (βρέφους): BAGD (βρέφος.2: 147) "bebé, infante". BAGD propone nuestra traducción. Louw & Nida § 67.152 define nuestro sustantivo como "el período de tiempo cuando uno es muy joven; niñez (probablemente implicando el tiempo en que el niño aún es lactante), infancia". Louw & Nida traduce "tú sabes... que ya desde tu niñez". Braumann (1981: 548) señala que nuestro sustantivo es usado para designar al bebé aún no nacido o al recién nacido.

“conoces” (οἶδας): Consideramos que nuestro uso es el que BAGD (οἶδα.2: 556) define como “estar (íntimamente) familiarizado con, tener una relación (cercana) con”.

“las Sagradas” (ἱερὰ): BAGD (ἱερός.1: 372) “santo, apartado para la divinidad”. Louw & Nida § 53.9 traduce “porque desde el tiempo en que eras niño, has conocido las Sagradas Escrituras” o “los Sagrados Escritos.”

“Escrituras” (γράμματα): BAGD (γράμμα.2.c: 165) “escrito, libro”. BAGD señala que debido al carácter técnico de la expresión no es necesario el artículo definido. Nuestro sustantivo, pese a ser plural, es un sustantivo monádico (único en su clase) y, por lo tanto, definido (Wallace: 248-49). Louw & Nida § 33.50 hace la amplia definición que sigue: “cualquier clase de documento escrito, ya sea en un libro o en forma manuscrita, con un enfoque en el contenido”. BDF § 257.2 indica que nuestra expresión sin artículo definido es una “fórmula del AT”.

“las que” (τά): BAGD (ὁ.II.3.b: 551) señala que en algunas oportunidades, el artículo definido funciona en conjunto con el participio como una pronombre relativo. Wallace (214) indica que esta comprensión del artículo es una cuestión de traducción y no de la función sintáctica propia del artículo, que sigue siendo la misma.

“son capaces” (δυνάμενα): Louw & Nida § 74.5 y BAGD (δύναμαι.1.a: 207) definen a nuestro tipo de construcción (δύναμαι + infinitivo) como referente a habilidad para hacer algo. Participio adjetival (dependiente de “Escrituras”: γράμματα) en tercera posición atributiva: sustantivo + artículo definido + adjetivo (Wallace: 307). Presente gnómico: hace una afirmación universal y atemporal (Wallace: 523-25).

“de hacerte sabio” (σοφίσαι): BAGD (σοφίζω.1.a: 760) “hacer sabio, enseñar, instruir.” Louw & Nida § 32.36 define nuestro verbo como “hacer que una persona tenga sabiduría y entendimiento” y traduce “la cual es capaz de hacerte sabio para la salvación.” Louw & Nida parafrasea nuestra frase de este modo: “capaz de hacerte tener la sabiduría que lleva a la salvación.” Infinitivo complementario del participio “son capaces” (δυνάμενα – Wallace: 598-99). Aoristo ingresivo: señala el ingreso al estado de sabiduría necesario para la salvación (Wallace: 558-59).

“para” (εἰς): εἰς de ventaja: señala aquello para lo que el infinitivo “hacer sabio” (σοφίσαι) sirve y colabora (Wallace: 369). Puede ser comprendido también como un εἰς de propósito (Wallace: 369). BAGD (σωτηρία.2: 801) indica que nuestra construcción (“para la salvación”: εἰς σωτηρίαν) indica apropiación.

“de la fe que es en Cristo Jesús” (πίστεως τῆς ἐν Χριστῷ Ἰησοῦ): BAGD (πίστις.2: 662) comprende a nuestro uso de “fe” (πίστις) en el sentido subjetivo de “confianza en Cristo Jesús”. El artículo definido pone énfasis en lo específico del objeto de la confianza: “la salvación es alcanzada creyendo en ningún otro que en este Cristo Jesús”. Consideramos igualmente que no puede quedar descartada de ningún modo una comprensión objetiva de πίστις (cuerpo de doctrinas y creencias - BAGD, πίστις.3: 664). Nuestro uso se encuentra en un contexto en el que el apóstol advierte contra falsos maestros (2Ti 3:7; 4:3-4), manda a permanecer en aquellas cosas que aprendió (2Ti 3:14), se concentra en la habilidad que tienen las Escrituras para volver *sabio* a Timoteo.

"en Cristo Jesús" (ἐν Χριστῷ Ἰησοῦ): ἐν + dativo de esfera (Wallace: 153-55, 372).

2Ti 3:16

"Todo" (πᾶσα): en posición atributiva a un sustantivo sin artículo definido significa "todo", en el sentido de "cualquiera" (Voelz, 1993: 251) o "todo X concebible" (Smyth § 1174.c).

"pasaje" (γραφή): Tanto Louw & Nida § 33.53 como BAGD (γραφή.2.a: 166) señalan que cuando nuestro sustantivo es usado en relación a la Sagrada Escritura, la forma singular hace referencia a un "pasaje" en particular, mientras que la forma plural es utilizada para las Escrituras como un todo (BAGD, γραφή.2.b: 166; Louw & Nida § 33.54). Knight (445) aboga por entender a la expresión πᾶσα γραφή como referente a las Escrituras como una unidad y no como un conjunto de múltiples partes. Knight sostiene que esta interpretación no contradice el uso paulino de la expresión, pero cita textos que hacen referencia a un pasaje particular (Ro 4:3; 9:17; 10:11; Gá 4:30; 1Ti 5:18).

"es" (-): En nuestro texto se produce la común omisión del verbo copulativo (BDF § 127). Robertson (1989: 822) señala que la cópula puede ser puesta ya sea inmediatamente después de "pasaje" (γραφή) o entre "inspirado por Dios" (θεόπνευστος) e "y" (καί). En el primer caso, los dos adjetivos ("inspirado por Dios" –θεόπνευστος– y "útil" –ὠφέλιμος–) estarían en posición predicativa. En el segundo caso, "inspirado por Dios" (θεόπνευστος) se encontraría en posición atributiva y la partícula καί no funcionaría como conjunción copulativa, sino como adverbio ("Todo pasaje divinamente inspirado es útil también para...").

Esta última alternativa resolvería el problema aparente de referente indefinido de πᾶσα γραφή (cualquier pasaje). ¿A qué clase de pasajes se refiere? ¿Cualquier clase de pasajes está inspirado por Dios? El problema es *aparente* en vista de la siguiente evidencia:

a) "Escritura" (γραφή) siempre es utilizada en el corpus paulino en relación al texto sagrado. Sólo en 1Ti 5:18 se incluye un *logíon* (dicho) de Jesús que puede haber llegado al apóstol también en forma escrita.
b) De las 13 otras ocurrencias de "Escritura" (γραφή) en el corpus paulino (sin contar nuestro texto), 11 veces es usada en forma absoluta (sin modificador) y sólo 2 veces tiene un adjetivo atributivo (Ro 1:2; 16:26).

Por lo tanto, es claro que un uso absoluto de "Escritura" (γραφή) en Pablo no implica que el referente sea indefinido, máxime considerando el antecedente de "las Sagradas Escrituras" (ἱερὰ γράμματα) del v. 15. Esto no descarta que "inspirado por Dios" (θεόπνευστος) esté en posición atributiva, pero muestra que no necesita estarlo para definir el referente de "Escritura" (γραφή).

Mencionamos a continuación los argumentos de mayor peso que Wallace (313-14) presenta a favor de ubicar el verbo copulativo inmediatamente después del sustantivo:

a) Un autor normalmente omite el verbo copulativo cuando es claro dónde debe suplirlo el lector. Entre los dos adjetivos e implicando una interpretación adverbial de καί ("también") ciertamente no es la lectura más obvia.
b) No es natural traducir καί de forma adverbial ("también") cuando está entre dos adjetivos en el mismo caso (nominativo en nuestro texto).
c) Haciendo un estudio de la construcción adjetivo**1** + sustantivo + adjetivo**2** (πᾶσα γραφὴ θεόπνευστος) en oraciones con verbo copulativo, sobre los textos del NT, LXX, y en una buena porción de la literatura clásica y coiné, es consistente la tendencia a que el adjetivo**1** es atributivo, mientras que el adjetivo**2** predicativo. En el caso del texto bíblico (NT y LXX), de las 50 ocurrencias de dicha construcción, en 39 el adjetivo**1** es "todo" (πᾶς). Wallace indica que la evidencia es tan abrumadora que propone la siguiente regla: en una construcción πᾶς + sustantivo + adjetivo en oraciones copulativas, siendo que "todo" (πᾶς) vuelve definido al sustantivo del mismo modo que el artículo, la ausencia de artículo en el adjetivo delata su carácter predicativo.

"útil" (ὠφέλιμος): BAGD (ὠφέλιμος: 900) "útil, beneficioso, ventajoso para algo". Louw & Nida § 65.40 define nuestro adjetivo como "perteneciente a un beneficio a ser obtenido de un objeto, evento o estado". Adjetivo en segunda posición predicativa: sustantivo + adjetivo (Wallace: 311).

"para" (πρός): πρός + acusativo de propósito (Wallace: 380). El *asíndeton* (falta de conjunción) entre las cuatro cláusulas-πρός es común en series o listas de elementos (Wallace: 658; BDF § 460.2). BAGD (διδασκαλία.1: 191) considera que es posible un trasfondo de tipo rabínico para nuestra expresión y cita como ejemplo a *Sanh.* 73a: "para enseñar" (*lilmad* – לְלַמֵּד).

"enseñar" (διδασκαλίαν): BAGD (διδασκαλία.1: 191) ubica a nuestro texto bajo el uso activo (en contraste con "lo enseñado, enseñanza"), esto es: el acto de "enseñar, instruir". Louw & Nida § 33.224 define nuestro sustantivo como "proveer instrucción en un contexto formal o informal".

"convencer" (ἐλεγμόν): BAGD (ἐλεγμός: 249) "convicción (de un pecador), reprobación, castigo". Louw & Nida § 33.417 define nuestro sustantivo como "indicar que alguien ha hecho mal, con la implicancia de que existan pruebas de dicho mal acto; llamada de atención, reproche". BDF § 109.1 señala que la terminación -μος corresponde a sustantivos que expresan particularmente *acciones*. Trench (12-14) indica que nuestro término no se limita al significado de "reproche" (como en el caso de ἐπιτιμάω), sino que implica la veracidad y habilidad con la que se denuncia un pecado, de modo que trae al pecador "si no siempre a la confesión, por lo menos a la convicción de su pecado".

"corregir" (ἐπανόρθωσιν): BAGD (ἐπανόρθωσις: 283) "corrección, restauración". BAGD traduce "útil para lograr que algo sea mejor". Louw & Nida § 72.16 define nuestro sustantivo como "hacer que algo sea –o vuelva a ser– correcto, con la implicancia de una condición previa de faltas o fallas". Louw & Nida traduce "para corregir faltas".

"entrenar" (παιδείαν): BAGD (παιδεία.1: 603) "crecimiento, entrenamiento, instrucción". BAGD señala que nuestro uso es activo (en cuanto opuesto al uso pasivo para indicar el crecimiento como fruto obtenido del proceso). BAGD traduce "útil para el entrenamiento en la justicia". Louw & Nida § 33.226 define nuestro sustantivo como "proveer instrucción con la intención de formar hábitos y comportamiento apropiados". Trench (105-08) contrasta nuestro sustantivo con la "amonestación" (νουθεσία), señalando que, mientras el último denota un "entrenamiento por medio de las palabras", el "entrenamiento" (παιδεία) denota un "entrenamiento por medio de los actos". Trench rechaza la traducción "instrucción", en vista de que esto sería limitarse al campo intelectual, cuando en realidad en "entrenamiento" (παιδεία) están incluidos la corrección, el castigo y "rectificación" (ἐπανόρθωσις). Preferimos traducir "entrenamiento" antes que "disciplina" para evitar una comprensión instrumental del dativo "en la justicia" (ἐν δικαιοσύνῃ).

"en la justicia" (ἐν δικαιοσύνῃ): BAGD (δικαιοσύνη.2.b: 196) define nuestra categoría como "justicia, rectitud en cuanto el motivo que compele la conducta total de vida", y distingue así de la categoría referente a la "justicia en el sentido de cumplimiento de los estatutos divinos" (BAGD, δικαιοσύνη.2.a: 196).

Dos consideraciones: a) No es muy feliz divorciar ambos sentidos; preferimos –sin confundirlos– no alejar el elemento subjetivo (la pasión por la justicia) del objetivo (la justicia en cuanto voluntad expresa de Dios en los estatutos). b) Consideramos que si una de estas dos facetas parece ponerse en primer plano en nuestro texto, es justamente la justicia relacionada con los estatutos divinos. La centralidad que tienen las Escrituras en nuestro texto se vuelve argumento fundamental. BAGD (δικαιοσύνη.2.a: 196) señala, por otro lado, la intimidad que existe entre este concepto objetivo de justicia y la puesta en práctica de la piedad (ver 2Ti 3:12). Nuestra construcción es un ἐν + dativo de esfera: responde a la pregunta "¿en qué ámbito se da el entrenamiento para el que las Escrituras son útiles?" (Wallace: 153-55, 372). Podría considerarse también como un ἐν + dativo de estándar o dominio: "para un entrenamiento que concuerde con la justicia divina" (Wallace: 157-58, 372).

2Ti 3:17

"realmente competente" (ἄρτιος): BAGD (ἄρτιος: 110) "completo, capaz, hábil para cumplir con todas las demandas". Louw & Nida § 75.4 define nuestro adjetivo como "perteneciente al estar calificado para realizar alguna función; calificado, competente". Adjetivo en primera posición predicativa: adjetivo-artículo-sustantivo (Wallace: 307). El énfasis recae de algún modo en el adjetivo.

"de Dios" (θεοῦ): Genitivo de posesión: indica la situación de pertenencia a Dios del creyente (Wallace: 81-83).

"toda clase de" (πᾶν): Tanto Smyth § 1174 como BAGD (πᾶς.1.a.β: 631) "toda clase de".

"completamente equipado" (ἐξηρτισμένος): BAGD (ἐξαρτίζω.2: 273) "equipado, provisto". Louw & Nida § 75.5 define nuestro verbo como "hacer que alguien sea completamente adecuado... para algo" y traduce "completamente calificado para toda clase de buena obra". Participio adjetival (dependiente de "hombre": ἄνθρωπος) en segunda posición predicativa: artículo + sustantivo + adjetivo (Wallace: 308). Perfecto intensivo-resultativo: el énfasis está puesto en el resultado presente y permanente antes que en la acción pretérita de la capacitación (Wallace: 574-76).

APUNTES CRÍTICO-TEXTUALES

Para la ubicación geográfica y temporal de cada testigo de 2Ti ver Apéndice IX (p. 477).

2Ti 3:10: Algunos manuscritos reemplazan la forma παρηκολούθησάς ("seguiste fielmente") por:

a) "has seguido fielmente" (παρηκολούθηκάς) – cambio del aoristo por el perfecto.

b) "seguiste fielmente" (ἠκολούθησάς) – cambio del verbo παρακολουθέω por ἀκολουθέω.

1) **Por evidencia interna:** El escriba de la variante a) hace concordar nuestro texto con el de 1Ti 4:6, aportándole a su vez el aspecto presente del tiempo perfecto en contraposición con el aspecto de desconexión o de actividad concluida que sugiere el aoristo (Timoteo aún "sigue" los pasos Pablo). El escriba de la variante b) opta por una forma compuesta, muy común en el NT (90 usos), aunque no así en el corpus paulino, donde ἀκολουθέω es usado una única vez en 1Co 10:4.
2) **Por evidencia externa:** Éste es el apoyo de cada alternativa:
   - El texto original es sustentado por los códigos Sinaítico (א), Alejandrino (A) y Ephraemi Syri Rescriptus (C) y el minúsculo 33.
   - La primera variante se apoya en el testimonio de los códigos Claromontanus (D) y Athous Lavrensis (Ψ), los minúsculos 1739 1881 y el texto mayoritario (𝔐).
   - La segunda variante, por su parte, es sustentada por los códigos Boreelianus (F) y Boernerianus (G).

El sustento del texto original demuestra ser superior al de las variantes.

2Ti 3:10: Un único manuscrito omite la frase "mi amor" (τῇ ἀγωγῇ).

1) **Por evidencia interna:** El escriba evidentemente omite la frase por descuido. Posiblemente se trate de un caso de *homoioarchón* (confusión producida por el comienzo idéntico de una serie de palabras o frases).
2) **Por evidencia externa:** La soledad del códex Alejandrino (A) como testigo a favor de la variante delata su carácter espurio.

2Ti 3:11: Algunos manuscritos reemplazan la forma singular ἐγένετο por la plural ἐγένοντο para "(me) sucedieron".

1) **Por evidencia interna:** El escriba cambia el número del verbo posiblemente por *coineísmo* (popularización de la expresión), considerando que en el griego clásico se usa en forma consistente el verbo singular para sustantivos plurales neutros (BDF § 133).
2) **Por evidencia externa:** Si bien es considerable el sustento con el que cuenta la

variante, de todos modos no es determinante: los códigos Alejandrino (A) y Mosquensis (K) y los minúsculos 81 614 629 1881.

2Ti 3:11: Algunos manuscritos insertan la frase parentética "éstas son las cosas que padeció por causa de Tecla, de (mano de) los judíos contra los que creían en Cristo" (τούτεστιν ἃ διὰ τὴν θέκλαν πέπονθεν· ἐξ 'Ιουδαίων πιστεύσασι εἰς Χριστόν) después de "los que me sucedieron en Antioquia" (οἷά μοι ἐγένετο ἐν 'Αντιοχείᾳ).

1) **Por evidencia interna:** El escriba inserta en el margen una referencia al material apócrifo registrado en *Act. Paul.* III (relato de la persecución sufrida por el apóstol como venganza del esposo de Tecla por la abstinencia sexual de esta última).
2) **Por evidencia externa:** Es clara la falta de soporte que presenta la variante: una nota marginal del códex Mosquensis (K), el minúsculo 181 y de la versión siríaca Harklensis.

2Ti 3:12: Algunos manuscritos rotan el orden de las palabras "vivir de forma piadosa" (ζῆν εὐσεβῶς).

1) **Por evidencia interna:** Es probable que la transposición no haya sido accidental, sino que haya buscado la claridad estructural del texto conectando la expresión "en Cristo Jesús" (ἐν Χριστῷ 'Ιησοῦ) con el infinitivo "vivir" (ζῆν) y no con el verbo "serán perseguidos" (διωχθήσονται). Es remotamente posible que el escriba intenta reproducir el orden de las palabras de Tit 2:12 ("empecemos a vivir de una forma piadosa": εὐσεβῶς ζήσωμεν).
2) **Por evidencia externa:** Éste es el soporte de cada alternativa:
   - El texto original es sustentado por los códigos Sinaítico (ℵ), Alejandrino (A) y Porphyrianus (P), los minúsculos 33 104 365 1505 1739 y Nestle-Aland 25º.
   - La variante, por su parte, se apoya sobre el testimonio de los códigos Ephraemi Syri Rescriptus (C), Claromontanus (D), Boreelianus (F), Boernerianus (G) y Athous Lavrensis (Ψ), el texto mayoritario (𝔐), toda la tradición latina y Nestle-Aland 27º.

El soporte del texto original muestra ser levemente superior al de la variante.

2Ti 3:14: Algunos manuscritos reemplazan la forma plural "(de) quiénes" (τίνων) por el singular "(de) quién" (τίνος).

1) **Por evidencia interna:** El escriba cambia el número del pronombre interrogativo para poner el foco del texto en la relación de maestro-discípulo entre Pablo y Timoteo (acomodación al contexto; ver 2Ti 3:10-11), excluyendo así a Eunice y Loida del cuadro. La expresión "ya desde la niñez" (ἀπὸ βρέφους – 2Ti 3:15), no obstante, sugiere la participación de éstas últimas en el proceso de formación teológica de Timoteo.
2) **Por evidencia externa:** Éste es el soporte que cada alternativa presenta:
   - El texto original es sustentado por los códigos Sinaítico (ℵ), Alejandrino (A), Boreelianus (F), Boernerianus (G) y Porphyrianus (P), el original del códex Ephraemi Syri Rescriptus (C), los minúsculos 33 81 1175 1505 1739 1881, los manuscritos latinos b d y Ambrosiaster.

- La variante se apoya en el testimonio de los códigos Claromontanus (D) y Athous Lavrensis (Ψ), la tercera corrección del códex Ephraemi Syri Rescriptus (C), el texto mayoritario (𝔐) y gran parte de la tradición latina.

El apoyo del texto original muestra ser superior.

2Ti 3:15: Algunos manuscritos insertan el artículo definido "las" (τά) antes de "Sagradas Escrituras" (ἱερὰ γράμματα).

1) **Por evidencia interna:** El escriba intenta volver más claro y expreso el sentido del texto original. Agregarle el artículo definido a γραφή sí es normal para el estilo paulino (sólo 3 de 14 ocurrencias aparecen sin artículo definido), mientras que no lo es en el caso de γράμμα, que tiende a aparecer sin artículo definido (6 contra 1 –sin contar nuestro texto–).
2) **Pese a la falta de evidencia externa:** Éste es el soporte de cada alternativa:
   - El texto original es sustentado por los códigos Sinaítico (א), Boreelianus (F) y Boernerianus (G), la segunda corrección del códex Ephraemi Syri Rescriptus (C), el original del códex Claromontanus (D), los minúsculos 33 y 1175, la versión cóptica, Clemente de Alejandría y Nestle-Aland 25º.
   - La variante, por su parte, es sustentada por los códigos Alejandrino (A), Athous Lavrensis (Ψ), el original del códex Ephraemi Syri Rescriptus (C), la primera corrección del códex Claromontanus (D), los minúsculos 1739 y 1881 y el texto mayoritario (𝔐).

Consideramos que ninguna de las dos alternativas evidencia ventaja sobre el otro.

2Ti 3:16: Algunos manuscritos omiten la conjunción "y" (καί) que conecta a "inspirado por Dios" (θεόπνευστος) con "útil" (ὠφέλιμος).

1) **Por evidencia interna:** El escriba acomoda el texto a la doctrina ortodoxa, considerando imprescindible que "inspirado por Dios" (θεόπνευστος) esté en posición atributiva ("todo pasaje inspirado por Dios es útil"), para evitar indefinición del referente de πᾶσα γραφή (por ejemplo: "cualquier pasaje").
2) **Por evidencia externa:** Es clara la falta de sustento que presenta la variante: la versión latina antigua, la Vulgata Clementina, la versión siríaca Peshitta y Ambrosiaster.

2Ti 3:16: Algunos manuscritos reemplazan el sustantivo verbal "convencer" (ἐλεγμόν) que enfatiza el acto de reprender (Louw & Nida § 33.417) por el sustantivo "reproche / convencimiento" (ἔλεγχον) que señala el elemento por medio del cual se reprende o corrige (Louw & Nida § 72.8).

1) **Por evidencia interna:** El escriba puede haber cometido un error por confusión fonética o gráfica o puede haber intentado poner mayor énfasis en las *Escrituras* como herramienta para la reprensión más que en el *evento* de la reprensión.
2) **Por evidencia externa:** Éste es el soporte que presenta cada alternativa:
   - El texto original es sustentado por los códigos Sinaítico (א), Alejandrino (A), Boreelianus (F), Boernerianus (G) y Freerianus (I) y los minúsculos 33 81 104 365 1175 1739 1881.
   - La variante es sustentada por los códigos Claromontanus (D) y Athous

Lavrensis (Ψ), el texto mayoritario (𝔐) y Clemente de Alejandría.
Es demostrada la ventaja que tiene el texto original por sobre la variante.

2Ti 3:17: Algunos manuscritos reemplazan el adjetivo "competente" (ἄρτιος) por:
a) "perfecto" (τέλειος).
b) "sanamente perfecto" (ὑγιὴς τέλειος).

1) **Por evidencia interna:** El escriba de la primera variante reemplaza el *hápax legómenon* (que ocurre por única vez en el NT) por una designación más familiar para el modelo de creyente dentro del *coprus paulinus* (1Co 2:6; 14:20; Ef 4:13; Col 1:28; 4:12) y cargada de atracción, especialmente para la iglesia de los primeros siglos, por influencia de las religiones de misterio. El escriba de la variante b) agrega en nota marginal la glosa ὑγιής (¿en contraposición a otro tipo de ἄνθρωπος τέλειος promovido por grupos heréticos?).
2) **Por evidencia externa:** Es evidente la falta de sustento que presentan ambas variantes: la variante a) es sustentada por el original del códex Claromontanus (D), mientras que la variante b) se trata de una nota marginal del minúsculo 104.

NOTAS

EL CAMINO DE TIMOTEO

1. Es significativo que, al igual que 1Ti 4:6-10, nuestro párrafo presenta la exhortación consecuente de la descripción apocalíptica del oponente (1Ti 4:1-5 y 2Ti 3:1-9). Estas dos exhortaciones presentan numerosas correspondencias: a) metáfora de entrenamiento / aprendizaje (1Ti 4:7-8; 2Ti 3:14, 16-17); b) referencia a la piedad (1Ti 4:7-8; 2Ti 3:12); c) referencia al sufrimiento / esfuerzo del apóstol y sus ayudantes (1Ti 4:10; 2Ti 3:10-12); d) descripción del siervo de Cristo / hombre de Dios como capacitado (1Ti 4:6, 15; 2Ti 3:15-17); e) utilidad (*ōfélimos*) salvífica de la sana enseñanza (1Ti 4:8-9, 16; 2Ti 3:15-17); f) el seguimiento del ejemplo en las diferentes áreas de la vida cristiana (1Ti 4:12-13; 2Ti 3:10-11); g) se apela a los primeros pasos de Timoteo (1Ti 4:14; 2Ti 3:10-11, 14-15).

2. La estratégica apelación a la fidelidad pasada de Timoteo para reclamarla nuevamente resuena a la dinámica del discurso de los salmos de súplica, en los que el salmista funda su ruego sobre el recuerdo de la intervención divina favorable del pasado (Sal 3; 5; 13; 22; 25; 44; 51; 79; 80; 83; 130). No obstante, apelar a la fidelidad pasada para reclamarla nuevamente es una estrategia característica del tema de amistad (*perí filías*), tema recurrente en la epistolografía greco-romana que entró en la literatura del judaísmo helénico (Sir 6:5-17; Gá 4:12-20 - Betz: 163).

3. Esto muestra ir más allá del seguimiento del ejemplo apostólico al que se invita a todas las iglesias en el corpus paulino (ver Apéndice II – La imitación del ejemplo en el corpus paulino: p. 431). Seguir los pasos de Pablo, evidentemente fue un elemento integral del ministerio de Timoteo como sucesor y representante del apóstol. Algo similar es expresado en la carta de Antíoco a los judíos registrada en 2Mac 9:18-29, el monarca confía que su hijo seguirá sus mismos proyectos (*parakolouzoúnta tē emē proairései*, 2Mac 9:27).

4. En 1Ti 4:6, Pablo elogia a su discípulo en los mismos términos: "la enseñanza incorrupta, que has seguido fielmente" (*tēs kalēs didaskalías hē parēkoloúzēkas*). Es indiscutible el rol central que tiene para Pablo la conducta recta como certificado de su ministerio (Hch 24:16; 2Co 6:3-7). Ebel (207) sugiere que "conducta" (*agōgē*) tiene aquí un doble sentido: a) Timoteo se dejó guiar por Pablo como su maestro (Est 2:20); y b) Timoteo mismo determinó su conducta de acuerdo con el parámetro del apóstol (2Mac 4:16; 6:8; 11:24). Pablo habla de su vocación o firme

disposición (*protízēmi*) de visitar a los romanos en la apertura de su carta (Ro 1:13). En Hch 11:23 Bernabé anima a los creyentes de Antioquía a permanecer en su firme propósito (*prózesis*) en relación al Señor.

5. Como en todos los catálogos de virtudes en Pablo (1Ti 1:14; 2Ti 2:22), la fe (*pístis*) y el amor (*agápē*) están aquí presentes. Hemos señalado en el comentario a 1Ti 6:11 cómo, en virtud de su íntima conexión (1Ts 1:3), la "resistencia" (*hupomonē*, 1Ti 6:11; Tit 2:2; Ap 2:19) muestra reemplazar a la otra virtud característica en los catálogos paulinos: la "esperanza" (*elpís*, 1Co 13:13; Col 1:4-5). Sin dudas esto responde al contexto retórico de conflicto. Falkenroth y Brown (376) comprenden a nuestro uso de "paciencia" (*makrozumía*) en línea con 1Ti 1:16, como señalando que Timoteo, siguiendo el ejemplo apostólico, también se ofrece como objeto de misericordia divina. Consideramos claro, empero, que Timoteo no es aquí objeto sino sujeto de esta virtud (2Co 6:6; Gá 5:22). Si bien el contexto en el que se ejerce la "paciencia" (*makrozumía*) es en la convivencia comunitaria (Ef 4:2; Col 3:12), su combinación con la "resistencia" (*hupomonē*), sucedida también en Col 1:11, la posiciona a la vez en el contexto de la aflicción y la persecución.

6. ¿Cómo se imitan las persecuciones y los padecimientos (considerando el carácter pasivo particularmente de este último elemento)? En la disposición a recibirlas y padecerlas sin esquivarlas. En 2Ts 1:4-5, el apóstol se enorgullece en la resistencia (*hē hupomonē humōn*) de los tesalonicenses ante las persecuciones (*hoi diōgmoí humōn*) y los padecimientos (*pásjein*). Es de notar que en este contexto, la resistencia es puesta lado a lado con la fe (*pístis*) de los creyentes.

7. Para la ubicación geográfica de estas tres ciudades de Asia Menor, ver mapa en el comentario a 2Ti 4:9-18 (p. 366).

8. Es poco probable que el apóstol se refiera aquí a su paso por estas ciudades durante su segundo viaje (tiempo en el que Timoteo comenzó a acompañar a Pablo, Hch 16:1-6), considerando que Lucas no sugiere un clima de tensión en esta oportunidad (a diferencia del primer viaje) y que el orden en el que se enumeran las ciudades se corresponde con el recorrido hecho en el primer viaje (Hch 13-14) y no en el segundo (Hch 16). Existe aún otra alternativa considerando la posibilidad de que el apóstol haya establecido las iglesias de Galacia y Asia Menor durante su enigmática estadía de diez años en Tarso (37-46 dC). Metzger (1983: 197) sugiere que, en este caso, las persecuciones descritas en 2Co 11:23-27 pertenecerían a este viaje anterior al primero relatado por Lucas.

9. El hecho de que Timoteo aún no estuviera acompañando al apóstol en esta parte de su ministerio (probablemente todavía no había sido convertido a la fe cristiana), de ningún modo impide que Timoteo conozca los incidentes aquí referidos, ya sea por haberlos visto en persona (Timoteo era de allí mismo) o por el testimonio dado por sus hermanos en la fe (¿su madre y abuela?) o por el mismo Pablo.

10. Guthrie (1990b: 173) conjetura si acaso estas mismas persecuciones no habrán

influido para que Timoteo se dispusiera a ser discípulo del apóstol. Recuérdese la expresión de Tertuliano (siglo 3 dC): "la sangre de los mártires era semilla, pues mientras más se le derramaba más cristianos había" (González, 1978, I: 152).

11. Según el relato de Lucas, en Listra el sufrimiento parece haber llegado a puntos extremos: al apedrearlo, la muchedumbre creyó que el apóstol ya estaba muerto (Hch 14:19).

12. Posiblemente el apóstol esté aludiendo al Sal 34:20 (LXX: 33:20) en el que David celebra la liberación que Yahvé le otorgó cuando fingió estar demente ante el rey Aquis (1S 21:12-15). Del mismo modo en que Pablo lo hace en nuestro texto, el salmista contrasta el destino de destrucción para los injustos con el destino de liberación para los justos: "Muchas son las angustias de los justos, pero el Señor lo librará de todas ellas" (*pollaí hai zlípseis tōn dikaíōn kaí ek pasōn autōn rúsetai autoús*). Salmos de Salomón IV.23 presenta la misma expresión y concepto. Dentro del discurso respecto a los que quieren agradar a los hombres, este salmo contrasta el destino de liberación de los que temen al Señor: "Felices los que temen al Señor, pues por su falta de culpa el Señor los librará de los hombres deshonestos y pecadores, él nos librará de cualquier escándalo contra la ley" (*ho kúrios rúsetai autoús apó anzrōpōn dolíōn kaí hamartōlōn kaí rúsetai hemás apó pantós skandálou paranómou*).

    Para expresiones similares en el corpus paulino ver 2Co 1:9-11; 2Ts 3:2 y 2Ti 4:17-18.

13. La frase "en Cristo" (*en Jristō Iēsoú*) está ubicada entre dos elementos con los que puede formar una unidad: "vivir de forma piadosa (en Cristo Jesús)" (*dsēn eusebōs*) y "(en Cristo Jesús) serán perseguidos" (*diōjzēsontai*). Esta frase está conectada al menos cinco veces con el concepto de vivir (*dsáō*) en el corpus paulino (Ro 6:11, 23; 1Co 15:22; Ef 2:6; 2Ti 1:1), mientras que solamente una con la idea del padecimiento (Flm 23). Para otra ocurrencia de la frase "vivir en forma piadosa" (*dsēn eusebōs*) ver Tit 2:12.

14 En el AT, no obstante, esta expresión tiene connotaciones positivas (Sal 39:15 LXX) o negativas (Neh 1:11; Sal 34:27 LXX) en forma indiferente.

15. Gärtner (525) señala que para los autores del NT, el padecimiento del cristiano está íntimamente ligado a su unión con Cristo, de modo que la iglesia sufre con y por Cristo (Col 1:24), y a su vez su dolor es padecido por Cristo mismo (Hch 9:4-5).

16. Kingsbury (56) señala que la designación que Mateo hace de los líderes religiosos judíos como "perversos" (*ponēroi,* Mt 12:34-35, 39, 45) cumple fundamentalmente la función de agruparlos con Satanás. Para el diablo como "el maligno" ver Mt 5:37; 6:13; 13:19, 38; Jn 17:15; Ef 6:16; 2Ts 3:3; 1Jn 2:13-14; 3:12; 5:18-19.

17. Josefo (*BJ* IV.85; *Ant.* XX.97) aplica el epíteto "impostor" (*goēs*) a los que prometían liberación a Israel en el sitio de Jerusalén. Filón (*Spec. leg.* 1.58), por su parte, usa el término "impostor" (*goēs*) para los falsos profetas: "Si alguien se disfraza con el nombre y el aspecto de un profeta y, alegando estar poseído por inspiración,

nos lleva hacia la adoración de los dioses reconocidos en las otras ciudades, no debemos escucharlo pues miente en nombre de un profeta. Pues ése no es profeta sino impostor (*goēs*), pues sus oráculos y pronunciamientos son falsos e inventados por él mismo".

18. Éste fue particularmente el caso de los valentinianos (ver notas 21 y 22 del comentario a 2Ti 2:14-26: p. 223-4). De hecho, en el mundo antiguo existió una íntima conexión entre la magia y la resurrección como el intento máximo de la lucha humana contra la muerte (Yamauchi, 1998: 22; Bolt: 60-63).

19. Ver discusión en el comentario a 2Ti 2:16 (p. 189).

20. El apóstol hace un juego de palabras por medio del recurso llamado "paranomasía" (uso de palabras con sonido similar): *prokóptein epí pleíon – prokóptein epí tó jeíron.*

21. El "engaño" (*planē*) es marca típica del último tiempo en la literatura apocalíptica y el NT todo (Günther, 1982b: 40).

22. Filón utiliza dos veces la misma expresión que nuestro texto: "tratando de engañar, son engañados" (*Migr. Abr.* XV) y "son engañados cuando creen que ellos mismos son los que engañan... aquellos que usan brujería y encantamientos cuando usan sus trucos en contra de la palabra divina" (*Migr. Abr.* LXXXIII).

23. "El cristianismo está absolutamente atado a la memoria, por supuesto, pero el verdadero llamado a la memoria es un llamado de esperanza a recordar el futuro que ha sido prometido en el pasado y que la iglesia debe prefigurar a través de la fe y el amor en el presente" (Braaten, 1969: 42).

24. Munzer (532-53) indica que es el uso veterotestamentario que le da al verbo "permanecer" (*ménō*) la dimensión teológica de la fidelidad. En Ro 16:17 y Ef 4:20 Pablo también demanda fidelidad a lo aprendido (*manzánein*). Para Müller (664), esto delata el carácter pragmático y ético (no sólo intelectual) del aprendizaje.

25. Müller (662) destaca la recurrencia con la que Dt pone como objeto del aprendizaje (*manzánein*) el "temer al Señor Dios" (*fobeíszai kúrion tón zeón,* Dt 4:10; 14:23; 17:19; 31:12-13).

26. Ver comentario a 1Ti 1:2.

27. Nótese cómo esto (su formación recibida "bajo la tutela de Gamaliel": *pará toús pódas Gamaliēl pepaideuménos*) es usado por Pablo en su defensa ante la multitud de Jerusalén (Hch 22:3), desautoriza la predicación de Jesús (Jn 7:15) y produce asombro en el sanedrín ante la predicación apostólica (Hch 4:13).

28. Müller (663) señala el lugar central que recién en el judaísmo rabínico tomó el maestro, como autoridad confiable para dar acceso a las Escrituras.

29. Ver comentario a 2Ti 1:3 (p. 67).

30. Ver Apéndice II – La imitación del ejemplo en el corpus paulino (p. 431).

31. La enseñanza en manos de una mujer no estaba permitida en el ambiente judío, ni siquiera cuando se trataba de la educación hogareña, salvo en casos excepcionales como el de Timoteo, en el que el padre era de origen pagano (Hch 16:3; Jeremias, 1980: 386, nota 143).

32. Jeremias (1980: 258) describe el impacto que producía en sus alumnos todo rabí de renombre: "Sólo Hillel, según se dice, agrupó en torno a sí ochenta alumnos. Los alumnos se instruían junto a sus maestros tanto en la vida diaria como en las casas de estudio; eran observados las actitudes e incluso los simples gestos de los maestros y se sacaban de ellos reglas para las cuestiones religiosas. Las decisiones y enseñanzas de los maestros se extendían mucho más allá de los límites de Palestina; los alumnos las conservaban como un don precioso y las transmitían insertándolas en la cadena de la tradición". La repetición del ejemplo, no obstante, no es característica exclusiva de la instrucción formal bajo un rabí. Es, en verdad, el modo de aprendizaje de toda la tradición sapiencial que dominó el sistema educativo de Israel (Crenshaw: 199).

33. En respuesta al llamado divino (Dt 4:9; 6:7-9; 11:19), el judaísmo comprendió la educación religiosa de los infantes probablemente como uno de sus principales vocaciones. Josefo lo expresa de este modo: "Nuestra preocupación principal es por sobre todo educar bien a nuestros hijos. Consideramos que es la tarea más necesaria de nuestras vidas observar las leyes que se nos ha dado y guardar esas reglas de piedad que nos fueron transmitidas" (*Ap.* I.12). La versión I de Aboth registra la valoración extrema que el Rabí Natán le da al aprendizaje de la ley desde la niñez (Crenshaw: 8).

34. En cuanto al contenido de la instrucción bíblica recibida por un niño judío, la ley mosaica manda transmitirle las hazañas con las que Dios mostró su fidelidad en el pasado, particularmente las del éxodo (Éx 10:2; 12:26-27; 13:14-16; Dt 4:9; Is 38:19) y toda la palabra de Dios para que las ponga en práctica (Dt 4:10; 32:46-47). Es ilustrativo el repaso de la instrucción paterna de "la ley y los profetas" (*tón nómon kaí toús profētas*) que la madre de los siete hermanos martirizados hace justo antes de la ejecución: "Él solía leerles la historia del martirio de Abel en manos de Caín, y la ofrenda de Isaac, la prisión de José. Les contaba acerca del celo (santo) de Finees y les relataba acerca de Ananías, Azarías y Misael en el fuego. Glorificaba a Daniel, que estuvo en el foso de los leones, llamándolo bienaventurado. Solía poner en sus mentes la escritura de Isaías, que dice 'Incluso si pasas por el medio del fuego, no te consumirá' (Is 43:2). Les cantaba la composición de David que dice 'muchas son las aflicciones del justo' (Sal 34:19). Les enseñaba los proverbios de Salomón, que dijo 'él es un árbol de vida para aquellos que hacen su voluntad' (Pr 3:18). Les comprobaba a Ezequiel, que dijo '¿Vivirán estos huesos secos?' (Ez 37:3). Pues él no olvidó el canto que enseñó Moisés que enseña 'voy a matar y a dar vida' (Dt 32:39)" (4Mac 18:10-18).

35. El programa de educación entre los esenios muestra ser básicamente el mismo.

Los niños eran instruidos en la Biblia y en los Preceptos del Pacto bastante antes de los diez años de edad. Desde los diez a los veinte eran instruidos en los estatutos de la comunidad. Entonces se consideraba completa la educación (1QSa I.6-9). Para el proceso de formación de un rabí ver Jeremias (1980: 251-52).

36. Dibelius (119) señala que la expresión "Sagradas Escrituras" (*hierá grámmata*) es la designación típica para el AT dentro del judaísmo greco-parlante (Jn 7:15). Josefo usa esta misma expresión: "Pues nosotros (los judíos) no tenemos una innumerable multitud de libros que están en desacuerdo y se contradicen unos a otros (como los griegos), sino sólo veintidós libros que contienen los registros de todos los tiempos pasados. Con justicia éstos son considerados como divinos (*hierá grámmata*)... En lo que hacemos evidenciamos cuán firmemente le hemos dado crédito a estos libros de nuestra nación, pues durante muchos años como ya han transcurrido, nadie se atrevió ya sea a agregarle o a quitarle algo (a los escritos) o a hacer algún cambio. Sino se ha vuelto natural para todo judío que inmediatamente, desde su mismo nacimiento, se estime a estos libros como conteniendo doctrinas divinas y se persista en ellos; e incluso, si fuere necesario, se muera voluntariamente por ellos" (*Ap.* I.8). En Ro 1:2 Pablo las designa "Sagradas Escrituras" (*grafía hágiai*). En consonancia, Ro 7:12 llama "santa" a la ley (*nómos hágios,* ver también 2Mac 6:28) y "santo, justo y bueno" al mandamiento (*hē entolē hagía kaí dikaía kaí agazē*).

37. La alusión al Sal 119:98 (LXX: 118:98) es altamente factible: "Tus mandamientos me hacen más sabio que mis enemigos" (*hupér toús ejzroús mou esófisás me tēn entolén sou*). Ver también el uso de "hacer sabio" (*sofídsō*) en Sal 18:8 y 104:22 (LXX). En la misma línea de tradición, Sir 39:1-11 exalta la sabiduría del escriba que se dedica al estudio de la ley. De hecho, el tema central de Sir es convencer al lector de que si busca sabiduría, no la busque en maestros seculares, sino en la observancia del pacto mosaico (Sanders: 332).

38. Mayer (104) señala que la personificación de las Escrituras es un elemento característico del judaísmo farisaico tomado por los autores del NT. Lutero (Pelikan, 1963: 401) comenta respecto del conocimiento del creyente: "En realidad nuestro conocimiento es más bien pasivo que activo. Esto es, somos conocidos por Dios más de lo que lo conocemos a él. Debemos permitirle a Dios que trabaje en nosotros. Él nos da la Palabra. Si nos aferramos a ella por la fe dada por Dios, somos paridos como hijos".

39. El concepto de que las Escrituras dan vida y salvación se abrió paso fuertemente en la teología judía ya desde el libro de Deuteronomio (Dt 4:1; 5:30; 8:1; 30:15-16; 32:46-47), pero atraviesa todo el AT (Sal 19:7-10; 119:20, 54, 97; Sir 1:26; 35:24). La Mishná *Aboth* VI.4, 7 conserva la misma comprensión al decir que "Lo más grande de todo es la Tora, pues a aquellos que la ponen en práctica les da vida en este mundo y en el mundo venidero" (Kugel: 524).

40. Mayer (95) señala que desde su misma etimología, *gramma,* en cuanto resultado del acto de escribir, está en contraste con el discurso oral.

41. La extensión de aquello que es llamado "pasaje" (*grafē*) se mueve entre una única frase (en la mayoría de los casos) y una historia completa (Mr 12:10; Lc 4:21; Jn 13:18; 19:24, 36-37; Hch 8:35; Ro 11:2; Stg 2:8, 23).

42. Bajo el encabezamiento de *grafē*, 1Ti 5:18 cita un dicho de Jesús del modo exacto en que lo registra Lc 10:7. Lo mismo hace Clemente de Roma (siglo 2 dC) con las palabras de Jesús registradas en Mt 9:13; Mr 2:17 y Lc 5:32 (2Cl 2:4). 2P 3:15-16, por su parte, incluye las cartas de Pablo entre las Escrituras (*grafaí*). Finalmente Stg 4:5 da una referencia que directamente no pertenece al canon bajo este mismo rótulo (Mayer: 103). En la literatura judía contemporánea sucede algo similar. Escritos no canónicos son citados como *grafē*: Enoch en el *Testamento de Leví* XIV.1 y el *Testamento de Neftalí* IV.1 y el Libro de Jubileos en CD XVI.3-4.

43. Para la discusión respecto del lugar que ocupa el adjetivo "inspirado por Dios" (*zeópneustos*) ver la sección Apuntes de léxico y sintaxis abajo (p. 295).

44. El característico encabezamiento con el que pronunciaban sus oráculos los profetas del AT ("así dice el Señor") imprimió en la conciencia judía la conciencia de que, detrás de la palabra pronunciada o escrita por el ser humano, se encontraba Yahvé mismo. Es que la palabra profética nunca es propia, sino que "viene" (*vayehiy* – וַיְהִי) sobre el profeta (Ez 12:1), que nunca habla ni escribe por *motus* propio, sino por orden divina (Is 6:9; Jer 36:1-2). Os 9:7 llama al profeta "hombre inspirado (*pneumatofóros*)". El rollo de los *Salmos Apócrifos* (11QPs^{a} XXVII) afirma que David "pronunció todos éstos (salmos) por medio de la profecía que le fue dada de la presencia del Altísimo". Para el carácter divino de las Escrituras en Josefo ver nota 36 arriba.

45. Así la palabra del AT es para Pablo "las palabras de Dios" (*tá logía toú zeoú,* Ro 3:2).

46. Los padres de la iglesia entendieron del mismo modo tanto al AT como al NT. Justino Mártir (*1Apol.* I.36) advierte: "Cuando escuchas las palabras de los profetas como dichas por seres humanos, no debes pensar que ellos fueron inspirados por sí mismos, sino por la palabra divina que los mueve." Clemente de Alejandría (*Strom.* VII.16) declara también: "Pues nosotros tenemos al Señor mismo como fuente de nuestra enseñanza, tanto por medio de los profetas, el evangelio como también por medio de los benditos apóstoles". Ireneo (*haer.* II.28): también: "Debemos dejar las cosas de esa naturaleza a Dios, quien nos creó, estando lo más seguros de que las Escrituras son ciertamente perfectas, pues fueron dictadas por la Palabra de Dios y por su Espíritu (*quippe a Verbo Dei et Spiritu ejus dictae*)".

De hecho, de acuerdo con la 39º Carta Festiva de Atanasio (367 dC), la inspiración divina (*zeópneustos*) es la marca que distinguió a los escritos canónicos de los apócrifos: "Puesto que algunos han puesto manos a la obra componiendo para sí mismos los así llamados apócrifos y los han mezclado con la Escritura inspirada por Dios (*zeópneustos*), respecto de la cual hemos alcanzado una firme persuasión" (Schneemelcher, I: 49).

47. Guthrie (1981: 970-71) señala que nuestro adjetivo "no echa ninguna luz a la forma en que esta inspiración fue realizada. La palabra en sí misma no da ningún apoyo a una comprensión mecánica de la inspiración en la que los escritores son completamente pasivos". Para Guthrie, simplemente señala que las Escrituras son de origen y de autoridad divina. El sentido literal de *zeópneustos* como siendo "soplado por Dios" parece haber definido la comprensión fuertemente mecánica de inspiración expresada por Atenágoras (siglo 2 dC): "(los profetas) elevados en éxtasis sobre el funcionamiento natural de sus mentes por los impulsos del Espíritu divino, pronunciaron las cosas con las que fueron inspirados, haciendo uso de ellos el Espíritu, así como quien ejecuta una flauta soplando dentro del instrumento" (*Súplica por los Cristianos* IX en Roberts, II: 133). La iglesia del siglo 2 dC, no obstante, se opuso rotundamente al concepto montanista de que los hagiógrafos escribieron en un estado de éxtasis.

48. Kugel (17-23) conecta el concepto judeo-cristiano de inspiración con cuatro axiomas sostenidos por todo intérprete de la antigüedad. Las Escrituras, por ser inspiradas, son: a) de origen divino; b) fundamentalmente crípticas (tiene un significado oculto que demanda una interpretación espiritual y especializada); c) relevante para el lector de todos los tiempos; d) perfectas: sin error, armónica en todas sus partes, "omnisignificante" (incluso sus partes más pequeñas tienen un significado intencional).

49. Ésta es una gran promesa: "Cuando sea que alguien lea la palabra de Dios, el Espíritu Santo le está hablando" (Pelikan, 1957: 473).

50. Gunton (247) propone que "la cualidad particular de la Biblia para mediar la revelación deriva de su mediación de la salvación. Su singularidad deriva de la singularidad del Cristo que es mediado y de aquello que es mediado por Cristo". Pese a que Gunton pone en primer plano el elemento salvífico y cristológico de las Escrituras, de todos modos yerra al hablar en términos de derivación y mediación. Las Escrituras no son una obra humana tan excelente que alcanzan una habilidad salvífica particular, de modo que Dios decide adoptarlas para revelarse por medio de ellas. Las Escrituras fueron gestadas en el vientre divino. Es esto lo que las hace simultáneamente instrumento de salvación y de revelación. En la analogía cristológica propuesta por Voelz (ver más adelante en el texto), esto se correspondería con la herejía adopcionista: el hombre Jesús (hijo de María y de José) alcanzó tal grado de santidad que fue adoptado por Dios en el bautismo. El origen divino de las Escrituras se corresponde a la gestación milagrosa del niño Jesús por intervención del Espíritu Santo (Lc 1:35).

51. Quenstedt (*Sistema* I.112) presenta una innecesaria apología de la inerrancia de la Biblia, diciendo que "Las Santas Escrituras canónicas en el texto original son la verdad infalible y libre de todo error, o en otras palabras, en las Santas Escrituras canónicas no se encuentra ninguna mentira, falsedad, error, ya sea en las cosas o en las palabras. Más bien, todas las cosas, y cada una de ellas, que nos son transmitidas en ellas son en extremo verdaderas, ya sea que pertenezcan al campo de la doc-

trina o la moral, la historia, la cronología, la topografía o la nomenclatura. No se puede ni se debe osar atribuirle a los amanuenses del Espíritu Santo ignorancia, falta de reflexión, olvido o desliz de la memoria alguno" (citado por Pieper I: 223).

52. Un lugar común de discusión respecto de la inerrancia de las Escrituras es la falta de exactitud en el orden de los eventos relatados (comparar Mt 4:1-11 con Lc 4:1-13 y Mt 21:12-17 con Jn 2:14-17) y en la referencia de las citas (comparar Mt 4:15-16 con Is 9:1-2 y Mt 3:17 con Mr 1:11). Lutero (Reu: 81-82) distingue sin complejos la certeza respecto de la inerrancia de las Escrituras en lo que hace a la fe, de esta clase de errores, tan indiscutibles como insignificantes. No toman la misma postura los teólogos de la ortodoxia luterana (Pieper I: 221-24). No obstante, es un error atribuirle a Lutero el rechazo de un concepto verbal y pleno de inspiración (Engelder: 290, nota 241). Muy por el contrario, para Lutero "no sólo las palabras (*vocabula*) que el Espíritu Santo y las Escrituras usan son divinas, sino también la fraseología" (Plass § 186). Todavía más: "Todas las palabras de Dios (*verba Dei*) están pesadas, contadas y medidas" (Oswald, 1974: 428).

53. Ver cita de Lutero en la sección Propuestas prácticas correspondiente a este párrafo (p. 305).

54. Avanza Voelz (1995: 237) diciendo: "Así como nuestro Señor, por tiempos se volvió iracundo... no pudo hacer milagros... estaba cansado... y sediento... aunque era Dios de Dios. Aunque él era tentado como nosotros, hacía todo sin pecar... del mismo modo los problemas de precisión histórica, de consistencia interna entre perícopas, de compatibilidad de relatos paralelos, etc., no son siempre fáciles de resolver, aunque las narrativas, las historias y los relatos son la mismísima palabra de un Dios perfecto".

55. "La inspiración no consiste en la así llamada inspiración del concepto (*Real inspiration*), en la inspiración solamente del tema en cuestión o de la llamada inspiración personal (*Personal inspiration*), sino que se trata de una inspiración verbal, *suggestio verborum*, puesto que las Escrituras de las que se afirma la inspiración, no consisten en cosas o personas, sino en palabras escritas" (Pieper I: 217).

56. En sus *Tesis Acerca de la Fe y la Ley* de 1535, Lutero (Spitz: 112-13) alcanza unas afirmaciones extremadamente atrevida al respecto: "(41) Las Escrituras deben ser entendidas en favor de Cristo, no contra él. Por esta razón, o ellas deben referirse a él o no deben ser consideradas como verdaderas Escrituras [...]. (49) Por lo tanto, si los adversarios presionan las Escrituras contra Cristo, nosotros incitamos a Cristo contra las Escrituras. (50) Nosotros tenemos al Señor, ellos los sirvientes; nosotros tenemos la Cabeza, ellos los pies o los miembros, sobre los que la cabeza necesariamente domina y ejerce su poder."

57. Estos dos fueron los criterios principales con los que la iglesia distinguió los escritos canónicos como inspirados por Dios de los apócrifos inspirados por los hombres (ver 39º Carta Festiva de Atanasio en la nota 46 arriba). Gunton (249) rosa un concepto de inspiración personal al señalar que: "No podemos evitar alguna dis-

cusión del concepto de apostolicidad, de la posición única de aquellos cuyas vidas quedaron atadas con aquel que salió de Israel y murió en la cruz. Ellos, y esto no significa solamente los doce llamados apóstoles, sino la comunidad reunida en su derredor en los primeros días de la iglesia, son aquellos en quienes el Jesús histórico, el Jesús de la historia pasada, ejerció su impacto particular en términos de revelación divina."

58. Gunton (240) señala, empero, que la relativización del carácter divino del texto como tal no está confinado a un período de la historia. Un ejemplo de la antigüedad son los grandes exponentes de la exégesis alegórica (Filón, Orígenes y Agustín) que priorizaron la divinidad del concepto en detrimento de la divinidad del texto mismo.

59. Es Knight (449-50) quien indica este movimiento entre términos positivos ("enseñar" y "entrenar") y negativos ("convencer" y "corregir").

60. Klöber (216) ve en nuestra lista una progresión en las etapas de formación (*didaskalía*) del creyente: comenzando por la conversión (*elegmós*), pasando a la restauración o mejoramiento (*epanórzōsis*) para terminar en el entrenamiento en la justicia (*paideía*).

61. En el libro de Hch, la enseñanza (*didáskein*) se encuentra inseparablemente unida a la proclamación apostólica (*katangéllō,* Hch 4:2) y a la evangelización (*euangelídsomai,* Hch 15:35). Esto, claro está, responde al objeto común de estas acciones (la salvación inaugurada en la resurrección de Cristo). Wegenast (47) señala que en este contexto, la enseñanza consiste específicamente en la exposición de las pruebas escriturales que sustentan el mensaje apostólico.

62. Wegenast (54) entiende a nuestro uso del término "enseñanza" (*didaskalía*) como reflejo de la objetivación de la doctrina. Contrasta la predilección que las pastorales evidencian por este concepto con lo poco que la LXX hace de él en vista de la connotación intelectual de "enseñanza" (*didaskalía*) en el mundo helenístico. El sentido activo de nuestro término ("enseñanza" como el *acto* de enseñar) presenta aquí la carga ética y pragmática característica del ambiente judío (Wegenast: 44). La enseñanza sucede en la convicción, la corrección y el entrenamiento en la justicia.

63. Este mismo recorrido desde el conocimiento "intelectual" a las implicancias éticas es repetido a lo largo de la carta (nótese el movimiento del discurso de 2Ti 1:18b). 2Ti 3:10-11 presenta la misma dinámica, moviéndose desde la imitación de la "enseñanza" (*didaskalía*) a la imitación de los "padecimientos" (*pazēmata*).

64. Sal 93:10 (LXX) conecta a tres de nuestros conceptos: "la enseñanza" (*didáskein*), "la convicción" (*elégjein*) y el "entrenamiento" (*paideúein*). La LXX nunca usa "corrección" (*epanorzōsis*) en un sentido didáctico o correctivo (1Esd 8:52; 1Mac 14:34; 2Mac 2:22; 5:20). Este uso pertenece al mundo helénico (Klöber: 215). Sir 18:13 parece presentar todos nuestros elementos, reemplazando a "corrección" (*epanorzōsis*) por el correspondiente acto de ser traído de vuelta por el Señor

(*epistréfein*): "Él convence, entrena, enseña y hace volver (*elégjōn kaí paideúōn kaí didáskōn kaí epistréfōn*), como un pastor a su rebaño" (traducción nuestra).

La enseñanza y el entrenamiento son usados por Sal 93:12 (LXX) y Pr 5:13 para producir un paralelismo sinónimo. Mientras Jer 38:18 (LXX) presenta un caso similar, Sir 39:8 habla del "entrenamiento de la enseñanza" (*paideía didaskalías*).

Es de esperar la intimidad entre la "convicción" (*elegmós*) y el "entrenamiento" (*paideía*). Sal 6:2; 37:2; 140:5 (LXX); Pr 3:11; 9:7 y Jer 2:19 también combinan ambos conceptos para producir un paralelismo sinónimo. Algunos textos ponen a uno al servicio del otro: en Hab 1:12 se convence por medio del entrenamiento; en Sal 38:12 y 93:10 (LXX) se entrena y enseña por medio del convencimiento. En Tit 1:9, finalmente, así como se anima (*parakaleín*), también se convence (*eléjein*) por medio de la enseñanza.

65. Guthrie (1990b: 177) considera que el epíteto "hombre de Dios" (*ánzrōpos zeoú*) es aplicado por Pablo específicamente al maestro cristiano y no al creyente en general. Considerando la conexión que presenta el uso de este título en 1Ti 6:11 con los profetas del AT, como hombres de la palabra (ver comentario), esto suena factible. Aún más, toda nuestra gran sección está dirigida a Timoteo en primera instancia y a los hombres confiables de 2Ti 2:2 en segunda. No obstante, consideramos que la aplicación de nuestra oración no es exclusiva para los ministros de la Palabra, sino para todo creyente. El "hombre de Dios" (*ánzrōpos zeoú*) más bien funciona en contraposición con los varios "hombres" (*ánzrōpoi*) perversos mencionados a lo largo de nuestro capítulo (2Ti 3:2, 8 y 13).

66. Schippers (215) destaca que nuestra familia de términos no señala una perfección cualitativa, sino la capacitación para una función específica. El perfeccionamiento, por tanto, está totalmente determinado por el servicio para el que la persona es preparada.

67. Nótese cómo la recapitulación se vuelve expresa particularmente en el caso de la imagen del recipiente purificado y "puesto en condiciones para cualquier clase de tarea noble" (*eis pán érgon agazón hētoimasménon,* 2Ti 2:21).

68. "Nada es más bello a los ojos de Dios que un alma que ama oír su Palabra" (Plass § 4755).

2Ti 4:1-5 / Párrafo 9
CUMPLIR EN FORMA TOTAL

NOTAS EN PÁGINAS 333-39

‹4:1› Διαμαρτύρομαι ἐνώπιον τοῦ θεοῦ καὶ Χριστοῦ Ἰησοῦ τοῦ μέλλοντος κρίνειν ζῶντας καὶ νεκρούς, καὶ τὴν ἐπιφάνειαν αὐτοῦ καὶ τὴν βασιλείαν αὐτοῦ· ‹4:2› κήρυξον τὸν λόγον, ἐπίστηθι εὐκαίρως ἀκαίρως, ἔλεγξον, ἐπιτίμησον, παρακάλεσον, ἐν πάσῃ μακροθυμίᾳ καὶ διδαχῇ. ‹4:3› ἔσται γὰρ καιρὸς ὅτε τῆς ὑγιαινούσης διδασκαλίας οὐκ ἀνέξονται ἀλλὰ κατὰ τὰς ἰδίας ἐπιθυμίας ἑαυτοῖς ἐπισωρεύσουσιν διδασκάλους κνηθόμενοι τὴν ἀκοὴν ‹4:4› καὶ ἀπὸ μὲν τῆς ἀληθείας τὴν ἀκοὴν ἀποστρέψουσιν, ἐπὶ δὲ τοὺς μύθους ἐκτραπήσονται. ‹4:5› σὺ δὲ νῆφε ἐν πᾶσιν, κακοπάθησον, ἔργον ποίησον εὐαγγελιστοῦ, τὴν διακονίαν σου πληροφόρησον.

[1] Hago (este) solemne encargue delante de Dios y de Cristo Jesús, que va a juzgar a los vivos y a los muertos, tanto por su aparición como también por su reino: [2] predica la Palabra, está listo cuando sea propicio y cuando no lo sea, convence, reprende, exhorta con absoluta paciencia y por medio de toda clase de instrucción. [3] Pues habrá un tiempo en el que ya no aguantarán la sana enseñanza, sino más bien, obedeciendo a sus propios deseos perversos, ellos mismos acumularán una gran cantidad de maestros para tener estimulado el oído; [4] por lo que apartarán el oído de la verdad, ¡para desviarse hacia los mitos! [5] Tú, en cambio, mantén el control en todo respecto, soporta la dificultad con paciencia, realiza la tarea de un evangelista, cumple tu ministerio en forma total.

COMENTARIO

EL LUGAR DE NUESTRO PÁRRAFO EN LA CARTA

La segunda carta a Timoteo alcanza aquí su clímax. Al igual que en 1Ti 6:13-14, el conjuro le aporta al discurso un dramático tono de solemnidad y urgencia. Timoteo es comprometido a obedecer los mandatos apostólicos bajo juramento.[1] Este párrafo abre la "conclusión" (*peroratio*) de la carta (2Ti 4:1-18), formada por otros dos párrafos más (10 y 11). Cada uno de ellos aporta un rasgo característico de conclusión:[2] mientras nuestro párrafo excita las emociones y realza la importancia del tema en cuestión; el siguiente (2Ti 4:6-8) delata la urgencia de la situación; y el último párrafo (2Ti 4:9-18) indica la forma concreta en que Timoteo debe responder al pedido del apóstol.

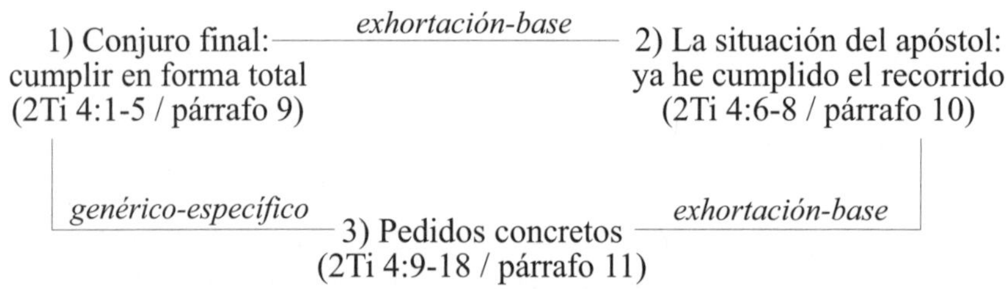

El material que conforma nuestra gran sección, por tanto, se corresponde con el contenido característico de los discursos de despedida de la antigüedad (Shepherd: 233, nota 247): a) exhortación (párrafos 9 y 11); b) predicción del destino del orador y del oyente (párrafos 9 y 10); y c) sumario de la carrera del orador (párrafo 10). El tono sapiencial es inequívoco.[3]

LA ESTRUCTURA INTERNA DE NUESTRO PÁRRAFO

A nivel interno, nuestro párrafo está formado por tres oraciones. Tanto la primera (2Ti 4:1-2) como la última (2Ti 4:5) presentan la exhortación (*exhortatio*) propia del conjuro y funcionan, en verdad, como una unidad. Entre medio de ellas (2Ti 4:3-4) se interpone una oración con carácter de visión apocalíptica que da razón (*probatio*) y aclara (*disgressio*) el contenido de la exhortación que la rodea.

1) Primera parte del conjuro (2Ti 4:1-2 / oración 1) — *exhortación-base* / *paréntesis* — 2) Visión apocalíptica (2Ti 4:3-4 / oración 2)

recapitulación — 3) Segunda parte del conjuro (2Ti 4:5 / oración 3) — *exhortación-base* / *contraste*

PRIMERA PARTE DEL CONJURO (ORACIÓN 1)

1 Hago (este) solemne encargue

contexto circunstancial — delante de Dios y de Cristo Jesús,

que va a juzgar a los vivos y a los muertos, — *amplificación*

amplificación — tanto por su aparición como también por su reino:

contenido —
2 predica la palabra,
está listo cuando sea propicio y cuando no lo sea,
convence,
reprende,
exhorta
— *modo* — con absoluta paciencia
— *medio* — y por medio de toda clase de instrucción.

La primera parte del conjuro (2Ti 4:1-2) ya presenta todos los elementos característicos de esta clase de exhortación:[4] a) interpelación con tono de autoridad (*diamartúromai*);[5] b) invocación de los testigos celestiales (*enōpion*); c) contenido del encargue. Lo que queda interrumpido por la digresión (*disgressio*) de 2Ti 4:3-4 es el contenido del encargue, que comienza aquí y continúa en la tercera oración (2Ti 4:5). Nuestra sección del conjuro no solamente está completa, sino que agrega un elemento ausente en los otros conjuros de las pastorales (1Ti 5:21-22; 6:13-14; 2Ti 2:14): entre los dos últimos elementos se menciona aquello por lo que el compromiso es asumido y pasa así a estar en juego ("tanto por su aparición como también por su reino").

Los dos testigos celestiales invocados también son característicos: el infaltable "Dios" (testigo de los cuatro conjuros de las pastorales, 1Ti 5:21; 6:13; 2Ti 2:14) y "Cristo Jesús". Mientras el primero no recibe descripción alguna aquí, al segundo se lo presenta como el "que va a juzgar a los vivos y a los muertos" (*toú méllontos krínein dsōntas kaí nekroús*). Ya desde los tiempos apostólicos esta frase funcionó como fórmula confesional[6] que se remite a la tradición pre-paulina.[7] En verdad, la afirmación de que el Mesías ocuparía el trono en el estrado escatológico se enraíza en la comprensión que Jesús tuvo de su propio oficio, tal como lo registran los sinópticos en forma incansable (Mt 13:36-43; 16:27; 25:31-46). Todavía más, Jesús mismo se apropia de la estampa escatológica de Dn 7:9-14.[8] Este concepto se vuelve elemento constitutivo del evangelio de Pablo (Hch 17:30-31; Ro 2:16; 2Co 5:10), pues no solamente delata que es delante de este Cristo que se definen las cosas (2Co 5:19; Ef 1:10), sino también que su jurisdicción es absoluta. No hay ser ni vivo ni muerto que no vaya a ser juzgado por éste que atravesó tanto la muerte como la vida (Ro 14:9).[9] El conjuro es cargado así de tremenda gravedad, pues aquí, al igual que en los demás conjuros, Timoteo no asume su compromiso en un rincón de la historia, sino cara a cara con el día del juicio final. Todavía más, Timoteo no asume su compromiso delante de cualquier testigo, sino precisamente delante de aquél que juzgará su caso inevitablemente. La jurisdicción universal de Cristo se vuelve al mismo tiempo advertencia en contra del instinto de preservación y poderoso consuelo para aquel que toma su cruz; pues todos los casos (el del "vivo" que salva su vida y el del "muerto" que la entrega dispuesto)[10] serán sometidos bajo la inspección de aquél en relación al cual se toma la cruz o se la abandona (Mr 8:35-38).

Los dos elementos en acusativo que nuestro conjuro inserta después de la invocación de los testigos celestiales señalan aquello por lo que Timoteo es puesto bajo juramento: "tanto por su aparición como también por su reino" (*kaí tēn epifáneian autoú kaí tēn basileían autoú*).[11] Romper el conjuro implica perder toda participación favorable en ambas realidades.[12] La fuerza retórica de este elemento, empero, no sólo funciona en base al temor de perder algo (términos negativos), sino también en base a ser coherente con el aprecio que se tiene por aquello por lo que se jura (términos positivos): con la misma fuerza con la que Timoteo ansía la aparición y el reino de Cristo, así debe obedecer el conjuro. La relación que existe entre la aparición y el reino es realmente grande. Ambos pertenecen a la metáfora de realeza, en la que la figura dominante es la de Cristo como rey (*basileús*). Particularmente la "aparición" (*epifáneia*) de Cristo funciona sobre el trasfondo del emperador romano, en cuanto aquél que aparece en medio del caos y la muerte para traer paz y vida.[13] Todavía más, tanto la aparición de Cristo como su reino son los grandes objetos de esperanza en la pastorales (1Ti 6:14-15; Tit 2:11-14) y especialmente en nuestra carta (2Ti 1:12; 2:12; 4:8, 18). No obstante, consideramos que no se trata de una misma cosa (contra BDF – ver Apuntes de léxico y sintaxis). El primero (*hē epifáneia*) es el suceso puntual y dramático en el que Cristo, como juez justo (*ho díkaios kritēs*, 2Ti 4:8), irrumpirá en medio del caos para impartir justicia. El segundo (*hē basileía*) es el orden permanente que Cristo ya instauró su primera aparición (2Ti 1:10), pero del que los cristianos tendrán parte en su segunda (2Ti 2:11-12; 4:8, 18).[14]

El contenido de nuestro conjuro se distingue del de los demás (1Ti 5:21-22; 6:13-14; 2Ti 2:14) por ser más extenso y por no usar infinitivos (discurso indirecto) sino imperativos (discurso directo). Ya hemos señalado que el contenido del conjuro queda interrumpido por la visión apocalíptica de la siguiente oración (2Ti 4:3-4) y es retomado en la última oración del párrafo (2Ti 4:5). Nuestra porción del contenido (2Ti 4:2) enlista cinco imperativos, todos tocantes directamente al ejercicio activo del oficio de la Palabra. La primera instrucción es que "predique la Palabra" (*kēruxon tón lógon*). Detrás de los predicadores estoicos, los apóstoles interpretaron su tarea en términos del heraldo oficial (*ho kērux*) que daba a conocer los edictos del gobernante o el veredicto de un jurado. A diferencia del anuncio (*angelía*), la proclamación (*kērugma*) tenía la particularidad de no consistir solamente en la transmisión de información, sino de ejecutar y hacer que sucedan las cosas por medio del mismo discurso (se declaraba una condena, absolución o un estado político determinados – Coenen, 1983c: 741).[15] El heraldo, a diferencia del embajador (*presbúteros*), no tenía autoridad para negociar en nombre de su amo; simplemente debía dar voz a la decisión ya tomada por la autoridad que lo enviaba. La yuxtaposición de nuestro verbo con la estampa real y judicial de Cristo (2Ti 4:1) vuelve inevitable la conexión entre nuestro texto con la primera proclamación (*kērússein*) del NT en boca de Juan el Bautista, Jesús y los doce (Mt 3:2; 4:17; 10:7), como heraldos reales que anuncian el acercamiento del reino de los cielos (*ēngiken hē basileía tōn ouranōn*) y llaman consecuentemente al arrepentimiento y a la fe. Lucas describe la predicación paulina en estos términos también (*kērússōn tēn basileían*, Hch 20:25 y 28:31). La sintética descripción del contenido de la proclamación demandada aquí a Timoteo ("la palabra": *tón lógon*) resuena al uso absoluto de Fil 1:14 y 1Ts 1:6 referente lógicamente al mensaje del evangelio como un todo.[16]

La segunda instrucción nos lleva de la estampa de funcionario real nuevamente a la metáfora militar. Timoteo, como buen soldado, debe "estar listo cuando sea propicio y cuando no lo sea" (*epístēzi eukaírōs akaírōs*). El juego de palabras (paranomasía) que presenta nuestro texto en torno al adverbio *kairōs* de ningún modo sugiere inoportunidad o indiscreción.[17] Esta referencia temporal debe ser entendida a la luz de la visión apocalíptica que sigue, la que anuncia la llegada de "un tiempo" (*éstai gár kairós*) de abierta oposición al mensaje. Como buen soldado de Cristo Jesús, Timoteo no debe estar dispuesto al servicio solamente cuando el tiempo sea propicio (*eukaírōs*), sino también cuando no lo sea (*akaírōs*). Por cierto es precisamente esta disposición continua la que califica al soldado (ver comentario a 2Ti 2:3).

Finalmente se enlistan tres imperativos seguidos, sin modificadores que los distancien: "convence, reprende, exhorta" (*élegxon, epitímēson, parakáleson*). El lenguaje metafórico es dejado ahora de lado, para demandar en lenguaje literal esta lista de tareas que muestran englobar el oficio de la Palabra como un todo.[18] Timoteo debe cumplir la función profética de exponer y convencer al pecador (*elégjein*),[19] debe ejecutar la disciplina eclesiástica con autoridad (*epitimáō*)[20] y debe animar a los creyentes a forjar su fe y su conducta de acuerdo con la promesa y la voluntad divina (*parakaleín*).[21] Ahora bien, para el desarrollo de esta amplia y ardua tarea,[22] y considerando particularmente el público difícil con el que deberá lidiar Timoteo (nótese el uso de la conjunción "pues" –*gár*– en 2Ti 4:3), se demanda dos virtudes fundamentales. La primera virtud, en línea con el resto de las instrucciones de las pastorales referente al oficio de la enseñanza (1Ti 3:2-3; 5:1-2; 2Ti 2:14, 24-25; Tit 1:7-8), está ligada al carácter del ministro: debe ejercitar "absoluta paciencia" (*en pásē makrozumía*). Por un lado la aspereza de la tarea (convencer, reprender), el concomitante lugar de autoridad del que la desarrolla, y finalmente la hostilidad del entorno del lector (2Ti 4:3-4) incitan a perder fácilmente la afabilidad. La segunda virtud ("por medio de toda clase de instrucción": *en pásē didajē*)[23] demanda que el predicador sea hábil, creativo y que asuma la responsabilidad de hacer todo lo posible por alcanzar la meta de su ministerio (2Ti 2:25-26). Su tarea no es la simple y apática exposición de la verdad objetiva. Todavía más, la tensa relación con el auditorio no debe llevarlo a boicotear la conversión del oponente al modo de Jonás, quién, en su odio, obedeció en forma mecánica al mandato[24] pero lo hizo con fuertes expectativas de no ser atendido (Jon 4:1-3). Precisamente la antipatía y la oposición del auditorio demandan que el predicador busque con mayor ahínco la estrategia retórica más apropiada para ser eficiente en su tarea.[25]

VISIÓN APOCALÍPTICA (ORACIÓN 2)

3 Pues habrá un tiempo en el que
— ya no aguantarán la sana enseñanza, — *contraste*
sino más bien,
resultado-razón — obedeciendo a sus propios deseos perversos,
— ellos mismos acumularán una gran cantidad de maestros
propósito — para tener estimulado el oído;
resultado-medio
— por lo que apartarán el oído de la verdad,
— ¡para desviarse hacia los mitos! — *propósito*

contexto temporal / adición de progresión

Hemos señalado al comienzo de este capítulo que tanto la exhortación como el anuncio del destino del orador y del oyente son rasgos característicos del discurso de despedida, particularmente en la literatura sapiencial. No obstante, normalmente uno está al lado del otro, y no insertado en el otro como sucede aquí. El contenido exhortativo del conjuro es interrumpido momentáneamente (2Ti 4:1-2) para darle voz nuevamente a la visión apocalíptica (2Ti 4:3-4), y finalmente retomar la exhortación (2Ti 4:5).

De las tres visiones apocalípticas de las cartas a Timoteo (1Ti 4:1-5; 2Ti 3:1-7), la nuestra es, sin dudas, la más sintética.[26] El discurso avanza en una línea de causa y efecto que grafica la decadencia progresiva del humano aquí descripta: la intolerancia frente a la verdad los llevará a (*razón-resultado*) buscar sus propios maestros, de modo que (*medio-resultado*) se dedicarán a la falsedad.

No se especifica nada respecto del tiempo anunciado, más que su carácter futuro ("Pues habrá un tiempo en el que": *éstai gár kairós hóte*). Recordamos que, si bien todavía parece haber espacio libre para una degradación mayor (2Ti 2:16; 3:9, 13), de todos modos el tiempo "futuro" aquí anunciado es en verdad el presente del lector: su tiempo es el tiempo anunciado.[27]

El punto de partida de la cadena de sucesiones hacia el engaño total que augura el apóstol gira en torno al tema de libertad y opresión. "La sana enseñanza" (*hē hugiainoúsē didaskalía*)[28] se vuelve yugo insoportable (*ouk anéxontai*) del que el humano necesita liberarse. El juego de palabras con el que Pablo ironiza con respecto a la torpeza de los corintios (2Co 11:19-20), ilustra qué hace que algo se vuelva insoportable: la insensatez, la opresión, la explotación, el aprovechamiento, la soberbia y la agresión. Es posible que sea alguna de estas características que, en su ceguera, el ser humano sin Dios le atribuye a la sana enseñanza (Lc 11:45; 1Co 1:23; 2Co 10:10).[29] En contraste con este yugo divino, el ser humano opta por aquello que lo hace sentir genuino, dueño de sus actos, sin restricción. En vez de obedecer la voluntad de algún otro (léase "Dios"), obedecen "a sus propios deseos perversos" (*katá tás idías epizumías*). El NT reconoce que la trágica atracción del deseo perverso (*epizumía*) consiste en dirigir al ser humano hacia sí mismo, hacia la propia satisfacción (Gá 5:16; Ef 2:3 – Schönweiss, 1981: 605). En vez de tener que aceptar maestros elegidos por algún otro (léase "Dios"), el ser humano emancipado hace su propia elección para escuchar un discurso atractivo, novedoso y que sea de su agrado "para tener estimulado el oído" (*knēzómenoi tēn akoēn*).[30] El cuadro resuena al del Israel engañado por los falsos maestros que anunciaban "paz, paz" (1R 22:1-40; Jer 6:14; 8:11; 14:13-14; 23:16-17; Ez 13:10; Miq 3:5, 11), aunque presenta el agravante de que aquí el pueblo elige voluntariamente ser engañado. Al menos bajo la luz del oráculo apostólico, la necedad del hombre sin Dios es patente:[31] optar por aquellos maestros que los instruyan en su propia ignorancia, atender a los oráculos dictados por los mismos oyentes. Este sinsentido devela no solamente la decadencia moral y cultural de una civilización "aburrida",[32] tampoco señala exclusivamente el peligrosísimo desgaste espiritual de un cristianismo avejentado.[33] La necedad del ser humano independentista esconde una tremenda e irónica esclavitud. El lenguaje que utiliza el apóstol para describir el estado de aparente libertad forjada por el hombre sin Dios, en verdad es lenguaje característico de esclavitud. Los deseos perversos (*epizumíai*) siempre funcionan en el corpus paulino como el poder antagónico a Dios y al ser humano que busca esclavizar y destruir a sus víctimas (Ro 6:12-13; 2Ti 3:6; Tit 3:3).[34] Todavía más, los falsos maestros no están alrededor de sus oyentes (*pará*) ni junto a ellos (*metá*), sino que están "acumulados" encima de ellos (*episōreúein*). Pablo retoma aquí el lenguaje de opresión con el que describió a las tontas mujerzuelas en 2Ti 3:6.[35]

El resultado final de esta cadena de sucesiones utiliza la metáfora de movimiento, característica de la tradición sapiencial (2Ti 4:4). Dentro de la tradición judeo-cristiana, lo que se mueve con "el oído" (*hē akoē*) no es simplemente un sentido; es la atención, la obediencia, el vínculo y el empeño de un pacto.[36] El doble movimiento de "apartarse de" (*apostrépsousin apó*) y "desviarse hacia" (*ektrapēsontai epí*) es la lamentable contraparte de la exhortación apostólica planteada de acuerdo al patrón de los dos caminos ("huir": *feúgein* y "alcanzar": *diōkein,* 1Ti 6:11; 2Ti 2:22).[37] Esto produce una fuerte ironía. En lugar de optar por un movimiento que libere (como en el caso de "huir") o produzca una ganancia, un logro (como en el caso "alcanzar"), se opta por perder (*apó-stréfō*), se opta por el extravío (*ek-trépomai*). Todavía más: el mal negocio es "verdad" (*alēzeia*) a cambio de "mitos" (*múzoi*). Sin dudas su yuxtaposición (verdad-mitos) nos ubica en el plano de realidad contra engaño (1Ti 1:7; 2:14; 4:1-2; 6:20; 2Ti 2:26; Tit 1:12).[38] No obstante, la fuerte connotación de libertad que tiene "la verdad" (*hē alēzeia*) en las otras dos visiones apocalípticas de las cartas a Timoteo,[39] sugiere que el otro eje que une a nuestros discursos (verdad-mitos) es el de libertad contra opresión. De modo que, la pretensión de independencia por medio de la satisfacción de los deseos, del amontonamiento de maestros mercenarios, y del trueque de verdad por mitos, no resulta sino en la opresión más trágica y extrema.

SEGUNDA PARTE DEL CONJURO (ORACIÓN 3)

adición de serie

5 Tú, en cambio, mantén el control en todo respecto,
soporta la dificultad con paciencia,
realiza la tarea de evangelista,
cumple tu ministerio en forma total.

El conjuro es retomado y finalizado aquí. Si el ejercicio normal del ministerio, descrito en la primera parte del contenido del conjuro (2Ti 4:2), funciona como marco dentro del cual al ministro le espera oposición (2Ti 4:3-4), este mismo contexto antagónico funciona como marco que determina los rasgos del ministerio demandados en nuestra segunda parte del contenido del conjuro (2Ti 4:5). Esto es, los cuatro imperativos que conforman nuestra oración llevan el estigma del conflicto y demandan una tarea "de puertas para afuera". Aquí, más que en la primera parte del contenido del conjuro, Timoteo es puesto frente a frente con el mundo; un mundo sin Dios, un mundo hostil.

La visión apocalíptica, empero, no sólo redefine el tipo de ministerio que debe desempeñar un Timoteo inamovible en su fidelidad. Se pone en evidencia la peligrosidad del contexto en que antes que padecer por un mundo sin Dios (pequeños peligros), Timoteo no debe contagiarse de él (gran peligro). Nuestra oración es encabezada del mismo modo que las exhortaciones a alejarse de la alternativa ofrecida por los falsos maestros: "Tú, en cambio" (*sú dé,* 1Ti 6:11; 2Ti 3:10, 14; Tit 2:1).

La primera de nuestras cuatro instrucciones llama a "mantener el control en todo respecto" (*nēfe en pásin*). Es significativo que, frente a la *pretensión de control* por parte del hombre sin Dios, no se le contraponga aquí la demanda a *negarse* a sí mismo. A Timoteo también se le pide que domine, que controle... pero no al mundo que lo rodea (Dios, la doctrina y los predicadores), sino a sí mismo. Controlar a uno es perder el control del otro. No obstante, el control del que habla nuestro verbo (*nēfein*) no es primordialmente una cuestión de poder para dirigir, sino de lucidez en cuanto a la convicción. Todos sus usos dentro del NT tienen una indiscutida carga escatológica. 1Ts 5:6-8 lo contrapone con el adormecimiento producido por el discurso mentiroso de "paz y seguridad" (*eirēnē kaí asfáleia*). El control (*nēfein*), pues, es descrito como esperar al Señor estando protegidos "por la coraza de la fe y del amor, y por el casco de la esperanza de salvación". En la misma línea, 1P demanda mantener el control en virtud de a) la persecución y el sufrimiento (1P 1:13), b) la inminencia del fin (1P 4:7) y c) las asechanzas del diablo (1P 5:8).

La segunda instrucción da voz a la demanda básica de la carta ("soporta la dificultad con paciencia": *kakopázēson*). Timoteo debe estar dispuesto a lo que venga aparejado del oficio de la Palabra: ignorancia, oposición, cárcel o martirio. La forma del verbo que es usada aquí presenta una evolución con respecto a las anteriores ("únete en los sufrimientos": *sugkakopazeín,*

2Ti 1:8 y 2:3). El sufrimiento ya no le es ajeno a Timoteo, ya no se trata de compartir el sufrimiento que le pertenece a otro (el apóstol, o Cristo). El sufrimiento le es tan propio a Timoteo como a cualquiera de los otros dos (2Ti 2:9, 11-12a), pues es intrínseco al oficio y a la identidad de Timoteo (2Ti 3:12).

La tercera instrucción es a "realizar la tarea de evangelista" (*érgon poíēson euangelistoú*). ¿Qué tipo de tarea es ésta? ¿Le está encargando un ministerio diferente al que estuvo realizando allí en Éfeso? La pobre descripción que el NT hace de este ministerio dificulta su definición. Sólo en otros dos lugares se usa el término "evangelista" (*euangelistēs*). En la lista de oficios dedicados a la proclamación de la palabra de Ef 4:11, se los ubica en tercer lugar, detrás de los dos personajes directamente inspirados por Dios (apóstoles y profetas) y antes de aquellos cuya jurisdicción se limita al ámbito local (pastores y maestros). Hch 21:8 es el otro texto. Allí Felipe, uno de los siete escogidos para complementar el trabajo de los apóstoles (Hch 6:5), es llamado "evangelista". Lucas dedica prácticamente todo un capítulo (Hch 8:5-40) para mostrar a este Felipe en acción. El tipo de tarea que desarrolla (así como también la de Esteban, otro de los siete)[50] claramente se corresponde con la que le fue encomendada a los apóstoles: permite que el Espíritu lo lleve adonde debe ir (Hch 8:5, 26, 29, 39-40; ver Hch 1:8a); hace señales milagrosas (Hch 8:6-8; ver Hch 5:12-16); extiende el evangelio más allá de Judea (Hch 8:4, 26, 40; ver Hch 1:8b) y bautiza (Hch 8:12, 38; ver Mt 28:19). No obstante, no se trató de una tarea "paralela" a la de los apóstoles, sino subordinada a la de ellos. Nótese que Pedro va detrás de Felipe una y otra vez para imprimir el sello apostólico sobre la tarea de su colaborador (Hch 8:14-15 en Samaria y Hch 10:24 en Cesarea). Ridderbos (II: 171) señala correctamente que al desaparecer los apóstoles (siglo 2 dC) también desaparecieron los evangelistas. O, mejor expresado, la designación evangelista tomó un nuevo referente: compositor de la obra literaria llamada "evangelio".[51] Todo esto confirma la propuesta de Schlier (1991: 258) y Becker (1982: 173) de que el evangelista es el colaborador o comisionado apostólico, que cubre la misma jurisdicción y realiza la misma tarea que el apóstol (extender la proclamación del evangelio, Gá 2:7-8), pero bajo la autoridad que este último recibió del Señor en forma directa (Gá 1:1).[52] Si éste es el perfil de evangelista en el NT, entonces nuestro imperativo no trae nada novedoso para Timoteo (Hch 16:1-4; 1Co 4:17; 16:10-11; Fil 2:19-23;

2Ti 3:10-11), sino que le demanda hacerse cargo del oficio que porta.[53]

El conjuro cierra con la instrucción a "cumplir el ministerio en forma total" (*tēn diakonían sou plērofórēson*). Knight (457) pierde de vista el punto de clímax al que se llega aquí al entender nuestra frase simplemente como un sumario de las instrucciones anteriores, como si el apóstol dijera: "no dejes de cumplir las cosas antedichas". Si bien Col 4:17 utiliza una expresión similar (*tēn diakonían plēroún*) para referirse a la simple concreción de una tarea, cuando esta clase de frases es aplicada al ministerio apostólico connota llevar el servicio hasta las últimas consecuencias. Esto es: ya no tener territorio virgen para la predicación (Ro 15:19), ya no tener público o ámbito por alcanzar (2Ti 4:17), ya no tener encargo pendiente (Hch 20:24), ya no tener área de la existencia que entregar en el servicio (Col 1:24-25). El cumplimiento total del ministerio apostólico siempre implica satisfacer la encomienda divina hasta el punto del padecimiento (Hch 9:15-16). Es precisamente en esta línea que 4Mac 12:14 se refiere al martirio de los siete hermanos como "completar su piedad para con Dios" (*eplērōsan tēn eis tón zeón eusébeian*). La aplicación de esta frase al ministerio apostólico no sólo nos ofrece un paralelo de nuestra instrucción. Debe tenerse en cuenta la intimidad que existe entre los ministerios del autor y el lector. Timoteo no sólo sirve al apóstol (*diakoneín autō,* Hch 19:22). Su ministerio, en cuanto evangelista, no puede entenderse sino de acuerdo con el molde del apostolado paulino. De modo que, así como ellos comparten en forma especial un mismo Espíritu (2Ti 1:6-7 y 14), del mismo modo comparten el mismo llamamiento que demanda testificar delante de reyes en prisión y padecimiento (Hch 9:15-16; 2Ti 4:9, 16, 21a).

SÍNTESIS DEL PÁRRAFO

El cierre de la carta hace aquí su inicio. Las varias instrucciones con las que fue confrontado Timoteo son recapituladas en torno a los ejes característicos del martirio: testificar con fidelidad a la sana enseñanza (2Ti 4:2), estar dispuesto a pagar el precio de ese testimonio (2Ti 4:3-5) y actuar como estando en la antesala al desenlace de la historia (2Ti 4:1). La conjunción que sucede en nuestro párrafo de todos estos elementos prepara el camino para el pedido concreto a presentarse junto al apóstol en la boca misma del león.

PROPUESTAS PRÁCTICAS

Nuestro texto parece sintetizar la tarea propia de quién ocupa el oficio de la predicación. Dentro de un contexto evangélico nos es natural –y correcto– identificarlo con la tarea del pastor. ¿Qué sumario más cargado de poder que éste encontraremos? No obstante, su aplicación no está limitada a este oficio (de hecho, Timoteo no estaba actuando en función de pastor u obispo), sino a todo ministerio conectado con la proclamación de la Palabra. En última instancia, el llamado extremo que plantea nuestro párrafo nos toca a todos los creyentes en nuestra responsabilidad de testificar en fidelidad y coraje.

La ausencia periódica de un imperio que persiga y ejecute a los creyentes por causa de su proclamación no debe aguar la demanda radical de nuestro conjuro. Esto es, los ejes característicos del martirio que atraviesa a nuestro texto no toman validez solamente allí donde (o entonces cuando) se desata una persecución física. Pues en todo tiempo la iglesia debe ser llamada a testificar con fidelidad, a asumir el costo de ese testimonio con disposición y a vivir con conciencia escatológica, recordando la inminencia del fin, manteniéndose despierta, esperando su liberación final. Ahora bien, este llamado es continuamente necesario porque la tentación y la caída son continuas: predicación distorsionada por confusión y silenciada por conveniencia; medición de los costos del testimonio y negociación del contenido de la predicación a partir de sus implicancias; embriagante acomodación al presente en un abierto olvido del juicio venidero; desesperación ante el padecimiento y el costo del discipulado en abierto olvido de la liberación prometida.

Estas implicancias de nuestro conjuro no se ajustan sólo a la tarea de un pastor. Como hemos dicho, nos comprometen, confirman y animan a todos los creyentes a la hora de abrir nuestros labios. Nuestro texto no puede ser obviado por aquel cristiano que:

* reconoce su llamado divino a pronunciarse, pero teme a las consecuencias de la Palabra (¿cómo reaccionará?, ¿tengo autoridad?, ¿no lo tomará a mal?, ¿no la usará para sacar ventaja?);
* hoy padece dificultades por dar voz a la Palabra en su contexto apropiado (ley para el pecador impenitente y evangelio para el arrepentido);

* ya no está adaptando al auditorio *su estrategia* de predicación, sino *el contenido* del evangelio con el fin de obtener "mejores resultados".

Puede resultar interesante como estrategia de aproximación a nuestro texto, ya sea en la predicación o el estudio bíblico, la distorsión que se produce si perdemos de vista algunos de los tres ejes que dominan a nuestro texto: A) testimonio fiel, B) disposición a pagar el precio y C) conciencia escatológica.

A + B – C = Amargura e indignación ante el padecimiento (1Co 15:19).

A + C – B = Evasión de la cruz.

B + C – A = Masoquismo; padecimiento por cualquier cosa que nos parezca justa, pero que no es el evangelio; mártir de algún otro, pero no de Cristo.

Ya lo hemos señalado: ¿Quién está libre de esto? ¿Quién, por tanto, no es confrontado por Pablo aquí?

Sí hay uno que está libre de esto: Cristo Jesús, quien dio un testimonio fiel (si lo hay), que estuvo dispuesto a pagar el precio y que quiere actuar cada vez como si fuera la última oportunidad (2Co 6:1-2).

Es en él en quien nuestros "signos negativos" son revertidos para hacernos testigos fieles y entregados, cargados de responsabilidad, pero aún más de esperanza.

Nota litúrgica: 2Ti 3:14-4:5 es propuesto en la serie trienal C como texto para el vigésimo segundo domingo después de Pentecostés (*PC*: 690; *CS*: 119).

APUNTES TÉCNICOS

APUNTES DE LÉXICO Y SINTÁXIS

2Ti 4:1

"Hago (este) solemne encargue" (διαμαρτύρομαι): BAGD (διαμαρτύρομαι.1: 186) "conjurar, advertir, encargar". Louw & Nida § 33.319 define a nuestro verbo así: "ser enfático en expresar una opinión o un deseo; insistir". La forma absoluta de nuestro verbo demanda una traducción un tanto perifrástica. Se trata de un presente instantáneo o puntiliar (Wallace: 517-18). Wallace señala el aspecto *performativo* de nuestra categoría de este modo: "El elemento de *tiempo* se vuelve tan prominente que el aspecto progresivo queda totalmente suprimido en este uso... El acto en sí mismo queda completado en el momento de ser pronunciado." Esto ciertamente agrega peso y solemnidad a nuestro verbo: es en el momento de escribir-leer la carta que los testigos celestiales se hacen presentes para tomar el juramento al que Pablo fuerza a Timoteo aquí.

"de Dios y de Cristo Jesús" (τοῦ θεοῦ καὶ Χριστοῦ Ἰησοῦ): Wallace (276) incluye a nuestra construcción como un caso posible de la regla de Granville Sharp (artículo + sustantivo**1** + "y" (καί) + sustantivo**2**). La regla de Granville Sharp sostiene que en esta construcción los dos sustantivos tienen el mismo referente. La reserva con respecto a nuestro texto es que el sustantivo**2** es un nombre propio, lo que lo dejaría fuera de esta categoría. De otra forma, nuestro texto sería uno de los textos que afirman la divinidad de Cristo.

"que va a" (τοῦ μέλλοντος): BAGD (μέλλω.1.c.β: 501) señala que nuestra categoría, usada "en un sentido debilitado, sirve simplemente como perífrasis del tiempo futuro", sin denotar inminencia necesariamente. Participio adjetival (dependiente de "Cristo Jesús": Χριστοῦ Ἰησοῦ) en tercera posición atributiva: sustantivo + artículo + adjetivo (Wallace: 307, 618).

"juzgar" (κρίνειν): Consideramos que nuestro uso es el que Louw & Nida § 56.20 define como "decidir una cuestión de corrección o error legal, y por lo tanto, determinar la inocencia o culpabilidad del acusado y asignarle el castigo o retribución correspondiente". Infinitivo complementario del participio "que va a" (τοῦ μέλλοντος – Wallace: 598-99).

"a los vivos" (ζῶντας): BAGD (ζάω.1.a.α: 336) señala que el campo semántico de nuestro uso es el de vida desde un punto de vista físico, en contraste con la muerte. Tanto nuestro participio como el adjetivo "muertos" (νεκρούς) son definidos, en vista de que se trata de sustantivos genéricos: toda la clase (de vivos y muertos respectivamente) es puesta en consideración (Wallace: 253-254). Participio sustantival (Wallace: 619-21).

"tanto... como también" (καὶ... καὶ): BDF § 442.16 no considera a nuestro uso de la construcción καὶ... καὶ como coordinación de dos elementos complementarios y menos contrastantes: "tanto... como...", "no sólo... sino también..." (BDF § 444.3; BAGD, καί.6: 393). BDF interpreta a nuestra construcción como un *hen-*

diadís (uso de dos palabras para expresar una única idea compuesta – Smyth § 3025). Los dos conceptos ("manifestación" –τὴν ἐπιφάνειαν– y "reino" –τὴν βασιλείαν–), sugiere BDF, son coordinados por "y" (καί), aunque en realidad el segundo está subordinado al primero: "la manifestación (que él va a realizar) *de* su reino". BDF señala que la figura literaria del *hendiadís* es utilizada para evitar una serie recargada de cláusulas genitivas dependientes. La interpretación de BDF es altamente probable, en vista de que nuestro texto ya cuenta con cinco genitivos: 1) "delante de Dios" (ἐνώπιον τοῦ θεοῦ); 2) de Cristo Jesús (καὶ Χριστοῦ Ἰησοῦ); 3) el que va a juzgar (τοῦ μέλλοντος κρίνειν); 4) por la manifestación que va a realizar (τὴν ἐπιφάνειαν αὐτοῦ); 5) reino (τὴν βασιλείαν αὐτοῦ). Es de esperar que el autor necesite descongestionar el cúmulo de genitivos, en caso de que los conceptos de "manifestación" (τὴν ἐπιφάνειαν) y "reino" (τὴν βασιλείαν) funcionen del modo combinado en que BDF sugiere.

Ahora bien, el objeto de la "manifestación" (τὴν ἐπιφάνειαν) en las cartas a Timoteo es la persona de Cristo en forma consistente. Esto sugiere fuertemente interpretar al genitivo de "su manifestación" (τὴν ἐπιφάνειαν αὐτοῦ) no como subjetivo (la manifestación que él va a realizar), sino como objetivo (la manifestación de su persona). Preferimos, por tanto, interpretar a la construcción καὶ... καὶ como coordinando a los dos elementos distinguibles ("manifestación" –τὴν ἐπιφάνειαν– y "reino" –τὴν βασιλείαν–), por los que Pablo pide a Timoteo que haga el juramento.

"aparición" (τὴν ἐπιφάνειαν): BAGD (ἐπιφάνεια.1: 304) indica que nuestro uso tiene como referente la venida de Jesús para juzgar. Tanto nuestro sustantivo como "reino" (τὴν βασιλείαν) son acusativos de juramento: indican la persona o la cosa por la que se hace el juramento (Wallace: 204-05; Smyth § 1596). Wallace señala que en griego clásico, nuestra categoría entra bajo el acusativo de invocación.

"su... su" (αὐτοῦ... αὐτοῦ): El primero se trata de un genitivo objetivo: "la manifestación de la persona de Cristo" (Wallace: 116-19) y el segundo de un genitivo subjetivo: "el reino que él ejerce" (Wallace: 113-16).

2Ti 4:2

"predica" (κήρυξον): BAGD (κηρύσσω.1.b.β: 431) señala que nuestro uso es amplio, general: "predicar, proclamar". Louw & Nida § 33.256 define este verbo como "anunciar públicamente verdades y principios religiosos demandando aceptación y adhesión". Consideramos a todo el párrafo (2Ti 4:1-5) como una unidad de ocho imperativos, con la interrupción de un paréntesis aclaratorio (2Ti 4:3-4). Siete de estos imperativos (1. "está listo" –ἐπίστηθι–; 2. "convence" –ἔλεγξον–; 3. "reprende" –ἐπιτίμησον–; 4. "exhorta" –παρακάλεσον–; 5. "soporta la dificultad con paciencia" –κακοπάθησον–; 6. "realiza" –ποίησον–; 7. "cumple en forma total" –πληροφόρησον–) son aoristos categóricos: usados para marcar la solemnidad y gravedad del conjuro (Wallace: 720-21). Hay un único caso en el que la categoría cambia a imperativo presente de costumbre ("mantén el control": νῆφε). Este cambio (basado en la concentración puesta ya no en actos concretos, sino en una actitud continua) no le hace perder solemnidad a dicho imperativo, pues forma parte del conjuro. BDF § 337.2 señala la fuerza global de nuestros imperativos aoristos, los que no demandan una obediencia puntual y única, sino una repetición de los actos hasta alcanzar su cumplimiento total.

"la palabra" (τὸν λόγον): Wallace (220), por otro lado, considera que el artículo definido "la" (τὸν) es anafórico, teniendo como antecedente a "todo pasaje" (πᾶσα γραφὴ) de 2Ti 3:16. Esta interpretación de nuestra construcción es usada por Wallace como argumento a favor de considerar "inspirado por Dios" (θεόπνευστος) como predicativo. BAGD (λόγος.1.b.β: 478), por otro lado, considera a nuestro uso como absoluto (La Palabra). Esto, argumenta BAGD, es marca de la imposibilidad de que el supuesto lector confunda el referente. Preferimos esta última interpretación, por lo que tomamos a nuestro sustantivo como por excelencia: único en su clase (Wallace: 222-23).

"está listo" (ἐπίστηθι): Se presentan las siguientes posibilidades:

1) Énfasis en la disposición y actividad: BAGD (ἐφίστημι.1.a: 330) "estar cerca". BAGD traduce "está listo, está a mano". En la misma línea, Liddell & Scott (ἐφίστημι.B: 745) enlista una serie de usos militares del término, referentes al "estar apostado o en guardia" (III.1), "hacer una aparición (para tomar por asalto un lugar o al enemigo)" (III.2), "hacer un alto (en la marcha)" (IV). Cercano a esta comprensión está la traducción de la Vulgata *insta* (estar de pie).
2) Énfasis en la perseverancia: Louw & Nida § 68.14 define nuestro verbo como "continuar en una actividad pese a una presunta oposición; continuar". Louw & Nida traduce "predica la palabra y hazlo con persistencia, ya sea que las circunstancias sean favorables o no". Liddell & Scott (ἐφίστημι.B.III: 745) incluye un uso que pondría estar en el mismo plano que el texto de corte similar de 1Ti 6:14: "permanece esperando…"

Puesto que el resto de las actividades que forman la lista a la que pertenece nuestro imperativo tiene un corte fuertemente activo, preferimos la primera opción.

"cuando sea propicio" (εὐκαίρως): Louw & Nida § 67.6 define nuestro adverbio como "perteneciente al contar con una ocasión favorable para cierto evento". BAGD (εὐκαίρως: 321) propone las dos siguientes traducciones: a) "en tiempo y a destiempo" o "cuando es conveniente y cuando es inconveniente".

"y" (-): El *asíndeton* (falta de partículas conectivas entre adverbio y adverbio) es típico en casos como el nuestro en los que se contrasta dos elementos (BDF § 460.1). Lógicamente la utilidad es la de enfatizar el contraste.

"cuando no lo sea" (ἀκαίρως): Louw & Nida § 67.8 define nuestro adverbio como "perteneciente a la falta de oportunidad favorable para hacer algo". BAGD (ἀκαίρως: 29) traduce "en tiempo, fuera de tiempo" y señala que la conveniencia o inconveniencia a la que el texto se refiere del tiempo responde al criterio de los oyentes.

"convence" (ἔλεγξον): BAGD (ἐλέγχω.3: 249) "reprobar, corregir". Louw & Nida § 33.417 define nuestro verbo como "indicar que alguien ha hecho mal, con la implicancia de que existan pruebas de dicho mal acto; llamada de atención, reproche". Recordamos que Trench (12-14) señala que el contraste entre "reprender" (ἐπιτιμάω) y "convencer, refutar" (ἐλέγχω) consiste en que el primero se enfoca en el acto de reprender (ya sea con razón y habilidad o sin ellas) y el segundo denota veracidad y habilidad con la que se denuncia un pecado, de modo que trae al pecador "si no siempre a la confesión, por lo menos a la convicción de su pecado".

"reprende" (ἐπιτίμησον): BAGD (ἐπιτιμάω.1: 303) "reprender, reprobar, censurar, hablar seriamente, advertir para prevenir una acción". Louw & Nida § 33.419 define nuestro verbo como "expresar fuerte desaprobación por algo; reprender, denunciar".

"exhorta" (παρακάλεσον): BAGD (παρακαλέω.2: 617) "apelar a, impeler, exhortar, animar a". Louw & Nida § 25.150 define este verbo como "alentar o consolar ya sea por medios verbales o no verbales".

"con… por medio de" (ἐν… ἐν): La función que tiene nuestra preposición en su relación con "paciencia" (μακροθυμίᾳ) es de ἐν + dativo de modo (señala la actitud con que se realiza la exhortación), mientras que, en su conexión con "instrucción" (διδαχῇ), funciona como un ἐν + dativo instrumental (señala por medio de qué actividad es realizada la exhortación – Wallace: 372).

"absoluta / toda clase de" (πάσῃ): Con el adjetivo "todo" (πᾶς) sucede lo mismo que con la preposición ἐν: toma una relación diferente con cada uno de los dos sustantivos que modifica ("paciencia" –μακροθυμίᾳ– e "instrucción" –διδαχῇ–). Con relación a la primera, denota el máximo grado: "puro, nada más que, total" (Smyth § 1174.c.nota 1). Con relación a "instrucción" (διδαχῇ), denota la inclusión de todo lo que pertenece a la clase designada por el sustantivo: toda clase de (BAGD, πᾶς.1.a.β: 631).

"paciencia" (μακροθυμίᾳ): BAGD (μακροθυμία.2.a: 488) "tolerancia, paciencia hacia otros". Louw & Nida § 25.167 define nuestro sustantivo como "un estado de calma emocional delante de la provocación o mala fortuna y sin quejas o irritación".

"instrucción" (διδαχῇ): BAGD (διδαχή.1: 192) traduce "por medio de toda clase de instrucción". BAGD comprende a nuestro sustantivo en su carácter activo, como opuesto a la "enseñanza" que es dada. Louw & Nida § 33.224 define nuestro sustantivo de esta forma: "proveer instrucción en un contexto formal e informal".

2Ti 4:3

"habrá" (ἔσται): Tanto nuestro verbo como los cuatro siguientes ("aguantarán" –ἀνέξονται–, "acumularán" –ἐπισωρεύσουσιν–, "apartarán" –ἀποστρέψουσιν–, "desviarse" –ἐκτραπήσονται–) son futuros predictivos (Wallace: 568).

"un tiempo" (καιρός): BAGD (καιρός.1: 394) traduce como "llegará / habrá un tiempo en el que". Louw & Nida § 67.78 incluye la siguiente entrada para nuestro sustantivo: "una unidad de tiempo indefinida (siendo la extensión real de tiempo determinada por el contexto); tiempo, período de tiempo". Consideramos que nuestro uso se corresponde con la definición de Louw & Nida: despojado de la valoración positiva de "oportunidad, tiempo propicio", pero aún manteniendo cierto enfoque en la calidad del período de tiempo.

"aguantarán" (ἀνέξονται): BAGD (ἀνέχω.2: 66) "soportar, en el sentido de oír o escuchar con gusto, aguantar". Louw & Nida § 31.54 define nuestro verbo como "seguir aceptando como válido o verdadero" y traduce "pues habrá un tiempo en el que ellos no aceptarán la sana enseñanza". BAGD señala que este verbo toma el caso genitivo para indicar aquello que no se soporta.

"sana" (τῆς ὑγιαινούσης): BAGD (ὑγιαίνω.2: 832) "ser sano o correcto". Louw & Nida § 72.15 "tener el punto de vista correcto, con la implicación de que tal estado sea evaluado positivamente; ser correcto, sano, acertado". Participio adjetival (dependiente de "enseñanza": διδασκαλίας) en primera posición atributiva: artículo definido + adjetivo + sustantivo (Wallace: 309-10, 618). Wallace señala que en la primera posición atributiva el adjetivo tiene mayor peso (igual que 1Ti 1:10 y Tit 2:1, y en contraposición con Tit 1:9).

"obedeciendo a" (κατά): κατά de estándar (Wallace: 377).

"sus propios" (ἰδίας): Consideramos que nuestro uso es el que BAGD (ἴδιος.1.a.β: 369) define como "propio", en el sentido de opuesto a lo que es –o viene– del otro.

"deseos perversos" (ἐπιθυμίαις): Louw & Nida § 25.20 define nuestro uso como "desear muy fuertemente tener lo que le pertenece a otro y/o intervenir en una actividad moralmente viciosa". BAGD (ἐπιθυμία.3: 293) señala que nuestra categoría se refiere "en un mal sentido a un deseo por algo prohibido". BAGD traduce "de acuerdo con sus propios deseos".

"ellos mismos" (ἑαυτοῖς): BAGD (ἑαυτοῦ.1: 212) señala que "el dativo simple es utilizado para enfatizar al sujeto como agente" de la acción. El punto aquí no es sólo que "juntarán maestros *para sí*", sino que "*ellos mismos* serán los que lo hagan". Dativo de interés (Wallace: 142-44).

"acumularán una gran cantidad" (ἐπισωρεύσουσιν): BAGD (ἐπισωρεύω: 302) "apilar". Tanto BAGD como Liddell & Scott (ἐπισωρεύω: 663) traducen "acumularán una gran cantidad de maestros". Louw & Nida § 59.65 define nuestro verbo como "incrementar en forma significante el número de algo" y traduce "van a incrementar mucho el número de maestros para sí".

"para tener estimulado" (κνηθόμενοι): BAGD (κνήθω: 437) "sentir una picazón". BAGD comprende nuestra expresión como "una figura de la curiosidad que está en busca de información interesante y escandalosa. Esta picazón es calmada por medio de los mensajes de los nuevos maestros. Con el mismo concepto como trasfondo, se podría traducir: tener el oído excitado". BAGD señala que este sentido alternativo sucede en Plutarco: "excitación de los oídos" (κνῆσις ὤτων). Louw & Nida § 25.11 define nuestro verbo como "(expresión idiomática, literalmente 'tener picazón con respecto a lo que se oye') tener el oído estimulado por lo que se oye; tener oídos con picazón, desear oír lo que uno quiere, estar deseoso de oír". Louw & Nida traduce "van a amontonarse para sí maestros, puesto que desean simplemente oír lo que ellos quieren". Liddell & Scott (κνήθω.2: 964) traduce "tener picazón". Bajo la misma categoría (uso pasivo), Liddell & Scott incluye "ser provocado". Louw & Nida considera a nuestro participio adverbial como de causa (Wallace: 631-32). Pese a que desde un punto de vista semántico es totalmente viable, esta interpretación no se acomoda a dos elementos estructurales claves de nuestra categoría: tiene que anteceder al verbo principal ("acumularán" –ἐπισωρεύσουσιν–) tanto en posición como en tiempo verbal. Por tanto, preferimos considerar a nuestro participio adverbial como de propósito (Wallace: 635-37), puesto que se acomoda tanto a la demanda estructural de la gramática, como al sentido de nuestro texto.

"el oído" (τὴν ἀκοήν): BAGD (ἀκοή.1.c: 31) señala que nuestro texto hace referencia al órgano con el que se oye: "tienen oídos con picazón". Louw & Nida (290, nota 5) comprende a nuestro sustantivo como "el acto de oír". Si bien, en última instancia, la referencia es al acto de oír, de todos modos preferimos la interpretación de BAGD, por ser más coherente con el tono irónico de la expresión.

2Ti 4:4

"por lo que" (καί): Tanto Smyth § 2874 como BAGD (καί.I.2.f: 392) indican que nuestra conjunción puede marcar el resultado de lo que precede.

"-" (μὲν... δέ): Nuestra construcción correlativa indica contraste (BAGD μέν.1: 502), pero no entre cláusula y cláusula, sino entre los elementos enfatizados. Smyth § 2914 señala que, cuando lo contrastado son dos sustantivos con artículo definido, las partículas μὲν y δέ se interponen entre los respectivos artículo y sustantivo; pero en caso de que los sustantivos estén gobernados por preposiciones, μὲν y δέ se ubican inmediatamente después de éstas. Es claro, por tanto, que los elementos contrastados por nuestra construcción son "la verdad" (τῆς ἀληθείας) y "los mitos" (τοὺς μύθους). Nuestras partículas no siempre demandan ser traducidas.

"de" (ἀπό): ἀπό + genitivo de separación (Wallace: 107-09, 368).

"el oído" (τὴν ἀκοὴν): Louw & Nida § 31.56 propone que nuestro uso hace un giro hacia el siguiente sentido: "creer algo y responder a ello en base a haberlo oído; aceptar, escuchar, escuchar y responder, prestar atención y responder, atender". Louw & Nida traduce "ellos se apartarán de prestar atención a la verdad".

"apartarán" (ἀποστρέψουσιν): BAGD (ἀποστρέφω.1.a.α: 100) traduce "apartarán el oído de la verdad" y parafrasea "no querrán escuchar la verdad". Louw & Nida § 68.44 define este verbo como "dejar de hacer algo, con la implicancia del rechazo" y traduce "van a dejar de escuchar la verdad". Puesto que ni BAGD ni Liddell & Scott incluyen esta entrada (cesar con una actividad que se estaba llevando a cabo), consideramos la idea de "dejar de" (Louw & Nida) simplemente como posible connotación.

"hacia" (ἐπί): ἐπί + acusativo de dirección (BAGD ἐπί.III.1.b.δ: 289).

"los mitos" (τοὺς μύθους): BAGD (μῦθος: 529) "cuento, historia, leyenda, mito, fábula". BAGD indica, igualmente, que el referente de nuestro sustantivo es la "falsa enseñanza". Louw & Nida § 33.13 define como "una historia o recuento legendario que trata normalmente sobre seres y eventos sobrenaturales, sobre héroes propios de una cultura; en el NT siempre tiene una connotación negativa... puede ser traducida simplemente como una 'historia incierta' o 'cuento falso'."

"desviarse hacia" (ἐκτραπήσονται): BAGD (ἐκτρέπω: 246) "inclinarse hacia". Louw & Nida § 31.65 define nuestro verbo como "alejarse de la verdad para creer algo diferente; extraviarse, perderse detrás de, alejarse de para seguir a". Louw & Nida traduce "se perderán detrás de leyendas". Liddell & Scott (ἐκτρέπω.1: 523) traduce nuestra construcción (ἐκτρέπω ἐπί) como "descarriarse, torcer el camino / la marcha hacia..."

2Ti 4:5

"mantén el control" (νῆφε): BAGD (νήφω: 538) traduce "contrólate a ti mismo bajo toda circunstancia". Louw & Nida § 88.86 define nuestro verbo como "comportarse con dominio y moderación, de modo que uno no se permita ningún exceso; ser controlado". Louw & Nida traduce "debes mantener el control de ti mismo en toda circunstancia". Imperativo presente de costumbre: apunta a la actitud de Timoteo y no a un acto específico (Wallace: 722); pero no pierde la gravedad del resto de los imperativos que forman parte del conjuro introducido en 2Ti 4:1.

"en todo respecto" (ἐν πᾶσιν): Tanto BAGD (νήφω: 538) como Louw & Nida § 88.86 consideran nuestra construcción como ἐν + dativo de tiempo: "en toda circunstancia / momento" (Wallace: 155-57, 372). Esta alternativa es coherente con el protagonismo que toma en los vv. precedentes el tema de clases de tiempos: "cuando sea propicio" (εὐκαίρως), "cuando no lo sea" (ἀκαίρως), "habrá un tiempo" (ἔσται γὰρ καιρὸς). Ahora bien, BAGD (πᾶς.2.a.δ: 633) muestra que todas las ocurrencias de nuestra construcción en las pastorales (e incluye nuestro texto entre ellas) significa "en todo respecto". Preferimos, sin descartar de plano la otra alternativa, considerar a nuestra construcción como ἐν + dativo de referencia (Louw & Nida § 24.89; Wallace: 144-46, 372).

"soporta la dificultad con paciencia" (κακοπάθησον): BAGD (κακοπαθέω.2: 397) propone nuestra traducción. BAGD distingue nuestro uso del de 2Ti 2:9 por el énfasis que cada texto pone ya sea en el sufrimiento infligido desde afuera (2Ti 2:9) o en la actitud paciente con la que uno confronta el sufrimiento (2Ti 4:5). Louw & Nida § 24.89 traduce "pero en todo muestra autocontrol, soporta el sufrimiento y haz el trabajo de quien predica las buenas nuevas".

"de un evangelista" (εὐαγγελιστοῦ): BAGD (εὐαγγελιστής: 318) "predicador del evangelio, evangelista". Consideramos que Pablo usa nuestro sustantivo como término técnico aquí.

"ministerio" (τὴν διακονίαν): BAGD (διακονία.3: 184) señala que nuestro texto hace referencia al ministerio de Timoteo en cuanto oficio. Lógicamente no debe divorciarse esto del sentido de *servicio*, pero lo que está en vista aquí es puntualmente el oficio con toda su implicancia de responsabilidad, autoridad y tareas particulares.

"tu" (σου): Genitivo subjetivo (Wallace: 113-16).

"cumple en forma total" (πληροφόρησον): BAGD (πληροφορέω.1.a: 670) traduce "completa tu ministerio". Louw & Nida § 68.32 define nuestro verbo como "cumplir totalmente el trabajo de uno; realizar todo el deber de uno" y traduce "termina en forma completa tu ministerio".

APUNTES CRÍTICO-TEXTUALES

Para la ubicación geográfica y temporal de cada testigo de 2Ti ver Apéndice IX (p. 477).

2Ti 4:1: Algunos manuscritos insertan después de "Hago (este) solemne encargue" (Διαμαρτύρομαι):

a) "pues / -" (οὖν).

b) "yo" (ἐγώ).

c) "yo, pues" (οὖν ἐγώ).

1) **Por evidencia interna:** El escriba de la variante a) corrige el *asíndeton* (falta de conjunción entre párrafos), explicitando el progreso del discurso del párrafo anterior al nuestro. El escriba de la variante b), por su parte, le agrega al texto solemnidad y peso insertando el pronombre personal. El escriba de la tercera variante produce un texto "más completo" y explícito (*conflación*).

2) **Por evidencia externa:** Éste es el soporte que presenta cada alternativa:
- El texto original es sustentado por los códigos Sinaítico (א), Alejandrino (A), Ephraemi Syri Rescriptus (C), Boreelianus (F), Boernerianus (G), Freerianus (I) y Porphyrianus (P), el original del códex Claromontanus (D), los minúsculos 33 81 104 365 1175 1739 1881 y toda la tradición latina.
- La variante a) es sustentada por el códex Athous Lavrensis (Ψ) y el minúsculo 1505.
- La variante b), por su parte, está registrada en el minúsculo 326.
- La variante c), finalmente, aparece en la primera corrección del códex Claromontanus (D) y el texto mayoritario (𝔐).

Es clara la superioridad que tiene el soporte del texto original.

2Ti 4:1: Algunos manuscritos reemplazan el infinitivo presente κρίνειν ("a juzgar") por el aoristo κρῖναι.

1) **Por evidencia interna:** El escriba cambia el tiempo verbal para enfatizar lo sorpresivo y definitivo del evento escatológico visto como un todo, su irrupción no prolongada ni extendida en el tiempo.

2) **Por evidencia externa:** El sustento de la variante evidencia no ser determinante: los códigos Boreelianus (F) y Boernerianus (G) y los minúsculos 6 33 81 y 1881.

2Ti 4:1: Algunos manuscritos reemplazan la conjunción "tanto" (καί), que precede a "su aparición" (τὴν ἐπιφάνειαν αὐτοῦ), por la preposición "por" (κατά).

1) **Por evidencia interna:** El escriba aclara el texto insertando esta preposición que, en el caso de los verbos de juramento, señalan aquello por lo que se jura.

Si bien ni BAGD ni Liddell & Scott presentan ocurrencias de "conjurar" (διαμαρτύρομαι) en combinación con "por" (κατά), de todos modos sí muestran que nuestra preposición es típicamente usada con los verbos "jurar" (ὀμνύω – BAGD, ὀμνύω: 566; Liddell & Scott, ὄμνυμι.III:1223) y "hacer que alguien jure, conjurar" (ὁρκίζω - BAGD, ὁρκίζω: 581; Liddell & Scott, ὁρκίζω: 1251).

2) **Por evidencia externa:** Éste es el sustento que presenta cada alternativa:

- El texto original se apoya sobre el testimonio del original de los códigos Sinaítico (א) y Claromontanus (D), los códigos Alejandrino (A), Ephraemi Syri Rescriptus (C), Boreelianus (F), Boernerianus (G), los minúsculos 6 33 1175 1739, la versión latina antigua, las Vulgatas Stuttgartiensis y Wordsworth/White y la versión cóptica Bohaírica.
- La variante es sustentada por el códex Athous Lavrensis (Ψ), la segunda corrección de los códigos Sinaítico (א) y Claromontanus (D), el minúsculo 1881, el texto mayoritario (𝔐), la Vulgata Clementina y las versiones siríaca y cóptica Sahídica.

El sustento pobre que presenta la variante delata su carácter espurio.

2Ti 4:2: Algunos manuscritos rotan la posición de la frase "reprende, exhorta" (ἐπιτίμησον, παρακάλεσον).

1) **Por evidencia interna:** El escriba cambia el orden de las palabras posiblemente para lograr la misma conexión que en 2Ti 2:5 entre la reprensión que Timoteo debe hacer por un lado, y el modo paciente en que debe realizarlo por el otro.
2) **Por evidencia externa:** El sustento de la variante es de importancia, pero no demuestra ser determinante: el original del códex Sinaítico (א), los códigos Boreelianus (F) y Boernerianus (G), los minúsculos 1739 y 1881, toda la tradición latina y la versión cóptica.

2Ti 4:3: Algunos manuscritos reemplazan la estructura τὰς ἰδίας ἐπιθυμίας ("a sus propios deseos perversos") por τὰς ἐπιθυμίας τὰς ἰδίας.

1) **Por evidencia interna:** El escriba ordena las palabras de acuerdo al estilo paulino (el orden ἐπιθυμία + complemento es usado 8 veces en Pablo, mientras que complemento + ἐπιθυμία sólo 3), poniendo de este modo el énfasis en el egocentrismo característico de los hombres perversos.
2) **Por evidencia externa:** Éste es el soporte de cada alternativa:
   - El texto original es sustentado por los códigos Sinaítico (א), Alejandrino (A), Ephraemi Syri Rescriptus (C), Claromontanus (D), Boreelianus (F), Boernerianus (G), Porphyrianus (P) y Athous Lavrensis (Ψ) y los minúsculos 33 81 104 365 1175 1505 1739 1881.
   - La variante es apoyada exclusivamente por el texto mayoritario (𝔐).

Es clara la desventaja que presenta la variante.

2Ti 4:5: Algunos pocos manuscritos omiten "soporta la dificultad con paciencia" (κακοπάθησον).

1) **Por evidencia interna:** El escriba comete la omisión ya sea por simple descuido o por el aspecto pasivo del verbo, que desplaza de algún modo el dis-

curso de la línea de pensamiento consistente que el apóstol viene desarrollando en su exhortación a Timoteo de ser activo en la predicación del evangelio.

2) **Por evidencia externa:** Pese a la importancia del códex Sinaítico (א), el testimonio a favor de la variante muestra ser insuficiente: el original del códex Sinaítico (א) y un solo manuscrito de la Vulgata.

2Ti 4:5: Un solo manuscrito inserta la frase "como un soldado de Cristo Jesús inobjetable en todo respecto" (ὡς καλὸς στρατιώτης Χριστοῦ Ἰησοῦ) después de "soporta la dificultad con paciencia" (κακοπάθησον).

1) **Por evidencia interna:** El escriba acomoda nuestro texto a 2Ti 2:3 ("Únete en los sufrimientos como un soldado de Cristo Jesús inobjetable en todo respecto": συγκακοπάθησον ὡς καλὸς στρατιώτης Χριστοῦ Ἰησοῦ).
2) **Por evidencia externa:** Pese a la importancia del manuscrito, la soledad del códex Alejandrino (A) como testigo de la variante confirma su carácter corrupto.

NOTAS

CUMPLIR EN FORMA TOTAL

1. Para la fuerza retórica del conjuro ver comentario a 1Ti 5:21-22.

2. Para la función que la teoría de la retórica clásica le atribuye a la conclusión (*peroratio*) ver nota 19 de la sección 1 Timoteo a vuelo de pájaro del comentario a 1Ti.

3. Ver la sección El género literario de las cartas pastorales en la Introducción al comentario (p. 23).

4. Ver comentario a 1Ti 5:21-22.

5. Solamente 1Ti 6:13 abandona el típico verbo "hago este solemne encargue" (*diamartúromai*) y lo reemplaza por "ordeno" (*parangéllō*).

6. El carácter confesional de nuestra fórmula le aseguró su lugar dentro del antiguo símbolo romano (antecesor del Credo Apostólico definido ya en el siglo 4 dC). Es notable que lo mismo sucede con la descripción de Cristo en el conjuro de 1Ti 6:13 (Dibelius: 88). En ambos conjuros se describe a los testigos celestiales con material tradicional perteneciente con carácter de credo. Es muy posible que esto le aporte al discurso un tono solemne.

   Es muy probable que nuestra frase haya hecho su ingreso en las fórmulas credales usadas por la iglesia de Roma entre los siglos 2 y 3 dC. Nótese que mientras la versión egipcia del siglo 2 dC no incluye nuestra frase, ésta sí tiene su lugar en la versión de Hipólito de Roma (siglo 3 dC):

   a. Versión del siglo 2 dC encontrada en un papiro en el Alto Egipto (Dêr-Balyzeh): "Creo en Dios el Padre Todopoderoso; y en su único hijo, nuestro Señor Jesucristo; y en el Espíritu Santo, en la resurrección de la carne y en la iglesia católica" (Schillebeckx, 1967: 208).
   b. Versión del siglo 3 dC registrada en la *Tradición Apostólica* de Hipólito (siglo 3 dC): "¿Crees en Dios Padre Todopoderoso? ¿Crees en Cristo Jesús, el Hijo de Dios, que nació por el Espíritu Santo de la Virgen María, que fue crucificado bajo Poncio Pilato, y murió, y al tercer día se levantó vivo de entre los muertos, y ascendió a los cielos y se sentó a la diestra del Padre, y vendrá a juzgar a los vivos y a los muertos? ¿Crees en el Espíritu Santo, en la santa Iglesia, y en la resurrección de la carne?" (González, 1992: 148-49).

   González (1992: 151) sugiere que originalmente el credo consistía en tres preguntas bautismales: ¿Crees en Dios Padre?, ¿crees en el hijo?, ¿crees en el Espíritu Santo? Las adiciones posteriores, considera González, fueron determinadas fuertemente por la lucha antimarcionita (en contra de Marción). En esta línea, nuestra frase probablemente apuntó en contra de la separación entre el Dios airado del AT y el Dios amoroso del NT (es Cristo el que vendrá a juzgar, y él no juzgará a algunos, sino a todos).

7. El Cristo puesto por Dios como juez de vivos y muertos (*kritēs dsōntōn kaí nekrōn*) ya forma parte de la proclamación (*kērugma*) de Pedro en casa de Cornelio (Hch 10:42). Hendriksen (1979: 348) sugiere que esta frase nació como fórmula bautismal. Schillebeeckx (1981: 376), por su parte, considera que el temprano concepto cristológico en términos de juez universal se forjó junto con el ruego arameo "maranatha" ("ven Señor": 1Co 16:22; Ap 22:20; Did 10:6). Ambos elementos (doctrina y oración) mamaron de la misma vertiente de Enoch I.9 (citado por Jud 14-15): "He aquí que viene el Señor (*Marán atha*) con sus millares de ángeles para dar sentencia contra todos (*poiēsai krísin katá pántōn*)".

En varios escritos del siglo 2 dC es usada esta misma fórmula. 2Cl 1:1 pone este título ("juez de los vivos y los muertos": *kritēs dsōntōn kaí nekrōn*) a la par con el título "Dios" (*zeós*) como los dos rasgos que dan mayor peso a la identidad de Cristo. *Barn.* VII.2 conecta la universalidad del señorío de Cristo el alcance universal del juicio: "El hijo de Dios, que es Señor sobre todos y vendrá a juzgar a los vivos y a los muertos (*kaí méllōn krínein dsōntas kaí nekroús*), ha sufrido". Tanto la *Epistula Apostolorum* XVI (Schneemelcher, I: 258) como el *Apocalipsis de Pedro* I (Schneemelcher, II: 626), anuncian el carácter público y reconocible de la segunda venida en los mismos términos: "Voy a bajar a la tierra para juzgar a los vivos y a los muertos".

8. Erróneamente Guthrie (1981: 848) considera incierto el carácter jurídico de la estampa de Dn 7. El Anciano junto con el que es puesto el hijo de hombre en Dn 7 no está sentado en su trono para gobernar (Dn 7:14), sino también para juzgar (Dn 7:9-10). Ridderbos (II: 305) también considera totalmente extraño al ambiente judío atribuirle al Mesías cualquier función jurídica. Enoch 51:1-3 señala que el Mesías (el Elegido) "se sentará en mi trono" para juzgar a las naciones.

9. Guthrie (1981: 856) destaca el hecho de que las dos referencias de Hch respecto de Cristo como el juez escatológico (Hch 10:42 y 17:30-31) enfatizan su humanidad. En base a esto, Guthrie propone que Cristo juzgará a la humanidad como hombre que es.

10. La misma expresión es usada en 1P 4:5 con referencia al juicio universal: "aquel que está preparado para juzgar a los vivos y a los muertos" (*tō hetoímōs éjonti krínai dsōntas kaí nekroús*). Los conceptos muerto / vivo son elaborados por Pedro desde dos criterios diferentes:

	Vivo	Muerto
Criterio humano	El que corre para satisfacer sus deseos carnales (1P 2:11)	El que es condenado y matado en el cuerpo (1P 4:6)
Criterio divino	El que es edificado sobre la Piedra viva (1P 2:4-5), el que vive en lo que atañe al Espíritu (1P 4:6)	El que será condenado por el incomparable juicio divino (1P 4:17)

"Vivo" para uno es "muerto" para el otro. Hoy se está desatando el juicio sobre los "vivos" para Dios y "muertos" para el humano. El día último vendrá el gran juicio condenatorio para los "muertos" para Dios y "vivos" para el humano.

Guthrie (1981: 839) considera que el juicio de vivos y muertos presupone un concepto de resurrección universal en Pablo, y no de resurrección exclusiva para los creyentes. Esta convicción paulina es registrada por Lucas en Hch 24:15: "habrá una resurrección de los justos y de los injustos" (*anástasin méllein éseszai dikaíōn te kaí adíkōn*). Jn 5:29 combina precisamente la resurrección de los muertos con el suceso del juicio.

11. Este juramento por algo no está en contrapunto con la enseñanza de Jesús (Mt 5:33-37), pues no es el juramento en sí lo que el Señor ataca, sino la liviandad con la que los líderes religiosos de Israel enseñaban respecto del cumplimiento de la palabra (ver Hendriksen, 1973: 306-09).

12. Una porción importante de las referencias paulinas al futuro reino de Dios está conectada con el tema del pecado que excluye de la participación en este reino (1Co 6:9-10; 15:50; Gá 5:21; Ef 5:5).

13. Ver Apéndice IV – La salvación y el salvador en las pastorales (p. 449).

14. 2Ts 1:5 conecta al justo juicio divino (*dikaía krísis toú zeoú*) con la definición del lugar que la persona ocupa –si entra o queda afuera– en el reino de Dios (*eis tó kataxiōzēnai humás tēs basileías toú zeoú*).

15. Coenen (1983c: 742) señala que el AT utiliza este verbo en tres campos semánticos particulares: en relación a las decisiones tomadas por el rey, por el juez o por el capitán en el campo de batalla.

16. En el corpus paulino, lo que el apóstol predica es "la palabra de la fe" (*tó rēma tēs písteōs hó kērússomen,* Ro 10:8) o "la palabra de Cristo" (*rēma Jristoú,* Ro 10:17).

    Éste es el único caso de un uso absoluto de "la palabra" (*ho lógos*) en las pastorales. En otras partes, ella es "la palabra de Dios" (1Ti 4:5; 2Ti 2:9; Tit 1:3; 2:5), "la sana predicación" (1Ti 6:3; 2Ti 1:13) venida de Cristo y del apóstol, "la palabra de la verdad" (2Ti 2:15) y –por tanto– "el mensaje fidedigno" (Tit 1:9), "las palabras de la fe y de la sana enseñanza" (1Ti 4:6) y "nuestra predicación" (2Ti 4:15).

17. Como si aquí el apóstol se abriera de los valores de la tradición sapiencial (Sir 32:4

– ver la sección El género literario de las cartas pastorales en la Introducción al comentario: p. 23).

18. Nótese cómo Tit 1:9 y 2:15 usan dos de nuestros verbos ("convencer": *elégjein* y "exhortar": *parakaleín*) para sintetizar en forma global la tarea del predicador.

19. Link (1981: 572-73) señala que en la literatura profética, nuestro verbo es usado para señalar la condena divina (Os 5:9) y a la vez la reivindicación de los suyos (Is 11:3-4).

20. Nuestro verbo nunca es usado en el corpus paulino. Solamente 2Co 2:6 utiliza el sustantivo cognado para referirse a la disciplina eclesiástica ejercida sobre el pecador. Angel (179) indica que en el contexto judío, puede reprender exclusivamente aquel que tiene autoridad sobre los demás.

21. Braumann (1982b: 177) señala que la tarea de la exhortación fue un elemento esencial de la tarea de los cristianos en su vida de comunidad desde el mismísimo comienzo de la iglesia (Hch 9:31; 11:23; 1Co 14:30-31; 1Ts 3:2).

22. Es totalmente viable que la frase preposicional "con absoluta paciencia y por medio de toda clase de instrucción" (*en pásē makrozumía kaí didajē*) modifique al último de los tres imperativos ("exhorta": *parakáleson*). Ahora bien, la unidad de nuestra tríada de mandatos aboga a favor de que la frase preposicional los toque a todos. Tit 2:15 presenta un caso similar: tres imperativos referentes a la tarea de la predicación ("habla, exhorta y convence": *lálei kaí parakálei kaí élegje*) seguidos de una frase preposicional ("con plena autoridad": *metá pásēs epitagēs*) que afecta a los tres. En Tit 1:9, el apego a la enseñanza (*didajē*) permite al obispo no sólo "animar" (*parakaleín*), sino también "refutar" (*elégjein*).

23. 1Co 14:6 y 26 enlista a la "enseñanza" (*didajē*) como uno de los modos de discurso que apuntan a la edificación de la iglesia junto con la revelación (*apokalúpsis*), el conocimiento (*gnōsis*), la profecía (*profēteía*), el himno (*psalmós*), el mensaje en lenguas (*glōssa*) y la interpretación (*hermēneía*).

24. El disgusto de Jonás se vuelve gráfico en la parquedad con la que da voz a la amenaza divina en la menor cantidad de palabras posibles: "cuarenta días, Nínive destruida" (*´arbaìym yom veniynevēh nēhpakēth* - אַרְבָּעִים יוֹם וְנִינְוֵה נֶהְפָּכֶת).

25. El profesor Glenn Nielsen señala la correcta tensión con la que la Fórmula de Concordia (FC DS II.24, 48 y 55) mantiene los dos siguientes conceptos: a) Ni el predicador ni el oyente pueden lograr la conversión, sino que esto es obra absoluta del Espíritu Santo, por cuanto es Dios (en contra de la colaboración humana en la conversión). b) Tanto el predicador como el oyente tienen que hacer un uso externo apropiado de la palabra para dar oportunidad a que el Espíritu Santo haga su tarea irremplazable (en contra de un concepto *ex opere operato,* como si por la simple pronunciación de las palabras del evangelio se produjera la conversión).

26. Nótese que, del mismo modo que sucede con textos que parecen depender de las

cartas a Timoteo (2P 3:2-4; Jud 17-19), las visiones apocalípticas siguen un mismo esquema básico:

a) Fuente (de dónde surge) de la visión (1Ti 4:1a; 2P 3:2; Jud 17).

b) Mandato a comprender (2Ti 3:1a; 2P 3:3a).

c) Cuándo sucederá (1Ti 4:1a; 2Ti 3:1b; 2Ti 4:3a; 2P 3:3b; Jud 18a).

d) Respecto a quiénes se pronuncia el oráculo (1Ti 4:1-2a; 2Ti 3:2a; 2P 3:3c; Jud 18b)

e) Qué características presentarán (1Ti 4:2b; 2Ti 3:2b-5; 2P 3:3d; Jud 18c).

f) Qué harán (1Ti 4:3; 2Ti 4:3b-4; 2P 3:4).

g) Identificación de aquellos en quienes se cumple el oráculo (2Ti 3:6-7; Jud 19).

Nuestra visión apocalíptica solamente presenta dos de las siete secciones: c) cuándo sucederá ("Pues habrá un tiempo") y qué harán (resto de la visión). Es significativo que no se señala en forma expresa respecto a quién habla el oráculo (d).

27. Para una discusión detallada de este recurso retórico de la literatura apocalíptica (*vaticinium ex eventu*) ver el comentario a 1Ti 4:1-5.

28. Para el contenido de la expresión "la sana enseñanza" (*hē hugiainoúsē didaskalía*) ver nota 37 del comentario a 1Ti 1:10.

29. Cabe plantearse, tal como denuncia Pablo en contra de Israel (Ro 2:23-24 citando Is 52:5), si acaso la conducta de la iglesia no aporta a esta visión tergiversada de la sana enseñanza.

30. Clemente de Alejandría (*Strom* I.3.22.5) utiliza la misma expresión con respecto a la tarea de los "sofistas", los que: "Acarician y estimulan oídos que están plagados de excitación, de un modo no masculino, considero yo."

31. Probablemente, empero, como sucediera con los falsos profetas del AT, el reconocimiento de los falsos maestros en los que está pensando el apóstol no sea tan transparente. Schökel (I: 55) sugiere que uno de los pocos elementos que distinguen al falso profeta del verdadero en el AT es que "el falso profeta no proclama la voluntad del Señor en términos apropiados al momento histórico. Anuncia los consabidos dogmas, a menudo falsificados, de un dios bonachón, dios del pueblo y de la tierra, propenso a fáciles misericordias". Pieper (I: 196-213) describe algunos modos de oposición a las Escrituras no tan evidentes. Esto sucede: a) cuando la razón natural toma el lugar de juez de las Escrituras; b) cuando se sustituye el texto bíblico por la "conciencia cristiana piadosa" como base de fe y de acción; c) cuando se pretende basar las doctrinas sobre el mensaje global de las Escrituras, y no sobre textos específicos; d) cuando se le da autoridad divina a la iglesia y a la tradición; e) cuando se apela a revelaciones personales; f) cuando se entiende la validez de las Escrituras como determinada y limitada históricamente.

32. La valoración secular de lo novedoso no por su contenido, sino por el simple hecho de ser novedoso, sin dudas invade la iglesia y golpea a la sociedad occidental a la que la iglesia es llamada a servir. La constante estimulación del oído por medio de toda clase de innovaciones es entendida como progreso. Limitar esta

estimulación es considerado censura retrógrada. No obstante, esa angustiosa necesidad de lo novedoso delata la decadencia en la que está sumida la sociedad. Sábato (105) señala al respecto: "Otra consecuencia de este estado de cosas es la sobrevaloración de la diversión. Los programas (de TV) "divertidos" tienen mucho raiting -y el raiting es lo supremo- no importa a costa de qué valor, ni quién lo financia. Son esos programas donde divertirse es degradar, o donde todo se banaliza. Como si habiendo perdido la capacidad para la grandeza, nos conformáramos con una comedia de regular calidad. Esta desesperación por divertirse tiene sabor a decadencia. Quienes así actúan reflejan una posición verdaderamente escéptica donde no cabe enfurecerse, ya que se descree de toda conquista que pueda mejorar la vida. Si algo es apocalíptico es este vivir como si mañana no hubiera mundo y sólo nos restara disimular la tragedia."

33. Lutero describe esta situación como de extremo riesgo espiritual: "Cuando llegas al punto de imaginar que ya conoces demasiado bien el evangelio, los diez mandamientos, y la palabra de Dios, entonces estás perdido y el diablo ganó el juego. Pues cuando uno se cansa de esta enseñanza que empieza a saber al sedimento de un barril, entonces el corazón quiere algo nuevo, pues se cansó y quedó harto de ese viejo discurso. Entonces la gente suele decir: ¡Uh, ya he escuchado eso por largo tiempo, dime algo diferente!... Cuando el corazón se cansa de la palabra de Dios de este modo, ya no considerándolo el tesoro más grande, entonces queda abierta la puerta de adelante y de atrás y el diablo tiene libre acceso para introducir cualquier clase de error" (Plass § 4806).

34. Es que, tal como lo señala Juan, quien actúa en el fondo es nada menos que el diablo (Jn 8:44), que desde un principio tocó la fibra íntima del placer humano para someternos (Gn 3:6), produciendo así una esclavitud placentera.

35. Para la connotación de opresión del verbo cognado "sobrecargar" (*sōreúō*) ver nota 43 del comentario a 2Ti 3:1-9 (p. 262).

36. Sin dudas detrás del "oído" (*akoē*) de 2Ti 4:3-4 se mueve el concepto siempre aparejado de la obediencia (*hupakoē*). Dentro de la tradición judía, el "oír" es el punto de partida para la relación entre el pueblo y su Dios. A diferencia de las religiones helénicas, la revelación divina (la palabra) es escuchada antes que vista (Mundle, 1983a: 362-63). De hecho, la *shemá,* la marca confesional característica de aquél que está dentro del pacto sinaítico, involucra este mismo sentido: "Oye, Israel". Esta misma conexión entre el oír la palabra y la relación recta del creyente con Dios por medio de la fe es conservada en el NT (Hch 18:8; Ro 10:17). La apertura del oído de aquellos que no podían oír llega a ser comprendida como una de las marcas del tiempo mesiánico en el que se encuentra la iglesia (Lc 7:22-23). Dentro de este contexto, ser duros para oír (Mr 4:12; 8:17-18; Hch 7:51; Heb 4:3-11) es marca clara de la incapacidad humana para la relación recta con Dios. Pero cerrar los oídos (Hch 7:57) o no querer oír, como en nuestro texto, delata abierta oposición y apostasía.

37. Para el tono nostálgico de nuestro par de verbos ver Apéndice VIII – Tablas de verbos de movimiento (p. 473).

38. Muy posiblemente nuestro uso de "mito" (*múzos*) no esté impregnado del color judío de sus otros usos en las pastorales, particularmente los de 1Ti 1:4 y Tit 1:14.

39. Nótese que en 1Ti 4:3 a los creyentes que están libres del engaño legalista de los falsos maestros se los identifica como "los que conocen la verdad" (*epegnōkósi tēn alēzeian*). 2Ti 3:7, por su parte, señala que la contraparte del círculo de opresión y vicio en el que se encuentran las mujerzuelas es el acceso a la verdad (*eís epígnōsin alēzeías elzeín*).

40. Pese a que normalmente se los designa como "diáconos" a los siete elegidos en Hch 6, de todos modos el texto nunca les da este título. Considerando el tipo de tarea que desarrollaron tanto Esteban como Felipe por un lado, y por el otro el hecho de que el primer oficio que complementa al de los apóstoles en la comunidad de Jerusalén no es el de los diáconos (*diákonoi*) sino el de los ancianos (*presbúteroi*, Hch 11:30; 15:2), pone en tela de juicio la propiedad de atribuirles a los siete el oficio de diaconado al que se refiere Fil 1:1 y 1Ti 3:8-13. Considerando la similitud de la tarea desempeñada por Esteban (Hch 6:8-7:60) y Felipe (Hch 8:5-40) a partir de su instalación (Hch 6:6-7) y la atribución del oficio de evangelista a Felipe en Hch 21:8, cabe preguntarse si acaso los siete no fueron instalados como evangelistas (*euangelistaí*).

41. George y Grelot (II: 414 y 443) defienden la hipótesis de que a lo largo de los años, la tarea evangelística de la iglesia primitiva se especializó derivando en la composición de documentos para fijar la proclamación apostólica. Aunque consideran que las dos referencias paulinas a este oficio (Ef 4:11 y 2Ti 4:5) tienen implicancias fuertemente prácticas, sí proponen que precisamente ésta fue la tarea desarrollada por Felipe en su última aparición en el libro de Hch. Conjeturan ellos que la tarea de Felipe y otros tantos evangelistas dio origen a las fuentes arameas de los evangelios mencionadas por Papías (HE III.39.16). Esta interpretación del oficio de evangelista en el NT es poco probable. Schneemelcher (I: 79) señala que no existe evidencia de un uso literario del término "evangelio" (euangélion) anterior a 2Cl VIII.5 ("Pues el Señor dice en el evangelio": *légei gár ho kúrios en tō euangelíō*), texto de mitades del siglo 2 dC. Por otro lado, todos los usos de este término muestran tener íntima conexión con la proclamación oral del mensaje apostólico.

42. Ridderbos (II: 171) considera que los colaboradores del apóstol en la tarea del evangelio mencionados en Col 4:11; 2Co 8:18 y Fil 4:3 son ejemplos de evangelistas.

43. Si una de las marcas del evangelista es disponerse en manos del Espíritu para que lo lleve y guíe adonde él quiera (Felipe es un ejemplo claro de esto), entonces, el llamado a cumplir la tarea de evangelista tiene las mismas implicancias. El Espíritu fue identificado al comienzo de la carta con la disposición valiente y amorosa al martirio (2Ti 1:6-7 y 14).

2Ti 4:6-8 / Párrafo 10

YA HE COMPLETADO EL RECORRIDO

NOTAS EN PÁGINAS 357-60

‹4:6› Ἐγὼ γὰρ ἤδη σπένδομαι, καὶ ὁ καιρὸς τῆς ἀναλύσεώς μου
ἐφέστηκεν. ‹4:7› τὸν καλὸν ἀγῶνα ἠγώνισμαι, τὸν δρόμον
τετέλεκα, τὴν πίστιν τετήρηκα· ‹4:8› λοιπὸν ἀπόκειταί μοι ὁ τῆς
δικαιοσύνης στέφανος, ὃν ἀποδώσει μοι ὁ κύριος ἐν ἐκείνῃ τῇ
ἡμέρᾳ, ὁ δίκαιος κριτής, οὐ μόνον δὲ ἐμοὶ ἀλλὰ καὶ πᾶσι τοῖς
ἠγαπηκόσι τὴν ἐπιφάνειαν αὐτοῦ.

[6] Yo, pues, ya estoy a punto de ser ofrecido, el tiempo de mi partida
es inminente. [7] Ya he logrado la contienda ganadora, ya he
completado el recorrido, he cumplido el voto. [8] Después de esto, me
está reservada la corona de justicia, la que me dará el Señor, el juez
justo, en aquel día; pero no sólo a mí, sino también a todos los que
anhelan su aparición.

COMENTARIO

Dentro de la última gran sección de la carta (2Ti 4:1-18), la "conclusión" (*peroratio*), nuestro párrafo aporta primordialmente el tono de *testamento,* pues ofrece un sumario de la carrera del orador y anuncia su inminente muerte. La relación que presenta con los párrafos que lo circundan es fundamentalmente de "base" (*probatio*) para la "exhortación" (*exhortationes*). La yuxtaposición del enfático pronombre personal "Yo" (*egō*) con el que comienza nuestro texto y el "Tú" (*sú*) de 2Ti 4:5 vuelve gráfica la creciente intimidad que se busca producir entre el autor y el lector. El párrafo está formado por tres oraciones que mantienen la siguiente relación:

1) PRESENTE — *conclusión-base* / *adición cronológica secuencial* — 2) PASADO
de un martirio inminente — de una carrera cumplida
(2Ti 4:6 / oración 1) — (2Ti 4:7 / oración 2)

adición cronológica secuencial / *contraste* — 3) FUTURO — *adición cronológica secuencial*
de retribución divina
(2Ti 4:8 / oración 3)

Se vuelve claro que el párrafo todo está atravesado por la el eje temporal. La conciencia que tiene el apóstol de haber llegado al trascendental momento del martirio (oración 1) lo posiciona como si fuera en un lugar alto para poder mirar a un lado y contemplar su pasado (oración 2) y finalmente girar la vista y anticiparse en admiración de lo que viene (oración 3).

PRESENTE DE UN MARTIRIO INMINENTE (ORACIÓN 1)

6 Yo, pues, ya estoy a punto de ser ofrecido,

equivalente / *amplificación* — el tiempo de mi partida es inminente.

El párrafo abre con una oración que coordina dos oraciones simples. La idea que ocupa esta sección es la de la muerte del apóstol tan inminente al punto de volverse parte del presente. Aunque la muerte no ha llegado aún, la certeza de su carácter inevitable impregna el "hoy" del apóstol.[1] El uso de eufemismos con el que nuestra sección describe la muerte de Pablo lógicamente no responde al temor o al deseo de anular su gravedad (esto estaría en diametral oposición a la convicción que el apóstol quiere contagiar en el lector). Más bien responde a la lectura teológica de este suceso y a la intención retórica de la carta. Las dos figuras con las que Pablo entiende a la muerte, describen su situación presente como el día después de haber culminado su recorrido en este mundo (2Ti 4:7).

La primera oración simple (2Ti 4:6a) nos ubica en el contexto del sistema sacrificial del templo. El apóstol se entiende a sí mismo como una libación ("Yo, pues, ya estoy a punto de ser ofrecido": *egō gár ēdē spéndomai,* nótese el uso del tiempo presente). De acuerdo con la ley mosaica, la libación (ofrenda líquida compuesta generalmente por vino, agua o aceite) debía acompañar a todo holocausto y a toda ofrenda de cereales (Éx 29:40-41; Lv 23:13; Nm 15:3b-10; 28:7). Nm 15:3 señala que su función es hacer "que esa ofrenda sea un aroma grato al Señor". La totalidad con la que el sacrificio es dedicado a Dios[2] y el carácter de "broche de oro" o "moño con el que se cierra el paquete"[3] son los dos rasgos característicos de esta ofrenda.[4] Es en esta línea que ya en Fil 2:17, carta de la primera prisión en Roma, Pablo describe su muerte en los mismos términos ("aunque mi vida fuera derramada sobre el sacrificio": *allá ei kaí spéndomai epí tȩ̄ zusía*), como el cierre exitoso de su esforzada misión.[5] Sin dudas, el martirio inminente es el broche de oro con el que el apóstol sella el culto apropiado que le ha rendido a Dios desde larga data (2Ti 1:3).

La segunda oración simple (2Ti 4:6b) utiliza la metáfora del movimiento físico: "el tiempo de mi partida es inminente" (*kaí ho kairós tēs analúseōs mou eféstēken*). La llegada del tiempo ya no es anunciada como estando allí adelante, en un futuro indefinido como el de la visión apocalíptica de 2Ti 4:3 ("habrá un tiempo": *éstai kairós*). El tiempo del apóstol ya ha llegado (*ho kairós eféstēken*). Todavía más: el tiempo que ha llegado es el de la partida, que en Fil 1:23 es tan deseada (*tēn epizumían éjōn eis tó analúsai*) por ser partida para estar "con Cristo" (*sún Jristō*). Indudablemente esta expectativa perdura (ver 2Ti 4:8, 18). No obstante, es muy posible que aquí no sea vista primordialmente desde el punto de vista de lo que le toca al apóstol (disfrutar la ganancia que viene), sino desde lo que le toca a Timoteo (dar un paso al frente). La partida de aquél que está adelante (2Ti 3:10) demanda el avance del lector que ya no es comisionado para quedarse en Éfeso (otros ocupan este puesto, 2Ti 2:2) sino para ocupar la vanguardia (2Ti 4:9, 21). La cadena se mueve un eslabón adelante. 1Cl 44:5 declara que el concepto de "partida" (*análusis*) está íntimamente conectado con el tema del cumplimiento total de la tarea, así como sucede con la metáfora de sacrificio usada al comienzo de la sección.

PASADO DE UNA CARRERA CUMPLIDA (ORACIÓN 2)

7 Ya he logrado la contienda ganadora,
ya he completado el recorrido, *razón-resultado*
he cumplido el voto.
equivalente

La mirada se vuelve aquí retrospectiva. Pablo ofrece las razones por las que ya se entiende como "fuera" de esta vida y este mundo pese a que el martirio aún no ha llegado. Se yuxtaponen tres oraciones muy sintéticas que presentan la misma estructura (objeto directo + verbo perfecto), lo que produce un golpeteo de sonora acentuación:

***Tón** kalón agōna ēgōnismai, **tón drómon** teteéleka, **tēn pístin** tetērēka.*

Toda la sección gira en torno a la predilecta metáfora deportiva. La primera imagen (la contienda), con la que una y otra vez se describe el esfuerzo desmedido con el que el apóstol y sus colaboradores desarrollan sus ministerios (1Co 9:25; Fil 1:30; Col 1:29; 1Ts 2:2; 1Ti 4:10), es utilizada aquí para marcar el cese de ese proceso. Lo que en otros lugares del corpus paulino es resistente lucha en desarrollo, lo que en nuestras cartas es planteado a Timoteo como desafío por alcanzar (2Ti 2:5; ver especialmente la misma expresión en 1Ti 6:12), es visto aquí como un mojón ya superado por el apóstol. Pues la contienda no debe aún definirse, sino que ya ha sido ganada.

La segunda imagen (la de la carrera) es usada por Pablo dos veces en Hch para referirse al cumplimiento total de la tarea comisionada (a Juan el Bautista en Hch 13:25 y a él mismo en Hch 20:24).[6] Esto conecta una vez más el pasado inmediato ya alcanzado por el apóstol con el desafío puesto delante de Timoteo (2Ti 4:5).

La tercera estampa (el cumplimiento del voto) no rompe la metáfora deportiva que domina nuestra oración y la siguiente (2Ti 4:8). El apóstol, más bien, apela aquí a la práctica de los atletas de la antigüedad, quienes tomaban una serie de votos (*pístis*) delante de los dioses antes de que se inicien los juegos (Ferguson: 91-92), de modo que la competencia era desarrollada en presencia de la divinidad. Una inscripción del siglo 2 dC encontrada en Éfeso registra la misma frase ("he cumplido el voto": *tēn pístin etērēka*) respecto de un tal Marco Aurelio Agatopo (Deismann: 309). No es que Pablo, por tanto, se sienta conforme por no haber cometido apostasía (conservando la fe, como en Ap 14:12), sino por haber satisfecho todo aquello con lo que fue comprometido desde su conversión, todo aquello que Dios había soñado para él desde antes que comience el juego (Gá 1:15).[7]

Pese a la centralidad que tiene en las tres frases el cumplimiento del ministerio, en verdad el apóstol está cerrando el balance de su vida como un todo. BAGD (δρόμος.2: 207) no está totalmente errado al comprender a nuestra oración como referente a la muerte del Pablo, pues la finalización de su misión es, según Fil 1:21-26, el tope de su vida terrenal. Ésta es precisamente la relación conceptual que existe entre nuestra oración y la anterior (2Ti 4:6): Pablo sabe que su muerte es inminente porque ya no le queda tarea pendiente. Ahora bien, el aporte que ofrece la metáfora deportiva es redirigir la lectura de la trágica situación en la que se encuentra el apóstol (ya se terminó todo, la condena y la ejecución son inevitables) en términos impregnados de victoria y satisfacción.[8]

FUTURO DE RETRIBUCIÓN DIVINA (ORACIÓN 3)

8 Después de esto, *contexto temporal*

me está reservada la corona de justicia,

identificación la que me dará el Señor, el juez justo,

en aquel día; *contexto circunstancial*

adición de contraste pero no sólo a mí, *amplificación*

sino también a todos los que anhelan su aparición.

La mirada del apóstol da un giro de 180 grados, moviéndose del repaso retrospectivo de lo que ya quedó cerrado (2Ti 4:7) a la visión que anticipa la gloria venidera (2Ti 4:8). Nuestra oración particularmente introduce un elemento característico de los discursos de despedida de la antigüedad: el anuncio del destino del orador.[9] La metáfora deportiva que dominó totalmente la oración anterior (2Ti 4:7) sigue estando presente aquí (2Ti 4:8), aunque le cede el paso a lo largo de la oración a la metáfora jurídica o de realeza.[10] La preponderancia de cada motivo (deportivo y jurídico) se corresponde con la etapa de la historia del apóstol que es tenida en la mira (pasado y futuro). Es tan característica la identificación de la lucha pasada con el esfuerzo del atleta, como la conexión del padecimiento del mártir con la visión apocalíptica del juez supremo que irrumpe para revertir el orden presente de injusticia.

La sensación de que el apóstol se encuentra en un estado intermedio entre la vida terrena y la muerte se vuelve más patente aquí. Su carrera terminó (2Ti 4:7). Lo irreversible del martirio hace que la muerte domine la comprensión del presente (2Ti 4:6). Allí adelante, después del presente (*loipón*), ya no se encuentra el tribunal romano ni el verdugo; se encuentra la "reservada corona de justicia" (*apókeitaí moi ho tēs dikaiosúnēs stéfanos*).[11] Dentro de la tradición veterotestamentaria parece haber dos líneas claramente distinguibles de la imagen simbólica producida por la frase "corona" (*stéfanos*) + un sustantivo abstracto en genitivo epexegético (que describe en qué consiste la "corona"). Por un lado la tradición sapiencial llama "corona" al resultado del esfuerzo y de la ejercitación en la rectitud y la sabiduría (Pr 4:9; 16:31; Sir 1:11, 18; Sab 5:16). Por otro lado, esta misma expresión es usada por los profetas para señalar aquello prometido para el último tiempo con lo que Dios revertirá la situación de padecimiento y humillación de su pueblo (Is 28:5; 62:3).[12] El NT se pliega particularmente a esta segunda línea, con la consistente característica de que el genitivo epexegético señala aquello de lo que carecen los lectores: la "corona de la vida" (*ho stéfanos tēs dsōēs*) es prometida ante la prueba de muerte (Stg 1:12; Ap 2:10), la "corona de gloria" (*tēs dóxēs stéfanos*) es asegurada ante la preocupación por la deshonra sufrida como cristianos (1P 5:4). ¿Cuál de estas líneas domina nuestro texto? ¿La "corona de justicia" es la *retribución* divina por haber completado satisfactoria y fielmente la tarea apostólica (tradición sapiencial)?, ¿o es el cumplimiento de la promesa divina de *reivindicar* a su justo condenado y martirizado (tradición profética y neotestamentaria)?

Nuestro texto rompe con la tradición sapiencial en cuanto que la "corona" no es recibida en esta vida, en la ancianidad, o en la muerte heroica del apóstol,[13] sino "en aquel día" (*en ekeínē tē hēméra*), en el día final.[14] El contexto escatológico en el que nos ubica esta expresión acerca nuestro texto primordialmente a la línea de los profetas y del resto del NT.[15] No obstante, puesto que en nuestra oración se funden la metáfora deportiva con la jurídica o de realeza y los temas recogidos por ellas (el cumplimiento de la tarea apostólica y la reversión del martirio respectivamente), se mezclan también los dos sentidos de la "corona de justicia": retribución al mérito y reivindicación por misericordia.[16]

Hemos entrado a nuestra oración junto con el Pablo atleta que ahora sí llegó a su meta (Fil 3:12-14). Y precisamente por esto la mirada se movió de la carrera ya concluida en forma satisfactoria en el pasado (2Ti 4:7) al ansiado premio que espera en el futuro (2Ti 4:8). La metáfora deportiva, usada una y otra vez por Pablo para referirse a la realización de la tarea apostólica, siempre funciona en términos de "esfuerzo y retribución" (1Co

9:24-25; Fil 3:14b; 1Ti 6:12; 2Ti 2:5).[17] Al atleta que logró la contienda ganadora, que completó el recorrido, que cumplió el voto (2Ti 4:7), no puede más que corresponderle que el juez justo lo premie (*hón apodōsei*) con la corona. No estamos hablando aquí de un apóstol que se salva del infierno y entra al cielo por sus méritos. De ningún modo. Sanders (516) demuestra correctamente que Pablo conserva los dos siguientes conceptos rabínicos en una significativa tensión: a) *salvación por gracia y libre elección divina* por un lado, y por otro b) *retribución meritoria* de acuerdo con las obras realizadas. Estos dos planos deben distinguirse lo más claramente posible. En el primer caso estamos hablando de ser liberado de la culpa, del pecado y del infierno. Aquí Dios no debe tomar en cuenta la obra humana (que no solamente no sirve, sino que entierra más aun), sino la obra de Cristo imputada al ser humano por medio de la fe (Ro 1:17; 3:21-4:25; Gá 2:15-16; 3:10-12, 18; Ef 2:4-10; Fil 3:8-9; Tit 3:4-7). En el segundo caso, todos seremos juzgados ya no para ver si entramos al cielo o al infierno,[18] sino para ser recompensados según lo que hayamos hecho (2Co 5:10). Aquí Dios sí probará lo que cada uno hizo. El ministro "recibirá su recompensa" (*miszón lēmpsetai*) si ha realizado su tarea en forma satisfactoria, en caso contrario "sufrirá pérdida" (*dsēmiōzēsetai*); pero en ambos casos "será salvo" (*sōzēsetai*) independientemente de la retribución recibida (1Co 3:14-15).[19] Este concepto de retribución meritoria no consiste en la confianza puesta en las propias obras (¡ay del moribundo que pone allí su mirada!). Este concepto reposa más bien sobre la confianza en la extrema equidad divina, que no deja sin recompensar a los suyos.[20] La justicia extrema de Dios no le quita misericordia, pero sí arbitrariedad (Sanders: 127). Desde la metáfora deportiva, por tanto, la "corona de justicia" es el premio por haber completado la tarea que el apóstol sabe que recibirá en virtud de la fidelidad y la equidad divinas.

Ahora bien, poner la mira en lo que viene desde el contexto de martirio y persecución impregna el discurso con la metáfora jurídica y de realeza.[21] Junto con la metáfora gira también el sentido de la "corona de justicia". Ya no se trata del pago por la tarea realizada, sino de la reversión divina del orden de injusticia padecido por el apóstol martirizado, del cumplimiento escatológico de las promesas de liberación. Tres elementos del final de nuestra oración son determinantes en inclinar la balanza ahora hacia este nuevo sentido de "corona".

En primer lugar, el AT le aplica a Dios la designación "juez justo" (*díkaios kritēs*) cuando el pueblo oprimido por el enemigo reclama la venganza divina (Sal 7:12; 2Mac 12:6). De modo que, por encima del concepto de una retribución equitativa,[22] este título connota el reclamo de que Dios se ponga del lado de los suyos para reivindicarlos (Guthrie, 1981: 848, nota 202). El mérito del atleta cede el paso a la necesidad del mártir, la objetividad del árbitro cede el paso a la subjetividad del Dios de la alianza.

En segundo lugar, el carácter comunitario de la ansiada corona delata que no se trata de la recompensa personal basada en el cumplimiento de una labor específica ("pero no sólo a mí": *ou mónon dé emoí*). En la convicción judía, el bien supremo del individuo consiste en tener parte en la redención de Israel como un todo.[23] Esta redención, lejos de depender del mérito de un individuo, se basa ciertamente en la intervención misericordiosa de Dios. Es más, todos aquellos (*pási*) con los que el apóstol participará de la corona son llamados "los que anhelan su aparición" (*toís ēgapēkósi tēn epifáneian autoú*). Si bien el título aquí usado ("los que lo aman": *hoi agapōntes autón*) muestra haber surgido del mandamiento principal de Dt 6:5 (*TWOT*, I: 14)[24] como designación para los que guardan el pacto, de todos modos, ya a partir de su uso en los Salmos,[25] denota claramente la expectativa del justo sufriente que no pone los ojos en su propia obra meritoria, sino en obra liberadora de Dios. Es precisamente esto lo que anhela Pablo y los creyentes todos: la aparición de Cristo (*tēn epifáneian autoú*)[26] como el rey que revierte el estado actual de muerte, caos e injusticia[27] y cumple finalmente su promesa[28] de darle parte en su reino a los suyos (2Ti 2:12).[29]

SÍNTESIS DEL PÁRRAFO

¿Desde dónde le habla el apóstol demandando que el lector participe de su suerte? ¿Desde la prisión húmeda y fría, desde la soledad y el trágico terror previo a la ejecución? Ciertamente no. Pablo escribe ya estando parado en aquel lugar que le pone a Timoteo como meta a seguir: el de haber cumplido satisfactoriamente las reglas de juego y estar a punto de ser coronado (2Ti 2:5), el haber completado el recorrido que debía realizar (2Ti 4:5), el de ya haber obtenido la contienda ganadora (1Ti 6:12). Este apóstol, estigmatizado por el sufrimiento y la muerte, recupera en nuestro párrafo un magnético atractivo que invita a la imitación.

PROPUESTAS PRÁCTICAS

PROPUESTA PARA LA REFLEXIÓN PERSONAL O EL ESTUDIO GRUPAL

¿Quién está lejos de su muerte? Nadie lo sabe, y nadie debe vivir como si esto fuera así (Lc 12:19-20). La toma de conciencia de que mi muerte está a mano es tarea difícil para la mayoría, especialmente en sociedades en las que no hay grandes peligros y en las que la expectativa de vida aumenta junto con la tecnología y el confort. No obstante, la habilidad para morir sigue siendo siempre la misma para todos.

Esto vuelve a nuestro texto altamente significativo para todos los que por vivir, estamos a la vera de la muerte como Pablo. Igualmente, en algunas condiciones, nuestro párrafo puede ser de gran provecho para el estudio en un grupo de ancianos o de enfermos terminales, quienes parecen tener los ojos más abiertos que el resto en lo que a la fragilidad humana respecta. ¿Cómo evalúo los mismos tres tiempos que contempla el apóstol aquí (el presente, el pasado y el futuro)?

La evaluación altamente positiva que hace el apóstol probablemente contraste con a) mi pesimismo frente al presente de enfermedad y muerte, b) algún rencor o remordimiento por cuentas pendientes del pasado y c) el temor y la incertidumbre por lo que vendrá en el futuro.

Antes que aumentar mi sentimiento de culpa por no estar muriendo a la altura paulina, el ejemplo del apóstol debe funcionar como desafío para morir con su misma visión de los tres tiempos (presente, pasado y futuro) impregnada de Cristo. ¿Acaso no es éste el tiempo para entender mi enfermedad y muerte como el cierre sublime de mi entrega a Dios? ¿Acaso no es ésta la oportunidad para cerrar mi carrera con satisfacción y cumplir los votos que el Señor me hizo asumir al tomarme en el Bautismo? ¿Acaso no es ésta la hora en la que la convicción debe reposar más que nunca en la fidelidad divina y en la que el futuro debe volverse totalmente diáfano para fijar la vista en el rostro de aquel que me reivindicará? Sólo en Cristo cada uno de estos tiempos es revertido de la decadencia a lo supremo, de la culpa a la paz, de la inquietud a la certeza.

¿Qué puede ser más deseable que morir en Cristo junto al autor de nuestro párrafo?

"Hasta hoy se ha escrito mucho al respecto y con grandes muestras de conocimiento acerca del modo en que debemos prepararnos para morir y espe-

rar el último día. Pero sólo ha servido para que las conciencias tímidas se depriman más aun, pues los escritores no lograron empujar a los hombres al consuelo de la gran riqueza de la gracia y de la salvación en Cristo. En cambio han enfocado a la gente sobre sus propias obras y vidas piadosas como apoyo contra la muerte y el juicio de Dios.

En lugar de ese extravío, ahora vemos activa la preciosa gracia de Dios. Quienquiera que tenga la palabra del evangelio avanza para dejar los deberes del oficio o posición que tenga. Se consuela en el hecho de que ha sido incorporado en Cristo por medio del Bautismo. Recibe la absolución y para el fortalecimiento de su fe participa en la Cena del Señor, entregando su alma a Cristo. ¿Por qué esa persona habría de temerle a la muerte? No importa cuándo venga, si por peste o accidente, ya sea que lo encuentre despierto o dormido, él está en Cristo, por lo que siempre está listo y bien preparado para morir." (Plass § 1086).

PROPUESTA PARA LA PREDICACIÓN

2Ti 4:6-8 es propuesto como epístola (junto con 2Ti 4:16-18) para el vigésimo tercer domingo después de Pentecostés en la serie trienal C (*PC*: 694; *CS*: 120). Ofrecemos, a continuación, una adaptación de la propuesta para la predicación hecha por Weisheit (1976: 117-18):

Material necesario: Un periódico y un tomo de enciclopedia.

En la lectura bíblica que acaban de escuchar, Pablo nos dice que ya estaba listo para morir. Él escribió este pasaje hacia el final de su vida, estando en prisión. Mirando para atrás, a su pasado, él estaba feliz pues había completado el recorrido. Cuando miraba para adelante, hacia el futuro, también estaba feliz, pues sabía que iría al cielo a estar con Cristo, su juez justo.

El apóstol es un excelente ejemplo para nosotros, cuando pensamos en nuestra propia muerte. Aquel que puede mirar a su pasado y a su futuro con tanto optimismo, puede morir feliz. Y Pablo hace ver cuál es su secreto. Toda su vida está "anhela" y está puesta en las manos del Señor, pues es él quien llena su pasado y su futuro. Su fe cierta de que Cristo lo salvó es parte de su pasado. Puesto que Cristo murió por él, Pablo sabía que sus pecados habían sido perdonados. Puesto que Cristo resucitó, Pablo sabía que él también viviría y resucitaría después de la muerte. Pablo podía estar feliz al acercarse a su muerte, no simplemente porque tenía fe en el preciso momento de morir, sino porque la fe en Cristo estaba presente en cada momento de su vida.

Pensemos en esta comparación. Este libro (*el tomo de enciclopedia*) se parece al que algunos de ustedes tiene en casa o en la escuela. Éste es un libro importante cuando necesitan información. Miren, éste es el tomo "K" (*la sección cubierta por ese tomo*). Si necesitan investigar cualquier tema que comience con "K", lo van a tener aquí seguro. Por supuesto, un libro así puede que esté parado en la biblioteca por semanas o meses, sin que alguien lo use. De todos modos, cuando se necesita información especial, es necesario tener una enciclopedia como ésta.

Algunos piensan que la fe en Cristo es como una enciclopedia. La tienen a mano (en algún estante del corazón) para aquellos momentos especiales en que piensan acerca de su muerte. Entonces la fe les recuerda que Cristo murió por ellos, por lo que no necesitan temerle a la muerte.

Pero la fe en Cristo nos ofrece mucho más que una forma de morir. También nos quiere dar una forma de vivir. La fe se parece, más bien, a este periódico (*muestre el periódico*). Esto contiene muchos mensajes. Aquí están las últimas noticias, artículos escritos por gente que sabe y por los lectores, sección deportiva, ofertas, tiras cómicas, solicitudes, anuncios de espectáculos y muchas otras cosas. El periódico ofrece tantas noticias del día, que necesitamos comprarlo una y otra vez, para cada momento.

Nuestra fe en Cristo se aplica a cada parte de nuestras vidas. No sólo nos prepara para morir, sino que nos ayuda a vivir y a convivir con nosotros mismos y con los demás. La fe nos recuerda que Cristo está con nosotros cuando nos sentimos solos o atemorizados. Nos fortalece cuando estamos débiles o en tentación. Nos vuelve humildes cuando nos enorgullecemos. Nos conforta cuando tenemos temor. Nos llena de gozo y felicidad.

Puesto que Cristo llenó cada espacio de la vida de Pablo, no sólo el día de su muerte, éste pudo morir feliz. Nosotros también podemos. No guardes tu fe como si fuera una enciclopedia, allí en algún estante escondido. Disfruta la fe como un periódico que se vuelve nuevo cada día para aplicarse a todas las cosas que nos suceden.

APUNTES TÉCNICOS

APUNTES DE LÉXICO Y SINTÁXIS

2Ti 4:6

"ya" (ἤδη): Consideramos que nuestra uso pertenece a la categoría que BAGD (ἤδη.2: 344) define como denotando "proximidad lógica e inmediatez". Robertson (1989: 824-25), por su parte, considera al verbo "ser ofrecido" (σπένδω) como un presente progresivo, y a nuestro adverbio como denotando un suceso presente: "yo ya estoy siendo ofrecido".

"estoy a punto de ser ofrecido" (σπένδομαι): BAGD (σπένδω: 761) "ofrecer una libación (ofrenda de bebida)". BAGD propone nuestra traducción, en referencia al derramamiento de la sangre del apóstol como sacrificio. Louw & Nida § 53.27 define nuestro verbo como "derramar un sacrificio como acto de adoración u observancia ritual". Presente futurista: enfatiza la inminencia del evento y la certeza de su realización (Wallace: 535-36). Wallace subdivide nuestra categoría en "completamente futurista" (el evento sucede inmediatamente después del discurso) e "ingresivo-futurista" (el evento ya se está iniciando durante el mismo discurso). Puesto que entendemos el referente de nuestro verbo del mismo modo que BAGD (la muerte del apóstol), consideramos que se trata de un presente completamente futurista.

"-" (ἤδη... καί): Smyth § 2876 señala que la combinación de nuestras partículas denota la simultaneidad de los verbos de cada cláusula.

"de mi partida" (τῆς ἀναλύσεώς): BAGD (ἀνάλυσις: 57) señala la sucesión padecida por nuestro término desde el sentido literal de "suelta", mediado por el de "partida", hasta llegar al de "muerte". Louw & Nida § 23.101 define nuestro sustantivo como "partir de la vida como eufemismo utilizado para 'muerte'." Genitivo de destino (o propósito): "el tiempo destinado para mi muerte" (Wallace: 100-01). BAGD (καιρός.2.b: 395) señala que "tiempo" (καιρός) toma el caso genitivo para indicar "la razón por la cual un tiempo determinado es apartado".

"mi" (μου): Genitivo subjetivo (Wallace: 113-16).

"es inminente" (ἐφέστηκεν): BAGD (ἐφίστημι.2.b: 331) indica que uno de los usos del perfecto de "estar cerca" (ἐφίστημι), significa "estar delante de, ser inminente". Louw & Nida § 67.63 define nuestro verbo como "ocurrir con alta probabilidad en un punto del tiempo inmediatamente subsecuente a otro". Louw & Nida traduce "el tiempo de mi partida está muy cerca". Perfecto intensivo-resultativo: el tiempo para la muerte del apóstol ya se ha puesto delante de él, por lo que el estado presente de *estar delante de* él (fuerza futura) toma mayor peso que el evento pasado de *haberse puesto delante de* Pablo (Wallace: 574-76). El tiempo perfecto, por tanto, enfatiza la cercanía del desenlace por cuanto los preparativos para la muerte del apóstol ya son pretéritos a la hora de escribirle a Timoteo (!).

2Ti 4:7

"ganadora" (καλὸν): BAGD (καλός.2.c.α: 400) "inobjetable, sin mancha, excelente".

Liddell & Scott (ἀγωνίζομαι.A.3: 19) señala que en el campo semántico deportivo (al cual consideramos que pertenece nuestro texto), la expresión καλῶς... ἠγώνισαι tenía el sentido de "contender por la victoria". De modo que, a diferencia de 1Ti 6:12, consideramos que aquí nuestro adjetivo no denota en primera instancia la cualidad de la competencia *per se,* sino más bien, la forma en que Pablo participó en ella. Esto es: sí estamos hablando aquí de la misma clase de competencia a la que lo invita el apóstol a Timoteo en 1Ti 6:12, pero lo que está en primer plano no es la excelencia de esta competencia, sino la excelencia con la que Pablo compitió en ella.

"la contienda" (τὸν ἀγῶνα): BAGD (ἀγών.2: 15) ubica a nuestro uso, junto con el de 1Ti 6:12, fuera de la metáfora deportiva; esto es, en el campo semántico de la dificultad que presenta el trabajo o la vida: "pelea una pelea" o "entrar en un combate". Consideramos que esta interpretación se ajusta más a 1Ti 6:12, donde Pablo invita a Timoteo a enfrentar la dificultad de su ministerio con coraje. Nuestro texto, en cambio, tiene el énfasis puesto más bien en el logro ya alcanzado. Por esto entendemos que aquí la metáfora deportiva necesita ser conservada con mayor fuerza (considérese los tiempos perfectos, el elemento de la corona y el tono evidente de cierre victorioso que tiene nuestro párrafo). Liddell & Scott (ἀγών.II: 18) incluye un uso significativo en este respecto al mencionar la expresión ἀγών στεφανοφόρος: competencia en la que el premio es la corona. La definición que Louw & Nida ofrece para nuestro sustantivo, dentro del campo semántico de *Contiendas y Juegos,* es la siguiente: "una carrera que implica competición y lucha" (§ 50.4). Ahora bien, tanto BAGD como Liddell & Scott muestran que nuestro sustantivo incluye, aparte de la carrera, también la lucha. Preferimos una traducción más inclusiva. Debemos mencionar dos características más de nuestro sustantivo: a) Es por excelencia: "se lo considera como el único que merece ese nombre" (Wallace: 222-23). b) Se trata de un acusativo cognado (del mismo origen) del verbo "contender" (ἀγωνίζομαι – Wallace: 189-90; BDF § 153.1).

"he logrado" (ἠγώνισμαι): BAGD (ἀγωνίζομαι.2.b: 15) lógicamente considera a nuestro texto dentro del campo semántico del esfuerzo y no de lo deportivo. La traducción que propone para el uso deportivo es "participar en una contienda". Louw & Nida § 50.1 "competir, luchar". Tanto este verbo como los dos siguientes ("he terminado" –τετέλεκα– y "he cumplido" –τετήρηκα–) son perfectos extensivos-consumativos: enfatizan el carácter completo de la acción pasada, de la que emergen consecuencias presentes (Wallace: 577; BDF § 342.1).

"el recorrido" (τὸν δρόμον): BAGD (δρόμος.1: 206) "recorrido". Louw & Nida § 50.5 define nuestro sustantivo como "el curso que uno sigue en una carrera" y traduce "he terminado la carrera". Liddell & Scott (δρόμος: 450) indica que nuestro sustantivo puede utilizarse tanto para la pista donde se corre ("recorrido") como también para el hecho de correr ("carrera").

"ya he completado" (τετέλεκα): BAGD (τελέω.1: 810) "completar, finalizar, completar". Louw & Nida § 68.22 define nuestro verbo como "llevar una actividad hasta un final exitoso; completar, terminar, lograr".

"el voto" (τὴν πίστιν): BAGD propone alguna de las dos siguientes posibilidades: a) "Fidelidad, confiabilidad" ("he permanecido fiel o leal" – BAGD, πίστις.1.a: 662). b) "Prueba, voto": es posible que el referente sea el compromiso tomado por los atletas antes de la competencia (BAGD, πίστις.1.b: 662; Ferguson: 92). Tomando en cuenta que la metáfora deportiva continúa aún en el v. 8, es muy posible que no sea interrumpida en nuestra oración. Knight (460), como muchos otros intérpretes, toma a nuestro sustantivo como referente a la sana doctrina (sentido objetivo de πίστις) o a la acción creer (sentido subjetivo de πίστις). Esta interpretación es totalmente viable, considerando la función que cumple el ejemplo apostólico en una carta en la que se exhorta a Timoteo a conservar la sana doctrina (2Ti 1:13-14; 2:15). De todos modos, nuestro párrafo se concentra en lo que hizo Pablo con la tarea que le fue encomendada, de modo que es preferible comprender a πίστις en una línea cercana a la de 1Ti 5:12: "promesa".

"he cumplido" (τετήρηκα): BAGD (τηρέω.3: 815) ubica a nuestro verbo (contra su comprensión de πίστις) bajo la categoría de "mantener" en cuanto a "no perder la fe". Consideramos que se trata, más bien, de alguna de estas dos acepciones: a) "guardar, observar, cumplir" (BAGD, τηρέω.5: 815); b) "guardar, preservar sin daños ni disturbios".

2Ti 4:8

"Después de esto" (λοιπόν): BAGD (λοιπόν.3.a.α: 480) señala que nuestro adjetivo es usado aquí como adverbio de tiempo: "de ahora en adelante, en el futuro". BAGD traduce "para el futuro está reservada para mí". BAGD (λοιπόν.3.b: 480) presenta otro posible uso como adverbio inferencial: "por lo tanto". Louw & Nida § 61.14 define nuestro categoría como "una adición que sirve como el último elemento en una serie y marca un grado de finalidad o de conclusión; finalmente... por último, más allá de eso".

"está reservada" (ἀπόκειται): BAGD (ἀπόκειμαι.2: 92) traduce "está reservada para mí una corona". Presente ingresivo-futurista: describe un evento que ya comienza en el presente, pero que se completará en el futuro (Wallace: 537). Tiene la misma carga de inmediatez y certeza que la categoría del verbo "estoy a punto de ser ofrecido" (σπένδομαι, 2Ti 4:6).

"me" (μοι): Dativo de objeto indirecto (Wallace: 140-42). Podría tratarse de un dativo de interés, en caso de que se considere que el enfoque está puesto sobre el interés que el apóstol tiene en la corona de justicia (Wallace: 142-44). Consideramos esto incierto.

"de justicia" (τῆς δικαιοσύνης): BAGD (δικαιοσύνη.2.b: 196) define nuestra categoría como "justicia, rectitud como la motivación que dirige la conducta de la vida toda". BAGD traduce "la corona de justicia". Genitivo de aposición o epexegético (BAGD, στέφανος.2.a: 767). Louw & Nida § 57.121 interpreta nuestra construcción de este modo: "En este caso, el premio es 'ser declarado justo' o 'ser hecho justo delante de Dios". Wallace señala que en el caso de un genitivo de aposición o epexegético, el sustantivo principal (corona) es indefinido, por lo que necesita la aclaración aportada por el genitivo (justicia). A su vez, la connotación del genitivo (justicia) es enriquecida por el lenguaje metafórico del sustantivo principal (Wallace: 95-100).

"la corona" (ὁ στέφανος): BAGD (στέφανος.2.a: 767) "premio, recompensa". Louw & Nida § 57.121 define a este sustantivo como "un premio o recompensa dado como el resultado de un logro sobresaliente". Louw & Nida traduce "el premio de la justicia me espera". BAGD considera a nuestro texto como un caso de metáfora gastada (decodificada), así como lo hace con "contienda" (ἀγών – BAGD, ἀγών.2: 15) del v. 7. Preferimos mantener el lenguaje metafórico.

"dará" (ἀποδώσει): Louw & Nida § 38.16 define nuestro verbo como "recompensar a alguien, ya sea en forma positiva o negativa, dependiendo de lo que merece el individuo". Llamativamente BAGD (ἀποδίδωμι.1: 90) ubica a nuestro texto bajo la categoría de "entregar, ceder, dar", y no de "premiar, recompensar" (BAGD, ἀποδίδωμι.3: 90). Futuro predictivo (Wallace: 568).

"el juez" (ὁ κριτής): BAGD (κριτής.1.a.β: 453) considera que nuestro lenguaje metafórico toma su material del término técnico de jurisprudencia. Louw & Nida § 56.28 define este sustantivo como "uno que preside una sesión de corte y pronuncia el juicio" y traduce "la corona de justicia me está esperando, la cual el Señor, el juez justo, me la dará en aquel día".

"a los que anhelan" (τοῖς ἠγαπηκόσι): BAGD (ἀγαπάω.2: 5) traduce "todos los que ansían / anhelan su aparición". Participio sustantival independiente (Wallace: 619-21). Perfecto intensivo-resultativo: "todos los que *han puesto su anhelo* en su aparición"; el énfasis no está puesto en el evento pretérito de "poner el anhelo / la esperanza" en la aparición de Cristo, sino en el resultado actual de anhelar (Wallace: 574-76).

"su" (αὐτοῦ): Genitivo objetivo (Wallace: 116-19).

APUNTES CRÍTICO-TEXTUALES

Para la ubicación geográfica y temporal de cada testigo de 2Ti ver Apéndice IX (p. 477).

2Ti 4:6: Algunos manuscritos reemplazan la forma τῆς ἀναλύσεώς μου ("de mi partida") por τῆς ἐμῆς ἀναλύσεως.

1) **Por evidencia interna:** El escriba le agrega al texto original mayor énfasis y solemnidad.
2) **Por evidencia externa:** Éste es el soporte de cada alternativa:
   - El texto original es sustentado por los códigos Sinaítico (א), Alejandrino (A), Ephraemi Syri Rescriptus (C), Boreelianus (F), Boernerianus (G) y Porphyrianus (P), los minúsculos 33 81 104 365 630 1175 1739 1881, el manuscrito latino b, la Vulgata Clementina y Ambrosiaster.
   - La variante, por su parte, se apoya sobre el testimonio de los códigos Claromontanus (D) y Athous Lavrensis (Ψ), el texto mayoritario (𝔐), los

manuscritos latinos a f t y las Vulgatas Stuttgartiensis y Wordsworth/White.

Es evidente la superioridad de soporte que presenta el texto original.

2Ti 4:7: Algunos manuscritos reemplazan la estructura normal τὸν καλὸν ἀγῶνα ("la contienda ganadora") por τὸν ἀγῶνα τὸν καλὸν.

1) **Por evidencia interna:** El escriba cambia la estructura de la frase posiblemente por *coineísmo* (popularización de la expresión) o por *semitismo* (influencia semítica), tendencias esperables en manuscritos de las familias bizantina y occidental (Voelz, 1993: 50).
2) **Por evidencia externa:** Éste es el soporte de cada alternativa:
   - El texto original es sustentado por los códigos Sinaítico (א), Alejandrino (A), Ephraemi Syri Rescriptus (C), Boreelianus (F), Boernerianus (G) y Porphyrianus (P), los minúsculos 33 81 104 629 1175 y Eusebio de Cesarea.
   - La variante, por su parte, es apoyada por los códigos Claromontanus (D) y Athous Lavrensis (Ψ), los minúsculos 1739 y 1881, el texto mayoritario (𝔐), y Orígenes.

Es evidente la superioridad de soporte que presenta el texto original.

2Ti 4:8: Algunos manuscritos omiten "todos" (πᾶσι).

1) **Pese a la evidencia interna:** El escriba aparentemente omite πᾶσι por descuido. Es más esperable que los escribas inserten palabras de este tipo en vez de omitirlas, más aún con manuscritos de la familia occidental como los nuestros. De todos modos, la evidencia externa sugiere que no se trata aquí de una inserción del escriba (Metzger, 1994: 581).
2) **Por evidencia externa:** Es clara la falta de sustento que presenta la variante: el original del códex Claromontanus (D), los minúsculos 6 y 1881, el original del minúsculo 1739, gran parte de la tradición latina, la versión siríaca Peshitta y Ambrosiaster.

NOTAS

YA HE COMPLETADO EL RECORRIDO

1. Es destacable sin dudas el giro que se produce en Pablo a lo largo de los años con respecto a su último tramo en el tiempo presente. El mismo apóstol que en sus primeras cartas (entre el 51 y 55 dC) mostró total convicción de que no moriría antes del regreso del Señor (1Co 15:51-52; 1Ts 4:17), una década más tarde (62 dC) pasó a considerar su muerte como una gran posibilidad (Fil 1:20-24), para aquí (67 dC) entenderla como su certísimo destino. Longenecker (1998: 197) sugiere que la experiencia cercana a la muerte a la que Pablo hace referencia en 2Co 1:8-9 fue una bisagra para la comprensión que el apóstol tuvo de su fin.

   Para una discusión del motivo de esta certeza ver nota 75 del comentario a 2Ti 4:9-18 (p. 402).

2. Crisóstomo (*hom. in 2 Tim.* IX: 511) indica que la imagen de ser derramado como una ofrenda líquida implica una entrega absoluta, a diferencia del sacrificio de un animal, en el que se dedicaba a Dios solamente una parte de la ofrenda.

3. Sir 50:14-15 señala el lugar final que ocupaba la libación en el sistema sacrificial. Esta ofrenda es llamada "cumplimiento del ministerio" (*suntéleia leitourgōn*).

4. El verbo sinónimo *ekjéō,* también usado de un modo metafórico para referirse al derramamiento de sangre inocente ya desde el AT (Gn 9:6; 37:22; Dt 19:10) y retomado por Jesús para señalar el carácter sacrificial de su muerte (Mt 26:28 y paralelos), tiene su enfoque puesto en el carácter expiatorio de la ofrenda, y no en el de la completa dedicación a Dios (France: 599).

5. Ignacio de Antioquía (Ign. Rom. II.2) también describe su próximo martirio en estos términos: "No me concedan ninguna otra cosa sino el ser derramado para Dios, mientras que el altar está allí preparado" (*pléon moi mē parásjēsze toú spondiszēnai zeō, éti zusiastērion hétoimón estin*). BAGD (σπένδω: 761) indica que al martirio de un profeta del dios Apolos en el siglo 2 dC es señalado igualmente como "libación" (*spondē*).

6. Nótese cómo, en esta misma línea, Ignacio de Antioquía (*Ign. Pol.* I.2) pone a la par la "carrera" (*drómos*) con el "puesto" (*tópos*).

7. Probablemente, en términos concretos la diferencia entre estas dos comprensiones

de la frase *tēreín tēn pístin* no sea abismal. Nuestra interpretación parece ser más inclusiva que la otra, trascendiendo la fiel suscripción a la sana doctrina, para señalar el cumplimiento del sueño divino para con la historia, la vida y el ministerio del apóstol.

8. Se vuelve marcado el contraste entre nuestro texto y la característica descripción del final de la vida en la literatura sapiencial. Obsérvese el pesimismo que impregna al escrito egipcio *Ptahhotep* (la instrucción egipcia más antigua): "Oh, rey, ¡señor mío! Aquí está la edad, la edad avanzada ya ha llegado. Y vino la flojedad, la debilidad crece. Como un niño, uno duerme todo el día. Los ojos están borrosos; los oídos sordos; la fuerza se desvanece por el cansancio; la boca, silenciada, ya no habla más; el corazón vaciado no recuerda el pasado; los huesos duelen por todos lados. Lo bueno se volvió malo; todo gusto se perdió; lo que la edad le hace a la gente es mala en todo respecto. La nariz con cepos ya no respira. Patético es levantarse o acostarse" (Crenshaw: 82).

9. Para los elementos característicos del discurso de despedida de la antigüedad, ver la sección "El lugar de nuestro párrafo en la carta" del comentario a 2Ti 4:1-5 (p. 310).

10. La transición de una metáfora a la otra (de la deportiva a la jurídica o de realeza) no es totalmente marcada ni evidente. Probablemente estos dos campos semánticos se funden en torno al mojón de "corona de justicia".

11. Col 1:15 utiliza términos similares para referirse a la esperanza de los cristianos (*hē eplís hē apokeiménē*).

12. Los escritos judíos apócrifos de finales del siglo 2 aC, *Epístola de Aristeas* (CCLXXX) y el *Testamento de Leví* (VIII.2) usan nuestra expresión "corona de justicia" en un contexto similar de persecución.

13. Para martirio como victoria deportiva ver nota 16 del comentario a 1Ti 6:6-16.

14. El apóstol tampoco está hablando de recibir la corona inmediatamente del otro lado de la muerte, sino en el día final. Para la connotación escatológica de nuestra frase ver comentario a 2Ti 1:12 (p. 93). Bauckham (1998a: 90) señala que la idea de un juicio inmediatamente después de la muerte es un concepto distorsionado dentro del judaísmo por influencia platónica (*Testamento de Abraham*).

15. Esta corona reservada para aquel día resuena al "depósito" (*parazēkē*) que Pablo confió al cuidado divino "hasta aquel día" (*eis ekeínēn hēméran*, 2Ti 1:12). Allí el depósito apunta a la vida que el apóstol está a punto de perder, pero que ha confiado en las manos de aquél que saca a la luz la vida y la inmortalidad a partir de la muerte (2Ti 1:9-10). Aquí, la corona es descrita especialmente como la justicia hoy ausente, pero que ciertamente saldrá a la luz en el día escatológico. Esta disyuntiva entre la justicia y la injusticia enlaza a nuestro texto con el deseo de reivindicación final (*en ekeínē tē hēméra*) de Onesíforo (2Ti 1:18).

16. La división de aguas en este sentido no es absoluta, sino que, así como una metáfora se entrecruza con la otra, del mismo modo sucede con los temas señalados por ellas (cumplimiento de la tarea y reversión del dolor) y, consecuentemente, con el sentido de la frase "corona de justicia" (premio fundado sobre el mérito y don de liberación fundado sobre la necesidad y el padecimiento). Así, por ejemplo, 2Cl 20:1-4 usa la metáfora de deporte para la liberación del sufrimiento por parte de los creyentes: "Pero tampoco permitamos que se entristezca nuestra mente por ver que el injusto goza de prosperidad y los siervos de Dios son oprimidos. Tengamos fe, hermanos y hermanas: estamos participando en la contienda del Dios viviente y estamos siendo entrenados en esta vida para ganar la corona (*stefanōzōmen*) en aquella (vida) que viene. Ningún justo obtuvo su recompensa rápidamente, sino que es necesario esperarla." En el otro extremo, Dibelius (121) conecta la expresión "me está reservada" (*apókeitai*) con las retribuciones que los gobernantes designaban para sus súbditos fieles y ejemplares, cuyos nombres quedaban registrados en los anales del gobierno.

17. "Para aquellos que corren carreras, les está reservada al final de la línea el premio de la victoria, y para aquellos que han amado el esfuerzo, en la ancianidad el premio de la sabiduría" (Demófilo, *Similitudines* XXII citado por Dibelius: 121, nota 20). Deismann (309) registra otra inscripción más de Éfeso del siglo 2 dC que habla de un atleta en estos términos: "Él libró tres contiendas y dos veces fue coronado" (*ēgōnísato agōnas treís, estéfzē dúō*).

18. Sin dudas la ausencia de la fe (el rechazo de la salvación) determina una recompensa negativa para el no creyente (Mt 7:24-27; Mr 3:28-29; Ro 14:23b).

19. Ap 20:11-15 pone de manifiesto que el juicio será en base a las obras de cada uno registradas en los libros (*biblía*), pero la salvación será en base a la elección divina registrada en el libro de la vida (*biblíon tēs dsōēs*, Ap 13:8; 17:8).

20. El escrito rabínico Sifre Deuteronomio 307, comentando acerca de la frase "un Dios de fidelidad" registrada en Dt 32:4, señala: "Así como él le da en la vida venidera al que es completamente justo la paga por el mandamiento que cumplió en esta vida, del mismo modo le da en esta vida al que es completamente injusto la paga por cualquier mandamiento menor que haya cumplido aquí. Y así como él castiga al completamente injusto por una transgresión cometida en este mundo una vez que está en el mundo venidero, así también castiga en este mundo al que es completamente justo por la menor transgresión que haya cometido aquí" (citado por Sanders: 127).

21. Puesto que en la antigüedad, estos dos poderes pertenecían a la misma persona del rey, la metáfora es una sola (2Ti 4:1). Munoa propone que el cristianismo primitivo, ante la experiencia del martirio, adoptó la estampa del trono divino (enraizada en Dn 7:9-14) del misticismo judío. Estar a punto de ser martirizado y ver al juez supremo y pedir que éste juzgue de ésta o de otra forma a éste y a aquél se mueve dentro de esta tradición (2Ti 1:16, 18; 4:1, 8, 14 y 16). Dentro de este marco se relata el martirio de Jesús (Mr 14:62; Lc 23:34) y el de Esteban (Hch 7:54-60).

22. Salmos de Salomón II.18 y IX.2, en cambio, utiliza este título en conexión con el concepto de retribución mencionado en el párrafo anterior: Dios es un "juez justo" al castigar a Jerusalén en consonancia con su maldad y precisamente por no considerar de quién se trata (ver también Salmos de Salomón III.3).

23. Bauckham (1998a: 88) señala que "cuando la esperanza por el futuro de los individuos entraba en escena, consistía en la esperanza de resucitar para tener parte en el cumplimiento de las promesas divinas de redención y restauración *de Israel*" (énfasis nuestro).

24. Salmos de Salomón XIV.1-2; XVII.16 confirman esto al señalar que el que ama al Señor es el que camina en justicia y guarda sus mandamientos.

25. Para uso de esta designación en el AT ver Sal 5:12; 39:17; 68:37; 69:5; 96:10; 118:132, 165; 121:6; 144:20 (LXX); Sir 1:10; 2:15-16; 34:16; 47:22; Salmos de Salomón IV.25; VI.6; X.3. Todos los otros usos de esta designación en el NT (Ro 8:28; 1Co 2:9; Stg 1:12) están íntimamente ligados a la recepción de la herencia prometida.

26. Bultmann y Lührmann (10) proponen que la aparición de Cristo a la que se refiere nuestro texto es su primera venida terrenal a la que, como en 2Ti 1:10, se la entiende en su dimensión escatológica. Todo hace pensar a nuestro término en la otra dirección (segunda venida).

27. Por detrás de la aparición reivindicadora probablemente se encuentre el concepto hebreo de la "visitación" (*paqad* – פקד) divina para castigar al enemigo (Os 1:4; 4:9, 14; Am 3:14) y para beneficiar a su pueblo (Gn 50:24-25; Rt 1:6; 1S 2:21; Sal 8:4; Jer 15:15; 29:10). Para la connotación de reversión de la realidad presente detrás del concepto de "aparición" (*epifáneia*) ver las notas 37 y 38 del comentario a 1Ti 6:11-16 y el Apéndice IV – La salvación y el salvador en las pastorales (p. 449).

28. Melanchton (ACA IV.362) discute el concepto de "recompensa" en estos términos: "Si nuestros adversarios están dispuestos a admitir que somos considerados justos por la fe, por causa de Cristo, y que las buenas obras son a su vez aceptas a Dios en virtud de la fe, ya no nos pelearemos mucho por el término 'recompensa'. Nosotros confesamos que la vida eterna es una recompensa, porque es algo que se debe a causa de la promesa, y no en virtud de nuestros méritos". Aplicando este concepto a nuestro texto señala que "Es en virtud de la promesa que se les debe la corona a los que han sido justificados. Y es menester que los santos conozcan esta promesa... para que no desesperen en las aflicciones" (ACA IV.364).

29. En la antigüedad, ante la aparición de un monarca importante, los vasallos entregaban una corona como símbolo de sumisión (1Mac 13:37; 2Mac 14:4). Hemer (514) conjetura que tanto nuestro texto como 1P 5:4 revierten esta estampa, poniéndolo a Cristo como quien entrega la corona a los suyos en su aparición. Esto puede deberse a que el creyente humillado es reivindicado, siendo puesto en el trono junto con Cristo.

2Ti 4:9-18 / Párrafo 11

APRESÚRATE A VENIR

NOTAS EN PÁGINAS 393-404

‹4:9› Σπούδασον ἐλθεῖν πρός με ταχέως· ‹4:10› Δημᾶς γάρ με ἐγκατέλιπεν ἀγαπήσας τὸν νῦν αἰῶνα καὶ ἐπορεύθη εἰς Θεσσαλονίκην, Κρήσκης εἰς Γαλατίαν, Τίτος εἰς Δαλματίαν· ‹4:11› Λουκᾶς ἐστιν μόνος μετ' ἐμοῦ. Μᾶρκον ἀναλαβὼν ἄγε μετὰ σεαυτοῦ, ἔστιν γάρ μοι εὔχρηστος εἰς διακονίαν. ‹4:12› Τύχικον δὲ ἀπέστειλα εἰς Ἔφεσον. ‹4:13› τὸν φαιλόνην ὃν ἀπέλιπον ἐν Τρῳάδι παρὰ Κάρπῳ ἐρχόμενος φέρε, καὶ τὰ βιβλία μάλιστα τὰς μεμβράνας. ‹4:14› Ἀλέξανδρος ὁ χαλκεὺς πολλά μοι κακὰ ἐνεδείξατο· ἀποδώσει αὐτῷ ὁ κύριος κατὰ τὰ ἔργα αὐτοῦ· ‹4:15› ὃν καὶ σὺ φυλάσσου, λίαν γὰρ ἀντέστη τοῖς ἡμετέροις λόγοις.

‹4:16› Ἐν τῇ πρώτῃ μου ἀπολογίᾳ οὐδείς μοι παρεγένετο, ἀλλὰ πάντες με ἐγκατέλιπον· μὴ αὐτοῖς λογισθείη· ‹4:17› ὁ δὲ κύριός μοι παρέστη καὶ ἐνεδυνάμωσέν με, ἵνα δι' ἐμοῦ τὸ κήρυγμα πληροφορηθῇ καὶ ἀκούσωσιν πάντα τὰ ἔθνη, καὶ ἐρρύσθην ἐκ στόματος λέοντος. ‹4:18› ῥύσεταί με ὁ κύριος ἀπὸ παντὸς ἔργου πονηροῦ καὶ σώσει εἰς τὴν βασιλείαν αὐτοῦ τὴν ἐπουράνιον· ᾧ ἡ δόξα εἰς τοὺς αἰῶνας τῶν αἰώνων, ἀμήν.

[9] Apresúrate a venir a mí pronto; [10] pues Demas me abandonó a mí por amar esta vida, y se fue a Tesalónica; Crescente a Galacia; y Tito a Dalmacia. [11] Lucas está solo a mi lado.
Encuentra a Marcos y tráelo contigo, porque me es útil en relación al ministerio. [12] A Tíquico lo estoy enviando a Éfeso. [13] Cuando vengas, trae contigo la capa que dejé en Troas, en lo de Carpo, y también los

papiros, especialmente los pergaminos.
14 Alejandro, el que trabaja el cobre, me hizo mucho daño. El Señor
le retribuirá de acuerdo con sus hechos. 15 También tú mantente en
guardia con respecto a él, pues se opuso vehementemente a nuestra
predicación.
16 En mi primera defensa nadie me acompañó, sino que todos me
abandonaron –¡que no les sea contado!– 17 Pero el Señor sí estuvo
conmigo y me fortaleció, de modo que la proclamación del mensaje
pudo ser completada a través mío y todas las naciones llegaron a oír;
e incluso fui liberado de la boca del león, 18 –¡el Señor me librará de
todo emprendimiento perverso y me llevará a salvo hasta su reino
celestial!, al que sea dada la gloria a lo largo de todos los tiempos.
Amén.

COMENTARIO

Se cierra aquí la "conclusión" (*peroratio*). Después de haber descubierto una pieza clave de la carta (la certeza del apóstol respecto de su inminente muerte) en el párrafo anterior (2Ti 4:6-8), la exhortación (*exhortatio*) genérica y solemne del conjuro de 2Ti 4:1-5 se transforma aquí en pedidos específicos. Nuestro párrafo le aporta a la "conclusión" su característico tono concreto. ¿Cómo repercute la extrema cercanía del martirio de Pablo (párrafo 10)? ¿Qué implicancias prácticas tiene el cumplimiento total del ministerio que se demanda de Timoteo (párrafo 9)? Aquí se responde con el reclamo de la pronta venida del lector a Roma.

A simple vista, nuestro párrafo, formado por siete oraciones, presenta tres exhortaciones básicas (venir a Roma, traer a Marcos y traer las pertenencias) intercaladas por comentarios diversos en la característica forma desordenada de las instrucciones finales. No obstante, el discurso realiza la misma tremenda procesión que se espera de Timoteo: de la expresa demanda de solidaridad con el apóstol prisionero (instrucciones para salir de Asia e ir hasta Roma, 2Ti 4:9-13 / oraciones 1 a 4)[1] se avanza a la tácita demanda de solidaridad con el apóstol condenado (instrucciones para entrar en el ambiente del tribunal, 2Ti 4:14-18 / oraciones 5 a 7). La instrucción inicial (*exhortatio*) de venir pronto a Roma (2Ti 4:9) funciona, en verdad, como eje del párrafo en torno al cual el discurso da estos pasos progresivos. La argumentación (*probatio*) inicial (la soledad del apóstol en Roma,

2Ti 4:10-12) mueve al lector de Éfeso a Roma. La argumentación (*probatio*) final (la soledad del apóstol en su primera defensa, 2Ti 4:16-18) mueve al lector desde los pasillos de la prisión al estrado imperial. De la instrucción inicial (2Ti 4:9) penden las otras dos instrucciones (*exhortationes,* 2Ti 4:11b y 13) y las dos primeras aclaraciones (*disgressio,* 2Ti 4:12 y 14-15). El discurso, por tanto, presenta el siguiente movimiento:

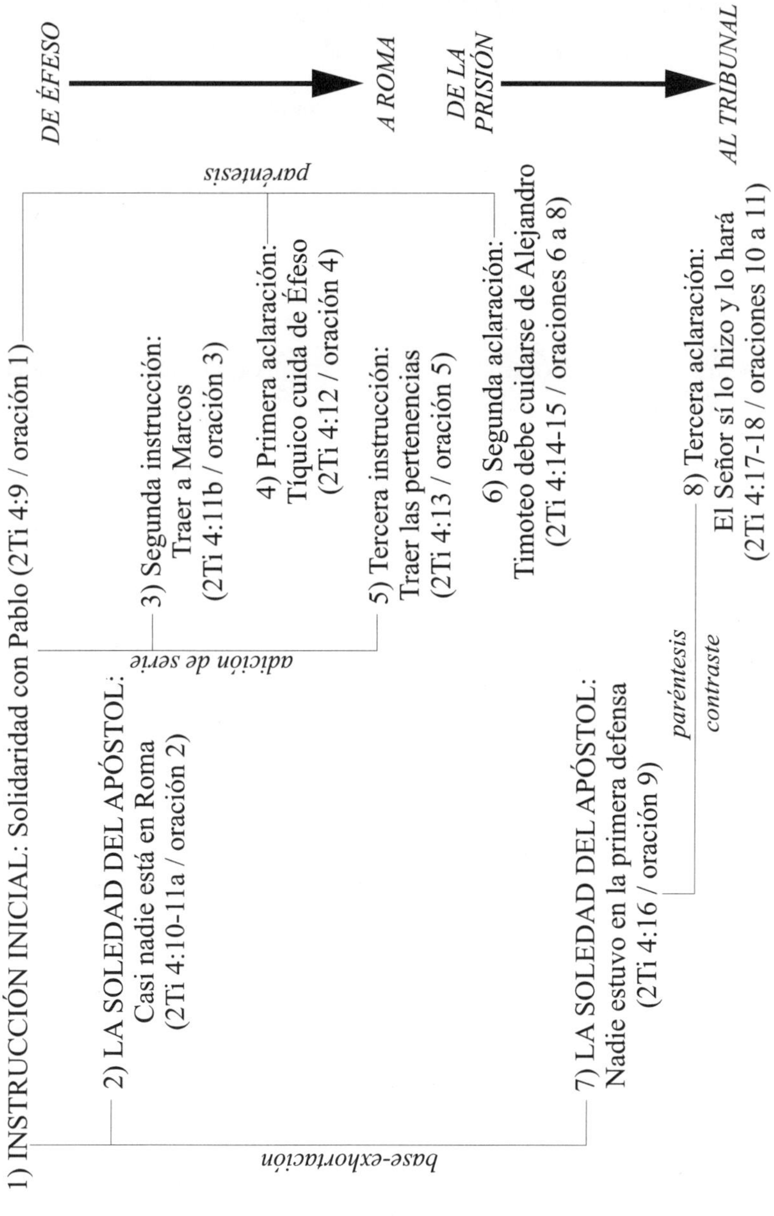

El párrafo todo está impregnado de elementos tan específicos y carentes de registros paralelos que hacen imposible en algunos casos definir con certeza el referente.

INSTRUCCIÓN INICIAL Y SOLEDAD DEL APÓSTOL EN ROMA (ORACIONES 1 Y 2)

9 Apresúrate a venir a mí pronto;

10 pues Demas me abandonó *resultado-razón*

por amar esta vida,

adición cronológica secuencial

y se fue a Tesalónica; *resultado-razón*

base-exhortación

Crescente a Galacia;

y Tito a Dalmacia.

contraste

11 Lucas está solo a mi lado.

Nuestra primera sección está formada por dos oraciones. La primera parte de la primera oración (2Ti 4:9) da voz a la "exhortación" (*exhortatio*) que funcionará como la médula espinal del párrafo todo. La segunda parte de la primera oración junto con la segunda oración (2Ti 4:10-11a) presentan la "argumentación" (*probatio*) a la instrucción inicial.

La instrucción temida finalmente hace su aparición. Llegando al final, la intención del apóstol que se dejó percibir a lo largo de toda la carta flotando como un fantasma, se vuelve ahora expresa: "Apresúrate a venir a mí pronto" (*spoúdason elzeín prós me tajéōs,* 2Ti 4:9). La urgencia –lógica para un apóstol que ya no ve su muerte allí adelante, sino aquí en el presente (2Ti 4:6)– es doblemente señalada y enmarca la instrucción (apresúrate-x-pronto). Timoteo no debe completar su ministerio (2Ti 4:5) en la relativa "tranquilidad" de Éfeso (al menos allí no había persecución),[2] sino que debe marchar hacia la tormentosa capital del imperio tras los pasos del presunto mártir Onesíforo ("hizo todo lo posible para buscarme": *spoudaíōs edsētēsén me,* 2Ti 1:18).

Inmediatamente (ya en la primera oración) Pablo ofrece la base (*probatio*) para esta exhortación: ninguno de sus colaboradores cercanos se encuentran junto a él precisamente ahora, en su hora más crítica. El primer trazo con el que el apóstol empieza a retratar su dramático cuadro de soledad es el caso más grave. Demas, quien acompaña al apóstol al menos desde la primera prisión en Roma,[3] no sólo está ausente por haberse ido a Tesalónica (ver mapa abajo). La partida de Demas lleva el estigma de la traición ("me abandonó a mí": *me egkatélipen*) que golpea abiertamente a la persona del apóstol. Nótese la posición enfática del pronombre personal "a mí" (*me*) y la falta de exoneración de Demas que el apóstol concede a aquellos que también lo abandonan ante el tribunal (*pántes me egkatélipon,* 2Ti 4:16). Es que la partida de Demas no fue simplemente un rasgo de debilidad o cobardía ante el peligro, sino una opción determinada por el perverso "amor a esta vida" (*agapēsas tón nún aiōna*). Esta descripción lo pone a Demas en abierto contraste con los creyentes ejemplares cuya riqueza no se encuentra "en el tiempo presente" (*en tō nún aiōni,* 1Ti 6:17), sino que "anhelan su aparición" (*ēgapekósi tēn epifáneian autoú,* 1Ti 6:12-14; 2Ti 4:8). Todavía más, el amor mal enfocado lo pone en línea con los hombres perversos de los últimos tiempos (2Ti 3:2-4).[4] Es imposible determinar la clase de asuntos que lo llevaron a Tesalónica. Knight (464) conjetura que ésta es la ciudad natal del traidor. Sea como fuere, es un hecho que Tesalónica, capital de la provincia de Macedonia, era un centro comercial de gran importancia y desarrollo gracias a su puerto y a su ubicación estratégica al conectar la Vía Ignaciana, el Mar Egeo y el camino hacia el río Danubio (Hoerber, 1986: 1833).

De los otros dos ausentes no se señala más que el lugar al que han partido, lo más probable con el acuerdo y encomienda del apóstol. El primero, Crescente,[5] viajó a "Galacia" (*Krēskēs eis Galatían*). Las aguas de la tradición y la interpretación están divididas respecto de qué "Galacia" es tenida aquí en mente, en vista de que Galia (*Gallía*), el territorio celta ubicado en la actual Francia, también era llamado en ocasiones "Galacia" (*Galatía*).[6] Varios elementos sugieren que el eje del ministerio paulino se trasladó hacia occidente al final de su carrera.[7] Esto hace factible la hipótesis de que Crescente haya sido enviado al territorio occidental de los celtas.[8] Por otro lado, todos los otros usos de "Galacia" en Pablo hacen referencia a la provincia de Asia, en línea con su predilección por los nombres oficiales de las unidades políticas y provincias romanas (1Co 16:19; 2Co 1:1; 8:1 – Hendriksen, 1979: 360, nota 176).[9] Todavía más, el grueso de la tradición cristiana ubica el inicio de la iglesia de Galia recién en el siglo 2 dC (Hemingway, XXIII: 437). El otro colaborador ausente es Tito,[10] enviado "a Dalmacia" (*Títos eis Dalmatían*). Es al menos coincidente que tres años atrás (64 dC), cuando el apóstol se preparaba para realizar su viaje a España, llama a Tito para que salga de Creta y se encuentre con él en Nicópolis de Epiro (Tit 3:12). Posiblemente ya por entonces, Tito siguió camino hacia el Norte para iniciar su labor en Dalmacia. Sea como fuere, el punto es que ninguno de los dos se encuentra con Pablo en Roma.

El único colaborador que se encuentra junto al apóstol es Lucas (*Loukás estin mónos met´ emoú*).[11] Más que mitigar la dura situación del apóstol, nuestra frase parece apuntar a la soledad también padecida por Lucas (uso adjetival de "solo": *mónos*). Timoteo tiene ahora dos seres amados que acompañar en Roma.[12]

SEGUNDA INSTRUCCIÓN (ORACIÓN 3)

Encuentra a Marcos
adición cronológica secuencial
y tráelo contigo,
exhortación-base
porque me es útil en relación al ministerio.

La venida de Timoteo a Roma en obediencia a la instrucción inicial (2Ti 4:9) es dada por hecho. Sobre esta base, el apóstol añade ahora (2Ti 4:11b) una segunda instrucción (*exhortatio*): "encuentra a Marcos y tráelo contigo" (*Márkon analabōn áge metá seautoú*). Este pedido encierra una curiosa paradoja. El mismo Pablo que casi dos décadas atrás (50 dC) se negó a llevar consigo a este Marcos (*mē sumparalambánein toúton*) por considerarlo un traidor (*tón apostánta ap´ autōn,* Hch 15:38), ahora (67 dC), siendo abandonado por el resto de sus colaboradores (2Ti 1:15; 4:10 y

16), lo manda a traer porque el que en otros tiempos le era inútil, ahora se vuelve de bendición (*tón poté soi ájrēston nuní dé kaí soí kaí emoí eújrēston,* Flm 11).[13] De hecho, ya en la primera prisión de Roma este mismo Marcos acompaña al apóstol (Col 4:10; Flm 24)[14] y posiblemente es comisionado por Pablo para visitar a los colosenses. Es incierto el lugar en el que Timoteo debe buscarlo (¿Roma?, ¿Colosas?).[15] Pero el apóstol lo necesita "en relación al ministerio" (*éstin gár moi eújrēstos eis diakonían*). Una vez más la falta de información nos deja en la incertidumbre: ¿Pablo quiere comisionarlo para que se haga cargo de alguna iglesia distante? ¿Quiere que, en cuanto "recipiente útil" (*skeúos eújrēstos,* 2Ti 2:21), confronte junto al apóstol a los oponentes en el tribunal (2Ti 4:15)? ¿O quiere que este Marcos –probablemente ya habiendo acompañado a Pedro en su crucifixión–[16] permanezca junto a él para fortalecerlo en la hora crítica del martirio?[17]

PRIMERA ACLARACIÓN (ORACIÓN 4)

12A Tíquico lo estoy enviando a Éfeso.

Antes de seguir con los encargues en torno a la venida de Timoteo a Roma (2Ti 4:13), el apóstol se detiene para hacer la primera aclaración (*disgressio,* 2Ti 4:12). Timoteo no debe angustiarse por la marcha y el destino de la iglesia de Éfeso, pues para esto Pablo envía a Tíquico (*Tújikon dé apésteia eis Éfeson*). Durante la primera prisión en Roma (61 dC), este colaborador del apóstol cumplió la importante función de visitar las congregaciones de Asia Menor llevando a destino Ef, Col (Ef 6:21; Col 4:7) [18] y seguramente también Flm.[19] La tarea en esa oportunidad no consistió en el simple transporte de cartas, sino en actuar como vocero apostólico para exponer el contenido de las mismas y regular la marcha de las comunidades en forma autoritativa, de un modo similar a Timoteo en torno a 1Co (1Co 4:17; 16:10-11).[20] Tres años más tarde (64 dC), posiblemente Tíquico haya viajado a Creta para que Tito, relevado en su función, pueda ir al encuentro del apóstol (Tit 3:12). Aquí parece estar sucediendo básicamente lo mismo (Hendriksen, 1979: 363).[21]

TERCERA INSTRUCCIÓN (ORACIÓN 5)

contexto temporal — [13] Cuando vengas,

trae contigo

adición de serie

— la capa que dejé en Troas,

  contexto espacial en lo de Carpo,

— y también los papiros,

— especialmente los pergaminos.

Liberado Timoteo del compromiso que lo ataba a Éfeso (1Ti 1:3, 18-19), el apóstol prosigue con sus encargues en torno a la venida de aquél. Pablo avanza, por tanto, hacia la tercera instrucción (*exhortatio*) en la que pide por sus pertenencias dejadas en la ciudad de Troas, en lo de un tal Carpo (*hón apélipon en Trōádi pará Kárpō*). La ciudad Troas (ver mapa arriba), en cuanto puerta de acceso de Asia a Europa, es escenario más que conocido tanto para el apóstol como para Timoteo.[22] De este Carpo no se tiene ninguna otra referencia en la literatura cristiana primitiva. Evidentemente hospedó al apóstol un tiempo antes del arresto. Posiblemente sus pertenencias quedaron allí por lo inesperado del arresto.[23]

El pedido tiene una cuota peculiar de cotidianeidad.[24] En primer lugar, Pablo reclama su capa (*tón failónēn*), pues el invierno se acerca (2Ti 4:21). Di Bernardino (II: 2195) describe esta prenda, en latín llamada *paenula,*[25] como "un manto de tela pesada, a veces de pelo o de cuero, cortado en forma de campana con un agujero en el centro para la cabeza, totalmente cerrado y sin mangas, largo hasta las rodillas". En segundo lugar, el apóstol solicita "también los papiros, especialmente los pergaminos" (*kaí tá biblía málista tás membránas*). El papiro (*bíblion*) era hecho con hojas prensadas de la planta llamada "papiro" (*búblos*).[26] El tamaño de la hoja raramente era mayor que 13 x 9 pulgadas (30 x 20 centímetros). La presentación característica era la en forma de rollo (normalmente 20 hojas pegadas una a la otra, Ferguson: 118-19). El papiro fue usado desde el siglo 5 aC hasta el siglo 8 dC (Voelz, 1995: 37), aunque ya en el siglo 4 dC comenzó a ser desplazado por el pergamino (*membrána*). Este último estaba hecho de piel de animal (Louw & Nida § 6.59), lo que le daba mayor resistencia y aprovechamiento (se podía raspar para volver a usar = palimpsesto). El formato de códex[27] o libro (en contraposición al rollo) comenzó a ser usado dentro del círculo cristiano ya en el siglo 1 dC, aunque recién en la siguiente centuria se volvió popular su uso (Hemingway XV: 223).

Una vez más, no se puede precisar el contenido de los papiros y pergaminos pedidos por el apóstol. Hendriksen (1979: 365, nota 180) propone las siguientes alternativas: el texto del AT, algún evangelio (¿Lc?),[28] relatos de Jesús u otro escrito cristiano, copias de sus propias cartas,[29] documentos necesarios para el juicio,[30] o simplemente material en blanco para escribir. Robertson (1989: 827) indica que, puesto que el papiro (*bíblion*) era más económico que el pergamino (*membrána*), es posible que estos últimos hayan contenido el texto del AT.[31]

SEGUNDA ACLARACIÓN (ORACIONES 6 A 8)

14 Alejandro, *identificación* el que trabaja el cobre,

me hizo mucho daño.

paréntesis / *razón-resultado* — El Señor le retribuirá *modo* de acuerdo con sus hechos.

base-exhortación — También tú mantente en guardia con respecto a él, *exhortación-base*

pues se opuso vehementemente a nuestra predicación.

Nuestra sección está formada por tres oraciones: a) mención del daño que Alejandro le produjo al apóstol (2Ti 4:14 / oración 6); b) anuncio de retribución divina (2Ti 4:15 / oración 7); c) advertencia al lector respecto de este mismo Alejandro (2Ti 4:16 / oración 8).

Quién es este "Alejandro" es tan incierto para nosotros como parece ser claro para el primer lector. La identificación de "el que trabaja el cobre" (*ho jalkeús*) indudablemente es provista para que Timoteo ubique al personaje en cuestión. Hay tres Alejandros que se vuelven candidatos aquí, aunque en un terreno totalmente hipotético: a) el judío que parece haber querido agravar la situación del apóstol (Hoerber: 1986: 1696) en el alboroto de Éfeso (Hch 19:33);[32] b) el falso maestro de Éfeso, excomulgado por Pablo (1Ti 1:20);[33] c) el sirio mencionado en el escrito apócrifo *A. Paul.* III (siglo 2 dC) que acusa a Tecla (compañera de trabajo del apóstol) y la lleva a luchar contra las fieras.[34] Sea quien fuere, este Alejandro le "hizo mucho daño" al apóstol (*pollá moi kaká enedeíxato*).

¿Qué sentido tiene la inserción de esta referencia en el medio de las instrucciones centradas en la venida de Timoteo de Éfeso a Roma? Liddell & Scott (ἐνδείκνυμι.2: 558) indica que nuestro verbo ("hacer daño": *endeíknumi*) es usado en ocasiones como un término técnico legal con el sentido de "declarar cosas malas en contra de alguien".[35] Alejandro no es uno más de la multitud de oponentes del apóstol. Él es el *delator* que da el puntapié inicial del proceso legal (*delatio*) que lleva al apóstol al martirio.[36] Su mención es clave aquí porque así como arrastró al apóstol, ahora también arrastra al discurso delante del tribunal romano. Si, tal como parece, se trata de un personaje de Asia Menor (por no decir de Éfeso), este Alejandro funciona entonces como el puente entre la escena del arresto en Troas (2Ti 4:13) y la del juicio ante el emperador en Roma (2Ti 4:16-18).[37] El viaje de Timoteo a la gran urbe ya es un hecho. Ahora el apóstol comienza a introducir al lector en el ambiente del tribunal, pues es precisamente para esto que lo convoca.[38]

El apóstol hace un paréntesis (*disgressio*) para anunciar el castigo con el que "el Señor le retribuirá" al oponente "de acuerdo con sus hechos" (*apodōsei autō ho kúrios katá tá érga autoú,* 2Ti 4:15).[39] Se alude aquí a una frase usada por el salmista que pide y confía en el auxilio divino que lo librará del ataque del enemigo (Sal 27:4 y 61:13 LXX).[40] Dibelius (123) conjetura que ésta es una fórmula de maldición judía, lo que es factible.[41] No obstante el foco de nuestro texto parece estar puesto más en la reafirmación de la confianza en la liberación divina (en línea con el salmista) que en el deseo de castigo del contrincante, si se toma en cuenta el tono certero de visión apocalíptica (diferente al augurio de 2Ti 1:16, 18 y 4:17) y el paralelismo que se produce entre nuestra frase (*apodōsei autō ho kúrios*) y aquella referente a la corona de justicia de 2Ti 4:8 (*apodōsei moi ho kúrios*).

Finalmente (2Ti 4:15) el apóstol llega al punto que quiere alcanzar en esta sección: advertirle a Timoteo respecto de su propio encuentro con este enemigo ("también tú mantente en guardia con respecto a él": *hón kaí sú fulássou*). El peligro de este contrincante reside en su vehemente oposición "a nuestra predicación" (*lían gár antéstē toís hēmetérois lógois*). Si bien el plural "palabras" (*lógoi*) era usado en el contexto jurídico para designar las diferentes exposiciones de cada parte (Liddell & Scott, λόγος.V.4: 1058), nuestro uso parece moverse más bien en otro plano. En las pastorales, esta forma plural siempre tiene como referente el mensaje de salvación predicado por el apóstol (1Ti 4:6; 6:3; 2Ti 1:13).[42] Todavía más, el uso que el NT hace del adjetivo "nuestra" (*hēmetérois*) sugiere fuertemente la pertenencia a un subgrupo distinguido del resto.[43] Nuestro texto, por tanto, antes que referirse a la exposición de varios testigos que habrían declarado a favor del apóstol[44] (en verdad no hubo tales, 2Ti 4:16), tiene en la mira la sana doctrina compartida por Pablo y Timoteo (ellos son los "nosotros", 2Ti 1:13; 2:2; 3:10, 14-15). Esto no quita que el escenario de la oposición haya sido el tribunal (ciertamente lo fue), pero delata que la controversia sucedió en el plano de la doctrina. Alejandro se vuelve así una nueva encarnación de Janes y Jambres (*anzíztēmi tē alēzeía*, 2Ti 3:8).[45] El carácter doctrinal de su oposición, sugiere pensar, pues, en un representante del judaísmo (¿el de Hch 19?)[46] o en un hereje cristiano (¿el de 1Ti 1?).[47]

La señal de alerta que levanta Pablo confirma dos elementos de nuestra interpretación. Por un lado, este Alejandro de Asia Menor evidentemente se encuentra en Roma (la advertencia es hecha porque el lector está viniendo a la capital del imperio). Por el otro, Timoteo es convocado evidentemente para presentarse junto al apóstol ante el tribunal (es prevenido respecto de un "contrincante de juicio").

SOLEDAD DEL APÓSTOL ANTE EL TRIBUNAL (ORACIÓN 9

16 En mi primera defensa

contexto circunstancial

nadie me acompañó, *contraste* sino que todos me abandonaron

paréntesis / contraexpectación-concesión

¡que no les sea contado!

Nuestra oración retoma la temática de la soledad del apóstol (ver 2Ti 4:10-11a / oración 2). No obstante el retorno no nos deja en el punto de partida de nuestro párrafo, sino que define el progreso del discurso, pues pone definitivamente de manifiesto que a Timoteo no solamente se lo trae hasta la ciudad de Roma, sino que se lo trae en verdad hasta el tribunal imperial.[48]

Históricamente estuvo sujeto a discusión el referente de la "primera defensa" (*hē prōtē apología*) aquí mencionada. Después de Eusebio de Cesarea (siglo 4 dC), una porción importante de los especialistas[49] que defiende la teoría de las dos prisiones, considera que la defensa (*apología*) aquí mencionada es la primera prisión en Roma referida por Lucas (Hch 28).[50] Esta interpretación no concuerda con el claro testimonio de que en dicha prisión el apóstol no sólo estuvo acompañado por varios de sus colaboradores (Hch 28:30; Ef 6:21; Fil 4:22; Col 4:7-14; Flm 23-24), sino por el mismísimo Timoteo (Fil 1:1; Col 1:1; Flm 1). Desde el punto de vista del lenguaje técnico, a su vez, la propuesta es deficiente, pues la "defensa" (*apología*) no designa un juicio en su totalidad, sino una de sus partes. La estructura básica de un proceso legal normal presentaba los siguientes pasos (Ferguson: 62):[51]

a) La *acusación* (latín *delatio*, griego *égklēma o aítēma*) era el primer paso dado por la iniciativa privada del acusador (latín *delator*, griego *katēgoros*).
b) El *careo* era la instancia en la que el acusado tenía la oportunidad de defenderse (griego *tópon apologías labeín*, Hch 25:16).
c) El *veredicto* era la instancia final en la que el magistrado, asistido por el concilio de amigos u oficiales (latín *concilium*), dictaba sentencia, condenando (griego *katadikē* o *katákrisis*) o exonerando (griego *apólusis*) al acusado.

La "primera defensa" (*hē prōtē apología*), por tanto, muestra corresponderse con la investigación preliminar (latín *prima actio*), ya sea delante del emperador mismo (primera audiencia, Knight: 469)[52] o en una instancia anterior, similar a la de Hch 24-26, en la que se prepara la información del caso para que luego el emperador dé el veredicto (Guthrie, 1990b: 186-89).[53]

Sea como fuere, el punto es que en la primera oportunidad que se le dio al apóstol para presentar su defensa, él estuvo totalmente solo (*oudeís moi paregéneto*). Este verbo (*paragínomai*) parece tener un uso técnico para referirse al acto de "comparecer" ante un tribunal (Hch 23:35; 25:7). Ponsa (173-75) enumera cuatro clases de figuras que podían acompañar a las partes en litigio: a) los juriconsultos (*iuris prudentis*), expertos en leyes que presentaban la documentación en defensa de sus clientes; b) los oradores (*orator*), ignorantes en cuestiones legales, pero hábiles en el plano de la retórica;[54] c) los *patronus,* gente poderosa que usaba su influencia política y económica para determinar la decisión del jurado;[55] d) los abogados (*advocati*), aficionados que asesoraban a sus partes en cuanto a la terminología conveniente a ser usada. Considerando el tipo de necesidad que fue satisfecha finalmente por el Señor (2Ti 4:17), el defraudado apóstol muestra haber esperado algo más que el simple testimonio de otros en su favor (Knight: 469). Pablo había precisado que sus colaboradores actúen al menos como abogados (d), estando a su lado para alentarlo en su propio testimonio. En cambio, y repitiendo los sucesos de la pasión de Cristo (Mr 14:50), todos sus colaboradores lo abandonaron (*allá pántes me egkatélipon*). Esta traición, no obstante, no parece tener la misma gravedad que aquella cometida por Demas (2Ti 4:10), en vista del deseo de absolución con el que cierra la oración ("¡que no les sea contado!": *mē autoís logiszeíē*).[56]

Del mismo modo que al comienzo del párrafo, la soledad del apóstol en el contexto del tribunal es mencionada aquí con el objeto de movilizar al lector (*probatio*) a suplir ese vacío (*exhortatio,* instrucción inicial). No solamente la muerte del apóstol es inminente. También lo es la continuación del juicio. Es precisamente para completar este tramo del proceso que Pablo lo quiere a Timoteo a su lado.[57]

TERCERA ACLARACIÓN (ORACIONES 10 A 11)

17 Pero el Señor sí estuvo conmigo
y me fortaleció,
de modo que la proclamación
del mensaje pudo ser completada
y todas las naciones llegaron a oír;
e incluso fui liberado de la boca del león,
¡el Señor me librará de todo emprendimiento perverso
y me llevará a salvo
hasta su reino celestial!
al que sea dada la gloria
a lo largo de todos los tiempos. Amén.

progresión — *resultado-medio* — *contraexpectación-concesión* — *paréntesis* — *conclusión-base* — *adición de progresión* — *resultado-razón* — *contexto temporal* — *confirmación*

Después de que el apóstol delatara su soledad más grave y extrema en la hora del juicio (2Ti 4:16), Pablo presenta la otra cara de la moneda: la soledad no fue absoluta, puesto que contó con la única compañía imprescindible, la del Señor. Esta aclaración (*disgressio*) no sólo entra en escena para hacer justicia a la verdad, sino también para retratar una vez más la situación del apóstol a partir de la tensión entre el temor que produce el halo de muerte que lo rodea y la atracción que genera su muerte ejemplar.

Nuestra sección está formada por dos oraciones en las que Pablo contempla nuevamente dos tiempos de su vida: el reconocimiento de la intervención divina en la primera defensa (pasado: 2Ti 4:17 / oración 10) y la certeza respecto de la próxima intervención que fundirá el contexto del tribunal con el del cielo (futuro: 2Ti 4:18 / oración 11).

Otra vez los "todos" que abandonan a Pablo son contrastados con uno que lo acompaña (ver 2Ti 1:15-18; 4:10-11a). Esta vez se trata nada menos que del Señor que "sí estuvo conmigo" (*ho dé kúrios moi paréstē*). Este Señor presentándose ante el tribunal junto al reo, siendo juzgado una vez más con los suyos,[58] recupera la estampa con la que Pablo conoció al resucitado: el Cristo perseguido con su iglesia (Hch 9:4-5). Esto, no cabe dudas, revierte súbitamente la posición de cada una de las partes humanas: el que castiga será castigado y el que es castigado será reivindicado. Munoa (313-16) demuestra que la visión del Señor puesto de pie (*parístēmi*) es un elemento característico en la experiencia judía del martirio.[59] Él sugiere entender la postura erguida como señal de la victoria sobre la muerte (Hch 7:54-60). La sucesión de movimientos de la figura mesiánica (El Elegido) de Enoch 49-51 parece completar este cuadro un poco más:[60] el Mesías parado es aquél que ya se sobrepuso al mismo martirio (ya no está tendido, Enoch 49:2; Ap 5:6), pero que aún se está conteniendo para dictar la sentencia definitiva (todavía no está sentado, Enoch 51:1-3; Mr 14:62).

La presencia del Señor, por tanto, trae aparejado un segundo elemento: "me fortaleció" (*kaí enedunámōsén me*). De hecho –y en cumplimiento de la promesa dada a los doce en el discurso apocalíptico de Jesús (Mr 13:11)–, a lo largo de la narrativa de Hch, la compañía del Señor juega un rol fundamental en el impulso y la guía del apóstol hacia el cumplimiento total de su llamamiento (predicar en Roma, Hch 18:9-10; 22:17-21; 23:11; 27:23-24). En nuestra carta puntualmente (2Ti 1:7-8 y 2:1) la fortaleza provista por el Señor se encuentra íntimamente ligada a la lucha contra la tentación de preservar la vida evadiendo los "pequeños peligros".[61] El resultado del aporte divino ("de modo que": *hína*) consistió precisamente en la realización de la meta para la cual Pablo fue llamado como apóstol ("la proclamación del mensaje pudo ser completada a través mío": *di´ emoú tó kērugma plēroforēzē*). No se está detallando aquí que en la primera defensa Pablo pudo exponer el evangelio en todas sus partes, sin que le quede algún tema pendiente (Coenen, 1983c: 744), sino que en tal contexto el apóstol llevó al extremo su tarea de proclamación.[62] Consideramos que esto implica al menos dos cosas. En primer lugar, al apóstol de las naciones (*apostolē eis tá éznē*, Gá 2:8) ya no le quedaba ámbito de los anunciados en su llamado programático por conquistar con el evangelio.[63] Ciertamente el testimonio delante de las autoridades imperiales, en su carácter de representantes de las naciones, habrá tenido para el apóstol dimensión universal ("todas las naciones": *pánta tá éznē*).[64] En segundo lugar, la tarea de proclamación no llega al extremo sino con la entrega de la propia vida por causa del evangelio (Fil 2:17; Col 1:24-27), de modo que la primera defensa, a la vez de alcanzar la dimensión universal del llamado (Hch 9:15), alcanza también su dimensión martirológica ("yo le mostraré cuánto tiene que padecer por mi nombre", Hch 9:16).[65] Ahora bien, el lugar clave que Pablo tiene dentro de la historia de la salvación hace que su llegada a la meta sea un punto de clímax para la escatología. De modo que la primera defensa no sólo fue una oportunidad para el cumplimiento del ciclo apostólico, sino también para el cumplimiento de la historia de la salvación. Es ésta la dimensión que tiene en la tradición profética y apostólica la idea de que "todas las naciones lleguen a oír" (*kaí akoúsōsin pánta tá éznē*).[66]

El último aporte que trajo aparejado la compañía divina durante la primera defensa es la inesperada liberación: "e incluso fui liberado de la boca del león" (*kaí errúszēn ek stómatos léontos*). Tres posibles referentes se plantean aquí: a) no ser arrojado a las fieras en la arena romana;[67] b) no ser ejecutado por Nerón y c) no caer en la tentación o la trampa del diablo.[68] Sin dudas el lenguaje de 2Ti 3:11 (propio de los salmos) es retomado aquí, de modo que informa nuestra frase: el que libera no es otro que el Señor (*me errúsato ho kúrios*) y su rescate se mueve en el plano físico (*hoíous diōgmoús*). Esto pone en desventaja a la última alternativa para "el león" (el diablo). Robertson (1989: 828) entiende, a su vez, que la primera alternativa (la fiera de la arena romana) es muy poco viable, considerando que Pablo era ciudadano romano.[69] Entendemos que la segunda alternativa (Pablo no fue condenado por el sanguinario emperador) cuenta con mejor sustento. La designación del enemigo poderoso o del imperio que destruye a sus presas ya está presente en el lenguaje de los salmos de lamento (Sal 7:2; 10:9; 17:12; 22:13 y 21), en los profetas (Jer 4:7; 5:6; Jl 1:6; Nah 2:11-13)[70] y en la literatura intertestamentaria.[71] Es en esta misma línea que la literatura judeo-cristiana del siglo 1 dC atribuye al emperador romano y a su poder hostil la misma terminología.[72]

Esta primera intervención favorable del Señor (2Ti 4:17) se vuelve base para la certeza respecto de lo que aún está por venir (2Ti 4:18).[73] No obstante, esta vez el apóstol no espera ser liberado en el plano físico (de los "pequeños peligros"),[74] sino en el plano moral y espiritual (de los "grandes peligros").[75] El traspaso del discurso de un plano al otro (de lo físico a lo espiritual) muestra ser característico en el contexto de un martirio asumido.[76] Sin dudas después de la primera defensa, ha sucedido algo que le asegura al apóstol lo inevitable que es la condena esta vez.[77] El rescate divino porvenir es descrito, pues, por medio de dos proposiciones que resuenan fuertemente a la oración del Señor[78] (¿confía Pablo en que el final de su historia reflejará la respuesta fiel del Padre a la oración?). La primera proposición afirma que "¡el Señor me librará de todo emprendimiento perverso!" (*rúsetaí me ho kúrios apó pantós érgou ponēroú*). Esta terminología deriva de los salmos en los que el autor anhela la liberación física de manos del enemigo (Sal 40:2; 139:2; Is 25:4 LXX). Tanto en el padrenuestro (*rúsai hēmás apó toú poneros,* Mt 6:13) como en la oración sacerdotal de Jn 17:15 (*hína tērēsēs autoús ek toú ponēroú*), Jesús impregna esta frase de una connotación diferente: la liberación del maligno no es evasión del sufrimiento y o de la muerte, sino del caer en apostasía en la hora de la prueba (Mt 6),[79] intentando escapar de la entrega extrema por causa del evangelio (Jn 17).[80] 2Ts 3:3, por su parte, entiende la obra de los "hombres perversos" (*ponēroí ánzrōpoi*) como todo aquello que estorba, debilita y atemoriza la proclamación apostólica.[81] Así pues, la convicción del apóstol es que el Señor le concederá experimentar aquello que él mismo demanda en nuestra carta de Timoteo: disposición al martirio en pro del evangelio.[82]

La segunda proposición se proyecta más allá de la misma muerte: "¡y me llevará a salvo hasta su reino celestial!" (*kaí sōsei eis tēn basileían autoú tēn epouránion*). La presencia del Señor en el martirio mismo del apóstol le asegura el "salvoconducto" (Foerster y Fohrer: 966)[83] hacia aquella realidad en la que se revertirá la tragedia presente. Todo el cuadro pone el acento en este elemento de la *reversión* de la realidad actual. El reino ya no es más de Nerón, sino que es suyo (*tēn basileían autoú*)... y de aquellos que soportaron la prueba (2Ti 2:12). El reino no está en Roma ni en la tierra, pues es un "reino celestial" (*tēn basileían tēn epouránion*), es donde se ejecuta de un modo paradigmático la voluntad del Padre (Mt 6:10), es donde la iglesia reina junto al Cristo victorioso (Ef 1:3, 20; 2:6).[84]

La visión celestial, la certeza del apóstol y su absoluta dependencia con respecto al actuar divino no puede sino romper en una doxología: "al que sea dada la gloria a lo largo de todos los tiempos. Amén" (*hō hē dóxa eis toús aiōnas tōn aiōnōn, amēn*).[85]

SÍNTESIS DEL PÁRRAFO

El lector, ya comprometido y estimulado a ponerse lado a lado con el apóstol, recibe finalmente las instrucciones concretas de salir de Éfeso para ir a Roma, más específicamente, de salir de su relativa tranquilidad para presentarse ante el tribunal romano junto al apóstol. Allí no solamente se encuentra la condena y el martirio. También se vuelve espacio para encarnar la comunión con el prójimo, para cumplir en forma definitiva la vocación, pero por sobre todo para experimentar la intervención favorable del Señor.

PROPUESTAS PRÁCTICAS

Nuestro texto se vuelve ejemplo palpable del sentido que encierra toda palabra de las Escrituras. Su terreno no es el de la abstracción, el del pensamiento, el de la literatura. Su terreno es, como desde un principio (Gn 1), la realidad concreta.

Todo el resto de nuestra carta preparó el terreno para llegar a las demandas más cotidianas como "tráeme la capa que hace frío", pero también a las demandas más radicales como "apresúrate a venir a mí pronto".

La palabra de Dios busca disponer de nuestras manos para las cosas más sencillas y cotidianas (Mr 9:38-41), porque Dios comienza por mirar lo más íntimo (Mt 6:1-4), lo más pequeño (1S 16:7-12; Mt 6:25-34; 25:23). Pero al mismo tiempo, esta palabra busca disponer de nuestras vidas en las cosas más extremas y valiosas, porque así como es absoluta su entrega, es absoluto su reclamo.

El planteo con el que nos confronta nuestro texto, provechoso para la reflexión grupal, es ¿cuánto de nuestra existencia ponemos a disposición de la palabra de Dios? ¿Solamente las cosas pequeñas y cotidianas?, ¿solamente los grandes temas (convicción, concepto de la vida), omitiendo los "detalles" (mi vocabulario, hábitos, gestos, reacciones)?

La continua inclinación divina a encarnar su Palabra (inclinación que le hizo apropiarse de nuestra naturaleza humana en la persona de Jesucristo) no resiste el abuso de aquél que la usa mientras que se mueva en el plano de la abstracción. El terreno de la palabra de Dios no es otro que el de la realidad concreta. Y esto nos juzga a todos, pues todos nos reservamos algún pequeño detalle para satisfacer la voluntad propia (y no la divina) sin mucho escándalo. Esto nos juzga a todos, pues todos estamos dispuestos a obedecer, en la medida que la demanda no sea radical.

No obstante, nuestro párrafo no sólo nos confronta con nuestro vicio. Por sobre todo, nos plantea la salida: nadie puede librarnos de la tentación a evadir la demanda radical de Dios, sino Cristo mismo (2Ti 4:18). Es precisamente esto lo que pedimos en el Padrenuestro: cuando llegue la hora en que la obediencia a la Palabra sea en extremo desafiante, que sea él quien actúe primero librándonos de ceder ante nuestro vicio y tentación. Pues antes de que la Palabra invada la realidad por medio de mandatos y exigencias, ella irrumpe en nuestra debilidad con el indicativo "yo estoy contigo", "yo te perdono", "yo te liberaré" para transformarnos y fortalecernos.

* Nota litúrgica: 2Ti 4:16-18 es sugerido como epístola para el vigésimo tercer domingo después de Pentecostés en la serie trienal C (*PC:* 694; *CS*: 120). Para el mismo domingo, LWsp (86) ofrece el siguiente verso basado en 2Ti 4:18: "Aleluya, aleluya. El Señor me librará de todo ataque perverso y me llevará seguro a su reino celestial. Aleluya." 2Ti 4:5-11 es sugerido para el festival menor de San Lucas (18 de octubre) y 2Ti 4:6-11 para el festival menor de San Marcos (25 de abril – LWsp: 100-01).

APUNTES TÉCNICOS

APUNTES DE LÉXICO Y SINTÁXIS

2Ti 4:9

"apresúrate" (σπούδασον): Imperativo aoristo ingresivo: el énfasis está puesto en la urgencia del pedido (Wallace: 719-20).

"a venir" (ἐλθεῖν): Infinitivo de propósito (Wallace: 590-92).

"pronto" (ταχέως): BAGD (ταχέως.1.a: 806) "rápidamente, de una, sin retraso, pronto". BDF § 244.1 indica que ya desde el griego clásico los superlativos como el nuestro son usados como absolutos: "muy rápido".

2Ti 4:10

"abandonó" (ἐγκατέλιπεν): BAGD (ἐγκαταλείπω.2: 215) "abandonar, desertar". Louw & Nida § 35.54 define nuestro verbo como "desertar o abandonar a alguien y, así, dejarlo descuidado". Aoristo consumativo: señala el cierre o cese de una actividad o estado (Wallace: 559-60).

"por amar" (ἀγαπήσας): BAGD (ἀγαπάω.2: 5) define nuestra categoría como "amor por las cosas; denotando alta estima por o satisfacción con algo". Pese a que desde un punto de vista estructural, nuestro participio se acomoda mejor a las características del participio adverbial de modo (contemporáneo con el verbo principal y le sigue en posición), preferimos interpretarlo como un participio adverbial de causa (Wallace: 631-32).

"esta vida" (τὸν νῦν αἰῶνα): BAGD (αἰών.2.a: 27) indica que nuestra construcción es sinónima de "esta era" (ὁ αἰών οὗτος). Louw & Nida § 67.143 indica que nuestro sustantivo hace referencia a un segmento de tiempo que, aunque sea extendido, sigue siendo limitado. Consideramos evidente que el referente de nuestra construcción es el que propone BAGD (νῦν.3.a: 546) como traducción: "esta era" en contraposición a "la otra era" (¿la aparición de Cristo? de 2Ti 4:8) y a "este mundo", en cuanto espacio físico. Recordamos que las cinco ocurrencias de nuestro sustantivo en las pastorales denotan tiempo y no lugar. De todos modos, por cuestiones de traducción, preferimos la expresión "esta vida", no haciendo referencia a ninguna otra cosa que a "esta era" como BAGD. Trench (203) define nuestro sustantivo como "todo lo que existe en el mundo bajo condiciones de tiempo".

"se fue" (ἐπορεύθη): BAGD (πορεύω.1: 692) "ir, proceder, viajar." Louw & Nida § 15.18 define nuestro verbo como "moverse una distancia considerable, ya sea con un único destino o de un destino al otro en una serie". Aoristo puntiliar (Wallace: 557-58).

2Ti 4:11

"solo" (μόνος): Recordamos que el nuestro es el uso propio del adjetivo "solo" (μόνος): "Lucas está solo a mi lado" y no "solamente Lucas está conmigo" (BAGD, μόνος.1.a.α: 527).

"Encuentra" (ἀναλαβὼν): BAGD (ἀναλαμβάνω.4: 57) "tomar a alguien como compañero de viaje". Louw & Nida § 15.168 define como "tomar o traer a alguien con uno". Participio concomitante de circunstancia (Wallace: 640-45). Debido al abuso histórico de esta categoría, los especialistas son reacios a concederla fácilmente. Wallace presenta las cinco siguientes características como necesarias para que un participio pueda ser considerado como perteneciente a esta categoría

a) El tiempo del participio debe ser aoristo.

b) El tiempo del verbo principal normalmente debe ser aoristo, o presente.

c) El modo del verbo principal debe ser imperativo o indicativo.

d) El participio debe preceder al verbo principal tanto en posición como en el tiempo del evento.

e) Es infrecuente que nuestra categoría suceda en literatura no narrativa.

Wallace suma los siguientes elementos semánticos como claves para verificar la categoría: a diferencia de los participios adverbiales, nuestro participio debe tener fuerza ingresiva, produciendo un cambio en la dirección de la narrativa; este participio toma su fuerza del modo del verbo principal: si éste es imperativo, el participio es la primera cosa demandada. No obstante, lo que diferencia a nuestra construcción de la de dos imperativos coordinados por un "y" (καί) es la conexión íntima entre los dos verbos (participio-imperativo) y la ascendencia que toma lo demandado a través del imperativo por sobre el participio.

"tráelo" (ἄγε): BAGD (ἄγω.1.b: 14) traduce como "trae(lo) contigo". Louw & Nida § 15.165 define nuestro verbo como "dirigir o guiar el movimiento de un objeto, sin especial consideración por el punto de partida o el destino" y traduce "encuentra a Marcos y tráelo contigo". La elección del tiempo presente (y no aoristo) para nuestro imperativo levanta la cuestión con respecto a su implicancia, especialmente considerando la fuerza puntiliar de la acción demandada. ¿Se centra el presente en el aspecto progresivo del conducir a Marcos a lo largo de todo el viaje hasta llegar a Pablo? Esto es probable, puesto que se trata de un imperativo presente ingresivo-progresivo (Wallace: 721-22). La comprensión semántica que tiene Voelz (1993: 66-68) del tiempo presente puede ser útil aquí: el enfoque no está puesto en la acción en sí (para esto, señala Voelz, sería utilizado el aoristo), sino en la conexión (grado de participación) que el sujeto en cuestión tiene con la acción a desarrollar. Esto es coherente con el uso del pronombre reflexivo.

"contigo" (σεαυτοῦ): Pese a que BDF § 283 señala que el pronombre reflexivo perdió mucho de su fuerza en el NT al punto de funcionar en muchos casos simplemente como un pronombre personal, de todos modos consideramos que en nuestro caso sí tiene la fuerza que Wallace (350) define en estos términos: "el pronombre reflexivo es usado para *resaltar la participación del sujeto* en la acción verbal" (itálicas del autor). La fuerza que el imperativo presente y el pronombre reflexivo impregnan en nuestro texto es "asegúrate de traerlo contigo y que no venga con ningún otro".

"me" (μοι): Dativo de interés: enfatiza el interés personal que tiene la persona beneficiada por el objeto (Wallace: 142-44). Podría considerarse como un dativo ético, en caso de que se interprete al pronombre personal como referente al punto de vista evaluativo del apóstol: "pues, para mí (desde mi punto de vista), es útil para el ministerio" (Wallace: 146-67).

"útil" (εὔχρηστος): BAGD (εὔχρηστος: 329) "útil". BAGD señala que nuestro adjetivo toma el caso dativo para indicar la persona a la que el sujeto le resulta útil.

"en relación a" (εἰς): εἰς de referencia: "es útil en lo que respecta al servicio / ministerio" (BAGD, εἰς.5: 230).

"al ministerio" (διακονίαν): BAGD (διακονία.1: 184) interpreta que el referente de nuestro texto es el "servicio" (en sentido general) que le puede prestar Marcos. Consideramos, junto con la mayoría de las versiones inglesas y castellanas, que el referente aquí es el ministerio apostólico de Pablo. Ciertamente los miembros de la iglesia de Roma no habrán dejado al apóstol sin compañía y servicio personal de cualquier otro tipo (ver 2Ti 4:21). La concentración del apóstol, por otro lado, en aquellos especialmente involucrados en la tarea apostólica de Pablo (Demas, Crescente, Tito, Lucas, Marcos, Tíquico y Timoteo) aboga a favor de nuestra interpretación.

2Ti 4:12

"lo estoy enviando" (ἀπέστειλα): Es probable que nuestro aoristo sea epistolar: la acción (aún no realizada) es descripta como pretérita por ser comprendida desde el punto de vista del lector (Wallace: 562-63).

2Ti 4:13

"la capa" (τὸν φαιλόνην): Louw & Nida § 6.172 y BAGD (φαιλόνης: 851) "capa".

"dejé" (ἀπέλιπον): BAGD (ἀπολείπω.1: 94) "dejar atrás". Louw & Nida § 85.65 define nuestro verbo como "hacer o permitir que algo permanezca en un lugar y partir (implicando o no propósito); dejar, abandonar". Aoristo puntiliar (Wallace: 557-58).

"en lo de Carpo" (para. Κάρπῳ): BAGD (παρά.II.1.b: 610) indica que nuestra construcción es utilizada para indicar en la casa (o ciudad o compañía) de quién sucede la acción.

"Cuando vengas" (ἐρχόμενος): Participio adverbial de tiempo (Wallace: 623-27).

"trae contigo" (φέρε): BAGD (φέρω.4.a.α: 855) "traer". Imperativo presente ingresivo-progresivo (Wallace: 721-22; ver "trae" –ἄγε– del 2Ti 4:11)

"especialmente" (μάλιστα): BAGD (μάλιστα.1: 489) "más que nada, sobre todo, especialmente, particularmente". Knight (467) sigue a Skeat en la propuesta de traducir μάλιστα con fuerza epexegética ("esto es"), de modo que "los pergaminos" (τὰς μεμβράνας) especifican el referente de "los rollos" (τὰ βιβλία).

"los pergaminos" (τὰς μεμβράνας): BAGD (μεμβράνα: 502) traduce "los libros, especialmente los pergaminos".

2Ti 4:14

"el que trabaja el cobre" (ὁ χαλκεὺς): BAGD (χαλκεύς: 874) "trabajador del cobre, herrero". Louw & Nida § 2.55 "uno que hace objetos de bronce, cobre u otros metales".

"daño" (κακά): BAGD (κακός.3: 398) considera a nuestro uso como uno de los casos en los que se combina lo "malo" (vicio moral), con lo "dañino" (producto del vicio moral). BAGD señala, a su vez, que el neutro plural (κακά) tiene función sustantival.

"(me) hizo" (ἐνεδείξατο): Louw & Nida § 13.131 define nuestro verbo como "hacerle algo a alguien, normalmente con la implicancia de algo malo". Tanto Louw & Nida como BAGD (ἐνδείκνυμι.2: 262) proponen nuestra traducción. Consideramos que tanto nuestro verbo como el siguiente aoristo ("se opuso": ἀντέστη) son puntiliares: parecen hacer referencia al evento único de la "primera defensa de Pablo" (Wallace: 557-58).

"retribuirá" (ἀποδώσει): BAGD (ἀποδίδωμι.3: 90) "entregar, premiar, recompensar en buen sentido o en malo" Louw & Nida § 38.16 define nuestro verbo como "recompensar a alguien, ya sea en forma positiva o negativa, dependiendo de lo que el individuo merezca". Futuro predictivo (Wallace: 568).

"de acuerdo con" (κατά): κατά de estándar (Wallace: 377). BAGD (κατά.II.5.a.δ: 407) ubica a nuestro texto bajo una categoría de estándar, con cierta fuerza de causa: "así *de acuerdo con y por causa de* se funden".

"(sus) hechos" (τὰ ἔργα): BAGD (ἔργον.1.b.β: 308) señala el uso típico de nuestra expresión "con respecto a los hechos de los hombres, exhibiendo un carácter moral consistente".

"sus (hechos)" (αὐτοῦ): Genitivo subjetivo (Wallace: 113-16).

2Ti 4:15

"con respecto a él" (ὃν): Acusativo de referencia (Wallace: 203-04).

"mantente en guardia" (φυλάσσου): BAGD (φυλάσσω.2.a: 868) "estar en guardia contra alguien, cuidarse de, evitar". BAGD señala que nuestro uso toma el caso acusativo para indicar de quién se cuida el sujeto. Imperativo presente ingresivo-progresivo (Wallace: 721-22).

"vehementemente" (λίαν): BAGD (λίαν.1: 473) "mucho, en forma excesiva". No obstante, BAGD propone nuestra traducción. BDF § 474.2 señala que nuestro adverbio generalmente sigue en posición al verbo que modifica (toma la segunda posición). El hecho de que en nuestro texto, el adverbio tome el primer lugar en la cláusula delata su carácter enfático.

"se opuso" (ἀντέστη): BAGD (ἀνθίστημι.2: 67) "ponerse en contra de, oponerse, resistir". Louw & Nida § 39.1 define nuestro verbo como "oponerse a alguien, implicando no sólo una actitud sicológica, sino también el comportamiento correspondiente; oponerse, ser hostil para con, mostrar hostilidad".

"a nuestra" (ἡμετέροις): BDF § 285 señala que nuestro adjetivo posesivo, casi desaparecido en el coiné, sigue teniendo igualmente la fuerza enfática del uso clásico.

"predicación" (τοῖς λόγοις): Dativo de interés-desventaja (*incommodi*): señala en contra de quién sucede algo (Wallace: 142-44).

2Ti 4:16

"mi" (μου): Genitivo subjetivo (Wallace: 113-16).

"defensa" (ἀπολογία): BAGD (ἀπολογία.2.a: 96) traduce "en mi primera defensa." Louw & Nida § 33.435 comprende a nuestro sustantivo con fuerza verbal (el acto de defenderse), por lo que traduce "la primera vez que me defendí, ninguno estuvo a mi lado". Dativo de tiempo (Wallace: 155-57).

"(me) acompañó" (παρεγένετο): BAGD (παραγίνομαι.3: 613) "estar al lado de, venir en ayuda de". Louw & Nida § 35.6 define nuestro verbo como "acercarse para asistir a alguien" y traduce "ninguno vino a ayudarme". Robertson (1989: 827-28) traduce "nadie tomó partido por mí", en un sentido más técnico jurídico (similar al sentido de "comparecer" connotado en Hch 23:35 y 25:7). Esto es probable, en vista de que Liddell & Scott (παραγίνομαι: 1306) incluye entradas como "dar apoyo" en un enfrentamiento, o "sumarse al punto de vista de otro". Aoristo puntiliar (Wallace: 557-58).

"(me) abandonaron" (ἐγκατέλιπον): BAGD (ἐγκαταλείπω.2: 215) "abandonar, desertar". Louw & Nida § 35.54 define nuestro verbo como "desertar o abandonar a alguien y, así, dejarlo descuidado". Aoristo consumativo: señala el cierre o cese de una actividad o estado (Wallace: 559-60).

"les" (αὐτοῖς): Dativo de interés-desventaja (*incommodi*): señala en contra de quién sucede algo (Wallace: 142-44).

"que (no) les sea contado" (λογισθείη): BAGD (λογίζομαι.1.a: 476) "contar algo contra alguien, en cuanto castigarlo por eso". Louw & Nida § 57.227 define nuestro verbo como "asentar en el registro de cuentas comerciales, tomando en cuenta tanto las deudas como los créditos; poner en la cuenta de, cargar una cuenta, considerar como una cuenta pendiente". Optativo voluntativo: expresa un deseo u oración obtenible (Wallace: 481-83).

2Ti 4:17

"estuvo (conmigo)" (παρέστη): BAGD (παρίστημι.2.a.γ: 628) "venir en ayuda de, estar junto a". Louw & Nida § 85.13 define nuestro verbo como "estar próximo a alguien" y traduce "pero el Señor estuvo conmigo". Añade Louw & Nida § 35.1 todavía una segunda posibilidad para nuestro texto: "asistir a alguien supliendo lo que puede necesitarse". Tanto nuestro verbo como el siguiente ("fortaleció": ἐνεδυνάμωσέν) son aoristos puntiliares (Wallace: 557-58).

"(me) fortaleció" (ἐνεδυνάμωσεν): Louw & Nida § 74.6 define nuestro verbo como "hacer que alguien tenga la habilidad para hacer o experimentar algo; hacer hábil a alguien, darle la capacidad de, habilitar para, fortalecer, potenciar". BAGD (ἐνεδυναμόω.1: 263) "fortalecer a alguien". Consideramos que en nuestro texto la temática de fortaleza toma más preponderancia que la de habilidad (a diferencia de 1Ti 1:12).

"de modo que" (ἵνα): ἵνα + subjuntivo de propósito-resultado (Wallace: 474-75). Wallace indica que nuestra categoría mixta es utilizada, particularmente por autores de origen hebraico, con Dios-Cristo como sujeto. Denota intención de parte del sujeto (propósito) y cumplimiento concreto (resultado). Optamos por expresarnos en términos de resultado al traducir en vista del carácter descriptivo de nuestra oración.

"a través mío" (δι' ἐμοῦ): διά + genitivo de agencia (Wallace: 368). Nótese la forma enfática del pronombre personal.

"la proclamación del mensaje" (τὸ κήρυγμα): BAGD (κήρυγμα.2: 431) "proclamación, predicación". Louw & Nida § 33.258 señala que, debido a la terminación –μα, nuestro sustantivo señala puntualmente "el contenido de lo que es predicado". BDF § 109.2 indica que la terminación –ma especifica el resultado de una acción. Coenen (1983c: 744), por otro lado, señala que el κήρυγμα aquí no es un contenido determinado del mensaje apostólico.

"pudo ser completada" (πληροφορηθῇ): BAGD (πληροφορέω.1.a: 670) "completar". Louw & Nida § 33.199 define a nuestro verbo como "relatar completamente el contenido de un mensaje; proclamar, decir totalmente". Louw & Nida traduce "de modo que fui capaz de proclamar completamente el mensaje para que todos los gentiles oigan". Tanto nuestro verbo como el siguiente ("llegaron a oír": ἀκούσωσιν) son aoristos consumativos: enfatizan el cumplimiento o cierre de una etapa (Wallace: 559-61).

"llegaron a oír" (ἀκούσωσιν): Consideramos que nuestro uso es el que tanto BAGD (ἀκούω.3: 32) como Louw & Nida § 33.212 definen como "aprender o llegar a estar informado con respecto a algo".

"e incluso" (καί): Nuestro adverbio tiene fuerza ascendente (Wallace: 670-71), señalando hasta dónde fue beneficiado el apóstol por la compañía del Señor ante el tribunal. No obstante, al mismo tiempo presenta claras marcas concesivas: nuestra partícula enfatiza el "hecho como sorprendente, inesperado o destacable" (BAGD καί.2.g: 392): "me fortaleció, de modo que, a través mío, el mensaje pudo ser completamente proclamado y todas las naciones llegaron a oír; e igualmente (pese a eso) fui liberado de la boca del león".

"de" (ἐκ): ἐκ de separación (Wallace: 107-09).

"la boca" (στόματος): BAGD (στόμα.1.c: 770 y λέων.2: 472) entiende a nuestro uso como simbólico. BDF § 217.3 indica que nuestra construcción es una de las típicas circunlocuciones hebraicas en las que se usan sustantivos en genitivo en lugar de preposiciones.

“del león” (λέοντος): Genitivo partitivo (Wallace: 84-86).

2Ti 4:18
El asíndeton (falta de coordinación entre oración y oración) muestra la abrupta irrupción de nuestra declaración de confianza en el cuidado divino.

“(me) librará” (ῥύσεται): Tanto nuestro verbo como el siguiente (“salvará”: σώσει) son futuros predictivos (Wallace: 557-58).

“de” (ἀπό): ἀπό + genitivo de separación (Wallace: 368).

“todo” (παντὸς): Tanto Smyth § 1174 como BAGD (πᾶς.1.a.β: 631) “toda clase de”.

“emprendimiento” (ἔργου): BAGD (ἔργον.1.c.β: 308) indica que la forma plural τὰ ἔργα πονηρά es una construcción típica para “los hechos perversos”. BAGD (ἔργον.3: 308) señala que nuestro sustantivo también es utilizado en forma pasiva, para indicar aquello que es realizado por medio del trabajo: “emprendimiento, realización”. En vista del carácter maligno de nuestro referente (“perverso”: πορνός), es claro que se está hablando aquí de ser librado no de los errores propios, sino de aquellas cosas perversas con las que el apóstol es puesto en gran peligro. Consideramos, por tanto, que el sentido pasivo es apropiado para nuestro texto.

“perverso” (πονηροῦ): BAGD (πονηρός.1.b.β: 691) define nuestra categoría como usada “en un sentido ético: perverso, malvado, malo, bajo, sin valor, vicioso, degenerado”. Louw & Nida § 88.110 define nuestro adjetivo como “perteneciente al ser moralmente corrupto y malo”. Trench (295-96) señala que “malo” (κακός) funciona como antítesis de “bueno, noble” (ἀγαθός) por faltarle virtudes para ser bueno o noble. “perverso” (πονηρός), por otro lado, teniendo su origen etimológico en la frase “el que genera problemas” (ὁ παρέχων πόνους), implica voluntad y actividad en hacer lo malo. Satanás es descrito en las Escrituras, lógicamente, como “perverso” (πονηρός). Ammonio, señala Tench, define a “perverso” (πονηρός) como “lo más extremo de lo malo” (ὁ δραστικὸς κακοῦ).

“me llevará a salvo” (σώσει): Tanto BAGD (εἰς.7: 230) como Liddell & Scott (σῴζω.II: 1748) indican que la nuestra (σῴζειν εἰς) es un construcción típica que denota movimiento o transporte de algo: “llevar a salvo hasta / adentro de”.

“su” (αὐτοῦ): Genitivo subjetivo (Wallace: 113-16).

“celestial” (ἐπουράνιον): BAGD (ἐπουράνιος.1.a.β: 306) “celestial”. Louw & Nida presenta dos entradas relativamente cercanas al sentido de nuestro texto: a) lo que está ubicado en el cielo (§ 1.12); b) que viene de Dios (§ 12.17). Consideramos que nuestro uso es una combinación de ambos.

“al que sea dada” (ᾧ): Dativo de objeto indirecto (Wallace: 140-42). BAGD (δόξα.3: 204) indica que la construcción δόξα + dativo es una fórmula construida particularmente en el contexto litúrgico judío. Hay desacuerdo en cuanto al modo del verbo omitido, correspondiente al carácter de nuestra expresión: puede tratarse de una descripción de la gloria divina (indicativo), o de un deseo / llamado a dar gloria a Dios (subjuntivo). Optamos por suplir la elipsis (omisión voluntaria) con el verbo δοθῇ: "al que le sea dada la gloria".

"a lo largo de todos los tiempos" (εἰς τοὺς αἰῶνας τῶν αἰώνων): BAGD (αἰών.1.b: 27) indica que nuestra construcción presenta una de las expresiones más elaboradas referente a la eternidad. Louw & Nida § 67.95 define nuestra construcción como "una duración de tiempo ilimitada, con un enfoque particular en el futuro". El otro rostro de nuestra expresión es la fuerza de duración de tiempo o continuidad que imprimen tanto la preposición εἰς (BAGD, εἰς.2.b: 228) como el acusativo de tiempo de τοὺς αἰῶνας –a lo largo de la eternidad–. Es importante recordar aquí la fuerza extensiva que tiene el acusativo de tiempo, a diferencia del dativo, que señala un punto en el tiempo, y del genitivo, que señala una clase de tiempo (Wallace: 202-03).

APUNTES CRÍTICO-TEXTUALES

Para la ubicación geográfica y temporal de cada testigo de 2Ti ver Apéndice IX (p. 477).

2Ti 4:9: Algunos manuscritos reemplazan nuestra forma superlativa ταχέως ("pronto") por:

a) La forma comparativa τάχιον.
b) La forma preposicional ἐν τάχει.

1) **Por evidencia interna:** El escriba de la variante a) acomoda el texto original a una forma extraña al corpus paulino, pero evidentemente corriente para su tiempo (se trata de un *coineísmo* – BDF § 61.1). El escriba de la segunda variante, por su parte, mejora el estilo del texto original usando una forma clásica (*aticismo* – BDF § 219.4).
2) **Por evidencia externa:** La primera variante es registrada en el códex Freerianus (I) y el minúsculo 33, mientras que la segunda en el minúsculo 442. Es evidente la falta de sustento que presentan ambas correcciones del texto.

2Ti 4:10: Algunos manuscritos reemplazan el aoristo ἐγκατέλιπεν ("me abandonó") por el imperfecto ἐγκατέλειπεν.

1) **Por evidencia interna:** El escriba posiblemente confunde el sonido de la iota (ι) con el del diptongo ει (*itacismo*). Se pone en evidencia que los mismos escribas (A C F G L P 33 81 104 [326] 1175 1881) tienen problema con el aoristo II (forma clásica) de verbos derivados de λείπω a lo largo de todo el NT (Mr 15:34; Lc 10:40; Hch 24:27; Ro 11:4; 2Ti 4:13, 16, 20; Tit 1:5; Heb 13:5; 2P 2:15). Es claro que el sentido natural del texto sugiere que el autor no se está refiriendo a una acción prolongada ni reiterada (imperfecto), sino única, puntual (aoristo).
2) **Pese a evidencia externa:** Éste es el soporte de cada alternativa:
- El texto original es sustentado por los códigos Sinaítico (א), Freerianus (I) y Athous Lavrensis (Ψ), el original del códex Claromontanus (D), el minúsculo

1739 y el texto mayoritario (𝔐).
- La variante, por su parte, es sustentada por los códigos Alejandrino (A), Ephraemi Syri Rescriptus (C), Boreelianus (F), Boernerianus (G), Angelicus (L) y Porphyrianus (P), la segunda corrección del códex Claromontanus (D), los minúsculos 33 104 326 1175 y una corrección del minúsculo 1881.

La variante presenta un soporte de mayor importancia que el texto original, no obstante, definimos nuestra lectura en base a la evidencia interna.

2Ti 4:10: Algunos manuscritos reemplazan "Galacia" (Γαλατίαν) por "Galia" (Γαλλίαν).

1) **Por evidencia interna:** El escriba reemplaza los términos ya sea por confundir la segunda A (alfa) con una Λ (lambda) por su parecido gráfico o –más probablemente– porque intenta evitar confusión entre la región a la que él considera que se refiere el apóstol (la Galia celta) con la provincia romana de Asia (Metzger, 1994: 581).
2) **Por evidencia externa:** Éste es el sustento de la variante: Los códigos Sinaítico (א) y Ephraemi Syri Rescriptus (C), los minúsculos 81 104 326, las Vulgatas Stuttgartiensis y Wordsworth/White, las versiones cópticas Sahídica y Bohaírica –en parte– y Eusebio de Cesarea.

A pesar de que esta variante cuenta con una amplia distribución geográfica y con manuscritos de gran importancia, la evidencia a su favor no muestra ser suficiente."

2Ti 4:11: Algunos manuscritos reemplazan el imperativo presente ἄγε ("tráelo") por el aoristo ἄγαγε.

1) **Por evidencia interna:** El escriba corrige el texto para expresar el carácter único y puntual de la acción de un modo más apropiado.
2) **Por evidencia externa:** Pese a la importancia del códex Alejandrino (A), el sustento de la variante muestra ser insuficiente: el códex Alejandrino (A) y los minúsculos 104 365 y 1881.

2Ti **4:13:** Algunos manuscritos reemplazan el aoristo ἀπέλιπον ("dejé") por el imperfecto ἀπέλειπον.

1) **Por evidencia interna:** Ver arriba la discusión correspondiente al reemplazo del aoristo ἐγκατέλιπεν ("me abandonó") por el imperfecto ἐγκατέλειπειν en 2Ti 4:10.
2) **Pese a evidencia externa:** Éste es el soporte de cada alternativa:
   - El texto original es sustentado por los códigos Sinaítico (א), Claromontanus (D) y Athous Lavrensis (Ψ), el minúsculo 1739, el original de 1881 y el texto mayoritario (𝔐).
   - La variante, por su parte, es sustentada por los códigos Alejandrino (A), Ephraemi Syri Rescriptus (C), Boreelianus (F), Boernerianus (G), Angelicus (L) y Porphyrianus (P), los minúsculos 33 104 326 1175 y una corrección del minúsculo 1881.

Nuevamente, pese a que la variante presenta un soporte de mayor importancia que el texto original, tomamos nuestra decisión en base a la evidencia interna.

2Ti 4:13: Algunos manuscritos insertan entre "y también los papiros, especialmente" (καὶ τὰ βιβλία μάλιστα) y "los pergaminos" (τὰς μεμβράνας):

a) la partícula "por el otro lado" (δέ).

b) la conjunción "y" (καί).

1) **Por evidencia interna:** Los escribas de ambas variantes intentan corregir el *asíndeton* (falta de conjunción entre elementos enlistados) producido por lo coloquial de esta sección del discurso.

2) **Por evidencia externa:** Éste es el soporte que presenta cada variante:

- La variante a) es sustentada por el original del códex Claromontanus (D), gran parte de la tradición latina y Ambrosiaster.

- La variante b), por su parte, se encuentra registrada en el minúsculo 1175.

Es clara la falta de soporte que presentan ambas variantes.

2Ti 4:14: Algunos manuscritos reemplazan el indicativo ἀποδώσει ("retribuirá") por el optativo ἀποδῴη ("Que el Señor le retribuya").

1) **Por evidencia interna:** El escriba acomoda el texto original al formato utilizado por Pablo en el resto de la carta (2Ti 1:16, 18; 2:25) para expresar sus deseos de compasión divina sobre terceros. El apóstol, en forma significativa, no desea aquí el castigo para Alejandro, sino que lo anuncia, del mismo modo que acaba de anunciar su propia recompensa en 2Ti 4:8.

2) **Por evidencia externa:** Éste es el soporte de cada alternativa:

- El texto original es sustentado por los códigos Sinaítico (א), Alejandrino (A), Ephraemi Syri Rescriptus (C), Boreelianus (F) y Boernerianus (G), el original y una corrección del códex Claromontanus (D), los minúsculos 6 33 81 104 365 630 1175 1739 1881, el manuscrito latino a y la Vulgata Clementina.

- La variante, por su parte, se apoya en el testimonio del códex Athous Lavrensis (Ψ), la segunda corrección del códex Claromontanus (D), el texto mayoritario (𝔐), el manuscrito latino b, las Vulgatas Stuttgartiensis y Wordsworth/White y Ambrosiaster.

Es clara la superioridad de soporte del texto original.

2Ti 4:15: Algunos manuscritos reemplazan el aoristo ἀντέστη ("se opuso") por el perfecto ἀνθέστηκεν.

1) **Por evidencia interna:** El escriba hace coordinar nuestro verbo con el carácter presente por un lado de la advertencia recién levantada ("También tú mantente en guardia con respecto a él": ὃν καὶ σὺ φυλάσσου) y por el otro de la otra ocurrencia del mismo verbo en 2Ti 3:8 ("así también éstos se oponen a la verdad": οὕτως καὶ οὗτοι ἀνθίστανται τῇ ἀληθείᾳ).

2) **Por evidencia externa:** Éste es el soporte de cada alternativa:

- El texto original es sustentado por el original de los códigos Sinaítico (א) y Claromontanus (D), los códigos Alejandrino (A), Ephraemi Syri Rescriptus (C), Boreelianus (F) y Boernerianus (G), los minúsculos 33 y 1175, gran parte de la tradición latina y Ambrosiaster.

- La variante, por su parte, se apoya sobre el testimonio de la segunda corrección de los códigos Sinaítico (א) y Claromontanus (D), el códex Athous Lavrensis (Ψ), los minúsculos 1739 y 1881, el texto mayoritario (𝔐), los

manuscritos latinos a g y algunos manuscritos de la Vulgata.
Es evidente la desventaja que presenta la variante.

2Ti 4:16: Algunos manuscritos reemplazan la forma más simple παρεγένετο ("me acompañó") por una más compleja: συμπαρεγένετο.

1) **Por evidencia interna:** El escriba enriquece el texto y vuelve explícito la falta de apoyo y compañía a la que hace referencia el apóstol.
2) **Por evidencia externa:** Éste es el soporte de cada alternativa:
   - El texto original es sustentado por los códigos Alejandrino (A), Ephraemi Syri Rescriptus (C), Boreelianus (F) y Boernerianus (G), el original del códex Sinaítico (א), los minúsculos 33 326 1175 y toda la tradición latina.
   - La variante es sustentada por los códigos Claromontanus (D) y Athous Lavrensis (Ψ), la segunda corrección del códex Sinaítico (א), una corrección del minúsculo 1739, el minúsculo 1881 y el texto mayoritario (𝔐).

Es clara la superioridad de soporte del texto original.

2Ti 4:16: Algunos manuscritos reemplazan el aoristo ἐγκατέλιπον ("me abandonaron") por el imperfecto ἐγκατέλειπον.

1) **Por evidencia interna:** Ver arriba la discusión correspondiente al reemplazo del aoristo ἐγκατέλιπεν ("me abandonó") por el imperfecto ἐγκατέλειπειν en 2Ti 4:10. Si bien el autor podría haber usado el imperfecto en un sentido *iterativo* (repetición no-simultánea de acciones) pensando en un abandono paulatino, de todos modos, la consistente tendencia de los escribas arriba mencionados demuestra el carácter corrupto de la variante.
2) **Pese a evidencia externa:** Éste es el soporte de cada alternativa:
   - El texto original es sustentado por los códigos Sinaítico (א) y Athous Lavrensis (Ψ), el original del códex Claromontanus (D), los minúsculos 1739 y 1881 y el texto mayoritario (𝔐).
   - La variante se apoya sobre el testimonio de los códigos Alejandrino (A), Ephraemi Syri Rescriptus (C), Boreelianus (F), Boernerianus (G), Angelicus (L) y Porphyrianus (P), la primera corrección del códex Claromontanus (D) y los minúsculos 33 104 326 1175.

Una vez más el texto original tiene un soporte más débil que la variante. La decisión, no obstante, es tomada sobre la base de la evidencia interna.

2Ti 4:17: Algunos manuscritos reemplazan la forma plural ἀκούσωσιν ("llegaron a oír") por la singular ἀκούσῃ.

1) **Por evidencia interna:** El escriba mejora gramaticalmente el texto (clásico en Pablo, Ef 4:17) usando un verbo singular para el neutro plural (*aticismo*).
2) **Por evidencia externa:** Éste es el soporte de cada alternativa:
   - El texto original es sustentado por los códigos Sinaítico (א), Alejandrino (A), códex Ephraemi Syri Rescriptus (C), Claromontanus (D), Boreelianus (F), Boernerianus (G) y Porphyrianus (P) y los minúsculos 33 81 104 326 365 1175 1739 1881.
   - La variante es sustentada por el códex Athous Lavrensis (Ψ) y el texto mayoritario (𝔐).

No caben dudas de la superioridad de soporte del texto original.

2Ti 4:17: Algunos manuscritos insertan la conjunción "y" (καί) al comienzo de la oración.

1) **Por evidencia interna:** El escriba corrige el *asíndeton* (falta de conjunción entre oraciones).
2) **Por evidencia externa:** Éste es el soporte de cada alternativa:
   - El texto original es sustentado por los códigos Sinaítico (א), Alejandrino (A), códex Ephraemi Syri Rescriptus (C) y el original del códex Claromontanus (D), los minúsculos 6 33 81 104 1175 1739 1881 y gran parte de la tradición latina.
   - La variante, por su parte, es sustentada por los códigos Boreelianus (F), Boernerianus (G) y Athous Lavrensis (Ψ), la primera corrección del códex Claromontanus (D), el texto mayoritario (𝔐) y la versión siríaca.

Es evidente la superioridad del texto original.

NOTAS

APRESÚRATE A VENIR

1. Si antes Roma fue llevada al asiático terreno de Timoteo (ver comentario a 2Ti 1:18: p. 121), ahora Timoteo termina siendo llevado junto con el discurso hasta el tribunal romano mismo.

2. González (1978, I: 69-70) considera que la persecución bajo Nerón no se extendió fuera de la ciudad de Roma, como sucediera más tarde con Domiciano (81-96 dC).

3. Ver Apéndice VI – Personajes de las pastorales (p. 459).

4. Salmos de Salomón XIV.6 contrasta "los que aman al Señor" (aquellos que obedecen su ley) con "los que amaron el día en que tomaron parte en sus pecados" (*hoí ēgápēsan hēméran en metojē hamartías autōn*). Éste parece ser lenguaje farisaico usado para señalar la opción ética y religiosa de la persona.

5. Ver Apéndice VI – Personajes de las pastorales (p. 459).

6. El escrito *Monumentum Ancyranum* (VI.20; XIII.20; XIV.4; XVI.1) registra la expresión "desde España y Galacia". Del mismo modo, Josefo utiliza en algunas oportunidades este mismo nombre (*Ant.* XVII.344). De hecho, el nombre de ambas regiones proviene del grupo étnico de los "Celtas" (*Kéltai*) o "Gálatas" (*Galátai*). Los romanos designaron *Gallia* al territorio Nor-occidental ocupado por los Celtas/Gálatas, y la provincia romana de Asia tomó el nombre de "Galacia" (*Galatía*) debido a la inmigración de Celtas/Gálatas en el siglo 4 aC (McDonald y Porter: 411).

7. Ya antes de su primera prisión (56 dC), Pablo entiende que su labor entre Jerusalén e Iliria (ver mapa) ha llegado a su fin (Ro 15:19); proyecta su viaje a España (Ro 15:24) y muy posiblemente lo realiza (65 dC); los de Asia "se apartan de él" (2Ti 1:15, 66 dC) y sus dos principales colaboradores (Timoteo y Tito) cambian sus destinos en torno al Mar Egeo (Éfeso y Creta respectivamente) por los nuevos destinos en torno al Mar Adriático (Roma y Nicópolis-Dalmacia respectivamente, 2Ti 4:10; Tit 3:12).

8. Así lo entiende Eusebio (HE III.4), quien sigue la variante textual "Galia" (*Krēskēs eis Gallían*). Existe una tradición que le atribuye a Crescente la fundación de la

iglesia en Viena (ver mapa). Dibelius (122) considera que el lugar de composición de la carta es determinante: si es Roma, entonces es más lógico que se trate de Galia; si es Cesarea, es más lógico que se trate de Galacia de Asia.

9. La designación "Galacia" para el territorio occidental de los celtas no parece ser el nombre oficial dado por el imperio romano. La *Const. Ap.* VII.4 entiende que Crescente fue el primer obispo de las iglesias de Galacia (provincia de Asia).

10. Ver Apéndice VI – Personajes de las pastorales (p. 459).

11. Ver Apéndice VI – Personajes de las pastorales (p. 459). La presencia solitaria de Lucas es comprendida por algunos especialistas como sustento de la teoría de que el evangelista actuó como amanuense o –especialmente– como secretario del apóstol en la composición de las pastorales (ver nota 26 de la Introducción al comentario: p. 394).

12. Es notable que las dos veces en que nuestra carta menciona la soledad del apóstol se contrasta la multitud que lo abandona con un único personaje ejemplar que lo acompaña (Onesíforo en 2Ti 1:15-18 y Lucas aquí).

13. La pregunta es "¿quién cambió hacia la madurez?" Evidentemente los dos: Pablo logrando reconocer la utilidad de este siervo y Marcos ya no escabulléndose más del martirio como treinta años atrás sucediera en el Getsemaní (considerando que es él el joven de la sábana de Mr 14:51-52).

14. Ver Apéndice VI – Personajes de las pastorales (p. 459).

15. Probablemente se encuentre en la misma Roma (cuando Pedro escribe su primera carta, Marcos está a su lado, 1P 5:13). El orden de las acciones demandadas (buscar-traerlo consigo) sugieren algún lugar más cercano al lugar de partida de Timoteo. Cinco años atrás (62 dC) posiblemente Pablo envía a Marcos desde Roma a Colosas (Col 4:10).

16. Es también controversial –por hipotética– la definición de quién fue ejecutado primero: si Pablo (Guthrie, 1990a: 787) o Pedro. John Robinson (141-43) considera que Pedro fue ejecutado primero, como parte de la violenta ejecución masiva, mientras que el martirio de Pablo se dilató por haber atravesado un mínimo proceso judicial.

17. Nótese que 2Ti 4:5 ha introducido un concepto de "ministerio" (*diakonía*) que parece incluir el padecimiento y el martirio (ver comentario correspondiente).

18. McDonald y Porter (613) consideran que Marción posiblemente estuvo en lo correcto al considerar que la Carta a los Laodicenses mencionada en Col 4:16 no haya sido otra carta que Ef (recuérdese que los manuscritos más importantes dejan en blanco el lugar de destino de Ef). En caso contrario (en caso de que Laodicenses sea una carta desaparecida), lo más posible es que Tíquico haya tenido las mismas credenciales apostólicas que en el caso de Ef y Col en torno su entrega y exposición.

19. Nótese que el esclavo Onésimo es devuelto a su amo Filemón (Flm 11-17) en el mismo viaje en el que Tíquico es comisionado por el apóstol para visitar a las congregaciones de Asia Menor (Col 4:9).

20. En el caso de Flm, posiblemente también representó a Pablo en la mediación entre Filemón y su esclavo fugitivo.

21. Pese a la urgencia del inminente desenlace (2Ti 4:9 y 21), evidentemente el apóstol le da un plazo considerable a Timoteo para que, al menos, encomiende a hombres confiables el liderazgo de la congregación (2Ti 2:2). Tíquico no viaja a Éfeso para reemplazar a los obispos y los ancianos locales, sino a Timoteo como representante apostólico.

22. Presentamos aquí, en orden cronológico, las referencias al paso de Pablo por esta ciudad:
    50 dC: Pablo pasa por Troas, última ciudad de Asia, y allí tiene la visión del "hombre macedónico" que lo llama a llevar el evangelio a Europa (Hch 16:8-11).
    55 dC: En su tercer viaje misionero, Pablo pasa por Troas y encuentra buenas oportunidades para la predicación (2Co 2:12). Es allí donde Pablo espera a Tito con noticias de Corinto (2Co 2:13), pero, al no llegar éste, el apóstol avanza hacia Macedonia.
    56 dC: Al regreso de su viaje por Grecia, Pablo permanece siete días en Troas, preparándose para ir a Jerusalén con la ofrenda de Macedonia. Tíquico y Trófimo ya los esperaban desde antes de la fiesta de la Pascua allí (Hch 20:5). El apóstol aprovecha para predicar e instruir mucho a los hermanos. Es aquí donde Pablo resucita a Eutico, el joven que se durmió por la extensión del discurso apostólico (Hch 20:7-12).
    66 dC: Muy posiblemente fue aquí donde el apóstol fue arrestado y llevado a Roma para su segunda prisión. En lo de un tal Carpo dejó (¿por la sorpresa del arresto?) su capa y sus escritos (2Ti 4:13).
    67 dC: Timoteo debe pasar por allí para buscar las pertenencias del apóstol en su viaje a Roma.

23. Louw & Nida § 85.65 desalienta esta interpretación señalando que el verbo "dejé" (*apélipon*) implica intencionalidad. En ese caso –sugiere Louw & Nida–, Pablo hubiese usado algún otro verbo como "perder" u "olvidar". El argumento no nos parece convincente (los objetos no estaban ni perdidos ni olvidados).

24. El tono del discurso aquí resuena a las cartas personales registradas en los Papiros Oxyrrinco (ver Barrett, 1989: 38-50).

25. En base al amplio testimonio de los papiros, Dibelius (123) niega toda posibilidad de que *failónēs* haga referencia a otra cosa que una capa, tal como lo considera Cristóstomo, quien señala la otra posible interpretación: la caja en la que eran guardados los libros y rollos. Para este objeto, señala Dibelius, *difzéra* es usada. Hendriksen (1979: 16) destaca que éste es uno de los dos latinismos de nuestro párrafo (el griego *failónēs* reproduce el vocablo latino *paenula* – nótese la inver-

sión de consonantes n-l = l-n). El otro latinismo es "pergamino" (*membrána*).

26. Para el proceso de producción del papiro ver Plinio el Viejo (*Historia Natural* XIII.68-83).

27. Se llama "códex" (del latín *caudex* = tronco de árbol) al formato del libro actual, puesto que en la antigüedad este formato se usaba para las anotaciones en tablas de madera agrupadas con aros o cuerdas de cuero (Ferguson: 119).

28. Juan llama a su evangelio "este libro" (*tó biblíon toúto*, Jn 20:30).

29. Ap, en cuanto carta a las siete iglesias, es llamado *biblíon* (Ap 1:11; 22:7-10, 18-19).

30. No debe perderse de vista que, según el relato de Lucas (Hch 16:37-39; 22:25-29), el apóstol era ciudadano romano de nacimiento. McDonald y Porter (331) indica que la simple mención oral de ser ciudadano romano no lo hubiese eximido a Pablo de los azotes, tal como es relatado en Hch. El apóstol tiene que haber comprobado sus palabras con la correspondiente documentación.

31. Era normal que las sinagogas tengan sus copias del texto sagrado en pergaminos (cuero) para poder conservarlo mejor (Ferguson: 119; Crenshaw: 37). No obstante, tanto la ley (Gá 3:10; Heb 9:19; 10:7) como los profetas (Lc 4:17) son designados como *biblíon* por los autores del NT. Del mismo modo, 2Cl 14:2 se refiere al canon cristiano en estos términos: "los libros y los apóstoles" (*tá biblía kaí hoi apóstoloi*).

32. Es significativo que el platero Demetrio, quien organizó el disturbio de Éfeso (Hch 19:23-41), agrupó a todos los artesanos (Hch 19:25) para oponerse al apóstol. En caso de que se trate de este mismo Alejandro, la oposición se remontaría a más de una década atrás y giraría en torno a la repercusión de la tarea apostólica sobre la economía de su sector. *A. Paul.* III.1 le atribuye a Hermógenes, el falso discípulo del apóstol, la misma profesión que Alejandro ("trabajador del cobre": *jalkeús*).

33. Hiebert (242) descarta esta alternativa, considerando que si se tratara del hereje de 1Ti 1:20, Pablo no lo hubiese identificado como "el que trabaja el cobre", sino como "el que entregué a Satanás". Este argumento no tiene validez, puesto que los códigos compartidos entre Pablo y el primer lector (Timoteo) son ciertamente más amplios que los que aquél comparte con el lector actual, lo que le da al apóstol un espectro más amplio de elementos para entenderse con Timoteo que el texto de 1Ti.

    Nótese que el compañero de este hereje (Himeneo, 1Ti 1:20) parece ser el que está alborotando algunas familias en Éfeso con una predicación gnóstica (2Ti 2:17).

34. Este Alejandro se enamora de Tecla (*A. Paul.* III.26-27) y, no pudiendo forzarla a estar con él, la presenta ante el gobernador y logra condenarla para que la arrojen a las fieras. Él mismo organiza el espectáculo (*A. Paul.* III.27) y es dueño de las bestias (*A. Paul.* III.33 y 35). La liberación milagrosa de Tecla hace caer derrotado a

este Alejandro (*A. Paul.* III.36).

35. Éste es el sentido en el que se usa la misma frase en Dn 3:44 ("los que a tus siervos hacen daño": *hoi endeiknúmenoi toís doúlois sou kaká,* LXX) para referirse a los caldeos que acusan a Sadrac, Mesac y Abed Nego delante de Nabucodonosor y finalmente logran arrojarlos al horno de fuego. La función de estos "que hacen daño" es básicamente la misma que la de Alejandro.

36. Para detalles del proceso legal ver el comentario correspondiente a 2Ti 4:16.

37. Esto resuelve el conflicto que Hendriksen (1979: 366) ve en identificar a nuestro Alejandro (que parece actuar en Roma) con alguno de los Alejandros de Éfeso (el hereje de 1Ti 1:20 ó el judío de Hch 19:33). Muy posiblemente nuestro Alejandro se desplaza junto al apóstol desde Asia Menor a Roma.

38. Ante la consulta del gobernador Plinio (comienzos del siglo 2 dC) por el procedimiento normal en relación a los cristianos, el emperador Trajano señala que se castiga solamente a aquellos contra quienes se levantan cargos legales. González (1978, I: 91) señala que esto permitía que cualquiera que quisiera dañar a un cristiano, solamente tenía que llevarlo ante el tribunal. Esta práctica seguramente antecedió a Trajano, lo que delata el riesgo extremo al que Pablo expone aquí a Timoteo, pues no solamente lo trae a Roma, donde los cristianos son perseguidos, sino que lo lleva ante el mismo tribunal de Nerón. En la *Primera Apología* de Justino Mártir (mitad del siglo 2 dC), se relata que los dos que se presentaron como testigos a favor de Justino fueron también condenados a muerte (*1Apol.* II.2).

39. El código romano contemplaba un paso llamado *calumnia,* que consistía en retribuirle al acusador (*delator*) la misma pena que él solicitaba para el acusado, en caso de que los cargos sean falsos (Ferguson: 62).

40. Pablo ya ha usado esta misma frase para advertir a los judíos en contra de su falsa seguridad (Ro 2:6) y a los falsos apóstoles por haber seducido a los corintios (2Co 11:15).

    Pr 24:12 usa la misma expresión pero en un contexto marcadamente diferente. Es significativo que en los salmos, antes de la referencia a la retribución divina, se señala la hipocresía de los enemigos, los que "hablan de paz… pero en su corazón albergan maldad" (Sal 27:3 LXX) y "bendicen con la boca, pero maldicen con el corazón" (Sal 61:4 LXX). Sea quien fuere nuestro Alejandro, toda oposición al apóstol ante el tribunal siempre estuvo cargada de un sentido de defensa de la religión y el orden contra los ataques de este Pablo (Kilgallen).

41. El último de los siete hermanos muere advirtiendo el castigo eterno del tirano que lo somete al martirio (4Mac 12:12, 19).

42. El corpus paulino todo usa consistentemente la forma plural para señalar un discurso teológico, ya sea acertado (Ro 2:17; 1Tes 4:18; 1Ti 4:6; 6:2; 2Ti 1:13) o no (1Co 2:3,13; 14:19; Ef 5:6).

43. Smyth § 313.b indica que el carácter enfático de nuestro adjetivo consiste en marcar un contraste ("nuestro" en contraposición con el de los otros), así como originalmente lo hacían todos los adjetivos terminados en *-teros* (-τερος).

44. Hendriksen (1979: 366-67) comprende esta frase como señalando una hábil refutación (desde un punto de vista jurídico) del testimonio dado por Pablo y sus acompañantes Lucas y Onesíforo (los "nosotros" indicados por el plural *hēmetérois*).

45. Para una discusión detallada del concepto de "oponerse" (*anzístēmi*) a la verdad, ver comentario a 2Ti 3:8 (p. 244), especialmente la nota 54 de ese capítulo (p. 264).

46. Debe recordarse que, en el relato de Lucas, una y otra vez son los líderes judíos quienes acusan al apóstol delante de la autoridad romana (Hch 14:19; 17:5-8; 21:30-34; 24:1-8; 26:6). Justino Mártir (*Dial.* XVII), de hecho, los acusa no solamente de haber intervenido en el injusto proceso contra Jesús en Palestina, sino en los procesos judiciales contra los cristianos de todo el mundo. En el martirio de Policarpo, por ejemplo, ellos tuvieron un rol central (*M. Pol.* XIII.1). Si Alejandro es un judío, también encarna a los hijos de Jacob, por "hacerle daño" (*pánta tá kaká há endeixámeza autō*, Gn 50:15) a su hermano de sangre.

47. González (1978, I: 79) conjetura que Ignacio de Antioquía (siglo 2 dC) fue llevado ante el tribunal a partir de un conflicto interno de su comunidad. Eusebio (*HE* III.32) relata que Simeón, segundo obispo de Jerusalén, llegó al martirio a partir de una disputa contra falsos maestros. El martirio de Justino también surge de una controversia, pero esta vez sostenida con el filósofo pagano Crescente (González, 1978, I: 87).

48. El ambiente del tribunal ya fue introducido en forma tácita en la sección anterior (2Ti 4:14-15 / oraciones 6 a 8). Aquí se ilumina en forma expresa este nuevo escenario, para que Timoteo se ubique finalmente.

49. Algunos de ellos son Crisóstomo (*Homilía* XI), Teodoreto (III – Dibelius: 124), Zahn y Hendriksen (1979: 368-70). Dibelius (124), en el otro extremo, por descartar la hipótesis de las dos prisiones en Roma interpreta a nuestra expresión como referente a la primera parte del proceso legal aún en curso.

50. "Claramente indica en estas palabras que en la ocasión anterior, para que la predicación pueda ser llevada a término por él, fue rescatado de la boca del león (refiriéndose con esta expresión a Nerón, como se puede probar en base a su crueldad posterior)... Es posible, de hecho, que puesto que Nerón estaba más dispuesto a ser compasivo al comienzo (de su reinado), la defensa paulina de su doctrina fue más fácilmente recibida. Pero cuando ya había procedido a cometer osados hechos ilegales, él sometió al apóstol y a otros a sus ataques" (*HE* II.22).

51. Nótese que los sucesos relatados en Hch 21:30-22:25 presentan básicamente la misma estructura: al juicio propiamente dicho le preceden el alboroto (Hch 21:30-32) y el arresto (Hch 21:33). Entonces comienza la *acusación* (Hch 21:34-38),

seguida de la *defensa* (Hch 21:39-22:21). El reclamo de un veredicto inmediato por parte de los judíos (Hch 22:22) lleva al comandante a azotarlo para que confiese el delito. El apóstol denuncia esto como un improcedente castigo por carecer del correspondiente *veredicto* de condena (Hch 22:25).

52. "La palabra *actio* en el proceso romano antiguo significa también acción, ejecución, citación, o sea una manera de que alguien afirme o haga valer su derecho que un tercero niega" (Ponsa: 141).

53. Hiebert (243) propone que la cantidad de defensas refleja la cantidad de cargos levantados en contra del apóstol. La primera –conjetura Hiebert– trató acerca de la participación del apóstol en el incendio de Roma, la segunda acerca de la traición al imperio y a sus costumbres. Esta propuesta refleja las dos clases de cargos en contra de los cristianos señalada por el historiador romano Tácito (*Anales* XV.44): "Nerón les atribuyó la culpa (del incendio de Roma) e infligió a una clase odiosa popularmente llamada cristianos las torturas más exquisitas en virtud de sus abominaciones. Cristo, de quién toman el nombre, sufrió la pena máxima durante el reinado de Tiberio, a manos de uno de nuestros procuradores, Poncio Pilato. Así surgió la superstición más perversa hasta el momento conocida no sólo en Judea, el lugar de origen de este mal, sino incluso en Roma, donde todas las cosas ocultas y vergonzosas de cualquier parte del mundo encuentran su centro y se vuelven populares. Por esto, se arrestó a todos los que tenían acusaciones; entonces, en base a su información, una inmensa multitud fue condenada, no tanto por el crimen de incendiar la ciudad, sino por odio contra la humanidad" (Barrett, 1989: 15-16).

54. El abogado (*rētōr*) Tértulo, mencionado en Hch 24:1-8, es uno de éstos.

55. El temor que mueve a Ignacio de Antioquía a escribir a los romanos parece estar conectado con esta clase de personajes: "Pues tengo temor del amor de ustedes, no sea que me termine haciendo daño. Pues es fácil para ustedes hacer lo que quisieran, pero para mí es un esfuerzo llegar hasta Dios, a menos que ustedes me lo impidan. Pues no quiero que ustedes agraden a los seres humanos sino a Dios, tal como ya lo hacen. Pues ni yo voy a tener mejor oportunidad de alcanzar a Dios ni ustedes tendrán mejor obra en su cuenta, si permanecen callados. Pues si guardan silencio acerca de mí, yo me vuelvo palabra de Dios; pero si se apegan pasionalmente a mi carne, nuevamente seré sólo una voz. No me concedan otra cosa que el ser derramado para Dios, mientras el altar sigue presto" (*Ign. Rom.* I.2-II.2).

56. Una vez más Dibelius (123) considera que el uso del optativo delata lenguaje de fórmula.

57. La interpretación de "la primera defensa" como referente a la primera prisión en Roma de Hch 28 (ver nota 49 arriba) no sólo demanda un salto artificial de los preparativos del viaje de Timoteo a Roma (2Ti 4:9-15), al recuerdo de la primera prisión (Hch 28), sino que –especialmente– pierde totalmente de vista la función retórica de nuestra sección: a Timoteo no se lo prepara para venir a Roma, se lo

prepara para venir al tribunal.

58. En 2Ti 2:15 el que da testimonio es el que se presenta delante del Señor. Esto tiene un fuerte tono jurídico (Ro 14:10). Aquí es el Señor el que se presenta con uno para comparecer.

59. Un ejemplo temprano de esto es la cuarta figura dentro del horno de fuego en Dn 3:19-30. En *El Martirio de Perpetua y Felicitas* X.1-14 (Roberts, III: 697-706) se describe la visión de Perpetua luchando contra un gladiador egipcio. El diácono de figura angelical que guía a Perpetua hasta la arena, al dejarla le dice "No temas. Yo estoy aquí, luchando contigo" (X.4). De hecho, Perpetua ve a un "joven de buen aspecto que la secunda y asiste" (X.6). Posiblemente este elemento se arraigue en le acompañamiento que el ejército celestial le da al pueblo de Dios luchando a su par, o en su lugar (2R 6:8-23; 7:6).

60. El tiempo de la victoria divina sobre los enemigos y de los preparativos previos del juicio es marcado en Enoch 49:2 de este modo: "El Elegido está de pie delante del Señor de los espíritus; su gloria es por los siglos de los siglos y su poder por todas las generaciones." Después de la resurrección de los muertos (Enoch 51:1-2), Enoch 51:3 procede al juicio final: "En esos días (el Elegido) se sentará en mi trono y de la conciencia de su boca brotarán todos los secretos de la sabiduría, pues el Señor de los espíritus se los ha entregado y lo ha glorificado."

61. Aquí se ponen en evidencia las implicancias concretas y prácticas de la demanda apostólica de fortalecerse y hacer uso del don del Espíritu con el que comenzó nuestra carta. El apóstol relata en términos de don divino su propia experiencia de aquellas cosas que en el resto de nuestra carta son planteadas en términos de imperativo: dar testimonio como estando frente a frente con el Señor (2Ti 2:15; 4:1-5) y ser fortalecido por el Señor (2Ti 1:7-8 y 2:1).

62. Hendriksen (1979: 368-70), entendiende la primera defensa como la primera prisión en Roma, considera que este cumplimiento total de la proclamación se refiere precisamente al viaje a España (el extremo final del mundo y de las naciones). Knight (470), en el otro extremo, indica que el orden de las frases (proclamación completa primero y liberación del león después) aboga en contra de esa interpretación, pues refleja el orden cronológico de los sucesos. Consideramos errada la interpretación de Hendriksen y la observación de Knight, pues la estructura de la oración bien podría ser la siguiente: el Señor capacita al apóstol "con el fin de" (*hína* de propósito y no de resultado) llegar a predicar en España, "de modo que" (*kaí* resultativo – Smyth § 2874) fui liberado (para eso).

63. Los ámbitos en los que el resucitado manda a predicar a Pablo son el pueblo de Israel (*huiōn te Israēl)*, las naciones (*enōpion eznōn*) y los reyes (*te kaí basiléōn,* Hch 9:15).

64. También Robertson (1989: 828) comprende nuestra frase de este modo. Jesús mismo en Hch 23:11 interpreta la proclamación de Pablo en Roma como el cumplimiento de la frase programática con la que se despide de sus discípulos en Hch

1:8 ("y hasta los confines de la tierra"). Pablo mismo le da una dimensión escatológica a su discurso delante de Agripa (Hch 26).

65. El escrito del siglo 2 dC *El Martirio de los Santos Mártires* V se refiere a la decapitación de Justino y el resto de los mártires como "completar el testimonio" (Roberts, I: 306). Para el salto cuántico que produce el martirio en el poder de la proclamación en Ignacio de Antioquía ver nota 55 arriba.

66. En el AT las naciones oyen las grandes obras por medio de las que Dios libera a Israel y se vuelve así una amenaza para sus enemigos (Éx 15:14; Judit 14:7, 1Mac 5:1; Odas de Salomón I.14; Baruc 2:29). Jeremías conecta la misma frase con la soberanía con la que Yahvé determina los movimientos internacionales (Jer 5:15; 6:18; 7:27; 18:13; 26:12; 27:46; 30:8; 38:10). Del mismo modo Is 34:1 convoca a las naciones para que oigan el anuncio del castigo universal. Is 49:1, por otro lado, convoca a las naciones para que oigan el anuncio de liberación final de Israel, pero que esta vez no implica la destrucción de las otras naciones, sino su incorporación dentro de esta salvación (Is 49:6; también Is 66:19).

Hch 13:47-48 entiende la audición de los paganos (*akoúonta dé tá éznē*) como el cumplimiento de las palabras de Is 42:6 y 49:6 (*tézeiká se eis fōs eznōn*). En las palabras de Pedro ante el concilio de Jerusalén, el que escuchen las naciones está impregnado del mismo sentido de cumplimiento tanto de la historia de la salvación como de la tarea apostólica (Hch 15:7).

67. Schneider y Brown (107) consideran que el escenario de la primera defensa fue el arena romana. Para ejemplos de esta práctica ver 1Co 15:32; *M. Pol.* XII.3; *A. Paul.*

68. Para el diablo descrito como león feroz ver 1P 5:8 y *José y Aseneth* XII.9 ("el león salvaje y antiguo me persigue": *ho léōn ho ágrios ho palaiós katadiōkei me*, BAGD, λέων.1: 472). 1Ts 2:18 describe a Satanás con rasgos similares a los de un león.

69. De hecho, la misma referencia de 1Co 15:32 es interpretada normalmente como sin asidero histórico (McDonald y Porter: 375).

70. Ez 19:1-9 usa esta designación para referirse a dos de los últimos reyes de Judá en forma ambigua, pues se enraíza en la promesa mesiánica de Jacob (Gn 49:9), pero a la vez tiene una fuerte carga negativa en la denuncia de la rapiña de estos "cachorros" y en la descripción del cautiverio en el que terminaron. 1Cl 35:11 señala que el león, pese a ser un emblema de poder, también es presa de caza. Es poco posible que Dn 6 no haya sido entendido como una representación simbólica de la situación del Israel exiliado, caído en el foso de los leones, pero protegido por Dios de modo que por su fe les cierra la boca (Heb 11:33, ver nota siguiente).

71. Matatías, padre de Judas Macabeo, anima a sus hijos a mantener la confianza y fidelidad al pacto ante las amenazas de los gobernantes paganos interpretando en forma simbólica la historia de Daniel: "Daniel por su rectitud, escapó de las fauces de los leones" (*Daniēl en tē haplótēti autoú errúszē ek stómatos leóntōn*, 1Mac 2:60). Algunas porciones de la oración de Ester (Est 4:17 en la adición griega del

siglo 2 aC) presentan paralelismos significativos con nuestro texto: "Pon en mis labios palabras armoniosas cuando esté en presencia del león (*enōpion toú léontos*); vuelve el odio de su corazón contra el que nos combate para ruina suya y de los que piensan como él. Líbranos con tus manos y acude en mi socorro, que estoy sola, y a nadie tengo, sino a ti, Señor... líbranos del poder de los malvados (*rúsai hēmás ek jeirós tōn ponēreuoménōn*) y líbrame a mí de mi temor."

72. Josefo (*Ant.* XVIII.228) anuncia la muerte del emperador Tiberio diciendo "el león está muerto" (*téznēken ho léōn*). Ap 13:1-2, por su parte, describe al poder enemigo que acosa y destruye a la iglesia con un bestiario más amplio: monstruos (*zēríon*), leopardos (*párdalis*), osos (*árkos*), leones (*léōn*), dragones (*drákōn*). Finalmente Ignacio de Antioquía utiliza el mismo lenguaje para referirse a los soldados que lo trasladan a Roma: "Desde Siria hasta Roma estoy luchando con bestias salvajes (*zēriomajō*), tanto por tierra como por mar, de noche y de día, atado a diez leopardos (*dedeménos déka leopárdois*), esto es, a una compañía de soldados, que se ponen más fieros ante el buen trato" (*Ign. Rom.* V.1).

73. Este razonamiento de prever la próxima liberación en base a la anterior, reflejado en forma característica en los salmos, está presente también en 2Co 1:10: "Él nos libró y nos librará de tal peligro de muerte. En él tenemos puesta nuestra esperanza, y él seguirá librándonos" (*hós ek tēlikoútou zanátou errúsato hēmás kaí rúsetai eis hón ēlpíkamen hóti kaí éti rúsetai*).

74. Pablo ya se ha referido a su martirio como un hecho presente e inevitable (2Ti 4:6).

75. Hendriksen (1979: 368-70) no ve este cambio evidente y argumenta que Pablo recuerda lo que pasó en la primera prisión (61-62 dC) para tomar coraje en relación a lo que suceda en esta segunda (67 dC). Ciertamente ésta es una interpretación equivocada, por cuanto la esperanza del apóstol aquí (predicar sin caer en la tentación) es muy diferente a la que tuvo, por ejemplo, en la primera prisión (ser librado para seguir predicando, Fil 1:24-26).

76. Ap e Ignacio de Antioquía no dejan de hacerlo. Perpetua, en su visión de la lucha contra el gladiador egipcio, concluye diciendo: "Me di cuenta de que no iba a luchar contra animales salvajes, sino contra el diablo, pero supe que obtendría la victoria (siendo martirizada)" (*El Martirio de Perpetua y Felicitas* X.14; Roberts, III: 697-706). En nuestro texto, por tanto, el "enemigo" del que Pablo es liberado en cada intervención divina cambia de Nerón (el león de 2Ti 4:17) a aquel gran enemigo que se mueve por detrás, el diablo (2Ti 4:18).

77. Hemos indicado en la nota 33 de la Introducción al comentario (p. 36) que Crisóstomo (*hom. in 2Tim.* III: 484) señala que Pablo "había ofendido a Nerón al hacerse amigo de uno de sus sirvientes". Más adelante añade que "Él (Pablo) ya había estado ante Nerón y logró escapar. Pero luego, puesto que convirtió a su maestro copero, fue decapitado" (*hom. in 2Tim.* X: 514). El escrito apócrifo del siglo 2 dC, *A. Paul.*, presenta un relato coherente con el testimonio de Crisóstomo.

El apóstol, según *A. Paul.* XI, llegó a Roma en libertad y alquiló una casa para predicar el evangelio. Puesto que muchos de la familia del César se convirtieron (la resurrección del copero fue clave en esto), Nerón se vio rodeado de "soldados que servían a otro rey". Esto desató un furioso y masivo encarcelamiento de cristianos, entre los que también cayó el apóstol. Al notar Nerón el lugar de importancia que tenía Pablo entre los prisioneros, lo increpó por entrar en secreto en Roma para reclutar gente. Las respuestas del apóstol lo expusieron abiertamente a la condena. La masacre de estos cristianos, empero, fue detenida por el reclamo de algunos ciudadanos romanos de que Nerón dicte sentencia por medio de un procedimiento legal. Así Pablo se presentó por segunda vez ante el emperador, quien finalmente mandó decapitarlo. Éste es el relato del martirio en sí: "Entonces Pablo se puso de pie mirando al Este y levantando sus manos al cielo oró extensamente. Luego de unirse a sus padres en su oración en hebreo dispuso su cuello sin volver a hablar. Pero cuando el verdugo le cortó la cabeza brotó leche que salpicó la ropa de los soldados" (*A. Paul.* XI.5).

78. Guthrie (1990b: 186-89) considera este hecho como evidencia del cambio de plano de lo físico a lo espiritual.

79. Jeremias (1989: 234) señala que la tentación en la que la iglesia primitiva rogaba no caer (al orar el padrenuestro) era la persecución que instaba a cometer apostasía.

80. Salmos de Salomón IV.23 espera una liberación doble, no sólo del caer en manos de los hombres perversos (liberación física), sino especialmente del caer en la transgresión de la ley (liberación moral y espiritual): "felices los que temen al Señor, pues por su falta de culpa el Señor los librará de los hombres deshonestos y pecadores, él nos librará de cualquier escándalo contra la ley" (*ho kúrios rúsetai autoús apó anzrōpōn dolíōn kaí hamartōlōn kaí rúsetai hemás apó pantós skandálou paranómou*).

81. Col 1:21 identifica a las "malas acciones" (*toís érgois toís ponēroís*) con el pasado de la iglesia de Colosas, pasado de alejamiento y enemistad con Dios (*pote óntas apēllotriōménois kaí ejzroús*).

82. Sin dudas la expresión "todo emprendimiento perverso" (*pán érgon ponērón*) debe ser entendida en contraposición con la característica frase "toda buena obra" (*pán érgon agazón,* 2Ti 2:21; 3:17; Tit 1:16; 2:14; 3:8, 14). Crisóstomo (*hom. in 2 Tim.* X: 514-15) lo expresa en estos términos: "Entonces me había librado del peligro; pero ahora que ya fue hecho lo necesario por el evangelio, igualmente me va a librar de todo pecado, esto es, él no va a permitir que parta en condena. Pues que sea capaz de 'resistir incluso dando la vida contra el pecado' y no ceda, es liberación de otro león, del mismísimo diablo, de modo que esta preservación es mayor que la primera."

83. El sentido de ser resguardado hasta llegar a la meta de nuestra frase resuena a 2Ti 1:12 ("es capaz de cuidar mi depósito hasta aquel día": *dunatós estin tēn parazēkēn*

mou fuláxai eis ekeínēn tēn heméran). El movimiento de ascenso hacia el cielo por parte del justo martirizado es un elemento característico de la visión apocalíptica que acompaña a muchos relatos de martirio. En *El Martirio de Perpetua y Felicitas* IV.3-9 (Roberts, III: 697-706) y en *El Apocalipsis de Pedro* XVI (Schneemelcher, II: 620-38), por ejemplo, el mártir asciende hacia un jardín. Perpetua sube por una escalera en cuyo pie se encuentra un gran dragón amenazante.

84. Tanto 1Co 15:40, 48 y 49 como Heb 3:1; 6:4; 8:5; 9:23; 11:16 y 12:22 utilizan nuestro adjetivo ("celestial": *epouránios*) para contrastar la plenitud de las cosas divinas con lo pasajero e inferior de lo terrena.

85. La fórmula aquí usada es clásica, 1Ti 1:17 también la utiliza, aunque en una doxología algo más extendida. Es muy poco probable que nuestra doxología (2Ti 4:18) responda a la influencia que la oración del Señor parece tener sobre nuestro texto. Allí (Mt 6:13) la fórmula doxológica fija es de adición tardía, aunque no demasiado. Did V.2 (siglo 2 dC) ya registra una fórmula de cierre: "porque tuyo es el poder y la gloria para siempre" (*hóti soú estin hē dúnamis kaí hē dóxa eis toús aiōnas*). Jeremias (1989: 235) indica que en el ambiente palestino mismo, nunca se culmina una oración sin doxología. De modo que, muy posiblemente, el padrenuestro nunca careció de una alabanza final (la falta de registro en el texto bíblico no impide suponer que la iglesia añadía una doxología en forma espontánea).

2Ti 4:19-21 / Párrafo 12
SALUDOS FINALES

NOTAS EN PÁGINA 413

‹4:19› Ἄσπασαι Πρίσκαν καὶ Ἀκύλαν καὶ τὸν Ὀνησιφόρου οἶκον. ‹4:20› Ἔραστος ἔμεινεν ἐν Κορίνθῳ, Τρόφιμον δὲ ἀπέλιπον ἐν Μιλήτῳ ἀσθενοῦντα. ‹4:21› Σπούδασον πρὸ χειμῶνος ἐλθεῖν. Ἀσπάζεταί σε Εὔβουλος καὶ Πούδης καὶ Λίνος καὶ Κλαυδία καὶ οἱ ἀδελφοὶ πάντες.

19 Envíale saludos a Priscila y Aquila y a la familia de Onesíforo. 20
Erasto se quedó en Corinto y a Trófimo lo tuve que dejar enfermo en
Mileto. 21 Haz todo lo posible por llegar antes del invierno. Te envía
saludos Eubulo, Pudente, Lino, Claudia y cada uno de los hermanos.

COMENTARIO

El cuerpo principal de la carta (2Ti 1:3-4:21) termina aquí, con el intercambio de saludos, sección característica tanto para Pablo[1] como para las cartas antiguas.[2] Nuestro párrafo está formado por cuatro oraciones. Junto con Ro 16:3-23 y Col 4:10-17,[3] nuestro texto presenta todos los elementos que pueden ser incluidos en esta sección:

a) Pablo envía saludos a los hermanos (*áspasai*, 2Ti 4:19 / oración 1).
b) Comentario final (2Ti 4:20 / oración 2).
c) Instrucción final (2Ti 4:21a / oración 3).
d) Los acompañantes de Pablo envían saludos al lector (*aspádsetai*, 2Ti 4:21b / oración 4).

PABLO ENVÍA SALUDOS A LOS HERMANOS (ORACIÓN 1)

Envíale saludos a Priscila y Aquila y a la familia de Onesíforo.

Pablo comienza la sección enviando sus saludos a dos grupos de hermanos altamente apreciados. El primer grupo destinatario, como siempre cuando aparecen en los intercambios de saludos (Ro 16:3; 1Co 16:19), son Priscila y Aquila.[4] Matrimonio férreo en la obra del Señor, compañeros del apóstol desde hacía al menos 15 años atrás (Hch 18:2), pilares no sólo en la iglesia de Éfeso, sino también de Roma y Corinto. El segundo grupo aquí mencionado es la familia de Onesíforo (*tón Onēsifórou oíkon*).[5] A éstos les desea el apóstol "que el Señor les conceda misericordia" al comienzo de la carta (2Ti 1:16), muy posiblemente por haber perdido a Onesíforo por causa del evangelio (ver comentario a 2Ti 1:15-18, p. 119).[6] Probable y llamativamente, la familia de Onesíforo también fue cabeza y huésped de una de las iglesias (*A. Paul.* III.5-7), del mismo modo que Priscila y Aquila (1Co 16:19).

COMENTARIO FINAL (ORACIÓN 2)

Erasto se quedó en Corinto y a Trófimo lo tuve que dejar enfermo en Mileto.

El flujo del intercambio de saludos es interrumpido (*disgressio*) por un comentario aclaratorio.[7] Dos de los acompañantes del apóstol ya no están con él. "Erasto se quedó en Corinto" (*Érastos émeinen en Korínzō*), lugar en el que una década atrás (56 dC) había ejercido el importante cargo público de tesorero de la ciudad (Ro 16:23). A Trófimo, oriundo de Éfeso (Hch 21:29) y fiel acompañante del apóstol en el último tramo recorrido por Hch, "lo tuve que dejar enfermo en Mileto" (*Trófimon dé apélipon en Milētō aszenoúnta*).[8]

¿Por qué volvemos aquí a la temática del párrafo anterior (la ausencia de todos los colaboradores del apóstol)? Tal vez Pablo haya olvidado incluirlos allí. O posiblemente esta aclaración prepare en forma anticipada la falta de los saludos de estos dos compañeros de trabajo de Timoteo (Hch 19:22; 20:4) en la última sección de nuestro párrafo (los acompañantes de Pablo envían saludos al lector, 2Ti 4:21b).

INSTRUCCIÓN FINAL (ORACIÓN 3)

Haz todo lo posible por llegar antes del invierno.

Ahora sí, el retorno a la temática de la soledad (2Ti 4:20) despierta nuevamente la ansiedad del apóstol por que Timoteo esté junto a él. El reclamo de la pronta visita, pues, es aquí renovado: "Haz todo lo posible por llegar antes del invierno" (*spoúdason pró jeimōnos elzeín*). El apóstol a punto de ser martirizado (2Ti 4:6) no puede esperar hasta después del invierno, considerando que el clima tormentoso interrumpía tanto el tráfico por tierra (Esd 10:9; Cnt 2:11; 1Mac 13:22; Mt 24:20), como especialmente por mar. Ferguson (80) señala que los viajes marítimos normalmente eran suspendidos entre el 10 de Noviembre y el 10 de marzo, aunque realmente la temporada segura iba desde fines de marzo hasta mediados de septiembre.

LOS ACOMPAÑANTES DE PABLO ENVÍAN SALUDOS AL LECTOR (ORACIÓN 4)

Te envía saludos Eubulo, Pudente, Lino, Claudia y cada uno de los hermanos.

Finalmente Pablo enumera aquellos que envían saludos al lector. Los cuatro nombres aquí mencionados ("Eubulo, Pudente, Lino, Claudia": *Eúboulos kaí Poúdēs kaí Línos kaí Klaudía*)[9] son desconocidos dentro del NT. Todos ellos son, evidentemente, líderes de la iglesia de Roma que acompañan al apóstol. De ningún modo esto está en riña, como sugiere Dibelius (122), con la soledad de Pablo que demanda la venida de Timoteo y Marcos. Es indudable que los creyentes de Roma habrán estado cerca del apóstol en prisión.[10] Pero esto no satisface el espacio vacío dejado por la ausencia de sus colaboradores de ministerio.

Solamente *A. Paul.* VIII menciona un Eubulo, presbítero de la iglesia de Corinto. Hendriksen (1979: 376) señala que, según una "leyenda" tradicional (no especifica la fuente), Pudente era senador romano y habría sido convertido por Pedro. Probablemente el Lino aquí mencionado sea el mismo al que la tradición señala como sucesor de Pedro en el episcopado de Roma (*haer.* III.3.3; *HE* III.2, 4).[11] Finalmente, la *Const. Ap.* VII.4.46 sugiere que Claudia fue la madre de Lino. Al saludo de estos personajes destacados se añade por último el del resto de la iglesia de Roma ("y cada uno de los hermanos": *kaí hoi adelfoí pántes*).

SÍNTESIS DEL PÁRRAFO

Habiendo ya presentado el planteo concreto de la carta y alcanzado el punto de mayor clímax, al apóstol no le queda más que cerrar su misiva. Antes de hacerlo, aprovecha la oportunidad para intercambiar saludos entre los de Roma y los de Éfeso.

PROPUESTAS PRÁCTICAS

Los saludos a los distantes conocidos (2Ti 4:19), los saludos de los presentes desconocidos (al menos para el lector contemporáneo, 2Ti 4:21b), las novedades respecto de los ausentes (2Ti 4:20), la demanda de la pronta venida (2Ti 4:21a)… todo esto impregna a nuestro párrafo de un fuerte sentido de catolicidad. Cada parte que compone la *una et sancta*, por distante que se encuentre en el tiempo y el espacio de la otra, conserva su unidad, por estar en el mismo Cristo.

Pese a que la era de las comunicaciones nos ofrece una metáfora de esta unidad en el concepto de "red" (la web), igualmente hoy día, particularmente en el ambiente evangélico, la iglesia porta dos "virus" que la alejan fuertemente de la valoración de su propia catolicidad:

La preocupación por satisfacer las necesidades sicológicas del individuo que se acerca a la iglesia la vuelve "iglesia para un individuo".

La preservación de la identidad confesional y la competencia institucional de una iglesia frente a las otras la hacen ser "iglesia en contra de las iglesias".

En ambos casos, la iglesia es tan "aquí y ahora" que pierde toda conexión y valoración del "allí y el entonces". Oberman (158-60) señala correctamente que el paso buscado en la Reforma no debe ser entendido primordialmente como una separación independentista para formar una "isla eclesiástica" (en contra de la iglesia de Roma) o el de la conexión de la nueva iglesia con vertientes más significativas para el individuo que salía de la oscuridad de la Edad Media. El paso dado en la Reforma fue el de conectar a la iglesia del siglo 16 con la iglesia de Cristo de todos los tiempos: "La Reforma siempre es, por tanto, una disputa respecto al verdadero catolicismo" (Oberman: 160).

Toda iglesia local, como retoño del gran árbol, debe y puede extender sus lazos hacia aquella raíz por la que circula el evangelio. Esta catolicidad no consiste en una imagen romántica de unidad universal e histórica. Esta catolicidad le provee a la iglesia certeza respecto a la salud de su proclamación, pues confiesa "*con* toda la iglesia y *por* toda la iglesia porque se abraza de la verdad completa de Cristo" (Oberman: 159). Esta catolicidad le provee a la iglesia impulso misional hacia el futuro, pues ella no necesita crear nuevos discursos para el ser humano del siglo 21 ó morir en el recogimiento y la sensación de haber "pasado de moda". Pues la validez actual de un evangelio tan ancestral, corrobora el carácter católico (es para todos los tiempos) del evangelio que el Señor de la historia entregó a su iglesia.

APUNTES TÉCNICOS

APUNTES DE LÉXICO Y SINTÁXIS

2Ti 4:19

"Envíale saludos" (ἄσπασαι): BAGD (ἀσπάζομαι.1.a: 116) presenta las siguientes alternativas de traducción: "saludos a (alguien), recuérdame a (alguien) ... envía saludos a". Aoristo imperativo ingresivo de único acto: tiene en vista una ocurrencia única y específica (Wallace: 719-20).

2Ti 4:20

"se quedó" (ἔμεινεν): Aoristo consumativo: señala el cese de la compañía de Erasto (Wallace: 559-61).

"(lo) tuve que dejar" (ἀπέλιπον): BAGD (ἀπολείπω.1: 94) "dejar atrás". Louw & Nida § 85.65 define nuestro verbo como "hacer o permitir que algo permanezca en un lugar y partir (implicando o no propósito); dejar, abandonar". Aoristo puntiliar (Wallace: 557-58).

"enfermo" (ἀσθενοῦντα): BAGD (ἀσθενέω.1.a: 115) "estar enfermo". Louw & Nida § 23.144 define nuestro verbo como "estar enfermo y, como resultado, en un estado de debilidad e incapacidad". Participio adjetival (dependiente de "Trófimo": Τρόφιμον) en segunda posición predicativa: sustantivo + adjetivo (Wallace: 311, 619-21). Pese a que Wallace no incluye nuestro verbo entre aquellos que toman la construcción de doble acusativo objeto-complemento (Wallace: 182-89), de todos modos consideramos que nuestro participio forma dicha construcción junto con "Trófimo" (Τρόφιμον). Esto es posible puesto que Wallace sí incluye en la lista verbos que tienen una función parecida a la del nuestro (de transportar o tomar un objeto): "llevar" (ἄγω); "recibir" (δέχομαι); "entregar" (δίδωμι); "levantar" (ἐγείρω); "expulsar" (ἐκβάλλω); "tomar" (λαμβάνω); "llevar con uno" (παραλαμβάνω); "traer, presentar" (προσφέρω); "poner" (τίθημι); "levantar" (ὑψόω). Nuestro participio adjetival señala el estado cualitativo (enfermo) en el que el objeto (Trófimo) recibió la acción (fue dejado por Pablo).

2Ti 4:21

"Haz todo lo posible" (Σπούδασον): BAGD (σπουδάζω.1: 763) ubica a nuestro texto junto con 2Ti 4:9 bajo la categoría de "apurarse, apresurarse". Consideramos que, si bien el motivo de urgencia está ciertamente presente aquí (nuestra oración hace exactamente la misma demanda que 2Ti 4:9), de todos modos la urgencia está indicada más bien por la frase participial "antes del invierno" (πρὸ χειμῶνος). Parece, más bien, que la fuerza de este verbo se corresponde con la de la segunda entrada de BAGD, definida por Louw & Nida § 68.63 como "hacer algo con intenso esfuerzo y motivación – trabajar duro, hacer lo mejor". Imperativo aoristo ingresivo: el énfasis está puesto en la gravedad del pedido y también en el elemento de urgencia (Wallace: 719-20).

"por llegar" (ἐλθεῖν): Infinitivo de propósito (Wallace: 590-92).

"Te envía saludos" ('Ασπάζεται): BDF § 135.1.a indica que cuando el verbo antecede a un grupo de sujetos en singular, el verbo concuerda en número con el primer sujeto, a menos que el grupo como un todo sea tenido en vista. Presente instantáneo: la acción ocurre en el momento de la escritura de la carta (Wallace: 517-18).

"cada uno de los hermanos" (οἱ ἀδελφοὶ πάντες): Smyth § 1174.b indica que "todo" (πᾶς) en nuestra posición predicativa enfática pone el foco en los individuos que forman el todo. BAGD (πᾶς.1.d.α: 632), por tanto, traduce nuestra construcción como "uno y cada uno de ellos".

APUNTES CRÍTICO-TEXTUALES

Para la ubicación geográfica y temporal de cada testigo de 2Ti ver Apéndice IX (p. 477).

2Ti 4:19: Algunos manuscritos insertan la frase "a Lectra, su esposa, y a Simaias y Zenón, sus hijos" (Λέκτραν τὴν γυναῖκα αὐτοῦ καὶ Σιμαίαν καὶ Ζήνωνα τοῦ υἱοὺς αὐτοῦ) después de "Aquila" ('Ακύλαν).

1) **Por evidencia interna:** El escriba inserta accidentalmente dentro del texto la glosa marginal conteniendo material de *Los Hechos de Pablo* ("Y un hombre llamado Onesíforo... salió con sus hijos Simaias y Zenón y con su esposa Lectra al encuentro de Pablo" – *Act. Paul.* III.2). Metzger (1994: 581) destaca el hecho de que esta glosa marginal entró en el texto en el lugar equivocado, atribuyéndole a Aquilas la mujer y los hijos de Onesíforo (!).
2) **Por evidencia externa:** Es notable la falta de sustento de la variante: los minúsculos 181 y 460.

2Ti 4:20: Algunos manuscritos reemplazan el aoristo ἀπέλιπον ("lo tuve que dejar") por el imperfecto ἀπέλειπον.

1) **Por evidencia interna:** Ver la discusión correspondiente al reemplazo del aoristo ἐγκατέλιπεν ("me abandonó") por el imperfecto ἐγκατέλειπειν en 2Ti 4:10 (sección Apuntes crítico-textuales del comentario a 2Ti 4:9-18: p. 387). Es claro que el sentido natural del texto sugiere que el autor no se está refiriendo a una acción prolongada ni reiterada (imperfecto), sino única, puntual (aoristo).
2) **Por evidencia externa:** El soporte de la variante muestra ser insuficiente: los códigos Ephraemi Syri Rescriptus (C), Angelicus (L) y Porphyrianus (P) y los minúsculos 33 104 323 326 365 1175 1241.

2Ti 4:21: Algunos manuscritos omiten "cada uno de" (πάντες).

1) **Por evidencia interna:** El escriba comete la omisión posiblemente por descuido, rompiendo con la tendencia paulina de combinar ἀσπάζεσθαι con πάντες.
2) **Por evidencia externa:** Pese a la importancia de los testigos a favor de la variante, de todos modos el soporte no muestra ser insuficiente: el original del códex Sinaítico (א) y los minúsculos 33 1739 1881.

NOTAS

SALUDOS FINALES

1. Ocho de las otras doce cartas paulinas (sin contar la nuestra) incluyen esta sección: Ro 16:3-23; 1Co 16:19-21; 2Co 13:12-13; Fil 4:21-22; Col 4:10-15; 1Ts 5:26; Tit 3:15; Flm 23-24.
2. Aune (163-64) indica que otro elemento característico en el cierre del cuerpo principal de las cartas es la recomendación de que el destinatario se cuide.
3. El resto de los casos de intercambio de saludos carece de alguno de estos cuatro elementos.
4. Ver Apéndice VI - Personajes de las pastorales (p. 459).
5. El escrito apócrifo del siglo 2 dC, *A. Paul.*, describe a esta familia con cierto detalle. Los hijos de Onesíforo eran Simmias y Zenón, y su esposa Lectra (*A. Paul.* III.2). Su casa es centro de una de las iglesias de Iconio (no de Éfeso – *A. Paul.* III.2). Dentro de la narrativa, esta familia cumple una y otra vez la función de poner en contacto al apóstol con su compañera Tecla (*A. Paul.* III.7, 23-24).
6. Nuestro texto delata que Onesíforo no se encuentra en casa. La única compañía de Lucas (2Ti 4:11) delata que tampoco se encuentra con Pablo en Roma (2Ti 2:17).
7. Algo similar sucede en Ro 16:17-20, aunque allí el comentario final (Ro 16:19-20) surge por razón de la instrucción final (Ro 16:17-18), a la que se encuentra subordinado.
8. Para mayor información respecto de Erasto y Trófimo ver Apéndice VI – Personajes de las pastorales (p. 459). Para ubicar las ciudades de Corinto y Mileto ver mapa en el comentario a 2Ti 4:9-18 (p. 366).
9. Ver Apéndice VI – Personajes de las pastorales (p. 459).
10. Nótese cómo las iglesias de Asia Menor envían a sus líderes para que acompañen a Ignacio de Antioquía en su paso hacia Roma. Luciano (siglo 2 dC), en *Sobre la Muerte del Peregrino,* XI-XIII, describe cómo los creyentes acompañaban voluntariamente al falso líder en su prisión.
11. Hendriksen (1979: 376) pone esto en tela de juicio, en vista de que el "apóstol no parece considerarlo en una posición tan elevada".

2Ti 4:22 / PÁRRAFO 13
CIERRE DE LA CARTA

NOTAS EN PÁGINA 421

‹4:22› Ὁ κύριος μετὰ τοῦ πνεύματός σου. ἡ χάρις μεθ' ὑμῶν.

Que el Señor esté con tu espíritu. Que la gracia esté con ustedes.

COMENTARIO

Pablo cierra la carta con dos bendiciones finales. Ambas presentan la estructura clásica de una fórmula de bendición: a) el elemento divino + b) la preposición "con" (*metá*) que señala acompañamiento + c) el destinatario y beneficiario de la compañía divina.

La primera fórmula de bendición ("que el Señor esté con tu espíritu": *ho kúrios metá toú pneúmatos sou*) no es la más usual en Pablo. En primer lugar, el elemento divino deseado sobre el lector (a) no es un don, sino que es el Señor mismo. Algo similar sucede en Ro 15:33 ("El Dios de paz sea con todos ustedes": *ho dé zeós tēs eirēnēs metá pántōn humōn*). Ya en el AT el deseo de que el Señor esté con el otro (*kaí éstai kúrios metá soú*) es usado numerosas veces a modo de fórmula de bendición (1S 17:37; 20:13; 2S 14:17; 15:20; 1Cr 22:11, 16).[1] Generalmente esta compañía divina funciona como base e impulso para la entrega arriesgada. En segundo lugar, el destinatario de la compañía divina (c) no es designado simplemente con el pronombre personal ("contigo"), como sucede normalmente, sino con la expresión "tu espíritu" (*toú pneúmatos sou*). En el corpus paulino, solamente Gá 6:18, Fil 4:23 y Flm 25 presentan una fórmula equivalente.[2] Lejos de tratarse aquí de un concepto de humano dicotómico, en el que una parte (espíritu resguardado) es divorciada de la otra (cuerpo descuidado) –concepto ciertamente extraño en Pablo–, la compañía divina es deseada sobre la persona de Timoteo como un todo. Ahora bien, ¿qué aporte trae la expresión "tu espíritu"? El espíritu, señala Guthrie (1981: 167), es privilegiado por Pablo por sobre el "alma" (*psujē*), para referirse al rostro del ser humano revivido y recreado al ser incorporado en Cristo en el Bautismo.[3] "Tu espíritu" es Timoteo específicamente en su relación con Dios (*coram Deo*).[4] El "espíritu" aquí señalado tiene íntima conexión con aquel "Espíritu Santo" que impulsa a Timoteo a "cuidar el excelso depósito" disponiéndose a padecer en pro del evangelio (2Ti 1:6-8, 14). Testificar y morir como estando delante del Señor (*coram Deo,* 2Ti 2:15; 4:1-5), y hacerlo contando con el impulso de la compañía divina (2Ti 4:17-18) es, ciertamente, el ideal planteado y deseado en nuestra carta para Timoteo. Pese a que Pablo usa aquí una fórmula de bendición ya fijada previamente (Betz: 325), su apropiación en nuestra epístola está impregnada de razón y significado.

La segunda fórmula de bendición usada ("Que la gracia esté con ustedes": *hē járis mez´ humōn*) repite el sorpresivo cambio (o ampliación) de público sucedido en 1Ti 6:21: la carta que parecía estar destinada exclusivamente a Timoteo, está destinada a un público más amplio ("ustedes": *humōn*). El desafío radical de una entrega absoluta por causa del evangelio no es propiedad exclusiva del apóstol y su colaborador más cercano. Una vez más, en el final mismo de la carta, el apóstol levanta la vista (que hasta ahora estuvo fijada en su hijo Timoteo) para mirarnos a todos los lectores creyentes (que hasta ahora éramos simplemente espectadores del diálogo entre el maestro y su alumno) y llamarnos así a todos a la misma entrega. Pero lo que esparce el apóstol con sus ojos levantados y puestos en la iglesia toda, antes que una demanda, es la bendición más grande y característica en el corpus paulino: "la gracia" (*hē járis*). Aquella que nos fue dada en Cristo antes de que comience la historia (2Ti 1:9), que se manifestó en la victoriosa resurrección del Señor (2Ti 1:10) y en la que Timoteo y todos los que estábamos detrás podemos fortalecernos (2Ti 2:1) para cumplir el llamado en forma total (2Ti 4:5, 17).

SÍNTESIS DEL PÁRRAFO

Después de haber recorrido los mismos conceptos en el resto de la carta (espíritu, gracia, compañía divina), ésta no es una bendición más, endurecida por su carácter de fórmula. El apóstol envuelve a los lectores en el don divino que los capacita para responder en forma positiva al llamado de la carta, pero por sobre todas las cosas, que los sustenta en su destino de salvación.

PROPUESTAS PRÁCTICAS

Tal como hemos señalado, el apóstol se apropia de fórmulas fijas para desear la bendición sobre el/los lector/es. No obstante, lejos de tratarse de un formulismo rígido, las dos bendiciones muestran no estar despojadas de fuerza y coherencia con el planteo de la carta como un todo. Todavía más, la bendición muestra tener profunda intimidad con el llamado a entregarse en sacrificio de dos modos: a) impulsando y capacitando al destinatario y b) renovando el don salvífico fundamental que hace posible la entrega (gracia y compañía divinas).

Este uso fecundo de la bendición nos confronta con nuestro propio uso de este tipo de fórmulas:

* Por tratarse de fórmulas de bendición ya fijas y repetidas infinitas veces desde hace siglos, ¿las usamos e intercambiamos como simple señal de cortesía cristiana, pero sin mucha carga de contenido?
* Cuando bendecimos a otros, ¿lo hacemos simplemente como un equivalente cristiano de la expresión "suerte" o "buena fortuna"?
* ¿Cuál es el propósito por el que debemos bendecir a otros?

APUNTES TÉCNICOS

APUNTES DE LÉXICO Y SINTÁXIS

2Ti 4:22

"(que esté) con tu espíritu" (πνεύματός σου): BAGD (πνεύμα.3.b: 675) señala que Pablo usa nuestro sustantivo en ciertos casos simplemente "para caracterizar al ser interior del creyente... por lo que puede significar simplemente el ser de la persona". Esto es, nuestra expresión es nuevamente una circunlocución equivalente al pronombre personal: "Que el Señor esté contigo". Tanto en nuestra oración como en la siguiente, se produce una elipsis (omisión voluntaria) del optativo voluntativo "que esté" (εἴη). Wallace (481-83) indica que esta categoría es usada para expresar deseos u oraciones.

APUNTES CRÍTICO-TEXTUALES

Para la ubicación geográfica y temporal de cada testigo de 2Ti ver Apéndice IX (p. 477).

2Ti 4:22: Algunos manuscritos insertan después de "Señor" (κύριος):

a) "Jesús" ('Ιησοῦς).

b) "Jesucristo" ('Ιησοῦς Χριστός).

1) **Por evidencia interna:** Ambos escribas adornan el texto original amplificando el nombre sagrado. Posiblemente el segundo (b), trabajando en base a la variante a), intente acercar su texto a la tendencia paulina.
Éstas son las alternativas para el nombre sagrado (*nomina sacra*) en el coprus paulino: a) κύριος (182 veces); b) κύριος 'Ιησοῦς (23 veces); c) κύριος Χριστός (2 veces); d) κύριος 'Ιησοῦς Χριστός (69 veces).

2) **Por evidencia externa:** Éste es el soporte de cada alternativa:
- El texto original es sustentado por los códigos Boreelianus (F) y Boernerianus (G) y el original del códex Sinaítico (א), los minúsculos 33 1739 1881 y la versión cóptica Sahídica.
- La variante a) se apoya en el testimonio del códex Alejandrino (A), los minúsculos 104 614 y la Vulgata Stuttgartienis.
- La variante b), por su parte, es sustentada por los códigos Ephraemi Syri Rescriptus (C), Claromontanus (D) y Athous Lavrensis (Ψ), la segunda corrección del códex Sinaítico (א), el texto mayoritario (𝔐), los manuscritos latinos a b f, las Vulgatas Clementina y Wordsworth/White, las versiones siríaca y cóptica Bohaírica y Ambrosiaster.

Si bien parece haber cierta paridad de peso en el soporte de cada alternativa, el del texto original parece ser levemente superior.

2Ti 4:22: Algunos manuscritos reemplazan la frase "Que la gracia esté con ustedes" (ἡ χάρις μεθ' ὑμῶν) por:

a) "Que la gracia esté con nosotros" (ἡ χάρις μεθ' ἡμῶν).

b) "Que la gracia esté contigo" (ἡ χάρις μεθ' σου).

c) "Adiós en paz" (ἐρρῶσο ἐν εἰρήνῃ).

d) Omisión de la frase.

1) **Por evidencia interna:** El escriba de la variante a) confunde las letras ípsilon (υ) y eta (η) por parecido fonético (Metzger, 1994: 582). El escriba de la segunda variante, por su parte, acomoda el inesperado plural para que el texto concuerde con lo singular de la carta dirigida en forma constante a Timoteo. El escriba de la variante c) acomoda el texto a las convenciones antiguas para el saludo de despedida (Hch 15:29) y le suma el clásico saludo del mundo judeo-cristiano derivado del hebreo שָׁלוֹם. El escriba de la última variante, por su parte, posiblemente omite la frase por descuido.
2) **Por evidencia externa:** Éste es el apoyo de cada alternativa:
   - El texto original es sustentado por los códigos Sinaítico (א), Alejandrino (A), Ephraemi Syri Rescriptus (C) y Boernerianus (G) y los minúsculos 33 81 1881.
   - La variante a) se apoya en el testimonio de los minúsculos 460 y 614, la Vulgata Stuttgartiensis y un manuscrito de la versión cóptica Bohaírica.
   - La variante b), por su parte, es sustentada por las versiones siríaca Peshitta y cóptica Sahídica (un solo manuscrito) y Bohaírica (un solo manuscrito).
   - La variante c) está registrada en el original y la primera corrección del códex Claromontanus (D), los manuscritos latinos a b y Ambrosiaster.
   - La variante d), finalmente, se apoya sobre el minúsculo 330 y algunos manuscritos de la versión cóptica Sahídica.

Ninguna de las variantes muestra tener un sustento determinante frente al del texto original.

2Ti 4:22: Algunos manuscritos insertan "Amén" (ἀμήν) después de "Que la gracia esté con ustedes" (ἡ χάρις μεθ' ὑμῶν).

1) **Por evidencia interna:** El escriba completa el texto original con el típico final litúrgico.
2) **Por evidencia externa:** Éste es el soporte de cada alternativa:
   - El texto original es sustentado por el original del códex Sinaítico (א), los cógidos Alejandrino (A), Ephraemi Syri Rescriptus (C), Boreelianus (F), Boernerianus (G), los minúsculos 6 33 81 y 1881, el original del minúsculo 1739, el manuscrito latino b, algunos manuscritos de la Vulgata, las versiones cópticas Sahídica y Bohaírica (en parte) y Ambrosiaster.
   - La variante se apoya sobre el testimonio de la segunda corrección del códex Sinaítico (א), los cógidos Claromontanus (D) y Athous Lavrensis (Ψ), una corrección del minúsculo 1739, el texto mayoritario (𝔐), gran parte de la tradición latina y las versiones siríaca y cóptica Bohaírica (en parte).

Es clara la inferioridad de sustento que presenta la variante frente al texto original.

Algunos manuscritos insertan las siguientes suscripciones debajo del texto de la carta:

1) **Por evidencia interna:** Es claro que los escribas insertan la suscripción para señalar el final de un libro aclarando detalles del origen y destinatario de la carta.
2) **Por evidencia externa:** Ninguna de las variantes está cerca de ser determinante. Éstas son las variantes de suscripción:

a) "A Timoteo" (Πρὸς Τιμόθεον): el códex Sinaítico (א) y el minúsculo 33.
b) "La segunda a Timoteo" (Πρὸς Τιμόθεον δευτέρα): el minúsculo 90.
c) "Se completó segunda carta a Timoteo" (Πρὸς Τιμόθεον β΄ ἐπληρώθη): el códex Claromontanus (D).
d) "Se terminó la segunda a Timoteo" (ἐτελέσθη πρὸς Τιμόθεον β΄): los códigos Boreelianus (F) y Boernerianus (G).
e) "La segunda a Timoteo fue escrita desde Laodicea" (Πρὸς Τιμόθεον β΄ ἐγράφη ἀπὸ Λαοδικείας): el códex Alejandrino (A).
f) "La segunda a Timoteo fue escrita desde Roma" (Πρὸς Τιμόθεον β΄ ἐγράφει ἀπὸ Ῥώμης): el códex Porphyrianus (P).
g) "La segunda a Timoteo, obispo electo de la iglesia de los efesios, fue escrita desde Roma, donde Pablo se presentó por segunda vez a Nerón, el César de Roma" (Πρὸς Τιμόθεον δευτέρα· τῆς Ἐφεσίων ἐκκλησίας ἐπίσκοπον χειροτονηθένα· ἐγράφη ἀπὸ Ῥώμης ὅτε ἐκ δευτέρου παρέστη Παῦλος τῷ Καίσαρι Ῥώμης Νέρωνι): el códex Mosquensis (K).
h) "La segunda carta del santo apóstol Pablo a Timoteo, el primer obispo electo de la iglesia de los efesios, fue escrita" (τοῦ ἁγίου ἀποστόλου Παύλου ἐπιστολὴ β΄ πρὸς Τιμόθεον τῆς Ἐφεσίων ἐκκλησίας πρῶτον ἐπίσκοπον χειροτονηθένα· ἐγράφη): el códex Angelicus (L).
i) "La segunda a Timoteo, el primer obispo electo de la iglesia de los efesios, fue escrita desde Roma, donde Pablo se presentó por segunda vez a Nerón, el César de Roma" (πρὸς Τιμόθεον δευτέρα τῆς Ἐφεσίων ἐκκλησίας πρῶτον ἐπίσκοπον χειροτονηθένα· ἐγράφη ἀπὸ Ῥώμης ὅτε ἐκ δευτέρου παρέστη Παῦλος τῷ Καίσαρι Νέρωνι): una corrección del minúsculo 1739 y el texto mayoritario (𝔐).

Las suscripciones no tienen pretensiones de texto original.

NOTAS

CIERRE DE LA CARTA

1. Este deseo se arraiga en el hecho y la promesa divina de compañía (Dt 2:7; 20:1; 31:8, 23; Jos 1:9, 17; Jue 6:12, 16; 2S 7:3; 2Cr 28:20; Jer 46:28).
2. La epístola a los laodicenses XIX usa exactamente la misma bendición que la de Gá 6:18 (Schneemelcher, II: 45).
3. "*Psujē* tradicionalmente era demasiado antropocéntrico para servir como un término apropiado a su propósito" (Guthrie, 1981: 167).
4. Éste parece ser el sentido de "espíritu" (*pneúma*) usado en Ecl 12:7; Mt 27:50 y Hch 7:59. Ignacio de Antioquía también se expresa en estos términos: "Mi espíritu está destinado a la cruz (*perípsēma tó emón pneúma toú stauroú*), que es una ofensa para los incrédulos, pero para nosotros es salvación y vida eterna" (Ign. *Ef.* XVIII.1).

APÉNDICE I
LAS AFIRMACIONES CONFIABLES

NOTAS EN PÁGINA 429

Uno de los elementos característicos de las cartas pastorales es la utilización de la fórmula confirmatoria: "La afirmación es confiable" (*pistós ho lógos*). Esta fórmula aparece cinco veces a lo largo de las pastorales (1Ti 1:15; 3:1; 4:9; 2Ti 2:11; Tit 3:8). En dos ocasiones (1Ti 1:15 y 4:9), presenta una versión extendida en la que se agrega la frase "y digna de una aceptación total" (*kaí pásēs apodojēs áxios*).

En tres casos (1Ti 3:1; 4:9; Tit 3:8) nuestra fórmula funciona como cierre confirmatorio, mientras que en los otros dos (1Ti 1:15; 2Ti 2:11) hace las veces de introducción.

Veamos cuál es el contenido de nuestras cinco afirmaciones:

* "Cristo Jesús vino al mundo para salvar a los pecadores, de los cuales yo soy el máximo exponente" (1Ti 1:15).

* "De todos modos se salvará teniendo hijos, si permanecen en la fe, el amor y la santidad en forma decente" (1Ti 2:15).

* "mientras que el ejercicio físico es útil para poco, la piedad es útil para todo, ya que cuenta con la promesa de la vida presente y de la futura" (1Ti 4:8).

* "Si hemos muerto con (él), también viviremos con (él); si soportamos, también reinaremos con (él); si no nos vamos a declarar en su favor, también él nos rechazará; si somos infieles, él siempre sigue siendo fiel, pues de ningún modo puede negarse a sí mismo" (2Ti 2:11-13).

> * Pero cuando se manifestaron la bondad y el cariño por el ser humano de nuestro salvador, Dios, él nos salvó, no en base a ciertas obras acordes con la justicia que nosotros hemos hecho, sino en consonancia con su propia misericordia, (y lo hizo) por medio del lavamiento que produce el nuevo nacimiento y la renovación realizados por el Espíritu Santo; del cual (Dios) derramó (una porción) sobre nosotros en forma abundante por medio de Jesucristo, nuestro salvador, para que, habiendo sido justificados por su gracia, lleguemos a ser herederos, de acuerdo con la esperanza de la vida eterna" (Tit 3:4-7).

Es evidente la conexión que tienen todas las afirmaciones con el tema de la salvación. 1Ti 1:15 y Tit 3:4-7 relatan cómo realizó Dios nuestra salvación; los otros tres textos indican la relación que existe entre la decisión ética y la salvación: 1Ti 2:15 se concentra en la relación entre la decisión ética y la *salvación chica* (ver Apéndice IV – La salvación y el salvador en las pastorales, p. 449); 2Ti 2:11-13 se enfoca en la relación entre la decisión ética y la *salvación grande* y 1Ti 4:8 elabora la conexión entre la decisión ética y ambos rostros de la salvación (*chica* y *grande*).

Cada uno de estos temas ocupa un lugar central en sus respectivas cartas: mantenerse en línea con el modelo dejado por el apóstol (1Ti 1:15), controlar el impulso de usurpar un lugar de poder (1Ti 2:15-3:1) y vivir en consonancia con la libertad del evangelio (1Ti 4:8-9) son temas fundamentales en 1Ti. La disposición al sufrimiento por causa del evangelio (2Ti 2:11-13) y la nueva identidad de herederos como base de la ética cristiana (Tit 3:4-8) son los temas centrales de 2Ti y Tit respectivamente.

Mientras 1Ti 1:15 indiscutiblemente recoge tradición pre-paulina (Lc 15:2; 19:10 y Jn 3:17; ver el comentario correspondiente), 2Ti 2:11-13 y Tit 3:4-7 muestran usar material litúrgico, 1Ti 4:8 presenta rasgos de dicho popular cristiano, y 1Ti 2:15 probablemente presente una tradición respecto al relato de la caída (Gn 3).[1] Sea como fuere, lo que el apóstol hace en las cinco afirmaciones confiables es reafirmar la autoridad del material tradicional y aplicarlo a su propio contexto y/o al del lector:[2] 1Ti 1:15 aplica la tradición de los evangelios a Pablo y sus imitadores ("de los cuales yo soy el máximo exponente"); 1Ti 2:15 conecta la interpretación tradicional referente a Eva con las mujeres de Éfeso; 1Ti 4:8-10 aplica el dicho popular cristiano al ministerio de Pablo y Timoteo ("Con este propósito nos esforzamos y luchamos"); y 2Ti 2:11-13 y Tit 3:4-7 conectan material litúrgico (probablemente del contexto bautismal)[3] con la demanda ética hecha a los respectivos lectores.[4]

Knight (100) destaca correctamente que las dos veces que se utiliza la fórmula extendida ("La afirmación es confiable y digna de una aceptación total", 1Ti 1:15 y 4:9), el contenido de la afirmación no aparece en primera persona como en 2Ti 2:11-13 y Tit 3:8. Knight propone, por tanto, que la extensión "y digna de una aceptación total" se trata de una "fórmula de apropiación personal" que sirve para acercar la tradición afirmada a la realidad del autor y del lector. 1Ti 2:15-3:1 tampoco presenta el material en primera persona, pero no necesita de esta "fórmula de apropiación personal" por no tratarse de una verdad que se aplica a Pablo ni a cualquier lector, sino solamente a las mujeres.[5]

PROPUESTAS PRÁCTICAS

Afirmar el valor de las tradiciones suena muchas veces como si se tratara de traer el sarcófago de los abuelos a casa, bulto pesado y carente de vida, cargado de polvo y olor a añeja humedad. Parece tratarse de una práctica interesante, por decirnos de dónde venimos; pero en última instancia, con poca fuerza y utilidad por hablarnos de la vida, creencias y hechos de aquellos que ya pasaron, pero no de los nuestros que aún estamos.

Salvo que se trate de una tradición cargada de vitalidad y sentido para el presente como es la que Pablo rescata por medio de las afirmaciones confiables: no se trata de una tradición muerta, sino de la tradición del evangelio que da vida y está cargado de promesas de salvación. Ya no se trata de una tradición lejana, sino de un material que es hecho propio al ser confesado en primera persona (2Ti 2:11-13 y Tit 3:4-8) y al ser acercado por medio de la fórmula de apropiación personal (1Ti 1:15 y 4:8-9).

¿Cuánto confundimos tradición con inutilidad? ¿Cuánto nos negamos a apropiarnos de lo que otros disfrutaron, por pretender ser genuinos y hacedores de nuestro propio destino? ¿Cuánta vitalidad nos perdemos al no afirmar la validez de las doctrinas que hacen a nuestra salvación rescatadas por nuestros antecesores?

El ejercicio que hace Pablo en nuestras cartas por medio de las afirmaciones confiables se vuelve interesante desafío para el estudio grupal para fechas en las que se recuerda la fe de los ancestros de una comunidad: aniversario de una comunidad, día del padre o de la madre, día de la reforma (31 de Octubre).

PROPUESTAS PARA EL ESTUDIO BÍBLICO GRUPAL

1) Sugerir a cada participante que enliste en dos columnas diferentes las tradiciones, creencias y prácticas de los ancestros que considera útiles (por un lado) y aquellas que considera "pasadas de moda" (por otro lado).

2) Cada uno comparte su lista y se abre al debate para que el resto de los participantes cuestionen o afirmen la clasificación que cada uno hizo.

3) Para charlar en grupo:
   * ¿Qué hace que ciertas tradiciones "pasen de moda"?
   * ¿Todas las tradiciones que hemos clasificado como "pasadas de moda" son descartables? ¿Cuáles serían útiles hoy? ¿Qué nos traba a afirmar su validez y a apropiarnos de ellas?

4) Lectura de las cinco afirmaciones confiables de las pastorales: 1Ti 1:15; 2:15-3:1; 4:8-10; 2Ti 2:11-13; Tit 3:4-8. Señalar que cada una de las afirmaciones revalida material doctrinal tradicional.

5) Si hay suficiente participación (más de 6 personas), la concurrencia podría trabajar en pequeños grupos que analicen una o dos de las afirmaciones confiables cada uno. De otro modo, sería aconsejable seguir trabajando todos juntos.

   Preguntas para analizar cada afirmación confiable:
   * ¿De qué trata la afirmación tradicional que aquí está siendo revalidada?
   * ¿Le da alguna utilidad Pablo a este material tradicional revalidado? ¿Cuál?

6) Si se ha trabajado en grupos pequeños, cada uno comparte el resultado de su estudio. ¿Qué sugiere esto en nuestra relación con las tradiciones? ¿Qué clase de tradición debe ser revalidada? ¿Cómo pre-

parar el camino para que el mensaje del evangelio resuene con relevancia en el oído de nuestra gente?

NOTAS

LAS AFIRMACIONES CONFIABLES

1. Knight (152) considera que 1Ti 3:1a está conectado con 1Ti 3:1b ("Si alguno está aspirando al obispado, desea una tarea ciertamente noble") y propone entender a esta última oración como un dicho tradicional dentro de la Iglesia Primitiva respecto al episcopado.

2. Knight (37) entiende a nuestras fórmulas como "atajos" teológicos usados en el diálogo entre el apóstol y sus colaboradores más cercanos, atajos que nunca podría haber usado en las cartas dirigidas a congregaciones.

3. Cothenet (37) afirma este trasfondo en el caso de 2Ti 2:11-13.

4. Guthrie (1990a: 632) concuerda con los intérpretes que atacan la autenticidad de las pastorales en considerar a las afirmaciones como material catequético, pero niega que esto implique una composición tardía. Dice Guthrie que de hecho, las afirmaciones doctrinales que Pablo cita por medio de esta "fórmula catequética" ("la afirmación es confiable") se encuentran también en el resto del corpus paulino (Ro 1:2-4; Fil 2:5 y ss.; Col 1:15 y ss.).

5. Recordamos que para Knight, 1Ti 3:1 se aplica a los obispos, pero esto no cambia en nada el argumento.

APÉNDICE II
LA IMITACIÓN DEL EJEMPLO EN EL CORPUS PAULINO

NOTAS EN PÁGINA 433

La imitación del ejemplo dejado por el maestro, en línea con la tradición sapiencial (Crenshaw: 202), es un concepto de importancia en el corpus paulino y, particularmente, en nuestras cartas. Una y otra vez Pablo invita a sus congregaciones y colaboradores a imitar su ejemplo (1Co 11:1; Fil 3:17; 2Ts 3:7, 9; 2Ti 1:13).

Lejos de tratarse de un acto de soberbia de parte del apóstol y de una propuesta moralista chata, tal como tiende a suceder en la tradición sapiencial, lo que ocurre aquí tiene una dimensión y gravedad significativas. Pablo es ejemplo para los corintios en tanto y en cuanto él refleja a Cristo mismo (1Co 11:1). La cadena de modelos no se remite en última instancia al apóstol que reconoce su debilidad extrema en el mismo contexto en el que habla de su carácter de modelo (Fil 3:12; 1Ti 1:15). El último eslabón de esta cadena de ejemplos no es otro que Cristo. Esto, no obstante, no consiste en la imitación de Cristo (*imitatione Christi*) del misticismo medieval.[1]

Ef 5:1 carga a la imitación de Dios ("Por tanto, imiten a Dios": *ginesze oún mimētaí toú zeoú*) con implicancias fuertemente pragmáticas: imitar a Dios implica aquí amarse y perdonarse unos a otros. El concepto de imitación de Dios elaborado en Ef 5:1, de todos modos, trasciende la esfera de la demanda moral para enraizarse en el plano existencial: la imitación de Dios consiste en la renovación de la imagen divina sucedida en la nueva creación, es el "ponerse el ropaje de la nueva naturaleza, creada a imagen de Dios" (*tón kainón ánzrōpon tón katá zeón ktiszénta*). Aquí no se trata en primera instancia del *hacer*, sino del *ser*; no se trata de lo *propio* sino de lo *recibido;* no se trata del *esfuerzo humano* sino del *don divino.*

Esto se pone de manifiesto en la distribución de roles que hace 1Ti 1:16 entre Cristo y Pablo. Que Pablo sea ejemplo para los creyentes no lo pone como sujeto de una historia en la que Cristo es el objeto imitado. 1Ti 1:16 entrega el protagonismo de la historia a Cristo en los términos más claros. Es él (sujeto) quien actúa en el apóstol (objeto) haciéndolo ejemplo para mostrar su paciencia (*hína en emoí prōtō endeíxētai Jristós Iēsoús tēn hápasan makrozumían*).

Este cuadro se completa cuando vemos que la demanda ética protagónica en muchos de los textos que elaboran nuestro concepto (1Co 11:1; Ef 5:1; Fil 3:17; 2Ts 3:7, 9; 1Ti 4:12; Tit 2:7), queda eclipsada en ocasiones por la referencia a la repetición del destino padecido por Cristo (1Ts 1:6-7; 2:14; 1Ti 1:16; 2Ti 1:13). Imitar a Pablo o a Cristo no se trata en primera instancia de copiar ciertas virtudes morales, sino de padecer y atravesar la misma historia. El ejemplo que se imita no es una estampa estática y muerta de la que tomo aquello que estoy dispuesto a copiar, sino una historia, un filme que me sucede y me envuelve en su camino hacia el mismo destino que el de Jesús.

PROPUESTAS PRÁCTICAS

PREGUNTAS PARA LA REFLEXIÓN PERSONAL Y DEVOCIONAL

* ¿Nos confrontamos con libertad y gozo a los ejemplos que Dios nos pone al lado, en la historia y en la Palabra o ellos tienden a ser martillos que golpean cada vez más fuerte nuestro sentimiento de culpas?

* ¿A quién imitamos cuando seguimos a nuestros ejemplos? ¿Buscamos en ellos a Cristo?

* Para leer y reflexionar:
  "El diablo puede soportar la proclamación de Cristo como nuestro ejemplo… El diablo logra su victoria si tomamos la doctrina de Cristo como ley y su vida como ejemplo. Sólo Cristo es un don; los otros santos pueden ser ejemplos. Él está encima de los otros porque él es un don… El evangelio no es la predicación de Cristo como ejemplo sino su proclamación como don" (Lutero, citado por Blank: 317).

* Sólo allí donde Cristo es don puede ser vivido como ejemplo. En esta perspectiva, proponemos cantar el Himno 412 del Culto Cristiano.

NOTAS

LA IMITACIÓN DEL EJEMPLO EN EL CORPUS PAULINO

1. Uno de los maestros místicos medievales, Meister Eckhart, señalaba que "el modo más rápido de alcanzar la perfección es por medio del sufrimiento" de acuerdo con el modelo dejado por Cristo (Hägglund: 205-06).

APÉNDICE III
LOS OFICIOS ECLESIÁSTICOS EN LAS PASTORALES

NOTAS EN PÁGINAS 443-47

Nuestras cartas presuponen que el lector conoce los oficios eclesiásticos a los que se hace referencia. Éstos son: el obispo (*epískopos*), el anciano (*presbúteros*) y el diácono (*diákonos*). ¿En qué consiste cada uno de estos oficios? ¿Qué funciones implican? ¿Qué relación presentan con los oficios mencionados en otras partes del NT, particularmente del corpus paulino?

EL OBISPO Y EL ANCIANO

Las funciones que se pueden deducir de las indicaciones dadas en nuestras cartas en torno a cada uno estos títulos son las siguientes:

a) El obispo (*epískopos*) tiene responsabilidades:
   * *Sociales:* debe hospedar (1Ti 3:2; Tit 1:8) y tener buen trato con "los de afuera" (1Ti 3:7).
   * *Administrativas:* no debe ser amante del dinero (1Ti 3:3; Tit 1:7).
   * *Didácticas:* hábil para enseñar (1Ti 3:2); debe estar aferrado al mensaje de la verdad para animar y refutar (Tit 1:9).[1]
   * *De liderazgo:* buen conductor (*proïstēmi,* 1Ti 3:4-5); administrador de Dios (Tit 1:7).
   * *Pastorales / espirituales:* debe cuidar la comunidad (1Ti 3:5).

b) Respecto al anciano (*presbúteros*), 1Ti 5:17 distingue dos tipos de responsabilidades:
   * *De liderazgo* (*proïstēmi*).
   * *Didáctica* (*en lógō kaí didaskalía*).

No es coincidencia que 1Ti 5:17 atribuya al anciano dos áreas propias del oficio episcopal. Ridderbos (II: 177-78) sugiere que este texto presenta dos versiones de un mismo oficio (anciano-obispo): en el primer caso (1Ti 5:17a), los ancianos-obispos se dedican a la administración y gobierno de la comunidad, pero nunca sin la Palabra. En el segundo caso (1Ti 5:17b), los ancianos-obispos se dedican a la enseñanza de la Palabra, pero nunca sin dirigir en base a ella la vida de la comunidad (ver comentario a 1Ti 5:17).[2] El hecho de que la lista de requisitos para los líderes oficiales (obispo y diácono) registrada en 1Ti 3 no menciona al anciano (*presbúteros*), sugiere que se lo debe entender a este último junto con el obispo. Esta identificación se confirma en el uso intercambiable de los dos títulos (*presbúteros - epískopos*) que presenta Tit 1:5-9.[3]

Se levanta una y otra vez la crítica a esta identificación señalando que, mientras que el título "anciano" es usado en plural tanto en 1Ti 5:17 como en Tit 1:5, "obispo" es usado en forma singular (1Ti 3:1; Tit 1:7). Esto, para muchos, resuena a la estructura eclesiástica del siglo 2 dC presentada en las cartas de Ignacio de Antioquía: un obispo monárquico que gobierna sobre un grupo de ancianos y un grupo de diáconos.[4] En primer lugar, es inocente identificar los conceptos de obispo y anciano de las pastorales con el de Ignacio sobre esta base, la diferencia es indiscutible. En segundo lugar, la identidad que presenta Tit 1:5-7 entre los ancianos (en plural) y el obispo (en singular) demanda entender este último singular como genérico (Wallace: 229; Guthrie, 1990b: 33). En tercer lugar, el título anciano también es usado en su forma singular en yuxtaposición con la forma plural (1Ti 5:1-2, 17-20).

La diferencia fundamental entre nuestros dos títulos (anciano-obispo) reside en la tradición que los gestó (Küng: 476). Las iglesias de extracción judía mamaron de sus raíces el oficio de anciano. Esta institución es tan antigua como Israel mismo (Éx 17:5), pues responde a su estructura patriarcal y tribal. Tres figuras sobresalientes del judaísmo del siglo 1 dC portaban este título: las autoridades de la sinagoga (Lc 7:3),[5] los nobles laicos integrantes del sanedrín, el consejo judío (Mt 16:21; 21:23; 27:1; Hch 4:23),[6] y los líderes laicos de la comunidad de Qumrán (1QS VI.8-10). Es significativo que, en los últimos dos casos, los ancianos están supeditados a la clase sacerdotal. Considerando la continua articulación de la estructura eclesiástica en términos de apóstoles y algún otro oficio (apóstoles-diáconos, apóstoles-profetas) surge la cuestión de si la dupla apóstoles-ancianos no reproduce la estructura sacerdotes-ancianos del sanedrín y Qumrán: líderes religiosos y líderes administrativos. Nótese que la primera intervención de los ancianos de Jerusalén es de corte administrativo: es a ellos a quienes Pablo y Bernabé llevan la ofrenda de la iglesia de Antioquía (Hch 11:30).[7] No obstante, ellos tienen una importante participación en la decisión teológica del concilio apostólico de Jerusalén (Hch 15:2, 4, 6, 22, 23; 16:4). Hacia el final de Hch (21:18), los ancianos de Jerusalén, ya sin los apóstoles en la ciudad, siguen siendo la autoridad de la comunidad y están aglomerados en torno a Santiago.

La iglesia de Antioquía, iniciada a partir de la migración de miembros de la iglesia de Jerusalén (Hch 11:19), es dirigida por una nueva dupla: profetas y maestros (Hch 13:1). Hasta este punto, los únicos tres oficios que se mencionan en el libro de Hch son los apóstoles (aún en Jerusalén), los profetas (Hch 11:27; 15:32; 21:10) y los ancianos. ¿Es posible conectar a algunos de estos "maestros" (*didáskaloi*) con los ancianos (*presbúteroi*)? El oficio de maestro sigue la línea del rabí judío en cuanto portador y transmisor de la tradición religiosa autorizada (Ridderbos, II: 170). Es precisamente ésta una de las funciones principales de los ancianos judíos (*hē parádosis tōn presbutérōn,* Mt 15:2). Todavía más: la lista de oficios de corte judíos registrada en 1Co 12:28 no está encabezada por la trilogía de la Iglesia Primitiva apóstoles-profetas-ancianos, sino apóstoles-profetas-maestros. Todo esto sugiere cierto parentesco entre el oficio de anciano y de maestro.[8]

Es probable que el título "obispo" (*epískopos*), por su parte, haya surgido de entre las comunidades de origen pagano por los siguientes motivos: a) La LXX nunca le da al título *epískopos* otro sentido que el de inspector o supervisor en el ámbito secular (2Cr 24:11; Neh 11:9, 14, 22; 12:42). Apelar a esta designación teniendo a mano otras con carga religiosa no hubiese sido muy coherente.[9] En el mundo griego, por otro lado, sí se usa este título para designar algunos cargos religiosos,[10] a parte del uso secular más común de supervisor.[11] b) No existen registros del título "obispo" en las iglesias de Palestina.[12]

El libro de Hch que termina atribuyéndole a los ancianos (*presbúteroi*, Hch 20:17) el título de obispos (*epískopoi*, Hch 20:28), empieza por conectar lingüísticamente al episcopado con el oficio apostólico: por un lado, se llama *episkopē* (Hch 1:20, cita del Sal 109:8) al lugar de apóstol vacante por la desaparición de Judas. Por el otro, Pablo inicia su segundo viaje misionero para "ver cómo están" (*episkepsōmeza*, Hch 15:36) las iglesias fundadas en el primer viaje. Esto le da una fuerte continuidad a los dos oficios.

Coenen (1981a: 303) sugiere que si la Iglesia Primitiva adoptó este título para sus líderes, fue solamente porque quedó cargado de un contenido espiritual al ser aplicado primero a Cristo, como el "que cuida de sus vidas" (*epískopos tōn psujōn humōn*, 1P 2:25). El continuo complemento de nuestro título por medio de la expresión judía de "pastor" (*poimēn*, Hch 20:28; 1P 2:25; 5:2-4) imprime al oficio de autoridad y supervisión con una fuerte marca de cuidado amoroso por los suyos.[13] Esta identificación del obispo con el pastor cierra el círculo uniendo las puntas de los oficios de maestro (*didáskalos*) y anciano (*presbúteros*), considerando la intimidad que Ef 4:11 da a los pastores y maestros.[14]

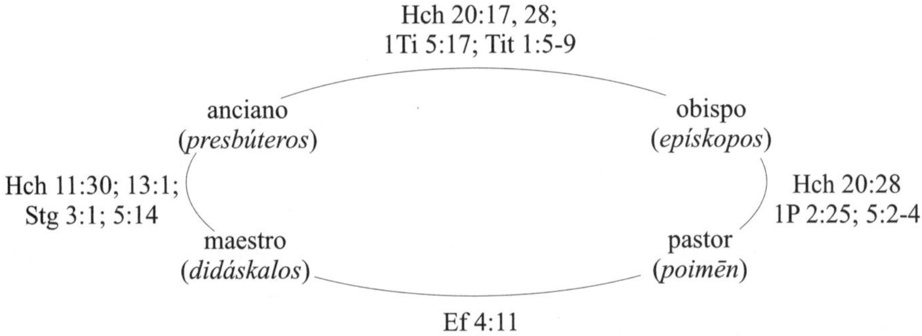

Dentro del corpus paulino, la otra mención a los obispos sucede en Fil 1:1. La carta es dirigida a la comunidad que envió una ofrenda al apóstol (Fil 4:10-20) y a "los obispos y diáconos" (*episkópois kaí diakónois*). Esta distinción de los funcionarios sugiere que ellos participaron en la organización y envío de la ofrenda. El *Pastor de Hermas* (siglo 2 dC) también le atribuye a los obispos protagonismo en cuestiones sociales y administrativas: "los obispos siempre, de forma incesante, cobijan a los destituidos y a las viudas por medio de su servicio" (*Her. Similitud* IX.27.2).

EL DIÁCONO

El único texto de las pastorales que hace referencia a los diáconos (*diákonoi*) es 1Ti 3:8-12. Las áreas de responsabilidad que se pueden deducir de aquí son las siguientes:

* *Administrativa:* no debe ser ambicioso.

* *Social:* la censura al mal uso de la lengua (*mē dilógous, mē diabólous*) delata contacto cercano y cotidiano con la comunidad.
* *De liderazgo* (*proïstēmi*).

Considerando que la LXX nunca usa nuestro título para un servicio religioso, Küng (476) propone que nuestro oficio formó la estructura tipo de las iglesias griegas junto con el del obispo, en contraste con la estructura judía de apóstol-profeta-anciano/maestro. Hemos visto que esto es probable en lo que respecta al *título* de obispo, pero no en referencia a los *oficios* como tales.[15]

De hecho, el origen del oficio eclesiástico llamado "diácono" probablemente se remonta a la iglesia de Jerusalén (Hch 6:1-7). Allí la distinción no es de títulos, es cierto: tanto la función de los apóstoles como la de los siete hombres es llamada "diaconía", pues unos sirven a la palabra (*hē diakonía toú lógou*) y otros a las mesas (*diakoneín trapédsais*).[16] No obstante, aquí parece surgir lo que en otras partes del NT se distingue como "diaconía" frente a otros oficios y ministerios (Ro 12:7; Fil 1:1; 1Ti 3:8-13; 1P 4:11). Es muy probable que, así como sucedió con otros títulos cristianos (sacerdote, pastor, obispo), la iglesia haya adoptado la designación "diácono" en imitación a Jesús (Mt 20:28; Lc 22:27).[17]

Knight (175) señala que la estructura obispo/anciano-diácono ya tiene una importante distribución geográfica en los tiempos apostólicos: aparece en Palestina (Hch 6), en Grecia (Fil 1) y en Asia Menor (1Ti 3). De todos modos, mientras el oficio de obispo (con el título que fuere) es constante, no ocurre lo mismo con el del diácono. Knight (175) sugiere que, del mismo modo en que sucedió en Hch 6, este oficio fue desglosado del episcopal allí donde la madurez de la comunidad lo permitía y su tamaño lo demandaba. De aquí el silencio respecto a los diáconos en Tit 1 y Hch 14:23.

La relación entre el diaconado y el oficio episcopal sufrió algunos cambios con el cambio de siglo. Mientras la Iglesia Primitiva (en la que todos estaban llamados a servirse unos a otros al modo de Jesús) designó oficiales para que se dediquen de lleno a realizar tareas específicas de servicio *a la iglesia,* la iglesia del siglo 2 dC comprendió al diácono como sirviente y asistente *del obispo.*[18] Por otro lado, es muy probable que en el tiempo del NT haya habido una fuerte superposición de funciones y mutua colaboración entre el obispo y el diácono,[19] mientras que en el siglo 2 dC la distinción de funciones entre obispo, anciano y diácono estaba claramente delimitada.[20]

PRIMERA REFLEXIÓN: ¿CARISMA CONTRA OFICIO ECLESIÁSTICO?

Küng (217) denuncia que su iglesia católico-romana (y debemos reconocer que muchas de las protestantes también) anuló el protagonismo que originalmente tuvo la comunidad de creyentes y se lo dio exclusivamente al "staff oficial" (la jerarquía eclesiástica). Una de las razones principales de este empobrecimiento y censura del carisma es, según Küng, el haber fundamentado la estructura eclesiástica casi exclusivamente sobre el testimonio de las cartas pastorales, sin tomar en serio el resto del corpus paulino. Küng cae en el error de revalorizar la estructura carismática del resto del corpus paulino a costa del testimonio de las cartas pastorales.

No se trata de dos modelos de iglesia excluyentes: una iglesia del Espíritu y una iglesia de la estructura muerta; una iglesia de servicio y una iglesia de dominio. Caer en esta polarización es el error que, por defender uno de los extremos, debe anular el otro. La estructura clericalista aseguró siempre su hegemonía reprimiendo todo actuar del Espíritu que trascienda las formas aprendidas a lo largo de los siglos.[21] Aquí nadie es "ministro" sino el clérigo. Hablar de "diversidad de ministerios" como lo hizo Pablo (*diairéseis diakoníōn,* 1Co 12:5), de acuerdo a muchos, es golpear en contra del oficio público divinamente instituido.[22] Es que se destiñó la humillante connotación de servicio y nada más que servicio del "ministerio" (*diakonía*) para volverse un poder privilegiado.[23] Ministro es aquél que *sirve* en el espacio (ministerio) que el Señor otorga y que nadie debe ni invadir ni negar (1Co 12:5); a partir del don que el Espíritu entrega y que nadie debe ni presumir ni ignorar (1Co 12:4); y con el poder con el que Dios mismo obra y que nadie debe ni falsificar ni censurar (1Co 12:6).[24]

La estructura laicista organiza su contraataque despreciando todo ministerio que tenga rostro de oficial y de autoridad, sin darse cuenta contra el aguijón de quién están dando coces (Hch 26:14). Aquí todos son ministros públicos: todos predican, nadie escucha; todos juzgan con soberbia, nadie acepta con humildad; todos dominan, nadie sirve; todos invaden terreno, nadie reconoce la vocación propia ni la ajena.

Es Dios mismo quién fundó su iglesia por medio del evangelio para que le sirva. Fue a la iglesia toda a quién Dios le otorgó el oficio de las llaves (la administración de los medios de gracia). Es Dios mismo quién instituyó el oficio del ministerio público de la Palabra para que su administración se mantenga sana al ser ejercida por un sirviente elegido, reconocido y juzgado por la comunidad toda y no por el capricho de un individuo.[25] Pero el resto de la comunidad no sólo elige, reconoce y juzga al que sirve. A cada uno le fue dado el don, el espacio de servicio (ministerio) y el poder divino para desarrollar su propio servicio dentro y fuera de la iglesia.[26]

Las coordenadas en las que el NT ubica al ministerio eclesiástico forman un plano delgado del que es muy fácil salirse. Estas coordenadas son el servicio (*diakonía*) y el orden (*katá táxin*). Si se pierde la primera coordenada y el orden queda como único criterio importante, el abuso de poder y la rigidez del sistema no tardan en llegar "por bien del orden de la iglesia".[27] Si se pierde la segunda coordenada y el servicio pasa a ser lo único fundamental, el capricho humano por recorrer sendas propias surge velozmente. Sólo donde el servicio y el orden están en constante tensión la humanidad de la iglesia se hace transparente al actuar divino en su seno.

SEGUNDA REFLEXIÓN:
¿LA ESTRUCTURA ECLESIÁSTICA ES INSTITUCIÓN DIVINA?

El hecho de que el apóstol Pablo, inspirado por el Espíritu Santo, confirme una determinada estructura eclesiástica como la que se plantea en alguna de nuestras cartas, ¿le da a esa estructura el sello de institución divina? ¿Dios demanda de toda iglesia que esté organizada a partir de este esquema de obispos/ancianos y diáconos?

La respuesta debe ser un rotundo no. En primer lugar, 1Ti 3 no instituye ninguna estructura eclesiástica, sino que la presupone. Las instrucciones que da el apóstol sirven para que la iglesia sepa cómo seleccionar y juzgar a sus líderes y para que éstos sepan qué clase de virtudes deben ambicionar. Tit 1, es cierto, ordena al representante apostólico designar obispos/ancianos en cada ciudad: "para que... designes ancianos en cada ciudad –tal como yo te indiqué (*hōs egō soi dietaxámēn*) –" (Tit 1:5).

No todo lo que hacen los personajes bíblicos ejemplares debe transformarse en mandato literal para la iglesia,[28] ni tampoco todo mandato apostólico.[29] De otra forma también deberíamos considerar al oficio de viudas como de orden divino (1Ti 5:3-17), o ¿cuál de las estructuras eclesiásticas que hemos visto es de orden divino? ¿Apóstoles-profetas-maestros y los muchos otros de 1Co 12:28?, ¿los apóstoles, profetas, ancianos y diáconos de la iglesia de Jerusalén?, ¿los profetas y maestros de Antioquía?, ¿los obispos/ancianos, diáconos y algunos más de Éfeso (1Ti)?, ¿los obispos/ancianos solos de Creta (Tit)?, ¿o los maestros y ancianos de Stg?

Comentando respecto del artículo V de la Confesión de Augsburgo, Sasse (1986: 71) señala:

> "Cristo no le dio a su iglesia ley alguna que prescriba una correcta organización, gobierno y política (*de constituenda ecclesia*). Cualquier forma de organizar las cosas es factible en tanto y en cuanto los medios de gracia avancen y no sean frustrados. Una sola cosa le dio el Señor a su iglesia, empero, que no sólo pertenece a su bienestar (*bene esse*) sino a su mismísimo ser (*esse*)... el ministerio de la enseñanza del evangelio y de la administración de los sacramentos."

La iglesia sigue siendo iglesia de Cristo si no hay quien administre los fondos de la comunidad, o si no hay quien hable en lenguas o hace milagros o se encargue de repartir la ayuda material entre los necesitados. Ninguno de estos ministerios, por preciados que sean, hacen a la iglesia. Pero la iglesia no puede seguir siendo tal si prescinde de la administración pública (y privada) de los medios de gracia. Esto no es estructura eclesiástica que aporta al bienestar de la iglesia (*bene esse*), sino la médula que le da la razón de ser (*esse*).

Si se llama obispo, maestro o como fuere; si son tres, o uno, o treinta; si ostenta autoridad administrativa o no; si es parte de una estructura oficial reducida o desarrollada al extremo; estas cosas están libradas a la decisión de la comunidad que promueva el servicio y el orden.

En esta área de libertad, la iglesia se mueve en la tensión escatológica del "ya" y el "todavía no". La iglesia "ya" no está sujeta al rígido código levítico que prescribe cada detalle, sino que decide responsablemente qué camino da más espacio al evangelio.[30] Pero por el otro lado, por más preciosa que sea la estructura eclesiástica alcanzada, la iglesia "todavía no" está en aquella Jerusalén celestial en la que no habrá templo: toda estructura, debe ser amada y disfrutada, pero no sigue siendo otra cosa que provisoria.[31]

NOTAS

LOS OFICIOS ECLESIÁSTICOS EN LAS PASTORALES

1. Los "hombres confiables" de 2Ti 2 se corresponden con este mismo perfil: deben ser hábiles para enseñar (2Ti 2:2; 24); deben resguardar la tradición apostólica (2Ti 2:2); deben enseñar sin desvíos el mensaje de la verdad (2Ti 2:15); deben estar dispuestos a corregir con gentileza a los oponentes (2Ti 2:25).

2. 1*Cl* 42; 44:47 conecta profundamente a los dos títulos, pero sin identificarlos: todos los obispos (*epískopos*) son ancianos (*presbúteros*), pero no todos los ancianos son obispos. No puede descartarse esta estructura en el caso de la comunidad de Éfeso (1Ti).

3. 1P 5:2, por su parte, invita a los ancianos (*presbúteroi*) a "velar sobre" (*episkopoúntes*) la comunidad que fue puesta bajo su cuidado. Mientras 1P les atribuye a los ancianos la función episcopal, Hch 20 directamente les da el título: en el discurso de despedida de Pablo registrado en Hch 20:17-38, a los mismos que Lucas presenta como "ancianos" (*presbúteroi,* Hch 20:17), Pablo llama "obispos" (*epískopoi,* Hch 20:28).

4. Para referencias a la estructura eclesiástica ignaciana, ver notas 15 a 17 de la Introducción al comentario (p. 31).

5. El jefe de la sinagoga normalmente portaba el nombre de *arjisunagogós,* cuyas funciones eran fuertemente administrativas.

6. Lc 22:66 y Hch 22:5 llama "presbiterio" (*tó presbutérion*) al sanedrín.

7. Küng (476) avanza más aún identificando a los siete normalmente llamados (no por el texto bíblico) "diáconos" de Hch 6 con el oficio de anciano por los siguientes motivos:
   a) La solemnidad de la elección y ordenación de estos siete hombres delata la importancia de su oficio.
   b) Los siete muestran tener un campo de acción mucho más amplio que el de un diácono.
   c) Hch no menciona la institución del oficio de anciano, a menos que se trate justamente de Hch 6.

8. Nótese cómo un libro de marcado tono judío como el de Santiago atribuye estos dos títulos a los líderes de la iglesia ("maestros" en Stg 3:1 y "ancianos" en Stg 5:14).

9. Nótese cómo la *Didajé,* probablemente escrito en Siria e indiscutiblemente de arraigo judío, hace esfuerzos para que la comunidad, adaptada a la estructura "profetas y maestros" adopte sin rechazos nuestra estructura "obispos y diáconos" tomada de las iglesias de Asia Menor y Europa (Did 15:1-2). los obispos y diáconos toman el lugar de los profetas y maestros en la dirección de la iglesia. Schoedel (467-68) señala que el origen sirio de la *Didajé* está aún en discusión, no obstante, es más que evidente el arraigo judaico del documento.

10. En las agrupaciones cultuales paganas, el "obispo" (*epískopos*) era el encargado de las relaciones exteriores de la comunidad (Coenen, 1981a: 300). Nótese que las responsabilidades del obispo en el área social que presuponen nuestras cartas lo ponen al obispo de algún modo como "rostro" de la iglesia delante de los de afuera.

11. Atenas enviaba sus "inspectores (*epískopoi*) a las otras ciudades estados para asegurar el orden (Coenen (1981a: 300).

12. Numerosos especialistas identifican al obispo cristiano con el "guardián" (*mebaqqer* - מבקר) de la secta de Qumrán (Albright: 23; González Lamadrid: 131; Jeremias, 1980: 276; Steiner: 643 entre otros). La función del *mebaqqer* según el *Documento de Damasco* es la siguiente:

    * Enseñar el sentido exacto de la ley (CD XIII.7).
    * Admitir o rechazar a los candidatos (CD XIII.12).
    * Examinar e instruir a los candidatos (CD XIII.11; XV 8.11).
    * Actuar como padre espiritual (CD XIII.9) y pastor de la comunidad (CD XIII.10).
    * Recolectar y administrar los fondos de la comunidad (CD XIV.13).

    Nótese el carácter pastoral del oficio del "guardián" llamativamente similar al del obispo-anciano de la Iglesia Primitiva: "Debe amarlos (a los miembros) como un padre ama a sus hijos, y debe guiarlos en sus penurias como un pastor a sus ovejas. Debe desatar los grilletes que los atan para que en la congregación no haya nadie oprimido o quebrantado. Examinará a cada uno que entre a su congregación en lo que respecta a sus actos, entendimiento, fuerza, habilidad y posesiones, y lo inscribirá según su rango" (CD XIII).

13. Beyreuther (473) indica que ninguno de los usos de la terminología pastoril para el oficio de los líderes de la Iglesia Primitiva muestra haber alcanzado el carácter de técnico. Siempre describen la función correspondiente a oficios llamados de otra forma.

14. En la lista de oficios de Ef 4:11, "pastores" (*poiménes*) y "maestros" (*didáskaloi*) son los dos únicos títulos puestos bajo un mismo artículo definido: καὶ αὐτὸς ἔδωκεν τοὺς μὲν ἀποστόλους, τοὺς δὲ προφήτας, τοὺς δὲ εὐαγγελιστάς, τοὺς δὲ ποιμένας καὶ διδασκάλους. Puesto que se trata de dos sustantivos plurales, la regla

Grandville Sharp no puede aplicarse en rigor. De todos modos Wallace (284) reconoce que esta estructura sintáctica los coloca como una unidad aparte del resto de los oficios.

15. Fergusson (546) sugiere que el diácono cristiano se corresponde con el "sirviente" (*hazzan*) de la sinagoga judía, de modo que la dupla obispo-diácono reflejan la de "jefe de la sinagoga"-"sirviente". Es de notar que el sirviente de la sinagoga tenía responsabilidades espirituales y didácticas aparte de las administrativas.

16. La propiedad de llamar "diáconos" a los siete elegidos por la comunidad de Jerusalén es cuestionable. Ver nota 40 del comentario a 2Ti 4:1-5.

17. El título "diácono" fue atribuido primero a todo creyente (Mt 25:44; Jn 12:26; 1P 4:10), luego a los líderes en general (Mt 20:26; 23:11; Ro 15:8; 1Co 3:5; 2Co 3:6; 6:4; Ef 3:7; 6:21; Col 1:7, 23, 25; 4:7; 1Ti 4:6) y por último al oficio diaconal en particular (Ro 16:1; Fil 1:1; 1Ti 3:8, 12; 1P 4:11).

18. La *Const. Ap.* VIII.3 (siglo 4 dC) describe la función de diáconos y diaconisas en términos de "ayudante del sacerdote": "Un diácono no bendice ni da la bendición, sino que la recibe del obispo y del anciano: no bautiza, no ofrece (la Eucaristía); sino que cuando el obispo o el anciano ya han ofrecido, él la distribuye (a la Eucaristía) entre la gente, pero no como un sacerdote, sino como uno que ayuda a los sacerdotes... Una diaconisa no bendice ni realiza nada que pertenezca al oficio de los ancianos o de los diáconos, sino que debe limitarse a hacer de portera y ayudar a los ancianos para bautizar a las mujeres, por razones de decencia." Ver también nota 19 abajo.

19. Nótese la similitud entre las demandas hechas al obispo y las del diácono en 1Ti 3.

20. *Hom. Clem.* III.47 (siglo 2 dC) define cuáles son los deberes de cada oficio: el obispo se pronuncia respecto a la Palabra; los presbíteros cuidan que las cosas se hagan de forma ordenada y reconcilian ante los conflictos; los diáconos velan por los hermanos en cuerpo y alma e informan al obispo de lo que sucede en la comunidad.

21. "El carisma no distingue a algunos escogidos –sea en sentido entusiasta, sea en sentido ministerial–, sino que distingue a la iglesia como *congregatio fidelium.* Cuando en una iglesia, cuando en una comunidad sólo actúan los 'ministros,' y no todos los miembros de la comunidad, es caso de preguntarse seriamente si, con la renuncia a los carismas, no se renuncia también al Espíritu" (Küng: 226).

22. Scaer (127) considera erróneamente que hablar de un "ministerio" amplio (que implique una diversidad de ministerios aparte del pastoral) lleva necesariamente a la afirmación del ministerio pastoral femenino (!). Hartwig (196) cita y corrobora palabras no editadas de George Wollenburg, señalando que llamar "ministros" a otros que no son pastores "crea confusión teológica y doctrinal. Esto lleva a borrar la distinción entre el 'ministerio' que Dios ha instituido para que tengamos fe y el servicio santificado del pueblo cristiano, que es fruto o consecuencia de la fe. De

esto resulta una confusión entre la santificación y la justificación". En verdad, quienes producen dicha confusión son Wollenburg y Hartwig.

23. Esta distorsión no se instauró en la iglesia sino durante el siglo 2 dC. Para muestra, ver la estructura jerárquica promovida por Ignacio de Antioquía (siglo 2 dC) en nota 17 de la Introducción (p. 31). En la misma línea, otro escrito del siglo 2 dC (*Hom. Clem.* III.46) indica que la obediencia al obispo es idéntica a la obediencia a Dios y a Cristo, por lo que tiene total implicancia en la salvación del creyente. Desobedecerlo es desobedecer a Dios y a Cristo.

24. Küng (462-64) destaca el hecho de que la Iglesia Primitiva nunca dio a sus funcionarios títulos característicos del estado ("autoridad" *–árjōn–*, "funcionario público" *–leitourgós–*) o de las religiones ("sacerdote" *–hiereús–*), nunca entendió el ministerio en términos de autoridad ("jerarquía" *–huerarjía–* recién es usada en Pseudo-Dionisio Areopagita, siglo 5 dC) ni en términos neutros que dieran cabida al concepto de poder, sino por medio de un término que excluye esta comprensión del ministerio: como "servicio" (*diakonía*). Es irónico el hecho de que precisamente el término "ministerio", que funciona como marco fundamental para la estructura eclesiástica y que no señala sino bajeza y humildad, se haya convertido a lo largo de los siglos en un título de honor reservado para unos pocos.

25. Es impactante cómo la doctrina del sacerdocio universal de los creyentes rescatada por Lutero contrarresta toda pretensión individual ya sea en el clero como en el laicado. Hoyer (158) correctamente indica que Lutero forjó el concepto del sacerdocio universal de los creyentes en su escrito *A la Nobleza Cristiana* (Witthaus, 1967: 67-135) para contrarrestar los abusos individualistas del clero. Por el otro lado, Pelikan (1959: 245-46) destaca de esta forma la oposición al individualismo laicista que encierra la misma doctrina: "El sacerdocio universal de los creyentes no implicó en la exégesis de Lutero que cada cristiano era su propio sacerdote, sin necesidad de ningún mediador entre Dios y él. Lo que sí implicó para la exégesis de Lutero fue que cada cristiano era un sacerdote para cualquier otro cristiano y un mediador entre Dios y sus hermanos, un 'pequeño Cristo'. La doctrina del sacerdocio universal de los creyentes no consistió en individualismo."

26. Schwartz (1996: 24-25; 2001) demuestra a partir del estudio estadístico de iglesias cómo repercute favorablemente en la salud de las comunidades el desarrollo del servicio de cada miembro en consonancia con los dones.

27. Boff (245-62) levanta una poderosa crítica contra la rígida estructura de poder de la Iglesia Católica Romana y propone, en cambio, tomar al carisma como criterio más válido para la estructuración de la iglesia.

28. Lutero (Oswald, 1973: 317) presenta la siguiente advertencia con respecto a la imitación de los "hombres santos": "Debemos hacer aquello que la Palabra enseña, no imitar lo que fue hecho. Si Cristo hizo algo, debemos seguirlo según su Palabra. Debemos imitar a un santo si es que éste hizo algo de acuerdo con la palabra de Dios. Por tanto, imito para obedecer a la Palabra, no al hacedor. Cuando alguien

inventa una regla a partir de una obra, surge una doctrina del demonio... No debemos hacer nada que busque la imitación de los santos. Más bien, debemos examinar hasta qué punto sus ejemplos tienen sustento en la Palabra... No deberíamos hacer algo simplemente porque Cristo lo hizo. Y por cuanto él no me dio ningún mandato específico, que nadie se mueva, no importa cuán grande y elevado sea el ejemplo de los santos padres. No me importa lo que ellos hicieron; pero sí debo escuchar lo que enseñaron."

29. Giertz (12) ofrece un criterio apropiado para distinguir un mandato apostólico del otro: el mandato cuya letra permanece vigente para la iglesia es aquél que está íntimamente ligado a la administración de los medios de gracia, a través de los cuales Dios lleva adelante sus planes de salvación para el mundo.

30. Cullmann (1968: 200) señala que el NT construye su ética a partir de la conciencia del nuevo orden iniciado en la aparición de Cristo: "Arrepiéntanse, pues el reino de Dios está cerca" (Mt 10:7). El imperativo se construye exclusivamente sobre el indicativo. Esto, según Cullmann (1968: 202-03) deja totalmente de lado todo imperativo moral general al que el cristiano debe atenerse, sino que "la acción del Espíritu Santo se manifiesta en primer lugar en el *dokimádsein,* es decir, en la capacidad de tomar, en toda situación dada, la decisión moral conforme al Evangelio" (202).

31. Tomando la imagen de los ancianos cuyo llanto se mezclaba con los gritos de alegría en la reconstrucción del templo en Esd 3:10 y ss., Käsemann (1969a: 93) advierte contra la divinización de la estructura eclesiástica de este modo: "El nostálgico anhelo por el lugar en el que los santos se reúnen en forma anticipada y por los bellos cultos que se celebran pueden estar inextinguiblemente entre nosotros (protestantes); nosotros no debemos cultivar una espiritualidad que desprecie las organizaciones, sus reglas y necesidades. De todos modos ninguna eclesiología es protestante si no implica un fuerte e inequívoco llanto sobre el Sión terrenal."

APÉNDICE IV
LA SALVACIÓN Y EL SALVADOR EN LAS PASTORALES

NOTAS EN PÁGINA 453

Los conceptos de salvación (*sōtēría*) y salvador (*sōtēr*) juegan un papel fundamental en nuestras cartas.[1] La expansión del contenido incluido en ambos conceptos no solamente muestra una variada riqueza en el pensamiento paulino, sino que delata el marco de controversia dentro del cual las pastorales forjan su concepto.

En consonancia con el uso típico del NT,[2] las pastorales afirman un concepto trascendental de salvación, la *salvación grande.* Se trata de la extraordinaria solución del conflicto humano que gira en torno a los grandes temas de condena (1Ti 1:15; Tit 3:6) y muerte eternas (2Ti 1:10). Fue obtenida por medio de la intervención de Cristo en la historia. Su repercusión no se limita a la vida presente, sino también –y especialmente– a la futura (1Ti 1:16; 4:8-10, 16; 2Ti 4:18; Tit 1:2; 2:13). Esta salvación se basa en la gracia y la misericordia de Dios (2Ti 1:9; Tit 3:4-5) y se recibe por medio de la fe en Cristo (2Ti 2:10; 3:15).

En el otro extremo el concepto llega a moverse en un plano secular. La *salvación chica* consiste en la preservación del orden social (1Ti 2:2-3) e incluso de la existencia (1Ti 4:10). Entre estos dos polos, la *salvación chica* toma también otras formas en el aquí y el ahora. Se llama salvación al cambio de situación experimentada por los creyentes de servidumbre ética al pecado a servidumbre al Señor Jesucristo. La posibilidad de hacer buenas obras es entendida en términos de salvación (2Ti 2:24-26; Tit 2:11-14). Ser salvo, en otras instancias (1Ti 2:15; 4:16; 2Ti 4:18; Tit 1:4; 2:11), también señala el ser resguardado de los peligros y las desviaciones que atentan contra la salud espiritual.

No se presentan estos dos rostros de la salvación para divorciarlos, sino precisamente para hacerlos entrar en coherencia. Es por esto que a ambos extremos se los designa con la misma terminología de "salvación". Un plano de salvación sin el otro lleva al error. El desprecio gnóstico de lo terrenal y físico y la afirmación gnóstica y judaizante de una salvación elitista (planeada por Dios para algunos pocos) son marcas del concepto que los falsos maestros tienen de una salvación limitada al marco grande.[3]

Tanto Dios como Cristo portan el título de salvador (*sōtēr*) y son sujetos del verbo salvar (*sōdsein*). Esto no responde a una confusa mezcla de identidades entre los dos personajes,[4] sino a su íntima unidad.

En la mayoría de los casos en que Dios es llamado "salvador" se vuelve palpable la alegoría de realeza.[5] Los temas de cada texto evidencian esto: la irrupción (*epifáneia*) que trae orden al caos (2Ti 1:10; Tit 1:3; 2:10; 3:4); la condescendencia divina (1Ti 2:3-4; 2Ti 1:9; Tit 3:4); el mandato (1Ti 1:1; Tit 1:3); la proclamación (*kērugma*) de su voluntad (1Ti 2:3-4; 2Ti 1:11; Tit 1:3); la consideración del beneplácito divino (1Ti 2:3-4). Si bien este concepto de Dios como salvador en cuanto rey no es de ningún modo extraño al AT (Foerster y Fohrer: 975-76),[6] de todos modos deriva primordialmente de la designación del emperador como "salvador y dios"[7] otorgada a aquellos que lograban sobreponer el orden sobre el caos[8] y la vida sobre la muerte.[9] Los dos casos en que Dios es sujeto del verbo "salvar" (2Ti 1:9 y Tit 3:5) también enfatizan la soberanía de su gracia contrastada con nuestras obras. 1Ti 4:10 entiende a Dios como salvador en cuanto aquél que rescata y da vida en medio de un contexto de sufrimiento y muerte. Aquí Dios no es primordialmente rey, sino liberador y dador de vida, estampa que sí encuentra su arraigo principal en la tradición hebrea y oriental.[10]

Excepto en el caso de Tit 2:13, el resto de las designaciones de Cristo como salvador no está cargado del mismo color real que en el caso de Dios. Cristo es, más bien, el agente que ejecuta y realiza el plan de salvación divino.[11] El contexto de cada referencia siempre especifica el acto puntual que justifica esta designación (Foerster y Fohrer: 1017). En términos de la historia de la salvación, Cristo es salvador por entrar en la historia y conquistar al pecado y a la muerte (1Ti 1:15; 2Ti 1:10) y por volver en su segunda venida para dar cumplimiento total a la esperanza de la vida eterna (Tit 2:13). En términos de la historia personal de cada creyente, es en él en quién se obtiene la salvación (2Ti 2:9-10; 3:15) al ser justificado (Tit 3:6), de quién se recibe las bendiciones necesarias para experimentar una vida espiritual plena (1Ti 1:2; 2Ti 1:2; Tit 1:4), y quién preserva al creyente de todo peligro hasta llegar al reino celestial (2Ti 4:18). Cristo como salvador, por tanto, resuena a la descripción de los jueces en la LXX (Foerster y Fohrer: 1012).

La simultánea distinción y unidad de Dios y Cristo como salvadores muestra corresponderse con la relación que existe entre la *salvación grande* y la *salvación chica.* Es primordialmente el concepto de Dios como salvador que brinda un gran sustento al concepto de *salvación chica* desarrollado en las pastorales;[12] pero Cristo de ningún modo está ausente en ese plano de salvación, así como Dios no lo está en el marco de la *salvación grande.* Una salvación no debe ser entendida sin la otra. Así también un Dios sin Cristo distorsiona tanto el concepto de salvación como un Cristo sin Dios.

El rico concepto de salvación edificado en las pastorales, por tanto, ataca todo intento de reducción de la salvación y del salvador a uno de sus rostros en desmedro del otro.

NOTAS

LA SALVACIÓN Y EL SALVADOR EN LAS PASTORALES

1. Dibelius (9) llega a afirmar que las pastorales no tienen un centro teológico en la cristología (el concepto de Cristo), sino en la soteriología (el concepto de salvación).

2. Foerster y Fohrer (1002-03) caracteriza el concepto de salvación en el NT con tres elementos: a) se trata primordialmente de la restauración de la relación con Dios; b) es fuertemente futura; c) consiste en ser librado de la ira venidera y participar de la gloria divina.

3. Knight (115-16) señala que la universalidad del ofrecimiento de la salvación es enfatizada siempre después de una referencia a los falsos maestros: 1Ti 2:4 después de 1Ti 1; 4:10 después de 4:1-7.

4. Dibelius (9) propone que el autor de las pastorales (según él, del siglo 2 dC) tiene un concepto confuso de Dios y de Cristo, por lo que les atribuye las mismas características y títulos a ambos. Matera (158) señala que durante los últimos años, los intérpretes están abandonando este fuerte ataque a la coherencia cristológica de nuestras cartas.

5. "Para la comprensión del término 'salvador' en el NT, uno debe hacer referencia al culto al emperador cuando el contexto habla de la irrupción de una nueva época, especialmente cuando la terminología usada en tales contextos es similar a la del culto al emperador" (Dibelius: 103).

6. Dibelius (100-01) sugiere que el concepto de Dios como "salvador" no tiene su raíz en el texto hebreo, sino en el judaísmo helénico.

7. Dibelius (103) cita una inscripción del siglo 3 aC: "Ptolomeo, el salvador y Dios" (*Ptolomaîou toú sōtēros kaí zeoú*). Foerster y Fohrer (1008, 1011) señala que nunca se aplica este título a un emperador sin que haya un acto puntual en vista, de modo que generalmente el emperador es llamado "salvador" de algún lugar específico del imperio (nación o ciudad) en virtud de una muestra concreta de su beneplácito. Es significativo el hecho de que, salvo en 1Ti 4:10 (donde Dios es llamado "salvador de todos"), Dios y Cristo siempre son "salvador nuestro" (*ho sōtēr hēmōn*): 1Ti 1:1; 2:3; 2Ti 1:10; Tit 1:3, 4; 2:10, 13; 3:4, 6.

8. Esto se debió primordialmente a que Augusto (63 aC al 14 dC) logró cortar un largo período de inestabilidad y caos, y traer en cambio el orden imperial. Ver nota 47 del comentario a 2Ti 1:6-14.

9. Foerster y Fohrer (967) indica que cuando el verbo "salvar" es usado en relación a un rey, la connotación es la de perdonarle la vida a quien el rey tendría el poder y el derecho de matar.

10. En el AT se aplica el título "salvador" a aquellos personajes que liberan a alguien de cierta opresión (Jue 3:9; 2R 13:5; Neh 9:27). Yahvé también es visto como "salvador" desde este punto de vista externo y terrenal (Dt 32:15; Sal 24:5; Is 63:8-10). Dibelius (101-02) señala que en las religiones de misterio, "salvador" no es una designación para cualquier dios, sino para aquél "que le concede al místico nueva vida por medio del nuevo nacimiento". Las deidades orientales que reciben este título, por su parte, son particularmente las que dan vida.

11. Foerster y Fohrer (1008) señala que en algunos casos se llama "salvador" tanto al emperador como a su representante, sin que ello sugiera alguna clase de competencia entre los dos. Esto desarma la argumentación de Dibelius (9) respecto a la inconsistencia conceptual del autor de las pastorales en base a la atribución del título "salvador" tanto a Dios como a Cristo. Allí donde se yuxtapone la designación de salvador referente a Dios como rey y la referente a Cristo como agente de salvación (1Ti 1:1, 15; 2Ti 1:9-10; Tit 1:3-4; 2:10-13; 3:4-6) no hay confusión entre personajes, sino afirmación de la unidad que existe entre el rey y su representante / agente en la misión de traer orden y vida en el caos y la muerte del mundo.

12. Foerster y Fohrer (1017-21) considera que la aplicación del término "salvador" a Dios responde directamente a la polémica anti-gnóstica que desarrolla el autor de las pastorales. Dios no es salvador de una elite como la de los falsos maestros. Él es salvador de toda la humanidad.

APÉNDICE V
EL CONCEPTO DE HISTORIA EN LAS PASTORALES

Las cartas pastorales presentan un concepto de historia que gira en torno a dos ejes fundamentales: las dos venidas de Cristo, aquí llamadas apariciones (*epifáneia*). Éstos son los dos puntos de referencia sobre los que se articulan algunos contrastes en términos de "antes y después" y sobre los que el autor define la centralidad del tiempo en que le toca vivir a la iglesia.

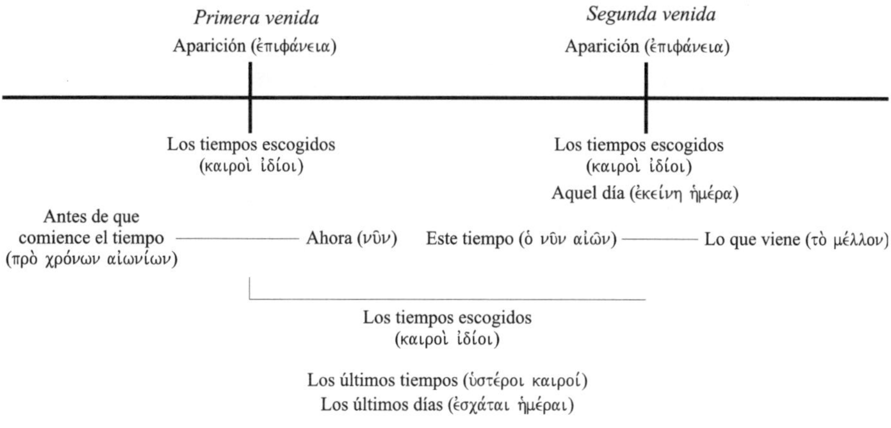

La carga escatológica de las dos venidas es evidente. El hecho de que se les atribuye la designación "los tiempos escogidos" (*kairoí idíoi*) es muestra de ello: cada venida es el tiempo que Dios mismo había estado ansiando ver. Es en la primera venida en la que Dios rompe el tan largo silencio (Tit 1:3) con que guardó su misterio (1Ti 3:16) al pronunciarse en el crucificado y en la que atraviesa así el abismo que lo separaba del mundo sumido en el pecado y la ignorancia de la verdad (1Ti 2:6). Todavía más, es en esta aparición de Cristo que la gracia reservada desde la eternidad se manifiesta, saca a la luz la vida y la incorruptibilidad (2Ti 1:9-10) y capacita un pueblo para vivir de acuerdo con la santidad divina (Tit 2:11-14). Mientras la primera venida se vuelve fundamento de todo lo que viene y sucede, la segunda venida completa y define la historia. Es entonces que tendrá lugar el juicio en el que los ministros rindan cuentas (1Ti 6:12-14) y sean premiados (2Ti 4:8), en que el pueblo de Dios sea liberado y reivindicado de sus sufrimientos (2Ti 1:12, 18; 2:11-13; 4:6-8) y los enemigos también sean recompensados (1Ti 5:24-25; 2Ti 4:14). Es en la segunda venida que lo seguro y verdadero invadirá en forma definitiva nuestra realidad marcada por la tensión y la ambigüedad (1Ti 4:8-10; 6:19; 2Ti 1:12; Tit 2:11-13). Por sobre la idea del juicio, la segunda venida está íntimamente conectada con la participación de la iglesia en la instauración total del reino celestial (1Ti 6:12; 2Ti 2:11-13; 4:8, 18; Tit 3:7).

Estas dos bisagras inevitablemente marcan los contrastes entre el "antes de que comience el tiempo" en el que Dios preparaba su invasión salvífica por medio de Cristo (2Ti 1:9; Tit 1:3) y el "ahora" del cumplimiento (2Ti 1:10; Tit 1:4). El mismo tipo de contraste sucede entre el tiempo y la vida presentes y lo que viene (1Ti 4:8; 6:17-19; 2Ti 2:11-13; 4:10, 18). El contraste marcado por la primera venida delata el "ya" del cumplimiento de las promesas con el que la iglesia es privilegiada. El contraste marcado por la segunda venida le hace recordar a la iglesia su "todavía no", para que mire más allá de las tentaciones y los sufrimientos presentes.

La centralidad que tienen estas dos apariciones de Cristo no vuelve insignificante al tiempo en el que vive la iglesia, sino todo lo contrario. La iglesia ha sido incorporada en el capítulo de la historia inaugurado por Cristo y cargada así de densidad escatológica. El ministerio del apóstol y la responsabilidad de la iglesia de dar a conocer la verdad del evangelio son de una misma pieza con el ministerio de Cristo realizado en su primera venida (1Ti 2:6-7; 3:15-16; 2Ti 1:10-11). La iglesia es hecha partícipe de la nueva realidad abierta por Cristo, de modo que su conducta y su destino ya no responden a los patrones del pasado de corrupción y de muerte, sino a los del futuro (2Ti 1:6-14; Tit 2:11-3:7). El tiempo presente de la iglesia, más que tiempo en el que se *espera* lo futuro, es tiempo en el que lo futuro *ya irrumpe* de un modo anticipado en la nueva ética de la iglesia y en victoriosa confrontación de su propio sufrimiento y muerte.

> "Puede ser que a nuestro modo habitual de pensar le parezca extraño que el presente esté determinado por el futuro, ya que más bien estamos inclinados a concebir el presente como resultante del pasado. Pero la concepción del presente como efecto del futuro corresponde perfectamente al hecho de que el mensaje de Jesús compartiese con la expectación judía el convencimiento del futuro cercano del reino de Dios" (Pannenberg, 1974: 15).

Esta escatología realizada, este "ya" del nuevo tiempo, encuentra su contraparte en el "todavía no" de estar transitando el último tramo de una era que llega a su fin, de una era corrompida que progresa en su decadencia y maldad. La iglesia aún no está libre de los riesgos ni de la oposición. Todo lo contrario, su tiempo, a la vez de ser "los tiempos escogidos" (*kairoí idíoi*) desde la perspectiva divina, son los "últimos tiempos" (*hústeroi kairoí / esjátai hēmérai*) en los que la miseria del mundo, que contrasta con el resplandor de lo que viene, pide a gritos liberación (1Ti 4:1, 10; 6:15; 2Ti 3:1-5, 12; 4:3-4, 8).

PROPUESTAS PRÁCTICAS

PROPUESTAS PARA LA REFLEXIÓN PERSONAL Y DEVOCIONAL

* El vuelo de nuestra imaginación hacia lo que habrá sido el tiempo pasado (el comienzo de la iglesia o la iglesia de nuestros abuelos) y hacia lo que sucederá en el tiempo futuro (lo que será presenciar el regreso de Jesús) promueve la idealización de aquello que no está aquí. Así nuestro presente, por contraste, parece insignificante y sin gravedad escatológica. ¿Dónde ubican las pastorales a la iglesia, a *tu* iglesia y a ti, como parte de ella? ¿En el centro del escenario de la historia o a un costado?

* ¿Qué implicancias tiene para la conducta de la iglesia (y para tu conducta como parte de ella) el haber sido incorporada en "los tiempos escogidos" (*kairoí idíoi*)?

* ¿Cómo impactan, frente a tu sufrimiento y debilidad, cada una de las apariciones de Cristo? Ver 2Ti 1:6-14 para la primera aparición y 1Ti 6:11-16 para la segunda.

APÉNDICE VI
PERSONAJES DE LAS PASTORALES

APOLOS

52 dC: Después de la visita de paso por Éfeso al final del segundo viaje misionero de Pablo, aparece Apolos en Éfeso predicando en las sinagogas "el camino del Señor", aunque conocía sólo el bautismo de Juan (Hch 18:24). Priscila y Aquila se encargan de darle a conocer el mensaje apostólico para corregir el error. Hch 18:24-25 describe a Apolos de la siguiente forma: es judío, oriundo de Alejandría. Hombre "ilustrado y convincente en el uso de las Escrituras". Predica "con gran fervor... con la mayor exactitud... valientemente".

53 dC: Habiendo sido presentado a los corintios a través de una carta (¿por Priscila y Aquila?) viaja a Acaya para seguir predicando allí. Hch 18:27-28 describe la ayuda que fue para la iglesia fundada por Pablo (1Co 3:6) al refutar vigorosamente a los judíos demostrando que Jesús es el Mesías. Apolos permanece allí por lo menos hasta el comienzo del tercer viaje misionero de Pablo. Evidentemente Apolos logró gran aceptación en la iglesia de Corinto, al punto de que su liderazgo fue puesto en competencia con el del apóstol (1Co 1:12; 3:4-6, 22; 4:6).

54 ó 55 dC: Estando aún en Éfeso, Pablo le pide a Apolos que visite a los corintios llevando 1Co. Puesto que no lo hace (1Co 16:12), Timoteo termina yendo en su lugar (1Co 4:17; 16:10-11).

64 dC: Apolos y Zenas llevan la carta para Tito (Tit 3:13).

ARTEMAS

64 dC: Pablo planea enviar a Artemas o a Tíquico a Creta para que

tomen el lugar de Tito, de modo que éste pueda encontrarse con el apóstol en Nicópolis.

CARPOS

66 dC: Oriundo de Troas. Hospeda a Pablo en su regreso de España y es en su casa donde quedan las pertenencias del apóstol al ser arrestado (2Ti 4:12).

67 dC: Timoteo debe pasar por su casa para buscar las pertenencias del apóstol.

CLAUDIA

67 dC: Claudia, evidentemente una mujer prominente dentro de la comunidad de Roma, acompaña al apóstol en su segunda prisión (2Ti 4:21).

CRESCENTE

65-67 dC: Crescente, habiendo acompañado al apóstol probablemente en la primera parte de su segunda prisión, partió hacia Galacia (2Ti 4:10). Según la *Const. Ap.* VII.4, es el primer obispo de las iglesias de Galacia.

Pol. Fil. XIV le recomienda a los filipenses otro Crescente, probablemente de Esmirna (?). BAGD (Κρήσκης: 450) señala que la forma latina *Crescens* es común en la antigüedad, no así nuestra forma griega.

DEMAS

61-62 dC: Acompaña al apóstol en su primera prisión (Col 4:14; Flm 24). Knight (464) conjetura que Demas sea oriundo de Tesalónica, considerando que Flm 24 yuxtapone su nombre con el de Aristarco, oriundo de dicha ciudad (Hch 20:4; 27:2).

65-67 dC: Demas abandona al apóstol en su segunda prisión y se va a Tesalónica con motivaciones mundanas (2Ti 4:10).

BDF § 125.1 sugiere que Demas (Δημᾶς) es el apócope de Demetrio (Δημήτριος). Chapman (364) conjetura que se trata del mismo Demetrio que es alabado y recomendado en 3Jn 12. BAGD (Δημᾶς: 178) plantea la posible conexión entre Demas y el Damas (Δαμᾶς), obispo de Magnesia, mencionado por Ignacio de Antioquía (*Magn.* II). BAGD (Δαμᾶς: 170) señala que este último nombre fue muy común en Asia Menor. *A. Paul.* lo describe como un falso discípulo de Pablo que trabaja en combinación con Hermógenes.

ERASTO

54 ó 55 dC: Erasto es enviado a Macedonia junto con Timoteo para juntar la ofrenda para Jerusalén mientras Pablo permanece por un tiempo más en Asia (Hch 19:22). Aquí es llamado "ayudante" (*diakonoúntos*) del apóstol.

56 dC: Erasto está en Corinto. En Ro 16:23, Pablo indica que Erasto es tesorero de Corinto. Una inscripción del siglo 1 dC de la ciudad de Corinto lo menciona como funcionario público ("Erasto, comisionado para trabajos públicos": *ERASTUS PRO AED S P STRAVIT*) y le atribuye la pavimentación de una calle (Knight: 476; McDonald y Porter: 430).

65-67 dC: Erasto, probablemente había acompañando a Pablo en alguna parte entre el viaje a España y el arresto en Troas, permanece en Corinto (2Ti 4:20).

EUBULO

67 dC: Eubulo está acompañando a Pablo en su segunda prisión en Roma (2Ti 4:21).

La carta enviada por los corintios a Pablo en el relato ficticio de *A. Paul.* VIII, menciona a un tal Eubulo como uno de los presbíteros que firman dicha carta.

LINO

67 dC: Lino está acompañando a Pablo en su segunda prisión en Roma (2Ti 4:21).

Ireneo (*Adv. haer.* III.3.3) señala que este Lino fue el obispo de Roma. La *Const. Ap.* VII.46 atribuye su ordenación a Pablo, mientras que Pedro habría ordenado a Clemente (así también la *Pseudo-Clementina-Epítome II* – Schneemelcher, II: 529-30; ver nota 11 del comentario a Tit 1:5-9). No obstante, Eusebio (*HE* III.4) señala que Lino habría sido ordenado en el lugar de Pedro, precisamente por causa de la muerte de este último.

LUCAS

Oriundo de Antioquía marítima, según el testimonio de Eusebio (*HE* III.4). Wright y Floyd (96) suponen que Lucas era originario de Troas, puesto que es allí donde (Hch 16:10) comienza el relato en primera persona del plural.* Médico (Col 4:14), compañero de viaje del apóstol y autor de la obra en dos tomos Lc-Hch. "Lucas" (Λουκᾶς) es la abreviación, posiblemente por afecto, ya sea de *Lucius, Lucanus* o algo similar (BDF § 125.2). Orígenes lo identifica con el Lucio (Λούκιος) de Ro 16:21, mientras que Ephraem Syrus lo identifica con el Lucio de Cirene, profeta y maestro que sirvió en Antioquía (46 dC) junto al apóstol (Hch 13:1 - BAGD, Λουκᾶς: 480).

50 ó 51 dC: Lucas parece sumarse al grupo que acompaña a Pablo en su segundo viaje misionero desde Troas hasta que Pablo y Silas son encarcelados en Filipos (Hch 16:10-17).*

56 dC: Lucas se suma al grupo en Filipos (¿o ya en su recorrida por Macedonia y Grecia?) y acompaña a Pablo en su viaje hasta Jerusalén (Hch 20:5-21:18).*

57-60 dC: Guthrie (1990a: 131) propone que el retrazo de Lucas en Palestina se debe a la recopilación de información para escribir su evangelio.

60 dC: Lucas acompaña a Pablo en su viaje hacia Roma después de haber sido interpelado por Festo y Agripa desde Cesarea marítima hasta Roma misma (Hch 27:1-28:16).*

61-62 dC: Acompaña al apóstol en su primera prisión (Col 4:14; Flm 24).

61 dC: ¿Composición del evangelio?

62 dC: ¿Composición de Hechos?

67 dC: Es el único que acompaña al apóstol en su segunda prisión (2Ti 4:11).

A. Paul. 11:1 comienza a relatar el martirio del apóstol señalando que Lucas, recién venido de Galia, estaba esperando al apóstol en Roma, junto con Tito.

* Consideramos que las secciones de Hch redactadas en primera persona del singular son evidencia del acompañamiento que Lucas le dio al apóstol.

MARCOS (JUAN MARCOS)

Judío jerosolimitano de familia importante. Primo de Bernabé (Col 4:10), y ayudante ("intérprete" – *HE* III.15) de Pedro y Pablo.

33 dC: ¿Es el joven envuelto en una sábana que escapa en el Getsemaní (Mr 14:51-52)?

42 dC: ¿Acompañando a Pedro en Roma? ¿Composición del evangelio? Tanto Hipólito (*Refut.* 6:15) como Justino Mártir (*1Apol.* 1.26.56) indican que Pedro estuvo en Roma en este año. Eusebio de Cesarea (*HE* V.8.2-4), por su parte, señala que ni bien Pedro partió, Marcos escribió un recuento

de la predicación del apóstol a pedido de los creyentes de Roma. Agrega también Eusebio (*HE* VI.14.6-8) que Pedro mismo conoció este texto. El rollo del Mar Muerto 7Q5 que puede ser datado no posterior al año 50 dC, presenta el texto de Mr 6:52-53 (!).

43 dC: Los creyentes de Jerusalén están reunidos orando en la casa materna (?) de Marcos cuando Pedro está en prisión (Hch 12:12).

47 dC: Terminando la entrega de ofrenda a la iglesia de Jerusalén, Bernabé y Saulo llevan a Marcos a Antioquía (Hch 12:25).

47 dC: Marcos acompaña a Bernabé y Saulo en su primer viaje misionero (Hch 13:5).

48 dC?: Marcos abandona a Pablo y Bernabé al llegar a Panfilia y vuelve a Jerusalén (Hch 13:13).

50 dC: Pablo y Bernabé programan el segundo viaje misionero y discuten por Marcos. Pablo inicia su viaje hacia Siria y Bernabé se va con Marcos a Chipre (Hch 15:36-41).

51-60 dC: Paradero incierto. ¿Nuevamente con Pedro? Tiempo más probable de composición del evangelio.

58 dC: El hecho de que Marcos no figure en la larga lista de saludos de la carta a los Romanos hace posible que no se encuentre en Roma.

61-62 dC: Evidentemente puestos en paz, Marcos acompaña a Pablo en su primera prisión (Col 4:10; Flm 24). Flm 24 incluye a Marcos entre los "compañeros de trabajo" (*hoí sunergoí mou*) del apóstol. Hay posibilidades de que Pablo envíe a Marcos a Colosa (Col 4:10).

65 dC: Marcos acompaña a Pedro en su estadía final en Roma (1P 5:13).

67 dC: Pablo manda a buscar a Marcos que está en algún lugar de paso entre Éfeso y Roma (2Ti 4:11).

ONESÍFORO

Aparentemente oriundo de Éfeso, ya que fue allí donde prestó muchos servicios (2Ti 1:18) y donde reside su familia (2Ti 4:19). *A. Paul.* 3:2 señala que Onesíforo es oriundo de Iconio. Onesíforo, según este texto apócrifo, hospeda a Pablo en su casa.

67 dC: Llegó a Roma y buscó intensamente al apóstol en prisión para alentarlo (2Ti 1:16-17).

PABLO

Ver Apéndice VII – Cronología paulina (p. 471).

PUDENTE

Evidentemente es un líder de la comunidad de Roma. Su nombre es de origen romano (BDF § 41.2).

67 dC: Pudente está acompañando a Pablo en su segunda prisión en Roma (2Ti 4:21). Algunos intérpretes conjeturan que se trata del esposo de Claudia (BAGD, Πούδης: 696).

PRISCILA Y AQUILA

Matrimonio misionero que colaboró con el trabajo de Pablo. En muchos casos, Priscila (o su diminutivo "Prisca") es antepuesto al nombre de su esposo. En una inscripción del 70 dC el nombre de una tal Julia Severa es antepuesto también al de su marido, por ser aquélla de mayor rango (Ramsay, 1915: 637). Los constantes movimientos de la pareja de Roma a Corinto y de Corinto a Éfeso hacen pensar a George y Grelot (II: 406) que ellos "tenían un comercio internacional... y que pertenecían evidentemente a la burguesía mercantil de origen judío".

Hasta el 49 ó 50 dC: Priscila y Aquila, judío del Ponto, viven en Roma hasta que son echados por el edicto del emperador Claudio (Hch 18:2).

50 dC: Priscila y Aquila van a Corinto, donde se encuentran con Pablo. Trabajan junto al apóstol haciendo tiendas y predicando el evangelio (Hch 18:2 y ss.).

51 ó 52 dC: Priscila y Aquila acompañan a Pablo durante parte de su viaje. En cierto punto Pablo sigue su viaje a Siria (Hch 18:18-26). Hch 18 parece sugerir que Priscila y Aquila permanecieron en Éfeso durante algún tiempo. Es allí donde el camino del apóstol se separa del de ellos (Hch 18:19), y es allí donde posiblemente escucharon la predicación de Apolos (Hch 18:24-26). Lo llamativo es cómo los creyentes de Éfeso desconocieron la doctrina apostólica hasta el año 53 dC (Hch 19:1-6), si Priscila y Aquila se quedaron a vivir allí (?). Esto delata que, probablemente haya habido cierta desconexión entre las distintas comunidades de Éfeso, y que aquella a la que se refiere Hch 19:1-6 haya conocido la predicación de Apolos, pero no la de Priscila y Aquila.

52 dC: Priscila y Aquila instruyen a Apolos en el camino de Dios, ya que éste conocía sólo el bautismo de Juan (Hch 18:25-26). Priscila y Aquila (?) escriben a los corintios para que reciban a Apolos (Hch 18:27).

55 dC: Priscila y Aquila viven en Éfeso, en su casa se reúne una de las

iglesias (1Co 16:19).

56 dC: Priscila y Aquila viven ahora en Roma, en su casa se reúne una de las iglesias. En Ro 16:3-5 Pablo los llama "mis compañeros de trabajo en Cristo Jesús" y elogia y agradece el haber puesto en riesgo sus vidas para salvar al apóstol.

67 dC: Priscila y Aquila están nuevamente en Éfeso (2Ti 4:19).

TIMOTEO

Oriundo de la ciudad de Listra, probablemente haya pertenecido a una familia adinerada (Ramsay, 1960: 418). Hijo de madre judía (Eunice) y padre griego (Hch 16:1). Pablo elogia la sinceridad de la fe tanto de Eunice como de la abuela Loida (2Ti 1:5), quienes evidentemente formaron a Timoteo desde niño en las Escrituras (2Ti 3:14-15). En Fil 2:19-22 Pablo describe numerosas cualidades de Timoteo: se preocupa por el bienestar de los filipenses sólo como Pablo lo hace, pues busca los intereses de Jesucristo y no los propios; muestra entereza de carácter; sirve en la obra del evangelio con Pablo como un hijo con su padre.

50 dC: Al llegar a Listra, iniciando su segundo viaje misionero, Pablo conoce a Timoteo por el testimonio de los hermanos tanto de Listra como de Iconio. Pablo decide llevarlo como acompañante, pero antes lo circuncida (Hch 16:1-3). Junto con Pablo instruyó a las iglesias respecto a la decisión del concilio de Jerusalén (Hch 16:4-5).

50 ó 51 dC: Acompañando al apóstol en su entrada a Europa, Timoteo y Silas se separan de Pablo en Berea para acompañar a las iglesias recién fundadas y abandonadas a la fuerza por el apóstol debido a la agitación de los judíos venidos de Tesalónica (Hch 17:14-15).

51 dC: Pablo pasa por Atenas y luego llega a Corinto, donde se reencuentra con Timoteo y Silas, quienes liberan al apóstol del trabajo manual para que se dedique de lleno a la predicación del evangelio (Hch 17:15; 18:5). Pablo permanece en Corinto durante un año y medio (Hch 18:9-11).

51 dC: Al poco tiempo de estar allí Pablo envía (¿desde Atenas?) a Timoteo al norte para visitar las iglesias jóvenes (1Ts 2:17-3:5).

51 ó 52 dC: Al volver con buenas noticias de Tesalónica (1Ts 3:6), Pablo, Timoteo y Silas escriben 1Ts (1Ts 1:1). Poco después escriben también 2Ts (2Ts 1:1).

53 dC: Muy probablemente Timoteo acompaña a Pablo ya desde el

comienzo del tercer viaje misionero.

54 ó 55 dC: Timoteo viaja a Corinto para entregar 1Co e instruir a la iglesia con respecto a las prácticas recomendadas por el apóstol (1Co 4:17; 16:10-11). Pablo espera su pronto regreso. Aquí descubre la situación crítica respecto a la autoridad de Pablo en la congregación.

55 dC: Al volver a Éfeso lleva las noticias de la crisis en Corinto, de modo que el apóstol escribe la "carta triste" (2Co 2:4; 7:8-12), carta perdida (entre 1 y 2Co), en la que Pablo reprende a los corintios por sus desviaciones. Es Tito quien debe llevarla e intentar revertir la situación.

55 ó 56 dC: Ya avanzado el tercer viaje misionero, Timoteo es enviado a Macedonia junto con Erasto con el fin de recolectar la ofrenda para Jerusalén mientras Pablo permanece por un tiempo más en Asia (Hch 19:22). Aquí es llamado "ayudante" (*diakonoúntos*) del apóstol.

56 dC: Al llegar Pablo a Macedonia Timoteo lo acompaña (Hch 20:1-2a). Desde aquí, recibiendo buenas noticias de parte de Tito, Pablo y Timoteo escriben 2Co (2Co 1:1) y la envían con Tito (2Co 8:16-18).

56 dC: Timoteo acompaña a Pablo hasta Corinto mismo, desde donde el apóstol escribe a los romanos (Ro 16:21).

56 dC: Muy probablemente Timoteo sigue junto con el apóstol inclusive en su viaje a Jerusalén (Hch 20:2b-4).

61 ó 62 dC: Estando en su primera prisión, Pablo y Timoteo escriben Fil, Col, y Flm desde Roma (Fil 1:1; Col 1:1; Flm 1).

63 dC: Posiblemente al ser liberado Pablo envía a Timoteo para que visite a los filipenses como lo había prometido en su carta (Fil 2:19).

64 dC: Para poder visitar a las iglesias de Macedonia, el apóstol deja a Timoteo en Éfeso para que controle la situación y desarrolle la obra de aquella iglesia (1Ti 1:3).

64 dC: Probablemente desde Macedonia, Pablo le escribe a Timoteo (1Ti) para que sepa cómo realizar su tarea "en caso de que el apóstol se tarde" (1Ti 3:14-15; 4:13).

66 ó 67 dC: Evidentemente Pablo y Timoteo tienen algún contacto previo a 2Ti, de modo que Timoteo conoce la situación de soledad del apóstol (2Ti 1:15). Pablo envía con Tíquico 2Ti para que Timoteo vaya a Roma a darle compañía al apóstol.

Entre 67 y 70 dC: Timoteo queda en prisión (¿por acompañar al apóstol?) y es puesto en libertad. El autor de la carta a los Hebreos espera visitar a los lectores junto con Timoteo (Heb 13:23). Ramos (69) considera posible que Éfeso haya sido el lugar de la prisión de Timoteo.

97 dC: Ramos (69) señala que el escrito del siglo 4 dC llamado *Acta S. Timothei* (Hechos de San Timoteo) relata el martirio de Timoteo en manos de paganos por haberse opuesto al culto licencioso de Artemisa o Diana. Sus restos habrían sido llevados a Constantinopla en el 356 dC.

TÍQUICO

56 dC: Tíquico, oriundo de la provincia de Asia, acompaña a Pablo en su viaje a Jerusalén después de haber recogido la ofrenda en Macedonia y haber llegado hasta Grecia (Hch 20:2-4). Junto con Trófimo se adelantan hasta Troas y esperan allí al apóstol y al resto de los compañeros.

61 ó 62 dC: El apóstol en prisión envía las cartas a los Efesios y a los Colosenses con Tíquico (Ef 6:21; Col 4:7). Es muy probable que también llevara la carta a Laodicea (Col 4:16). Como era costumbre, llevar la carta implicaba exponerla e interpretarla en forma autoritativa. Pablo lo llama "fiel servidor en el Señor". La elección de Tíquico responde a una posible capacidad para animar con su discurso (*hína... parakalésē tás kardías humōn,* Ef 6:22; Col 4:8). Fue acompañado en esta misión por Onésimo (Col 4:9).

64 dC: Pablo planea enviar ya sea a Tíquico o a Artemas, a Creta para que Tito pueda encontrarse con el apóstol en Nicópolis (Tit 3:12).

67 dC: Pablo envía a Tíquico a Éfeso, muy probablemente para que Timoteo pueda partir tranquilo hacia Roma, al encuentro del apóstol (2Ti 4:12).

TITO

49 dC: Tito acompaña a Pablo y Bernabé al Concilio de Jerusalén (Gá 2:1). Pablo menciona en Gá 2:3 que Tito, griego e incircunciso, no fue obligado a circuncidarse. ¿Tito es llevado como un ejemplar de "creyente griego"? Lo cierto es que allí Tito conoció de primera mano el acuerdo apostólico respecto a la libertad del evangelio y la hipocresía de los del partido de la circuncisión.

53-55 dC: En su tercer viaje misionero, Pablo permaneció durante 3 años en Éfeso (Hch 19). Durante este período hubo muchas idas y venidas entre el apóstol y la congregación de Corinto, en las que Tito tuvo un papel fundamental. Fue él quien posiblemente llevó la "carta triste" (2Co 7:8).

Llevar esta última carta implicaba a su vez, revertir la oposición al apóstol que estaba ganando espacio en Corinto.

55 dC: Después de la larga estancia en Éfeso, Pablo inicia su viaje a Macedonia (Hch 20:1; 1Co 16:5). Permanece en Troas esperando noticias de Tito, pero éste no llega, por lo que sigue viaje con mucha intranquilidad (2Co 2:13). Tito es descrito aquí como "mi hermano" (*tón adelfón mou*). 2Co 12:18 señala que cuando Tito estuvo entre los corintios procedió con el mismo espíritu que el apóstol y siguió el mismo camino: siendo honestos en su desinterés económico y (probablemente) sosteniéndose por su cuenta.

55 dC: Cuando Pablo llega a Macedonia, Tito aparece con la noticia esperada de la buena disposición de los corintios para con Pablo y de su obediencia a las indicaciones apostólicas (2Co 7:6). Tito se encariña con los corintios por su obediencia y por ser recibido de forma respetuosa (2Co 7:13-15).

56 dC: Tito es nuevamente enviado a Corinto encabezando una comitiva encargada de juntar la colecta para las iglesias de Judea (2Co 8:6). Las credenciales con las que es enviado Tito son las de "compañero y colaborador entre ustedes" (*koinōnós emós kaí eis humás sunergós,* 2Co 8:23).

63 dC: Una vez liberado de su primera prisión en Roma, Pablo deja a Tito en Creta para organizar y avanzar el trabajo en la isla (Tit 1:5).

64 dC: Probablemente unos meses después Pablo le escribe la carta a Tito.

64 dC: Probablemente Tito se encuentra en Nicópolis con Pablo (Tit 3:12). ¿Acompañó al apóstol en su viaje a España?

67 dC: Tito, habiendo estado probablemente con Pablo en la primera parte de la segunda prisión, se va a Dalmacia (2Ti 4:10). *A. Paul.* XI.1 comienza a relatar el martirio del apóstol señalando que Tito viaja de Dalmacia a Roma para encontrarse allí con Pablo.

70 dC (?): Tito posiblemente vuelve a Creta, donde, según Eusebio (*HE* III.4.6) y la *Const. Ap.* VII.46, sirve como obispo. La tradición sostuvo que su cuerpo fue enterrado en Creta, y que después de la invasión de los sarracenos en el 823 dC, su cabeza fue trasladada a Venecia para ser venerada (Ramos: 70).

TRÓFIMO

56 dC: Trófimo, oriundo de Éfeso (Hch 21:29), acompaña a Pablo en su viaje a Jerusalén después de haber recogido la ofrenda en Macedonia y haber llegado hasta Grecia (Hch 20:2-4). Junto con Tíquico se adelantan hasta Troas y esperan allí al apóstol y al resto de los compañeros.

57 dC: Al ser visto Trófimo en Jerusalén por algunos judíos de la provincia de Asia, Pablo es falsamente acusado de profanar el Templo por haber metido a algunos griegos (puntualmente a Trófimo) allí dentro (Hch 21:29).

65-67 dC: Trófimo, probablemente acompañando a Pablo en alguna parte entre el viaje a España y el arresto en Troas, queda en Mileto enfermo (2Ti 4:20).

ZENAS

Experto en leyes (más probablemente romana que mosaica).

64 dC: Pablo envía la carta escrita a Tito con Zenas junto Apolos.

APÉNDICE VII
CRONOLOGÍA PAULINA

	32-34? dC	33-37 dC	37 dC	37 dC	37-46 dC
Sucesos	Conversión de Pablo	Pablo 3 años en "Arabia" (reino de Nabatea)	Pablo en Damasco	Pablo está 15 días en Jerusalén	Pablo 10 años en Tarso
Ref.	Gá 2:1 14 años antes del Concilio de Jerusalén. Otra posibilidad es que la conversión haya sido dentro del espacio de 14 años previo al Concilio	Gá 1:17-18	2Co 11:32 Pablo estuvo en Damasco cuando Aretas era rey Gá 1:17-18	Gá 1:18-20 Hch 9:26	Hch 9:30; 11:25 Gá 1:21
Evidencia			Aretas no tomó posición en Damasco antes del 34 dC		

	46 dC	47 dC	47-49 dC	49 dC
Sucesos	Pablo sirve junto a Bernabé un tiempo en Antioquía	Viaje a Jerusalén con la ofrenda de comida de Antioquía	1º viaje misionero	Concilio en Jerusalén
Ref.	Hch 11:19-30	Hch 12:20-25 Pablo y Bernabé llevan la ofrenda de comida después de la muerte de Herodes	Hch 13:1-3 Después de volver de Jerusalén, Pablo y Bernabé inician el viaje Hch 13:4-12 Pablo ante Sergio Paulo Hch 13:50; 14:1-19 Persecuciones mencionadas en 2Ti 3:11	Gá 2:1 "14 años después" … ¿de qué? De la conversión de Pablo (Gá 1:15)
Evidencia		Josefo (*Ant.* 20.5.2) indica que durante el proconsulado de Alejandro (46-48 dC) hubo hambre. La muerte de Herodes Agripa sucedió en el año 44 dC	Sergio Paulo debe haber sido proconsul de Chipre antes del 51 dC	

	50-52 dC	50 ó 51 dC	51 ó 52 dC	53-57 dC	53-55 dC
Sucesos	2º viaje misionero Timoteo comienza a acompañar a Pablo	Pablo llega a Europa	Gá? 1Tes 2Tes	3º viaje misionero	Pablo en Éfeso 1Co
Ref.	Hch 16:1-5	Hch 18:2 Pablo en su 2º viaje se encuentra con Priscila y Aquila en Corinto	Hch 18:12-17 Pablo ante Galión		Hch 19:10 Pablo permanece en Éfeso durante dos años y tres meses 1Co 16:8 Pablo escribe 1Co desde Éfeso
Evidencia		Orosius (S V) atribuye a Josefo la fecha del edicto de Claudio: 49 ó 50 dC	Inscripción de Galión (antes de 52 dC)		

	56 dC		57 dC	57-60 dC	60-61 dC	61-62 dC
Sucesos	Pablo visita Macedonia y junta la colecta [2Co]	[Gá] [Ro]	Pablo lleva la colecta a Jerusalén y allí es arrestado	Pablo ante Félix, Festo y Agripa	Pablo viaja hacia Roma como prisionero	1° Prisión en Roma [Ef] [Flm] [Col] [Fil]
Ref.	Hch 20:1-2	Hch 20:2-3 Ro 15:23-32		Hch 24-26 Pablo ante Félix alrededor de 58 dC	Hch 27	Hch 28
Evidencia				Josefo (*Ant.* 20.6.1-3) indica que Félix inició su procurado en el 52 dC y se casó con Drusila (*Ant.* 20.7.1-2) en el 53 dC		

	63 dC		64dC			65-66 dC
Sucesos	Probablemente Pablo manda a Timoteo a Filipos con noticias	Pablo pasa por Creta y deja allí a Tito	Pablo visita Colosa y Éfeso; Timoteo, de regreso de Filipos, queda en Éfeso	Pablo en Macedonia [1Ti] [Tit]	Pablo pasa el invierno en Nicópolis	Viaje misionero a España
Ref.	Fil 2:19-24	Tit 1:5	1Ti 1:3		Tit 3:12	
Evidencia						1Cl 5-7 indica que Pablo llegó hasta el extremo del mundo. *HE* 2.22.1-2

	66 dC	67 dC	
Sucesos	Pablo de regreso de España pasa por Asia Menor. Arresto en Troas	2° prisión en Roma y martirio de Pablo [2Ti]	
Ref.	2Ti 4:9-20		
Evidencia		1Cl 5-6 indica que tanto Pablo como Pedro fueron martirizados mientras una gran multitud era torturada	Eusebio no asocia la muerte de los apóstoles con el incendio de Roma (64 dC). La otra alternativa es el final del gobierno de Nerón (68 dC)

Fuentes: Guthrie (1990: 1001-10); McDonald & Porter (648-49); Betz (72-84); George y Grelot (I: 512-17).

APÉNDICE VIII
TABLAS DE VERBOS DE MOVIMIENTO

En línea con la tradición sapiencial, las cartas pastorales suelen dar voz a la opción moral y espiritual demandada o censurada en términos de movimiento físico. En íntima conexión se encuentra la ancestral tradición judía de "los dos caminos", adoptada por la iglesia cristiana ya desde sus inicios, particularmente en torno al evento y al ritual del Bautismo (Did 1). Organizamos el material según los siguientes criterios: a) por clase de movimientos; b) por verbos; c) por combinación de movimientos; d) por texto.

A) CLASIFICACIÓN POR CLASE DE MOVIMIENTOS

	El mal	*El bien*
Alejarse de	10 casos 1Ti 4:7 (*paraitéomai* + acusativo) 1Ti 6:11 (*feúgō* + acusativo) 1Ti 6:20 (*ektrépomai* + acusativo) 2Ti 2:16 (*periïstēmi* + acusativo) 2Ti 2:19 (*afístēmi apó* + genitivo) 2Ti 2:22 (*feúgō* + acusativo) 2Ti 2:23 (*paraitéomai* + acusativo) 2Ti 3:5 (*apotrépomai* + acusativo) Tit 2:12 (*arnēomai* + acusativo) Tit 3:9 (*periïstēmi* + acusativo)	7 casos 1Ti 1:6 (*astojéō* + genitivo) 1Ti 4:1 (*afístēmi* + genitivo) 1Ti 6:5 (*aposteréō* + genitivo) 1Ti 6:21 (*astojéō perí* + acusativo) 2Ti 2:18 (*astojéō perí* + acusativo) 2Ti 4:4 (*apostréfō apó* + genitivo) Tit 1:14 (*apostréfō* + acusativo)

	El mal	*El bien*
Acercarse a	9 casos 1Ti 1:4 (*proséjō* + dativo) 1Ti 1:6 (*ektrépomai eis* + acusativo) 1Ti 3:8 (*proséjō* + dativo) 1Ti 4:1 (*proséjō* + dativo) 1Ti 5:15 (*ektrépomai opísō* + genitivo) 2Ti 2:16 (*prokóptō* + genitivo) 2Ti 3:13 (*prokópō epí* + acusativo) 2Ti 4:4 (*ektrépomai epí* + acusativo) Tit 1:14 (*proséjō* + dativo)	10 casos 1Ti 4:6 (*parakolouzéō* + dativo) 1Ti 4:13 (*proséjō* + dativo) 1Ti 4:16 (*epéjō* + dativo) 1Ti 5:10 (*parakolouzéō* + dativo) 1Ti 6:3 (*prosérjomai* + acusativo) 1Ti 6:11 (*diōkō* + acusativo) 2Ti 2:22 (*diōkō* + acusativo) 2Ti 3:10 (*parakolouzéō* + dativo) Tit 3:8 (*proïstēmi* + genitivo) Tit 3:14 (*proïstēmi* + genitivo)

B) CLASIFICACIÓN POR VERBOS

A lo largo de las tres cartas, Pablo utiliza 17 verbos diferentes para referirse a estos movimientos:

afístēmi Alejarse del bien (1Ti 4:1) Alejarse del mal (2Ti 2:19)	*apotrépomai* Alejarse del mal (2Ti 3:5)
aposteréō Alejarse del bien (1Ti 6:5)	*arnēomai* Alejarse del mal (Tit 2:12)
apostréfō Alejarse del bien (2Ti 4:4; Tit 1:14)	*astojéō* Alejarse del bien (1Ti 1:6; 6:21; 2Ti 2:18)
diōkō Acercarse al bien (1Ti 6:11; 2Ti 2:22)	*parakolouzéō* Acercarse al bien (1Ti 4:6; 5:10; 2Ti 3:10)
ektrépomai Acercarse al mal (1Ti 1:6; 5:15; 2Ti 4:4) Alejarse del mal (1Ti 6:20)	*periïstēmi* Alejarse del mal (2Ti 2:16; Tit 3:9)
epéjō Acercarse al bien (1Ti 4:16)	*proïstēmi* Acercarse al bien (Tit 3:8, 14)
feúgō Alejarse del mal (1Ti 6:11; 2Ti 2:22)	*prokóptō* Acercarse al mal (2Ti 2:16; 3:13)
paraitéomai Alejarse del mal (1Ti 4:7; 2Ti 2:23)	*proséjō* Acercarse al mal (1Ti 1:4; 3:8; 4:1; Tit 1:14) Acercarse al bien (1Ti 4:13)
	prosérjomai Acercarse al bien (1Ti 6:3)

C) CLASIFICACIÓN POR COMBINACIÓN DE MOVIMIENTOS

Timoteo es exhortado dos veces a tomar una opción frente al modelo de los oponentes en términos de alejamiento del mal y acercamiento al bien:

Alejarse del mal	Acercarse al bien
1Ti 6:11 (*feúgō* + acusativo) 2Ti 2:22 (*feúgō* + acusativo)	1Ti 6:11 (*diōkō* + acusativo) 2Ti 2:22 (*diōkō* + acusativo)

El contraste que produce el uso de estos verbos muestra por un lado la peligrosidad de aquello de lo que se huye y el valor supremo de aquello que se persigue.

Por el otro lado, se describe el proceso de decadencia de los oponentes en dos etapas: el alejamiento del bien y el acercamiento al mal:

Alejarse del bien	Acercarse al mal
1Ti 1:6 (*astojéō* + genitivo) 1Ti 4:1 (*afístēmi* + genitivo) 2Ti 4:4 (*apostréfō apó* + genitivo)	1Ti 1:6 (*ektrépomai eis* + acusativo) 1Ti 4:1 (*proséjō* + dativo) 2Ti 4:4 (*ektrépomai epí* + acusativo)

Particularmente el extravío del que se parte en 1Ti 1:6 delata el error. Tanto el prefijo *apó* (en el alejamiento del bien) como *ek* (en el acercamiento al mal) delatan la valoración de aquello que queda así perdido: el movimiento es visto primordialmente desde la nostálgica perspectiva del bien.

D) CLASIFICACIÓN POR TEXTO

En 1Ti se utiliza esta metáfora de movimiento 18 veces:

1Ti 1:4 (*proséjō* + dativo = acercarse al mal)
1Ti 1:6 (*astojéō* + genitivo = alejarse del bien)
1Ti 1:6 (*ektrépomai eis* + acusativo = acercarse al mal)
1Ti 3:8 (*proséjō* + dativo = acercarse al mal)
1Ti 4:1 (*afístēmi* + genitivo = alejarse del bien)
1Ti 4:1 (*proséjō* + dativo = acercarse al mal)
1Ti 4:6 (*parakolouzéō* + dativo = acercarse al bien)
1Ti 4:7 (*paraitéomai* + acusativo = alejarse del mal)
1Ti 4:13 (*proséjō* + dativo = acercarse al bien)
1Ti 4:16 (*epéjō* + dativo = acercarse al bien)
1Ti 5:10 (*parakolouzéō* + dativo = acercarse al bien)
1Ti 5:15 (*ektrépomai opísō* + genitivo = acercarse al mal)
1Ti 6:3 (*prosérjomai* + acusativo = acercarse al bien)

1Ti 6:5 (*aposteréō* + genitivo = alejarse del bien)
1Ti 6:11 (*feúgō* + acusativo = alejarse del mal)
1Ti 6:11 (*diōkō* + acusativo = acercarse al bien)
1Ti 6:20 (*ektrépomai* + acusativo = alejarse del mal)
1Ti 6:21 (*astojéō perí* + acusativo = alejarse del bien)

En 2Ti se utiliza esta metáfora de movimiento 12 veces:
2Ti 2:16 (*periïstēmi* + acusativo = alejarse del mal)
2Ti 2:16 (*prokóptō* + genitivo = acercarse al mal)
2Ti 2:18 (*astojéō perí* + acusativo = alejarse del bien)
2Ti 2:19 (*afístēmi apó* + genitivo = alejarse del mal)
2Ti 2:22 (*feúgō* + acusativo = alejarse del mal)
2Ti 2:22 (*diōkō* + acusativo = acercarse al bien)
2Ti 2:23 (*paraitéomai* + acusativo = alejarse del mal)
2Ti 3:5 (*apotrépomai* + acusativo = alejarse del mal)
2Ti 3:10 (*parakolouzéō* + dativo = acercarse al bien)
2Ti 3:13 (*prokóptō epí* + acusativo = acercarse al mal)
2Ti 4:4 (*apostréfō apó* + genitivo = alejarse del bien)
2Ti 4:4 (*ektrépomai epí* + acusativo = acercarse al mal)

En Tit se utiliza esta metáfora de movimiento 6 veces:
Tit 1:14 (*proséjō* + dativo = acercarse al mal)
Tit 1:14 (*apostréfō* + acusativo = alejarse del bien)
Tit 2:12 (*arnēomai* + acusativo = alejarse del mal)
Tit 3:8 (*proïstēmi* + genitivo = acercarse al bien)
Tit 3:9 (*periïstēmi* + acusativo = alejarse del mal)
Tit 3:14 (*proïstēmi* + genitivo = acercarse al bien)

APÉNDICE IX
FAMILIAS DE MANUSCRITOS

1 TIMOTEO

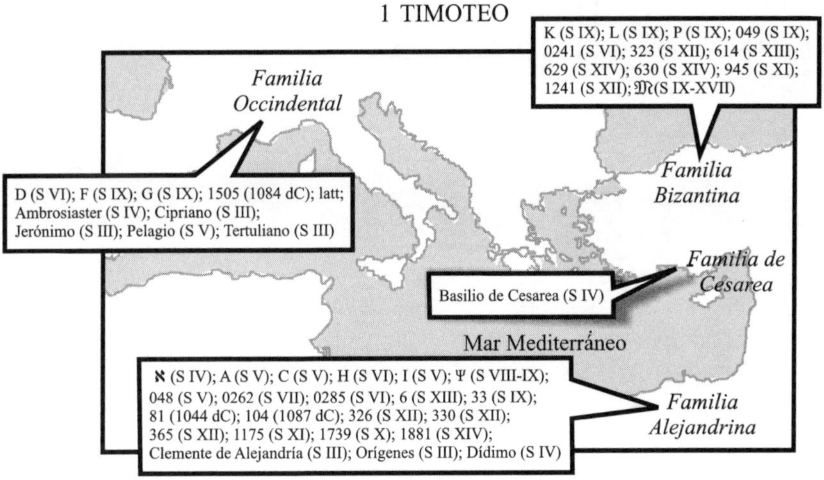

2 TIMOTEO

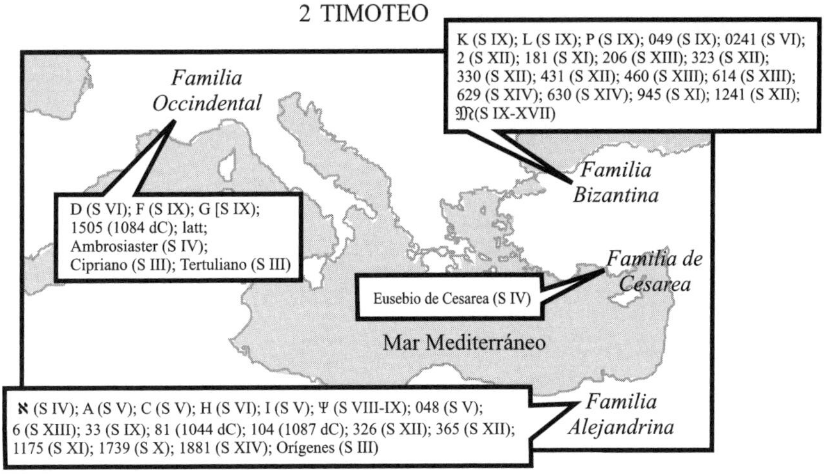

TITO

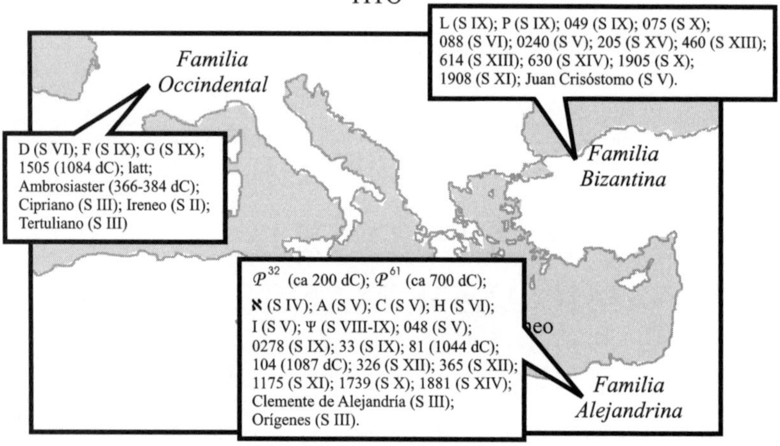
L (S IX); P (S IX); 049 (S IX); 075 (S X);
088 (S VI); 0240 (S V); 205 (S XV); 460 (S XIII);
614 (S XIII); 630 (S XIV); 1905 (S X);
1908 (S XI); Juan Crisóstomo (S V).
Familia Occindental
D (S VI); F (S IX); G (S IX);
1505 (1084 dC); latt;
Ambrosiaster (366-384 dC);
Cipriano (S III); Ireneo (S II);
Tertuliano (S III)
Familia Bizantina
$\mathfrak{P}^{32}$ (ca 200 dC); $\mathfrak{P}^{61}$ (ca 700 dC);
ℵ (S IV); A (S V); C (S V); H (S VI);
I (S V); Ψ (S VIII-IX); 048 (S V);
0278 (S IX); 33 (S IX); 81 (1044 dC);
104 (1087 dC); 326 (S XII); 365 (S XII);
1175 (S XI); 1739 (S X); 1881 (S XIV);
Clemente de Alejandría (S III);
Orígenes (S III).
Familia Alejandrina

APÉNDICE X
TEXTO DE 2 TIMOTEO

1 1 Pablo, apóstol de Cristo Jesús por la voluntad de Dios, de acuerdo
con la promesa de vida, que es en Cristo Jesús, 2 a Timoteo, hijo
amado.
Gracia, misericordia y paz de Dios Padre y de Cristo Jesús, nuestro
Señor.

3 Siempre doy gracias a Dios, a quien he servido desde mis ancestros
con una conciencia pura, al tener de ti un recuerdo que es constante
en mis oraciones de noche y de día, 4 añorando verte, por rememorar
tus lágrimas, para quedar completamente lleno de gozo, 5 puesto que
me acuerdo de la fe no fingida que hay en ti, la misma que habitó
primero en tu abuela Loida y en tu madre Eunice, y estoy convencido
de que también en ti.

6 Por esta causa te recuerdo que reavives el don de Dios que ha
reposado sobre ti por medio de la imposición de mis manos. 7 Pues
Dios no nos dio un espíritu de cobardía, sino de poder, de amor y de
auto-disciplina.
8 No te vayas a avergonzar del testimonio con respecto a nuestro
Señor, ni de mí, su prisionero, sino más bien únete en los sufrimientos
en pro del evangelio, en consonancia con el poder de Dios,
9 el que nos salvó
y (nos) llamó por medio de un llamamiento santo,
en consonancia no con nuestras obras,

sino con el plan y la gracia propios,
la que ya nos había sido dada en Cristo Jesús
antes de que comience la historia,
10 pero fue manifestada ahora
por medio de la aparición de nuestro salvador, Cristo Jesús,
destruyéndole el poder a la muerte,
y trayendo a la luz la vida y la incorruptibilidad por medio del evangelio,

11 para el cual yo fui hecho predicador, apóstol y maestro. 12 Por esta
causa, inclusive estas cosas estoy padeciendo; pero no me
avergüenzo, pues conozco bien (a aquél) en quien he creído y estoy
convencido de que es capaz de cuidar mi depósito hasta aquel día.
13 Mantén como modelo de la sana predicación lo que escuchaste de
mí, por medio de la fe y el amor que son en Cristo Jesús. 14 Cuida el
excelso depósito por medio del Espíritu Santo que habita en nosotros.

15 Tú ya estás al tanto de esto: que todos los que (están) en Asia se
apartaron de mí, de los cuales Figelo y Hermógenes son algunos. 16
Que el Señor le conceda misericordia a la familia de Onesíforo, pues
él me reanimó muchas veces y no se avergonzó de mi prisión, 17 sino
que, en cuanto estuvo en Roma, hizo todo lo posible para buscarme,
y me halló. 18 Que el Señor le conceda hallar misericordia de parte
del Señor en aquel día. Inclusive todos los servicios que quiera que
haya prestado en Éfeso, tú los conoces mejor.

2 1 Tú, hijo mío, fortalécete por medio de la gracia que (se nos da) en
Cristo Jesús.
2 Las cosas que escuchaste venidas de mí en presencia de muchos
testigos, estas cosas encomienda a hombres confiables, en cuanto que
deben ser competentes para enseñarles a otros también.
3 Únete en los sufrimientos como un soldado de Cristo Jesús
inobjetable en todo respecto. 4 Nadie que sirve como soldado se
enreda en los quehaceres de la vida cotidiana con el propósito de
complacer al que (lo) reclutó. 5 Ahora bien, aunque alguien participe
habitualmente en competencias, ciertamente no recibe el premio, a
menos que compita de acuerdo con las reglas. 6 Al labrador que hace

el trabajo duro le corresponde recibir su parte de la cosecha más que
a cualquiera. 7 Considera cuidadosamente lo que estoy diciendo;
ciertamente el Señor te dará entendimiento en todo respecto.
8 Ten siempre presente a Jesús, el Mesías resucitado de entre los
muertos, surgido de la simiente de David, de acuerdo con mi
evangelio; 9 en pro del cual ahora estoy sufriendo inclusive la prisión
como si fuera un malhechor, pero la palabra de Dios no puede quedar
encarcelada. 10 Por esta razón siempre soporto todas las cosas en
beneficio de los escogidos: para que también ellos alcancen la
salvación acompañada de gloria eterna que es en Cristo Jesús.
11 La afirmación es confiable:
Si hemos muerto con (él), también viviremos con (él);
12 si soportamos, también reinaremos con (él);
si no nos vamos a declarar en su favor, también él nos rechazará;
13 si somos infieles, él siempre sigue siendo fiel, pues de ningún modo
puede negarse a sí mismo.

14 Haz(les) recordar estas cosas, encargándo(les) delante de Dios que
no peleen por cuestiones de palabras, cosa que no sirve de nada,
(sólo) para la destrucción de los que escuchan.
15 Haz todo lo que puedas por presentarle a Dios tu propia persona
como aprobada, como trabajador que no tiene de qué avergonzarse,
uno que enseña sin desvíos el mensaje de la verdad. 16 Esquiva las
charlatanerías mundanas; pues avanzarán aún más hacia la impiedad,
17 y la enseñanza de ellos se extenderá como gangrena. De éstos
Himeneo y Fileto son algunos, 18 quienes perdieron la marca en
relación a la verdad enseñando que la resurrección ya ha tenido lugar,
de modo que están convulsionando la fe de algunos.
19 No obstante, el sólido fundamento puesto por Dios permanece
inamovible, pues tiene (grabada) esta inscripción: "El Señor conoce a
los que son suyos" y: "Todo el que invoca el nombre del Señor debe
alejarse de la maldad."
20 En una casa grande no sólo hay recipientes de oro y plata sino
también de madera y arcilla; y aunque algunos (están preparados)
para (un uso) honroso, otros (lo están) para (un uso) deshonroso.
21 Ahora bien, si alguno se limpia de estas cosas, será un recipiente

(preparado) para (un uso) honroso, consagrado, útil para su dueño,
puesto en condiciones para cualquier clase de tarea noble.
22 Huye de los deseos impuros de la juventud, más bien intenta
alcanzar rectitud, fe, amor, (y) paz con los que invocan al Señor a
partir de un corazón puro. 23 Evita las controversias tontas e
ignorantes, sabiendo que producen choques amargos. 24 A un esclavo
del Señor no le corresponde ser pendenciero sino más bien amable
con todos, hábil para enseñar, paciente, 25 (dispuesto a) corregir con
gentileza a los oponentes, (buscando ver) si Dios les concede un
arrepentimiento que (los) lleve a conocer la verdad, 26 y si se
recuperan de la trampa soporífera del diablo, después de haber sido
rescatados vivos de debajo de él para (realizar) la voluntad de aquél.

3 1 Entiende esto, que en los últimos días vendrán tiempos difíciles;
2 pues los seres humanos serán
amantes de sí mismos, amantes del dinero,
fanfarrones, engreídos, blasfemos,
desobedientes de sus padres, ingratos, perversos,
3 carentes de afecto, irreconciliables, difamadores,
descontrolados, indomados, no amantes del bien,
4 traicioneros, imprudentes, vanidosos,
amantes del placer y no amantes de Dios,
5 de apariencia acorde con la piedad pese a haber rechazado su
poder. Aléjate de estos (hombres).
6 De éstos son, por ejemplo, los que se inmiscuyen dentro de las casas
y toman cautivas a tontas mujerzuelas, sobrecargadas por sus
pecados, dirigidas por toda clase de deseos impuros, 7 que están
siempre aprendiendo, pero nunca pueden llegar a conocer la verdad.
8 Del mismo modo en que Janes y Jambres se opusieron a Moisés, así
también éstos se oponen a la verdad. Gente depravada con respecto
al pensamiento, reprobada con respecto a la fe. 9 Pero ya no harán un
progreso mayor, puesto que su falta de entendimiento será evidente
para todos, así como también se volvió (evidente) la de aquellos.

10 Tú, en cambio, seguiste fielmente mi enseñanza, mi conducta, mi
vocación, mi fe, mi paciencia, mi amor, mi resistencia, 11 mis

persecuciones, mis padecimientos, tales como los que me sucedieron
en Antioquia, en Iconio, en Listra –¡qué persecuciones soporté! ¡Y el
Señor me rescató de todas!–
[12] Todos los que se proponen vivir de forma piadosa en Cristo Jesús
también serán perseguidos. [13] Pues los hombres perversos y los
impostores se pondrán peor, engañando y siendo engañados.
[14] Pero tú permanece en lo que aprendiste y (de lo que) llegaste a estar
convencido, considerando de quiénes aprendiste, [15] y que ya desde la
niñez conoces las Sagradas Escrituras, las que son capaces de hacerte
sabio para la salvación por medio de la fe que es en Cristo Jesús. [16]
Todo pasaje es inspirado por Dios y útil para enseñar, para convencer,
para corregir, para entrenar en la justicia, [17] con el propósito de que
el hombre de Dios sea realmente competente, completamente
equipado para toda clase de buena obra.

4 [1] Hago (este) solemne encargue delante de Dios y de Cristo Jesús,
que va a juzgar a los vivos y a los muertos, tanto por su aparición
como también por su reino: [2] predica la Palabra, está listo cuando sea
propicio y cuando no lo sea, convence, reprende, exhorta con
absoluta paciencia y por medio de toda clase de instrucción. [3] Pues
habrá un tiempo en el que ya no aguantarán la sana enseñanza, sino
más bien, obedeciendo a sus propios deseos perversos, ellos mismos
acumularán una gran cantidad de maestros para tener estimulado el
oído; [4] por lo que apartarán el oído de la verdad, ¡para desviarse
hacia los mitos! [5] Tú, en cambio, mantén el control en todo respecto,
soporta la dificultad con paciencia, realiza la tarea de un evangelista,
cumple tu ministerio en forma total.

[6] Yo, pues, ya estoy a punto de ser ofrecido, el tiempo de mi partida
es inminente. [7] Ya he logrado la contienda ganadora, ya he
completado el recorrido, he cumplido el voto. [8] Después de esto, me
está reservada la corona de justicia, la que me dará el Señor, el juez
justo, en aquel día; pero no sólo a mí, sino también a todos los que
anhelan su aparición.

[9] Apresúrate a venir a mí pronto; [10] pues Demas me abandonó a mí

por amar esta vida, y se fue a Tesalónica; Crescente a Galacia; y Tito
a Dalmacia. [11] Lucas está solo a mi lado.
Encuentra a Marcos y tráelo contigo, porque me es útil en relación al
ministerio. [12] A Tíquico lo estoy enviando a Éfeso. [13] Cuando vengas,
trae contigo la capa que dejé en Troas, en lo de Carpo, y también los
papiros, especialmente los pergaminos.
[14] Alejandro, el que trabaja el cobre, me hizo mucho daño. El Señor
le retribuirá de acuerdo con sus hechos. [15] También tú mantente en
guardia con respecto a él, pues se opuso vehementemente a nuestra
predicación.
[16] En mi primera defensa nadie me acompañó, sino que todos me
abandonaron –¡que no les sea contado!– [17] Pero el Señor sí estuvo
conmigo y me fortaleció, de modo que la proclamación del mensaje
pudo ser completada a través mío y todas las naciones llegaron a oír;
e incluso fui liberado de la boca del león, [18] –¡el Señor me librará de
todo emprendimiento perverso y me llevará a salvo hasta su reino
celestial!, al que sea dada la gloria a lo largo de todos los tiempos.
Amén.

[19] Envíale saludos a Priscila y Aquila y a la familia de Onesíforo. [20]
Erasto se quedó en Corinto y a Trófimo lo tuve que dejar enfermo en
Mileto. [21] Haz todo lo posible por llegar antes del invierno. Te envía
saludos Eubulo, Pudente, Lino, Claudia y cada uno de los hermanos.

Que el Señor esté con tu espíritu. Que la gracia esté con ustedes.

APÉNDICE XI
GLOSARIO

Aliteración: Repetición del mismo sonido al comienzo de palabras sucesivas.

Anacolutón: Inconsistencia gramatical que consiste en la desviación de la dirección original del discurso (Smyth §§ 3004-08).

Anafórico: Que está ubicado después que su referente (ver *catafórico*).

Apódosis: Cláusula en la que se afirma la conclusión de una oración condicional. Ejemplo de 1Ti 3:1: "Si alguno está aspirando al obispado (*prótasis*), desea una tarea ciertamente noble (*apódosis*)."

Aspecto – *Aktionsart:* El aspecto es el nivel en el que reside el verdadero significado en los así llamados "tiempos verbales" del griego. El énfasis no recae en lo temporal (pasado-presente-futuro) sino en la clase de acción que es descrita: cuando la acción es puntiliar (momentánea o vista como una unidad) se utiliza el aoristo; cuando la acción es durativa, linear o progresiva, se utiliza el presente; cuando la acción es iterativa (repetida múltiples veces), se utiliza la raíz presente; cuando la acción es perfectiva (resultado de una acción ya sucedida) se utiliza el perfecto (ver BDF § 318; Wallace: 499-500; Voelz, 1993: 66-72).

Aticismo: La irrupción de un elemento de griego ático (clásico) en medio de un contexto propio del coiné. Ésta fue una tendencia característica en los escribas alejandrinos de los siglos 2 y 3 dC.

Catafórico: Que antecede en posición a su referente (ver *anafórico*).

Cognado: Que tiene el mismo origen.

Coiné: El "griego universal y vernáculo" resultante del uso internacional del idioma como *lingua franca* que llevó a la pérdida de algunas de las particularidades del griego clásico (BDF § 2). Éste es el lenguaje utilizado por la mayoría de los autores del NT.

Coineísmo: Tendencia del escriba de modificar el texto original para "traerlo" al lenguaje popular (coiné). Ésta fue una tendencia característica en los escribas bizantinos.

Corpus paulino: El conjunto completo de las cartas atribuidas al apóstol Pablo.

Doxología: Reconocimiento de la gloria (*dóxa*) de Dios en forma de himno, en la que se exaltan los atributos divinos, su poder y su trascendencia.

Elipsis: Omisión voluntaria de una palabra para evitar un discurso sobrecargado y engorroso.

Hápax legómenon: Única ocurrencia de un término en un cuerpo de escritos determinados (una carta, el corpus paulino, el NT o la Biblia como un todo).

Hendiadís: Figura lingüística que implica el uso de dos palabras conectadas por medio de una conjunción copulativa para expresar una única idea compuesta (Smyth § 3025).

Inclusio: Dos elementos similares o iguales enmarcan una porción de texto siendo colocados al comienzo y al final del mismo.

LXX: Traducción griega del AT hecha entre los años 250 y 130 aC.

Metáfora gastada: Expresión originalmente metafórica, pero que por ser tan usada pierde la fuerza sustitutiva y pasa a ser comprendida como una descripción literal de la realidad (Caird: 152).

Paranomasía: Recurso retórico que consiste en el uso de palabras con sonido similar. Usualmente el juego de palabras se da también en el plano etimológico.

Prótasis: Cláusula en la que se expresa la condición de una oración condicional. Ejemplo de 1Ti 3:1: "Si alguno está aspirando al obispado (*prótasis*), desea una tarea ciertamente noble (*apódosis*)."

Quiasmo: Recurso literario consistente en estructurar el material del discurso de modo que el segundo bloque invierta el orden del primero (por ejemplo: confianza [a]; peligro [b]; peligro [b']; confianza [a']). El nombre "quiasmo" deriva de la letra griega ji (X), que representa el orden del discurso en cuestión.

Símil: Figura retórica de comparación señalada en forma por algún término (generalmente "como").

Tenor: Término técnico en el análisis del lenguaje metafórico. Se tarta de aquello "a lo que se transfiere" un contenido. Ejemplo: "*recipiente* para un uso honroso" le transfiere al ministro características destacadas como su utilidad (2Ti 2:20) (Caird: 152). Ver "Vehículo".

Uncial: Una de las dos formas de manuscritos mayúsculos del NT. Los mayúsculos "unciales" se distinguen de los "cursivos" por su carácter más formal u oficial, reflejado en el uso de letras mayúsculas cuadradas (similar a la imprenta) y en la falta de espacio entre palabras (Voelz, 1995: 37).

Vehículo: Término técnico en el análisis del lenguaje metafórico. Se trata de aquello "a lo que la palabra (utilizada en la metáfora) normalmente se aplica, la cosa de la que se transfiere" algún contenido. Ejemplo: "*recipiente* para un uso honroso" (2Ti 2:20) (Caird: 152). Ver "Tenor".

Veterotestamentario: Correspondiente al AT.

BIBLIOGRAFÍA

Aalen, Sverre
1982 "ΔΟΞΑ" en *NDITNT* (vol. 2): 308-12.

Agersnap, Søren
1999 *Baptism and the New Life: A Study of Romans 6.1-14.* Aarhus: Aasrhus University Press.

Agustín, San
1994 *La Ciudad de Dios.* México DF: Editorial Porrúa SA (12º ed.).
1995 *Confesiones.* México DF: Editorial Porrúa SA (10º ed.).

Albrighrt, William Foxwell
1957 *From the Stone Age to Christiantity.* Garden City: Doubleday Anchor Books.

Alonso Schökel, Luis
1987 *Profetas: Comentario* (2 vol.). Madrid: Ediciones Cristiandad (2º ed.).

Altmann, Walter
1987 *Confrontación y Liberación: Una Perspectiva Latinoamericana sobre Martín Lutero.* Conferencias Carnahan 1983. Buenos Aires: Asociación Interconfesional de Estudios Teológicos.

Álvarez Verdes, L.
1980 *El Imperativo Cristiano en San Pablo: La tensión Indicativo-Imperativo en Rom. 6.* Valencia: Institución San Jerónimo.

Ángel, Gevais T. D.
1982 "ΕΠΙΤΙΜΑΩ" en *NDITNT* (vol. 2): 178-80.

Antón, Paul
1753-55 *Exegetische Abhandlung der Pastoralbriefe S. Pauli.* Halle.

Apolodoro
1985 *Biblioteca,* Margarita Rodríguez de Sepúlveda (tra.). Madrid: Editorial Gredos.

Apuleyo
1980 *Apología*, Santiago Segura Murguía (tra.). Madrid: Gredos.

Aristóteles
1957 *Metaphysics – Libros 10-14, Oeconomica, Magna Moralia* (vol. 18), Hugo Tredennick y G. Cyril Armstrong (tra.). Loeb Classical Library. Cambridge / London: Harvard University Press / Heinemann.
1977 *Ética a Nicómaqueana – Política*, Antonio Gómez Robledo (tra.). México: Editorial Porrua SA.
1982a *The "Art" of Rhetoric*, John Henry Freese (tra.). Loeb Classical Library. Cambridge / London: Harvard University Press / Heinemann.
1982b *The Poetics*, W. Hamilton Fyfe (tra.). Loeb Classical Library. Cambridge / London: Harvard University Press / Heinemann.

Aune, David E.
1987 *The New Testament in Its Literary Environment*. Philadelphia: The Westminster Press.

Baltensweiler, Heinrich
1981 "ENKRATEIA" en *NDITNT* (vol. 1): 681-84.

Balz Horst y Gerhard Scheider (eds.)
1996-98 *Diccionario Exegético del Nuevo Testamento* (2 vols.). Salamanca: Ediciones Sígueme.

Barcellos, Richard

2004 *An Ethical Manifesto: 1 Timothy 1:8-11 and the Decalogue*. http://www.founders.org/FJ36/article1.html.

Barrett, Charles Kingsley
1971 *The First Epistle to the Corinthians*. London: Black (2º ed.).
1989 *The New Testament Background: Writings from Ancient Greece and the Roman Empire That Illuminate Christian Origins*. San Francisco: Harper Collins.
1999 "Paul: Councils and Controversies" en *Conflicts and Challenges in Early Christinity*, Donald A. Hagner (ed.). Harrisburg: Trinity Press International: 42-74.

Bartels, Karl-Heinz
1983a "ΕΙΣ" en *NDITNT* (vol. 4): 667-71.
1983b "ΜΙΜΝΗΣΚΟΜΑΙ" en *NDITNT* (vol. 3): 52-69.

Barth, Gerhard

1986 *El Bautismo en el Tiempo del Cristianismo Primitivo.* Salamanca: Ediciones Sígueme.

Bauckham, Richard

1998a "Life, Death, and the Afterlife in Second Temple Judaism" en *Life in the Face of Death: The Resurrection Message of the New Testament,* Richard N. Longenecker ed. Grand Rapids: William B. Eerdmans Publishing Company: 80-95.

1998b *God Crucified: Monotheism and Christology in the New Testament.* Grand Rapids: William B. Eerdmans Publishing Company.

Bauer, Walter

1979 *A Greek-English Lexicon of the New Testament and Other Early Christian Literature,* William F. Arndt y F. Wilbur Gingrich (tra.). Chicago y London: The University of Chicago Press.

Beardslee, William A.

1969 *Literary Criticism of the New Testament.* Philadelphia: Fortress Press.

1989 "Recent Literary Criticism" en *The New Testament and Its Modern Interpreters,* Eldon J. Epp y George W. MacRae (eds.). Atlanta: Scholars Press: 175-98.

Becker, Ulrich

1981 "ΜΑΚΑΡΙΟΣ" en *NDITNT* (vol. 1): 297-300.

1982 "ΕΥΑΓΓΕΛΙΟΝ" en *NDITNT* (vol. 2): 166-74.

Behm, Johannes

1964 "ΕΚΧΕΩ" en *TDNT* (vol. 2): 467-69.

1964-76 "ΑΝΑΚΑΙΝΙΖΩ" en *TDNT* (vol. 3): 447-54.

1967 "ΝΟΥΘΕΤΕΩ" en *TDNT* (vol. 4): 1019-22.

Berdot, D. N.

1703 *Exercitatio theologica-exegetica in epistulam Pauli ad Titum.*

Betz, Hans Dieter

1979 *Galatians: A Commentary on Paul's Letter to the Churches of Galatia* (Hermeneia). Philadelphia: Fortress Press.

Beyer, Hermann Wolfgang

1964-76 "ΒΛΑΣΦΕΜΕΩ" en *TDNT* (vol. 1): 621-25.

Beyreuther, Erich

1983 "ΠΟΙΜΗΝ" en *NDITNT* (vol. 3): 469-74.

Bietenhard, Hans
1981a "AMHN" en *NDITNT* (vol. 1): 190-91.
1981b "KATHΓOPOΣ" en *NDITNT* (vol. 1): 99-100.
1982 "ΠΥΡ" en *NDITNT* (vol. 2): 251-55.

Black, C. Clifton, II
1989 "Depth of Characterization and Degrees of Faith in Matthew" en *Society of Biblical Literature – 1989 Seminar Papers,* ed. David J. Lull. Atlanta: Scholars Press: 604-23.

Blank, Rodolfo
1996 *Teología y Misión en América Latina.* Saint Louis: Editorial Concordia.

Blass, Friedrich y Albert Debrunner
1961 *A Greek Grammar of the New Testament and Other Early Christian Literature,* Robert W. Funck (tra.). Chicago y London: The University of Chicago Press.

Bloch, Abraham P.
1980 *The Biblical and Historical Background of Jewish Customs and Ceremonies.* New York: Ktav Publishing House, Inc.

Blomberg, Craig
1987 *The Historical Reliability of the Gospels.* Downers Grove: Inter-Varsity-Press.

Blunck, Jürgen
1982 "ΘΕΜΕΛΙΟΣ" en *NDITNT* (vol. 2): 244-46.

Boff, Leonardo
1992 *Iglesia: Carisma y Poder – Ensayos de Eclesiología Militante.* Santander: Editorial Sal Terrae (6º ed.).

Bolt, Peter G.
1998 "Life, Death, and the Afterlife in the Greco-Roman World" en *Life in the Face of Death: The Resurrection Message of the New Testament,* Richard N. Longenecker ed. Grand Rapids: William B. Eerdmans Publishing Company: 51-79.

Bonhoeffer, Dietrich
1963 *The Cost of Discipleship.* New York: The Macmillan Company.
1966 *Vida en Comunidad.* Buenos Aires: Editorial La Aurora.
1968 *Ética.* Barcelona: Editorial Estela.
1977 *Tentación.* Buenos Aires: Editorial La Aurora.

Boring, M. Eugene

1985 "The Christology of Mark: Hermeneutical Issues for Systematic Theology" en *Semeia* 30: 125-53.

Bornkamm, Günther

1960 *Jesus of Nazareth.* New York: Harper & Row Poblishers.

Bornkamm, Günther y Eduard Lohse

1964-76 "ΜΥΣΤΗΡΙΟΝ" en *TDNT* (vol. 4): 802-28.

Bovon, François

1995 *New Testament Traditions and Apocryphal Narratives.* Pennsylvania: Pickwick Publications.

Braaten, Carl E.

1969 *The Future of God: The Revolutionary Dynamics of Hope.* New York: Harper & Row Publishers.

1974 *Escatología y Ética.* Buenos Aires: La Aurora.

Braumann, Georg

1981 "ΠΑΙΣ" en *NDITNT* (vol. 1): 547-49.

1982a "ΜΟΡΦΗ" en *NDITNT* (vol. 2): 278-81.

1982b "ΠΑΡΑΚΑΛΕΩ" en *NDITNT* (vol. 2): 176-78.

Brown, Colin (ed.)

1981a "ΟΛΕΘΡΟΣ" en *NDITNT* (vol. 1): 623-24.

1981b "ΓΑΜΕΩ" en *NDITNT* (vol. 1): 375-77.

1981c "ΨΥΧΗ" en *NDITNT* (vol. 1): 158-60.

1983a "ΠΡΟΦΗΤΗΣ" en *NDITNT* (vol. 3): 768-74.

1983b "ΗΜΕΡΑ" en *NDITNT* (vol. 3): 682-85.

1983c "A Ressurreiçâo na Teologia Contemorânea" en *NDITNT* (vol. 4): 185-212.

1983d "ΜΙΜΝΗΣΚΟΜΑΙ" en *NDITNT* (vol. 3): 56-62.

1983e "ΚΑΝΩΝ" en *NDITNT* (vol. 4): 127-29.

1981-83 *NDITNT* (4 vol.). Sâo Paulo: Sociedade Religiosa Ediçôes Vida Nova.

Brown, Michael Joseph

2001 "Paul's Use of ΔΟΥΛΟΣ ΧΡΙΣΤΟΥ ΙΗΣΟΥ in Romans 1:1" en *JBL* 120.4:723-37.

Brox, Norbert

1969 *Die Pastoralbriefe.* Regensburg: Pustet.

Bruce, Frederick Fyvie
1973 *Answers to Questions.* Grand Rapids: Zondervan Publishing House.
1987 *La Epístola a los Hebreos.* Buenos Aires: Nueva Creación.

Brunner, Meter
1970 "Regin Prenter on The Ordination of Women" en *The Springfielder* (XXXIII/4): 23-26.

Bryan, Christopher
1993 *A Preface to Mark: Notes on the Gospel in Its Literary and Cultural Settings.* New York: Oxford University Press.

Bucay, Jorge
1998 *Recuentos para Demián (Los Cuentos que Contaba mi Analista).* Buenos Aires: Nuevo Extremo (2º ed.).

Büchsler, Friedrich
1964 "ΠΑΛΙΓΓΕΝΕΣΙΑ" en *TDNT* (vol. 1): 686-89.
1967 "ΛΥΤΡΟΝ" en *TDNT* (vol. 4): 340-56.

Bultmann, Rudolf
1952 *Theology of the New Testament* (2 vols.). London: SCM Press.
1961 "New Testament and Mythology" en *Kerygma and Myth* (vol. 1), Hans-Werner Bartsch (ed.). New York: Harper & Row: 1-44.
1964-76a "ΑΛΗΘΕΙΑ" en *TDNT* (vol. 1): 232-51.
1964-76b "ΠΙΣΤΙΣ" en *TDNT* (vol. 6): 175-228.

Bultmann, Rudolf y Dieter Lührmann
1964-76 "ΦΑΙΝΩ" en *TDNT* (vol. 9): 1-10.

Burnett, Fred W.
1993 "Characterization and Reader Construction of Characters in the Gospels" en *Semeia* 63: 3-28.

Caird, G. B.
1997 *The Language and Imagery of the Bible.* Grand Rapids: William B. Eerdmans Publishing Company.

Callahan, A. Dwight, Richard A. Horsley y Abraham Smith
1998a "Introduction: The Slavery of New Testament Studies" en *Semeia* 83/84: 1-15.
1998b "Slave Resistance in Classical Antiquity" en *Semeia* 83/84: 133-51.

Callender, Dexter E.
1998 "Servants of God(s) and Servants of Kings in Israel and Ancient Near East." *Semeia* 83/84: 67-82.

Calvino, Juan
1968 *Comentarios a las Epístolas Pastorales de San Pablo.* Grand Rapids: TELL.

Campbell, Brian
1994 *The Roman Army.* London: Routledge.

Caplan, Harry (tra.)
1989 *Rhetorica ad Herennium de Ratione Dicendi.* Loeb Classical Library. Cambridge / London: Harvard University Press / Heinemann.

Carrez, M.
1983 "Las Cartas Pastorales" en *Introducción Crítica al Nuevo Testamento* (vol. 1), Augustín George y Pierre Grelot (eds.). Barcelona: Editorial Herder: 651-66.

Chapman, J.
1904 "The Historical Setting of the Second and Third Epistles of St. John." *JTS* 5: 357-68.

Charlesworth, James H. (ed.)
1983-85 *The Old Testament Pseudepigrapha* (2 vols.). Garden City: Doubleday & Company Inc.

Chemnitz, Martin
1989 *Loci Theologici* (2 vols.), Jack A. Preus (tra.). Saint Louis: Concordia Publishing House.

Childs, Brevard S.
1962 *Memory and Tradition in Israel,* SBT 37. London: SCM.

Chytraeus
1962 *On Sacrifice: A Reformation Treatise in Biblical Theology.* Saint Louis: Concordia Publishing House.

Cicerón
1876 *De inventione* (vol. 2), H. M. Hubbell (tra.). Loeb Classical Library. Cambridge / London: Harvard University Press / Heinemann.
1906 *On the Republic, On the Laws, C. Philosophical Treatises* (vol. 16). Loeb Classical Library. Cambridge / London: Harvard University Press / Heinemann.

Clark, E. G.
1984 *Targum Pseudo-Jonathan of the Pentateuch: Text and Concordance.* Hoboken: Ktav.

Classic Series, The
1943 *The Classic Greek Dictionary: Greek-English and English-Greek.* Chicago: Follett Publishing Company.

Claton Croy, N.
1998 *Endurance in Suffering: Hebrews 12:1-13 in its Rhetorical, Religious, and Philosophical Context.* NY: Cambridge University Press.

Clements, R. E.
1995 "Wisdom and Old Testament Theology" en *Wisdom in Ancient Israel: Essays in Honour of J. A. Emerton.* Cambridge: Cambridge University Press: 269-86.

Coenen, Lothar
1981a "Bispo, Presbítero, Anciâo" en *NDITNT* (vol. 1): 300-11.
1981b "ΚΑΛΕΩ" en *NDITNT* (vol. 1): 429-34.
1982a "ΕΚΚΛΗΣΙΑ" en *NDITNT* (vol. 2): 393-408.
1982b "ΕΚΛΕΓΟΜΑΙ" en *NDITNT* (vol. 2): 28-35.
1983a "ΜΑΡΤΥΡΙΑ" en *NDITNT* (vol. 4): 610-19.
1983b "ΑΝΑΣΤΑΣΙΣ" en *NDITNT* (vol. 4): 179-82.
1983c "ΚΗΡΙΣΣΩ" en *NDITNT* (vol. 3): 739-48.
1998-99 *Diccionario Teológico del Nuevo Testamento* (2 vols.). Salamanca: Ediciones Sígueme.

Colson, F. H. y G. H. Whitaker (tra.).
1929 *Treatise on the Allegories of the Sacred Laws* (vol. 1). Loeb Classical Library. Cambridge / London: Harvard University Press / Heinemann.

Combrik, H. J. Bernard
1996 "The Rhetoric of Sacred Scriptures", en *Rhetoric, Scripture and Theology – Essays from the 1994 Pretoria Conference,* Stanley E. Porter y Thomas H. Olbright. Sheffield: Sheffield Academic Press.

Comisión de Culto de la Iglesia Luterana-Sínodo de Missouri (ed.)
1982 *Lutheran Worship.* St. Louis: Concordia Publishing House.

Conferencia Episcopal Argentina
1993 *Catecismo de la Iglesia Católica.* Madrid: EDIDEA, SA.

Cothenet, Edouard
1994 *Las Cartas Pastorales* (Cuadernos Bíblicos 72). Navarra: Editorial Verbo Divino (3º ed.).

Cox, Harvey
1965 *The Secular City: Secularization and Urbanization in Theological Perspective.* New York: The Macmillan Company.

Crandfield, C. E. B.
1975 *A Critical and Exegetical Commentary on the Epistle to the Romans* (vol. 1). Edinburgh: T. & T. Clark.

Crenshaw, James L.
1998 *Education in Ancient Israel: Across the Deadening Silence.* New York: Doubleday.

Croatto, José Severino
1986 *Crear y Amar en Libertad: Estudio de Génesis 2:4-3:24.* Buenos Aires: Ediciones La Aurora.

Crossan, John Dominic
1973 *In Parables: The Challange of the Historical Jesus.* New York: Harper & Row.

Croy, N. Clayton
1998 *Endurance in Suffering: Hebrews 12:1-13 in Its Rhetorical, Religious, and Philosophical Context.* New York: Cambridge University Press.

Cullmann, Oscar
1955 *The State in the New Testament.* London: SCM Press Ltd.
1968 *Cristo y el Tiempo.* Barcelona: Editorial Estela.
1972a "La Significación de los Textos de Qumrán para el Estudio de los Orígenes Cristianos" en *Del Evangelio a la Formación de la Teología Cristiana.* Salamanca: Ediciones Sígueme: 17-40.
1972b "¿Inmortalidad del Alma o Resurrección de los Muertos?" en *Del Evangelio a la Formación de la Teología Cristiana.* Salamanca: Ediciones Sígueme: 233-67.
1972c "La Oposición Contra el Templo de Jerusalén, Motivo Común de la Teología Juánica y del Medio Ambiente" en *Del Evangelio a la Formación de la Teología Cristiana.* Salamanca: Ediciones Sígueme: 41-66.
1972d "El Carácter Escatológico del Deber Misionero y de la Conciencia Apostólica de San Pablo" en *Del Evangelio a la Formación de la Teología Cristiana.* Salamanca: Ediciones Sígueme: 79-117.

Deissmann, Adolf
1922 *Light from Ancient East: The New Testament Illustrated by Recently Discovered Texts of the Graeco-Roman World,* Linoel R. Strachan (tra.). New York: Harper & Brothers (4º ed.).

De Lacey, D. R.
1997 "Jesus as Mediator" en *New Testament Backgrounds: A Sheffield Reader,* Craig A. Evans y Stanley E. Porter (eds.). Sheffield: Academic Press: 169-89.

Delling, Gerhard
1964-76 "ΔΙΑΤΑΓΗ" en *TDNT* (vol. 8): 27-48.

DeSilva, David A.
2000 *Perseverance in Gratitude: A Socio-Rhetorical Commentary on the Epistle to the Hebrews.* Grand Rapids: William B. Eerdmans Publishing Company.

DeVaux, Roland
1971 *The Bible and the Ancient Near East.* Garden City: Doubleday Anchor Books.

Di Berardino, Ángelo (ed.)
1998 *Diccionario Patrístico y de la Antigüedad Cristiana* (2 vols.). Salamanca: Ediciones Sígueme (2º ed.).

Dibelius, Martin y Hans Conzelmann
1972 *The Pastoral Epistles* (Hermeneia). Philadelphia: Fortress Press.

Doberstein, John W.
1959 *Luther's Work: Sermons I* (vol. 51). Philadelphia: Muhlenberg Press.

Dryden, John (tra.)
1887 *Plutarch's Lives of Timoleon, Paulus Aemilius, Lysander and Sylla.* London: Cassell's National Library.

Dunn, James D.
1977 *El Bautismo del Espíritu Santo.* Buenos Aires: La Aurora.
1982 "ΠΝΕΥΜΑ" en *NDITNT* (vol. 2): 127-49.
1988 *Romans* (2 vols.). Dallas: Word.

Durant, Hill
1960 *La Vida de Grecia* (vol. 1). Buenos Aires: Editorial Sudamericana (4º ed.).

Durrwell, F. X.
1979 *La Resurrección de Jesús: Misterio de Salvación.* Barcelona: Editorial Herder (4º ed.).

Ebel, Günther
1981 "ΑΝΑΣΤΡΕΦΩ" en *NDITNT* (vol. 1): 205-07.

Editorial Concordia
1986 *¡Cantad al Señor!* St. Louis: Editorial Concordia.

Eichrodt, Walter
1975 *Teología del Antiguo Testamento* (2 vols.). Madrid: Ediciones Cristiandad.

Eisen, Ute E.
1996 *Amtsträgerinnen im frühen Christentum: Epigraphische und literarische Studien.* (Forschungen zur Kirchen – und Dogmengeschichte 61). Göttingen: Banderhoeck & Ruprecht.

Elliott, J. K.
1993 *The Apocryphal New Testament: A Collection of Apocryphal Christian Literature in an English Translation.* Oxford: Clarendon Press.

Engelder, Theodore Edward William
1944 *Scripture Cannot Be Broken: Six Objections to Verbal Inspiration Examined in the Light of Scripture.* Saint Louis: Concordia Publishing House.

Epp, Eldon Jay
1989 "Textual Criticism" en *The New Testament and Its Modern Interpreters,* Eldon J. Epp y George W. MacRae (eds.). Atlanta: Scholars Press: 75-126.
1992 *Studies in the Theory and Method of New Testament Textual Criticism.* Grand Rapids: William B. Eerdmans Publishing Company.

Escudo, El (ed.)
1964 *Ritual Cristiano.* New York: Publicaciones El Escudo.
1978 *Culto Cristiano.* New York: Publicaciones El Escudo.

Esser, Hans-Helmut
1982 "ΧΑΡΙΣ" en *NDITNT* (vol. 2): 316-25.
1983a "ΕΝΤΟΛΗ" en *NDITNT* (vol. 3): 125-33.
1983b "ΕΛΕΟΣ" en *NDITNT* (vol. 3): 176-81.
Estrabón
1991 *Geografía* (2 vols.), J. L. García Ramón y J. García Blanco (tra.). Madrid: Gredos.

Etz-hayyim-hania (Sinagoga judía de Creta)
2005 http://www.etz-hayyim-hania.org/_commun/hist01.html.

Eusebio de Cesarea
1974 *La préparation évangélique.* Paris: Du Cerf.

Evans, Craig A.
1992 *Noncanonical Writings and New Testament Interpretation.* Peabody: Hendrickson Publishers.

Falkenroth, Ulrich y Colin Brown
1983 "MAKPOΘYMIA" en *NDITNT* (vol. 3): 374-78.

Fee, Gordon D.
1984 *1 and 2 Timothy, Titus.* San Francisco: Good News Commentaries.
1994 *Primera Epístola a los Corintios.* Buenos Aires / Grand Rapids: Nueva Creación / William B. Eerdmans Publishing Company.

Feiner, Johannes y Magnus Löhrer (eds.)
1980 *Mysterium Salutis: Manual de Teología Como Historia de la Salvación* (4 vols.). Madrid: Ediciones Cristiandad.

Ferguson, Everett
1993 *Background of Early Christianity.* Grand Rapids: William B. Eerdmans Publishing Company (2º ed.).

Filón
1937 *On the Decalogue, On the Special Laws - Libros 1-3,* F. H. Colson (ed.). Cambridge / London: Harvard University Press / Heinemann.

Finegan, Jack
1969 *Hidden Records of the Life of Jesus: An Introduction to the New Testament Apocrypha, and to some of the Areas through which they were Transmited.* Philadelphia: Pilgrim Press.

Fitzmyer, Joseph A.
1981 *To Advance the Gospel.* New York: Crossroad.
1993 "4Q246: The 'Son of God' Document from Qumran" en *Biblica* 74: 153-74.

Flanders Henry Jackson, Robert Wilson Crapps y David Anthony Smith
1973 *People of the Covenant: An Introduction to the Old Testament.* New York: John Wiley & Sons (2º ed.).

Foerster, Werner
1964 "ΒΔΕΛΥΣΣΟΜΑΙ" en *TDNT* (vol. 1): 598-600.
1965 "ΚΛΗΡΟΝΟΜΟΣ" en *TDNT* (vol. 3): 767-85.
1964-76 "ΕΥΣΕΒΕΙΑ" en *TDNT* (vol. 7): 168-96.

Foerster, Werner y Georg Fohrer
1964-76 "ΣΩΖΩ" en *TDNT* (vol. 7): 965-1024.

France, Richard Thomas
1981 "ΕΚΧΕΩ" en *NDITNT* (vol. 1): 598-99.

Freedmann, David N. (ed.)
1992 *The Anchor Bible Dictionary* (6 vols.). New York: Doubleday.

Frei, Hans W.
1974 *The Eclipse of Biblical Narrative: A Study in Eighteenth and Nineteenth Century Hermeneutics.* New Heaven y London: Yale University Press.

Friedrich, Gerhard
1964-76 "ΠΡΟΦΗΤΗΣ" en *TDNT* (vol. 6): 781-861.

Froehlich, Karlfired
1999 "Luther on Vocation" en *Lutheran Quarterly* (XIII/2): 195-207.

Funk, Robert W.
1966 *Language, Hermeneutic, and Word of God: The Problem of Language in the New Testament and Contemporary Theology.* New York: Harper & Row.

Furnish, Victor Paul
1989 "Pauline Studies" en *The New Testament and Its Modern Interpreters,* Eldon J. Epp y George W. MacRae (eds.). Atlanta: Scholars Press: 321-50.

Fürst, Dieter
1981 "ΟΜΟΛΟΓΕΩ" en *NDITNT* (vol. 1): 465-68.
1982 "ΠΑΙΔΕΥΩ" en *NDITNT* (vol. 2): 58-64.

Gärtner, Burkhard
1983 "ΠΑΣΧΩ" en *NDITNT* (vol. 4): 519-26.

Gaster, Moses
1934 *Ma'aseh Book: Book of Jewish Tales and Legends Translated from the Judeo-German* (vol. 1). Philadelphia: The Jewish Publication Society of America.

George Augustin y Pierre Grelot (eds.)
1983 *Introducción Crítica al Nuevo Testamento* (vol. 1). Barcelona: Editorial Herder.

Giertz, Bo
1970 "Twenty-Three Theses on The Holy Scriptures, The Woman, and The Office of The Ministry" en *The Springfielder* (XXXIII/4): 10-26.

Gillihan, Yonder Moynihan
2002 "Jewish Laws on Illicit Marriage, the Defilement of Offspring, and the Holiness of the Temple: A New Halakic Interpretation of 1 Corinthians 7:14" en *JBL* (121/4): 711-44.

Goetzmann, Jürgen
1981 "Casa, Edificar, Administrador, Mordomo" en *NDITNT* (vol. 1): 365-74.
1983 "ΣΥΝΕΣΙΣ" en *NDITNT* (vol. 4): 34-38.

Goguel, M.
1925 *Introduction au Nouveau Testament* (vol. 4). s/ciudad: s/casa publicadora.

Goldin, Hyman E.
1952 *Hebrew Criminal Law and Procedure.* New York: Twayne Publishers, Inc.

González, Justo L.
1978 *Y Hasta lo Último de la Tierra: Una Historia Ilustrada del Cristianismo* (10 vols.). San José: Editorial Caribe.
1992 *Historia del Pensamiento Cristiano: Desde los Orígenes hasta el Concilio de Calcedonia* (vol. 1). Miami: Editorial Caribe Inc.

González Lamadrid, Antonio
1971 *Los Descubrimientos del Mar Muerto.* Madrid: Biblioteca de Autores Cristianos.

Goppelt, Leonhard
1982 *Theology of the New Testament* (vol. 2). Grand Rapids: William B. Eerdmans Publishing Company.

Greeven, Heinrich
1964-76 "ΖΕΤΕΩ" en *TDNT* (vol. 2): 892-96.

Gritsch, Eric W.
1966 *Luther's Works – Church and Ministry III* (vol. 41). Philadelphia: Fortress Press.
1970 *Luther's Works – Church and Ministry I* (vol. 39). Philadelphia: Fortress Press.

Grossfeld, Bernard (tra.)
1988 *The Targum Onqelos to Deuteronomy* (vol. 9 de The Aramaic Bible). Wilmington: Michael Glazier, Inc.

Grundmann, Walter
1964-76a "ΑΝΗΓΚΛΕΤΟΣ" en *TDNT* (vol. 1): 356-57.
1964-76b "ΔΥΝΑΜΑΙ" en *TDNT* (vol. 2): 284-317.

Guinness, Os
1993 *Dining with the Devil.* Grand Rapids: Baker Book House.

Günther, Walther
1981a "ΑΥΞΑΝΩ" en *NDITNT* (vol. 1): 530-32.
1981b "ΑΓΑΠΑΩ" en *NDITNT* (vol. 1): 193-201.
1982a "ΑΔΕΛΦΟΣ" en *NDITNT* (vol. 2): 449-53.
1982b "ΠΛΑΝΑΩ" en *NDITNT* (vol. 2): 38-42.
1983a "ΥΠΟΚΡΙΝΩ" en *NDITNT* (vol. 3): 157-59.
1983b "ΑΜΑΡΤΙΑ" en *NDITNT* (vol. 3): 484-90.

Günther, Walther y Hans-George Link
1981 "ΑΓΑΠΑΩ" en *NDITNT* (vol. 1): 193-201.

Gunton, Colin
1993 "All Scripture Is Inspired…?" en *The Princeton Seminary Bulletin* (XIV / 3): 240-53.

Guthrie, Donald
1981 *New Testament Theology.* Leicester: InterVarsity Press.
1990a *New Testament Introduction.* Leicester: InterVarsity Press, 4º edición.
1990b *The Pastoral Epistles: An Introduction and Commentary.* Grand Rapids: William B. Eerdmans Publishing Company, 2º ed.

Gutiérrez, Gustavo
1994 *Teología de la Liberación: Perspectivas.* Salamanca: Ediciones Sígueme (15º ed.).
Güting Eberhard y Colin Brown
1983 "ΥΠΕΡΗΦΑΝΟΣ" en *NDITNT* (vol. 3): 351-54.

Haarbeck, Hermann
1983 "ΔΟΚΙΜΟΣ" en *NDITNT* (vol. 4): 596-600.

Hägglund, Bengt
1968 *History of Theology*, Gene J. Lund (tra.). Saint Louis: Concordia Publishing House.

Hahn, Hans-Cristoph
1981a "ΟΛΕΘΡΟΣ" en *NDITNT* (vol. 1): 622-23.
1981b "ΑΠΟΩΛΕΙΑ" en *NDITNT* (vol. 1): 619-22.
1981c "ΠΕΡΙΤΕΜΝΩ" en *NDITNT* (vol. 1): 434-39.
1982 "ΟΡΓΗ" en *NDITNT* (vol. 2): 442-49.
1983 "ΠΑΡΡΗΣΙΑ" en *NDITNT* (vol. 4): 514-17.

Hansen, G. Walter
1998 "Resurrection and the Christian Life in Paul's Letters" en *Life in the Face of Death: The Ressurrection Message of the New Testament*, Richard N. Longenecker ed. Grand Rapids: William B. Eerdmans Publishing Company: 203-24.

Hanson, A. T.
1982 *The Pastoral Epistles.* Grand Rapids: William B. Eerdmans Publishing Company.

Harder, Günther
1974 "ΦΘΕΙΡΩ" en *TDNT* (vol. 9): 93-106.
1983 "ΝΟΥΣ" en *NDITNT* (vol. 4): 26-34.

Harris, Murray J.
1998 "Resurrection and Immortality in the Pauline Corpus" en *Life in the Face of Death: The Ressurrection Message of the New Testament*, Richard N. Longenecker ed. Grand Rapids: William B. Eerdmans Publishing Company: 147-70.

Harris, R. Laird, Gleason L. Archer y Bruce K. Waltke (eds.)
1980 *Theological Wordbook of the Old Testament* (2 vols.). Chicago: Moody Press.

Harrison, Percy Neale
1921 *The Problem of the Pastorals.* Oxford: Oxford University Press.

Hartwig, Raymond
1998 "Contemporary Issues Regarding the Universal Priesthood" en *Church and Ministry: The Collected Papers of the 150th Anniversary Theological Convocation of The Lutheran Church-Missouri Synod.* Saint Louis: The Office of the President - The Lutheran Church-Missouri Synod: 185-218.

Hauck, Friedrich
1965a "ΚΑΘΑΡΟΣ" en *TDNT* (vol. 3): 413-31.
1965b "ΚΑΡΠΟΣ" en *TDNT* (vol. 3): 614-16.

Heidegger, Martin
1984 *El Ser y el Tiempo.* México, DF: Fondo de Cultura Económica (2ª ed.).
1987 *Nietzsche* (vol. 3). San Francisco: Harper San Francisco.
1990 *De Camino al Habla.* Barcelona: Ediciones del Serbal-Guitard (2º ed.).

Hemer, Colin J.
1981 "ΣΤΕΦΑΝΟΣ" en *NDITNT* (vol. 1): 512-14.

Hemingway Benton, Helen (ed.)
1977 *The New Encyclopædia Britannica* (30 vols.). Chicago: Encyclopædia Britanica, Inc. (15º ed.).

Hendel, Ronald
2001 "The Exodus in Biblical Memory" en *JBL* 120/4: 601-22.

Hendriksen, Guillermo
1973 *Exposition of the Gospel According to Matthew.* Grand Rapids: Baker Book House.
1979 *Exposición de las Epístolas Pastorales.* Grand Rapids: Subcomisión de Literatura Cristiana de la Iglesia Cristiana Reformada.

Hengel, Martin
1977 *Crucifixion In the Ancient World and the Folly of the Message of the Cross.* Philadelphia: Fortress Press.
1999 "Early Christianity as a Jewish-Messianic, Universalistic Movement" en *Conflicts and Challenges in Early Christinity,* Donald A. Hagner (ed.). Harrisburg: Trinity Press International: 1-41.

Heredia, Víctor
1992 *Taki Ongoy* (disco). Buenos Aires: Polygram Discos S. A.

Hess, Klaus
1983a "ΔΙΑΚΟΝΕΩ" en *NDITNT* (vol. 4): 448-53.
1983b "ΛΑΤΡΕΥΩ" en *NDITNT* (vol. 4): 453-55.

Hiebert, D. Edmond
1988 *Primera y Segunda Epístolas a Timoteo.* Grand Rapids: Publicaciones Portavoz Evangélico.

Hillerbrand, Hans J. (ed.)
1974 *Luther's Works – Sermons II* (vol. 52). Philadelphia: Fortress Press.

Hoerber, Robert G.
1986 *Concordia Self-Study Bible.* Saint Louis: Concordia Publishing House.
1991a "A Review of the Apostolic Council after 1925 Years" en *Studies in the New Testament.* Cleveland: Biblion Publishing: 47-51.
1991b "Immortality and Resurrection: A Critical Exegetical Study" en *Studies in the New Testament.* Cleveland: Biblion Publishing: 57-71.

Holloway, Paul A.
2001 "The Enthymeme as an Element of Style in Paul" en *JBL* (120/2): 329-39.

Hoffman, R. Joseph
1981 "Confluence in Early Christian and Gnostic Literature: The *Descensus Christi ad Inferos* (*Acts of Pilate* 17-27)" en *JSNT* 10: 42-60.

Hoffmann, Ernest
1982 "Esperança" en *NDITNT* (vol. 2): 114-20.

Homero
1989 *Iliada,* Antonio López Eire (tra.). Madrid: Ediciones Cátedra.

Hopkins, Keith
1978 *Conquerors and Slaves.* New York: Cambridge.

Horrell, David G.
2001 "From ἀδελφοί to οἶκος θεοῦ: Social Transformation in Pauline Christianity" en *JBL* (120/2): 293-311.

Horsley, Richard A.
1998a "The Slave System of Classical Antiquity and Their Reluctant Recognition by Mordern Scholars." *Semeia* 83/84: 19-66.
1998b "Paul and Slavery: A Critical Alternative to Recent Readings." *Semeia* 83/84: 153-200.

Hude, Carolus (ed.)
1908 *Herodoti Historiae* (vol. 1). Biblioteca Oxoniensis. London: E. Typographeo Clarendoniano.

Hummel, Horace D.
1979 *The Word Becoming Flesh: An Introduction to the Origin, Purpose, and Meaning of the Old Testament.* St. Louis: Concordia Publishing House.

Jacobs, Paul y Hartmut Krienke
1983 "ΠΡΟΤΙΘΗΜΙ" en *NDITNT* (vol. 3): 679-80.

Jackson Flanders, Henry Jr., Robert Wilson Crapps y David Anthony Smith
1973 *People of the Covenant: An Introduction to the Old Testament.* New York: John Wiley & Sons (2º ed).

Jenni, Ernst y Claus Westermann (eds.)
1978 *Diccionario Teológico Manual del Antiguo Testamento* (vol. 1). Madrid: Ediciones Cristiandad.

Jeremias, Joachim
1957 "ΠΡΕΣΒΥΤΕΡΙΟΝ ausserchr. bezeugt" en *ZNW* (48).
1963 *Die Briefe an Timtheus und Titus.* Göttingen: Das Neue Testament Deutsch (8º ed.).
1965 "ΚΛΕΙΣ" en *TDNT* (vol. 3): 744-53.
1980 *Jerusalén en Tiempos de Jesús: Estudio Económico y Social del Mundo del Nuevo Testamento.* Madrid: Ediciones Cristiandad (2º ed.).
1989 *Abba: El Mensaje Central del Nuevo Testamento.* Salamanca: Ediciones Sígueme (3º ed.).

Jervis, L. Ann
2001 "Review" en *Review of Biblical Literature,* Marvin A. Sweeney (ed.). Atlanta: Society of Biblical Literature: 49-54.

Josefo, Flavio
1963 *The Life and Works of Flavius Josephus,* William Whiston (tra.). Philadelphia: The John C. Winston Company.

Juel, Donald
1988 *Messianic Exegesis: Christological Interpretations of the Old Testament in Early Christianity.* Philadelphia: Fortress Press.

Käsemann, Ernst

1969a *Jesus Means Freedom.* Philadelphia: Fortress Press.

1969b "The 'Righteousness of God' in Paul" en *New Testament Questions of Today.* Philadelphia: Fortress Press: 168-82.

1969c *New Testament Questions of Today.* London: SCM.

1971 *Perspectives on Paul.* Philadelphia: Fortress Press.

Kee, Howard Clark

1984 *The New Testament in Context: Sources and Documents.* Englewood Cliffs, NJ: Prentice-Hall.

Kelly, J. N. D.

1963 *The Pastoral Epistles.* London: Black's New Testament Commentaries.

Kempff Gerardo, Juan Berndt, y Roberto Huebner

2003 *Predicando a Cristo.* St. Louis: Editorial Concordia.

Kennedy, David L.

1992 "Roman Army" en *The Anchor Bible Dictionary,* David Noel Freedmann (ed.). New York: Doubleday, (vol. 5): 789-98.

Kennedy, George A.

1980 *Classical Rhetoric and Its Christian and Secular Tradition from Ancient to Modern Times.* Chapel Hill: The University of North Carolina Press.

Kern, Philip H.

1998 *Rhetoric and Galatians: Assessing an Approach to Paul's Epistle.* Cambridge: Cambridge University Press.

Kerner, Jürgen

1998 *Die Ethik der Johannes-Apokalypse im Vergleich mit der des 4. Esra: Ein Beitrag zum Verhältnis von Apokalyptik und Ethik.* Berlin / New York: de Gruyter.

Kilgallen, John J.

2003 "Hostility to Paul in Pisidian Antioch (Acts 13, 45) – Why?" en *Biblica* 84: 1-15.

Kingsbury, Jack Dean

1988 *Matthew as Story.* Philadelphia: Fortress Press (2º ed.).

Kittel, Gerhard

1921 “Die γενεαλογίαι der Pastoralbriefe” en *ZNW* 20: 49-69

1964-76 *TDNT* (10 vol.). Grand Rapids: William B. Eerdmans Publishing Company.

Klöber, Rolf

1983 “ΟΡΘΟΣ” en (vol. 4): 215-17.

Klug, Eugene F.

1993 *Church and Ministry: The Role of Church, Pastor, and People from Luther to Walther.* Saint Louis: Concordia Publishing House.

Knight III, George W.

1992 *The Pastoral Epistles: A Commentary on the Greek Text.* Grand Rapids / Carlisle: William B. Eerdmans Publishing Company / The Paternoster Press.

Koester, Craig R.

1995 *Symbolism in the Fourth Gospel: Meaning, Mystery, Community.* Minneapolis: Fortress Press.

Kolb, Robert

1999 “Luther on the Two Kinds of Righteousness; Reflextions on His Two-Dimensional Definition of Humanity at the Heart of His Theology” en *Lutheran Quarterly* (vol. XIII/4): 449-66.

Kraus, Wolfgang

1999 *Zwischen Jerusalem und Antiochia: Die “Hellenisten,” Paulus und die Aufnahme der Heiden in das endzeitliche Gottesvolk* (Stuttgarten Bibelstudien 179). Stuttgart: Verlag Katholisches Bibelwerk.

Kroker, Arthur, Marilouise Kroker y David Cook

1989 “Panic Alphabet” en *Panic Encyclopedia: The Definitive Guide to the Postmodern Scene.* Montreal: New World Perspectives.

Kugel, James L.

1997 *The Bible as it Was.* Cambridge / Massachussets: The Belknap Press of Harvard University Press.

Küng, Hans

1984 *La Iglesia.* Barcelona: Editorial Herder (5º ed.).

Lake, Kirsopp (tra.)

1950-52 *The Apostolic Fathers* (2 vols.). Loeb Classical Library. London: William Heinemann Ltd.

Lane, William L.
1983 "ΟΣΤΡΑΚΙΝΟΣ" en (vol. 4): 683-85.

Lang, Friedrich
1964-76 "ΣΩΡΕΥΩ" en *TDNT* (vol. 7): 1094-96.

Lestapis, S. de
1976 *L'Énigme des Pastorales de Saint Paul.* Paris.

Liddell, Henry George y Robert Scott
1996 *A Greek-English Lexicon.* Oxford: Clarendon Press (9º ed. con suplemento revisado).

Link, Hans-George
1981 "ΕΛΕΓΧΩ" en *NDITNT* (vol. 1): 571-74.
1982 "ΑΣΘΕΝΕΙΑ" en *NDITNT* (vol. 2): 287-90.
1983 "ΑΙΣΧΥΝΗ" en *NDITNT* (vol. 4): 738-40.

Link, Hans-George y Schattenmann Johannes
1983 "ΚΑΘΑΡΟΣ" en *NDITNT* (vol. 4): 788-94.

Lohse, Bernard
1986 *Martin Luther: An Introduction to His Life and Work.* Philadelphia: Fortress Press.

Lohse, Eduard
1964-76 "ΧΕΙΡ" en *TDNT* (vol. 9): 424-37.

Long, Thomas G.
1989 *Preaching and the Literary Forms of the Bible.* Philadelphia: Fortress Press.

Longenecker, Richard N.
1970 *The Christology of Early Jewish Christianity.* London: SCM.
1998 "Is There Development in Paul's Resurrection Thought?" en *Life in the Face of Death: The Resurrection Message of the New Testament,* Richard N. Longenecker ed. Grand Rapids: William B. Eerdmans Publishing Company: 171-202.

Louw Johannes P., Eugene A. Nida, Rondal B. Smith y Karen A. Munson (eds.)
1989 *Greek-English Lexicon of the New Testament Based on Semantic Domains* (2 vols.). New York: United Bible Societies (2º ed.).

Luciano
1966 *Obras: Diálogos de Muertos, El Aficionado a las Mentiras, Sobre la Muerte del Peregrino* (vol. 2), José Alsina (tra.). Madrid: Consejo Superior de Investigaciones Científicas.

Luck, Ulrich
1964-76a "ΣΩΦΡΩΝ" en *TDNT* (vol. 7): 1097-1104.
1964-76b "ΥΓΙΗΣ" en *TDNT* (vol. 8): 308-13.

Maier, Paul L. (tra.)
1999 *Eusebio: Historia de la Iglesia.* Grand Rapids: Editorial Portavoz.

Marshall, I. Howard
1980 *The Acts of the Apostles.* Grand Rapids: William B. Eerdmans Publishing Company.

Martin, Ralph P.
1976 *Philipians.* Grand Rapids: William B. Eerdmans Publishing Company.

Martin, Troy W.
2003 "The Convenant of Circumcision (Genesis 17:9-14) and the Situational Antitheses in Galatians 3:28" en *JBL* (122/1): 111-25.

Martyn, J. Louis
1997 *Galatians: A New Translation with Introduction and Commentary.* New York: Doubleday.

Matera, Frank J.
1999 *New Testament Christology.* Louisville: Westminster John Knox Press.

Mayer, Reinhold
1982 "ΓΡΑΦΗ" en *NDITNT* (vol. 2): 94-108.

McDonald Lee y Porter Stanley E. (eds.)
2000 *Early Christianity and Its Sacred Literature.* Peabody: Hendrickson Publishers.

McKnight, Scot
1990 *A Light Among the Gentiles: Jewish Missionary Activity in the Second Temple Period.* Minneapolis: Fortress Press.

Melanchton, Felipe
1992 *Commentary on Romans,* Fred Kramer (tra.). Saint Louis: Concordia Publishing House.

Melchert, Charles F.
1998 *Wise Teaching: Biblical Wisdom and Educational Ministry.* Harrisburg: Trinity Press Internacional.

Meléndez, Andrés A. (ed.)
1989 *Libro de Concordia: Las Confesiones de la Iglesia Evangélica Luterana.* St. Louis: Editorial Concordia.

Merkel, Friedmann
1981 "ΦΘΕΙΡΟ" en *NDITNT* (vol. 1): 624-27.

Metzger, Bruce M.
1964 *The Text of the New Testament: Its Transmision, Corruption, and Restoration.* New York / London: Oxford University Press.
1983 *The New Testament: Its Background, Growth, and Content.* Nashville: Abingdon Press (2º ed.).
1994 *A Textual Commentary on the Greek New Testament.* Stuttgart: Deutsche Bibelgesellschaft / Sociedad Bíblica Alemana (2º ed.).

Meyer, Rudolf
1965 "ΚΑΘΑΡΟΣ" en *TDNT* (vol. 3): 418-23.

Michel, Otto
1964-76 "ΟΜΟΛΟΓΕΩ" en *TDNT* (vol. 5): 199-220.
1982 "ΠΙΣΤΙΣ" en *NDITNT* (vol. 2): 218-29.

Mitchell, Margaret M.
1991 *Paul and the Rhetoric of Reconciliation.* Tübingen: Mohr-Siebeck.

Moffatt, J.
1930 *Love in the New Testament.* London.

Moltmann, Jürgen
1977 *El Dios Crucificado: La Cruz de Cristo como Base y Crítica de Toda Teología Cristiana.* Salamanca: Editorial Sígueme (2º ed.).
1981 *Teología de la Esperanza,* A. P. Sánchez Pascual (tra.). Salamanca: Ediciones Sígueme (4º ed.).

Moo, Douglas J.
1983 *The Old Testament in the Gospel Passion Narratives.* Sheffield: The Almond Press.

Morgenthaler, Robert
1982 "Geraçâo" en *NDITNT* (vol. 2): 304-07.

Motyer, J. A.
1981 "Partes do corpo" en *NDITNT* (vol. 1): 525-28

Müller, D
1981 "ΜΑΘΗΤΗΣ" en *NDITNT* (vol. 1): 661-67.

Mundle, Wilhelm
1983a "ΑΚΟΥΩ" en *NDITNT* (vol. 3): 362-68.
1983b "ΔΗΛΟΩ" en *NDITNT* (vol. 4): 226-27.

Munoa, Phillip B. III
2002 "Jesus, the *Merkavah,* and martyrdom in Early Christian Tradition" en *JBL* (121/2): 303-25.

Munzer, Karlfried
1983 "ΜΕΝΩ" en *NDITNT* (vol. 3): 532-35.

Naumann, Martin J.
1970 "Natural Orders" en *The Springfielder* (XXXIII/4): 4-9.

Nestle Eberhard, Edwin Neslte, Barbara Aland, Kurt Aland y otros (eds.)
1993 *Novum Testamentum Graece.* Stuttgart: Deutsche Bibelgesellschaft (27° ed.).

Nickelsburg, George W.
1980 "The Genre and Function of the Markan Passion Narrative" en *HThR* 73: 153-84.

Nordling, John G.
1997 "*Onesimus Fugitivus:* A Defense of the Runaway Slave Hipotesis in Philemon" en *New Testament Backgrounds: A Sheffield Reader.* Sheffield: Sheffield Academic Press: 263-83. También en *JSNT* 41 (1991): 97-119.

Nygren, Anders
1969 *La Epístola a los Romanos.* Buenos Aires: Editorial La Aurora.

Oberman, Heiko A.
1994 *The Reformation: Roots & Ramifications.* Grand Rapids: William B. Eerdmans Publishing Company.

Oepke, Albrecht

1967a "ΜΕΣΙΤΗΣ" en *TDNT* (vol. 4): 598-624.

1967b "ΛΟΥΩ" en *TDNT* (vol. 4): 295-307.

Oswald, Hilton C. (ed.)

1973 *Luther's Work: Commentaries on 1 Corinthians 7, 1 Corinthians 15, Lectures on 1 Timothy* (vol. 28). Saint Louis: Concordia Publishing House.

1974 *Luther's Work: First Lectures on the Psalms I – Psalms 1-75* (vol. 10). Saint Louis: Concordia Publishing House.

Padgett, Alan

1987 "The Pauline Rationale for Submission: Biblical Feminism and the *hina* Clauses of Titus 2:1-10" en *EQ* 59: 39-52.

Pannenberg, Wolfhart

1968 *Jesus, God and Man.* London: SCM.

1974 *Teología y Reino de Dios.* Salamanca: Ediciones Sígueme.

Patterson, Orlando

1982 *Slavery and Social Death: A Comparative Study.* Cambridge: Harvard University Press.

1998 "Paul, Slavery and Freedom" en *Semeia* 83/84: 263-79.

Pearson Brook y Stanley E. Porter

1997 "The Genres of the New Testament" en *Handbook to Exegesis of the New Testament,* Stanley E. Porter (ed.). Leiden: Brill: 131-65.

Peisker, Carl Heinz

1983 "ΠΡΟΦΗΤΗΣ" en *NDITNT* (vol. 3): 758-68.

Pelikan, Jaroslav

1956 *Luther's Work: Selected Psalms II* (vol. 13). Saint Louis: Concordia Publishing House.

1957 *Luther's Work: Sermons on the Gospel of St. John – Chapters 1-4* (vol. 22). Saint Louis: Concordia Publishing House.

1959 *Luther the Expositor.* Saint Louis: Concordia Publishing House.

1963 *Luther's Work: Lectures on Galatians (1535) - Chapters 1-4* (vol. 26). Saint Louis: Concordia Publishing House.

1964 *Luther's Work: Lectures on Galatians (1535) - Chapters 5-6, Lectures on Galatians (1519) – Chapters 1-6* (vol. 27). Saint Louis: Concordia Publishing House.

1968 *Luther's Work: Lectures on Titus, Philemon, and Hebrews* (vol. 29). Saint Louis: Concordia Publishing House.

1969 *Luther's Work: Lectures on Isaiah – Chapters 1-39* (vol. 16). Saint Louis: Concordia Publishing House.

1970 *Luther's Work: Lectures on Genesis – Chapters 31-37* (vol. 6). Saint Louis: Concordia Publishing House.

Peterson, Brian K.

1998 *Eloquence and the Proclamation of the Gospel in Corinth.* Society of Biblical Literature – Dissertation Series 163. Atlanta: Scholars Press.

Pieper, Francis.

1950-53 *Christian Dogmatics* (3 vols.). Saint Louis: Concordia Publishing House.

Piepkorn, Arthur Carl

1969 "The Sacred Ministry and Holy Ordination in the Symbolical Books of the Lutheran Church" en *Concordia Theological Monthly.*

Plass, Ewald M.

1959 *What Luther Says: A Practical In-Home Anthology for the Active Christian.* Saint Louis: Concordia Publishing House.

Platón

1975 *Euthyphro, Apology, Crito, Phaedo, Phaedrus* (vol. 1), H. N. Fowler (tra). Loeb Classical Library. Cambridge / London: Harvard University Press / Heinemann.

1982 *El Banquete,* Luis Gil (tra.). Buenos Aires: Aguilar (11º ed).

1998 *La República,* José Manuel Pabón y Manuel Fernández Galiano (tra.). Madrid: Alianza Editorial.

Plinio el Viejo

1995 *Historia Natural,* Antonio Fontán, Ana María Moure Casas y otros (tra.). Madrid: Gredos.

Poetsch, Hans-Lutz

2004 *La Posición Bíblica de la Mujer en el Matrimonio, la Familia y la Sociedad,* Erico Sexauer (tra.). Traducción inédita de la versión original alemana "Die Bibel zur Stellung der Frau in Ehe, Familie und Gesellschaft" en *Kein anderes Evangelium* (206) VI/1.

Polibio

1936 *Histories – Libros 5-8* (vol. 3), W. R. Paton (tra.). Loeb Classical Library. Cambridge / London: Harvard University Press / Heinemann.

Ponsa de la Vega de Miguens, Ninna
1981 *Manual de Derecho Romano: Parte General, El Sujeto de Derecho – El Proceso Civil.* Buenos Aires: Editorial Universitaria de Buenos Aires.

Porter Stanley E.
1999 "Linguistics and Rhetorical Criticism" en *Linguistics and the New Testament: Critical Junctures,* Stanley E. Porter, D. A. Carson (eds.). Sheffield: Sheffield Accademic Press: 63-92.

Powell, Mark Allan
1990 *What is Narrative Criticism?* Minneapolis: Fortress Press.
1998 *Jesus as a Figure in History: How Modern Historians View the Man from Galilee.* Louisville: Westminster John Knox Press.

Preus, Robert D.
1975 "The Confessions and the Mission of the Church" en *The Springfielder* 39/1: 20-39.

Quintiliano
1921-33 *The Institutio Oratoria of Quintilian* (4 vols.), H. E. Butler (tra.). Loeb Classical Library. Cambridge / London: Harvard University Press / Heinemann.

Ramos, Marcos Antonio
1992 *1 y 2 Timoteo y Tito* – Comentario Bíblico Hispanoamericano. Miami: Editorial Caribe, Inc.

Ramsay, William M.
1915 *The Bearing of Recent Discovery on the Trustworthiness of the New Testament.* London: Hodder & Stoughton.
1960 *The Cities of St. Paul: Their Influence on His Life and Thought.* Grand Rapids: Baker Book House.

Reed, Jeffrey T.
1997 "Discourse Analysis" en *Handbook to Exegesis of the New Testament,* Stanley E. Porter (ed.). Leiden: Brill: 189-217.

Reicke, Bo
1976 "Chronologie der Pastoralbriefe" en *TLZ* 101: 81-94.

Reu, J. Michael
1980 *Luther and the Scriptures.* Saint Louis: Concordia Publishing House.

Ridderbos, Herman
1979/1987 *El Pensamiento del Apóstol Pablo* (2 vols.). Buenos Aires: Ediciones La Aurora.

Riddle D. W. y H. H. Huston
1946 *New Testament Life and Literature.* Chicago: The University of Chicago Press.

Rieth, Ricardo W.
1994 "Eonomia e Idolatria: Dois Temas Relacionados da Tradiçâo Cristâ segundo Lutero e Teólogos Latino-Americanos" en *Estudos Teológicos* 34/1: 72-87.

Ringwald, Kart Heintich
1983 "ΑΓΩΝ" en *NDITNT* (vol. 3): 88-91.

Roberts, Alexander y James Donaldson (eds.)
1896-1908 *Ante-Nicene Fathers: The Writings of the Fathers down to A.D. 325* (vols. 1-8). New York: The Christian Literature Company.

Robertson, Archibald Thomas
1923 *A Grammar of the Greek New Testament in the Light of Historical Research.* New York: "Hodder & Stoughton" (4º ed.).
1989 *Imágenes Verbales en el Nuevo Testamento: Las Epístolas de Pablo* (vol. 4). Barcelona: CLIE.

Robinson, James M.
1982 "Jesus from Easter to Valentinus (or to the Apostles Creed)" en *JBL* 101/1: 5-27.

Robinson, John A. T.
1976 *Redating the New Testament.* London: SCM.

Royse, James R.
1995 "Scribal Tendencies in the Transmisión of the Text of the New Testament" en *The Text of the New Testament in Contemporary Research: Essays on the Status Questionis,* Bart D. Ehrman y Michael W. Holmes (eds.). Grand Rapids: William B. Eerdmans Publishing Company: 239-52.

Rutherford, H. Platt Jr. (ed.)
1926 *The Lost Books of the Bible.* Cleveland / New York: The World Publishing Company.
1927 *The Forgotten Books of Eden.* Cleveland / New York: The World Publishing Company.

Ryken, Leland
1984 *The New Testament in Literary Criticism.* New York: Frederick Ungar Publishing Company.

Sanders, Ephraim Paul
1977 *Paul and Palestinian Judaism: A Comparison of Patterns of Religion.* Minneapolis: Fortress Press.

Sasse, Hermann
1964 "The Confession of Faith" en *The Sringfielder* (XXVIII/3): 1-8.
1985 *We Confess the Sacraments.* Saint Louis: Concordia Publishing House.
1986 *We Confess the Church.* Saint Louis: Concordia Publishing House.

Scaer, David P.
1974 "The Office of the Pastor and the Problems of Ordination of Women Pastors" en *The Springfielder* (38/2): 123-33.

Schaff, Philip (ed.)
1956 *Saint Chrysostom: Homilies on Galatians, Ephesians, Philippians, Colossians, Thessalonians, Timothy, Titus and Philemon.* A Select Library of the Nicene and Post-Nicene Fathers of the Christian Church, (vol. 13). Grand Rapids: Eerdmans Publishing Company.

Schillebeeckx, Edward
1967 *Revelation and Theology* (vol. 1). New York: Sheed and Ward.
1981 *Jesús: La Historia de un Viviente.* Madrid: Ediciones Cristiandad.
1982 *Cristo y los Cristianos: Gracia y Liberación.* Madrid: Ediciones Cristiandad.

Schippers, Reinier
1983 "ΑΡΤΙΟΣ" en *NDITNT* (vol. 4): 214-15.

Schlier, Heinrich
1964 "ΑΙΡΕΟΜΑΙ" en *TDNT* (vol. 1): 180-85.
1991 *Carta a los Efesios: Comentario.* Salamanca: Ediciones Sígueme.

Schleiermacher, Friedrich D.
1807 *Über den sogenannten Brief des Paulus an den Timotheos: Sendschreiben an J. C. Gass.* Berlín.

Schmidt, Karl Ludwig
1964-76 "ΘΕΜΕΛΙΟΣ" en *TDNT* (vol. 3): 63-64.
Schmitz, Ernest Dieter
1981 "ΓΙΝΩΣΚΩ" en *NDITNT* (vol. 1): 472-85.

Schmitz, Otto
1964-76 "ΠΑΡΑΓΓΕΛΛΩ" en *TDNT* (vol. 5): 761-65.

Schneemelcher, Wilhem (ed.)
1991-92 *New Testament Apochrypha* (2 vols.). Louisville: Westminster John Knox Press.

Schneider, Johannes
1964-76 "TIMH" en *TDNT* (vol. 8): 169-80.

Schneider, Johannes y Colin Brown
1983 "PYOMAI" en *NDITNT* (vol. 4): 104-08.

Schoedel, William R.
1989 "The Apostolic Fathers" en *The New Testament and Its Modern Interpreters,* Eldon J. Epp y George W. MacRae (eds.). Atlanta: Scholars Press: 457-98.

Schönweiss, Hans
1981 "ΕΠΙΘΥΜΙΑ" en *NDITNT* (vol. 1): 604-06.
1983a "ΔΕΟΜΑΙ" en *NDITNT* (vol. 3): 322-23.

Schrenk, Gottlob
1965 "ΙΕΡΟΣ" en *TDNT* (vol. 3): 221-83.

Schwartz, Christian A.
1996 *Desarrollo Natural de la Iglesia: Ocho Características Básicas de una Iglesia Saludable.* Terrasa (Barcelona): Editorial CLIE.
2001 *Los 3 Colores del Ministerio.* Terrasa (Barcelona): Editorial CLIE.

Schweitzer, Eduard
1964-76 "ΠΝΕΥΜΑ" en *TDNT* (vol. 6): 332-455.

Seebass, Horst
1983 "ΟΣΙΟΣ" en *NDITNT* (vol. 4): 376-78.

Séneca, Lucio Anneo
1917-25 *Seneca: Epistulae Morales* (3 vols.), R. M. Gummere (tra.). Cambridge: Harvard University Press.
1979 *Naturales Quaestiones,* Carmen Codoñer Merino (tra.). Madrid: Consejo Superior de Investigaciones Científicas.

Sexauer, Erich
1976 *Obras de Martín Lutero* (vol. 4). Buenos Aires: El Escudo.

Shepherd, Jr., William H.
1994 *The Narrative Function of the Holy Spirit as a Character in Luke-Acts* en SBL Dissertation Series 147. Atlanta: Scholars Press.

Siede, Burghard
1983 "ΚΕΡΔΟΣ" en *NDITNT* (vol. 4): 40-42.

Smyth, Herbert Weir
1956 *Greek Grammar.* Harvard: Harvard University Press.

Solle, Siegfried
1983 "ΧΗΡΑ" en *NDITNT* (vol. 3): 234-36.

Spitz, Lewis W.
1960 *Luther's Works – Career of the Reformer IV* (vol. 34). Philadelphia: Muhlenberg Press.

Stählin, Gustav
1964a "ΑΙΤΕΩ" en *TDNT* (vol. 1): 191-95.
1964b "ΑΠΑΞ" en *TDNT* (vol. 1): 38-84.
1967 "ΜΥΘΟΣ" en *TDNT* (vol. 4): 762-95.
1964-76b "ΧΗΡΑ" en *TDNT* (vol. 9): 440-65.

Stamps, Dennis L.
1997 "Rhetorical and Narratological Criticism" en *Handbook to Exegesis of the New Testament,* Stanley E. Porter (ed.). Leiden: Brill: 219-39.

Steiner, Richard C.
2001 "The *MBQR* at Qumran, the *EPISKOPOS* in the Athenian Empire, and the Meaning of *LBWR'* in Ezra 7:14: On the Relation of Ezra's Mission to the Persian Legal Project" en *JBL* (120/4): 623-46.

Stendhal, Krister
1976 *Paul among Jews and Gentiles and Other Essays.* Philadelphia: Fortress Press.

Stumpff, Albrecht
1964-76 "ΖΗΛΟΣ" en *TDNT* (vol. 2): 877-88.

Sumney, Jerry L.
1999 *"Servants of Satan," "False Brothers" and Other Opponents of Paul.* JSNT Suplemento 188. Sheffield: Sheffield Academic Press.

Tácito, Plubio Cornelio
1965 *Historias,* Carlos Colonna (tra.). Madrid: Espasa-Calpe SA (3º ed.).

Tappert, Theodore G. (ed.)
1967 *Luther's Works: Table Talk* (vol. 54). Philadelphia: Fortress Press.

Thiselton, Anthony C.
1973 "The Meaning of *sarx* in 1 Cor. 5:5: A Fresh Approach in the Light of Logical and Semantic Factors" en *Scottish Journal of Theology* (26): 204-28.
1983 "ΑΛΗΘΕΙΑ" en *NDITNT* (vol. 4): 708-37.

Tiedtke, Erich
1983 "ΜΑΤΑΙΟΣ" en *NDITNT* (vol. 4): 692-95.

Tolbert, Mary Ann
1997 "How the Gospel of Mark Build Character" en *Narrative-Critical Gospel & Social-Scientific Interpretation Approaches*, Jack. Dean Kingsbury (ed.). Harrisburg: Trinity Press International: 71-82.

Trench, Richard Chenevix
1915 *Synonyms of the New Testament.* London: Kegan Paul, Trench, Trübner & Co. Ltd.

Trible, Phyllis
1994 *Rhetorical Criticism: Context, Method, and the Book of Jonah.* Minneapolis: Fortress Press.

Triviño, José María (tra.)
1975 *Obras Completas de Filón de Alejandría* (5 vols.). Buenos Aires: Acervo Cultural.

Tuente, Rudolf
1982 "ΔΟΥΛΟΣ" en *NDITNT* (vol. 2): 82-87.

Turrado, Lorenzo
1975 *Biblia Comentada* (vol. 6/1). Madrid: Biblioteca de Autores Cristianos.

Vallés, Carlos G.
1997 *Salió el Sembrador.* Bogotá: San Pablo.

van Bruggen, J.
1981 *Die geschichtliche Einordnung der Pastoralbriefe.* Wuppertal.

van Unnik, Willem C.
1962 *Tarsus or Jerusalem: The City of Paul's Youth.* London: Epworth.

Vermes, Geza
1987 *The Dead Sea Scrolls in English.* Sheffield: JSOT Press / Sheffield Academia Press (3º ed.).

Via, Dan O., Jr.
1967 *The Parables: Their Literary and Existential Dimension.* Philadelphia: Fortress Press.

Vidal Buzzi, F. (ed.)
1974 *Historia Universal* (vol. 1). Buenos Aires: América Norildis Editores, SA.

Voelz, James W.
1993 *Fundamental Greek Grammar.* Saint Louis: Concordia Publishing House (2º ed).
1995 *What Does This Mean?: Principles of Biblical Interpretation in the Post-Modern World.* Saint Louis: Concordia Publishing House (2º ed).

Von Campenhausen, Hans
1968 *Tradition and Life in the Church.* London: Collins.

Von Rad, Gerhard
1972a *Wisdom in Israel.* London / Valley Forge: SCM Press LTD / Trinity Press International.
1972b *Teología del Antiguo Testamento* (2 vols.), Luis Alonso Schökel (tra.). Salamanca: Ediciones Sígueme.

Vorländer, Herwart
1981 "ΔΩΡΟΝ" en *NDITNT* (vol. 1): 587-89.

Wallace, Daniel B.
1996 *Greek Grammar Beyond the Basics: An Exegetical Syntax of the New Testament.* Grand Rapids: Zondervan Publishing House.

Walther, C. F. W.
1922 *Essays for the Church* (vol. 2). Saint Louis: Concordia Publishing House.

Wan, Sze-kar
2000 *Power in Weakness: The Second Letter of Paul to the Corinthians.* The New Testament in Context. Harrisburg, PA: Trinity Press International.

Währisch Hans y Colin Brown
1981 "ΒΛΑΣΦΗΜΕΩ" en *NDITNT* (vol. 1): 312-16.

Wegenast, Klaus
1982 "ΔΙΔΑΣΚΑΛΟΣ" en *NDITNT* (vol. 2): 42-58.

Weiss, Konrad
1974 "ΧΡΗΣΤΟΣ" en *TDNT* (vol. 9): 483-92.

Weisheit, Eldon
1974 *To the Kids in the Pew: 60 Chapel Talks – Series A.* St. Louis: Concordia Publishing House.
1975 *To the Kids in the Pew: 60 Chapel Talks – Series B.* St. Louis: Concordia Publishing House.
1976 *To the Kids in the Pew: 60 Chapel Talks – Series C.* St. Louis: Concordia Publishing House.
1978 *The Gospel for Kids – Series B.* St. Louis: Concordia Publishing House.
1979 *The Gospel for Kids – Series C.* St. Louis: Concordia Publishing House.

Wentz, Abdel Ross (ed.)
1959 *Luther's Works – Word and Sacrament II* (vol. 36). Philadelphia: Muhlenberg Press.

Whitsett, Christopher L.
2000 "Son of God, Seed of David: Paul's Messianic Exegesis" en *JBL* 119/4: 661-81.

Wilckens, Ulrich
1992 *La Carta a los Romanos – Rom 6-16* (vol. 2). Salamanca: Ediciones Sígueme.

Williams, Michael Allen
1996 *Rethinking "Gnosticism:" An Argument for Dismantling a Dubious Category.* Princeton: Princeton University Press.

Windisch, Hans
1964 "ΑΣΠΑΖΟΜΑΙ" en *TDNT* (vol. 1): 496-502.

Winter, Bruce W.
2004 "You Were What You Wore in Roman Law: Deciphering the Dress Codes of 1Timothy 2:9-15" en *http://www.sbl-site.org/Article.aspx?ArticleId=277.*

Witthaus, Carlos (ed.)
1967 *Obras de Martín Lutero* (vol. 1). Buenos aires: Editorial Paidós.
1977 *Obras de Martín Lutero* (vol. 7). Buenos aires: Publicaciones el Escudo.

Witherington III, Ben

1995 *Conflict and Community in Corinth.* Grand Rapids: William B. Eerdmans Publishing Company.

1998 *The Many Faces of The Christ: The Christologies of the New Testament and Beyond.* New York: The Crossroad Publishing Company.

Wright, Benjamin G. III

1998 "*ᶜBD/DOULOS:* Terms and Social Status in the Meeting of Hebrew Biblical and Hellenistic Roman Culture" en *Semeia* 83/84: 83-111.

Wright, George Ernest y Floyd Vivian Filson (eds.)

1971 *Atlas Histórico Westminster de la Biblia.* Buenos Aires: Casa Bautista de Publicaciones.

Yamauchi, Edwin M.

1987 *Docetic Christology and Gnosticims.* Saint Louis: Concordia EduMedia Programs – Concordia Seminary (casete).

1998 "Life, Death, and the Afterlife in the Ancient Near East" en *Life in the Face of Death: The Resurrection Message of the New Testament,* Richard N. Longenecker (ed.). Grand Rapids: William B. Eerdmans Publishing Company: 21-50.

Zahn, T.

1953 *Introduction to the New Testament* (vol. 2), J. M. Trout (tra.). Grand Rapids: William B. Eerdmans Publishing Company.

Zozaya, Antonio (tra.)

1892 *Máximas de Epicteto.* Biblioteca Económica Filosófica (vol. 14). Madrid: Dirección y Administración (2º ed.).

Zuther, Ernst

1998 "Los Mandamientos de Dios: Desde el Sinaí hasta el Siglo XX vía Martín Lutero" en *Revista Teológica* (43/158): 7-28.